Classica et Orientalia

Herausgegeben von
Ann C. Gunter, Wouter F. M. Henkelman,
Bruno Jacobs, Robert Rollinger,
Kai Ruffing und Josef Wiesehöfer

Band 27

2021
Harrassowitz Verlag · Wiesbaden

Chiara Matarese

Deportationen im Perserreich in teispidisch-achaimenidischer Zeit

2021
Harrassowitz Verlag · Wiesbaden

Cover: David Roberts (1796–1864), „Philae Island". Kreidelithographie, koloriert, nach Aquarell, 1838/39, Aus: David Roberts & William Brockedon, Egypt & Nubia, London (F. G. Moon) 1846–1849. London, Victoria and Albert Museum. © akg-images / Erich Lessing.

Bibliografische Information der Deutschen Nationalbibliothek
Die Deutsche Nationalbibliothek verzeichnet diese Publikation in der Deutschen Nationalbibliografie; detaillierte bibliografische Daten sind im Internet über https://dnb.de/ abrufbar.

Bibliographic information published by the Deutsche Nationalbibliothek
The Deutsche Nationalbibliothek lists this publication in the Deutsche Nationalbibliografie; detailed bibliographic data are available on the internet at https://dnb.de/.

Informationen zum Verlagsprogramm finden Sie unter
https://www.harrassowitz-verlag.de/

© Otto Harrassowitz GmbH & Co. KG, Wiesbaden 2021
Das Werk einschließlich aller seiner Teile ist urheberrechtlich geschützt.
Jede Verwertung außerhalb der engen Grenzen des Urheberrechtsgesetzes ist ohne Zustimmung des Verlages unzulässig und strafbar. Das gilt insbesondere für Vervielfältigungen jeder Art, Übersetzungen, Mikroverfilmungen und für die Einspeicherung in elektronische Systeme.
Gedruckt auf alterungsbeständigem Papier.
Druck und Verarbeitung: Memminger MedienCentrum AG
Printed in Germany
ISSN 2190–3638
ISBN 978-3-447-11594-0

Ai miei genitori, esempio di perseveranza

Inhalt

Vorwort XI

Einleitung 1
a. Migrationsforschung und Deportationsdefinition 1
b. Das Perserreich 6
c. Quellen zum Perserreich 8

Erster Teil:
Deportationsfälle im Perserreich

1.	Vorwort zum ersten Teil	29
2.	**Kambyses und ägyptische Handwerker**	31
2.1	Text	31
2.2	Erläuterung	32
2.3	Die Frage der Historizität	34
3.	**Die Karer in Borsippa**	39
3.1	Text	39
3.2	Erläuterung	39
3.3	Die Frage der Historizität	41
4.	**Barkäer in Baktrien**	45
4.1	Text	45
4.2	Erläuterung	46
4.3	Die Frage der Historizität	49
5.	**Paionen und legendären Fähigkeiten**	57
5.1	Text	57
5.2	Erläuterung	60
5.3	Die Frage der Historizität	62

6.	**Milesier, Küstenbewohner am Persischen Golf**	65
6.1	Text	65
6.2	Erläuterung	66
6.3	Die Frage der Historizität	70
7.	**Die Eretrier in Kissia (oder in Medien?)**	75
7.1	Text	75
7.2	Erläuterung	81
7.3	Die Frage der Historizität	88
8.	**Herodoteische Anaspastoi**	93
8.1	Text	93
8.2	Erläuterung	93
8.3	Die Frage der Historizität	100
9.	**Griechen (und Lykier) bei Persepolis**	107
9.1	Text	107
9.2	Erläuterung	112
9.3	Die Frage der Historizität	116
10.	**Branchiden im Osten**	127
10.1	Text	127
10.2	Erläuterung	130
10.3	Die Frage der Historizität	132
11.	**Boioter in Medien**	139
11.1	Text	139
11.2	Erläuterung	139
11.3	Die Frage der Historizität	142
12.	**Sidonische Gefangene**	145
12.1	Text	145
12.2	Erläuterung	145
12.3	Die Frage der Historizität	147
13.	**Juden in Hyrkanien (und in Ägypten)**	153
13.1	Text	153
13.2	Erläuterung	154
13.3	Die Frage der Historizität	157

ZWEITER TEIL:
Charakterzüge der teispidisch-achaimenidischen Deportationen

14. Vorwort zum zweiten Teil 165
15. Ziele und Wege der achaimenidischen Deportationen 167
16. In welchem Zusammenhang stehen die Deportierten mit den *Kurtaš*? 179
17. Die Deportierten und ihr Sklavenstatus: Realität oder Fiktion? 185
18. Die Identität der Deportierten 191

DRITTER TEIL:
Persische, Neuassyrische und Neubabylonische Deportationen

19. Vorwort zum dritten Teil 201
20. Ziele und Wege der Deportationen: Ein Vergleich 203
   20.1 Quellen und Literatur 203
   20.2 Deportationsziele 206
   20.3 Der Status der Deportierten 212
   20.4 Die Identität der Deportierten 214
21. Deportierten die Perser anders als ihre Vorgänger in der Herrschaft? 219

Schlusswort 223

Appendix 229
    Anmerkungen zu Namen und Begriffen 231
    Abkürzungen 233
    Literaturverzeichnis 241
    Indices 299
        Personen, Götter und Gruppen 299
        Geografische Namen 304
        Liste der zitierten Quellen 308

Vorwort

Diese Arbeit ist eine leicht geänderte Version meiner Dissertation, die im Jahre 2017 an der Philosophischen Fakultät der Christian-Albrechts-Universität zu Kiel eingereicht wurde.

Danken möchte ich zunächst meinem Doktorvater Prof. Dr. Josef Wiesehöfer. Er hat durch seine wertvollen Hinweise wesentlich zum Gelingen der Arbeit beigetragen und mir immer wieder Mut zugesprochen. Er ist und wird mein Vorbild dafür bleiben, dass man gleichzeitig ein sehr kompetenter Wissenschaftler sowie ein hervorragender Lehrer sein kann. Mein besonderer Dank gilt ferner meinem zweiten Doktorvater Prof. Dr. Lutz Käppel, der die Entwicklung der Arbeit Schritt für Schritt verfolgt und mir immer wertvolle Ratschläge gegeben hat.

Die mir als Stipendiatin durch die Graduiertenschule „Human Development in Landscapes" gewährten Freiräume sowie die sehr angenehme und freundliche Atmosphäre haben den Fortschritt der Dissertation maßgeblich begünstigt. Dafür gebührt sowohl Prof. Dr. Johannes Müller, dem Koordinator der GS, als auch Prof. Dr. Mara Weinelt, der wissenschaftlichen Koordinatorin, mein Dank. Ferner danke ich dem gesamten Personal der Graduiertenschule, besonders Dipl.-Ing. Florian Bauer, für seine konstante Hilfsbereitschaft in technischen Angelegenheiten. Ein herzliches Dankeschön für die Freundschaft und die Unterstützung in verschiedenen Phasen meiner Arbeit geht auch an meine KollegInnen der GS: Claudia Ohlsen, Veronika Egetenmeyr, Clara Drummer, Anja Prust, David und Stephanie Bergemann, Jessica Susanne Krause.

Für die Geduld beim Korrekturlesen bin ich Clara Drummer, Veronika Egetenmeyr sowie den KollegInnen des Instituts für Klassische Altertumskunde der CAU Kiel, Laura Schmidt und Steffan Feddern, sehr dankbar. Ohne die Hilfe von Lise Tönnies vom Lektorat DaF der CAU Kiel würde diese Arbeit in dieser Form nicht existieren: Dank ihres Sprachunterrichts und ihrer Korrekturarbeit hat sie mir ermöglicht, meine Doktorarbeit in einer Sprache zu schreiben, die mir bis zum 22. Lebensjahr vollkommen fremd war.

Außerdem bin ich folgenden Personen für Kommentare, Anregungen und wundervolle Gespräche über verschiedene Aspekte meiner Arbeit sehr dankbar: Prof. Dr. Robert Rollinger (Universität Innsbruck), Prof. Anna Magnetto (Scuola Normale Superiore, Pisa), Dr. Maria Raffaella Calabrese De Feo (Università di Pisa), Dr. Alexander Meeus (Universität Mannheim), Prof. Dr. Hilmar Klinkott (CAU Kiel), Prof. Dr. Reinhold Bichler (Universität Innsbruck), Prof. Dr. Sabine Müller (Universität Marburg), PD Susanne Rudnig-Zelt (CAU Kiel), Dr. Melanie Wasmuth (Universität Basel), Prof. Dr. Lutz Berger (CAU Kiel).

Ein besonderer Dank geht an die *Association of Ancient Historians*. Ihre Meetings und die familiäre Atmosphäre, die man bei ihnen genießt, sind ein wichtiger Beitrag in meiner wissenschaftlichen und persönlichen Entwicklung gewesen. Besonderen Dank möchte ich Dr. Cindy Nimchuck, Prof. Dr. Randall Howarth und Prof. Dr. Timothy Howe dafür aussprechen, dass sie mich 2011 in der AAH willkommen hießen. Ich werde unsere Gespräche in Erie (Pennsylvania, USA) nie vergessen.

Ich hätte ohne die emotionale Unterstützung meiner Familie, meiner Eltern, Linda und Emilio, meiner Schwester Giulia und meines Onkels Paolo mein Projekt nicht abschließen können.

Trotz der Entfernung waren sie konstant an meiner Seite, und ihr Glaube an mich war und ist meine stärkste Motivation. Meinen Eltern und ihrem Durchhaltevermögen ist das Buch gewidmet.

Kiel, 26. Mai 2020
Chiara Matarese

Einleitung

a. Migrationsforschung und Deportationsdefinition

In der folgenden Studie möchte ich das Phänomen von Deportationen in teispidisch-achaimenidischer Zeit (559–330 v. Chr.) beleuchten. Eine solche Aufgabe ist aus mehreren Gründen herausfordernd und schwierig: Einerseits ist die Quellenlage höchst problematisch: Neben dem Mangel an indigenen Überlieferungen sind die zur Verfügung stehenden klassischen Quellen von zahlreichen Klischees geprägt.[1] Andererseits muss man erst einmal das Phänomen ‚Deportation' theoretisch erfassen und von anderen Phänomenen unterscheiden, damit es nicht zu Verwechslungen kommt. Dieser erste Einleitungsteil bietet und begründet deshalb eine Deportationsdefinition. Das Thema ‚Deportation' ist mit der sog. Migrationsforschung verbunden, einem interdisziplinären Arbeitsfeld, das sich mit dauerhaften Verlagerungen menschlicher Wohnorte befasst.[2] Auch wenn Migrationsphänomene so alt wie die Menschheit sind,[3] werden sie doch erst seit der Hochindustrialisierung Ende des 19. Jhs. systematisch erforscht. Teilgebiet der Migrationsforschung ist die Migrationssoziologie, die Migrationen aus soziologischer Perspektive untersucht und sich Fragen wie etwa der nach der Integration verschiedener kultureller Einflüsse widmet. Unter Migration versteht diese Disziplin „eine Vielzahl von Mobilitätsphänomenen wie etwa Arbeitsmigration, Gastarbeit, Flucht oder politisches Exil".[4]

Migrationsgründe sind die sog. Push- und Pull-Faktoren.[5] Letztere sind Elemente, die anziehend auf Menschen wirken. Dabei handelt es sich um Angebote des Ziellandes: Arbeitskräftebedarf, höhere Löhne oder Familienzusammenführung. Push-Faktoren sind hingegen Elemente, die Menschen dazu bewegen, ihre angestammten Wohngebiete zu verlassen, d. h., dass diese Elemente im Herkunftsland bzw. in der Herkunftsregion und nicht im Zielland bzw. in der Zielregion liegen. Es handelt sich hierbei um negative Bedingungen, wie etwa unerträgliche oder bedrohliche Situationen, z. B. Kriege, Verfolgungen (religiöse, politische oder solche aufgrund des Geschlechts), Armut oder Umweltkatastrophen. Push-Faktoren sind typischerweise bei der sog. veranlassten Migration („impelled migration")[6] vorhanden, einer Migrationsform, bei der Menschen eine gewisse Autonomie in der Entscheidung über die eigene Migration besitzen.[7] Zu-

---

1 S. Einleitung c. Quellen zum Achaimenidenreich.
2 Die deutschen Forschungszentren zum Thema: Migrationsforschung 2011. S. a. Netzwerk 2001, ein Portal mit dem Ziel, den Dialog zwischen der wissenschaftlichen Welt und der Politik (bzw. zwischen Theorie und Praxis) zu fördern.
3 S. u.
4 So Oswald 2007, 11.
5 Die Theorie der Push- und Pull-Faktoren stammt aus Lee 1966; s. a. ders. 1982.
6 Für die Begriffe: Han⁴ 2016, 23.
7 S. u.

sammengefasst sind die Ursachen dafür, dass Menschen migrieren, vielfältig, doch ist ihnen allen gemeinsam, dass die Migration eine Verbesserung der Lebenssituation verspricht.

In der Migrationsforschung sind unterschiedliche Arten des Phänomens definiert und mehrere mögliche Klassifizierungen vorgeschlagen worden. Man kann z. B. zwischen Migrationen unterscheiden, die nur einzelne Personen betreffen, und solchen, die Gruppen oder sogar Massen betreffen (Einzel- und Massenwanderung). Aber man kann auch zwischen Migrationen innerhalb der Grenzen eines Landes und Migrationen, die mehrere Staaten betreffen (Internationale und Binnenmigrationen), trennen.[8]

Heutzutage sind Migrationsbewegungen ein globales Phänomen. Es steht fest, dass die Globalisierung und die Öffnung der Märkte Veränderungen in den Migrationsbewegungen mit sich gebracht haben. Es wäre aber ein Fehler zu behaupten, dass in den letzten Jahren das Gesamtvolumen der internationalen Migrationen gestiegen sei.[9] Während die meisten Länder inzwischen eine bedeutende Auswanderung erleben, konzentrieren sich die Immigranten tendenziell auf eine immer begrenztere Zahl von Ländern als Hauptzielländer; wie Czaika und De Hass schreiben: „while the number of empty migration corridors has decreased, migration has tended to concentrate in the larger corridors".[10]

Zusätzlich hat sich die Migrationsbewegung in den letzten Jahren deutlich polarisiert: in „Elends- und Fluchtmigration" auf der einen und „Eliten- und Expertenmigration" auf der anderen Seite.[11] So ist die Zahl der hochqualifizierten Personen unter den Migranten gestiegen: Die globalisierten Arbeitsmärkte bieten besonders dieser Gruppe in bestimmten Zielländern neue und bessere Chancen. Aber auch die Fluchtmigration ist gestiegen, wie etwa die Statistiken für Deutschland zeigen.[12]

Dass Migrationen kein modernes Phänomen sind, zeigt die Tatsache, dass die Geschichte der Menschheit immer mit dem Gebiet in Beziehung stand, in dem die Menschen sich ansiedelten und wohnten. Der *homo sapiens* hat sich als *homo migrans* über die ganze Welt ausgebreitet,[13] sodass sich Migration als sein natürliches Verhalten definieren lässt. Der *homo sapiens* scheint vor etwa 150.000 Jahren ganz Afrika besetzt zu haben, und aktuelle Studien belegen, dass er vor 125.000[14] oder sogar vor 270.000 Jahren[15] von Afrika nach Asien gewandert ist.

Auch in der Antike waren Migrationen Antworten auf geographische, politische und im weiteren Sinne kulturelle Fragen. Und vielfältig sind nicht nur die Ursachen von Migrationsprozessen gewesen, sondern auch deren Folgen. Wenn man darstellen will, wie dauerhaft die Effekte von Migrationsprozessen sein können, kann man das folgende Beispiel heranziehen: Der antike Nahe Osten war am Ende der Spätbronzezeit, zwischen dem 17. und 12. Jh. v. Chr., ein ‚regionales System': Große Reiche erkannten sich gegenseitig den gleichen Status zu, und an ihren Gren-

---

8 Einführungen zu den verschiedenen Migrationsarten: etwa Gharagozlou 2004; Han 2006; Hillmann 2015. Bes. zu den Gründen: de Jong/Fawcett 1981. Bes. zur Mobilität von Arbeitskräften: Bauder 2006.
9 Das ist hingegen ein Paradigma bei vielen Autoren (etwa Skeldon 1997, 20 ff.; Arango 2000, 291; Vertovec 2007), sowie eine Behauptung beim Kaffeeklatsch.
10 Czaika/de Hass 2014, 303.
11 So Butterwegge 2015, 2.
12 Insgesamt sind in Deutschland 2016 745.545 Asylanträge beim Bundesamt für Migration und Flüchtlinge eingegangen (s. u.).
13 Die Definition stammt von Bade (2007, 115). Zum Begriff s. schon Borkert/Pérez/Scott/de Tona 2006.
14 So Bae/Douka/Petraglia 2017.
15 So Posth 2017.

zen fanden sich auch Stammesgesellschaften ohne Staatsstruktur.[16] Dieses System wurde durch Bevölkerungsmigrationen umgestürzt.[17] Trotz der von der historischen Forschung ungelösten Fragen ist unbestritten, dass durch diese Migrationen Druck auf die ‚Völker' im Nahen Osten ausgeübt wurde und das alte System durch ein Nebeneinander anderer staatlicher Formen ersetzt wurde, d. h. Reiche „a vocazione imperiale"[18] und Stadtstaaten.

Deportation ist als eine Art Umsiedlung von Menschen in andere Gebiete zu verstehen und lässt sich als eine erzwungene Migration definieren. In dieser Studie bezeichne ich als Deportationen nur die Fälle von Menschen, die durch eine politische Institution gezwungen werden, die eigene Heimat zu verlassen, und die in Gebiete umgesiedelt werden, die von dieser Institution kontrolliert werden.[19] Es scheint mir besonders wichtig den letzten Punkt zu unterstreichen, weil er oft in den Deportationsdefinitionen hinblickend auf antike Gesellschaften nicht berücksichtig wird aber entscheidend ist, um das Phänomen und seine Implikationen richtig verstehen zu können. So z. B. bei Shahbazi: „forced transfers of population from one region to another".[20] Andere Definitionen erwähnen ‚Deportationsziele' die nur unter der Vorsausetzung, dass die Deportierten in Gebiete umgesiedelt werden, die von der deportierenden Institution kontrolliert werden, denkbar sind. Mayer unterscheidet drei Motive für Deportationen: „Gewinnung von benötigten Arbeits- und Fachkräften, Ersatz für die Armee und die Auslöschung von politischem Widerstand".[21] Ohne an dieser Stelle ins Detail gehen zu wollen, dienen diese Motive der Stärkung der Wirtschaftskraft und der Macht und der Selbstschutz, Deportationsziele, die auch in der teispidisch-achaimenidischen Zeit eine entscheidende Rolle spielen.

In meiner Studie ist nur die Rede von Deportationen, die nur einen Teil einer Bevölkerung oder verschiedene Familiengruppen innerhalb einer Bevölkerung betreffen und nicht ganze Völkerschaften. Und zwar deshalb, weil der Großkönig derartige Deportationen nicht durchgeführt haben dürfte.[22] Es dürfte keine Massendeportationen gegeben haben, die sich als kollektive Zwangsumsiedlungen definieren lassen.[23]

Weiterhin wird, wie schon erwähnt, zwischen ‚innerstaatlichen' und ‚zwischenstaatlichen' Deportationen unterschieden, je nachdem, ob die ursprüngliche Siedlung der Deportierten innerhalb der Grenzen des durchführenden Staates liegt oder nicht; eine innerstaatliche Deportation bezeichnet demnach die Umsiedlung von einem Teil des Staatsgebietes in einen anderen. Unter einer zwischenstaatlichen Deportation wird die von einer fremden politischen Autorität durchgeführte Verschleppung und Ansiedlung von Personen in seinem eigenen Herrschaftsge-

---

16 Nach Liverani 1994, passim. Zu der Zeit: Ward/Joukovsky 1992; Drews 1993; beide mit Lit. Diese unterschiedlichen Staatsstrukturen sind schon in älteren Zeiten zu finden, wie Richardson (2012, 5) mit Bezug auf die Altbabylonische Zeit (2004–1595 v. Chr.) betont: „great states, middle-tier (minor kingdoms) (…) and lower-tier (non-state-factors)".
17 Zur Seevölkerzeit sind wichtige Beiträge: Strobel 1976; Sandars³ 1978; Oren 2000; Cline 2015.
18 Nach Liverani (2002, 42) heißt das, dass die großen Reiche der Eisenzeit zum ersten Mal in der Geschichte das Ziel hatten, die gesamte bewohnte Welt zu beherrschen.
19 Für allgemeine Definitionen: Beck 1977, 185; Schmidt 1995, 210; Ferrara 2006, 5–6; PDIR, s. v. Deportation.
20 Shahbazi 1996.
21 Mayer 2004, 231–232.
22 S. u. im Kapitel 15.
23 Kehne 2009, 75.

biet verstanden.²⁴ Bemerkenswert ist, dass das Ziel der Deportation bzw. die Frage, wohin die Deportierten gebracht werden, in beiden Fällen der Kontrolle der durchführenden politischen Institution unterworfen ist. Anschauliche Beispiele für beide Formen der Deportation sind z. B. in der Geschichte der ehemaligen UdSSR, NS-Deutschlands und der Römischen Republik zu finden. Während des Zweiten Weltkrieges ordnete z. B. die Sowjetunion Massendeportationen aus den baltischen Republiken, der Ukraine, Weißrussland sowie Moldawien „rechtlich" an.²⁵ Die Apuani wurden 181 v. Chr. von den Römern aus ihrer Heimat im heutigen Nordwestitalien nach Beneventum verschleppt und dort angesiedelt.²⁶ Fremde, unliebsame Politiker wurden oft genug auch als Geiseln nach Rom verbracht. M. a. W., die Römer sahen in der Deportation ein wirksames Mittel der Außenpolitik, um potenziell gefährliche Feinde Roms überwachen zu können.²⁷

In der Praxis ist nicht so einfach zu bestimmen, wann von einer Deportation die Rede ist, weil es Fälle gibt, die im Grenzbereich verschiedener Phänomene liegen. Hier wird die sog. „impelled" migration, d. h. die Flüchtlingsbewegung, nicht als Deportation verstanden. Diese Migration wird nämlich nicht von außen bestimmt, sondern wird intern entschieden: Es sind Push-Faktoren vorhanden, die nach Meinung der Menschen ihr Weiterleben in der Heimat unmöglich machen. Bei einer „impelled migration" behält der Migrant einen gewissen Einfluss auf die Entscheidung, ob er seine Heimat verlässt oder nicht, während er bei Deportationen diesen Einfluss nicht hat.²⁸ Ein Beispiel für eine „impelled migration" ist die Flüchtlingsbewegung. Das Thema Geflüchtete ist heutzutage so aktuell wie noch nie. Geflüchtete sind unfreiwillige Migranten; als Geflüchteter gilt nach der Genfer Flüchtlingskonvention eine Person, „die aus der begründeten Furcht vor Verfolgung wegen ihrer Ethnie, Religion, Nationalität, Zugehörigkeit zu einer bestimmten sozialen Gruppe oder wegen ihrer politischen Überzeugung sich außerhalb des Landes befindet, dessen Staatsangehörigkeit sie besitzt und den Schutz dieses Landes nicht in Anspruch nehmen kann, oder wegen dieser Befürchtungen nicht in Anspruch nehmen will".²⁹ Insgesamt sind 2016 in Deutschland 745.545 Asylanträge beim Bundesamt für Migration und Flüchtlinge eingegangen; im Vergleich zu 2014, in dem 202.834 Asylanträgen eingereicht worden waren, bedeutet das fast eine Vervierfachung: Am stärksten vertreten sind als Herkunftsländer Syrien, Afghanistan und Albanien.³⁰

Deportation darf auch nicht mit einer anderen Form der Zwangsumsiedlung, der Verbannung, verwechselt werden, die ihr in mehrerlei Hinsicht ähnlich ist. Die oben gegebene Definition von Deportation entspricht ihr nämlich nicht. Die Opfer einer Exilierung erhalten typischerweise keine Auskunft, wo das Exil zu verbringen ist.³¹ Verbannte Menschen werden von einer politischen Autorität gezwungen, ihre Heimat zu verlassen. Das ‚Wegnehmen', die Entfernung aus der Heimat, kann demnach sowohl Teil eines Deportations- als auch eines Verbannungsprozesses sein.

---

24 Eine detaillierte Katalogisierung der verschiedenen Arten der Deportationspraxis mit vielen Beispielen ist bei Kehne zu finden (2009; s. a. ders. 2002). Er zählt auch die Verbannungen unter die Deportationen: Sie seien eine andere Art des zwischenstaatlichen Phänomens (ders. 2009, 77). Zum Unterschied zwischen Verbannung und Deportation s. u.
25 Pohl 1999; Klaupa u. Aa. 2002, 181–85 (bes. zum baltischen Fall).
26 Liv. XL 41, 3–5; Plin. nat. Hist. III 105.
27 Sonnabend 1995, wo besonders der Fall der nach Pydna deportierten Griechen (168 v. Chr.) detailliert analysiert wird.
28 Dazu: Guo 2013, 55–6.
29 UNHCR Art. 1.
30 BMF 2016, 4–5.
31 So Reinmuth 1942; Rhodes 2000 mit Lit.

Das in diesem Zusammenhang gebräuchliche griechische Wort ἀνάστασις bezeichnet eine Vertreibung. Da die Bedeutung von ἀνίστημι „making to stand/rise up" ist, kann ἀνάστασις auch für das „making to rise and leave their place", also „removal", stehen.[32] Das Wort kann sich damit sowohl auf Verbannungen als auch auf Deportationen beziehen, denn was das Wort beschreibt, ist die Wegnahme der Heimat. Die Fälle der Insel Ägina im Jahre 431 v. Chr.[33] und der Insel Samos im Jahre 365 v. Chr.[34] sollen hier als Beispiele für Bevölkerungsvertreibungen stehen. Wenn der Entfernungsprozess einzelne Personen betrifft, ist die Rede von Exilierung. Das Ziel der Exilierung ist es, Personen aus dem Staatsgebiet zu vertreiben und von ihm fernzuhalten. So entfernte der athenische ὀστρακισμός Bürger, die potenziell politisch gefährlich waren, aus der Stadt.[35] Genauso exilierten die Spartaner durch ξενηλασία[36] und die Syrakusaner durch πεταλισμός[37] unliebsame Personen. Durch *exire ex urbe*[38] bestraften die römischen Magistrate seit dem Jahr 63 v. Chr. Personen, die Delikte entweder gegen den Staat oder gegen Mitbürger begangen hatten.[39]

Die Opfer einer Exilierung erhielten typischerweise keine Auskunft, wo das Exil zu verbringen war.[40] Es gibt Ausnahmen, wie die Exilierungsform der *relegatio in insulam/deportatio in insulam* andeutet.[41] Auch in solchen Fällen, in denen der Zielort dem Opfer bestimmt ist, ist es, wie für all die anderen Vertreibungen und Exilierungen, nicht das Ziel des durchführenden Staates, die Opfer auf dem eigenen Territorium unter Aufsicht zu halten. Im Gegenteil, auch wenn der Ort im Voraus ausgesucht wird, liegt er in fremden, und man könnte sagen, ‚vergessenen', Gebieten, da es das Ziel von Verbannung und Exilierung ist, Menschen aus dem eigenen Wirkungskreis zu entfernen. Damit wird auch klar, dass unter dem lateinischen Ausdruck *deportatio in insulam* keine Deportation im engeren Sinne zu verstehen ist. Olshausen hat meines Erachtens Recht, wenn er betont, dass der Zweck der *deportatio in insulam* nicht die Umsiedlung, sondern die Ausweisung war.[42] Daher sollte der Ausdruck mit „Verbannung auf eine Insel" übersetzt werden.

---

32 LSJ s. v. ἀνάστασις.
33 Thuk. II 27, 1; Diod. XII 44, 2.
34 Deinarch. I 14; ders. III 17.
35 Eine Art ὀστρακισμός soll es auch in Argos, Megara, Milet (Aristoph. Equ. 855) und in Kyrene (Diod. XIV 34, 3–6; Aristot. Pol. VI 1319b 11–23; dazu Bacchielli 1994) gegeben haben.
36 Thuk. I 144, 2; Plut. Lyk. 27.
37 Diod. XI 87, 1.
38 Cic. Cat. 13 („iubet consul hostem").
39 Vgl. Cod. Theod. VII 18. Exilierung war ursprünglich eine Selbstentscheidung (z. B. Cic. p. Caec. 10), und oft musste sie als Möglichkeit dienen, um „einer drohenden Verurteilung und Strafe durch Flucht außerhalb des römischen Bereichs zu entkommen" (Stini 2006, 300); die üblichen selbstgewählten Verbannungsorte lagen in Latium (s. etwa Cic. de orat. I 177; ders. de domo 78; ders. p. Caec. 100; Liv. II 2; ders. III 29; ebda. 58; ders. V 43, 2), später auch in Gallien Griechenland und Asien (vgl. Cic. p. Mur. 89). Der Anfang der Umwandlung zur Strafe geht auf Cicezurück; zur ‚Lex Tullia de Ambitu' (63 v. Chr.) s. Stini 2002, 300–3.
40 S. o.
41 Unter *relegatio* fasst man zwei verschiedene Formen: entweder die *interdictio certorum locorum*, welche in dem Verbot des Aufenthalts an bestimmten Orten bestand, aber die Wahl des Aufenthaltsortes frei ließ (etwa Fest. 278; Cic. p. Sest. 12, 29; ders. ad div. 11, 16; ebda. 12, 29; ders. in Pis. 10, 27; ders. p. Rab. 5, 15) bzw. *in insulam* (Dig. XLVIII 19, 4; ebda. 28, 13. Anwendungsfälle: Suet. Tib. 50; ders. Cal. 25, 28; ders. Claud. 23; ders. Vesp. 15; ders. Dom. 8; Tac. ann. XV 71), oder eine reine Verbannung, die entweder *perpetua* oder *ad tempus* sein konnte (vgl. Paull. rec. sent. V 17, 3). Im zweiten Fall kann der Aufenthaltsort eine Insel sein; es ist dann die Rede von *relegatio* oder *deportatio in insulam* (Dig. XLVIII 19, 4; ebda. 28, 13. Anwendungsfälle: Suet. Tib. 50; ders. Cal. 25, 28; ders. Claud. 23; ders. Vesp. 15; ders. Dom. 8; Tac. ann. XV 71).
42 Olshausen 1997, 102.

Dagegen müssen die Umsiedlung in ein Gebiet, das vom Staat, der die Deportation durchführt, kontrolliert wird, sowie die ‚Unfreiwilligkeit' der Umsiedlung als die Kennzeichen der Deportationspraxis betrachtet werden. Dass der Ort der Umsiedlung immer im Voraus bestimmt wird, lässt den Schluss zu, dass die Deportation nicht nur eine Strafmaßnahme ist, sondern eine Praxis, die mehrere Ziele verfolgt. Das wird dadurch bestätigt, dass eine Deportation mit extrem hohen Kosten verbunden ist. Ginge es nur darum, Menschen zu bestrafen, lohnte sich eine solche Maßnahme nicht.[43]

b. Das Perserreich

Das in dieser Studie zu erforschende Untersuchungsgebiet ist ein Territorium, das als Dominium der Perserkönige bezeichnet werden kann. Zwischen den Jahren 539 und 330 v. Chr. (d. h. zwischen dem vermutlichen Regierungsantritt Kyros' II. und dem Tod des letzten Achaimeniden Dareios' III. bzw. Artaxerxes' V.) herrschten die Könige der teispidischen und der achaimenidischen Dynastie über Gebiete, die sich zeitweilig von Ägypten bis Indien erstreckten. Am größten war das Reich unter Dareios I.: Seine Herrschaft umfasste Territorien zwischen Ägypten und Thrakien im Westen und dem Fluss Indus sowie Teilen Zentralasiens im Osten.

Den Perserkönigen war bewusst, dass sie ein heterogenes Territorium mit sehr unterschiedlichen Völkerschaften und Traditionen beherrschten, ja sie machten dies sogar zum Ausgangspunkt ihrer Herrschaftsideologie. Die altpersischen Worte *vispazana* = „(mit) allen Stämmen" und *paruzana* = „(mit) vielen Stämmen"[44] sind repräsentativ für die achaimenidische königliche Ideologie, die den König als Kopf eines multikulturellen Staates sieht. Der repräsentativste Aspekt dieses Königtums ist der Hinweis auf die Diversität des Reiches. Zeichen dafür ist schon die Tatsache, dass die meisten Inschriften in drei Monumentalschriftsprachen abgefasst worden sind, nämlich in Altpersisch, der Sprache der Herrscher, in Elamisch, der voriranischen Sprache der Region, die die Perser als ihre Heimat gewählt hatten, und in Akkadisch, der Sprache der Assyrer und Babylonier, die vor den Persern den Nahen Osten beherrscht hatten.[45]

Das Achaimenidenreich kannte verschiedene Formen von Kontrolle.[46] Einige Territorien und Städte wurden nicht direkt vom Perserkönig verwaltet, sondern genossen ein bestimmtes Maß an Autonomie, d. h., dass sie von lokalen Repräsentanten verwaltet wurden, die Untertanen des Perserkönigs waren und ihm Tribut zahlten.[47] Abgesehen von diesen Territorien war das Reich in Provinzen unterteilt, die wir als Satrapien kennen, ein aus dem griechischen σατραπεία abgeleitetes Wort. Es bleibt umstritten, ob unter dem altpersischen Wort *dahyu-* ein „Land/Bezirk" zu verstehen ist, da sich in den altpersischen Inschriften auch Ethnika als Ländernamen befinden.[48] Weniger problematisch ist das altpersische Wort für die Gouverneure der Provinzen, *xšaçapāvan*, im Akkadischen *aḫšadrapanu* und im biblischen Aramäischen ʾaḥašdarpan, das „Beschützer des

---

43 S. u. im Kapitel 15.
44 S. etwa DNa § 2 D = DZc § 2 D = DSe § 2 D: „König der Länder mit allen Stämmen"; XPa § 2 D = XPb § 2 D = XPd § 2 D = XPf § 2 D = D²HA = XPa § 2 D: „König der Länder mit vielen Stämmen".
45 Zu den Inschriften s. u. in der Einleitung c.
46 Die komplexe Struktur des Achaimenidenreichs wurde zuletzt von Henkelman (2017a) betont.
47 Nicht-persische politische Personen wurden innerhalb des vom Perserkönig beherrschten Gebiets in einigen Fällen toleriert, wenn festgestellt wurde, dass sie dem Großkönig gegenüber loyal waren (s. u. im Kapitel 18).
48 Dazu: Wiesehöfer 2013.

Königreichs" bedeutet.⁴⁹ Die Satrapen wurden vom König ernannt und waren seine unmittelbaren Vertreter vor Ort.⁵⁰ Als Leiter der örtlichen Verwaltung sprachen sie Recht, erhoben Tribute und beaufsichtigten das Wirtschaftssystem. Sie verhandelten auch mit Nachbarstaaten und führten Krieg.

Alle Provinzen sowie die schon erwähnten autonomen Territorien mussten dem Perserkönig Tribut entrichten oder auf andere Art und Weise seine Suprematie anerkennen (etwa die Berg- und Steppenvölker durch Unterstützung im Kriegsfall); das traf auf alle Territorien zu, mit Ausnahme der Persis, die eine privilegierte Stellung im Reich genoss: Die Persis unterstand nie einem Satrapen, sondern immer nur dem König selbst.

Und der weitaus überwiegende Teil der herrschenden Klasse war persischen bzw. iranischen Ursprungs (die sog. „éthno-classe dominante" nach Briant⁵¹): Die wichtigsten und einflussreichsten Ämter lagen in ihren Händen. Üblicherweise wurden die Satrapen aus dem Kreis der persischen Adligen gewählt, und häufig wurden die wichtigsten Satrapien den Angehörigen des Königshauses unterstellt: z.B. Parthien dem Hystaspes (I.), Dareios' I. Vater;⁵² Baktrien dem Masistes, Xerxes' Bruder,⁵³ und Lydien dem Artaphrenes, Dareios' I. Bruder.⁵⁴ Auch Bessos, der Satrap in Baktrien und Mörder Dareios' III., soll ein enger Verwandter seines Opfers gewesen sein.⁵⁵ Die Teilung des Reichs in Einheiten wurde schon unter Kyros II. vorgenommen. In der Behistun-Inschrift findet man 23 *dahyāva* (*dahyu*- „Land/Bezirk) aufgezählt:⁵⁶ Persien Elam, Babylonien, Assyrien, Arabien, Ägypten, „die Völker am Meer",⁵⁷ Lydien, Ionien, Medien, Armenien, Kappadokien, Parthien, Drangiana, Areia, Chorasmien, Baktrien, Sogdien, Gandara, Sakien, Sattagydien, Arachosien und Maka. Diese Einheiten scheinen sich im Laufe der Zeit verändert zu haben, was ihre Anzahl und Größe betrifft. So tauchen in späteren Listen Territorien unter anderen Namen auf, etwa Sagartien, Indien, Thrakien, Libyen und Karien, und in XPh etwa sind 32 *dahyāva* zu finden. Über die Geschichte der sog. Satrapien und ihr Verhältnis zu den Länderlisten streitet man sich heftig.⁵⁸ Es ist hier wichtig, sich in Erinnerung zu rufen, dass die von Herodot erwähnten ‚Nomoi' nicht den tatsächlichen Verwaltungseinheiten des Perserreichs entsprechen; die Passagen Herodots stimmen weder mit den persischen Quellen noch mit den Informationen, die wir von anderen Autoren, etwa den Alexanderhistorikern, besitzen, überein, und „the chaotic arrangement of the nomoi list, which conflicts with geographic reality, its overemphasis on the western regions, which shows that Herodotus had no authentic source at his disposal".⁵⁹ Generell wissen wir, dass trotz des Versuchs, dem Reich eine effiziente und stabile Verwaltung zu geben, es immer wieder zu Rebellionen kam, wobei die meisten ihre Ursache in Auseinandersetzungen um die Thronfolge (etwa der berühmte Bruderkrieg zwischen

---

49 So Schmitt 1976; s.a. Ahn 1992, 255–58; Wiesehöfer 1994, 90; Klinkott 2005, 28–9.
50 Dazu: Klinkott 2005, 44.
51 Briant 1984; s.a. ders. 1988.
52 DB § 2.
53 Hdt. IX 113, 2.
54 Hdt. V 25, 1.
55 Arr. exped. Alex. III 21, 5; s.u. im Kapitel 4.
56 DB § 6.
57 Dazu: Schmitt 1972.
58 S. etwa Jacobs 2006 gegen Klinkott 2005, 61 ff.
59 So Jacobs 2006. Die Tatsache, dass die herodoteische Liste nicht als historisch gesehen werden kann war schon Altheim (1947/8, I, 140–5), bekannt. Vgl. Bichler/Rollinger 2000, 161–3; Klinkott 2005, 87 ff. Zahlreiche Literatur zum Thema ist bei Jacobs 2006 und Wiesehöfer 2013 zu finden.

Artaxerxes II. und Kyros d. J.⁶⁰) oder in Machtbestrebungen überambitionierter Satrapen (etwa im angeblichen Großen Satrapenaufstand) besaßen. Babylonien und Ägypten scheinen die Regionen des Reichs gewesen zu sein, die dem Perserkönig am meisten Sorgen bereiteten. Ein erster Widerstand in Ägypten folgte der persischen Niederlage in Marathon.⁶¹ Auf die Mitte des 5. Jhs. v. Chr. datiert der Aufstand des Inaros⁶², und ab der Herrschaft Artaxerxes' II. blieb Ägypten für 65 Jahre unabhängig.⁶³ In Babylon stellten sich Nidintubel (522 v. Chr.) und Aracha (521 v. Chr.) als Söhne Nabonids (Nebukadnezar III. und Nebukadnezar IV.) vor und wurden als Könige anerkannt.⁶⁴ Belšimanni und Šamaš-eriba reklamierten beide im Jahre 484 v. Chr. jeweils den Titel „König Babylons, König der Länder" für sich.⁶⁵ Die Aufstände konnte Xerxes niederschlagen, höchstwahrscheinlich, ohne Babylon maßgeblich zu zerstören, wie behauptet worden ist.⁶⁶

Es handelt sich bei Ägypten und Babylonien um Territorien, die schon lange vor den Achaimeniden eine politische Einheit waren und deshalb eine starke politische Identität aufgebaut hatten. Die erste Vereinigung Ägyptens datiert auf die letzten Jahrzehnte des 4. Jts. v. Chr., und sogar nach der Eroberung durch assyrische Truppen⁶⁷ kamen wieder einheimische Pharaonen an die Macht, bis der Perserkönig Kambyses das Land für sich gewann.⁶⁸ Auch die Region Babylonien konnte zunächst mit der 2. Dynastie von Isin⁶⁹ und dann unter den neubabylonischen Königen Phasen relativer Stabilität genießen. Interessant ist auch, dass Ägypten und Babylonien eine weitere ‚Besonderheit' gemeinsam ist, wie wir im nächsten Abschnitt, dem Quellenkapitel, sehen werden.

c. Quellen zum Perserreich

Die Deportationen, die in dieser Studie systematisch zusammengestellt und untersucht werden, besitzen alle einen Ort innerhalb des Perserreichs als Zielgebiet.⁷⁰ Man erwartet deswegen, dass viele Informationen über die verschiedenen Deportationsfälle aus dem Perserreich stammen. Das ist aber nicht der Fall.

Beim Lesen der Studie wird man schnell bemerken, dass die orientalischen Quellen, die Informationen über Deportationen liefern, äußerst selten sind. Es gibt eine einzige Quelle aus dem Achaimenidenreich, die eine Deportation explizit belegt. Dabei handelt es sich allerdings nicht um eine persische Quelle *stricto sensu*, sondern um eine Chronik aus Babylon.⁷¹

---

60 S. u. die ‚Anabasis' des Xenophon.
61 Hdt. VII 5, 7; s. etwa Briant 1988, 140–3.
62 Hdt. II 140, 2; ders. III 15. Vgl. zwei aramäische Urkunden aus Elephantine: AP 7 = TADAE II B7.2; AP 35 = TADAE II B4.6; Kommentar: Briant 2002, 573–7.
63 Diod. XVI 46, 4–51, 3; dazu: Junge 1939, 63–4 N. 4.
64 DB §§ 16.18–20.
65 Dazu: Tuplin 1997, 395–99; Oelsner 1999–2000, 377; ders. 2007; Waerzeggers 2003–4; s. a. u. im Kapitel 18.
66 S. u. im Kapitel 18.
67 Dazu: Kahn 2006.
68 S. u. im Kapitel 2.
69 Zur Chronologie: Poebel 1955.
70 Nach der Definition von ‚Deportation' (s. Einleitung a.).
71 ABC 9; s. Kapitel 12.

Der Quellenmangel betrifft nicht nur unser Thema, sondern jeden Aspekt persischer Geschichte. Jeder Geisteswissenschaftler, der sich mit ihr beschäftigt hat, weiß, dass schriftliche Quellen aus jener Zeit in extrem geringer Zahl vorhanden sind. Und dass genau deswegen klassischen Quellen als ‚sekundären' Zeugnissen so viel Bedeutung für die Darstellung der persischen Geschichte zugeschrieben worden ist.

Es kommt, so könnte man sagen, zu einem ziemlich erstaunlichen Phänomen: Einerseits findet man schriftliche Quellen für die Geschichte der Achaimeniden in einer außergewöhnlichen Vielfalt von Sprachen. Um nur um die bekannten zu nennen: Altpersisch, Elamisch, Akkadisch, Ägyptisch, Aramäisch, Hebräisch, Phönizisch, Griechisch und Latein sowie sogar Lydisch, Lykisch, Phrygisch und Karisch. Um alle achaimenidischen Schriftzeugnisse in ihrer originalen Sprache lesen zu können, müsste man Sprachkenntnisse in vielen voneinander verschiedenen Sprachen besitzen.

Andererseits ist der Quellenbestand räumlich und zeitlich unterschiedlich gegliedert. Aus einigen Regionen des Reichs, besonders dem Iran und der Indusregion, sind keine bzw. kaum schriftliche Quellen bekannt. Die Geschichte anderer Regionen ist relativ gut belegt. Für die Susiana stehen schriftliche sowie archäologische Quellen aus königlichen Residenzen zur Verfügung.[72] Für Ägypten kann man auf aramäische Dokumente aus Elephantine und Saqqara sowie demotische Papyri und hieroglyphische Inschriften zurückgreifen, und tausende Täfelchen sind aus Archiven in Babylonien bekannt.[73] Für Kleinasien stehen nicht nur griechische Autoren, sondern auch Dokumente der Provinzverwaltung auf Griechisch und Aramäisch zur Verfügung. Bei Xanthos wurde z. B. eine dreisprachige Inschrift (mit einem aramäischen, einem griechischen und einem lykischen Text) gefunden, die in der Mitte des 4. Jhs. v. Chr. verfasst wurde.[74]

Zeitlich sind die meisten von der persischen Elite verfassten Quellen in die Zeit zwischen der Eroberung Babyloniens durch Kyros II. und der Mitte des 5. Jhs. v. Chr. zu datieren. Die Regierungszeiten von Artaxerxes I. (465–425/424) und Dareios II. (425/424–405/404) sind dank der letzten Dokumente aus Persepolis, aber auch des sog. Murašu-Archivs sowie der aramäischen Texte aus Ägypten noch relativ gut belegt. Aber ab dem Anfang der Regierungszeit Artaxerxes' II. (405/404–359/358) findet der Historiker fast ausschließlich bei klassischen Autoren Informationen. Und diese beziehen sich eher auf die Ereignisse in Kleinasien oder auf Hofintrigen. Die Zeit Dareios' III. (336–330) ist wieder relativ gut belegt. Aufgrund der Eroberung Asiens durch Alexander den Großen, der in seiner Heimat eine besondere Bedeutung zugewiesen wurde, zeigen klassische Quellen einerseits großes Interesse für ihn.[75] Andererseits fließen aber in die Quellen auch neue fiktionale Leitmotive ein, die der Historiker nur mühsam von Realien trennen kann.[76]

Dank ihres narrativen Charakters liefern griechisch-römische Quellen eine große Zahl an Informationen, die wir in anderen Quellen nicht greifen können. In unserem Fall sind es, abgesehen vom schon erwähnten babylonischen Fall, nur klassische Quellen, die eindeutige Fälle von Deportationen belegen. Ihr narrativer Charakter und die in ihr aufdeckbaren literarischen Tech-

---

72 Susa: Herzfeld 1908; ders. 1929–30. Pasargadai: für schriftliche Quellen: Treidler 1962; für archäologische: Nylander 1970, 53–70; Stronach 1978, 108–12. Persepolis: für die Architektur: Roaf 1983; für die Täfelchen s. u.; Anšan: Hansman 1973.
73 S. u.
74 Dazu: Metzger u. Aa. 1979; Kottsieper 2001; s. a. im Kapitel 9.
75 Bei den Quellen zu Alexander und Dareios III. muss man unbedingt auf den großen zeitlichen Abstand verweisen; dazu: Müller 2014b; Briant 2010; ders. 2015.
76 S. u.

niken und Stilmittel bedingen allerdings eine sorgfältige quellenkritische Analyse, um Fakten von Fiktionen, Realien von wirkmächtigen Bildern, Stereotypen und Projektionen zu scheiden. Die Historizität des Erzählten kann durch anwesende Leitmotive in Frage gestellt werden. Griechische Quellen, d. h. Texte, die größtenteils von Gegnern der Perser verfasst wurden, haben z. B. eine große Rolle bei der Entstehung von Barbaren-Stereotypen und -Klischees gespielt. Und oft haben auch oberflächliche oder unkritische Interpretationen von Quellen Verwirrung gestiftet, so etwa im Fall des Hellenen Barbaren-Gegensatzes, der explizit in einigen Quellen, wie in Isokrates ‚Panegyrikos' und in der mittleren Komödie, dazu in der älteren Forschung aufgrund eines unreflektierten Lesens der Quellen, zu finden ist.[77]

Die wichtigsten klassischen Quellen bzw. Textpassagen, die für das Thema und die teispidisch-achaimenidische Geschichte insgesamt relevant sind, wurden von Amélie Kuhrt in zwei Bänden gesammelt.[78] Hier möchte ich nur kurz die antiken Werke erwähnen, die dem Perserreich große Aufmerksamkeit gewidmet haben.

Das Erste, das genannt werden muss, sind ohne Zweifel die ‚Historien' Herodots. Sie nehmen in unserer Studie eine besondere Rolle ein, weil sie Haupt- bzw. einzige Quelle für vier Deportationsfälle sind. Herodot hat die Studien nicht nur über Persien, sondern insgesamt über den Alten Orient enorm beeinflusst. Zur Darstellung der Perser und der persischen Geschichte im Werk Herodots steht viel Literatur zur Verfügung:[79] Besonders umfangreich ist das Sammelwerk „Herodot und das persische Weltreich" von 2011, das Beiträge zur Bedeutung der ‚Historien' für die teispidisch-achaimenidische Geschichte enthält.[80]

Was die Autorität Herodots als ‚Historiker' angeht, ist einerseits nicht zu bezweifeln, dass sie in einigen Fällen problematisch ist. Allerdings sollte zugleich noch einmal betont werden, dass der Autor weder an späteren antiken, noch an modernen Maßstäben eines Historikers zu messen ist und dass seine eigene Wirkabsicht und seine eigenen literarischen Techniken und Stilmittel im Mittelpunkt des Interesses stehen sollten. Z. B. bieten keilschriftliche Zeugnisse über die Meder aus dem Zagros ein völlig anderes Bild als der sog. herodoteische ‚Medikos Logos'.[81] Das ‚medische Reich' scheint nur eine Kreation Herodots zu sein, die die in der Zagros-Region anzutreffende komplexe politische Situation in der ersten Hälfte des 6. Jhs. v. Chr. vereinfacht.[82]

Andererseits scheint aber Herodot ausgezeichnetes Wissen zu besitzen, etwa von der offiziellen Darstellung des Dareios I. darüber, wie er den Thron bestiegen hat, sodass vermutet wird, dass er Kenntnis von einer Kopie der Inschrift von Behistun oder von mündlichen Versionen der Inschrift besaß.[83] Der Zugang des griechischen Autors zu persischen Quellen wird auch durch iranisches Sprachgut in den ‚Historien' bestätigt: Das betrifft meistens Namen, Völkernamen, geographische Namen und Appellativa.[84] Um Schmitt zu zitieren: „Wir sollten Herodot dankbar sein für sein Interesse an sprachlichen Fragen aller Art, denn das reiche Material, das sein Werk

---

77 Dazu: Hutzfeld 1999; Weißenberger 2003; S. a. u. im Kapitel 15.
78 Kuhrt 2009.
79 Nur um einige Beiträge zu nennen: Dandamayev 1985; Drews 1969; Walser 1984; Bichler 2000; Briant 2002, 18–21; Rollinger 2003b.
80 Rollinger/Truschnegg/Bichler 2011.
81 Lanfranchi 2003; Liverani 2003.
82 So Rollinger 2003b.
83 S. u.
84 Herodot hat „nicht die iranische Form, sondern jeweils die griechische Wiedergabe im Auge (...) die iranischen Namen nicht unmittelbar aus persischem Munde gehört hat, sondern (...) Mittelpersonen – wohl aus Kleinasien – in dem Weg der Überlieferung anzunehmen sind." (Schmitt 1976, 140).

enthält, auch zu iranischen Sprachen, hat ältere Forscher allezeit – schon in der Antike, dann bei den Anfängen der Keilschriftentzifferung und bis heute – zu eigenen Beobachtungen und zu weiterem Nachdenken veranlaßt".[85]

Ein weiterer griechischer Autor, der viele Informationen über Persien und die Perser liefert, ist Ktesias. Zusammen mit Deinon und Herakleides, beide nur sehr fragmentarisch erhalten,[86] ist sein auch nur teilweise überlieferter Text Teil der sogenannten *Persika*-Literatur. Griechische Autoren bieten ein Bild der Perser, das auf eingeschränktem Wissen über das echte Persien beruht und viel mehr über „die griechischen Erwartungshaltungen in Bezug auf männliche und weibliche Tugenden, den idealen Herrscher oder die beste Regierungsform" im 4. Jh. v. Chr. aussagt.[87] Diodor erzählt, dass Ktesias als Kriegsgefangener nach Persien kam und dank seiner medizinischen Fähigkeiten vom König Artaxerxes II. (405/4–359/8 v. Chr.) empfangen wurde; an seinem Hof habe er 17 Jahre verbracht.[88] Schon Jacoby merkte aber an, dass mindestens die Dauer seines Aufenthalts zu bezweifeln ist, während Dorati sogar der Überzeugung ist, Ktesias habe sich nie am persischen Hof aufgehalten.[89] Die ‚Persiká' waren als eine Geschichte des Orients von der Gründung des assyrischen Reiches durch den legendären König Ninos bis zum 8. Jahr der Herrschaft Artaxerxes' II. konzipiert.[90] Das Werk war in 23 Bücher unterteilt,[91] von denen die ersten sechs sich der Geschichte vor der persischen Herrschaft widmeten: die Bücher 1–3 den Assyrern, die Bücher 4–6 den Medern. Nur einige Fragmente sind bei anderen Autoren in Form von Zitaten erhalten geblieben,[92] und Photios schrieb eine detaillierte Zusammenfassung über den persischen Teil des Werks.[93]

Nach eigener Aussage verfasste Ktesias die ‚Persiká',[94] um das Werk Herodots zu ergänzen und zu vertiefen. Ktesias stellt sich selbst als ‚Verbesserer' dar: Er habe sorgfältig untersucht, was unter jedem König geschah, und es für die Griechen veröffentlicht.[95] Sein Werk gibt sogar vor, auf indigene Quellen zurückzugreifen: Photios bemerkt, dass Referenzen aus erster Hand charakteristisch für Ktesias seien.[96]

Trotzdem scheint sein Werk, was die Rekonstruktion historischer Realien angeht, mangelhaft zu sein. So scheint ihm das Interesse an echter Geschichte zu fehlen. Seine Augenzeugenberichte über das Leben am persischen Hof konzentrieren sich stattdessen auf eine endlose Serie von Intrigen der Königin und anderer Höflinge sowie auf Eskapaden der Kurtisanen und Eunuchen des Königs.[97] Bichler behauptet in seinem Aufsatz, „Ktesias spielt mit Herodot", der Autor sei nicht als unpräziser Historiker, sondern als „Verfasser fiktionaler Prosa" zu sehen.[98] Der Aufsatz ist Teil des Sammelbandes, ‚Ktesias Welt', dessen Ziel es ist, eine Lücke in der Literatur zu füllen,

---

85 Schmitt 2011, 336.
86 Vgl. Lenfant 2009.
87 Madreiter 2012, 194.
88 Diod. II 32, 4.
89 RE 2033–35; Dorati 1995; s. a. Dorati 2011.
90 Diod. XIV 46, 6
91 Phot. bibl. 72, 35b.35f.
92 S. etwa Diod. II 32, 4; FGrHist 469–84, FF 15a.17–20.22–23.26.28–29.32 (Plutarch).
93 Bibl. 72.
94 Editionen: Lenfant 2004; Stronk 2010.
95 S. etwa Diod. II 32, 4.
96 So Photios: FGHist 417–18 F 8.
97 So Schmitt 1993, 443.
98 Bichler 2011, 36.

indem er sich mit Fragen nach Authentizität und Genre, mit linguistischen Aspekten und dem Vergleich des Werkes mit orientalischen Quellen beschäftigt.[99]

Xenophon schloss sich 401 v. Chr. den Söldnern Kyros' d. J. an, der gegen seinen älteren Bruder Artaxerxes II. rebellierte. Als Tissaphernes, der Satrap von Karien, die griechischen Generäle verhaftete, spielte Xenophon eine wichtige Rolle beim Rückzug der Söldner durch Mesopotamien, Kurdistan, Armenien und Nordanatolien. In seinem Werk ‚Anabasis' beschäftigt sich der Autor mit Kyros' II. Angriff auf seinen Bruder und dem Schicksal seiner griechischen Söldner.[100] In dem Werk kann man sowohl historische und geographische, als auch politische Informationen finden: Nachrichten über Wege und Entfernungen[101] sowie über Funktionäre, etwa dem, der dem König beim Besteigen seines Pferdes helfen muss,[102] und Belesys, dessen Name auf Tontafeln aus Babylon überliefert ist,[103] der bei Xenophon als Satrap Syriens zu finden ist.[104]

Das zweite Werk Xenophons, das auf teispidisch-achaimenidische Zusammenhänge fokussiert ist, ist die ‚Kyroupaideia'. Das Werk stellt sich als historisches Fallbeispiel vor und damit als Antwort auf die Frage, was es jemandem ermöglicht, Autorität über eine große Anzahl von Menschen auszuüben.[105] Das Basiskonzept beinhaltet Xenophons Überzeugung, dass Kyros d. Ä. trotz griechischer Vorurteile den Persern gegenüber ein Beispiel erfolgreicher Organisation von Macht liefere.[106] Schon das Ziel des Buches zeigt, dass es nicht Xenophons Absicht war, Geschichtsschreibung zu betreiben, sondern eine Darstellung eines Exemplums zu liefern. Sein Wunsch, besondere Führungsqualitäten zu illustrieren, kann ihn dazu getrieben haben, sein Wissen um persische Realia zu verformen oder Elemente hinzufügen, die gar nicht historisch waren. Nichtsdestotrotz sind im Werk altorientalische Traditionen und Elemente nachweisbar.[107] Sancisi-Weerdenburg hat Parallelen zwischen der Rede des Kyros II. auf seinem Sterbebett und der Inschrift DNb gefunden und versucht, mögliche Mechanismen der Übertragung aufzuklären.[108] Und Eddy hat Ähnlichkeiten zwischen den Reliefs des Apadana in Persepolis und Xenophons Beschreibung der Prozession des Kyros vermutet.[109]

Mit großem zeitlichen Abstand wuchs das Interesse der griechischen Autoren an Persien aufgrund des Feldzugs Alexanders nach Asien.[110] Die Literatur über die sog. Alexanderautoren ist kaum zu überblicken, und hier wird man keine neue Diskussion über alle Themen und Probleme, die die Werke eben jener Historiker kennzeichnen, erwarten dürfen. Auf die für uns interessanteste Frage, welche Rolle die Alexanderautoren für die persische Geschichte spielen, hat Briant geantwortet: „the Alexander historians (...) constitute (...) an Achaemenid source of exceptional interest once they have been decoded".[111] D.h., Briant plädiert dafür, während des Versuchs, historische Informationen über Persien und die Perser aus diesen Quellen zu gewinnen,

---

99 Wiesehöfer/Rollinger/Lanfranchi 2011; Madreiter (im Druck).
100 Zum Werk: Tuplin 1991.
101 Nach Tuplin basierend auf „on site information": Tuplin 1997, 404–17.
102 Xen. an. IV 4, 4.
103 Zum Murašu-Archiv s. u.
104 Xen. an. I 4, 10; vgl. Diod. XIV 20, 5.
105 So in Xen. Kyr. I 1, 1–2.
106 Dazu: Tuplin 2013a.
107 Parpola 2003b.
108 Sancisi-Weerdenburg 1985.
109 Xen. Kyr. VIII 3, 1–19; Eddy 1961, 37 ff.
110 Dazu: Briant 2010; 42–66. Ders. 2015, XI ff.
111 Briant 2002, 9.

den Kontext nie aus den Augen zu verlieren. Um nur ein Bespiel zu zitieren: „it is obvious that Arrian's and Quintus Curtius' descriptions of Alexander's entries into Sardeis and, later, Babylon take on their full historical meaning only when they are placed in the context of the ‚royal entries' well known from the Achaemenid period (primarily), and earlier periods as well".[112] Es verwundert nicht, dass die Alexanderautoren der ersten Generation, die mit Alexander das ganze Territorium des Perserreichs durchquert hatten, Informationen liefern konnten, die sonst nur für den westlichen Teil des Reichs (etwa dank der ‚Anabasis' des Xenophon) zur Verfügung standen. Diesmal wird (fast) jede Satrapie durchquert, und das Reich nimmt eine geografische Breite an, die im Westen bis dahin unbekannt war. Zusätzlich wird es zum ersten Mal seit Herodot wieder möglich, einen Überblick über die persische Elite zu gewinnen. Die griechische Entdeckung der östlichen Teile des Achaimenidenreichs als Folge des Alexanderzugs bringt zwei unterschiedliche Phänomene mit sich: eine neue geographisch-ideologische Wahrnehmung der Ränder der östlichen Ökumene[113] und eine Realerfahrung, die sich aus einer verbreiteten Anwesenheit von Personen mit griechischen Namen in den östlichen Satrapien ergibt.[114]

Die erste Generation der Alexanderautoren ist uns nicht im Original erhalten geblieben. Die wichtigsten unter ihnen sind Kallisthenes, Kleitarchos, Aristobulos und Ptolemaios I. Mittlerweile gibt es eine Fülle an Literatur zu diesen Primärautoren.[115] Kallisthenes soll am Anfang der meisten Alexandertraditionen stehen: Der Historiker schrieb schon während seiner Teilnahme am Feldzug und registrierte die Ereignisse bis 330 v. Chr., bevor er 327 v. Chr. von Alexander hingerichtet wurde.[116] Aristobulos und Ptolemaios I., die auch am Feldzug teilnahmen, stützten sich auf Kallisthenes. Berichte der drei Autoren sind bei Arrian verarbeitet, der zur späteren Generation der Alexanderautoren zählt.[117] Kleitarchos scheint eine besondere Rolle bei der Entstehung der ‚Vulgatatradition' gespielt zu haben. Teile aus seinem Werk wurden von Diodor, Curtius Rufus, Trogus und der sog. ‚Metzer Epitome' benutzt.

Arrian schrieb die ‚Anabasis' nach dem Vorbild der ‚Anabasis' des Xenophon in sieben Büchern. Das Werk beschreibt die Kämpfe der Makedonen und viele Ereignisse des Feldzuges gegen das Perserreich, es enthält aber auch viele Details über seine Provinzen und Einwohner sowie seine Führungskräfte. Arrian nimmt oft direkten Bezug sowohl auf Ptolemaios I. als auch auf Aristobulos und gibt sogar Informationen darüber, an welchen Stellen die zwei Autoren derselben Meinung sind und wo sie voneinander abweichen.[118]

Zu den Quellen Arrians zählt Nearchos, derjenige, der von Alexander die Aufgabe erhielt, die griechische Flotte von der Indusmündung nach Susa zu überführen. Nearchos' verlorenem Werk entnimmt Arrian das wesentliche Material für seine ‚Indike', die diesen Teil des Feldzugs beschreibt.[119] Auch die ‚Indike' ist für die persische Geschichte nützlich, besonders weil sie geographische Informationen über die Stationen des ‚Periplous' von Nearchos und der Flotte liefert.[120]

---

112 Briant 2002, 694.
113 Dazu: Rollinger 2015; Bichler/Rollinger 2017.
114 Vgl. dazu Henkelman/Rollinger 2009.
115 S. etwa Pearson 1960, 83–242; Pédech 1984; Goukowsky 1991, 136–65; Seibert 1994; Müller 2014b. Auch die Prosopographien zu Alexanders Welt von Berve (1926) und Heckel (2006) gehen auf diese Primärliteratur ein.
116 Arr. exped. Alex. IV 17, 3; vgl. Plut. Alex. 55, 9; Arr. exped. Alex. IV 14, 3.
117 Dazu: Chaumont 1986.
118 So Chaumont 1986.
119 Dazu: Bosworth 1988b, 38–60.
120 S. u. im Kapitel 8.

Curtius Rufus ist der Autor der einzigen erhaltenen lateinischen Monographie über Alexander den Großen, deren Datierung umstritten bleibt.[121] Sein Werk wurde in 10 Büchern verfasst, von denen die ersten zwei, die Anfänge der Bücher 3 und 6, das Ende von Buch 5 und einige Teile von Buch 10 verloren gegangen sind.[122]

Curtius schaut teilweise aus seiner römischen Perspektive mit einem Gefühl der Überlegenheit auf fremde Menschen herab[123]; trotzdem ist sein Werk aus mehreren Gründen für die persische Geschichte wichtig. Der Autor scheint ein Interesse an persischen Gebräuchen sowie an der persischen Armee zu besitzen.[124] Außerdem liefert er Details, die wir aus keiner anderen Quelle kennen. Das ist etwa der Fall bei linguistischen Informationen,[125] so dass Werba in ihm eine der wichtigsten lateinischen Quellen für iranische Namen sieht.[126] Der besondere Wert von Curtius Rufus' Werk für den Historiker Persiens liegt deswegen besonders in den folgenden Aspekten: Zum einen bietet er einen anderen Blickwinkel auf die Ereignisse des Feldzuges Alexanders als Arrian und zum anderen fügt er Einzelheiten hinzu, die uns sonst unbekannt geblieben wären.[127]

Diodor kam in der Mitte des 1. Jhs. v. Chr. nach Rom und schrieb dort die ‚Bibliotheca Historica', eine Universalgeschichte in 40 Büchern (nur die Bücher 1–5, größtenteils legendäre Ereignisse, und 11–20, die Jahre 480–301 v. Chr. betreffend, sind davon überliefert). Es handelt sich um eine z.T. kompilatorische Arbeit, der allerdings eigene Akzentsetzungen und eine Gesamtperspektive nicht abzusprechen sind[128], deren Quellen qualitativ sehr unterschiedlich sind. Oft fügt der Autor eigene Meinungen hinzu oder verwendet seine Quelle falsch: So überliefert er die medische Königsliste Herodots fehlerhaft[129] und nennt Pharnabazos anstelle des Tissaphernes als Satrapen, der aktiv gegen Athen im Peloponnesischen Krieg opponierte.[130] Und nach ihm flüchtete Themistokles zu Xerxes und nicht zu Artaxerxes I., wie bei Thukydides zu lesen ist.[131]

Abgesehen von diesen und weiteren Fehlern ist Diodor deswegen wichtig, weil die ‚Bibliotheca' das einzig zur Verfügung stehende Werk ist, das Informationen über die Beziehungen zwischen dem Achaimenidenreich und den Griechen in der Zeit zwischen den Perserkriegen und dem Peloponnesischen Krieg und auch über die Verwaltung der Westprovinzen liefert.[132] Zusätzlich ist das Buch 17 der ‚Bibliotheca', selbst wenn man seine innere Dramatik berücksichtigt, eine der wichtigsten Quellen zu Alexander, eine Quelle, die ihrerseits besonders auf Kleitarchos Bezug nimmt.[133]

Das verlorengegangene Werk des Pompeius Trogus, die ‚Philippischen Historien' aus augusteischer Zeit, geht auch auf Persien ein. Das Werk, auch wenn es auf Latein geschrieben war, illustriert eine der typischen Weltgeschichtsdarstellungen der Epoche.[134] Überliefert ist uns al-

---

121 Dazu: Müller 2014a mit älterer Lit.
122 Dazu: Huyse 1993.
123 S. etwa Curt. V 1, 36–38; ders. VI 2, 2; VII 8; VIII 4, 23.
124 S. etwa Curt. III 3, 5–11; ders. III 8, 12; IV 10, 23; IV 14, 26; VII 3, 5–11; VIII 9, 20–37.
125 Z.B. für das Wort *gaza* = Schatz (Curt. III 12, 27).
126 Werba 1982, 398–403.
127 Wulfram u. Aa. 2016.
128 Zu dem Begriff ‚Kompilationstechnik' bei Diodor: Rathmann 2014.
129 Hdt. I 95 ff.; Diod. II 32 ff.
130 S. etwa Diod. XIII 104, 5 ff.; ders. XIV 35, 2.
131 Thuk. I 137.
132 Dazu: Badian 1995.
133 S. a. u. im Kapitel 9.
134 Nachdem die Idee nicht mehr plausibel scheint, Trogus habe eine einzige Quelle benutzt (wie Timagenes von Alexandria: so schon von Gutschmid 1882, 548–55), scheint es heute klar zu sein, dass er sich auf

lein eine Epitome aus der Feder des Justin, die vielleicht ins 2./3. Jh. n.Chr. zu datieren ist.[135] Es handelt sich um eine stark verkürzte Version, in der aber auch Abweichungen vom Original zu finden sein dürften.[136] Die Epitome enthält viele moralische Erzählungen und berichtet von großen Schicksalsschlägen, die den Leser auf die *sors humana* bzw. *fragilitas humana* aufmerksam machen sollen.[137] Trogus strukturierte seine ‚Historien' nach der Reihenfolge der Weltreiche: Die erste Weltmacht waren die Assyrer, dann folgten die Meder, die Perser, die Makedonier und ihre Nachfolger, und zu guter Letzt das römische und parthische Reich. Und die Eigenschaft, die einen guten Herrscher ausmacht und es ihm ermöglicht, die Macht bzw. das *imperium* für sich zu gewinnen, ist die *moderatio*.[138] In Bezug auf die persische Geschichte ist es interessant, dass in der Epitome der König, dem es am meisten an Mäßigung mangelt, Alexander der Große ist.[139] Von allen erhaltenen Charakterisierungen des Makedonenkönigs ist die der Epitome bei weitem die negativste, auch wenn versucht wurde, sie nur als Resultat der späteren Korruption des Königs durch die orientalischen Gebräuche zu sehen.[140] Man darf deswegen auf Justin zurückgreifen, muss dabei aber die Dramatik und den moralischen Charakter seines Werkes berücksichtigen.

Die ‚Metzer Epitome' ist eine in lateinischer Sprache verfasste Epitome eines früheren unbekannten Werkes über Alexander. Da das einzig erhaltene Manuskript in Metz, Frankreich, gefunden wurde, ist der Text unter diesem Namen bekannt.[141] Er enthält Materialien aus drei kleineren Schriften über Alexander den Großen.[142] Diese Epitome ist fragmentarisch und enthält nur die Ereignisse ab dem Tode Dareios' III. bis zum indischen Feldzug und dann wieder den Tod Alexanders. Der Text zeigt große Ähnlichkeiten mit den Berichten von Diodor und Curtius.[143]

Diodor, Curtius, Trogus und die ‚Metzer Epitome' bilden die sog. ‚Vulgatatradition', in der die Literatur eine überwiegend dramatisch-romanhafte Darstellung von Alexanders Leben erkannt hat.[144] Wegen dieses Charakters gelten die Texte der erwähnten Autoren als weniger zuverlässig als Arrian. Es lässt sich auch nicht bestreiten, dass die ‚Vulgata' viele Interpretationsprobleme mit sich bringt. Aber auch bei der Interpretation des Textes Arrians, selbst wenn dieser als vollständiger Text vorhanden ist, ist immer Vorsicht geboten. Das wird auch durch die Tatsache bestätigt, dass Arrian und die ‚Vulgata' Gemeinsamkeiten besitzen und er selbst auch Quellen aus dieser Tradition benutzte.[145] Der ‚Vulgata' zufolge ist z.B. Alexander der *Graeciae ultor*.[146] Aber auch Arrian schreibt, dass Alexander mit seinem Feldzug nach Asien die Vorfahren der Griechen rächte, die Unrecht erlitten hatten.[147] Das Rachemotiv ist also nicht nur in der ‚dramatischen' Vulgata, sondern auch in allen anderen Traditionen vorhanden. Aus diesem Grund ist es

---

mehrere Autoren gestützt hat (dazu: Borgna 2014, 53–4) und dass er auch eigene Interpretationen sowie Informationen aus mündlichen Quellen hinzugefügt haben dürfte (Franco 1993, 78 ff.).
135 Zur Werksgenese, zum -charakter (Epitome), ebenso wie zur Datierung: Müller 2014b, 121–4.
136 Dazu: Bartlett 2014.
137 Iust. II 13, 10; ders. XVII 2, 3; ders. XXIII 3, 12.
138 So z.B. im Fall von Hieron II. von Syrakus (Diod. XXIII 4, 15) und Ptolemaios I. in Ägypten (ders. XIII 6, 19).
139 So überliefert Justin z.B. als Einziger das Gerücht der Vergiftung Alexanders, einen Tod, der ein passendes Ende für einen Tyrannen darstellt (so Yardley/Heckel 1997, 283–6).
140 So Lytton 1973, 14–6.
141 Dazu Baynham 1995; Bosworth 2000, 11–2.
142 Dazu: Geissendörfer 1967.
143 So Schanz 1914, 50–51.
144 Dazu: Hammond 1983, 1–3; zu ihrem historischen Wert: Bosworth 1988a, 8–9.
145 Dazu: Devine 1994.
146 Curt. V 5, 7.
147 Arr. exped. Alex. II 14, 4.

auch nicht gerechtfertigt, die ‚Vulgata' in jedem Fall, in dem sie nicht mit Arrian übereinstimmt, *a priori* als die falsche Version einzustufen.[148]

Persien und die Perser finden auch in mehreren Werken von Plutarch Erwähnung, unter denen die Biographien das ‚Leben des Artaxerxes' (gemeint ist der König Artaxerxes II.) und das ‚Leben Alexanders' sowie ‚Über Isis und Osiris'[149] eine besondere Rolle spielen. Diesen Orientbezug könnte man damit erklären, dass in jenen Jahren Trajan seinen parthischen Feldzug vorbereitete (114–7 n. Chr.).[150]

Plutarchs Informationen über Persien[151] dürften aus verschiedenen Quellen stammen: Ktesias dürfte z. B. die Hauptquelle der ‚Vita des Artaxerxes' gewesen sein.[152] Was die Quellen des ‚Lebens Alexanders' angeht,[153] hat Powell sie in Briefen und einem unbestimmten Sammelwerk, „an encyclopaedic work",[154] vermutet, während es inzwischen für wahrscheinlicher gehalten wird, dass Plutarch mehrere literarische Quellen benutzt hat.[155]

Der Autor zeigt insgesamt wenig historisches Interesse: Weder dem Perserreich in seinen administrativen Einheiten noch den Beziehungen zwischen dem Perserkönig und seiner Elite schenkt der Autor große Aufmerksamkeit. In seiner Biografie konzentriert er sich auf private Aspekte und Details des Hoflebens und bietet eine stereotype Darstellung des Königs.[156] Am Hof findet ein grenzenloses luxuriöses Leben statt, und mörderische Intrigen, grausame Bestrafungen und inzestuöse Beziehungen sind hier die Regel. Diese Dekadenz führte in Plutarchs Augen zum Niedergang des Perserreichs, eine Vorstellung, die von mehreren Autoren der Antike vertreten wurde und die ich schon für Justin erwähnt habe.[157]

Andere Autoren, die wichtige Informationen über Persien bereithalten, sind Athenaios und Ailian. Auch wenn viel Interpretationsarbeit zu erledigen ist, bevor man aus den Texten dieser Autoren historische Informationen extrahieren kann, sollte man nicht den Fehler machen, das Kind mit dem Bade auszuschütten.[158]

Athenaios liefert Informationen über das Leben der Perserkönige, die er aus Xenophon und Ktesias, aber auch anderen Quellen, darunter vielen aus dem 4. Jh. v. Chr., wie den ‚Biographien' von Klearchos von Soloi, Chares von Mytilene, den ‚Persiká' von Deinon etc., gewonnen hat.[159]

Von Klearchos stammt der Hinweis, die persische Wache der Apfelträger, so genannt wegen der goldenen Äpfel auf ihren Speeren, bestehe aus Eunuchen.[160] Auf Chares geht die Beschreibung der Schlafzimmer des Königs zurück: Das „königliche Kissen", ein kleiner Raum, sei mit fünf Sofas und 5000 Talenten in Goldmünzen ausgestattet, während sich in einem anderen kleinen Raum die „königliche Fußbank", drei Sofas und 3000 Talente in Silber befänden.[161] Die

---

148 So Bosworth 2000, 10–1.
149 Z. B. wird im Werk die Tötung des Apisstiers durch Artaxerxes III. erwähnt (Is. 355 c–d; ebda. 363 c–d).
150 Dazu: Rosivach 1984; Spawforth 1994, 237–43.
151 Dazu: Almagor 2018.
152 So Stronk 2010, 101; generell zu Plutarchs Interesse an Persien: Hood 1967, Pelling 2007.
153 S. den Kommentar von Hamilton (1969).
154 So Powell 1939, 234.
155 Dazu in Details: Hammond 1993.
156 Dazu: Almagor 2011, bes. 6–8.
157 S.a. etwa Xen. Kyr. VIII 8; Plat. leg. III 693e–698a; Isokr. or. IV 150–2.
158 So Briant 2002, 256: „(to) throw the baby out with the bathwater".
159 Für eine Liste der Quellen Athenaios': Duschesne-Guillemin 1994, 227.
160 Athen. XII 514 d; vgl. Müller II, 304.
161 Athen. XII 514 b; FGrHist II B, 658.

meisten Passagen in Athenaios, die Bezug auf die Perser nehmen, beschreiben das Hofleben: „the information on Persia (scil. bei Athenaios) is generally mediocre and unreliable, with emphasis on titillating anecdotes of the luxury and moral laxity at the Persian court".[162] Trotzdem müssen einige Details der Wahrheit entsprechen: So schreibt Athenaios, ein Diener mit einem goldenen Hocker habe dem Großkönig geholfen, aus seinem Wagen auszusteigen;[163] ebensolches ist auch auf den Reliefs aus Persepolis zu sehen.[164]

Auch die Nachricht, nach der die Könige in Susa überwinterten, während sie in Ekbatana den Sommer, in Persepolis den Herbst und den Rest des Jahres in Babylon verbrachten[165], ist glaubwürdig und passt zu dem Bild des Perserkönigs als ‚Wanderkönig' und des achaimenidischen Hofs als ‚Wanderhof'.[166]

Ailian scheint an seinen Zeitgenossen, den Parthern, wenig Interesse gezeigt zu haben, während seine Quellen Nachrichten über das achaimenidische Persien bereithielten. In den ‚Tiergeschichten' finden sich Informationen, die aus Ktesias stammen, während der Autor in den ‚Bunten Geschichten' Anekdoten mit moralischen Bezügen sammelt: Einige davon nehmen auf Artaxerxes II.[167] Bezug, andere auf Xerxes.[168]

Auch Bücher des sog. Alten Testaments beziehen sich auf die Zeit (‚Esra/Nehemia', ‚Deuterojesaja', ‚Daniel', ‚Esther'). Sie sind aber, genau wie einige graeko-römische Quellen, keine historischen Zeugnisse *stricto sensu*. In ‚Daniel' und ‚Esther' wird z.B. die Perserzeit nur als Kulisse verwendet, vergleichbar der Verfassungsdebatte, die Herodot an den persischen Hof nach dem Tod Kambyses II. verlegte,[169] die aber in Wahrheit eine rein griechische Angelegenheit war. Der positiv dargestellte Kyros II., den die Bibel vorstellt, hat auch wenig mit dem historischen König zu tun. Der Perserkönig wird in der Bibel eher als Werkzeug Jahwes dargestellt, das sich jüdische Angelegenheiten zu Herzen nimmt und zum allgemeinen Wohlbefinden der Juden beiträgt.

Wie schon erwähnt, stehen Quellen aus dem iranischen Hochland nur in knapper Zahl zur Verfügung. Man hat diesen Quellenmangel auf der persischen Seite lange Zeit als ein Unglück angesehen.

Es ist überflüssig, hier noch mal zu erwähnen, dass überhaupt der größte Teil der antiken Zeugnisse nicht erhalten ist. Teilweise muss dieser Mangel mit dem leicht vergänglichen Material, das fürs Schreiben im Iran benutzt worden ist, zu tun haben. Die Tontafeln des Persepolis-Archivs können wir heute nur aus dem Grund lesen, weil sie beim Brand auf der Terrasse festgebacken wurden; und nach Informationen aus den Kolophonen der Tontafeln müssen ca. ⅔ der Texte auf Holz, das sich auch nicht erhalten hat, geschrieben worden sein.[170] Nach der Aussage eines Täfelchens aus Persepolis wurde auch häufig Pergament verwendet, das aber auch vergänglich ist.[171]

---

162 So Duschesne-Guillemin 1994.
163 Athen. XII 514a–b; vgl. Müller II, 92.
164 Pope 1969, Taf. 94b.
165 Athen. XII 513–14; vgl. Xen. Kyr. VIII 6, 22.
166 Vgl. Curt. III 3, 22–5; das königliche Zelt ist das Herz des Reichs (Curt. III 11, 23; ders. VIII 5, 3); dazu: Briant 2002, 187–8; Tuplin 2017.
167 Ael. Poik. I 21.22.32.34; ebda. XII 1.
168 Ael. Poik. II 14; XII 40; XIII 4.
169 Hdt. III 80–2; dazu: Bringmann 1976; Oswald 2013.
170 Dazu: Madreiter (im Druck).
171 NN 1747.

Und von den Dokumenten aus Wachs, das nach den griechischen Autoren[172] auch als Schreibmaterial verwendet wurde und tatsächlich schon von den Assyrern benutzt worden war,[173] bleibt keine Spur. Und in der Tat ist das iranische Klima ungünstiger für die Überlieferung als etwa das extrem trockene Wüstenklima Ägyptens, das die Erhaltung von Papyri ermöglicht hat.[174]

Aber reichen solche Begründungen aus, um die extreme Knappheit an Quellen zu erklären? Oder könnten noch andere Gründe dafür vorliegen, dass Schriftzeugnisse aus dem Hochland von Iran selten sind? Die schriftlichen Quellen für die teispidisch-achaimenidische Zeit sind im Vergleich zu früheren Zeiten nicht nur viel seltener, sondern auch viel weniger vielfältig. Im Jahre 1997 schrieb Dandamayev in der ‚Encyclopaedia Iranica': "Even nobles and highly placed Persian civil servants were illiterate, and writing played no part in standard Persian education".[175] Das darf aber auf keinen Fall als Zeichen dafür interpretiert werden, dass die Perser ‚unzivilierter' als Personen anderer Kulturen waren. Orale Kulturen haben ihre je eigenen Gründe für die Hochschätzung des gesprochenen Wortes. Selbst die griechische Überlieferung kennt mit Platons ‚Phaidros' die Diskussion über Vor- und Nachteile von Oralität und Literalität. Die Perser besitzen keine schriftlich niedergelegte Literatur bis in die Spätantike und waren trotzdem Herren dreier Weltreiche. In der Wissenschaft hat der Quellenreichtum Babyloniens und Ägyptens in teispidisch-achaimenidischer Zeit fast dazu geführt, dass nach dem Graekozentrismus nun von einem Babylonien- bzw. Ägyptenzentrismus zu sprechen ist: Die eigentlichen Zentren der Reiche der Teispiden-Achaimeniden, Parther und Sasaniden lagen aber auf dem Hochland von Iran, nicht im Zweistromland, d. h. in einer Region, in der Oralität hochgeschätzt war.

Die einzigen Dokumente, die aus der Region Fars kommen, sind Produkt der persischen Elite. Die königlichen Inschriften sind einige der wenigen Schriftquellen aus dem Iran der Perserzeit. Die meisten Inschriften, ab der Zeit des Dareios,[176] waren in drei Monumentalschriftsprachen abgefasst, in Altpersisch, der Sprache der Herrscher, Elamisch, der voriranischen Sprache der Wahlheimat der Perser, und in Akkadisch, der Sprache der Assyrer und Babylonier, die vor den Persern den Nahen Osten beherrscht hatten. Die altpersische Keilschrift wurde in frühachaimenidischer Zeit ‚erfunden', und die altpersische Sprache der Inschriften ist eine Kunstsprache, die nur für die offizielle Hofkommunikation benutzt wurde, während die Bevölkerung eine alltägliche Form des Altpersischen sprach. Hinter der Tatsache, dass die Könige für das Altpersische sogar eine eigene Schrift eingeführt haben, sind Herrschaftsrepräsentationsmotive zu vermuten: Das Ziel dieser Schrift war nämlich nicht in erster Linie die schriftliche Kommunikation, sondern die Darstellung der eigenen Macht.

Die meisten achaimenidischen Inschriften kommen aus dem Herzen des Reichs, d. h. aus der Persis, aus Medien und Elam. Außerhalb der zentralen Regionen finden wir drei Inschriften von Dareios I. aus Ägypten[177] und eine Felsinschrift von Xerxes vom Van-See in Armenien.[178] Man geht davon aus, dass die Inschriften im Reich in vielen kursierenden Abschriften zur Ver-

---

172 Dazu: Hdt. VII 239.
173 Zu den assyrischen Dokumenten aus Wachs: Wiseman 1955; Charpin 2010, 73.75.
174 S. etwa Schmelz 2002, 2.
175 Dandamayev 1997.
176 Zu der Entwicklung der teispidisch-achaimenidischen Inschriften: Rollinger 2016a.
177 Es handelt sich um drei Stelen: die vom Tell el-Mašuta, die Kabret-Stele und die Suez-Stele (Llyod 2007, 99–105).
178 = XV. Khatchadourian (2016, 151) behauptet, dass Dareios I. and Xerxes „were making a claim on the former foundations of authority that had long prevailed in the region", indem sie eine Inschrift im Zentrum der damaligen Urartian Domäne platzierten.

fügung standen. Nach Shayegan kann die Verbreitung der Behistun-Erzählung auf zwei Ebenen stattgefunden haben: Eine mündliche altpersische Variante der Inschrift zirkulierte (*haⁿdugā-*), indem sie öffentlich vorgetragen wurde,[179] während eine altpersische schriftliche Fassung derselben Inschrift auf Ton und Pergament (**dipiçiça-*) (und Übertragungen in andere Sprachen) nach überall im Reich geschickt wurde(n).[180] Zahlreiche Personen in Mesopotamien, sowie in Ägypten, Regionen, die im Gegensatz zu Iran eine alte Schriftkultur besaßen, konnten sicher solche Kopien der Inschriften lesen, wie Fragmente von Papyri aus Elephantine beweisen.[181] Generell über die Verwaltungskommunikation im Reich sei gesagt: Es wäre ein Fehler zu behaupten, dass die Vielzahl der Sprachen der Untertanen zu einer etwas ‚konfusen' Kommunikation führte. Im Gegenteil ist die Besonderheit der achaimenidischen Könige eine eigene iranische Verwaltungsterminologie kreiert zu haben, die trotz der Vielsprachigkeit eine Einheit darstellt. Eine Art *coups de théâtre* schien der perfekte Weg um mit einem unlösbaren Problem umzugehen: Der Versuch, auf allen Ebenen der Verwaltung eine einheitliche Sprache einzuführen, hätte nie funktioniert. „So entwickelten die Achämenidenherrscher ein hierarchisches Modell, in dem eine das ganze Reich umspannende Ebene über die Lokalverwaltungen gestellt wurde, die in ihren eigenen Sprachen weiterarbeiteten".[182] Eine spezialisierte Gruppe zwei- und dreisprachiger *chancellors*[183] ermöglichte, dass Anweisungen, die von der Führungsebene in aramäischer Sprache (die *lingua franca* des Reichs[184]) ausgegeben wurden, in Dokumente umgesetzt wurden, die in der lokalen Sprache und Schrift (elamisch, demotisch etc.) verfasst waren.

Mindestens in einigen Fällen waren die Monumentalinschriften nicht konzipiert, um vor Ort vom Publikum gelesen zu werden. Wenn wir uns z. B. Dareios' I. Inschrift aus Behistun anschauen, ist es unleugbar, dass die Schrift auf dem Denkmal, das sich ganz oben an einem Berghang befindet, nicht einmal von der Aussichtsplattform aus lesbar war. Die Kombination von Schrift und Relief verfolgte ein anderes Kommunikationsziel. Der Ort, an dem sich die Monumentalinschrift befindet, liegt nicht zufälligerweise an der Karawanen- und Heeresstraße, die von Mesopotamien durch den Zagros nach Ekbatana führte. Der Stil und die Zusammensetzung von Relief und Schrift geht auf Siegesdenkmäler früherer Könige zurück[185]. Aber Dareios I. lässt diese nicht einfach ‚kopieren', sondern setzt eigene Akzente.[186]

Im Kontext einer auf Oralität basierenden Kultur verwundert die Bedeutung von bildlichen Darstellungen nicht. Die Monumentalinschriften dienten zusammen mit den dazu kombinierten Reliefs als visueller Ausdruck persischer Macht. Bezüglich der Selbstdarstellung des Dareios

---

179 Mündliche Formen der Textüberlieferung waren weit verbreitet, wie wohl Herodots Version von DB zeigt, der eine persische mündliche Version zugrunde liegt (Hdt. III 61–79; dazu: Shayegan 2017, 441–44).
180 In DB § 70 sagt Dareios I.: „Daraufhin habe ich diese Fassung der Inschrift ausgesandt überallhin in die Länder" (Übers. Schmitt 2009; dazu: von Voigtlander 1978, 63–66). In Babylon sind zwei kleine Basaltfragmente gefunden worden, auf denen Passagen von DB (mit kleinen Abweichungen) zu lesen sind (BE 3627 = Berlin VA Bab. 1502 und Bab. 41446) und die wahrscheinlich mit anderen anepigraphischen Basaltblöcken zu einem einzelnen Monument gehörten (so Seidl 1976, 125–30).
181 Zwei Blätter plus ca. 12 Fragmente einer aramäischen Übersetzung sind gefunden worden. Die Texte sind aber so stark beschädigt, dass keine einzige Zeile komplett lesbar ist. S. Greenfield/Porten 1982.
182 So Henkelman/Jacobs/Stolper 2017, ix.
183 So nennt sie Tavernier (2017).
184 S.u.
185 Auch wenn eine Inschrift in drei Sprachen schon eine große Neuigkeit ist; dazu: Finn 2011.
186 Vgl. Root 1979, 194–226; Feldman 2007; Rollinger 2016b. Zu den Unterschieden zwischen achaimenidischer und assyrischer Ideologie s.a.u. im Teil 3.

schreibt Nimchuk: „the inclusion of visual imagery (was) even more vital, if the message is to be received by the audience. In this way, the image is a fourth language used to convey Darius' message".[187] Anders als auf den neuassyrischen Reliefs finden wir auf den achaimenidischen, abgesehen von Behistun, keine kriegerische Themen. Die Kombination von Schrift und Bild dient hier einem bestimmten Ziel: der Darstellung der außergewöhnlichen Position der achaimenidischen Könige[188] und der *Pax Persica*. Beliebt ist etwa die Darstellung von Wächtern, die man u. a. in Persepolis findet: Das Schatzhaus wurde durch Treppen erreicht, die mit der Darstellung von Wachsoldaten geschmückt waren. Das Motiv zeigt, dass der militärische Aspekt nicht ausgeklammert, sondern nur anders eingesetzt wird. Nicht das Angriffselement, sondern das Verteidigungselement kommt zur Geltung, keine Kampfszenen, sondern ‚Ordnungskräfte'. Bilderdarstellungen sind auch auf den Münzen[189] und Siegeln der Täfelchen aus Persepolis zu finden.[190] Sie zeigen häufig Kampf- oder Jagdszenen, Rituale und Opfergaben oder Kämpfe zwischen Tieren. Die königlichen Siegel von Dareios I. und Xerxes zeigen immer einen königlichen Helden, der im Kampf mit wilden Tieren oder Monstern siegreich ist, eine Szene, die auch in den königlichen Reliefs dargestellt ist.

Reliefs, Münzen und Siegel sind Kunstobjekte. Unter achaimenidischer Kunst versteht man zwei miteinander verbundene Materialkategorien. Auf der einen Seite finden wir die achaimenidische Reichskunst, die aus der Architektur der Reichzentren, wie Susa, Persepolis und Pasargadae, besteht sowie aus Denkmälern und Objekten, die eng damit verbunden sind. Dies war die offizielle Kunst, zentral geplant mit dem Ziel, eine bestimmte Agenda zu kommunizieren (wie z. B. in Behistun). Aber es gibt auch eine andere Kategorie von Kunst, die für das Verständnis des Perserreiches von unschätzbarem Wert ist. Dies ist die Kunst, die Colburn „the art *in* the Empire" nennt (gegen „the art *of* the Empire"), die die künstlerischen Ausdrucksformen aller Regionen, die der teispidisch-achaimenidischen Herrschaft unterlagen, umfasst.[191] Dieses Corpus ist schwer zu begrenzen, da die vom Zentrum auf die Peripherien ausgeübte Kontrolle höchst unterschiedlich ausfallen konnte.[192] Außerdem sind die Befunde Richtung Westen ‚ausbalanciert', weil die westlichen Regionen archäologisch besser untersucht worden sind.

Andere persischen Quellen zeigen, dass Schrift für die Verwaltung unverzichtbar war, weil durch den Schriftverkehr sehr komplexe Angelegenheiten geregelt werden konnten. Aus dem Herzen des Reichs kommt das Archiv von Persepolis, das Dokumente der königlichen Verwaltung enthält. Die Täfelchen sind in der Palastbefestigung (PFT = Persepolis Fortification Tablets) bzw. im Schatzhaus (PTT = Persepolis Treasury Tablets) gefunden worden.[193] Die erste Gruppe besteht aus ca. 7000 Texten und zusätzlichen 8000–10.000 Fragmenten auf Elamisch plus weiteren 800 Texten und Fragmenten auf Aramäisch. Auch einzelne Texte in anderen Sprachen, wie Altpersisch, Akkadisch, Griechisch und Lykisch, gehören zum Corpus. Die Texte sind auf die Jahre 509–493 v. Chr. datiert. Die zweite Gruppe besteht aus 746 Texten und Fragmenten auf Elamisch. Diese Texte sind auf die Jahre 492–457 v. Chr. datiert worden. Die Texte geben Auskunft über das

---

187 Nimchuck 2001, 7. Texte können sogar durch Bilder ersetzt werden, wie der Fall der ‚Biblia Pauperum' für Illiteraten zeigt (s. Bibla Pauperum).
188 Es handelt sich um seine Position als Dazu: Root 1979, 194–226; Feldman 2007; Colburn 2013, 775.
189 S. Royal coins.
190 S. Seals.
191 Colburn 2013, 777.
192 Dazu etwa Briant 2002, 726–33.
193 Textausgaben: (für PFT) Hallock 1969; Henkelman 2003, 181–231 zu den elamischen Täfelchen; (für PTT) Cameron 1948.

regionale Wirtschafts- und Verwaltungssystem und einen Eindruck von Ämtern, ihren Trägern sowie ihren Aufgaben, ihrer Entlohnung und ihren Dienstreisen über Land.[194]

Das Archiv von Persepolis dürfte nicht das einzige seiner Art gewesen sein. Aus Arachosien kennen wir zwei elamische Täfelchen eines Archivs aus dem Satrapensitz Qandahar.[195] Und ein Verwaltungsarchiv ist auch in Baktrien zum Vorschein gekommen. Seine Texte sind auf Aramäisch verfasst und auf die Zeit zwischen Artaxerxes III. und Alexander zu datieren.[196] Sie nehmen Bezug auf Menschen, die als Arbeitskräfte dienten und dafür Rationen, aber in einigen Fällen auch Silber und Barzahlung, erhielten. Acht Texte des Archivs gehören zu einem Briefwechsel zwischen dem Satrapen Baktriens und Bagavant, einem seiner Untergebenen in der Provinz. Diese Dokumente sind sowohl sprachlich als auch inhaltlich mit der ägyptischen Aršama-Korrespondenz verglichen worden,[197] weil es sich gleichfalls um offizielle Korrespondenz der persischen Elite handelt, die im sog. Reichsaramäisch verfasst worden ist.

Was die Literalität der Bewohner der Persis angeht, scheint Dandamayev mit seiner hier schon zitierten Aussage Recht zu haben: „Even nobles and highly placed Persian civil servants were illiterate, and writing played no part in standard Persian education".[198] Und Wiesehöfer ist zuzustimmen, wenn er betont: „(…) for instance in the central Iranian lands, the spoken word outranked the written".[199] Wenn Schrift für die Alltagskommunikation (jenseits der Verwaltung) keine große Bedeutung besaß, muss man davon ausgehen, dass die mündliche Kommunikation eine sehr große Rolle spielte. So dürften etwa private Verträge und Transaktionen mündlich vor Zeugen und nicht schriftlich abgefasst worden sein. Das heißt aber nicht, dass Personen, die an Oralität gewöhnt waren, die schriftliche Form nicht akzeptierten, wenn sie in Kontakt mit anderen Personen traten, für die sie üblich war. So wurden einige Dokumente aus dem Archiv der Egibi sogar in Ekbatana[200] und einige aus dem Murašu-Archiv in Susa verfasst.[201] Zusätzlich dokumentieren beide Archive die Anwesenheit von Iranern in Babyloniern und belegen, dass diese, genauso wie die Einheimischen, Schrift aus privaten Gründen nutzten.

Um es zusammenzufassen: Der Iran besaß eine sehr sektorale Schriftkultur[202], und alles deutet darauf hin, dass die Schrift nur auf die Elite bzw. die Verwaltung beschränkt war. Jenseits der Elite war die Schrift weder wichtig, noch lag ihre Verbreitung der Elite am Herzen. So wird die Abwesenheit von Schriftzeugnissen nicht mehr als Überlieferungszufall zu verbuchen sein, sondern als eine Eigenschaft der persischen Kultur.

In jenen Regionen, in denen schriftliche Kommunikation schon vor den Teispiden-Achaimeniden eine große Rolle spielte, wurde sie auch unter ihnen beibehalten. Für einige Territorien, die später in das Perserreich integriert wurden, d.h. Mesopotamien und Ägypten, stehen sowohl für die Zeit vor den Achaimeniden, als auch für die Achaimenidenzeit relativ viele Quellen zur Verfügung, wenn man berücksichtigt, dass in Mesopotamien der Gebrauch der Keilschrift immer stärker zugunsten des Aramäischen zurückging, das auf vergängliche Schriftträger geschrieben

---

194 Zu den Archiven s. den einschlägigen Band: Briant/Henkelman/Stolper 2008.
195 = SF 1399; SF 1400.
196 Dazu Shaked 2004; Shaked/Naveh 2012.
197 = ADAB; s. a. u. im Kapitel 4.
198 Dandamayev 1997.
199 Wiesehöfer 1994, 7.
200 Dazu: Dandamayev 1984.
201 So Shaki/Dandameyev 1995.
202 So nach der Definition von Assmann 2010, 10.

wurde. Die Schrift hatte in Mesopotamien und Ägypten schon in zahlreiche Funktionsbereiche Einzug gehalten: in Wirtschaft, Religion, Kult, politische Repräsentation und, besonders in Ägypten, auch in die Grabarchitektur.[203] Und was noch interessanter ist: In den zwei Regionen findet man sehr frühe Beweise einer alltäglichen Literalität. Schon in altassyrischer und altbabylonischer Zeit dürften ‚normale' Personen die Fähigkeit besessen haben, lesen und schreiben zu können, wie die Amateurschrift und die Schreibfehler in den Texten beweisen.[204] Zeugnisse einer indigenen Literalität, d.h. jenseits der persischen Elite bzw. einer Alltagsliteralität lassen sich in Babylonien sowie in Ägypten auch in teispidisch-achaimenidischer Zeit finden. Diese zwei Regionen stehen im Gegensatz zum Iran, in dem solche Literalität nicht vorhanden ist.[205]

In Mesopotamien und Ägypten finden wir sowohl eine offizielle als auch eine inoffizielle und alltägliche Literalität. Von Herodot erfahren wir, dass die Elite des Perserreichs über Briefe kommunizierte. Es dürfte sich dabei um offizielle, aber auch um inoffizielle Kommunikation gehandelt haben. Hinweis darauf ist, dass bei Herodot Briefe meistens in Verbindung mit Rebellionen und Verschwörungen auftauchen.[206] So soll der Meder Harpagos Kyros eine Geheimbotschaft geschickt haben, die im Bauch eines Hasen versteckt war.[207]

Produkt der persischen Elite ist die Korrespondenz des Aršama. Seine institutionelle Rolle als Satrap in Ägypten ist durch die Elephantine-Papyri eindeutig belegt.[208] Die Papyri sind in Ägypten gefunden worden und in verschiedenen Sprachen, d.h. in Demotisch, Aramäisch, Griechisch, Lateinisch und Koptisch verfasst. Einige von ihnen sind in die achaimenidische Zeit datiert worden und in sog. Reichsaramäisch geschrieben.[209]

Das Aršama-Dossier,[210] d.h. die Gesamtheit der Texte, die sich sicherlich oder möglicherweise auf Aršama beziehen, umfasst 54 Dokumente aus drei verschiedenen Kontexten: 38 aus Ägypten,[211] 13 aus Babylonien[212] und drei Texte aus griechischer literarischer Tradition.[213] Einige der Dokumente aus Ägypten und Babylonien zählen zur offiziellen Korrespondenz des Aršama, d.h., dass sie Bezug auf ihn in seiner offiziellen Verwaltungsrolle nehmen, etwa ein Brief, der von persischen Offizieren für Aršama verfasst und nach Memphis geschickt wurde;[214] es handelt sich wahrscheinlich um eine Kopie, die in Elephantine verwahrt wurde, so wie es im Fall von wichtiger Korrespondenz die Praxis war.[215] Interessant ist auch ein anderer Brief, der von Aršama selbst von Memphis nach Elephantine geschickt wurde[216] und in dem es um die Reparatur eines Bootes geht. Er gibt uns wichtige Informationen über die Arbeit der persischen Verwaltung.

---

203 So Assmann 2010, 14.
204 Dazu: Charpin 2010, 59; Lion 2011, 102–3.
205 An dieser Stelle möchte ich mich bei Ass.-Prof. Dr. Irene Madreiter bedanken, die mir so viele Anregungen für die folgenden Seiten gegeben hat.
206 Dazu: Rosenmeyer 2004; Ceccarelli 2013.
207 Hdt. I 123, 3–124, 3; s.a. ders. III 128.
208 So in AP 17.21.
209 Dazu: Gzella 2004, 38; das Buch stellt die linguistischen Eigenschaften des Reichsaramäischen dar.
210 Teil dieses Dossiers ist die sog. Bodleian-Kollektion (s. Bodleian).
211 35 auf Aramäisch (26 aus einer unbekannten Siedlung und 9 aus Elephantine), zwei auf Demotisch und einer auf Altpersisch.
212 12 aus Nippur und einer aus einem unbekannten Ort.
213 FGrHist 688 (Ktesias) F14 und F15; Polyain. VII 28, 1.
214 = TADAE A6.1.
215 So Weninger 2011, 589.
216 = TADAE A6.2.

Unter den Elephantine-Papyri auf Demotisch findet man die Korrespondenz der lokalen Priester des Gottes Chnum in Elephantine mit Pherendates, dem Satrapen von Ägypten unter Dareios I. Die in mehreren Briefen enthaltenen Aramaismen verweisen darauf, dass es sich dabei um Übersetzungen aus dem Aramäischen handelt.[217] Beide Korrespondenzen geben Auskunft über das Verwaltungssystem des Landes in achaimenidischer Zeit.

In beiden Regionen, Mesopotamien und Ägypten, finden wir Menschen, die nicht zur persischen Elite gehörten und schriftliche Dokumente produzierten. In Babylonien ist eine schon vor der achaimenidischen Zeit initiierte Literalität zu finden, die unter den Achaimeniden nicht aufhörte zu existieren: Produkte der babylonischen Elite, die nicht auf Aramäisch, sondern auf Akkadisch schreibt, sind astronomische Tagebucheinträge, Königslisten und historische Chroniken.[218] Was die Chroniken angeht, begannen sie schon in der 2. Hälfte des 8. Jhs. v. Chr. und setzten sich bis zur Herrschaft von Seleukos II. (245–226 v. Chr.) fort. Aus achaimenidischer Zeit sind zwei Chroniken erhalten geblieben. Die erste ist ein Fragment in einem sehr schlechten Erhaltungszustand, das höchstwahrscheinlich den persischen König Xerxes erwähnt.[219] Die zweite Chronik enthält einen Bericht über die Deportation von Gefangenen aus der rebellischen phönizischen Stadt Sidon. Dem Fall ist ein eigener Abschnitt in dieser Studie gewidmet.[220]

Aus der frühen persischen Zeit in Babylonien stammt auch ein anderes offizielles Dokument: der sog. ,Kyros-Zylinder', ein Bericht der Restaurationsarbeiten von Kyros in Babylon kurz nach der Niederlage Nabonids.[221]

Zu Babylon und seiner Umgebung stehen aber auch Wirtschaftsdokumente zur Verfügung, die Alltagsliteralität belegen. Der Austausch von in Babylonisch und Keilschrift geschriebenen Briefen war hier ein üblicher Vorgang: die Inhaber dieser Archive dürften die Briefe sogar selbst geschrieben haben.[222] Es handelt sich um die Archive der Familien Egibi und Murašu.[223] Die Dokumente der Familie Egibi sind in die Zeit zwischen der Mitte des 6. Jhs. und dem Anfang der Herrschaft des Xerxes zu datieren.[224] Die meisten Dokumente des zweiten Archivs stammen aus den Jahren 440–416 v. Chr.[225] Wie Briant bemerkt hat: „the Babylonian documentation exhibits great continuity (…). In the private archives in particular, the major historical events, such as the conquest of Cyrus, would not even be noticeable (…)".[226]

Quellen einer Alltagsliteralität sind auch in Ägypten zu finden. Der Satrap Aršama schrieb auch über private Angelegenheiten. 13 Briefe,[227] die unter den Elephantine-Papyri erhalten sind, widmen sich ausschließlich der Verwaltung seines eigenen Landbesitzes, d. h., dass sie nicht mit

---

217 Für die Texte: Spiegelberg 1928; Martin 1996, C1–4; für die Aramaismen: Hughes 1984.
218 Diese Texte sind von Grayson (ABC) gesammelt worden. Zu den Chroniken: Dandamayev 2004; s.a. die neuen Lesungen von van der Spek (Mesop. Chron.) und Haubold/Steele/Stevens (2019).
219 Dazu: Grayson 1975, 112 ff.
220 S. u. Kapitel 12.
221 Dazu: Waerzeggers 2015.
222 So Hackl/Jursa/Schmidl 2014, 76.
223 Die Texte sind auch online verfügbar (s. Egibi (Achemenet) und Murašu).
224 Dazu: Weingort 1939; Delaunay 1977; Wunsch 2000.
225 Dazu: Cardascia 1951, bes. 7–8 und passim; Stolper 1976, 1, 111–157. Für andere Texte: Stolper 1985, Nr. 34.40.44.90.94; ders. 2001; s.a.u. im Kapitel 9.
226 So Briant 2002, 71.
227 Es handelt sich um 10 Briefe von Aršames, plus 3 Antworten: TADAE A6.3–16.

seiner Rolle als Satrap in Verbindung zu bringen sind. Diese Briefe wurden von Aršama in Susa geschrieben, wo er sich von 411 v. Chr. bis zum Jahre 408 v. Chr. befand.[228]

Einige Dokumente unter den Elephantine-Papyri[229] sind Produkte der jüdischen Gemeinschaft, die sich in Elephantine aufhielt. Sie enthalten die Kommunikation zwischen ihr und der persischen Elite, wie die berühmte Petition, die Jedoniah, der Hohepriester von Elephantine, im Jahre 407 v. Chr. an Bagoas, den persischen Statthalter von Judäa, richtete, um den zerstörten Tempel auf der Insel wiederaufbauen zu können, da er diesbezüglich noch keine Genehmigung erhalten hatte.[230] Unter den Papyri sind aber auch andere Dokumente mit privatem Charakter zu finden, wie Kreditverträge oder Heiratsurkunden. Ähnlich steht es mit den Daliyeh-Papyri, die zwischen den Jahren 375 und 335 v. Chr. geschrieben wurden und den Verkauf bzw. die Freilassung von Sklaven oder den Verkauf von Eigentum etc. betreffen.[231]

Ein interessanter Text ist die Biographie Udjahorresnets, die sich auf seiner Statue befindet, die heute im Museo Gregorino Egizio in Rom aufbewahrt wird.[232] Im Text, der in Hieroglyphenägyptisch geschrieben ist, erwähnt Udjahorresnet die Ankunft der Perser zur Zeit des Kambyses in Ägypten und stellt sich als treuen Untergebenen Kambyses' II. und Dareios' I. dar.

In Gefäßen der Nekropolis von Hermopolis Magna sind im Jahre 1945 acht Briefe auf Aramäisch gefunden worden.[233] Diese Gefäße enthielten einst Tierknochen, und man weiß nicht, warum die Briefe, die anscheinend auf dem Weg zu ihren Empfängern verlorengegangen sind, hier auftauchen. 5 Briefe hatten als Zielort Syene[234] und die anderen Luxor.[235] Auch wenn die Briefe kein Datum erwähnen, sind sie auf das Ende des 6./den Anfang des 5. Jhs. v. Chr. zu datieren.[236] Sowohl die Sprache als auch die Schrift dieser Briefe lassen sich nicht mit denen der Elephantine-Papyri vergleichen. Die Dokumente aus Hermopolis sind nicht von professionellen Schreibern geschrieben worden, und ihre Sprache ist einfach[237]. Auch die Themen sind ‚einfach' und alltäglich: Anfragen für Objekte wie Leder, Öl oder Wolle[238] oder für Kinderbetreuung.[239] Als Beispiel für den privaten Inhalt solcher Texte dient TADAE A2.5. Es handelt sich bei dem Text um einen Brief eines gewissen Nabušezibs an seine Schwester. Er beklagt sich, dass die Schwester sich nicht erkundigt habe, wie es ihm gehe, nachdem er von einer Schlange gebissen worden war. Der Text belegt, wenn auch nur indirekt, die Existenz einer weiblichen Literalität in Ägypten, da der Bruder davon ausgeht, dass die Schwester ihm zurückschreibt.

---

228 AP 27 belegt, dass Aršames zum Perserkönig gegangen war. Dazu: Bresciani 1985.
229 Die bis 1920 gefundenen Papyri (= AP) wurden von Cowley herausgegeben. In Porten 1968 sind diese und noch andere zu finden = TADAE. S. a. Kapitel 12.
230 = AP 30.
231 Es handelt sich um private Dokumente aus dem Aramäischen. Sie wurden zwischen den Jahren 375 und 335 v. Chr. geschrieben (dazu: Gropp/Vander Kam/Brady 2002).
232 Dazu: Posener 1936, 1–26 (hieroglyphischer Text in Typendruck mit Übersetzung und Kommentar). Zur Inschrift s. etwa Llyod 1982; Baines 1996. Für eine Liste von alternativen Übersetzungen: Wittmann 2003, 268 Anm. 7.
233 Die Briefe wurden das erste Mal von Bresciani/Kamil (1966) publiziert.
234 So TADAE A2.1-4; ebda. D1.1.
235 So TADAE A2.5-7.
236 So Naveh 1971, 120–122.
237 Dazu: Hammershaimb 1968; Greenfield 1978, 96–7.
238 So TADAE A2.1-2; A2.4; A2.6.
239 So TADAE A2.7.

Aus der Region Syene-Elephantine stammen ca. 300 Texte auf Tonscherben. Ostraka wurden für eilige und knappe Mitteilungen verwendet, wie etwa Aufforderungen zu kommen.[240] Sie wurden per Schiff von Syene nach Elephantine geschickt. Nach Naveh wurden ungefähr 10 % der Texte von einer einzigen Person geschrieben, d.h. einem Schreiber, der für Personen schrieb, die selbst nicht schreiben konnten.[241] Nach dem Jahre 375 v.Chr. tauchen diese Texte nicht mehr auf.

Was weitere wichtige Zeugnisse aus anderen Reichsteilen betrifft, tauchten offizielle Dokumente der Verwaltung auch im kleinasiatischen Raum auf. Die Trilingue, die 1973 im Letoheiligtum bei Xanthos gefunden und in der Mitte des 4. Jh. v. Chr. (wahrscheinlich 358 v.Chr., aber die Datierung ist umstritten) verfasst wurde, besitzt einen aramäischen, einen griechischen und einen lykischen Text.[242] Er enthält einen Erlass des Pixodaros, des karischen und lykischen Satrapen; Vertragspartner sind die Xanthier, die einen Kult für den βασιλεὺς Καύνιος und Ἀρκησιμάς eingerichtet hatten. Nur auf Griechisch ist der (in seiner Historizität umstrittene und nur in einer späteren Kopie vorliegende) sog. Gadatas-Brief verfasst: Der Funktionär Gadatas wird von Dareios I. belohnt, weil er sich um die Anpflanzung von aus der Transeuphratene stammenden Fruchtbäume in Kleinasien gekümmert hat, aber gleichzeitig wird er gewarnt, weil einige seiner Maßnahmen der großköniglichen Politik widersprechen.[243] Beide Inschriften wurden von königlichen bzw. satrapalen Büros verfasst und sind deswegen Belege einer offiziellen schriftlichen Kommunikation innerhalb der achaimenidischen Verwaltung.

Die teispidisch-achaimenidische Quellensituation bereitet Schwierigkeiten, aus denen man ‚das Beste machen muss', wie ich hier dargestellt habe. Auch der Leser wird erst einmal sehr irritiert sein zu erfahren, dass kein persischer Deportationsfall in einer iranischen Quelle belegt ist. Der einzige Hinweis auf eine Deportation in einer orientalischen Quelle befindet sich, wie schon erwähnt, in einer babylonischen Chronik. Nach dem soeben Gesagten scheint dies jetzt kein Zufall mehr zu sein, da Mesopotamien eine der Regionen des Reichs ist, in der der Schriftgebrauch weit verbreitet war.

Diese Studie würde ohne griechisch-römische Quellen nicht existieren, weil, abgesehen vom babylonischen Fall, nur bei klassischen Autoren Deportationen belegt sind. Das bedeutet aber nicht, dass die Zeugnisse der persischen Elite nicht mit ihnen verbunden werden können. Die orientalischen Zeugnisse sind deswegen nützlich, weil sie helfen können, die einzelnen Deportationsfälle in einen breiteren historischen Kontext zu stellen und allgemeine Aussagen, etwa über den Sozialstatus und die Identität der Deportierten, zu treffen.

---

240 S. etwa BM 45035.
241 Dazu: Naveh 1971, 37.
242 Zur Stele etwa: Metzger u. Aa. 1979; Eichner 1983; Kottsieper 2001; Donner/Rölling 2002, 78–9; Grätz 2004, 112 ff.; s.a.u. im Kapitel 9.
243 ML 12; s.a.u. in den Kapiteln 15 und 18.

Erster Teil:
Deportationsfälle im Perserreich

1. Vorwort zum ersten Teil

Der erste Teil dieser Studie analysiert vorwiegend diejenigen Deportationsfälle, die als solche in den Quellen zu erkennen sind. In die Untersuchung wurden Fallbeispiele eingeschlossen, die in Wirklichkeit nicht eindeutig als Deportationen definiert werden können. Diese sind m. E. Teil des Deportationsdiskurses und dürfen aus diesem Grund nicht vernachlässigt werden. Es ist weiterhin bedeutsam, dšauf hinzuweisen, dass manche Fälle, die in der *communis opinio* als Deportationen gelten, gar keine Deportationen gewesen sind. Die Definition von Deportation, wie sie in der Einleitung erarbeitet wurde, erlaubt, unterschiedliche Phänomene zu unterscheiden. Die Historizität einiger Fälle bleibt umstritten: Ich habe in solchen Fällen Hypothesen vorgeschlagen bzw. mich auf Elemente der Fallbeispiele konzentriert, die als historisch betrachtet werden dürfen.

Dieser erste analytische Teil der Studie besteht aus zwölf Abschnitten, die jeweils einem Fallbeispiel gewidmet sind und dieses kritisch überprüfen. Obwohl verschiedene Möglichkeiten zur Anordnung der Abschnitte denkbar sind, habe ich mich für eine chronologische Reihung entschieden. Ausschlaggebend ist dabei das Datum der realen bzw. angeblichen Deportation, wie es in den Quellen überliefert ist. Dieses System erlaubt es, anfänglich eine neutrale Position in den Streitfragen Deportation vs. andere Phänomene (etwa Exilierung, „impelled migration") bzw. historische vs. unhistorische Deportation einzunehmen.

Was den inhaltlichen Aufbau der einzelnen Abschnitte angeht, werden zunächst die Quellen vorgestellt, die Bezug auf eine Deportation bzw. auf ein bestimmtes Phänomen nehmen, das immer wieder als Deportation interpretiert worden ist. Abgesehen von ihrer Länge werden immer die Übersetzungen (wenn vorhanden, in deutscher Sprache) und in den Fußnoten die Originalzitate geliefert. Für alle in dieser Arbeit genutzten antiken Zeugnisse wird auf eine gängige Übersetzung zurückgegriffen und der Originaltext zitiert, sobald das Zitat eine Länge von drei Zeilen überschreitet.

Bevor die Quellen eingehend erörtert werden, seien deren Inhalte paraphrasiert, um die darin enthaltenen Informationen hervorzuheben. In der Erläuterung werden die Autoren und die Werke, denen die Passagen entnommen worden sind, vorgestellt. Ferner wird erklärt, aus welchen Gründen der Fall in dem bestimmten Werk Erwähnung findet. Im Anschluss werden die Passagen formal und inhaltlich analysiert. Wenn ein Fall durch mehrere Quellen überliefert wird, werden die angegeben Informationen verglichen.

Abschließend werden die Fragen der Interpretation und Historizität des Falls erörtert. Auch in den Fällen, in denen nicht eindeutig bestimmt werden kann, ob eine Deportation in der Tat stattgefunden hat, konzentriere ich mich auf die in den Texten vorkommenden Elemente, die mit dem Thema Deportation verbunden sind, etwa die Lage und die Identität von Minderheiten im Perserreich. Da Themen dieser Art immer wieder in den Deportationsquellen vorkommen und so bedeutend sind, werden ihnen einzelne Abschnitte im zweiten Teil der Studie gewidmet.

2. Kambyses und ägyptische Handwerker

2.1 Text

Ktes. 117 Lenfant, F 13 Photios (§ 10):[1]
(...) Den Amyrtaios aber nahm er lebend gefangen und tat ihm nichts anderes Böses an, als daß er ihn nach Susa verbannte zusammen mit 6000 Ägyptern, die er sich selbst ausgewählt hatte. (...)

Diod. I 46, 4:[2]
(...) Silber und Gold freilich wie auch die Pracht von Elfenbein und Edelsteinen hätten die Perser geplündert, als Kambyses die Heiligtümer Ägyptens verbrennen ließ. Die Perser hätten damals diese Reichtümer nach Asien fortgeschleppt und auch Künstler[3] dazu mitgenommen, um die berühmten königlichen Residenzen in Persepolis sowie in Susa und in Medien auszustatten.

Wie man im oben zitierten Fragment des Ktesias lesen kann, soll Kambyses einen Mann namens Amyrtaios und 6000 andere Personen gezwungen haben, Ägypten zu verlassen und ihm nach Susa zu folgen. Die Menschen, die Kambyses nach Susa gebracht habe, seien nicht zufällig mitgenommen, sondern sorgfältig ausgesucht worden. Mehr dazu sagt Ktesias allerdings nicht.

Laut Diodor hat Kambyses sich in Ägypten nicht nur mit der Zerstörung der Tempel begnügt, sondern Handwerker[4] mitgeführt, die später eingesetzt wurden, um die berühmten Paläste in den königlichen Residenzstädten zu erbauen.

---

1 Übers. König 1972. Text: ζωγρίαν δὲ λαβὼν τὸν Ἀμυρταῖον, οὐδέν ἄλλο κακὸν εἰργάσατο ἢ ὅτι εἰς Σοῦσα ἀνάσπαστον σὺν ἑξακισχίλοις Ἀιγυπτίοις, οὓς αὐτὸς ᾑρετίσατο, ἐποιήσατο. Nach den Exzerpten des Photios wurde die Deportation im Buch 12 der ‚Persika', das sich mit Kambyses' Königtum befasst, genannt.
2 Übers. Wirth 1992. Text: ἐνέπρησε τὰ κατ'Ἀίγυπτον ἱερὰ Καμβύσης· (...) τοὺς Πέρσας μετενεγκόντας τὴν εὐπορίαν ταύτην εἰς τὴν Ἀσίαν καὶ τεχνίτας ἐξ Ἀιγύπτου παραλαβόντας κατασκευάσαι τὰ περιβόητα βασίλεια τά τε ἐν Περσεπόλει καὶ τὰ ἐν Σούσοις καὶ τὰ ἐν Μηδίᾳ.
3 Für eine alternative Übersetzung s. u.
4 τεχνίτας sollte hier besser als „Handwerker" übersetzt werden. LSJ s. v. nennt „craftsman" als erste Bedeutung. Umgekehrt gibt PAPE s. v. „Verfertiger" als zweite und „Künstler" als erste Bedeutung an.

2.2 Erläuterung

Die erste von den Persern durchgeführte Deportation, die in den zur Verfügung stehenden Quellen zu finden ist, geht offenbar auf die Zeit der Eroberung Ägyptens zurück (525 v. Chr.). Laut Ktesias herrschte zu jener Zeit Amyrtaios in Ägypten. Herodot zufolge zog Kambyses gegen Amasis, der aber starb, sodass die Entscheidungsschlacht gegen seinen Sohn Psammetich geführt wurde.[5] Unter dem Namen Amyrtaios – gemäß Ktesias, wie erwähnt, Herrscher in Ägypten bei Kambyses' Ankunft – sind verschiedene Personen bekannt: Amyrtaios aus Sais wurde 464/3–454 v. Chr. mit Inaros Initiator von diversen Rebellionen gegen die Perser;[6] ein anderer Amyrtaios, möglicherweise ein Enkel des Amyrtaios von Sais, kontrollierte Ägypten am Ende des 5. Jhs. v. Chr. als einziger König der 28. Dynastie.[7] Nach Diodor soll neben diesem Amyrtaios ein weiterer Herrscher regiert haben, den er Psammetich nennt.[8] Huß hält es allerdings für wahrscheinlicher, dass Amyrtaios und Psammetich dieselbe Person waren und ersterer aus Propagandagründen den Thronnamen Psammetich angenommen habe.[9] Es liegt die Vermutung nahe, dass es in diesem Fall ähnlich gewesen ist und ein in den Quellen als Amyrtaios bezeichneter Herrscher später den dynastischen Namen Psammetich III. angenommen hatte. Demzufolge hat sich Ktesias weder geirrt, noch wollte er Herodot korrigieren (nach dem Psammetich Pharao war, als Kambyses Ägypten eroberte), sondern er verwendete vielmehr den ursprünglichen Namen des Pharaos: i. e. Amyrtaios. Auch wenn Ktesias als historische Quelle umstritten ist, darf nicht jede Einzelheit durch die Ungenauigkeit oder Wirkabsicht des Autors erklärt werden.[10]

Herodot schenkt der Geschichte Ägyptens vor der persischen Zeit sowie seiner Eroberung durch die Perser viel Aufmerksamkeit, auch wenn sein Bericht über Kambyses' Ägyptenexpedition nicht wertfrei ist, sondern politische sowie soziale Ereignisse aus den 450er Jahren in Athen miteinbaut. Trotz seines Interesses ist bemerkenswert, dass er nie diese Deportation erwähnt. Das mag noch mehr überraschen, da dieser Autor unsere erste Quelle für mehrere Deportationsfälle ist.[11]

Was die praktischen Entscheidungen des Kambyses nach der Eroberung betrifft, so hat er Herodot zufolge Psammetich erlaubt, Ägypten als Statthalter zurückzuerhalten, denn: „bei den Persern pflegt man königliche Abstammung zu ehren".[12] Glaubt man Herodot, machte Psammetich einen großen Fehler: Er habe die Ägypter zum Widerstand aufgerufen und sei aus diesem Grund dazu verurteilt worden, Rinderblut zu trinken.[13] Es ist anzunehmen, dass Herodot die Deportation von A. oder P. nicht verschwiegen hätte, wenn sie ihm bekannt gewesen wäre. Denn

---

5 Hdt. III 1, 1; ebda. 10, 2; ebda. 14, 1; s. a. Athen. XIII 10, 560 d–e.
6 Hdt. II 140, 2; ders. III 15. Vgl. zwei aramäische Urkunden aus Elephantine: AP 7 = TADAE II B7.2; AP 35 = TADAE II B4.6; Kommentar: Briant 2002, 573–7.
7 FGrHist 609 (Manetho) F3 c. 1S.
8 Diod. XIV 35, 4.
9 Huß 2001, 43 Anm. 6.
10 Zum Einfluss Herodots auf Ktesias' Werk: Lenfant 2004, xviii–xxii und bes. Bichler 2004; ders. 2011. Der ganze Band von Wiesehöfer/Rollinger/Lanfranchi 2011 enthält mehrere Aufsätze, die auf die Einschätzung des Ktesias als historische Quelle Bezug nehmen.
11 S. u. die Kapitel 4–7.
12 Hdt. III 15, 2. Zu diesem Verhalten, das tatsächlich ein wichtiger Bestandteil der persischen Politik war, s. u. im Kapitel 18.
13 Das Trinken von Ochsenblut galt bei den Alten als tödlich, angeblich weil das Blut sofort gerinnt und den Trinkenden erstickt (Aristot. hist. an. III 19).

diese Handlung hätte m. E. sehr gut in seine Darstellung des Kambyses als eines verrückten und grausamen Königs[14] gepasst. Es handelt sich im Fall von Kambyses um ein motivgeleitetes Despotenbild. Der Halikarnassier lässt z. B. auch Kleomenes II. nahezu dieselben Freveltaten vollbringen wie Kambyses. Und die Inschrift des Udjahorresnet, eines hohen Funktionärs des Pharaos, der mit den Persern zusammenarbeitete, berichtet ‚nur' von einem großen Wüten im Land, das entstanden sei.[15] Mit dem berühmten Bagoasbrief findet sich ein Zeugnis, das die Beschädigungen von ägyptischen Tempeln unter Kambyses' Herrschaft belegt[16] („Die Tempel der Götter Ägyptens riß man ohne Ausnahme nieder"[17]), allerdings in einem Rebellionskontext. Das Handeln der Perserherrscher ist in diesem Fall nichts Ungewöhnliches, wie unsere Quellen belegen.[18]

Da die Episode der Deportation von Psammetich bzw. Amyrtaios und weiteren Menschen so gut in die Erzählung Herodots gepasst hätte, aber doch vom Autor verschwiegen wird, dürfte sie von Quellen geschildert worden sein, die von ihm unabhängig waren. Für die im 1. Buch Diodors zu findende Übersicht über die ägyptische Geschichte[19] muss Hekataios von Abdera bzw. Teos eine besondere Rolle als Hauptquelle gespielt haben. Dieser soll kurz nach dem Jahre 320 v. Chr. am Hofe Ptolemaios' I. sein Ägyptenbuch geschrieben haben.[20] Seine Herausforderung war es wohl, seinen Vorgänger in der Darstellung ägyptischer Geschichte, also Herodot, den er kritisierte, zu ergänzen.[21] Diodor, gestützt auf Hekataios, bietet nun die Episode der Deportation, die bei Herodot nicht zu finden ist. Jedoch verwundert es nicht, dass auch Ktesias, der oft eine Art Alternative zur Darstellung Herodots bietet,[22] diese Deportation erwähnt.

---

14 S. etwa Hdt. II 3, 1; ders. III 16, 5–6; ebda. 30.33.38; ebda. 61, 1; ebda. 64, 6. Kambyses als negatives Gegenstück, etwa zu Kyros, ist bei vielen Autoren zu finden: S. etwa Plat. Leg. III 693 ff.; Xen. Kyr. VIII, 8 ff.; Iust. I 9, 2; Diod. I 46, 4; ebda. 49, 5. Dass Herodot keine große Sympathie für Kambyses hatte, beweist auch seine Darstellung der zwei angeblich katastrophalen Feldzüge des Kambyses, zum einem nach Nubien, zum anderen in die Oase Siwa. Letzterer war wohl erfolgreich, wie aufgrund Strabons (geogr. XVII 15 800 C), Diodors (I 34, 7) und archäologischer Zeugnisse, die aus der Oase al-Chargah stammen und in die Zeit Dareios' I. datieren (Dareios ließ dort einen Amun-Tempel errichten: Cruz-Uribe 1988; ders. 2005), angenommen werden kann.

15 ZZ. 33–4; ebda. 40–1. Dazu: Posener 1936, 1–26 (hieroglyphischer Text in Typendruck mit Übersetzung und Kommentar). Zur Inschrift s. etwa Llyod 1982; Baines 1996. Für eine Liste alternativer Übersetzungen: Wittmann 2003, 268 Anm. 7. Die Biographie Udjahorresnets befindet sich auf seiner Statue, die heute im Museo Gregorino Egizio in Rom aufbewahrt wird. Udjahorresnet erwähnt die Ankunft der Perser und stellt sich als treuer Untergebener von Kambyses II. und Dareios I. dar.

16 Dazu: Jansen-Winkeln 2002; Kaper 2015; Wijnsma 2018.

17 AP 30, 13 ff. Übers. Galling 1979, 86. S. a. Porten 1996, 142 (B19, Z. 14).146 (B20, Z. 13). Es handelt sich um die Petition, die Jedoniah, Hohepriester von Elephantine, im Jahre 407 v. Chr. auf Aramäisch an Bagoas, den Statthalter von Judäa, richtete, um den zerstörten Tempel auf der Insel wiederaufbauen zu können. Hierfür fehlte ihm noch eine Genehmigung. Dazu: Grelot 1972, 400 ff. Über Elephantine s. a. Kapitel 13.

18 Etwa Hdt. VIII, 51–2 (Athen) und XPh.

19 Diodor schließt seinen Abriss der ägyptischen Geschichte mit dem Ende des Amasis (Diod. I 68) und verspricht (Diod. I 69, 1), die Taten der späteren Könige seiner Zeit am gehörigen Orte zu verzeichnen (s. etwa Diod. XVIII 21, 9: Bei der Einverleibung von Kyrene im Jahr 322 v. Chr. wird der König Ptolemaios erwähnt).

20 Diodor (I 84, 8) zitiert Hekataios als Quelle für seine Beschreibung vom Tod des Apis-Stiers nach 323 v. Chr. Das gilt als klarer *terminus post quem* für das Werk des Hekataios; dazu Murray 1973 und BNJ s. v.

21 So Diod. I 69, 7 (= FGrHist 264 F 25).

22 Dazu: Bichler 2004; Lenfant 2004, xxviii–xxxii.

2.3 Die Frage der Historizität

Wie die deportierten Ägypter dem persischen König gedient haben könnten, wird durch die Lektüre der persischen Quellen offenbart. Die Mitarbeit von Menschen unterschiedlicher Herkunft beim Bau der königlichen Paläste wird in den bekannten mehrsprachigen Inschriften deutlich, die über die Erbauung des Palastes von Dareios I. in Susa berichten.[23] Es werden dort unterschiedliche Völkerschaften genannt, die aus verschiedenen Regionen kommende Baumaterialien entweder nach Susa transportieren oder dort verarbeiten: So sei aus dem Libanon stammendes Zedernholz von Assyrern nach Babylonien und dann von Karern nach Susa gebracht worden, und Griechen dekorierten mit ägyptischem Silber und Ebenholz den Palast. Die Inschrift ist eindeutig ideologisch geprägt: Es ist nicht zu bezweifeln, dass Dareios I. unterstreichen wollte, wie viele unterschiedliche Völkerschaften an der Fertigung des Palastes auf seinen Befehl hin mitgearbeitet hatten. Dies kann als Gemeinplatz im ideologischen Herrschaftsdiskurs der Perser definiert werden:[24] Das findet seinen Platz in der persischen königlichen Ideologie, wie Wiesehöfer betont: „Die persischen Großkönige nehmen als von Auramazda eingesetzte ‚Könige der Länder aller Rassen' bzw. ‚Könige auf der ganzen Erde' die gesamte bewohnte Welt in den Blick"[25]. Dennoch darf eine Interpretation nicht zu dem Ergebnis führen, dass der Inhalt der Inschrift als Fiktion Dareios' I. zu erachten ist. Dies beweisen Dokumente aus den Archiven von Persepolis, welche die aus den königlichen Inschriften gewonnenen Informationen bestätigen, wie nachfolgend gezeigt wird.[26]

Auch Ägypter treten in den Inschriften aus Susa in Erscheinung: In DSz § 11, A–B wird erwähnt, dass sie Silber und Ebenholz transportiert haben, und weiter in DSz § 13, D–L[27], dass Ägypter unter den Goldschmieden waren sowie unter denen, die das Holz bearbeiteten und die Burgmauer schmückten.[28] Die genannten Berufe sind anhand der ägyptischen Kulturtradition „unmittelbar verständlich und naheliegend".[29] Bei Gold handelte es sich um einen typischen und häufig gewonnenen Rohstoff in Ägypten, der im 1 Jt. v. Chr. zusätzlich als sehr wertvoll erachtet wurde. Ebenholz ist als eines der wichtigsten Hölzer zu erachten, das von den Ägyptern für die Herstellung von Luxusgütern aus Nubien importiert wurde.[30] Kleine Einlegeplättchen mit ägyptischen Motiven sind tatsächlich in Susa, etwa im Gründungsdepot des Apadanas, gefunden worden[31], und nicht nur da sind Zeichen des ägyptischen Kunsteinflusses zu finden:[32] Die kannelierten Säulenschäfte des Apadanas in Persepolis tragen ägyptische Palmkapitelle, und die

---

23 Verschiedene Fassungen der ‚Bauinschrift', die ähnlich, aber nicht identisch sind, finden sich bei: Vallat 1970 (DSf, DSz); ders. 1971 (DSaa, DSz); ders. 1986 (DSaa); s. a. Stève 1974; ders. 1987; Schmitt 2009, 125 ff.
24 S. Rollinger (2014d) Interpretation als imperiale Selbstsicht.
25 Wiesehöfer 2007, 40.
26 S. u.
27 S. Schmitt 2009. Vgl. DSf § 11, A–B; ebda. § 13 F–G. Dagegen liefert die babylonische Gründungsurkunde (DSaa) keine Information über die Bedeutung Ägyptens für das persische Bauwesen.
28 Vgl. DSf § 9 A–B.
29 So Wasmuth 2009b, 26.
30 Stucky 1985; Wasmuth 2009b, 267–8 und 277–8.
31 So Ghirshman 1954, 68 ff. mit Pl. XVII (vgl. Pl. LIII). Dazu: Sternberg-El-Notab 2000, 155 f. Für eine komplette Zusammenfassung der in Persien gefundenen ägyptischen Objekte aus teispidisch-achaimenidischer Zeit sei auf Wasmuth 2009b verwiesen.
32 Zum Verhältnis Ägypten – Persien im Blick auf gegenseitige Beeinflussungen: Wasmuth 2014, die von Reziprozität spricht.

Türen schließen mit ägyptischen Hohlkehlen ab.[33] Die Existenz von typisch ägyptischen Kunstmotiven in persischen Palästen genügt nicht, um auch eine Anwesenheit ägyptischer Handwerker zu belegen. Die ‚Bauinschrift aus Susa' ist, wie schon erwähnt, ideologisch geprägt, sodass die in ihr vorhandenen Informationen nicht zwangsläufig der Realität entsprechen müssen. Funde aus den Nekropolen von Susa bestätigen aber die Anwesenheit von Ägyptern in der Region.[34]

Weiterhin wird der Rückgriff der Perserkönige auf ägyptische Arbeitskräfte durch die Persepolis-Täfelchen bestätigt. Diese registrierten die im persischen Wirtschaftssystem tätigen Personen bzw. Gruppen mitsamt der Arbeitsleistung und des Honorars und haben folglich keinen ideologischen Nutzen.[35] In dem (nur teilweise vorhandenen) Gesamtkorpus sind einundzwanzig an Ägypter ausgegebene Rationen dokumentiert, die alle in den Zeitraum der Regierungsjahre 18–24 von Dareios I. gehören; eine weitere Tafel dokumentiert die Rationenausgabe für zwei Perser, die auf dem Weg nach Ägypten waren.[36] Ferner finden sich Angaben zum Gehalt von 267 Ägyptern, das in Bezug auf die Silbermenge pro Zeitraum vertraglich geregelt war. Unter den genannten Täfelchen sind einige der sogenannten Reise-Gruppe: Darin werden Arbeitsgruppen genannt, die gesendet wurden, um dem König dort zu dienen, wo sie gerade gebraucht wurden. So machen sich z. B. Ägypter im 21. und 23. Jahr der Herrschaft Dareios' I. von Persien bzw. Elam auf den Weg nach Tamukkan, das am Persischen Golf gelegen war. Dort sollten die ägyptischen Arbeitskräfte den Bau einer königlichen Residenz unterstützen („547 Egyptian *kurtaš* (...) He/they went to Tamukkan"[37])[38].

Die bekannten Dokumente aus Persepolis erfassen den Transport von Ägyptern vom persischen Kernland in andere Regionen, d. h. von Persien bzw. Elam, in andere Regionen. Folgt man der Leseart Camerons, ist PTT 9 als Ausnahme zu betrachten. Denn auf diesem Täfelchen werden jene Steinarbeiter[39] erwähnt, welche die Inschriften in der Säulenhalle von Persepolis anfertigten. Allerdings offenbart ein Blick auf das Originaltäfelchen,[40] dass der entscheidende Teil abgebrochen und in der Ergänzung problematisch ist: Stand dort „Ägypter/ägyptisch" oder „aus Ägypten" (*m[u-sir-ri-ia]*)[41]? Die Frage kann nicht mit Sicherheit entschieden werden. Wasmuth bemerkt die Ungewöhnlichkeit dieses Falles, da normalerweise Arbeitskräfte, wie oben erwähnt, vom Kernland aus in andere Teile des Reiches verschickt worden seien und nicht umgekehrt.[42]

---

33 Dazu: Koch 1992, Abb. 39 und Taf. 19.
34 Dazu: Wasmuth 2009b.
35 Die Täfelchen aus Persepolis, die publizierten und die (noch) nicht publizierten, die Bezug auf Ägypter nehmen, hat Wasmuth mit Hilfe Henkelmans systematisch gesammelt (2009b, 406–12). Die folgenden Zahlen von ägyptischen Arbeitskräften stammen aus ihrer Arbeit.
36 PTT 1.2.9.15.16; PFT 306.1544.1547.1557.1806.1814.1957; NN 0448.0480.0745.1057.1177.1190.1922.1924. 2493.2516.
37 PFT 1557; übers. Henkelman in Wasmuth 2009a, 406.
38 Vgl. NN 0480. Für den „Rückweg" Tamukkan-Persepolis: NN 1177. Zwei Orte werden in den Persepolis-Täfelchen Tamukkan (Altpersisch *Tauka) genannt: Einer ist binnenländisch, der andere liegt an der Küste des Persischen Golfs. Beide werden von klassischen Quellen erwähnt (s. etwa Ptol. Geogr. VI 4, 2–3; vgl. ebda. VIII 21, 15; dazu: Vallat 1993, 273 mit Lit.). Im am Meer liegenden Tamukkan befindet sich auch ein königlicher Palast, wie Strabon erwähnt (geogr. XV 3, 3 729 C; dazu: Henkelman in Wasmuth 2009a, 407; s. a. Henkelman/Stolper 2009, 279–80).
39 šeiškiip (PTT 9, Z. 6).
40 Cameron 1948, 95–7 und Pl. VI.
41 Nach Cameron 1948, 95.
42 Die Frage der richtigen Lesung und Interpretation von PTT 9 wurde mit Wasmuth (2014) in einem E-Mailaustausch diskutiert. Für Ihre Anmerkungen möchte mich an dieser Stelle herzlich bedanken.

Die Möglichkeit, dass Arbeiter aus Ägypten selbst verschickt worden sind, darf m. E. hingegen nicht ausgeschlossen werden. Nicht zuletzt aus dem Grund, dass die Inhalte des Archives fragmentarisch überliefert und die zur Verfügung stehenden Dokumente nicht unbedingt repräsentativ sind. Falls die Lücke „aus Ägypten" zu ergänzen ist, muss dies trotzdem nicht ein Hinweis auf eine Deportation sein. Eine Deportation aus Ägypten könnte ja eine Maßnahme Dareios' I. gewesen sein, die auf eine Rebellion folgte,[43] aber die Menschen, von denen auf den Persepolis-Täfelchen die Rede ist, sind schon in die persische Wirtschaft integriert.

Die Täfelchen aus Persepolis zeigen, dass Dareios I. die Fähigkeit der Ägypter, Gold und Ebenholz[44] zu verarbeiten, besonders schätzte.

> NN 0448, ZZ. 1–9:[45]
> 200 (qts.) of flour, [1–2] allocation from Masdayašna, [3–4] *kurtaš* (labourers) (who) are consuming rations, [4–6] Egyptians, goldsmiths, [6–7] (at) Persepolis, [7–9] assigned (lit. being sent) by Šuddayauda, [9–10] received (it) as rations. [10–2] First month, 20+xth year. [13] 5 *kurtaš* (each received) 40 (qts.).

Oder: „3 karsha and 2 shekels (and) a half of a shekel, silver, (to) Haradkama, his name, an Egyptian woodworker (and) chief-of-hundred, (who) is earning wages at Parsa [...]" ist in PTT 1, ZZ. 3–9 zu lesen.[46] Dieser erwähnte Arbeiter, Haradkama, war 490/489 v. Chr. in Persepolis beschäftigt und offenbar auf Holzarbeiten spezialisiert. Weiterhin war er Anführer einer Gruppe von *kurtaš* bzw. Personen, die als Arbeitskräfte im Wirtschaftssystem der Region eingesetzt waren.[47]

Die Verwaltungstexte aus Persepolis belegen demnach, dass die oben besprochene ‚Burgbauinschrift' durchaus mehr als nur eine reine Herrschaftsideologie abbildet: Alle diejenigen Berufsgruppen, die in den Gründungsinschriften genannt werden, sind als Rationenempfänger belegt. Lediglich das Spektrum der durch Ägypter vertretenen Berufe ist den Verwaltungstexten zufolge differenzierter als in den Gründungsurkunden.[48] Die exakten Arbeiten ägyptischer Handwerker und ihr lokales Einsatzgebiet können nicht immer zweifelsfrei/eindeutig bestimmt werden: Einerseits ist die Materialbasis für eine entsprechende Auswertung zu gering, andererseits ist in mehreren Fällen eine Spezialisierung der Arbeit nicht genannt. Basierend auf der Anzahl der Erwähnungen kann jedoch gefolgert werden, dass einige ägyptische Arbeitskräfte als Spezialisten im Goldschmiede- und Holzbearbeitungshandwerk bzw. als Hilfskräfte beim Schmücken der Terrasse gedient haben. Wie schon erwähnt, war Gold ein häufig genutzter Rohstoff und sehr wertvolles Material, das in Ägypten verarbeitet wurde; Ebenholz war eine der wichtigsten Holzarten, die von Ägyptern für die Herstellung von Luxusgütern aus Nubien importiert worden war.[49]

---

43 Ägypten ist schon immer das unruhigste Gebiet des Reiches gewesen, das sich dauernd im Zentrum von Aufständen befand und sich mehrmals der achaimenidischen Kontrolle entzog (Bresciani 1985).
44 Zu ägyptischen Holzarbeitern s. außer dem zitierten PTT 1 auch PTT 9. Zur Tafel s. u.
45 Übers. Henkelman 2017b. Text: Obverse: *20 ZÍD.DA^{MEŠ} kur-mán ^{HAL}mas-da-ia-áš-na-na ^{HAL}kur-taš gal ma-ki-ip ^{HAL}⸢mu'iz-zir$_0$-ri-ia-ip⸣ ⸢KÙ'.GI$^{MEŠ HAL}$ kaz$_0$-⸢zí-ip⸣ ^{AŠ}ba-ir-šá-an ^{HAL}šu-ud-da-ia-u-⸢da da⸣'-* Lower edge: *man-na gal-ma du-* Reverse: *⸢iš⸣-da ^{ANI}TI^{MEŠ} AN⸣ ⸢ha-du-kán-na⸣-iš-⸢na⸣ AŠ be-⸢ul⸣[xx]-⸢um⸣-me-man-na 5 ⸢HAL kur-taš 4⸣-na.*
46 Übers. Cameron 1948.
47 Zu den *kurtaš* s. u. im Kapitel 16.
48 So Wasmuth 2009a, 394.
49 S. o.

Die besondere Fertigkeit, Ebenholz und Gold zu verarbeiten, war wohl der Grund von Kambyses' Interesse an ägyptischen Handwerkern und für deren Deportation/Anstellung. Gemäß Klinkott wurde die bereits unter Kambyses nachweisbare Verpflichtung ägyptischer Kunsthandwerker unter Dareios intensiviert, worauf der „plötzliche und markante Qualitätsverlust der plastischen Kunst in Ägypten" hinweise.[50]

Obgleich die Nutzung von Arbeitskräften, wie sie aus den Archiven in Persepolis bekannt ist, erst unter Dareios perfektioniert wurde, wurden sie mit Sicherheit schon unter den ersten teispidischen Herrschern für königliche Zwecke eingesetzt. König Kyros II. beschäftigte babylonische Arbeitskräfte in Lahiru,[51] und einige Jahre später rekrutierte Kambyses Landarbeiter aus dem Eanna-Tempel, die beim Bau seines Palastes in Matnanu, einem Dorf, das mit dem nordwestlich von Persepolis liegenden Matannan[52] identifiziert worden ist, mitarbeiten sollten.[53] Deswegen ist für die von Kambyses deportierten Ägypter eine ähnliche Rolle unter ihm und später unter Dareios anzunehmen.

Wir fassen zusammen: Es ist weder ein Hinweis darauf zu finden, dass die von Ktesias und Diodor erwähnten Personen die Vorfahren derer waren, die man später als Arbeitskräfte in Susa und Persepolis vorfindet. Noch kann bewiesen werden, dass die Personen, von denen die Täfelchen berichten, deportiert worden waren. Orientalische Quellen erwähnen keine Deportationen oder bieten weitere Informationen bezüglich der Umstände, unter denen die *kurtaš* aus Ägypten ins Zentrum des Perserreichs gelangten. Im Fall von PTT 9 könnte es sich um einheimische Personen handeln, die früher nicht ins System integriert waren, da (wohl) von Ägyptern die Rede ist, die aus Ägypten selbst kommen. Rebellionen in Ägypten könnten Gelegenheiten geboten haben, Menschen von dort zu deportieren. Falls die Lesung Camerons abgelehnt wird, bleibt eine Aushebung in Ägypten genauso denkbar wie eine Rekrutierung von Ägyptern, die bereits in Mesopotamien anwesend waren. Deren Existenz in Mesopotamien ist bereits vor der Zeit des Kambyses nachweisbar, wie nicht vergessen werden darf. Die Privatarchive aus Susa und Mesopotamien weisen nach, dass mehrere hundert Ägypter primär im 7./6. Jh. v.Chr. meist als Kriegsgefangene assyrischer Feldzüge nach Südmesopotamien gekommen waren.[54] Für das Jahr 529 v.Chr., das erste Jahr der Herrschaft des Kambyses, ist eine „Versammlung der Alten der Ägypter" dokumentiert.[55] Die Inschrift Camb. 85 registriert den Verkauf eines Grundstücks und einer Zisterne bei Babylon: Eine Person trägt einen typisch ägyptischen Namen (ᵐ*Ha-pi-diš-bal-la*, Sohn des ᵐ*Pi-ša-mi-iš*), und der Handel wird vor dieser Versammlung abgeschlossen, die offensichtlich juristisch von der Zentralverwaltung anerkannt wird.[56] Eine solche Organisation erinnert an jene „Alten im Exil",[57] die von

---

50 Klinkott 2002, 243.
51 Joannès 2005, 187.
52 Die Stadt ist mehrmals in den Persepolis-Täfelchen genannt: PFT 144, Z. 23; PFT 166.167.168.1236; PFT 1857, ZZ. 17–20; PFT 1945, ZZ. 4-6; PFT 1947, ZZ. 74–5; NN 0260, Z. 4; NN 0279.0761.0958.1238.1550. 1669.1685.1734.1876.2081.2368.2450. 2485.2497. Wie in den Täfelchen dokumentiert ist, war in Matannan eine Domäne der Irtašduna (einer Tochter des Kyros und Halbschwester des Kambyses) zu finden. Es liegt die Vermutung nahe, dass der Palast, für dessen Aufbau die Arbeitskräfte von YOS 7, 187 rekrutiert worden waren, Teil dieser Domäne gewesen ist (so Henkelman/Kleber 2007, 169).
53 YOS 7, 187. Die Rede ist von 40 Arbeitern im 7. Jahre des Kambyses. Dazu: Henkelman/Kleber 2007.
54 Bes. unter Asarhaddon und Aššurbanipal. S. etwa ABL 512, 6; ADD 324, 11–2; ebda. 331, 1–2; ebda. 851 IV 2–6. Dazu: Streck 1916, 16; Borger 1967, 102.114.
55 Zur Organisation von Fremdgruppen in achaimenidischer Zeit in Babylon: Wiesehöfer 1999; Kessler 2006; Jursa 2009.
56 San Nicolò 1951, 146–7.
57 Jer 29, 1. Zu den jüdischen Quellen für die achaimenidische Zeit s. a. u. im Kapitel 13.

jüdischen Quellen auch als die „Alten von Judäa"[58] oder die „Alten Israels"[59] bezeichnet werden, die in Babylon Angelegenheiten der exilierten Gemeinschaft verwalteten und nach Rückkehr in die Heimat Hilfestellung bei der Neuorganisation von Yehud leisteten.[60]

Wenngleich nicht zu beweisen ist, dass die von Ktesias und Diodor erwähnten Personen Vorfahren der Arbeitskräfte waren, die in Dokumenten aus Susa und Persepolis erwähnt werden, muss aufgrund der hier vorgestellten Quellenbasis davon ausgegangen werden, dass Ägypter bereits unter der Herrschaft des Kambyses eine nicht unbedeutende Rolle als Arbeitskräfte eingenommen hatten; folglich wurde nicht erst unter Dareios I. auf Ägypter für Arbeiten im Zentrum des Reiches zurückgegriffen. Eine Deportation unter Kambyses kann als eine Maßnahme interpretiert werden, welche die Anwesenheit von Ägyptern im Herzen des Reiches zur Folge hatte und unabhängig von den Maßnahmen vorausgehender Perserkönige zu betrachten ist. M. E. besteht kein Grund, die Historizität dieser Deportation zu negieren. Weiterhin stellen Ktesias und Diodor wichtige Zeugnisse dar, da sie einerseits Faktisches wiedergeben, andererseits mögliche Gründe für Deportationen aufführen. Der König suchte sich gezielt Personen aus, die er bestimmter Fähigkeiten wegen schätzte; so etwa erfahrene Handwerker, die an den Bauarbeiten der königlichen Paläste beteiligt waren.

---

58 Ez 8, 1.
59 Ez 14, 1; ebda. 20, 1.
60 Dazu: Eph'al 1978, 76–7.

3. Die Karer in Borsippa

3.1 Text

Arr. exped. Alex. III 8, 5–7:[1]
(...) Mit den Babyloniern eine Einheit bildeten die karischen Umsiedler sowie die Sittakener (...).

Ebda. 11, 5:[2]
In der Mitte selbst aber, wo auch der König Dareios seinen Platz hatte, waren die Verwandten des Großkönigs aufgestellt, dazu die persischen Apfelträger, die Indier und die so genannten karischen Umsiedler zusammen mit den mardischen Bogenschützen.

Die sogenannten karischen Umsiedler sind in der Schlacht von Gaugamela im Heer Dareios' III. zu finden. In der ersten Passage schreibt Arrian, dass sie eine Einheit mit den Babyloniern und den Sittakenern formten, in der zweiten, dass sie sich in der Mitte des Heeres zusammen mit den ‚Verwandten' Dareios' III., den persischen Apfelträgern, den Indiern und den mardischen Bogenschützen aufgestellt hatten.

3.2 Erläuterung

Arrian listet im dritten Buch (Kapitel 8, 3–7) diejenigen persischen Truppen auf, die an der Schlacht von Gaugamela teilnehmen werden. Die Liste stimmt überein mit den Truppenaufstellungen wie sie nur wenig später im Kapitel 11, 3 – 12, das sich auf den unmittelbaren Schlachtbeginn bezieht, erwähnt werden.

Laut dem Autor befanden sich auch Karer in diesem Heer: Sie seien ganz nah bei Dareios III. und den συγγενεῖς βασιλέως, den „kinsmen", die laut Diodor 1000 Kavalleristen waren,[3] aufgestellt gewesen. Außerdem waren im Zentrum des Heeres auch die Melophori zu finden, die königliche Leibgarde, die aus den 1000 Besten bestand, die unter den 10.000 Unsterblichen zu

---
1   Übers. Wirth/von Hinüber 1985. Text: (...) οἱ δ' ἀνάσπαστοι Κᾶρες καὶ Σιττακηνοὶ σὺν Βαβυλωνίοις ἐτετάχατο.
2   Übers. ders. Text: κατὰ τὸ μέσον δέ, ἵνα ἦν βασιλεὺς Δαρεῖος, οἵ τε συγγενεῖς οἱ βασιλέως ἐτετάχατο καὶ οἱ μηλοφόροι Πέρσαι καὶ Ἰνδοὶ καὶ Κᾶρες οἱ ἀνάσπαστοι καλούμενοι καὶ οἱ Μάρδοι τοξόται·
3   Diod. LIX 2. Sie seien die Einzigen gewesen, die den König hätten küssen dürfen (Arr. exped. Alex. VII 11, 1; dazu: Matarese 2013).

finden waren.⁴ Ferner die Marder, die einen der vier persischen nomadischen Stämme gebildet⁵ und im Zagros gewohnt haben sollen.⁶

Auch wenn Alexander das Territorium der Karer bereits zu Beginn seines Feldzugs erobert hatte, ist nicht auszuschließen, dass sich auch viel später noch einige Karer im persischen Heer befanden. Griechische Söldner kämpften immer noch für die Perser: Auch gab es 330 v. Chr. eine politische Affäre, als Alexander auf Sinopier (Personen aus seinem Herrschaftsgebiet) traf, die eindeutig Dareios unterstützt hatten.⁷ Alexander musste ständig damit rechnen, dass ihn Personen aus seinem Herrschaftsbereich, und Karer unter ihnen, als Söldner des Dareios konfrontieren konnten. Die Karer der oben zitierten Passagen tragen aber das Epitheton ἀνάσπαστοι, das als Schlagwort des Exilierungs- bzw. Deportationswortschatzes zu identifizieren ist.⁸ ἀνάσπαστος ist das Partizip zu ἀνασπάω, das „hochziehen, wegziehen, entfernen" bedeutet, und gehört zum *Verbum simplex* σπάω = „ziehen".⁹ Somit stellt Arrian klar, dass er nicht auf die im südwestlichen Anatolien wohnenden Karer Bezug nimmt, sondern auf Karer, die zuvor zu einer Umsiedlung gezwungen worden waren.

Arrian sagt weder, wer diese Art von Deportation durchgeführt, noch wann sie stattgefunden hat. Es ist auch keine Rede davon, wo die Karer genau wohnten. Was man den Passagen Arrians entnehmen kann, ist aber, dass eine oder, noch wahrscheinlicher, mehrere karische Gemeinschaften inmitten des Reichs angesiedelt waren und bei Gaugamela eine wesentliche Rolle im persischen Heer gespielt haben.

Arrian ist nicht der einzige, der Karer in der achaimenidischen Zeit außerhalb Anatoliens kennt und benennt. Schon Ktesias, die Hauptquelle Plutarchs für die ‚Vita des Artaxerxes',¹⁰ hat wohl berichtet, dass Kyros d. J. nach der Schlacht bei Kunaxa von einem Karer getötet worden sei.¹¹ Es ist anzunehmen, dass sich Ktesias bewusst war, dass dieser und die anderen Karer im Heer des Großkönigs nicht aus ihrem Ursprungsgebiet stammen konnten, da sich die Region zu jener Zeit unter der Kontrolle des Kyros befand.¹² Weiterhin informieren zwei Passagen Diodors über karische Gemeinschaften in der Nähe von Babylon. Die Texte sind deshalb wichtig, weil sie demonstrieren, dass Alexanders Eroberung des achaimenidischen Reichs nicht das Ende dieser Gemeinschaften bedeutete: Noch für das Jahr 324 v. Chr.¹³ und den Winter 317/6 v. Chr. sind karische Dörfer in der Nähe von Babylon nachweisbar. Denn in der zweiten Passage erzählt Diodor, dass Eumenes in den karischen Dörfern überwinterte: „Was Asien betraf, so überwinterte Eumenes mit seinen makedonischen Silberschilden und ihrem Befehlshaber Antigenes in den Karai genannten Dörfern Babyloniens (…)" (Diod. XIX 12, 1).

---

4   Dieser Teil des Heeres war so bedeutend, dass sein Anführer, der Chiliarch, der zweite nach dem Großkönig in der Hierarchie des Reiches war; dazu: Bosworth 1980, 299 mit älterer Literatur.
5   Hdt. I 125, 4; Aesch. Pers. 993.
6   Strab. geogr. XI 13, 6 524 C. Diesen begegnete Alexander der Große später im Jahre 330 v. Chr. (Curt. V 6).
7   Vgl. Arr. exped. Alex. III 24 und Kommentar von Bosworth 1980.
8   S.a.u. Kapitel 8.
9   LJS s.v.
10 So Stronk 2010, 101.
11 Plut. Art. 10, 3.
12 Zur Stelle: Binder 2008, 199 ff.
13 Diod. XVII 110, 3.

Eine derartige Lokalisierung stimmt mit der Anwesenheit von Karern bei Kunaxa und Gaugamela überein: Während Diodor wahrscheinlich nur ein Kuriosum für seine Leserschaft bieten wollte,[14] bestätigt er doch zugleich, dass karische Gruppen sogar noch in postachaimenidischer Zeit in der Nähe von Babylon siedelten.

3.3 Die Frage der Historizität

Erst mit Hilfe orientalischer Quellen können karische Siedlungsgebiete bei Babylon, die über einen längeren Zeitraum Bestand hatten, zweifelsfrei nachgewiesen werden. Wenn man sich die Frage stellt, wann und unter welchen Umständen die Karer nach Babylonien kamen, findet man zahlreiche Hinweise darauf, dass sie nicht nur vor Kyros II. in der Region anwesend, sondern auch sozial und wirtschaftlich gut integriert waren.

Vor etwa dreißig Jahren gelang es Wissenschaftlern, die karische Schrift zu entziffern.[15] Interessanterweise kommen die meisten in dieser Sprache verfassten Dokumente nicht aus Kleinasien, sondern aus Ägypten und Nubien.[16] Folgt man Herodot, sind Karer und Ionier ohne Zwang, d.h. freiwillig, nach Ägypten gekommen. Sie seien Seeräuber gewesen und vom Pharao Psammetich aufgrund ihrer Tüchtigkeit im Kriege in sein Heer aufgenommen worden[17]. Wenn Herodots Chronologie stimmt, bedeutet dies, dass Karer um das Jahr 664 v. Chr. nach Ägypten gelangt waren. Ferner sollen sie, gemäß Herodot, als fester Bestandteil des ägyptischen Heeres Landbesitz erhalten haben[18]. Fakt ist, dass mehrere Denkmäler aus Ägypten nicht nur die Anwesenheit von karischen Gemeinschaften belegen, sondern auch ihre Integration in Ägypten nachweisen. Die meisten von ihnen sind in die Mitte des 7. Jh. und in die Mitte des 6. Jhs. v. Chr. zu datieren.[19]

Besonders interessant ist, dass Karer ca. 605 v. Chr. anlässlich der Gefangennahme von ägyptischen Truppenkontingenten durch den babylonischen König Nebukadnezar II., nachdem dieser den Pharao Necho II. bei Karkemiš besiegt hatte, nach Babylon transportiert worden waren.[20] In der Tat treten zumindest seit der Zeit Nebukadnezars II. Karer als Rationenempfänger in Babylonien in Erscheinung. In einer Urkunde aus dem 30. Jahre dieses Königs (575 v. Chr.) wird ein *sepīru*, ein „Alphabetschreiber", der Karer genannt.[21] Diese Quelle widerlegt jegliche Annahme, dass die Ansiedlung von Karern erst nach der Eroberung Babyloniens durch Kyros II. erfolgt sein könnte.

In den Quellen wird eine „Siedlung der Karer" für die Zeit des Kambyses genannt.[22] Karer werden in den Quellen unter den Fremdvölkern Babyloniens meistens als [Lú]*Ban(a)nešaja* bezeichnet.[23] Mittlerweile sind mehrere Belege aus Borsippa bekannt, in denen Karer meistens als [Lú]*Kar-*

---

14 So Heller 2010, 343.
15 Dazu: Ray 1982; Kammerzell 1993; Adiego Lajara 1994. S. a. Adiego Lajara 2007.
16 Dazu: Schmitt 1980.
17 Hdt. II 152, 4.
18 Hdt. II 154, 1. Dazu: Kammerzell 1993.
19 Dazu: Wittmann 2003.
20 So Kessler 2006; Heller 2010, 342–3.
21 PTS 2573, Z. 14 = Kessler 2006, 489a. Die Urkunde gehört zu einer Reihe von Dokumenten, die sich auf den Bau des Nordpalastes von Babylon unter Nebukadnezar II. beziehen.
22 ROMCT 2, 27, Z. 12 (Kamb. 6). Dazu: Stolper 1985, 73; Van Driel 1989, 206.
23 Stolper 1985, Nr. 5; Zadok 1985.

saa wiedergegeben werden.[24] In einer Inschrift des Xerxes aus Persepolis wird der Landesname KUR *Ba-am-né-e-šŭ* in der elamischen und altpersischen Fassung mit dem Begriff *Kurka*, d.h. „Karien", wiedergegeben,[25] „wodurch die Identifizierung beider Bezeichnungen gesichert ist".[26] Schon im Jahre 1935 hatte Eilers zwei Dokumente herausgegeben, BRM 1 71 und VS 6 123, welche die Anwesenheit von Karern in der Zeit Dareios' I. in Borsippa nachwiesen. Die beiden Textzeugen berichten über Rationen, die von den Einwohnern Borsippas den Karern zugeteilt wurden.[27] Die Existenz mehrerer ähnlicher Dokumente, die sich im Besitz des British Museums befinden, ist heute allgemein bekannt. Leider sind diese Texte bis dato unpubliziert. Ihre Provenienz geht nicht auf ein einzelnes Archiv zurück, sondern kann auf diverse Archive zurückgeführt werden, wie u. a. das Rēi'halpi-Archiv.[28] Trotz ihrer unterschiedlichen Herkunft stimmen sie inhaltlich überein: Karer bekommen von den Einwohnern Borsippas Rationen. Aus der Perspektive der Borsipper handelt es sich um eine der staatlichen Steuern, etwa die *allāku ša Elam*, d. h. die „Corvée-Gebühr in Elam", wie im Dokument 13 zu lesen ist.[29]

> BM 27789:[30]
> (1) [(...) of day x] of month *nisannu* (I) [of year x of Dar]ius, king of Babylon, [king of the lands, that is due from Nabû-uṣuršu/Marduk-[šuma-ibni-/]Atkuppu: (4) Iquīša/Aplā[/Banê]-ša-ilia has received from Nabû-uṣuršu. (6) Iqīsa has receieved (payment for) a boat, *ḫirgalû* flour and silver (as) principal of the *īlku* and the rations of the Egyptians from Nabû-uṣuršu (9) The debt-note of ½ mina of silver and the debt-note about the corvée to Elam that Iquīša drafted wth Nabû-uṣuršu, (11) Iquīša will hand over (these debt-notes) to Nabû-uṣuršu. (13) Witnesses: Nabûzēra-ukīn/[Nabû]-šuma-uṣur/Banē-ša-ilia, Nabû-tattannu-uṣr/Ezida-šu-ma-ibni/Ki-din-Nāna, Nabû]-šuma-ukīn/ Nabû]-mušētiq-uddi/Dābibī. (18) Scribe: Iddin- Nabû/Šāpik-zeri/Banê-ša-ilia. (19) They have finished all their business with each other. (20) Borsippa, Dar 28?-I-09. (23) Each has taken one exemplar.

Die Gebühr wurde nicht zentral gesammelt, sondern direkt von den Borsippern den Karern in Form von Rationen bezahlt.[31] Waerzeggers hat vierzehn Texte publiziert und analysiert.[32] Karer

---

24 Nr. 3, Z. 13; Nr. 6, ZZ. 2.8; Nr. 7, Z. 1; Nr. 8, Z. 14; Nr. 9, ZZ. 7.10.11; Nr. 10, ZZ. 2.9.11; Nr. 12, Z. 3; Nr. 14, ZZ. 2.15 in Waerzeggers 2006; s.a. schon Zadok 2005, 80–95.
25 XPh § 3 V; Belege für die Namen *Karsa* bzw. *Karšaja*: Zadok 1985, 198.200, Vallat 1993, 132. Zur Gleichung *Karsa*= „Karien/Karier": Eilers 1935; ders. 1940, 189–200.
26 So Heller 2010, 343.
27 Eilers 1935.
28 Dazu: Jursa/Waerzeggers 2009, 264.
29 Waerzeggers 2006, 6.
30 Übers. Waerzeggers 2006. Text: (Obv.) ⌜x x x i x x⌝ [x ud.x]. ⌜kam⌝ *šá* ^(iti)*bára* [mu.9.kam ^(I)*da-ri*]-*iá-muš* lugal tin.tir^(ki) [lugal kur.kur *šá* ugu ^(Id)*ag-ùru-šú a-šú šá* ^(I)*ap-la-a* [a ^(I)*dù*]-meš-*šá*-dingir-*ia ina* šu^(II) ^(Id)*ag-ùru-šú* ⌜*ma*⌝-[*ḫi*]-⌜*ir*⌝ ^(giš)*má qé-me ḫi-ir-ga-lu-ú u* ⌜*kù.babbar*⌝ *pa-na-at* ⌜*il*?⌝-[*ki*] ⌜*ù*⌝ *šuk-ḫi*.*a* ^(lú)*mi-ṣir-a-a* ⌜*ba*^(id-a) *ina* ⌜*šu*⌝[^(II)] ^(Id)*ag-ùru-šú e-ṭi-ir* ⌜*ú*⌝-*íl-tí šá* ^(kur)nim!^(ki)! (on erasure) *šá* ⌜*ba*^(id-a) *šá it-ti* (Lo.E.) [⌜*I*⌝]^(Id)*ag-ùru-šú* ⌜*i*⌝-*li* ⌜*ba*^(šá-a) *a-na* ^(I)*ag*-[*ùru-šú i-nam-din* (Rev.) ^(lú)*mu-kin-ni* ^(Id)*ag-numun-gin a-šú šá* [^(Id)*ag*]-*ta-at-tan-nu*-ùru *a-šú šá* ⌜*é-zi-da-mu*-dù [a ^(I)]*ki-din*-^(d)*na-na-a* ^(Id)*ag-mu-gin dumu-šú šá* ^(Id)*ag-dib-ud.da a* ^(I)*da-bi-bi* ^(lú)umbisag ^(I)sum^(na)-^(d)*ag a-šú šá* ^(I)*dub-numun a* ^(I)*dù*-meš-*šá*-dingir-*ia dib-bi-šú-nu gab-bi it-ti a-ḫa-meš qa-tu-ú* bára-sipa^(ki) ^(iti)bára ud.2⌜8?⌝.kam mu.9.kam ^(I)*da-ri-iá-muš* lugal tin.tir^(ki) (U.E.) *u* kur.kur ⌜1^(en)⌝ *ta a*₄ *il-qu-ú* (L.h.E.) destroyed, 2 or 3 traces of wedges.
Das Täfelchen ist Teil des sog. Atkuppu-Archivs (dazu: Abraham im Druck).
31 S.u.
32 Waerzeggers 2006.

werden in diesen Texten nicht nur als *Karsāja*, sondern auch als *Miṣirāja* erwähnt. Dreimal ist eine Person zu finden, die sowohl als *Karsāja*, als auch als *Miṣirāja* bezeichnet wird, und der Karer des 11. Dokuments der Liste bekommt die Ration „eines Ägypters". Daraus ist zu folgern, dass als „Ägypter" bezeichnete Menschen nicht zwangsläufig indigene Ägypter waren, sondern auch aus Ägypten kommende Karer sein konnten. Die gleiche Annahme bezüglich ethnischer Bezeichnungen ist auf andere orientalische Quellen, wie bspw. die Persepolistäfelchen, zu übertragen: Ethnische Nomenklaturen müssen nicht zwingend darauf hinweisen, dass eine Person in dieser Region geboren ist, sondern lassen lediglich folgern, dass eine Person dort angesiedelt gewesen war.[33]

Aufgrund dieser Dokumente kann behauptet werden, dass die erwähnten Menschen längere Zeit in Borsippa anwesend waren: für Tutubisu und ihren Sohn Nadiršu sind zweieinhalb Jahre[34] belegt, und man geht davon aus, dass dies kein Einzelfall war. Kombiniert man diese Erkenntnisse mit klassischen Quellen, die sich auf „Umsiedler" beziehen – wobei unter „Umsiedlern" Menschen gemeint sind, die ihren Wohnsitz entweder freiwillig endgültig geändert haben oder dazu gezwungen worden sind – dann wird deutlich, dass keine temporären Ortswechsel gemeint sein können. Diese Menschen waren Borsippern zugewiesen: D.h., dass der Staat entschied, bei wem sie Arbeitsleistungen zu erbringen hatten und dass sie von diesem als Lohn Rationen zugeteilt bekamen. Ein gleiches „personalized system"[35] wurde von Charpin für das altbabylonische Reich beschrieben: Eine Gruppe Turukki wurde unter Šamšu-iluna (1749–1712 v. Chr.) den Gärtnern von Dilbat zugewiesen, die verpflichtet waren, für ihre Verpflegung zu sorgen.[36] In dem altbabylonischen Fall sind aber die Gärtner Teil der königlichen Verwaltung, während die Borsipper Stadtbürger waren.

Alexanders Eroberung Babyloniens dürfte nicht das Ende der Gemeinschaft der Karer bedeutet haben, da im Jahre 324 v. Chr. und zum Winter 317/6 v. Chr. „karische Dörfer" erwähnt werden.[37] Die Annahme, dass der Ort Bannešu die Vorgängersiedlung des späteren Spasinou Charax (Alexandreia) am Persischen Golf gewesen sei und in seinem Namen noch das altpersische Karka „Karer" trage, ist aber Spekulation.[38]

Der Fall der Karer in Babylonien ist auch methodologisch bedeutsam, weil er ein perfektes Beispiel dafür bietet, wie durch eine Kombination von orientalischen und klassischen Quellen ein Überblick über ein bestimmtes Phänomen geschaffen werden kann. Gesetzt den Fall, man hätte hier nur Arrian als Quelle besessen, wäre es unmöglich gewesen, die Historizität der Anwesenheit der Karer (unter den Achaimeniden und zuvor) in Babylonien erst zu überprüfen und dann zu bestätigen. Nur auf Basis der Keilschriftzeugnisse kann bewiesen werden, dass Karer schon vor den Achaimeniden südlich von Babylon wohnhaft waren. Höchstwahrscheinlich waren sie unter den babylonischen Königen aus Ägypten deportiert worden. Die Erinnerung an diese Umsiedlung oder zumindest die Tatsache, dass diese Gemeinschaften ursprünglich in Babylonien nicht heimisch waren, bewahrten noch Arrian und Diodor, die lange Zeit nach den Ereignissen (zwischen 500 und 700 Jahre) lebten. Es gibt keinen direkten Hinweis darauf, dass Karer von den Teispiden-Achaimeniden nach Babylonien umgesiedelt wurden. Da das erste Dokument der oben erwähnten Liste aber auf das Ende des Jahres 525 v. Chr. zu datieren ist, kann

---

33 S. etwa Wasmuth 2009b.
34 Nr. 4–6.10–12.
35 So Waerzeggers 2006, 6.
36 Dazu: Charpin 1992.
37 S.o.
38 So Herzfeld 1968, 9.43 ff. Zur Charakene: Schuol 2000.

nicht ausgeschlossen werden, dass die Ankunft einiger Karer in Babylonien mit der persischen Eroberung Ägyptens in Verbindung steht. Die bereits existierenden karischen Niederlassungen in der Region haben wohl Kambyses dazu bewogen, die neuankommenden Karer ebendort anzusiedeln. Es ist davon auszugehen, dass es im Interesse des Großkönigs war, sprachlich homogene Gemeinschaften nicht auseinanderzureißen. Der Großkönig nimmt m. E. für eine schnelle und erfolgreiche Integration der Deportierten sogar das Risiko in Kauf, dass die Gemeinschaften durch einen raschen Zusammenschluss rebellisch hätten werden können. Weiterhin wissen wir aufgrund von Ktesias und Diodor, dass Kambyses in der Tat Menschen aus Ägypten deportierte. Unter den Arbeitskräften, die mitgenommen wurden, um als Handwerker für den König zu arbeiten,[39] könnten auch Karer ihren Platz gefunden haben.

Die Dokumente aus Borsippa, die mit dem neunten Jahr der Herrschaft des Dareios I. versiegen, belegen keine staatlichen, sondern private Arbeitsleistungen[40] und verweisen demnach auf ein System, nach dem der König karische Arbeitskräfte einzelnen Bürgern Borsippas zuwies. Aus diesem Grund möchte ich an dieser Stelle folgende Hypothese äußern: Angenommen, die in den Dokumenten erwähnten Karer seien diejenigen, die erst kürzlich in der Region angekommen, also von Kambyses aus Ägypten deportiert worden waren, ist es möglich, dass die Dokumente auf eine erste Phase hinweisen, in der die Ankömmlinge für einzelne Stadtbürger arbeiten mussten, bevor sie den staatlichen Dienst antraten. Dies könnte m. E. erklären, warum nach einigen Jahren keine derartigen Quellenbelege mehr zu finden sind. Die Dokumente beweisen die Anwesenheit ausländischer Gemeinschaften im Perserreich, die an der Entwicklung des Reichs Anteil genommen haben. Babylon und seine Umgebung können z. B. Arbeitskräfte angeboten haben, etwa die deportierten Karer, die schnell an den Persischen Golf versetzt werden konnten. Es ist offenkundig, dass das Wachstum Elams und der Region des Persischen Golfes nicht erst Dareios I.[41], sondern schon den ersten persischen Königen am Herzen lag. Auf das große teispidisch-achaimenidische Interesse an der Küste des Persischen Golfes weist z. B. die Tatsache hin, dass eine königliche Residenz schon seit Kyros II. in Taoke bestanden hatte.[42] In den Täfelchen aus Persepolis sind dann mehrere Versetzungen von Arbeitskräften zwischen Persepolis bzw. dem Zentrum des Reichs und der Küste zu finden, die mehrere königliche Bauvorhaben an der Küste vermuten lassen.[43]

---

39 Diod. I 46, 4; s. o. im Kapitel 2.
40 Man muss hier erklären, wie dieses „privat" zu verstehen ist: Wie oben unterstrichen, entschied der Staat, für wen diese Menschen arbeiten sollten (s. o.).
41 S. o. in den Kapiteln 6 und 15.
42 Der königliche Palast in Taoke wird von Strabon (geogr. XV 3, 3 729 C) erwähnt. Das Taoke bzw. Tamukkan, das am Persischen Golf liegt, ist mehrmals sowohl als Ort von Aktivitäten des Königs als auch als Heimat von Arbeitskräften, die in Persepolis arbeiteten, in den Täfelchen aus Persepolis zu finden: s. etwa NN 0480 und NN 1177.
43 S. u. im Kapitel 6.

4. Barkäer in Baktrien

4.1 Text

Hdt. IV 200–4:[1]
Als das persische Heer, unter Aryandes' Führung, Pheretime zu Hilfe geschickt, in Barka eintraf, belagerte es die Stadt und forderte sie auf, die Mörder des Arkesilaos auszuliefern. Sie aber lehnten die Aufforderung ab; denn das ganze Volk war ja mitschuldig. So belagerten die Perser etwa neun Monate die Stadt Barka (...). Pheretime ließ nun die Hauptschuldigen der Barkäer, als sie ihr von den Persern ausgeliefert worden waren, kreuzigen rund um die Mauer herum. Ihren Frauen ließ sie die Brüste abschneiden und auch sie längs der Mauer aufstecken. Die übrigen Barkäer gab sie den Persern als Beute mit Ausnahme all derer, die Nachkommen des Battos waren und sich an dem Morde nicht beteiligt hatten. Diesen überließ Pheretime die Stadt. Nachdem die Perser die übrigen Barkäer zu Sklaven gemacht hatten[2], kehrten sie in ihre Heimat zurück (...). Die Perser verschleppten alle Barkäer, die sie zu Sklaven gemacht hatten, aus Ägypten zu ihrem König. Dareios gab ihnen ein Dorf in Baktrien als Wohnort. Dieses Dorf nannten sie Barka; noch bis heute besteht die Siedlung im Land Baktrien.

Das persische Heer wird unter Aryandes' Führung nach Barke gesandt, um Pheretime Hilfe zu leisten. Das ganze Volk sei wegen der Ermordung Arkesilaos' III. schuldig geworden und sollte daher bestraft werden. Doch mit der Ankunft der Perser in der Stadt wurde zwischen ‚Hauptschuldigen' und anderen Personen, die eine weniger aktive Rolle beim Mord eingenommen haben sollen, unterschieden. Die erste Gruppe wurde Pheretime ausgeliefert und von ihr brutal bestraft, die zweite Gruppe überließ Pheretime den Persern als Menschenbeute. Den Nachkommen des Battos habe sie die Stadt übergeben, so Herodot. Dieser schildert weiterhin die Verschleppung der Deportierten zu Dareios, der ihnen ein Dorf als Wohnort zugewiesen habe. Die-

---

1 Übers. Feix 1963. Text: [200, 1] οἱ δὲ Φερετίμης τιμωροὶ Πέρσαι ἐπείτε ἐκ τῆς Αἰγύπτου σταλέντες ὑπὸ Ἀρυάνδεω ἀπίκατο ἐς τὴν Βάρκην, ἐπολιόρκεον τὴν πόλιν ἐπαγγελλόμενοι ἐκδιδόναι τοὺς αἰτίους τοῦ φόνου τοῦ Ἀρκεσίλεω· τῶν δὲ πᾶν γὰρ ἦν τὸ πλῆθος μεταίτιον, οὐκ ἐδέκοντο τοὺς λόγους. [2] ἐνθαῦτα δὴ ἐπολιόρκεον τὴν Βάρκην ἐπὶ μῆνας ἐννέα (...). [202, 1] τοὺς μέν νυν αἰτιωτάτους τῶν Βαρκαίων ἡ Φερετίμη, ἐπείτε οἱ ἐκ τῶν Περσέων παρεδόθησαν, ἀνεσκολόπισε κύκλῳ τοῦ τείχεος, τῶν δέ σφι γυναικῶν τοὺς μαζοὺς ἀποταμοῦσα περιέστιξε καὶ τούτοισι τὸ τεῖχος· [2] τοὺς δὲ λοιποὺς τῶν Βαρκαίων ληίην ἐκέλευε θέσθαι τοὺς Πέρσας, πλὴν ὅσοι αὐτῶν ἦσαν Βαττιάδαι τε καὶ τοῦ φόνου οὐ μεταίτιοι· τούτοισι δὲ τὴν πόλιν ἐπέτρεψε ἡ Φερετίμη. [203, 1] τοὺς ὦν δὴ λοιποὺς τῶν Βαρκαίων οἱ Πέρσαι ἀνδραποδισάμενοι ἀπήισαν ὀπίσω (...) [204] (...) τοὺς δὲ ἠνδραπόδισαντο τῶν Βαρκαίων, τούτους δὲ ἐκ τῆς Αἰγύπτου ἀνασπάστους ἐποίησαν παρὰ βασιλέα, βασιλεὺς δέ σφι Δαρεῖος ἔδωκε τῆς Βακτρίης χώρης κώμην ἐγκατοικῆσαι. οἳ δὲ τῇ κώμῃ ταύτῃ οὔνομα ἔθεντο Βάρκην, ἥ περ ἔτι καὶ ἐς ἐμὲ ἦν οἰκεομένη ἐν γῇ τῇ Βακτρίῃ.
2 Zum Vorschlag einer besseren Übers. des Verbs s. u.

ses sei ebenfalls unter dem Namen Barke bekannt und noch zu Lebzeiten Herodots in Baktrien zu finden gewesen.

4.2 Erläuterung

Herodot schildert die Gründung von Barke wie folgt: Als Arkesilaos II. König in Kyrene war, ,meuterten' seine Brüder wegen seines diktatorischen politischen Stils, verließen die Heimat und gründeten eine Kolonie, i. e. Barke. Die Siedlung wurde in einer Senke auf dem verkarsteten Djebel al-Akhadar, 100 km westlich von Kyrene und 30 km von der Küste entfernt,[3] gegründet. Als der spätere König von Kyrene, Arkesilaos III., sich in seiner Heimat nicht mehr sicher fühlte, da er lokale Widerstandsbewegungen blutig niedergeschlagen hatte, floh er nach Barke an den Hof seines Schwiegervaters.[4] Dort wurde er jedoch ermordet, woraufhin Pheretime, seine Mutter und Witwe von Battos III., den Satrapen Aryandes von Ägypten um Hilfe bat. Dieser schickte ein Heer und Kriegsschiffe nach Barke, offiziell, um den Mord an Arkesilaos zu rächen, aber wohl eher, um Barke für die Perser einzunehmen.[5]

Die Einmischung in diese ,private' Angelegenheit seitens der Perser hatte in der Tat politische Gründe: Arkesilaos hatte dem Kambyses die Kyrenaika unterstellt und Tributzahlungen angeboten, als der Perserkönig Ägypten unterworfen hatte.[6] Laut Herodot hatte der persische Feldzug nach Barke ein größeres Ziel, nämlich die Unterwerfung von (ganz) Libyen.[7] Dieses geschah jedoch nicht. Da Libyen unabhängig blieb, ist anzunehmen, dass die Perser vor allem die Absicht besaßen, Kyrene und Barke an ihrer Seite zu wissen, wie es unter Arkesilaos der Fall gewesen war. Denn die griechischen Poleis waren für die Perser bei der Kontrolle Ägyptens von großem Nutzen. Briant ergänzt, Barke habe möglicherweise nach dem Tod des Kambyses den Persern keine Abgaben mehr entrichtet.[8] Daher sei es nötig gewesen, sich noch einmal der Unterstützung der Barkäer zu versichern.

Herodot berichtet ferner, dass die Einwohner der Stadt nach der Belagerung deportiert worden seien, da man diese habe bestrafen wollen. Die Barkäer, die für Arkesilaos' Beseitigung direkt verantwortlich gemacht wurden, seien von Pheretime brutal hingerichtet worden. Diejenigen, die daran keinen direkten Anteil hatten, sondern diese lediglich unterstützt hätten, seien, so lautet die Übersetzung von Feix, „zu Sklaven gemacht (gr. ἀνδραποδίζεσθαι)" und weggeschleppt (gr. ἀνασπάστους) worden. Es kann nicht spezifiziert werden, wie viele Barkäer deportiert worden sind. Herodot erzählt, dass Pheretime einige, Männer wie Frauen, tötete und andere den Persern als Beute gab; allerdings nur diejenigen, die nicht Battos' Nachkommen angehörten. Die Perser kehrten mit den Nachkommen des Battos in ihre Heimat zurück und brachten sie zum Perserkö-

---

3 Hdt. III 160.
4 Hdt. IV 162–5.
5 Hdt. IV 167.
6 Hdt. III 13, 3–4; ders. IV 165, 3–4.
7 Hdt. IV 167.
8 So Briant 2002, 141.

nig. Anhand von diesen Informationen ist zu vermuten, dass die ‚Weggenommenen' erstens keine kleine Gruppe waren und zweitens aus Männern und aus Frauen bestanden.[9]

Das Wort ἀνδράποδον, wörtlich „Menschenfüßler", gehört dem Wortfeld an, dessen Vokabular in der Regel den Status von Sklaven definiert.[10] Allerdings muss an dieser Stelle kritisch angemerkt werden, dass Deportation deutlich von Versklavung zu unterscheiden ist. In diesem Fall handelte es sich um Kriegsgefangene und folglich eine ‚menschliche Beute'. Dies bedeutet nicht, dass diese Gefangenen automatisch zu Sklaven wurden. In der herodoteischen Wiedergabe des Deportationsfalls der Eretrier, die laut dem Autor 490 v. Chr. von Dareios I. nach einer Arderikka genannten königlichen Domäne in Kissia deportiert wurden, findet man den Hinweis, dass der Begriff im Sinne von ‚Wegführen der Menschenbeute' verstanden werden kann:

Hdt. VI 119, 1:[11]
Datis und Artaphernes schafften die gefangenen Eretrier, als sie die Küste Asiens erreicht hatten, landeinwärts nach Susa. Bereits vor ihrer Gefangennahme hegte König Dareios einen gewaltigen Zorn gegen die Einwohner von Eretria; denn sie hatten als erste mit dem „Unrecht" gegen Persien begonnen.

ἀνδράποδον steht hier für „Kriegsgefangener" und ist damit ein Synonym für αἰχμαλώτος. Es kann mit Sicherheit angenommen werden, dass Herodot im Fall der Barkäer den Begriff in gleicher Weise verwendet hat.[12] Das Wort ἀνάσπαστος, das von Feix in der oben zitierten Passage als „Verschleppte" übersetzt wird, spielt gleichfalls im Deportationswortschatz eine sehr wichtige Rolle.[13] Was Herodot damit sagt, ist, dass die Perser diese Menschen fortgebracht bzw. vertrieben haben. Die Verschleppung ist keine Deportation *per se*, da sie aus zwei Phasen besteht: Die Exilierung durch eine politische Autorität und die Ansiedlung der ‚Verschleppten' in einem durch diese politische Autorität kontrollierten Territorium. Die Barkäer werden einerseits durch die persische Autorität aus Barke fortgebracht, andererseits in dem neuen Barke in Baktrien, das durch die persische Autorität kontrolliert wird, neu angesiedelt. Meiner Argumentation folgend muss in diesem Fall von einer Deportation gesprochen werden.[14]

Die Beschreibung des Falles der Barkäer ist interessanterweise einer Passage der ‚Sanherib-Annalen', in der vom Widerstand Ekrons[15] 701 v. Chr. berichtet wird,[16] ähnlich. Da die Rebellen den König Padi abgesetzt hatten, eroberte der assyrische König die Stadt, ließ die für die Absetzung des Königs verantwortlichen Einwohner hinrichten und umschloss die Mauern Ekrons mit ihren Leichen. Diese Art von Brutalität findet sich ebenfalls bei der herodoteischen Pheretime und ist

---

9   Es ist schwierig, die Zahl der Menschen zu schätzen, die angeblich deportiert wurden. Auch im Fall der Milesier (s. u. im Kapitel 6) wurde ein Teil der Bevölkerung getötet, ein Teil deportiert. Wie groß jeder Teil war, wird aber nicht gesagt.
10 Zum Thema Versklavung s. u. im Kapitel 17.
11 Übers. Feix 1963. Text: τοὺς δὲ τῶν Ἐρετριέων ἀνδραποδισμένους Δᾶτίς τε καὶ Ἀρταφρένης, ὡς προσέσχον πρὸς τὴν Ἀσίην πλέοντες, ἀνήγαγον ἐς Σοῦσα. βασιλεὺς δὲ Δαρεῖος, πρὶν μὲν αἰχμαλώτους γενέσθαι τοὺς Ἐρετριέας, ἐνεῖχέ σφι δεινὸν χόλον, οἷα ἀρξάντων ἀδικίης προτέρων τῶν Ἐρετριέων.
    Zum Fall der Eretrier s. u. im Kapitel 7.
12 S. u. im Kapitel 17.
13 S. u. im Kapitel 8.
14 S. a. o. in der Einleitung a.
15 Zu Ekron: Na'aman 2003 mit Lit.
16 TUAT 1, 389.

sowohl dem herodoteischen als auch dem historischen Dareios I. nicht fremd: So bestraft Dareios auf diese Art und Weise etwa die aufständischen Einwohner Babylons.[17]

Nur die, die an der Rebellion mitgewirkt hatten, wurden deportiert. Den Unschuldigen wurde es erlaubt, in der Stadt zu bleiben, in der der legitime König dank Sanherib wieder als Vassall des assyrischen Königs herrschen durfte. Noch für das Jahr 667 v. Chr. wird ein gewisser Ikausu als König von Ekron erwähnt.[18] Dieser unterstützte Aššurbanipal beim Feldzug gegen Ägypten und Kuš und lieferte ferner Baumaterial für den Palast von Ninive.[19] Es ist davon auszugehen, dass es sich im Fall der Battiaden unter den Persern ähnlich verhalten hat. In Barke wurde der legitime Herrscher wieder eingesetzt. Anders als im Fall des Psammetich durch Kambyses wurden die Battiaden von Dareios nicht deportiert. Diese königliche Familie hatte schon unter Kambyses gezeigt, dass sie ein zuverlässiger Verbündeter sein konnte. Dadurch fehlte ein ausschlaggebender Grund, diese politische Elite zu deportieren bzw. zu beseitigen.

Was das Schicksal der Deportierten betrifft, soll ihnen als Wohnstätte ein Dorf in der Region Baktrien zugewiesen worden sein. Das von Herodot verwendete Verb zur Bezeichnung der Ansiedlung in dem neuen Gebiet ist κατοικίζειν, das „to settle, (…) to colonize a place" bedeutet:[20] Es gehört zum griechischen Kolonisationswortschatz, da der Begründer einer griechischen Kolonie üblicherweise οἰκιστής genannt wird.[21] κατοικία, ein besonders in den hellenistischen Quellen verbreiteter Begriff, hat nicht unbedingt militärischen Charakter, sondern kann sich einfach auf eine Ansiedlung, sei es eine Stadt oder ein Stadtviertel, beziehen: Eine solche soll die den Barkäern in Baktrien zugewiesene Wohnstätte gewesen sein.[22]

Die Barkäer sollen ihrem neuen Wohnsitz den Namen ihrer Heimatpolis, i. e. Barke, gegeben haben. Die baktrische Siedlung Barke bestand laut Herodot noch zu seiner Zeit. Die Deportation der Barkäer dürfte im Jahre 512 v. Chr. stattgefunden haben, sodass bis zur Mitte des 6. Jhs. v. Chr. mehr als 60 Jahre vergangen waren, also mehr als zwei Generationen. Die Tatsache, dass die neue Siedlung den Namen der Heimatstadt getragen haben soll, ist nach Herodot ein Zeichen dafür, dass die Barkäer die eigene Identität im fremden Land bewahrt hatten.[23]

---

17 Belege in Rollinger 2010a. Über das Pfählen als Bestrafung in achaimenidischer Zeit: Jacobs 2009; Schwinghammer 2011.
18 Dazu: Frahm 2000.
19 TUAT 1, 397.
20 LSJ s. v.; vgl. PAPE s. v.: „ansiedeln, in einen Wohnsitz versetzen".
21 Der griechische οἰκιστής (vom Verb οἰκίζειν) ist derjenige, der „not just confirmation or an order to colonize, but also a personal designation (…) by the god" [scil. vom Orakel] bekommt (Malkin 1987, 2–3). Das Wort οἰκιστής ist auch in Kontexten zu finden, die nicht mit der Kolonisation verbunden sind (s. etwa Pind. Olymp. 7, 30; ders. Pyth. 1, 31; FGrHist 70 (Ephoros), F 118 = Strab. geogr. VIII 5, 4 365 C, wo die οἰκισταί Prokles und Eurystenes Begründer einer neuen politischen Ordnung sind). Anderseits wird οἰκιστής der Anführer der Kolonisten genannt, auch wenn er selbst nicht in der Ansiedlungsphase tätig ist (wie in Thuk. VI 4 Lamis von Megara, der vor der Besiedlung von Thapsos starb).
22 S. etwa Pol. V 77–8; SEG 19, 867; zum Begriff: Robert 1984, 535–538; Virgilio 2001, 57 mit Lit.
23 Dem Thema wird in dieser Arbeit ein ganzes Kapitel gewidmet (Kapitel 18).

4.3 Die Frage der Historizität

Um die Frage der Historizität der Deportation beantworten zu können, gilt es, die Lage Baktriens zur teispidisch-achaimenidischen Zeit in die Überlegungen miteinzubeziehen. Die Tatsache, dass es zum vorhellenistischen Baktrien nur sehr wenige Informationen gibt, führt bei der Interpretation der Rolle dieser Region im Perserreich zu Schwierigkeiten. Baktrien gilt als vorpersisches Königreich, das Kyros II. wahrscheinlich nach der Eroberung von Babylon unterworfen hatte.[24] Die äußerste von Kyros gegründete Stadt sei Kurušata gewesen,[25] die Alexander der Große nur unter extremen Schwierigkeiten habe erobern können.[26] In der Behistun-Inschrift ist Baktrien als Teil des Perserreichs vor Dareios und zu Beginn seiner Regierungszeit erwähnt.[27] Wie Klinkott unterstreicht, kann nicht bewiesen werden, „ob Baktrien von Beginn an als Satrapie bestand oder zunächst als halbautonomes Königreich unter der Führung eines persischen Königssohnes stand"[28]. Nach Ktesias hat angeblich Tanyozarkes von seinem Vater Kyros II. Baktrien, Chorasmien, Parthien und Karmanien anstelle des Thrones erhalten.[29] Das Phänomen wiederholte sich, als Dareios I. den eigenen Sohn, den „Masistes",[30] der wahrscheinlich mit Ariaramnes zu identifizieren ist,[31] zum Herrscher in Baktrien ernannte.[32] Nach ihm sei Hystaspes (II), ebenfalls ein Dareiossohn, Satrap in Baktrien gewesen, der die Sogder und die Baktrier nach Griechenland geführt habe.[33] Hystaspes (III), Sohn des Xerxes, wurde später gleichfalls Satrap Baktriens.[34] Bei einem weiteren Satrapen Baktriens, Bessos, soll es sich um einen engen Verwandten von Dareios III. gehandelt haben: Sein verwandtschaftlicher Grad wird aus seiner hohen Stellung in der Schlacht ersichtlich.[35] Auf die Bedeutung der Region weist sein Verhältnis zu Baktrien hin. Die Tatsache, dass er seine Rolle dort ausnutzen konnte, um seine Macht allgemein zu festigen,[36] lässt auf das enorme Potential der Region schließen.[37]

Die Definition Baktriens als „Reich der 1000 Städte", obgleich sie auf eine spätere Zeit, nämlich die hellenistische, Bezug nimmt,[38] lässt vermuten, dass der Urbanisierungsgrad Baktriens schon früher sehr hoch war. Es wird vermutet, dass Baktrien ab dem 2. Jt. v. Chr. über eine Staatsstruktur verfügte, auch wenn ihr Vorhandensein nicht durch Quellen bestätigt werden kann.[39] Archäologisches Material belegt, dass in der Region schon in vorachaimenidischer Zeit Bewäs-

---

24 Zum Königreich: Diod. II 4, 1–6; vgl. Xen. Kyr. V 1, 2. Zur Unterwerfung: Hdt. I 153; Ktes. 109 Lenfant = F 13 Photios (§§ 11–3).
25 Strab. geogr. XI 11, 4 517–8 C.
26 So Arr. exped. Alex. IV 1–3.
27 DB §§ 38–9.
28 So Klinkott 2005, 487.
29 Ktes. 112–3 Lenfant = F 9 Photios (§ 8). Zu den Herrschern und Satrapen Baktriens s. a. Plischke 2014, 65 ff.
30 Es handelt sich um einen persischen Titel, der als „der Größte nach dem König" zu übersetzen ist. Dazu: Sancisi-Weerdenburg 1980, 66–7.
31 Plut. mor. 173 B/C; ebda. 488 D/F. Zur Identifizierung: Sancisi-Weerdenburg 1980, 67–73.
32 Hdt. IX 113.
33 Hdt. VII 64, 2; vgl. Diod. XI 69, 2.
34 Diod. XI 69; vgl. PFT 1287.1555.
35 Arr. exped. Alex. III 8, 11.13; Curt. IV 6, 8.15.
36 Arr. exped. Alex. IV 17, 4–7.
37 S. u.
38 Iust. XLI 1, 8; ebda. 4, 5; Strab. geogr. XV 1, 3 686 C.
39 So bei Diod. II 4, 1; Xen. Xyr. V 1, 2; dazu: Plischke 2014, 68. In der Tradition des Avesta ist von einem mächtigen König Baktriens die Rede, der den Schutz Zoroasters gewährleistet (Leriche/Grenet 1988).

serungskanäle in Nutzung waren. Das nachgewiesene Irrigationsverfahren ist folgendermaßen zu beschreiben: Von einem vorhandenen Fluss wurde ein Teil des Wasserverlaufs an einer Stelle des Ufers abgeleitet und durch einen Kanal umgeleitet, sodass das dadurch fließende Wasser für die Bewässerung genutzt werden konnte.[40] In der Region Ai-Xanums wurde z. B. entdeckt, dass der Fluss Amudarja (in der Antike Oxos) und sein Nebenfluss Kokča durch zwei Kanäle miteinander verbunden waren und von diesen zwei Hauptkanälen zahlreiche Abzweigungen ihren Ursprung nahmen.[41] Man hat sich die Frage gestellt, ob eine staatliche Struktur Voraussetzung solcher Bewässerungsarbeiten gewesen sein muss oder umgekehrt die Bewässerungskanäle eine Voraussetzung für die Entstehung einer staatlichen Struktur gewesen sind, ohne aber zu einer endgültigen Antwort zu kommen.[42]

Die Tatsache, dass ein Kanalsystem schon vor der teispidisch-achaimenidischen Zeit in Gebrauch war, schließt nicht aus, dass die Perserkönige selbst zwischen dem 6. und dem 4. Jh. v. Chr. bemüht waren, die Effizienz dieses Systems zu gewährleisten sowie zu perfektionieren. Wichtige Aufgabe des Großkönigs war, die schon vorhandenen Kanalsysteme zu pflegen und neue aufzubauen. Das Bewässerungs- und Transportsystem zu Wasser differierten im Perserreich von Region zu Region. Natürliche Ressourcen wurden selbstverständlich ausgenutzt, sofern sie zur Verfügung standen. Während Qanate in Zentralasien[43] und mit Zisternen verbundene Kanäle in Persepolis verwendet wurden,[44] brachten benachbarte Flüsse das Wasser zur königlichen Residenz in Pasargadai.[45] Die Nutzung und die Verteilung des Wassers waren im gesamten Reich ausschließlich das Recht des Königs, und für den Zugang zu Wasserressourcen mussten die Untertanen Abgaben bezahlen.[46]

Baktrien dürfte im Perserreich im Gegensatz zu seiner Nachbarregion Sogdien, eine sehr wichtige strategische Rolle gespielt haben. Dieses hatte geographisch, abgesehen von Oasen wie Marakanda, Berge und Wüste anzubieten und war politisch „a distant frontier province".[47] Sogdien befand sich in direktem und beständigem Kontakt zu nicht urbanisierten Völkerschaften.[48] Sogar in Baktrien und in der Margiane, die in achaimenidischer Zeit hauptsächlich von sesshaften Bevölkerungen bewohnt waren, waren Nomaden bzw. seminomadische Pastoralisten zu finden.[49]

---

40 So wird die persische Wasserversorgungsmethode von Roth und Schütt beschrieben: „Der Mutterbrunnen des Qanates (...), im Allgemeinen am Fuß eines Berges gelegen, zapft ein Aquifer an und leitet in der Regel von hier aus das Wasser über ein Galeriesystem bis zu einem Bewässerungsbecken, von dem aus das Wasser bei Bedarf für Bewässerungsfeldbau und für Trinkwasserversorgung genutzt wird" (so Roth/Schütt 2000, 83).
41 So Briant 2002, 752–3; ders. 2009, 150–1; Mairs 2014, 170–3.
42 Mairs 2014, 37. Zur selben Frage aber für Ägypten: Butzer 1976.
43 S. a. u. im Kapitel 13.
44 In den Ruinen von Persepolis kann man immer noch die alten Kanäle erkennen, die das Wasser in die Zisterne geleitet haben (dazu: Talebian 2010, 302–4).
45 Das Flusswasser musste nur umgeleitet werden: Noch heute sind die steingefassten Kanäle des königlichen Parks sichtbar (so Knauss 2006, 102). Dazu: Grob 2017.
46 Nach Hdt. III 117, 6 war diese Steuer teuer. Zu den sog. ‚Kanalbeamten': Klinkott 2005, 211. S. a. u. im Kapitel 13.
47 So de la Vaissière 2011.
48 So Bernard 1996, 334–37; s. a. Briant 2002, 764 ff.
49 Dazu: Plischke 2014, 68.

Nach Jacobs haben Baktrien und Sogdien, deren Grenze der Fluss Oxos bildet,[50] zusammen mit Areia, Gandhara, Daha, dem Gebiet der *Sakā tigraxaudā* und der *Sakā haumavargā* eine einzelne große Satrapie, das sog. Große Baktrien gebildet.[51] Nach Strabon sind Areia, Arachosien, Drangiana und Margiana Teile einer einzelnen Satrapie gewesen. Der Autor berichtet, diese Regionen seien zu einem großen Steuerbezirk zusammengeschlossen und leisteten gemeinsam ihre Abgaben.[52] Jedoch sei die Bevölkerung dieser Länder ethnisch verwandt gewesen.[53] In den persischen Inschriften treten Sogdien und Chorasmien in Zusammenhang mit Baktrien in Erscheinung[54]. Arrian berichtet einerseits über die Sogder (und die Saken und eine indische Einheit) unter Bessos' Befehl bei Gaugamela,[55] andererseits sind Hinweise darauf zu finden, dass Baktrien und Sogdien zur Zeit Alexanders voneinander unabhängig waren, da Sogdien über ein eigenes Zentrum verfügte: Marakanda.[56] Die Aussage, dass die Sogder unter Bessos' Befehl stünden, widerspricht dem nicht, sondern deutet darauf hin, dass der Satrap Baktriens zu der Zeit über militärische Verantwortung außerhalb der Grenzen Baktriens verfügte. Nach Klinkott war „die administrative Trennung von Baktrien und Sogdien (...) unter Dareios III. fest etabliert" und „eine Tendenz zur Zersplitterung der großen alten Satrapie und zur Einrichtung kleinerer Verwaltungseinheiten sichtbar".[57] Die Tatsache, dass ein Satrap Sogdiens weder vor Alexander noch in seiner Zeit genannt wird, legt die Vermutung nahe, dass am Ende der Perserzeit Sogdien mindestens in irgendeiner Form „halbautonom" von Baktrien war.[58]

Abgesehen von seiner politischen Verfassung war Baktrien-Sogdien die fernste Verwaltungseinheit des Reichs im Osten. Ihr kam die Aufgabe zu, die potenzielle Gefahr der Nomaden unter Kontrolle zu halten. Nomaden waren beispielsweise Skythen, die die klassischen Quellen, etwa Herodot, als Bewohner des nördlichen Teils des Schwarzen Meers und des Kaukasus kennen[59]. Herodot berichtet von einer 28jährigen skythischen Herrschaft über Asien, nachdem Kyaxares, der König der Meder, von ihnen besiegt worden war.[60] Aber das Wort „Skythen", das dem altpersische *Saka* (Farsi: ساکا[61]) entspricht[62], definiert keinen ethnisch homogenen Stamm.[63] In den persischen Inschriften sind vier verschiedene Gruppen von Skythen zu finden: die *Sakā paradrayā* in

---

50 Arr. exped. Alex. III 28, 9; ebda. IV 15, 7 und 16, 1.
51 So Jacobs 2006. Zu den *Sakā* s. u.
52 Strab. geogr. XI 10, 1 515 C ff.
53 Ebda. II 1, 31 84 C; ebda. XV 2, 8 723 C.
54 S. etwa DNa § 3 M; DPe § 2 O.P; XPh § 3 N.
55 Arr. exped. Alex. III 8, 5. In der Zeit Dareios' III. besaß Baktrien eine renommierte Kavallerie von 30.000 Reitern (Curt. VII 4, 30; s. a. u.).
56 Zu Marakanda: Arr. exped. Alex. III 30, 6 (als königliche Stadt); ebda. IV 3, 6 (dazu: Seibert 1985, 130 mit Lit.).
57 Klinkott 2005, 494. S. o. in Einleitung b.
58 So Berve 1926, I, 267.
59 S. etwa Hdt. IV 6.11–2; ders. VII 64.
60 Hdt. I 103–6. Zum sehr umstrittenen ‚Medischen Reich': Dandamayev/Medvedskaya 2006; Rollinger 2010b.
61 Zum Begriff in den verschiedenen indoeuropäischen Sprachen: Drews 2004, 86–90.
62 Winckler (1897, 486 ff.) brachte als erster die Saken mit den Skythen in Verbindung.
63 „The Persians gave the single name Sakā both to the nomads whom they encountered between the Hunger steppe and the Caspian, and equally to those north of the Danube and Black Sea against whom Darius later campaigned; and the Greeks and Assyrians called all those who were known to them by the name Skuthai (Iškuzai). Sakā and Skuthai evidently constituted a generic name for the nomads on the northern frontiers" (so Cook 2008, 253). Nun wird beim Überblick Schuols (2017) eindeutig festgehalten, dass es sich um keine homogene Gruppe bei Herodots Skythen handelt.

Sarmatia,[64] die *Sakā tigraxaudā*, d.h. die „Saken mit spitzen Mützen" (in der Kasachensteppe lokalisiert)[65], die *Sakā haumavargā*, die im Dreieck zwischen Taschkent, Duschanbe und Samarkand angesiedelt waren,[66] die *Sakā para Sugdam*, die jenseits Sogdien wohnten.[67] Bis zum Jaxartes (dem heutigen Fluss Syrdarja) war Kyros II. gekommen, der dort die Stadt Kurušata gegründet hatte, eine Grenzsiedlung, die genau als Schutz gegen die Skythen gedacht worden war.[68]

Skythen werden ebenfalls in assyrischen Texten der Zeit Esarhaddons (681–669 v.Chr.) erwähnt, die einen Feldzug gegen die Aškuza (im Gebiet des Urmia-Sees verortet) registrieren:[69] Dieselben sind ferner im Alten Testament unter dem Namen Aškenaz zu finden.[70]

Marakanda wurde höchstwahrscheinlich in der Perserzeit mit seinen ersten Mauern ausgestattet, und bis zum Ende der Perserzeit wurden in dieser Grenzprovinz mehrere befestigte Städte als ‚Schutzpunkte' errichtet.[71] Wie viele von solchen ‚Schutzpunkten' in der Region in der Tat vorhanden waren, kann wegen des archäologischen Mangels („to be attributed to accidents of preservation and practical constraints on fieldwork"[72]) nicht eingeschätzt werden. Es ist oft anzunehmen, dass achaimenidische Schichten unter den hellenistischen zu erwarten wären. Nur etwa 3 km vom hellenistischen Ai-Xanum ist eine achaimenidische Siedlung, die sogenannte „Ville ronde", entdeckt worden, und in der ganzen Region – auch in Ai-Xanum selbst – ist damit zu rechnen, dass es persische Gebäude gegeben hat.[73] Was aus achaimenidischer Zeit noch zu sehen ist, sind z.B. einige Plattformen, die möglicherweise für religiöse *open air*-Zeremonien benutzt wurden: „Comme en Iran, ils prenaient l'aspect de plateformes sacrées pour des cultes en plein air ou celui de temples couverts" schreibt Matinez-Sève.[74] Einige davon befinden sich im heutigen Süd-Usbekistan, wie Pačmak-tepe[75] und Pshak-tepe[76]. Auch bei Khaytabad-tepe, 7 km nördlich des modernen Djarkutan, hat ab dem Jahre 1976 eine französisch-usbekische Expedition eine Siedlung entdeckt, die zwischen dem 6. und dem 5. Jh. v.Chr. entstanden ist und spätestens im 4. Jh. v.Chr. eine dicke Mauer besaß (2 m Durchmesser); die Stadt könnte von Alexander dem Großen niedergebrannt worden sein, da auf diese Zeit zurückführende Feuerspuren zu sehen sind[77]. Andere achaimenidische Siedlungen sind in Sogdien entdeckt worden, etwa eine Terrasse in Kok-tepe[78] und ein Tempel in Sangyr-tepe (bei Shahrisabz). Diese über stattliche Mauern verfügenden Siedlungen dürften aus Sicherheitsgründen errichtet worden sein.

Nicht nur lag Baktrien in einer strategisch bedeutsamen Region zwischen Iran-Mesopotamien und den Steppen, sondern es war zudem extrem reich an Ressourcen. Die wahrscheinlich einzige in der Antike genutzte Quelle von Lapislazuli lag im Osten in den Badachšan-Bergen. Obwohl es noch weiterer Forschungen bedarf, ist anzunehmen, dass das von hier kommende

---

64 Dazu: Schmitt 1972, 522. Zu den Inschriften, in denen *Sakā* zu finden sind: Taishan 2014, 2 ff.
65 Dazu: Walser 1966, 34 ff.
66 So Dandamayev/Lukonin 2004, 134 ff.
67 Dazu: Bailey 1983, 1230; Briant 2002, 178–9.
68 Strab. geogr. XI 11, 4 517–8 C. Für Kyros gegen die Massageten: Cunliffe 2015, 206 ff.
69 Dazu: Briant 2002, 39.
70 In Gen 10, 3 (dazu: Cassuto 1964, 192); Chron I 1, 6; Jer 51, 27.
71 Dazu: Briant 2002, 743–54 und 764–74.
72 So Mairs 2014, 35.
73 Francfort/Lecomte 2002, Abb. 7–8; dazu auch: Mairs 2014, 110 ff.
74 So Martinez-Sève 2014, 241.
75 Dazu: Bernard 1976, 271; Boyce/Grenet 1991, 182–183.
76 Dazu: Askarov 1982.
77 Bericht zu den Ausgrabungen: Leriche 2013.
78 Dazu: Rapin/Isamiddinov/Khasanov 2010; s.a. Martinez-Sève 2014.

Produkt bereits in prädynastischer Zeit in Ägypten eingeführt wurde.⁷⁹ Schon 2200 v. Chr. war ein Stützpunkt der indischen Zivilisation, Shortughai, in den Badachšan-Bergen zu finden. Die Siedlung diente dazu, den Zugang zu den Minen zu kontrollieren.⁸⁰ Welche Rolle diese Minen spielten, ist nachvollziehbar, wenn man berücksichtigt, dass in der Endphase von Ai-Xanum 75 kg Lapislazuli, die aus diesen Minen kamen, dort als Teil des Stadtschatzes gelagert waren.⁸¹ Dank einer Passage in Curtius' Werk kann man sich leicht vorstellen, wie ressourcenreich die Region allgemein war:

> Curt. VII 4, 26–30:⁸²
> In einigen Gegenden (scil. des baktrischen Landes) bringen zahlreiche Bäume und Weinstöcke reiche und edle Früchte hervor. Den fetten Boden bewässern häufige Quellen, und während die fruchtbaren Strecken mit Getreide besät sind, dienen die übrigen zur Weide für die Viehherden. (...) wo das Land wirtlicher ist, da gibt es eine ungemeine Fülle von Menschen und Pferden, so dass die Baktrianer 30.000 Reiter zählten.

Um diese Ressourcen nutzen zu können, muss eine Menge an Arbeitskräften nötig gewesen sein.

Leider sind Dokumente aus Baktrien aus der Zeit der erwähnten Deportation selten. Deswegen ist die Entdeckung eines baktrischen Archivs aus spätachaimenidischer Zeit von besonderer Bedeutung gewesen. Es handelt sich um Briefe (Pergamente), Listen auf Leder und einige Vermerken auf Holzstäbchen, die im Jahre 2012 von Naveh und Shaked publiziert worden sind.⁸³ Die Dokumente (insgesamt um 41), sind alle aus dem 4. Jh. v. Chr. Sie sind in aramäischer Sprache, in der Form, wie sie in Ägypten zu finden ist, also im ‚Reichsaramäischen', verfasst. Die Nutzung der aramäischen Sprache in dieser Form bestätigt, wie stark die Kontrolle der Achaimeniden in der Region war.⁸⁴ Diese Dokumente sind sprachlich und inhaltlich mit der Aršama-Korrespondenz aus Ägypten verglichen worden⁸⁵. In ihnen sind Personen zu finden, die bis jetzt nur durch klassische Quellen bekannt waren, etwa Bessos (Bayasa)⁸⁶ und Vištaspa, der in einem Brief genannt wird, in dem es um die Lieferung von Schafen von einer Person an eine andere (beide Personen tragen iranische Namen) geht.⁸⁷ Mindestens acht Dokumente sind Bestandteile eines Briefwechsels zwischen Achvamazda, der höchstwahrscheinlich der Satrap Baktriens in der

---

79 Dazu: Bavay 1997.
80 Dazu: Francfort 1989.
81 Bernard/Francfort 1978, 9 ff.; Rapin 1992, 50 pl. 100.2
82 Übers. Siebelis u. Aa. 2007. [26] Text: Alibi multa arbor et vitis largos mitesque fructus alit, solum pingue crebri fontes rigant, quae mitiora sunt, frumento conseruntur, [27] cetera armentorum pabulo cedunt. (...) qua mitior terra est, ingens hominum equorumque multitudo gignitur. Itaque Bactriani equites XXX milia expleverant.
83 = ADAB.
84 Shaked 2004, 22–9; ADAB, 39–51 und schon Briant 1984, 59–60. S. a. u. im Kapitel 18.
85 Z.B.: „Those who have noted the „severité étonnante" (Shaked 2004) with which the presumed Bactrian satrap Akhvamazda writes to Bagavant, *pht* of the city of Khulm, may wish to compare and contrast the cases of Arshama, who threatens Nakhtor with a „harsh word" in A6.10, but otherwise adopts a measured tone, or Virafsha who seems to have much to complain of in Nakhtor's behaviour but stylistically speaking keeps his cool (A6.15)" (Tuplin 2010, 12).
86 ADAB C1.
87 ADAB C2, 1. Dazu: Hyland 2013.

zweiten Hälfte des 4. Jhs. war, und Bagavant, dem Statthalter der Region Chulmi.[88] Baktrien wird zweimal in zwei verschiedenen Fragmenten erwähnt.[89] Bagavant war sowohl für staatliche als auch für private Geschäfte Achvamadzas zuständig[90] und musste unterschiedliche Aufgaben erledigen, wie z. B. die Dächer von beschädigten Gebäuden reparieren, eine gewisse Menge von Sesam dem Satrapen senden, Soldaten in verschiedenen Volksgruppen ausheben und zu einem Grundbesitz Achvamadzas in der Wüste von Artadatana marschieren, um entweder einige Gebäude von Sand zu befreien oder Essig hinzubringen. Das aramäische *ḥl*ʾ[91] kann nämlich sowohl für das Wort *ḥallā* = „Essig" als auch für *ḥāllā* = „Sand" stehen.[92] Da der Ortsname auf eine Ansiedlung in der Wüste hindeutet, ist anzunehmen, dass Bagavant, der dorthin gehen sollte, damit beauftragt war, Gebäude vom Sand zu befreien.[93]

Das Archiv weist auf die Existenz einer komplexen, aber effizienten Verwaltungsstruktur hin. Die Texte nehmen auf Menschen Bezug, die als Arbeitskräfte dienten und dafür Rationen, in einigen Fällen sogar Silber als Barzahlung bekamen. Sie waren in Gruppen organisiert, unter denen sich offenbar Verwandte befanden, wie die Verwendung von Worten wie *byt* = „Haus" oder *bny* = „Sohn von" zeigt; genauso durften die Mitglieder einer Familie in den Gruppen von *kurtaš*, die sich in der Dokumentation aus Persepolis finden lassen, zusammen bleiben.[94] Ebenso wie im Fall von Persepolis ist es schwierig zu bestimmen, wie diese Arbeitskräfte rekrutiert worden waren und welchen Status sie besaßen. Es steht außer Frage, dass Menschen unterschiedlicher Herkunft involviert waren: Das Archiv weist auf die Anwesenheit von Arabern, Aramäern, Judäern und Phöniziern im achaimenidischen Baktrien hin.[95] Das scheint dem für Persepolis dokumentierten System ähnlich.[96]

In einem derartigen multikulturellen Kontext könnten auch Barkäer einen Platz gefunden haben. Die semantische Ähnlichkeit von „Barka" und „Baktrien" könnte Anlass sein, Skepsis gegenüber dem Bericht walten zu lassen. Herodot benutzt oftmals ähnlich klingende Wörter, um einen historischen Exkurs zu rechtfertigen: So stammen laut ihm alle Perser von Perseus ab, und daher komme auch das Ethnonym; dagegen wissen wir, dass die Selbstbezeichnung *Parsa* ausschlaggebend für das griechische Ethnonym war.[97] Herodot kennt aber auch die Binnendifferenzierung „Arier" für die persische Elite, was Kenntnisse der Selbstbezeichnung der Perser voraussetzt. Bei der Informationsbeschaffung Herodots ist von einem ‚Pool of Information' als Diskurswissen auszugehen.[98] Jedenfalls musste Herodot nicht reisen, um direkten Zugang zu Persern zu haben, da in Westkleinasien die Präsenz von Personen mit iranischen Namen epigraphisch belegbar ist.[99]

---

88 ADAB A1–10; davon sind A3 und A7 sehr bruchstückhaft; A9 ist eine Quittung über Kräuter, die Bagavant von seiner Frau erhalten hat; A10 ist ein Schuldschein.
89 ADAB A7.8.
90 Dasselbe kann man in der Aršama-Korrespondenz sehen: „the common thread of the Bodleian Arshama letters is Arshama's estate and the activities of his *pqdyn*, not Arshama's activity (...)" (so Tuplin 2011, 1).
91 ADAB A2, 5–6.
92 Shaked 2004, 31.
93 Für eine derartige Interpretation spricht sich Coloru 2009, 90 aus.
94 S. u. im Kapitel 16.
95 Kloner/Stern 2007, 142–3.
96 Zu den Beziehungen zwischen Persepolis und Baktrien s. nun Henkelman 2018.
97 Dazu: Bichler 2000; Wesselmann 2011.
98 Dazu: Luraghi 2001.
99 Dazu: Mitchell 2007.

In den ‚Historien' mischen sich aber historische Informationen mit mythischen Erzählstrukturen, sodass es manchmal sehr anspruchsvoll ist, die beiden getrennt voneinander zu halten. Der Bedarf an Arbeitskräften, der aus den einheimischen Quellen ersichtlich wird, spricht aber für Baktrien als geeignete Zielregion. Außerdem möchte ich noch einen möglichen Grund nennen, warum der Perserkönig Interesse daran hätte haben können, Deportierte in eine bestimmte Region zu schicken: Sie konnten nützlich sein, um Grenzräume des Imperiums zu schützen. Wie ich später ausführen werde, dürfte der Perserkönig z. B. Juden nach Ägypten deportiert und als Verstärkung beim Schutz der ägyptischen Südgrenze in Elephantine angesiedelt haben, wo schon eine jüdische Gemeinschaft anwesend war.[100]

In unserem Fall ist Baktrien von Gebieten umgeschlossen, in denen Stammesgesellschaften wohnten. Baktrien und Sogdien befanden sich in intensivem Kontakt zu nicht urbanisierten und auch deswegen potenziell gefährlichen Völkerschaften, mit denen man aber wirtschaftliche Beziehungen pflegte. So spielte die Provinz Baktrien-Sogdien als Grenzreichseinheit die Rolle, Nomaden unter Kontrolle zu halten und ihre Produkte im Tausch abzuschöpfen. Neue, von Deportierten bewohnte Ansiedlungen dürften in der Region die Rolle gespielt haben, das Gebiet zu schützen und die Kontrollmaßnahmen des Zentrums zu stärken. Es bleibt die Frage, warum genau Deportierte als Schutzfaktor ausgesucht wurden. Bei den Assyrern waren Deportierte in Form von waffenfähigen Männern besonders nützlich: Sie dürften in einigen Fällen sogar im assyrischen Heer als Hilfstruppen mit dem Ziel, Grenzfestungen zu bestücken, gedient haben, und Deportationen mit dem Ziel, die Grenzen zu schützen, können als Folge der Eroberungspolitik angesehen werden. Diesbezüglich unterstreicht Oded, dass Deportierte bereit waren, den assyrischen König zu unterstützen, weil sie befürchteten, von den Einheimischen zurückgewiesen zu werden. Aus diesem Grund stufte der neuassyrische König sie sogar als besonders loyal ein.[101] Der Bedarf an Arbeitskräften zusammen mit dem königlichen Wunsch, das Gebiet vor der ‚Außenwelt' zu schützen, darf als Grund der Ansiedlung von Barkäern in der Region angenommen werden.

---

100 S. u. Kapitel 13.
101 Oded 1979, 46 ff. S. a. u. Kapitel 20.2.

5. Paionen und ihre legendären Fähigkeiten

5.1 Text

Hdt. V 12–17, 1:[1]
Ein Vorfall aber, den Dareios mit ansah, veranlaßte ihn, Megabazos den Auftrag zu geben, die Paionen zu unterwerfen und aus Europa nach Asien umzusiedeln. Zwei Paionen, Pigres und Mastyes, kamen, als Dareios nach Asien hinübergegangen war, zu ihm nach Sardes mit dem Wunsche, über die Paionen zu herrschen. Sie brachten ihre hochgewachsene, schöne Schwester mit. Nun achteten sie auf die Zeit, wo Dareios vor den Toren der

---

[1] Übers. Feix 1963. Text: [12, 1] τελεωθέντων δὲ ἀμφοτέροισι, οὗτοι μὲν κατὰ τὰ εἵλοντο ἐτράποντο, Δαρεῖον δὲ συνήνεικε πρῆγμα τοιόνδε ἰδόμενον ἐπιθυμῆσαι ἐντείλασθαι Μεγαβάζῳ Παίονας ἑλόντα ἀναστάτους ποιῆσαι ἐς τὴν Ἀσίην ἐκ τῆς Εὐρώπης. ἦν Πίγρης καὶ Μαντύης ἄνδρες Παίονες, οἳ ἐπείτε Δαρεῖος διέβη ἐς τὴν Ἀσίην, αὐτοὶ ἐθέλοντες Παιόνων τυραννεύειν ἀπικνέονται ἐς Σάρδις, ἅμα ἀγόμενοι ἀδελφεὴν μεγάλην τε καὶ εὐειδέα. [2] φυλάξαντες δὲ Δαρεῖον προκατιζόμενον ἐς τὸ προάστειον τὸ τῶν Λυδῶν ἐποίησαν τοιόνδε· σκευάσαντες τὴν ἀδελφεὴν ὡς εἶχον ἄριστα, ἐπ' ὕδωρ ἔπεμπον ἄγγος ἐπὶ τῇ κεφαλῇ ἔχουσαν καὶ ἐκ τοῦ βραχίονος ἵππον ἐπέλκουσαν καὶ κλώθουσαν λίνον. [3] ὡς δὲ παρεξήιε ἡ γυνή, ἐπιμελὲς τῷ Δαρείῳ ἐγένετο· οὔτε γὰρ Περσικὰ ἦν οὔτε Λύδια τὰ ποιεύμενα ἐκ τῆς γυναικός, οὔτε πρὸς τῶν ἐκ τῆς Ἀσίης οὐδαμῶν. ἐπιμελὲς δὲ ὥς οἱ ἐγένετο, τῶν δορυφόρων τινὰς πέμπει κελεύων φυλάξαι ὅ τι χρήσεται τῷ ἵππῳ ἡ γυνή. [4] οἳ μὲν δὴ ὄπισθε εἵποντο· ἡ δὲ ἐπείτε ἀπίκετο ἐπὶ τὸν ποταμόν, ἦρσε τὸν ἵππον, ἄρσασα δὲ καὶ τὸ ἄγγος τοῦ ὕδατος ἐμπλησαμένη τὴν αὐτὴν ὁδὸν παρεξήιε, φέρουσα τὸ ὕδωρ ἐπὶ τῆς κεφαλῆς καὶ ἐπέλκουσα ἐκ τοῦ βραχίονος τὸν ἵππον καὶ στρέφουσα τὸν ἄτρακτον. [13, 1] θωμάζων δὲ ὁ Δαρεῖος τά τε ἤκουσε ἐκ τῶν κατασκόπων καὶ τὰ αὐτὸς ὥρα, ἄγειν αὐτὴν ἐκέλευε ἑωυτῷ ἐς ὄψιν. ὡς δὲ ἄχθη, παρῆσαν καὶ οἱ ἀδελφεοὶ αὐτῆς οὔ κῃ πρόσω σκοπιὴν ἔχοντες τούτων. εἰρωτῶντος δὲ τοῦ Δαρείου ὁποδαπὴ εἴη, ἔφασαν οἱ νεηνίσκοι εἶναι Παίονες καὶ ἐκείνην εἶναι σφέων ἀδελφεήν. [2] ὁ δ' ἀμείβετο, τίνες δὲ οἱ Παίονες ἄνθρωποι εἰσὶ καὶ κοῦ γῆς οἰκημένοι, καὶ τί κεῖνοι ἐθέλοντες ἔλθοιεν ἐς Σάρδις. οἳ δέ οἱ ἔφραζον ὡς ἔλθοιεν μὲν ἐκείνῳ δώσοντες σφέας αὐτούς, εἴη δὲ ἡ Παιονίη ἐπὶ τῷ Στρυμόνι ποταμῷ πεπολισμένη, ὁ δὲ Στρυμὼν οὐ πρόσω τοῦ Ἑλλησπόντου, εἴησαν δὲ Τευκρῶν τῶν ἐκ Τροίης ἄποικοι. [3] οἳ μὲν δὴ ταῦτα ἕκαστα ἔλεγον, ὁ δὲ εἰρώτα εἰ καὶ πᾶσαι αὐτόθι αἱ γυναῖκες εἴησαν οὕτω ἐργάτιδες. οἳ δὲ καὶ τοῦτο ἔφασαν προθύμως οὕτω ἔχειν· αὐτοῦ γὰρ ὦν τούτου εἵνεκα καὶ ἐποιέετο. [14, 1] ἐνθαῦτα Δαρεῖος γράφει γράμματα Μεγαβάζῳ, τὸν ἔλιπε ἐν τῇ Θρηίκῃ στρατηγόν, ἐντελλόμενος ἐξαναστῆσαι ἐξ ἠθέων Παίονας καὶ παρ' ἑωυτὸν ἀγαγεῖν καὶ αὐτοὺς καὶ τὰ τέκνα τε καὶ τὰς γυναῖκας αὐτῶν. [2] αὐτίκα δὲ ἱππεὺς ἔθεε φέρων τὴν ἀγγελίην ἐπὶ τὸν Ἑλλήσποντον, περαιωθεὶς δὲ διδοῖ τὸ βυβλίον τῷ Μεγαβάζῳ. ὁ δὲ ἐπιλεξάμενος καὶ λαβὼν ἡγεμόνας ἐκ τῆς Θρηίκης ἐστρατεύετο ἐπὶ τὴν Παιονίην. [15, 1] πυθόμενοι δὲ οἱ Παίονες τοὺς Πέρσας ἐπὶ σφέας ἰέναι, ἁλισθέντες ἐξεστρατεύσαντο πρὸς θαλάσσης, δοκέοντες ταύτῃ ἐπιχειρήσειν τοὺς Πέρσας ἐμβάλλοντας. [2] οἱ μὲν δὴ Παίονες ἦσαν ἕτοιμοι τὸν Μεγαβάζου στρατὸν ἐπιόντα ἐρύκειν· οἱ δὲ Πέρσαι πυθόμενοι συναλίσθαι τοὺς Παίονας καὶ τὴν πρὸς θαλάσσης ἐσβολὴν φυλάσσοντας, ἔχοντες ἡγεμόνας τὴν ἄνω ὁδὸν τρέπονται, λαθόντες δὲ τοὺς Παίονας ἐσπίπτουσι ἐς τὰς πόλιας αὐτῶν ἐούσας ἀνδρῶν ἐρήμους· οἷα δὲ κεινῇσι ἐπιπεσόντες εὐπετέως κατέσχον. [3] οἱ δὲ Παίονες ὡς ἐπύθοντο ἐχομένας τὰς πόλιας, αὐτίκα διασκεδασθέντες κατ' ἑωυτοὺς ἕκαστοι ἐτράποντο καὶ παρεδίδοσαν σφέας αὐτοὺς τοῖσι Πέρσῃσι. οὕτω δὴ Παιόνων Σιριοπαίονές τε καὶ Παίοπλαι καὶ οἱ μέχρι τῆς Πρασιάδος λίμνης ἐξ ἠθέων ἐξαναστάντες ἤγοντο ἐς τὴν Ἀσίην. [16, 1] οἱ δὲ περί τε Πάγγαιον ὄρος καὶ Δόβηρας καὶ Ἀγριάνας καὶ Ὀδομάντους καὶ αὐτὴν τὴν λίμνην τὴν Πρασιάδα οὐκ ἐχειρώθησαν ἀρχὴν ὑπὸ Μεγαβάζου· ἐπειρήθη δὲ καὶ τοὺς ἐν τῇ λίμνῃ κατοικημένους ἐξαιρέειν ὧδε.(...). [17, 1] παιόνων μὲν δὴ οἱ χειρωθέντες ἤγοντο ἐς τὴν Ἀσίην (...).

Lyderstadt zu Gericht saß, und taten folgendes: Sie schmückten ihre Schwester besonders schön und schickten sie aus, Wasser zu holen. Sie trug auf dem Kopf ein Gefäß, zog am Arm ein Pferd hinter sich her und spann Flachs. Als die Frau an Dareios vorbei ging, fiel sie dem König auf. Was sie tat, war weder Sitte bei den Persern noch bei den Lydern oder sonst bei einem Volke Asiens. Weil ihm dies auffiel, schickte er einige seiner Leibwächter mit dem Auftrag achtzugeben, was die Frau mit dem Pferd tue. Die folgten ihr. Als jene aber zum Fluß kam, tränkte sie das Pferd, füllte den Krug mit Wasser und kam auf dem gleichen Weg wieder vorbei. Das Wasser trug sie auf dem Kopf, das Pferd führte sie am Arm und drehte die Spindel.

Dareios wunderte sich über das, was er von den Kundschaftern hörte und selbst sah, und ließ sich die Frau vorführen. Als das geschah, waren auch ihre Brüder zur Stelle, die in der Nähe auf der Lauer standen. Auf die Frage des Dareios, aus welchem Volke sie stamme, antworteten die Jünglinge, sie seien Paionen und jene ihre Schwester. Er fragte wieder, wer denn die Paionen seien, wo auf der Welt sie wohnten und warum sie nach Sardes kämen. Sie erklärten, sie seien gekommen, um sich ihm zu ergeben; Paionien sei am Strymon, der nicht weit vom Hellespont fließe, mit Städten besiedelt. Sie seien Nachfahren der Teukrer aus Troia. Das alles erzählten sie mit vielen Einzelheiten. Dareios aber fragte sie, ob denn alle Frauen dort so fleißig seien wie diese. Auch das bejahten sie eifrig; denn gerade deshalb hatten sie dies ja so gemacht.

So schrieb denn Dareios einen Brief an Megabazos, den er als Feldherrn in Thrakien zurückgelassen hatte. Er trug ihm auf, die Paionen aus ihren Wohnsitzen wegzuführen und mit Frauen und Kindern zu ihm zu bringen. Sofort eilte ein Reiter mit dieser Botschaft zum Hellespont, setzte über und brachte dem Megabazos den Brief. Als der ihn gelesen und Wegführer aus Thrakien ausgewählt hatte, zog er gegen die Paionen.

Als die Paionen erfuhren, daß die Perser gegen sie heranzogen, sammelten sie sich und marschierten an die Küste; denn sie glaubten, dort würden die Perser den Einbruch in ihr Land versuchen. Die Paionen waren bereit, das eindringende Heer des Megabazos abzuwehren. Als die Perser aber erfuhren, daß die Paionen sich gesammelt hatten und den Zugangsweg an der Küste bewachten, ließen sie sich von ihren Führern den Weg durch das Gebirge zeigen. So überfielen sie unbemerkt von den Paionen deren Städte, die ohne Männer waren. Da sie also unverteidigte Orte angriffen, bekamen sie diese leicht in ihre Hand. Als die Paionen die Besetzung ihrer Städte erfuhren, zerstreuten sie sich sofort, wandten sich, jeder Stamm einzeln, zur Flucht und ergaben sich den Persern. So wurden von den Paionen die Siriopaionen, die Paiopler und die Bewohner bis zum Prasiassee aus ihren alten Wohnsitzen weggeführt und nach Asien umgesiedelt.

Die Stämme am Pangaiosgebirge [die Doberer, Agrianen, Odomanten] und die Stämme am Prasiassee selbst hat Megabazos von Anfang an nicht unterworfen. Allerdings versuchte er, auch die wegzubringen, die am See wohnten (...).

Die überwundenen Stämme der Paionen wurden nach Asien geführt. (...).

Hdt. V 23, 1:[2]
(...) Megabazos aber zog mit den Paionen zum Hellespont, ließ sich übersetzen und kam nach Sardes. (...).

---

2 Übers. Feix 1963. Text: (...) Μεγάβαζος δὲ ἄγων τοὺς Παίονας ἀπίκετο ἐπὶ τὸν Ἑλλήσποντον· ἐνθεῦτεν διαπεραιωθεὶς ἀπίκετο ἐς τὰς Σάρδις. (...).

Hdt. V 98:[3]

Aristagoras segelte voraus. Als er nach Milet gelangt war, klügelte er einen Plan aus, der durchaus keine Vorteile für die Ionier bringen sollte. Diese Überlegungen stellte er auch nicht deswegen an, sondern um König Dareios zu ärgern. Er schickte nämlich einen Boten nach Phrygien zu den Paionen, die Megabazos als Kriegsgefangene vom Strymon weggeführt hatte und die einen Landstrich und ein Dorf in Phrygien für sich allein bewohnten. Der Bote sprach folgende Worte zu den Paionen: „Paionen, Aristagoras der Tyrann von Milet, schickt mich, um euch den Weg zur Rettung zu zeigen, wenn ihr ihm folgen wollt. Jetzt nämlich ist ganz Ionien vom König abgefallen. Der Weg zur Rettung in eure Heimat steht euch offen. Es wird eure Aufgabe sein, bis ans Meer vorzudringen; von dort an werden wir auch weiterhelfen." Als die Paionen das hörten, nahmen sie es mit großer Freude auf. Mit Weib und Kind eilten sie zum Meer. Einige allerdings blieben auch aus Furcht an Ort und Stelle. Am Meere angekommen, fuhren sie hinüber nach Chios. Sie waren bereits drüben, da folgte schon auf dem Fuße eine starke Reiterabteilung der Perser, die die Paionen verfolgte. Als sie sie nicht mehr antrafen, erging an die Paionen in Chios die Aufforderung zurückzukehren. Diese ließen sich nicht darauf ein, sondern die Chier setzten sie nach Lesbos über, und die Lesbier brachten sie nach Doriskos. Von dort zogen sie auf dem Landweg nach Paionien.

Pigres und Mastyes streben nach der Herrschaft über die Paionen und hoffen, für ihr Ziel die Hilfe des Großkönigs zu erhalten. Um die Aufmerksamkeit des Königs zu erregen, fahren sie in Begleitung ihrer Schwester nach Sardeis. Die Brüder sind erfolgreich. Was den König fasziniert, ist die ungewöhnliche Fähigkeit der Dame: Er beobachtet sie, während sie gleichzeitig ein Pferd zum Wasser führt, einen Wasserkrug auf dem Kopf trägt und dabei eine Spindel dreht. Dareios I. wundert sich über das, was er sieht und lässt sich die Frau vorführen; ihr gegenüber stehen ihre Brüder. Dareios fragt, aus welchem Volke sie stamme, und sie antworten und erklären, wo sie wohnten und warum sie nach Sardeis kämen. Dareios ist besonders an der Frage interessiert, ob alle Frauen dort so fleißig wie ihre Schwester seien. Als sie das bejahen, ist Dareios davon überzeugt, er müsse die Paionen von Thrakien nach Asien umsiedeln. Er befiehlt dem noch in Thrakien anwesenden Megabazos, die Paionen mit Frauen und Kindern zu deportieren. Die Paionen erwarten Megabazos mit seinen Truppen an der Küste und wollen ihm dort den Zugang zu ihren Wohnsitzen versperren. Ihr Versuch ist nicht erfolgreich, da Megabazos den Weg durch das Bergland einschlägt und ihre Siedlungen überfällt. Als die Paionen spüren, dass Widerstand

---

[3] Übers. Feix 1963. Text: [98, 1] Ἀρισταγόρης δὲ προπλώσας καὶ ἀπικόμενος ἐς τὴν Μίλητον, ἐξευρὼν βούλευμα ἀπ' οὗ Ἴωσι μὲν οὐδεμία ἔμελλε ὠφελίη ἔσεσθαι, οὐδ' ὦν οὐδὲ τούτου εἵνεκα ἐποίεε ἀλλ' ὅκως βασιλέα Δαρεῖον λυπήσειε, ἔπεμψε ἐς τὴν Φρυγίην ἄνδρα ἐπὶ τοὺς Παίονας τοὺς ἀπὸ Στρυμόνος ποταμοῦ αἰχμαλώτους γενομένους ὑπὸ Μεγαβάζου, οἰκέοντας δὲ τῆς Φρυγίης χῶρόν τε καὶ κώμην ἐπ' ἑωυτῶν· ὃς ἐπειδὴ ἀπίκετο ἐς τοὺς Παίονας, ἔλεγε τάδε. [2] ‚ἄνδρες Παίονες, ἔπεμψέ με Ἀρισταγόρης ὁ Μιλήτου τύραννος σωτηρίην ὑποθησόμενον ὑμῖν, ἤν περ βούλησθε πείθεσθαι. νῦν γὰρ Ἰωνίη πᾶσα ἀπέστηκε ἀπὸ βασιλέος, καὶ ὑμῖν παρέχει σώζεσθαι ἐπὶ τὴν ὑμετέρην αὐτῶν· μέχρι μὲν θαλάσσης αὐτοῖσι ὑμῖν, τὸ δὲ ἀπὸ τούτου ἡμῖν ἤδη μελήσει.' [3] ταῦτα δὲ ἀκούσαντες οἱ Παίονες κάρτα τε ἀσπαστὸν ἐποιήσαντο καὶ ἀναλαβόντες παῖδας καὶ γυναῖκας ἀπεδίδρησκον ἐπὶ θάλασσαν, οἳ δέ τινες αὐτῶν καὶ κατέμειναν ἀρρωδήσαντες αὐτοῦ. ἐπείτε δὲ οἱ Παίονες ἀπίκοντο ἐπὶ θάλασσαν, ἐνθεῦτεν ἐς Χίον διέβησαν. [4] ἐόντων δὲ ἤδη ἐν Χίῳ, κατὰ πόδας ἐληλύθεε Περσέων ἵππος πολλὴ διώκουσα τοὺς Παίονας. ὡς δὲ οὐ κατέλαβον, ἐπηγγέλλοντο ἐς τὴν Χίον τοῖσι Παίοσι ὅκως ἂν ὀπίσω ἀπέλθοιεν. οἱ δὲ Παίονες τοὺς λόγους οὐκ ἐνεδέκοντο, ἀλλ' ἐκ Χίου μὲν Χῖοι σφέας ἐς Λέσβον ἤγαγον, Λέσβιοι δὲ ἐς Δορίσκον ἐκόμισαν, ἐνθεῦτεν δὲ πεζῇ κομιζόμενοι ἀπίκοντο ἐς Παιονίην.

zwecklos ist, kehren sie in ihre Siedlungen zurück und lassen sich von Megabazos aus ihrer Heimat fortführen. Er bringt sie nach Sardeis und von dort nach Phrygien, wo sie schließlich angesiedelt werden.

Später, zu Beginn des sog. Ionischen Aufstandes, schickt Aristagoras, als er nach Milet gelangt ist, einen Boten nach Phrygien zu den Paionen, die Megabazos als Kriegsgefangene vom Strymon weggeführt hat und die einen Landstrich und ihr Dorf in Phrygien besitzen. Damit will er die Paionen von einer Rückkehr in die Heimat überzeugen. Er hat einen Plan: Sie sollen bis ans Meer gehen und dort Hilfe finden. Als die Paionen das hören, gehen sie mit Frauen und Kindern zum Meer. Am Meere angekommen fahren sie hinüber nach Chios. Als sie bereits auf der anderen Seite angekommen sind, folgt ihnen eine Reiterabteilung der Perser. Ohne sich einschüchtern zu lassen, schaffen es die Paionen dank den Lesbiern, Doriskos zu erreichen und von dort nach Paionien zu ziehen. Einige Paionen bleiben aber in Phrygien, da sie zu viel Angst haben, die neue Heimat zu verlassen.

5.2 Erläuterung

Wie im Fall der Barkäer ist Herodot die einzige Quelle für diesen Vorgang, und wie im Fall der Barkäer datiert er die Deportation der thrakischen Paionen um 512/1 v. Chr. Noch eine Ähnlichkeit lässt sich erkennen, indem nämlich der Prozess, der zur Deportation führt, mit einem Hilfegesuch beginnt: in dem einen Fall, dem der aus Kyrene stammenden Fürstin Pheretime, die die Ermordung ihres Sohnes Arkesilaos rächen will, im anderen Fall dem von Pigres und Mastyes, die nach der Tyrannis über die Paionen streben. Abgesehen von der Frage, ob diese Hilfeanfragen überhaupt historisch sind, will Herodot anhand der beiden Fälle zeigen, dass zu eben jener Zeit die Macht und der internationale Ruf des Großkönigs zunahmen. Aus griechischer Perspektive ist es ein bedeutender Moment, da Dareios zum ersten Mal die Grenzen Europas überschreitet und der griechischen Welt nahekommt. Dareios hatte die thrakische Ägäisküste unterworfen und die neue thrakische Satrapie eingerichtet.[4] Ziel des thrakischen Feldzugs war es gewesen, den Strymon als nordwestlichste Grenze des Reichs zu etablieren. Zumindest in der Wahrnehmung des Großkönigs war die Donau nun die Grenze seines Herrschaftsbereichs geworden, d.h. all die Gebiete südlich der Grenze gehörten ihm.[5]

Die Deportation der Paionen, d.h. das letzte Eingreifen des Dareios I. in Thrakien, soll nach Herodot durch Megabazos vollzogen worden sein, als der König schon auf der Rückfahrt nach Susa war. Pigres und Mastyes begegneten ihm, als er sich in Sardeis, der augenscheinlich von ihm gewählten Zwischenstation, befand.

---

4   Die Existenz einer Satrapie ‚Thrakien' (dazu: Castrutius 1972; Fol/Hammond 1988; Hammond 1988a–b; Wiesehöfer 2011b) wird im Allgemeinen aus der Bezugnahme auf westliche Völker in den Länderlisten der königlichen Inschriften gefolgert: „die Saken jenseits des Meeres" (DSe § 4 J; DNa § 3 T), „die Griechen (*Yauna*) jenseits des Meeres" (DSe § 4 K; XPh § 3 R), „die Griechen, die im/am Meer (sind)" (DSe § 4 I; XPh § 3 Q), „die schildtragenden Griechen" (DNa § 3 U). Die Nomen sind nach der deutschen Übersetzung von Schmitt 2009 zitiert. Skudra = „Thrakien" in DNa § 3 U; XPh § 3 U; s.a.u. Die Verwaltungssituation Thrakiens bleibt aber schwer zu erklären, „da keine ausführlichen Angaben über die administrative Rolle im Perserreich vorliegen" (so Klinkott 2005, 477).

5   Plut. Alex. 36, 4.

Erläuterung

Bei seiner Rückkehr ernannte Dareios Megabazos zum verantwortlichen General, um die persische Hegemonie in der Region zu schützen und zu stärken.[6] Das war eine entscheidende Verantwortung, da Thrakien den Persern wegen seiner Ressourcen sehr wichtig war. Die Bedeutung der Region wird durch den Fall des Histiaios sichtbar. Er wurde aus dem von ihm begründeten Myrkinos nach Susa zurückgerufen, wo er sich unter der Kontrolle des Großkönigs befand. Seine wachsende Macht in einem Gebiet, das Holz, kostbare Metalle und Arbeitskräfte anzubieten hatte, wurde als zu gefährlich angesehen.[7]

Betroffen von der Deportation sollen nach Herodot nicht alle paionischen Stämme gewesen sein, sondern nur die Siriopaionen, die Paiopler und die Paionen, die im Gebiet bis hin zum Prasias-See siedelten. Wie die zwei Brüder dem König sagten, wohnten die Stämme der Paionen in verschiedenen Siedlungen am Strymon.[8] Der Hauptort der Siriopaionen, das heutige Seres, liegt „am Ostufer des unteren Strymon, wo das Bergland der Odomanten sich ins Flusstal senkt"[9]. Die Paiopler wohnten weiter flussaufwärts.[10] Mit den „Paionen, die bis zum Prasias-See wohnen", kann Herodot entweder einen Stamm oder unterschiedliche Stämme gemeint haben, die die Gebiete bis zum heute Limne Kerkines genannten See[11], im unteren Strymon-Tal, besiedelten.

Da Herodot spezifiziert, welche paionischen Stämme betroffen waren, ist anzunehmen, dass er nicht von einer Deportation der Gesamtbevölkerung ausgeht.

Angenommen, dass die Episode der Wahrheit entspricht, dürfte die Zahl der Deportierten allein deswegen nicht zu groß gewesen sein, weil es Megabazos gelang, Männer, Frauen und Kinder in besonderer Eile über den Hellespont nach Sardeis zum Großkönig zu führen.[12] Dareios I. aber scheint ihnen eine eigene Siedlung und ein Gebiet in Phrygien zugewiesen zu haben. Wenn die Zahl der Deportierten sehr klein gewesen wäre, wäre eine solche Maßnahme nicht sinnvoll gewesen. Im Umkehrschluss wäre allerdings die Rückkehr der Paionen aus Phrygien zwölf Jahre später für den Großkönig, aufgrund der kleinen Zahl, nicht wirklich schädlich gewesen.[13]

Herodot spezifiziert nicht, wo genau die ihnen von Dareios I. zugewiesene Siedlung zu finden war. Olshausen merkt an, dass die später von Aristagoras ermutigten Paionen auf dem kürzesten Weg an die Westküste zogen und dann weiter nach Chios. Der ihnen von Dareios zugewiesene Ort dürfte im westlichen Phrygien gelegen haben, wahrscheinlich in der Nähe der damaligen Stadt Hierapolis, die etwa 350 km von der Chios gegenüberliegenden Küste entfernt lag.[14]

---

6 Hdt. V 2, 2; vgl. schon ders. IV 143. Zu Megabazos und seiner Rolle in Thrakien: Boteva 2011, 745–8. Als Standardwerk für die Achaimeniden in Thrakien gilt nun Vasilev 2015.
7 Hdt. V, 11; ebda. 23, 2.
8 S. o.
9 Olshausen 1997, 103.
10 S. a. Hdt. VII 113.
11 Hammond/Griffith 1979, 58.
12 Olshausen 1997, 104.
13 Olshausen 1997, 106.
14 Ebda.

5.3 Die Frage der Historizität

Paionen dürften sich unter den in persischen Dokumenten genannten Skudriern befinden. Der Name soll nicht nur für Thraker,[15] sondern für Gruppen unterschiedlicher Herkunft stehen, die aus Nordwestanatolien kommen.[16]

Thrakien = Skudra und seine Einwohner = Skudrier sind als vom König beherrschte Territorien bzw. Bevölkerungsgruppen in königlichen Inschriften zu finden.[17] In den Listen sind sie manchmal im Zusammenhang mit Griechen erwähnt, ein Zeichen dafür, dass die Bezeichnung für Menschen aus westlichen Regionen angewandt wurde. Skudrier treten hingegen in der Behistun-Inschrift nicht in Erscheinung. Es ist kaum zu bezweifeln, dass Dareios sie erwähnt hätte, wenn sie in jener Zeit schon unter seiner Kontrolle gewesen wären. *Puhu iškudrap* = skudrische Jungen/Diener sind in einem Persepolis-Täfelchen, das auf das Jahr 14 des Dareios I. (= 508/7 v. Chr.) datiert ist, zu finden.[18] Auf dieser Grundlage ist anzunehmen, dass sie vermutlich erst zwischen 521 v. Chr. und 508/7 v. Chr. unter die Kontrolle des Großkönigs gelangt[19] waren. Diese Annahme passt ferner zur Chronologie der Einrichtung der Satrapie Thrakien. Sehr wahrscheinlich wurde Thrakien nach einer ersten Phase als halbautonome Region nach dem Ionischen Aufstand als Satrapie eingerichtet.[20] Balcer, der auch den Prozess der Integration Thrakiens ins persische Reich in verschiedene Phasen einteilt, sieht Thrakien aber nie als autonome Provinz, sondern als eine von Sardeis abhängige Region.[21]

Eine statistische Analyse der Archive aus Persepolis ist zwar nicht möglich, doch waren die Skudrier ohne Zweifel eine große Gruppe, weil mindestens 6298 von ihnen in den bislang ausgewerteten Dokumenten zu finden sind.[22] Auf den persischen Reliefs werden Skudrier ähnlich den Skythen dargestellt.[23] Schmidt beschreibt die Kopfbedeckung der Skudrier auf den Gräbern I, V und VI „as a Scythian hat with the characteristic cheek flap tapering under the chin, and a distinctive bluntly pointed tip". Die Kleidung sieht aus wie „a Scythian cutaway coat, with fur-trimmed edges, and long trousers".[24]

Eine von Hammond verteidigte Theorie interpretiert das in den Archiven von Persepolis und in königlichen Inschriften zu findende *skudra-* als Bezeichnung für einen phrygischen Stamm; es ist ein Wort, das in Ortsnamen im angenommenen Heimatland der Phryger, d.h. in Makedonien, wie z.B. in Σκύδρα[25] und Κύδραι[26] zu finden ist. Ein Κύδραρα liegt laut Herodot an den Grenzen Lydiens und Phrygiens.[27] Pherekydes und Herodot schreiben, Bithynier seien aus Thrakien gekommen.[28] Strabon betont, Phryger seien von der Balkanhalbinsel nach Anatolien einge-

---

15 Diese Identifikation war lange Zeit unumstritten (Wiesehöfer 2011b). Nach anderen Theorien sollen sie Makedonen (Justi 1884, 390) bzw. Sogder (Szemerényi 1980, 21–2) gewesen sein.
16 So Henklman/Stolper 2009, 287–8.
17 S. etwa DNa § 3 U; DSe § 4 K; XPh § 3 U; A3Pb 25.
18 NN 2196, ZZ. 21–4.
19 So Henkelman/Stolper 2009, 290.
20 Castrutius 1972, 1–15.
21 Balcer 1988, 1–21.
22 Vgl. das Schema in Henkelman/Stolper 2009, 274–5.
23 S. etwa DNe, A3Pb.
24 Schmidt 1970, 150 Abb. 44. S. a. Herzfeld 1968, 348.365; Roaf 1974, 130; Hachmann 1995, 209.
25 Plin. nat. Hist. IV 10.34; Ptol. Geogr. III 12, 36; Steph. Byz. s. v. Σκύδρα (= FGrHist 774 F 14).
26 Strab. geogr. VII 7, 9 327 C ; vgl. Zgusta 1984 §§ 641, 1399.
27 Hdt. VII 30.
28 Hdt. VII 75; FGrHist 3 (Pherekydes) F27.

wandert.[29] Nach Xenophon befanden sich in Kelainai ein königlicher Palast und ein großer Park mit wilden Tieren.[30] Weiterhin ist zu erwähnen, dass die einzigen Thraker, die Herodot in seiner Nomoi-Liste nennt, in Asien zu finden sind („Von den Bewohnern des Hellesponts, die rechts der Einfahrt wohnen, weiter den Phrygern, den asiatischen Thrakern, den Paphlagoniern, den Mariandynen und Syrern betrug die Steuersumme 300 Talente."[31]).

Das thrakische ist dem phrygischen Alphabet ähnlich.[32] Phrygische Dialekte dürften in Anatolien sehr verbreitet gewesen sein, wie die Anwesenheit eines phrygischen Texts im Archiv von Persepolis zeigt.[33] Die Bezeichnung „Phryger" ist in elamischen Texten sowie in den königlichen Inschriften nicht zu finden; in einem babylonischen Text bezeichnet die Form *lu muškaja* einen Phryger.[34] Umgekehrt ist die Bezeichnung Skudrier in keinem babylonischen Dokument in Verwendung. Aufgrund dieser Bemerkungen ist zu vermuten, dass, obwohl eine Gleichsetzung von Skudriern und Phrygern nicht zu bestätigen und lieber zu vermeiden ist, *skudra-* sich höchstwahrscheinlich auf einen komplexen kulturellen Kontext bezieht, der sowohl thrakische als auch phrygische Elemente einschließt.[35]

Wenn man die Deportation als historisch ansieht, liegt die Vermutung nahe, dass Dareios I. Phrygien innerhalb seines Reichs als natürliche Adresse für die Deportierten aus Thrakien ansah.[36] Die ethnischen bzw. kulturellen Ähnlichkeiten hätten einerseits den Paionen erlaubt, sich leicht in das neue Gebiet zu integrieren und andererseits dem Großkönig zu ruhigeren und ‚zufriedeneren' Menschen verholfen, die effektiv für ihn arbeiteten, ohne dass Widerstände zu erwarten waren.[37] Es steht außer Frage, dass das der Grund bzw. einer der Gründe ist, warum die Deportierten einer Völkerschaft zusammen angesiedelt wurden und warum in den Gruppen von *kurtaš* die Zahl von Männern und Frauen normalerweise gleich ist: Die Familien einschließlich der Kinder durften zusammenbleiben.[38] Die Information, dass Paionen zusammen mit den eigenen Frauen und Kindern deportiert wurden, passt zu diesem Bild.

Viel zu weit in ihrer Interpretation gehen m. E. etwa Pająkowsky,[39] Balcer[40] und Archibald,[41] die meinen, die in den persischen Dokumenten zu findenden Skudrier seien nicht mehr und nicht weniger als die deportierten Paionen. Nicht nur findet man keinen Beweis, dass dies in der Tat so war, die Hypothese ist zudem wenig plausibel. Denn obwohl, wie bereits erwähnt, eine genaue statistische Analyse der Archive aus Persepolis nicht möglich ist, waren die Skudrier – wie demonstriert wurde – ohne Zweifel eine recht große Gruppe.[42] Die Menschen, die von Megabazos deportiert worden waren, dürften weniger zahlreich gewesen sein. Noch kleiner war die Anzahl derjenigen, die auf lange Sicht in Asien blieben, wenn es stimmt, dass einige nach we-

---

29   Strab. geogr. VII 3, 296 C.
30   Xen. an. I 2, 7. Zu Keilainai: Summerer/Ivantchik/von Kienlin (Hgg.) 2011 mit Lit.
31   Hdt. III 90, 2. Vgl. Hdt. VII 75, 1–2 zu den Thrakern aus Asien im Heer des Xerxes.
32   Brixhe 2006. Schon Platon (Crat. 410a) betonte die Ähnlichkeiten zwischen dem phrygischen und der griechischen Sprache.
33   A 29797.
34   Zur Gleichsetzung *Muški* = Phryger: Henkelman/Stolper 2009, 289. Vgl. Stolper 1985, 79.
35   Henkelman/Stolper 2009, 289 ff.
36   Olshausen 1997.
37   S. u. im Kapitel 20.
38   S. u. im Kapitel 16.
39   Pająkowski 1983, 252.
40   Balcer 1988, 9–10.
41   Archibald 1998, 84.
42   S. o.

nigen Jahren zurück in die Heimat fuhren (und es gibt m. E. keinen Grund, die Historizität der Information Herodots in Frage zu stellen). Das bedeutet nicht, dass unter den Skudriern keine Paionen zu finden sind. Im Gegenteil: Es ist sogar wahrscheinlich, da *skudra-* für eine heterogene Gruppe steht, die aus Nordwestanatolien stammt.

Die Frage, warum paionische Gruppen aus ihrer Heimat entfernt wurden, bleibt offen. Obgleich die von Herodot erzählte Geschichte fiktiv ist, war der ökonomische Aspekt wohl der Hauptgrund der Umsiedlung. Da der Arbeitseifer der paionischen Frauen sich teilweise auf spezifische Fertigkeiten wie das Leinenspinnen und das Spindeldrehen bezieht, ist, mit Olshausen, wohl davon auszugehen, dass sie in diesen Künsten besonders fähig gewesen waren und deswegen für den Großkönig in der Textilverarbeitung zum Einsatz kamen.[43] In der Umgebung von Laodikeia und Kolossai war die Schafwolle offenbar besonders gut und weich[44], und das warme Quellwasser bei Hierapolis soll zum Färben von Wolle geeignet gewesen sein.[45] Phrygische Wolle war in der ganzen antiken Welt besonders berühmt und geschätzt.[46] Im Text Herodots ist von Flachs und nicht von Wolle die Rede, was meiner Meinung nach nicht ausschließt, dass der Autor damit einfach eine ausgeprägte Fähigkeit in der Herstellung von Geweben gemeint hat. Paionische Frauen könnten in Phrygien eine bzw. mehrere Gruppen von *pašap* gestellt haben. Mitglieder dieser Gruppen, die in mehreren Dokumenten erwähnt werden, sind ausschließlich Frauen, die höchstwahrscheinlich als Schneiderinnen arbeiteten.[47] Gewebe müssen in der Tat von der persischen Verwaltung besonders gefragt gewesen sein: *kurtaš* bekamen „Rationen aus Wolle" = *sigba*, wie in einigen jetzt verlorenen mesopotamischen Archiven zu lesen war.[48]

Auch wenn der ökonomische Aspekt relevant gewesen ist, muss sich trotzdem eine Situation ergeben haben, die als Anlass der Deportation gedient hat. Üblicherweise steht am Anfang jeder Deportation ein politischer Grund, der Strafmaßnahmen nötig macht.[49] In diesem Fall ist die Erzählung Herodots zu ungenau, und es bleibt unklar, warum Dareios I. die Paionen hätte bestrafen wollen bzw. den Wunsch verspürte, die Paionen zu bestrafen. Wie schon erwähnt, wollte der König durch Megabazos die persische Hegemonie in der Region stärken, da Thrakien aufgrund seiner Ressourcen sehr wichtig war. Will man behaupten, die Paionen wären aus der Perspektive des Großkönigs eine konkrete Gefahr für diesen Plan gewesen,[50] lässt sich nicht erklären, wie die Deportation von wenigen (wahrscheinlich drei) Stämmen eine Problemlösung hätte darstellen können. Ich halte es für wahrscheinlicher, dass Dareios I. unmittelbar nach der Einrichtung der Satrapie Thrakien es als notwendig erachtete, unruhige neue Untertanen, die sich gegen ihn erhoben hatten, zu deportieren.

---

43 So Olshausen 1997, 106.
44 Strab. geogr. XII 8, 16 578 C; vgl. Plin. nat. Hist. VIII 190.
45 Strab. geogr. XIII 4, 14 630 C.
46 Vgl. Aristoph. Av. 493.
47 S. etwa PFT 878.1090.1108.1236.1790.1794. Dazu: Kawase 1984; Briant 2002, 430.2
48 Dazu: Gelb 1975, 235; Hallock 1973, 323.
49 S. u. im Kapitel 15.
50 So Kulesza 1994, 226.

6. Milesier, Küstenbewohner am Persischen Golf

6.1 Text

Hdt. VI 19, 2–20:[1]
Die Pythia hatte einen Zusatz für Milet eingefügt. Das Orakel an die Milesier lautet so:

„Auch du, stolzes Milet, du Quelle verderblicher Taten,
Wirst für viele ein Festschmaus sein und herrliche Beute;
Deine Gattinnen waschen die Füße langlockigen Männern,
Und den Tempel in Didyma werden uns andere besorgen."

Dieser Spruch ging jetzt an den Milesiern in Erfüllung, als die meisten von den Persern, die langes Haar trugen, getötet wurden, ihre Frauen und Kinder zu Sklaven gemacht und das Heiligtum in Didyma, der Tempel und die Orakelstätte, ausgeplündert und niedergebrannt wurden (...). Von ihrer Heimat weg wurden die gefangenen Milesier nach Susa geführt; König Dareios tat ihnen weiter kein Leid. Er siedelte sie am sogenannten Roten Meer in der Stadt Ampe, an der Mündung des Tigris, an. Das Gebiet von Milet behielten die Perser selbst mit der Ebene um die Stadt. Die hochgelegenen Landesteile teilten sie den Karern aus der Stadt Pedasos zu.

Plin. nat. Hist. VI 159:[2]
(...) die milesische Colonie Ampelone, die Stadt Athrida (...).

---

[1] Übers. Feix 1963. Text: [2] ἐπεὰν κατὰ τοῦτο γένωμαι τοῦ λόγου, τότε μνησθήσομαι· τὰ δὲ τοῖσι Μιλησίοισι οὐ παρεοῦσι ἔχρησε, ἔχει ὧδε.
"καὶ τότε δή, Μίλητε κακῶν ἐπιμήχανε ἔργων,
πολλοῖσιν δεῖπνόν τε καὶ ἀγλαὰ δῶρα γενήσῃ,
σαὶ δ' ἄλοχοι πολλοῖσι πόδας νίψουσι κομήταις,
νηοῦ δ' ἡμετέρου Διδύμοις ἄλλοισι μελήσει."
[3]τότε δὴ ταῦτα τοὺς Μιλησίους κατελάμβανε, ὁκότε ἄνδρες μὲν οἱ πλεῦνες ἐκτείνοντο ὑπὸ τῶν Περσέων ἐόντων κομητέων, γυναῖκες δὲ καὶ τέκνα ἐν ἀνδραπόδων λόγῳ ἐγίνοντο, ἱρὸν δὲ τὸ ἐν Διδύμοισι καὶ ὁ νηός τε καὶ τὸ χρηστήριον. συληθέντα ἐνεπίμπρατο [...]. [20] ἐνθεῦτεν οἱ ζωγρηθέντες τῶν Μιλησίων ἤγοντο ἐς Σοῦσα. βασιλεὺς δὲ σφέας Δαρεῖος κακὸν οὐδὲν ἄλλο ποιήσας κατοίκισε ἐπὶ τῇ Ἐρυθρῇ καλεομένῃ θαλάσσῃ ἐν Ἄμπῃ πόλι, παρ' ἣν Τίγρης ποταμὸς παραρρέων ἐς θάλασσαν ἐξίει. τῆς δὲ Μιλησίων χώρης αὐτοὶ μὲν οἱ Πέρσαι εἶχον τὰ περὶ τὴν πόλιν καὶ τὸ πεδίον, τὰ δὲ ὑπεράκρια ἔδοσαν Καρσὶ Πηδασεῦσι ἐκτῆσθαι.
[2] Übers. Brodersen 2011. Text: (...) oppidum Ampelone, colonia Milesiorum, Athrida oppidum (...). S.a. Tzetz. chil. VII 993.

Herodot berichtet, dass nach der Einnahme von Milet durch das persische Heer 494 v. Chr. die Stadt komplett zerstört worden sei. Die meisten Männer seien ermordet und Frauen und Kinder zu Sklaven gemacht worden. Von den Männern hätten die Überlebenden dasselbe Schicksal erlitten. Die milesischen Deportierten seien erst nach Susa zur Begutachtung und Aburteilung durch den Großkönig gebracht und dann von Dareios ohne weitere Gewaltanwendung am ‚Roten Meer' in der Stadt Ampe angesiedelt worden.

Plinius hingegen berichtet von Ampelone, einer milesischen Kolonie, die in Arabien liege.

6.2 Erläuterung

Der Passage Herodots merkt man deutlich an, wie gewaltig das Geschehene aus griechischer Perspektive erscheint. Eine unmittelbare Reaktion auf das Ereignis folgte 493/2 v. Chr. in Athen: Die Tragödie ‚Der Fall Milets' habe die Athener zum Weinen gebracht, und ihr Autor Phrynichos soll tausend Drachmen Strafe auferlegt bekommen haben, weil er das Unglück des eigenen Stammes wieder aufgeführt habe.[3]

Der persische Sieg wird von Herodot als eine sich über drei Phasen erstreckende Eroberung der Stadt Milet dargestellt, von denen jede auf den Gewinn von ‚Reichtümern' aus war:

1. der Reichtümer der Tempel;
2. der Reichtümer des Landes;
3. der Reichtümer der Bevölkerung.[4]

Was jedoch nach Herodot besonders schädlich gewesen sein soll, ist, dass nicht nur die Vergangenheit und die Gegenwart, sondern auch die Zukunft der Stadt zerstört wurden. Die Tatsache, dass Milet seine Einwohner verloren hat, bedeutet, dass sich niemand der Aufgabe widmen kann, die Stadt und ihre Mauer wiederaufzubauen und in Didyma kultisch tätig zu sein. Im Vergleich dazu scheint sogar die Lage Athens 480 v. Chr. nicht so schlimm zu sein. Die Athener sind vor den Persern auf die Insel Salamis geflohen: Athen besitzt noch seine Einwohner und dadurch eine Heilungschance. Obwohl die Akropolis mit den Statuen und den Wohnstätten der Götter von Xerxes' Truppen „dem Erdboden gleich gemacht worden ist",[5] ist die Stadt gerettet, weil ihre Bevölkerung verschont wurde. Anstatt eines Neuanfanges, wie im Falle Milets, musste Athen lediglich wiederaufgebaut werden. Es geht nur darum, etwas wiederherzustellen und nicht ganz von vorn zu beginnen. So hat Themistokles, in der Erzählung Plutarchs, die Lage Athens dargestellt:

---

3 Hdt. VI 21, 2. In der Tat musste die Tragödie das Ziel haben, die anti-persische Stimmung in der Bevölkerung zu schüren (so Stoessl 1952, 15–20).

4 Dieses Schema stammt aus Rivaroli/Scialanca 2009. Bes. zum milesischen Fall s. detailliert: Ehrhardt 1983, 15 ff. (ein wichtiger Beitrag für die Geschichte Milets allgemein). Die hier ausgewiesenen Kriegsfolgen treten auch häufig während des Peloponnesischen Krieges auf: Trampedach 2005.

5 Hdt. VIII 144.

Plut. Them 11, 4:⁶
(...) wir haben Haus und Stadt verlassen, da wir um lebloser Dinge willen nicht Sklaven werden wollten. Und doch besitzen wir immer noch die größte unter allen Griechenstädten, nämlich diese zweihundert Trieren (...) dann soll mancher Grieche gar bald erfahren, daß die Athener eine freie Stadt gewonnen haben und ein Land, das dem verlorenen nicht nachsteht.

Was den Zustand Milets und seines Landes nach der persischen Eroberung angeht, okkupierten die Perser nach Herodot die Stadt und ihre Umgebung und überließen den Rest der Region, i. e. das gebirgige Landesinnere, den Karern von Pedasos. Der persische König als Eroberer und Inhaber des eroberten Gebietes durfte Teile der χώρα πολιτική Milets, ähnlich der hellenistischen χώρα δορικτητός, an Dritte vergeben. Obgleich die Terminologie der Praxis der δωρεά aus einer späteren Zeit, nämlich der hellenistischen, stammt,⁷ existierte sie schon vorher. Ähnliches sei z.B. geschehen, als Kyros II. den Chiern als Anerkennung dafür, dass sie ihm Paktyes ausgehändigt hatten, Atarneus in Mysien geschenkt hatte.⁸ Zur Bestätigung, dass die δωρεά schon in achaimenidischer Zeit gängig waren, dient die Inschrift auf dem Sarkophag des Sidonierkönigs Ešmunazar II. aus dem 5. Jh. v. Chr., „der zufolge Dor und Jaffa dem König Sidons seitens der persischen Oberherren übereignet wurden und in sidonischen Besitz übergingen".⁹

Ein bedeutendes Problem ergibt sich bei der Interpretation der Deportation, wie sie von Herodot beschrieben wird. Es ist ausgeschlossen, dass weder Männer noch Frauen in Milet geblieben waren. Nur fünfzehn Jahre später sollen die Milesier nämlich vor der Schlacht bei Mykale (479 v. Chr.) den Befehl erhalten haben, sich um die Überwachung der nach Mykale führenden Pässe zu kümmern. Die Perser wollten aus der Tatsache, dass die Milesier das Gebiet besonders gut kannten, Vorteile ziehen; aber diese Entscheidung brachte nicht das erhoffte Ergebnis.¹⁰ Abgesehen vom Ausgang der Schlacht wäre eine solche Aktion nicht möglich gewesen, wenn gar kein Milesier in Ionien geblieben wäre.¹¹ Es ist theoretisch möglich, dass es sich bei diesen Wächtern um fünfundzwanzig Jahre zuvor deportierte und dann in die Stadt zurückgeführte Personen gehandelt hat; aber das kann nicht mehr als eine Vermutung sein. Jedoch enthält die erste Stephanophorenliste der Stadt lückenlos die Namen der Amtsträger zwischen 525/4 und 314/3 v. Chr., und unter der Annahme, dass die Liste komplett überliefert ist, wären demnach die Ämter Milets zwischen der Zerstörung und 479 v. Chr. weiterhin normal besetzt worden¹²; auch dies bedeutet, dass eben nicht alle Einwohner der Stadt deportiert worden waren.

---

6   Übers. Wuhrmann/Ziegler 1954. Text: ‚(...) τὰς μὲν οἰκίας καὶ τὰ τείχη καταλελοίπαμεν, οὐκ ἀξιοῦντες ἀψύχων ἕνεκα δουλεύειν, πόλις δ' ἡμῖν ἐστι μεγίστη τῶν Ἑλληνίδων, αἱ διακόσιαι τριήρεις, (...) εἰ δ' ἄπιτε δεύτερον ἡμᾶς προδόντες, αὐτίκα πεύσεταί τις Ἑλλήνων Ἀθηναίους καὶ πόλιν ἐλευθέραν καὶ χώραν οὐ χείρονα κεκτημένους ἧς ἀπέβαλον.' Vgl. die Rede des Perikles bei Thukydides (II 77), laut dem die Menschen die Stadt ausmachen, nicht die Mauern (s. a. ebda. 83).
7   So Hammond 2000, 142–5. Alexander der Große hatte seinen Speer vom Hellespont aus geworfen, um seine Herrschaft über Asien zu proklamieren (Diod. XVII 17, 2; dazu: Stewart 1993, 161–7; Zahrnt 1996a; Virgilio 2003, 43–5; Degen 2019a).
8   Hdt. I 160, 4.
9   Niehr 2003, 52. Die Inschrift ist KAI 14 (= ANET 662ab), 18–20. Der antropomorphe Sarkophag wurde in Tell el-Mašuta gefunden; dazu: Galling 1963; Briant 2002, 490.
10 Hdt. IX 97 ff. Die Milesier wechselten dann aber die Fronten und trieben fliehende Perser in die Hände der Griechen.
11 So Ehrhardt 1983, 35 ff.
12 Die Historizität ist allerdings umstritten. Dazu: Ehrhardt 1983, 3–4 mit Lit.

Andere Passagen Herodots können darauf hinweisen, dass der Autor die Ereignisse in Milet dramatisiert hat. Das Schicksal der Stadt erinnert an das einer anderen griechischen Polis, Phokaia. Da war im Text Herodots von der Ausfahrt der Phokaier nach Westen die Rede gewesen, die die ganze Stadt entvölkert haben soll.[13] Auch an dieser Stelle ist zu vermuten, dass Herodot übertrieben hat. Die Hafenanlagen der Stadt dürften in Nutzung geblieben sein, denn sonst hätten sie nicht der Sammelpunkt der Xerxesflotte 480 v. Chr. werden können[14], und die Ionier hätten nicht 100 Schiffe für diese Armada stellen können.[15]

Ein anderer Hinweis darauf, dass eine Entvölkerung Milets nie stattfand, ist in einer anderen Passage desselben Buches (Buch 6) der ‚Historien' zu finden. Bezüglich Chios, Lesbos und Tenedos beschreibt Herodot eine bestimmte Okkupationspraxis, die es den Persern ermöglichte, die Inseln ohne Schwierigkeiten zu besetzen; allerdings betont er dabei, dass eine solche Praxis auf die Städte des Kontinents (d.h. auch Milet) nicht anzuwenden gewesen sei.

> Hdt. VI 31, 1-2:[16]
> (...) Als die Flotte nach der Überwinterung in Milet im zweiten Jahr in See ging, nahm sie ohne Schwierigkeiten die Inseln vor dem Festlande: Chios, Lesbos und Tenedos ein. Immer, wenn sie eine Insel erobert hatten, machten die Barbaren Jagd auf die Menschen wie auf wilde Tiere [ἐσαγήνευον][17], und zwar nach folgendem Plan: Einer faßte den anderen an der Hand, und so bildeten sie eine Kette von der Nordküste bis zur Südküste. Dann durchstreiften sie als Menschenfänger die ganze Insel. Auf die gleiche Art eroberten sie auch die ionischen Städte auf dem Festland; nur jagten sie dabei keine Menschen; denn dort war es nicht möglich.

Glaubt man an das Ereignis, wie es Herodot berichtet, dass die meisten Bewohner ermordet worden seien[18], und schließt man aus, dass niemand in der Stadt verblieben sei, dann kann die Zahl der Deportierten nicht sehr groß gewesen sein. Allerdings könnte auch die Zahl der Ermordeten übertrieben sein, sodass deren Menge nicht wirklich präzise zu bestimmen wäre. Herodot betont, dass die Deportierten zu Sklaven gemacht worden seien. Sklave darf hier, wie im Fall der Barkäer, als „Kriegsgefangener" verstanden werden. Wie schon erwähnt, ist in der herodoteischen Wiedergabe des Deportationsfalls der Eretrier ein Hinweis darauf zu finden, dass das Verb

---

13 Hdt. VI 17.
14 Diod. XI 2, 3.
15 Hdt. VII 94; Diod. XI 3, 8.
16 Übers. Feix 1963. Text: [1] (...) ὁ δὲ ναυτικὸς στρατὸς ὁ Περσέων χειμερίσας περὶ Μίλητον, τῷ δευτέρῳ ἔτεϊ ὡς ἀνέπλωσε, αἱρέει εὐπετέως τὰς νήσους τὰς πρὸς τῇ ἠπείρῳ κειμένας, Χίον καὶ Λέσβον καὶ Τένεδον. ὅκως δὲ λάβοι τινὰ τῶν νήσων, ὡς ἑκάστην αἱρέοντες οἱ βάρβαροι ἐσαγήνευον τοὺς ἀνθρώπους. [2] σαγηνεύουσι δὲ τόνδε τὸν τρόπον· ἀνὴρ ἀνδρὸς ἁψάμενος τῆς χειρὸς ἐκ θαλάσσης τῆς βορηίης ἐπὶ τὴν νοτίην διήκουσι, καὶ ἔπειτα διὰ πάσης τῆς νήσου διέρχονται ἐκθηρεύοντες τοὺς ἀνθρώπους. αἱρέον δὲ καὶ τὰς ἐν τῇ ἠπείρῳ πόλιας τὰς Ἰάδας κατὰ ταὐτά, πλὴν οὐκ ἐσαγήνευον τοὺς ἀνθρώπους· οὐ γὰρ οἷά τ' ἦν. Kenntnis von diesen Maßnahmen der Perser, die auf Menschenjagd gingen, hatte auch Aischylos (Pers. 233, Atossa: „Und doch trug mein Sohn Verlangen, zu erjagen ((θηρᾶσαι) diese Stadt"). Zur Passage s.a.u. Kapitel 7.2.
17 Für σαγηνεύουσι ist die Übersetzung von Nenci (2007) zutreffender: „(...) i barbari catturavano gli abitanti come in una rete (...)". Das Verb kommt sehr selten vor; bei Herodot schon in Buch 3 (149), um die Besetzung von Samos zu beschreiben; bei Platon bezüglich des Falls der Eretrier (s.u. im Kapitel 7). Für σαγήνη („ein großes Netz, mit dem viele Fische auf einmal gefangen werden können" PAPE s. v.) s. etwa Luc. Tim. 22; Ael. Nat. An. XI 12.
18 Hdt. VI 19, 3.

ἀνδραποδίζω im Sinne von „Wegführen der Menschenbeute" und das Substantiv ἀνδράποδον als Synonym für αἰχμαλώτος = „Kriegsgefangener" zu verstehen ist.[19]

Was die milesischen Deportierten angeht, wurden sie zunächst nach Susa zum Großkönig gebracht und anschließend von Dareios in Ampe angesiedelt. Warum die Deportierten zuerst in die achaimenidische Residenzstadt geführt wurden, soll an dieser Stelle offen bleiben, da diese Frage im zweiten Teil dieser Studie beantwortet werden wird.[20]

Aus Herodot entnimmt Stephanus Byzantinus Namen und Lage von Ampe;[21] die Stadt wird ebenfalls von Iohannes Tzetzes erwähnt.[22] Die herodoteische Lokalisierung stimmt mit der von Nearchos erwähnten Siedlung „Aginis" überein. Dieser erwähnt sie am Ende seines ‚Periplous', in dem er über die Fahrt der Flotte Alexanders von der Euphratmündung bis zum heutigen Karun berichtet. Ein Verweis auf diese Siedlung findet sich sowohl bei Arrian als auch bei Strabon. Während Arrian die Siedlung „Aginis" nennt,[23] beschreibt Strabon an derselben Örtlichkeit eine namenlose Siedlung, die sich in einer Lagune in der Nähe der Mündung des Tigris befindet.[24] Nach Plinius liegt eine Siedlung Namens „Aple" an einer Lagune, die als chaldaeischer See bezeichnet werde.[25] Aple und Aginis sind zweifellos zwei verschiedene Namen für denselben Ort. Wie ist es aber dann möglich, dass so unterschiedliche Namen die gleiche Siedlung bezeichnen? Aple oder Aginis müssen „fehlerhaft überliefert sein. Dies kann (…) nur ΑΠΛΗ sein, das sich ungezwungen als eine Verlesung oder Verschreibung aus ΑΓΙΝΗ erklärt".[26] Aginis/Aple ist dann weiterhin mit der Gründung Sargons II., Dur-Jakin, dem von Plinius erwähnten Durine *urbis regia*[27], identifiziert worden.[28] Ferner findet Aple im 6. Buch des Plinius in der oben zitierten Passage in der Form „Ampelone" Erwähnung. An dieser Stelle spezifiziert der Autor lediglich, dass es eine *colonia Milesiorum* gewesen sei.[29] Im Text sind mehrere Siedlungen gelistet, die im Binnenlande Arabiens liegen. Eine derartige Situierung Ampelones ist m. E. unwahrscheinlich, auch wenn man die gegebenen Informationen über Aple nicht berücksichtigt, da eine Siedlung am Meer zu einer *colonia Milesiorum* besser passt.[30] Es dürfte sich hier um einen geographischen Fehler des römischen Autors handeln.[31]

Zusammenfassend dürften die Namen Ampe, Ample bzw. Aginis/Agine und Ampelone alle für ein und dieselbe Siedlung stehen, die im chaldaeischen See in der Nähe der Tigrismündung und 500 Stadien von Susa entfernt lag.

---

19 S. o.
20 S. u. im Kapitel 15.
21 Steph. Byz. s. v. πρὸς τῇ Ἐρυθρῇ θαλάσσῃ; so in RE s. v. Ampe.
22 Tzetz. chil. VII 992.
23 Arr. Ind. 42, 4.
24 Strab. geogr. XV 3, 4 729 C.
25 Plin. nat. Hist. VI 134 (das griechische Stadion zu 148,85 m gerechnet).
26 RE s. v. Aple.
27 Plin. nat. Hist. VI 138. Dazu: Unger 1932; RE s. v. Ampe.
28 Die Identifizierung stammt aus Andreas 1893, 810–6. Vgl. Högemann 1985, 153–55; Briant 2002, 761. Zu den assyrischen Quellen: Sargon II, Nr. 430.
29 So in der zitierten Passage: Plin. nat. Hist. VI 159.
30 RE s. v. Ampe.
31 Für die geographische Unstimmigkeit Plinius' s. etwa Sallmann 1971, 233 ff.

6.3 Die Frage der Historizität

Archäologische Studien stimmen darüber überein, dass sich die Zerstörung Milets durch das persische Heer im archäologischen Befund spiegelt. Dies wird einerseits mit diversen Brandhorizonten begründet, die in verschiedenen Teilen der Stadt nachgewiesen werden konnten,[32] andererseits mit persischen Pfeilspitzen[33] und anderem „Perserschutt"[34] in der Stadt.[35] Probleme ergeben sich bei der Plünderung von Didyma, für die derartiges Material fehlt und die nach Kallisthenes, Strabon, Curtius und Ailian nicht unter Dareios I., sondern unter Xerxes geschehen sein soll. In diesem Kapitel konzentriere ich mich aber auf die Ereignisse in Milet und die Deportation seiner Einwohner und widme Kapitel 10 Didyma und den Branchiden.[36]

Hier erwartet aber der Leser noch einen Bezug auf ein außergewöhnliches Objekt. Nach der Plünderung des Tempels in Didyma, sei sie 494 v. Chr. oder erst 479 v. Chr. geschehen, wurde offenbar der Astragalos,[37] der heute im Louvre aufbewahrt wird, nach Susa überführt. Der Astragalos wurde von der französischen Grabungsexpedition 1901 in den Ruinen der Stadt, die Zwischenziel der Deportation der Milesier gewesen war, gefunden. Es handelt sich um ein Bronzeobjekt von außergewöhnlichen Maßen (23x31x21 cm) und enormem Gewicht (93,7 kg,[38] d. h. 220 milesische Minen). Dies ist als Hinweis darauf zu werten, dass es sich beim Astragalos nicht um eine Votivgabe handelte, sondern dass dieses Objekt vielmehr der Kontrolle der Gewichte in den kommerziellen Aktivitäten des Tempels gedient haben dürfte[39]. Das Objekt besitzt zwei ringförmige Griffe. Über dem oberen Griff ist die erste Zeile einer bustrophedischen Inschrift (weitere vier findet man unter ihm) in ionischen Buchstaben vom Anfang des 6. Jhs. v. Chr. zu lesen. Die Inschrift beschreibt die Abgabe des Zehnten der Ernte an Didymas Apollon und wurde deswegen mit dem milesischen Umfeld in Verbindung gebracht („Queste offerte come decima della produzione agraria Aristolochos e Thrason dedicarono ad Apollo. Le ha fuse (in bronzo) Teisikles il figlio di Kydimenes"[40]). Der Plural ἀγάλματα[41] weist darauf hin, dass das Objekt ursprünglich ein Teil einer Gruppe war.[42] Seine Schöpfer müssen in Didyma bzw. im milesischen Umfeld berühmt gewesen sein, da sie ohne Patronym genannt werden.

Es sind aber nicht nur Beweise für die Zerstörung Milets zu finden. Ungeachtet möglicher literarischer Übertreibungen gibt es Hinweise darauf, dass die Deportation von Milesiern an die Küste des Persischen Golfes stattgefunden hat. Schon Olshausen bemerkte, dass die Wahl eines

---

32 So Kleiner 1966, 319.
33 Dazu: Lubos 2009, 405 mit Lit.
34 So von Graeve 2000, 115.
35 Zu den Ausgrabungen in Milet s. Milet, mit den Informationen über die aktuellen Ausgrabungsarbeiten, die besonders seit dem Jahr 1988 unter der Leitung von Prof. Dr. Volkmar von Graeve (Ruhr-Universität Bochum) durchgeführt worden sind.
36 Kapitel 10.
37 Als Spielzeug wird er schon in Il. XXIII 83–8 erwähnt. Zur Bedeutung des Astragalos in unterschiedlichen Kontexten: Hampe 1951, passim. Zu den Astragaloi als Votivgaben ebda. 13–6 mit Lit.
38 Dazu: Hampe 1951, 12 Abb. 6; Hitzl 1996, 151 ff. und Abb. 42c. Vgl. den Astragalos von Samos: Walter/Vierneisel 1959, 32 Abb. 72, 1.
39 Hitzl 1996, 151–3.
40 Übers. Manganaro 1995 = Bravo 1980. Editio princeps: Hassoulier 1905, 1–7; danach Robert 1958 mit Lit.; Rehm 1958, Nr. 7 Abb. 10; Bravo 1980; Manganaro 1995.
41 ἄγαλμα: LSJ s. v. „pleasing gift, esp. for the gods".
42 So Manganaro 1995, 147; Greaves 2002, 35.

meernahen Ortes zur Ansiedlung der Milesier dem Wunsch des Königs entsprochen haben dürfte, ihre Seefahrerfähigkeiten zu seinem Vorteil auszunutzen.⁴³

Als Dareios I. 518 v. Chr. Skylax von Karyanda befahl, die Mündung des Indus zu erforschen, zeigte er, dass sein Interesse an der Erkundung der Welt tatsächlich exakte politische Ziele hatte.⁴⁴ Auf die Fahrt des Skylax bis zum Indus, die ca. zweieinhalb Jahre in Anspruch nahm, folgte die persische Eroberung Indiens und im Anschluss daran „die Nutzung des Meeres" durch Dareios I. Zu Recht unterstreicht Bichler, dass Herodot mit dem Ausdruck τῇ θαλάσσῃ ταύτῃ ἐχρᾶτο⁴⁵ nicht habe sagen wollen, Dareios habe das Meer kontrolliert, sondern, dass er diesen Seeweg genutzt habe.⁴⁶ Das ist die richtige Bedeutung des Verbums χράομαι.⁴⁷

Auf die 490er Jahre kann dann die Wiedereröffnung des Necho-Kanals datiert werden,⁴⁸ die auf drei Stelen dokumentiert ist: der vom Tell el-Mašuta, der Kabret-Stele und der Suez-Stele.⁴⁹ Die Kabret-Stele, auch Chalouf-Stele genannt, ist die einzige, auf der drei Fragmente des altpersischen Texts noch lesbar sind. Auf einem Fragment ist zu lesen, dass die Schiffe von Ägypten durch den Kanal nach Persien fuhren.⁵⁰ Folglich soll laut der Inschrift die Maßnahme den durch den Kanal fahrenden Schiffen erlaubt haben, Persien zu erreichen. Sowohl der sogenannte Skylaxweg⁵¹ als auch der Necho-Kanal dürften für ökonomische Unternehmungen genutzt worden sein.⁵² Die Seewege mussten nicht nur kontrolliert, sondern auch immer weiterentwickelt werden; wie Corcella schreibt: „Darius must have aimed, as well as the subjugation of Panjāb and Sindh, at the establishment of a great seapath, in connection with the works on the Nile canal-Red Sea".⁵³

Die investigative Erkundung der Welt, die so prägnant in Herodots Worten ausgedrückt ist, lag Dareios am Herzen.⁵⁴ Dareios' Leidenschaft muss allerdings zugleich ideologische Gründe gehabt haben. Abgesehen von den ökonomischen Zielen dürften diese Aktionen eine Rolle in seiner Herrschaftsideologie gespielt haben, da sich der König dadurch als legitimer und machtvoller Souverän darstellen konnte. Die Kontrolle der Seewege bis nach Indien kann für den König von derselben Bedeutung gewesen sein wie für Šalmanassar III. (858–824 v. Chr.) das Erreichen des Mittelmeeres. Es war „ein ideologisch hoch aufgeladener Akt",⁵⁵ denn es handelt sich in beiden

---

43 Olshausen 1995, 24 Anm. 5.
44 Hdt. IV 44. Der Indus bezeichnete nach Dareios die Grenze der größten Ausdehnung seines Reiches (s. etwa DHa § 2 G). Skylax selbst war Autor eines Berichts über die Reise (FGrHist 707, FF 1–7); allgemein zu Skylax: Peretti 1979, 57–83, bes. 82–3.
45 Hdt. IV 44, 3.
46 Bichler 2013, 75–6. Deswegen ist die Übersetzung von Marg 1962: „und (Dareios) benutzte dann auch diesen Seeweg" gegen Feix 1963: „und befuhr jenes Meer" zu bevorzugen.
47 So PAPE s. v.
48 Hdt. IV 39. Zum Kanal: ders. II 158. Zu Necho und dem Kanal: Brendl 1975, 212–5; Schörner 2000.
49 Die drei Stelen sind von Llyod 2007, 99–105 detailliert analysiert worden.
50 DZc. Llyod 2007, 103 Abb. 3.
51 Die Unternehmung des Skylax fand schon 518 v. Chr. statt, sodass auszuschließen ist, dass mit der Entdeckungsfahrt auf dem Indus ein Handelsweg für die von Ägypten kommenden Schiffe gefunden werden sollte (Tuplin 1991, passim).
52 Vgl. z. B. die sog. ‚Burgbauinschrift' aus Susa (DSf; DSz; DSaa).
53 Asheri/Lloyd/Corcella 2007, 613.
54 S. etwa Hdt. IV 44; übers. Feix 1963: „(...) Er [scil. Dareios] wollte gerne die Mündung des Indus erforschen, der als zweiter von allen Strömen Krokodile aufweist. (...) So ist das übrige Asien außer den östlichen Gebieten erforscht und bekannt (...)".
55 So Rollingera 2014a, 102.

Fällen um symbolträchtige Unternehmungen, die zeigen, wie groß die Macht dieser Könige ist, die „bis zur Mitte des Meeres",⁵⁶ d. h. bis an die Grenzen der Welt, gekommen sind.

Die Milesier können ihren Platz in solchen sowohl ideologischen als auch ökonomischen Projekten gefunden haben. Was die praktischen Ziele angeht, kann man sich ohne Schwierigkeiten vorstellen, dass Dareios I. ihre besonderen Fähigkeiten als erfahrene Seefahrer im Rahmen der Entwicklung des maritimen Verkehrs im Persischen Golf, die er in eben jenen 490er Jahren durch Maßnahmen wie die Wiederöffnung des Necho-Kanals weiter steigerte, nutzen wollte. Auf das große teispidisch-achaimenidische Interesse an der Küste des Persischen Golfes verweist weiterhin die Tatsache, dass eine königliche Residenz schon seit Kyros II. in Taoke bestanden hatte und dass in den Täfelchen aus Persepolis mehrere Versetzungen von Arbeitskräften zwischen Persepolis/dem Zentrum und der Küste zu finden sind.⁵⁷

Hier ist schließlich daran zu erinnern, dass schon in den assyrischen Quellen Hinweise auf die Nutzung von Kriegsgefangenen als spezialisierte Seeleute zu finden sind. In einer Inschrift Sanheribs (704–681 v. Chr.) wird vom Bau einer Flotte im assyrischen Kernland berichtet; die fertiggestellten Schiffe fuhren dann den Tigris hinab bis nach Opis, dort wurden sie über Land in den Euphrat gezogen und nahmen weiter Kurs auf den Persischen Golf: Schließlich kamen sie in Elam zum Einsatz. Besonders aufschlussreich sind der Aufbauprozess der Flotte und die Leute, die daran teilnehmen:

> Hist. Bull. 4, ZZ. 57–62:⁵⁸
> Leute aus Hatti – Kriegsgefangene meines Bogens – siedelte ich in Ninive an. Kunstvoll bauten sie gewaltige Schiffe, Produkte ihres Landes. Seeleute – Tyrer, Sidonier und Ja[w]nāja – meine eigenhändige Beute, ließ ich den Befehl ausfassen: ‚In den Tigris mit ihnen (scil. den Schiffen)!' An die Flussufer, bis nach Opis ließ ich sie hinabgleiten.

Iamnāja sind nun von Anfang an in der orientalischen Dokumentation als Seeleute zu finden: Ihre Wohnsitze liegen „mitten im Meer", wird in den Chorsabad-Annalen Sargons II. gesagt.⁵⁹ Als Seeleute müssen sie besondere Fähigkeiten besessen haben, welche die Assyrer zu schätzen wussten. Diejenigen, die sich laut der Inschrift um die von den Menschen aus Hatti fertiggestellten Schiffe kümmerten, waren Seeleute von der levantinischen Küste, darunter auch *Iamnāja*. In assyrischer Zeit nimmt der Begriff *Iam(a)nāja* nicht auf ethnisch definierte Griechen Bezug, sondern auf Menschen, die einen ägäischen Ursprung teilen; seien sie Griechen gewesen oder nicht. Andererseits sind die Ethnonyme ohne Zweifel miteinander verbunden, sodass Ionier

---

56 Etwa RIMA 3, A.o.102.6, Z. II 33; ebda. A.o.102.8, Z. 19.
57 S. o. im Kapitel 3.
58 Übers. Rollinger 2011a. Text: ᴵḪa-at.ti ḫu-bu-ut ᵍᵘᵉštī-ia i-na Ninua^{ki} ú-še-šib-ma ᵍⁱšelippâte^{pl} și-ra-a-ti e-piš-it mâti-šu-un ib-nu-ú nak-liš ᵃᵐmalaḫḫê^{pl} ᶜṢur-ra-ai ᶜṢi-du-un-na-ai ᶜIa-ad-na-na-ai ki-šit-ti ḳâtâ^{du}-ia ú-ša-ḫi-su-nu-ti ur-tum ki-rib ᴵIdiglat it-ti-ši-na-ti a-na ḳid^l-da-ti a-di ᶜÚ-pi-a úše-kiel-pu-ú ᴵna^l-ba-liš ultu ᶜÚ-pi-a na-ba-liš ú-še-lu-ši-na-ti-ma
    Dazu: Frahm 1997, 116–8 Text 29. S. Text in OIP 2, 73.
59 Z. 117. Fuchs 1994, 319 ff. Die Quellen zeigen, dass der Kontakt zwischen dem assyrischen Reich und den ‚Griechen' sich auf bestimmte Meeresregionen, besonders die levantinische Küste, beschränkte. Zuletzt zu anderen assyrischen Quellen: Rollinger 2011a, 269–276. Vgl. „die Ionier, die am Meer/mitten im Meer wohnen" der persischen Inschriften (DSe § 4 I; XPh § 3 Q).

darunter zu finden sind.[60] Die in einem neuassyrischen Brief[61] erwähnte „Jawan-stadt" bzw. „Griechenstadt"[62] ist die erste auf assyrischem Gebiet dokumentierte Siedlung, die von ‚Griechen' bewohnt war; sie lag an der levantinischen Küste.[63] Wie der Text betont, waren deren Bewohner Kriegsbeute: Es dürfte sich nicht um *Iamnāja* gehandelt haben, die schon seit langem assyrische Untertanen waren, sondern um ‚neue' Menschen, die erst vor kurzem ergriffen worden waren: folglich um Deportierte.

Der König scheint ihre Fähigkeiten gut gekannt zu haben, weshalb die Vermutung nahe liegt, dass er sie genau deswegen mit sich genommen hatte, um sie später für seine Ziele nutzen zu können. Der Fall der Milesier ist offenbar ähnlich zu betrachten, und auch die Denkweise des Perserkönigs muss vergleichbar gewesen sein. Es ist sicher kein Zufall gewesen, dass erfahrene Seeleute wie die Milesier genau zu der Zeit an der Küste angesiedelt wurden, in der Dareios I. sich mit der Etablierung der Kontrolle über die Seewege vom Roten Meer bis nach Indien befasste.

---

60 Rollinger 2007, bes. 284; ders. 2011a, 267–9 mit der älteren Lit.
61 ND 2737, Z. 14. Dazu: Saggs 2001, 166–7, Abb. 33. Zur Datierung: Yamada 2008, 305.309.
62 In dieser und einer anderen genannten Stadt werden insgesamt 200 Menschen ausgehoben und der Verfügungsgewalt eines *turtānu* unterstellt (ND 2737, ZZ. 16–8).
63 Rollinger 2011a, 271 mit Lit.

7. Die Eretrier in Kissia (oder in Medien?)

7.1 Text

Hdt. VI 119:[1]
Datis und Artaphernes schafften die gefangenen Eretrier, als sie die Küste Asiens erreicht hatten, landeinwärts nach Susa. Bereits vor ihrer Gefangennahme hegte König Dareios einen gewaltigen Zorn gegen die Einwohner von Eretria; denn sie hatten als erste mit dem „Unrecht" gegen Persien begonnen. Als er aber sah, wie man sie gefangen vor ihn führte und wie sie in seine Gewalt gegeben waren, tat er ihnen nichts zuleide, sondern siedelte sie im Land Kissia auf seinem Besitztum namens Arderikka an. Dieses ist etwa 210 Stadien von Susa entfernt und 40 Stadien von dem berühmten Brunnen, der Erzeugnisse in dreifacher Form liefert: Man gewinnt nämlich Erdharz, Salz und Öl aus ihm auf folgende Weise: Emporgehoben wird die Flüssigkeit mit einem Pumpenschwengel; doch ist an Stelle eines Eimers ein halber Schlauch an ihm befestigt. Man läßt den Schlauch hinunter, zieht ihn wieder herauf und gießt den Inhalt in eine Zisterne. Wenn die Flüssigkeit daraus in ein anderes Gefäß umgeschüttet wird, zerfällt sie in drei Bestandteile. Das Erdharz und das Salz setzen sich sofort ab, das Öl aber……Die Perser nennen es Rhadinake; es ist schwarz und hat einen widerlichen Geruch. Dort also siedelte König Dareios die Eretrier an. Sie wohnten noch zu meiner Zeit dort und hatten ihre alte Sprache bewahrt.

Plat. Menex. 240a–c:[2]
(…) Dareios nun, welcher uns (scil. die Athener) und die Eretrier beschuldigte wegen des Überfalls von Sardes, nahm diesen Vorwand, und, indem er fünfzig Myriaden in Schiffen

---

1 Übers. Feix 1963. Text: [1] τοὺς δὲ τῶν Ἐρετριέων ἀνδραποδισμένους Δᾶτίς τε καὶ Ἀρταφρένης, ὡς προσέσχον πρὸς τὴν Ἀσίην πλέοντες, ἀνήγαγον ἐς Σοῦσα. βασιλεὺς δὲ Δαρεῖος, πρὶν μὲν αἰχμαλώτους γενέσθαι τοὺς Ἐρετριέας, ἐνεῖχέ σφι δεινὸν χόλον, οἷα ἀρξάντων ἀδικίης προτέρων τῶν Ἐρετριέων· [2] ἐπείτε δὲ εἶδε σφέας ἀπαχθέντας παρ' ἑωυτὸν καὶ ἑωυτῷ ὑποχειρίους ἐόντας, ἐποίησε κακὸν ἄλλο οὐδέν, ἀλλὰ σφέας τῆς Κισσίης χώρης κατοίκισε ἐν σταθμῷ ἑωυτοῦ τῷ οὔνομα ἐστὶ Ἀρδέρικκα, ἀπὸ μὲν Σούσων δέκα καὶ διηκοσίους σταδίους ἀπέχοντι, τεσσεράκοντα δὲ ἀπὸ τοῦ φρέατος τὸ παρέχεται τριφασίας ἰδέας· καὶ γὰρ ἄσφαλτον καὶ ἅλας καὶ ἔλαιον ἀρύσσονται ἐξ αὐτοῦ τρόπῳ τοιῷδε· [3] ἀντλέεται μὲν κηλωνηίῳ, ἀντὶ δὲ γαυλοῦ ἥμισυ ἀσκοῦ οἱ προσδέδεται· ὑποτύψας δὲ τούτῳ ἀντλέει καὶ ἔπειτα ἐγχέει ἐς δεξαμενήν· ἐκ δὲ ταύτης ἐς ἄλλο διαχεόμενον τρέπεται τριφασίας ὁδούς. καὶ ἡ μὲν ἄσφαλτος καὶ οἱ ἅλες πήγνυνται παραυτίκα· τὸ δὲ ἔλαιον…οἱ Πέρσαι καλέουσι τοῦτο ῥαδινάκην, ἔστι δὲ μέλαν καὶ ὀδμὴν παρεχόμενον βαρέαν. [4] ἐνθαῦτα τοὺς Ἐρετριέας κατοίκισε βασιλεὺς Δαρεῖος, οἳ καὶ μέχρι ἐμέο εἶχον τὴν χώρην ταύτην, φυλάσσοντες τὴν ἀρχαίην γλῶσσαν. τὰ μὲν δὴ περὶ Ἐρετριέας ἔσχε οὕτω.
2 Übers. Wolf/Schleiermacher 2004. Text: αἰτιασάμενος δὲ Δαρεῖος ἡμᾶς τε καὶ Ἐρετριᾶς, Σάρδεσιν ἐπιβουλεῦσαι προφασιζόμενος, πέμψας μυριάδας μὲν πεντήκοντα ἔν τε πλοίοις καὶ ναυσίν, ναῦς δὲ τριακοσίας, Δᾶτιν δὲ ἄρχοντα, εἶπεν ἥκειν ἄγοντα Ἐρετριᾶς καὶ Ἀθηναίους, εἰ βούλοιτο τὴν [b] ἑαυτοῦ κεφαλὴν ἔχειν· ὁ δὲ πλεύσας εἰς Ἐρέτριαν ἐπ' ἄνδρας οἳ τῶν τότε Ἑλλήνων ἐν τοῖς εὐδοκιμωτάτοις ἦσαν τὰ πρὸς τὸν πόλεμον καὶ οὐκ ὀλίγοι, τούτους ἐχειρώσατο μὲν ἐν τρισὶν ἡμέραις, διηρευνήσατο δὲ αὐτῶν πᾶσαν τὴν χώραν, ἵνα μηδεὶς ἀποφύγοι,

sandte und dreihundert Kriegsschiffe und den Datis als Anführer, befahl er ihm, die Eretrier und Athener gefangen mitzubringen, wenn er seines Kopfes sicher sein wolle. Der nun schiffte nach Eretria gegen Männer, welche unter den Hellenen damals zu den vorzüglichsten gehörten im Kriegswesen und nicht schwach an Zahl; diese bezwang er in drei Tagen und durchsuchte ihr ganzes Land, damit ihm keiner entkäme, auf folgende Weise. Seine Kriegsmänner nämlich, nachdem sie die Grenzen von Eretria erreicht hatten, stellten sich von einem Meer zum anderen auseinander, und dann mit den Händen sich verbindend durchzogen sie so das ganze Land, damit sie dem König sagen könnten, daß ihnen keiner entkommen sei.

Plat. leg. III 698 c–d:[3]
(…) Denn ungefähr zehn Jahre vor der Seeschlacht bei Salamis kam Datis mit einem persischen Heer, den Dareios ausdrücklich gegen die Athener und die Eretrier gesandt hatte, um sie als Sklaven wegzuführen, wobei er ihn mit dem Tode bedrohte, falls er das nicht ausführe. Und wirklich bezwang Datis die Eretrier gänzlich in kurzer Zeit mit Gewalt durch zahllose Truppen und ließ eine furchtbare Kunde in unsere Stadt gelangen, daß ihm kein einziger Eretrier entkommen sei; denn sich die Hände reichend hätten die Soldaten des Datis das ganze eretrische Land wie mit einem Schleppnetz durchgezogen. (…)

Diog. Laert. III 33 mit Anth. Pal. VII 259 = IEOG 177:[4]
Man schreibt ihm auch ein Epigramm auf die mit List gefangenen Eretrier zu:
Aus Eretria sind wir, der Stadt auf Euboia, und liegen
nahe bei Susa, so fern, ach, von der heimischen Flur.

Anth. Plan. VII 256:[5]
Wir verließen dereinst der Ägäis donnernde Woge,
und bei Ekbatana nun liegen wir mitten im Land.
Edle eretrische Heimat, fahr wohl! Fahr wohl auch, Euboias
Nachbar Athen! Fahr wohl, du unsre Liebe – o Meer!

τοιούτῳ τρόπῳ· ἐπὶ τὰ ὅρια ἐλθόντες τῆς Ἐρετρικῆς οἱ στρατιῶται αὐτοῦ, ἐκ θαλάττης εἰς θάλατταν διαστάντες, συνάψαντες τὰς χεῖρας διῆλθον ἅπασαν τὴν [c] χώραν, ἵν' ἔχοιεν τῷ βασιλεῖ εἰπεῖν ὅτι οὐδεὶς σφᾶς ἀποπεφευγὼς εἴη. (…).

3   Übers. Schöpsdau 1977. Text: (…) σχεδὸν γὰρ δέκα ἔτεσιν πρὸ τῆς ἐν Σαλαμῖνι ναυμαχίας ἀφίκετο Δᾶτις Περσικὸν στόλον ἄγων, πέμψαντος Δαρείου διαρρήδην ἐπί τε Ἀθηναίους καὶ Ἐρετριᾶς, ἐξανδραποδισάμενον ἀγαγεῖν, θάνατον αὐτῷ προειπὼν μὴ πράξαντι ταῦτα. καὶ ὁ Δᾶτις τοὺς μὲν Ἐρετριᾶς ἔν τινι [698d] βραχεῖ χρόνῳ παντάπασι κατὰ κράτος τε εἷλεν μυριάσι συχναῖς, καὶ τινα λόγον εἰς τὴν ἡμετέραν πόλιν ἀφῆκεν φοβερόν, ὡς οὐδεὶς Ἐρετριῶν αὐτὸν ἀποπεφευγὼς εἴη· συνάψαντες γὰρ ἄρα τὰς χεῖρας σαγηνεύσαιεν πᾶσαν τὴν Ἐρετρικὴν οἱ στρατιῶται τοῦ Δάτιδος. (…).
4   Übers. Apelt 1921. Text: Φασὶ δὲ καὶ τὸ εἰς τοὺς Ἐρετριέας τοὺς σαγηνευθέντας αὐτοῦ [scil. Platon] εἶναι: Εὐβοίης γένος εἰμὲν Ἐρετρικόν, ἄγχι δὲ Σούσων κείμεθα: φεῦ, γαίης ὅσσον ἀφ'ἡμετέρης.
5   Übers. Beckby 1965. Text: οἵδε ποτ'Αἰγαίοιο βαθύρροον οἶδμα λιπόντες/Ἐκβατάνων πεδίῳ κείμεθ' ἐνὶ μεσάτῳ./ χαῖρε κλυτή ποτε πατρὶς Ἐρέτρια, χαῖρετ' Ἀθῆναι,/γείτονες Εὐβοίης, χαῖρε θάλασσα φίλη.

Strab. geogr. XVI 1, 25 747 C:[6]
Es heißt, Gordyene sei von Triptolemos' Sohn Gordys besiedelt worden und später von den Eretriern, die die Perser deportiert hatten (...).

Curt. IV 12, 10–1:[7]
Ihren Zug schlossen andere Sichelwagen, begleitet von den fremden Söldnertruppen. Auf diese folgten die so genannten Kleinarmenier, auf die Armenier Babylonier und auf beide Arbeliten und die Bewohner des Kossaiischen Gebirges. Hinter diesen zogen Gortuer, die aus Euboia stammten und ehemals den Medern gefolgt sind, jetzt aber ausgeartet waren und ihre vaterländischen Sitten vergessen hatten. (...)

Paus. VII 10, 2:[8]
Nach Unterwerfung der Ionier versklavten die Meder auch Eretria. Verräter aber waren die angesehensten Männer in Eretria, Philagros, Sohn des Kyneas, und Euphorbos, Sohn des Alkimachos. (...)

Philostr. Apoll. I 23–24:[9]
Als er (scil. Apollonios) sich dem Kissia näherte und schon bei Babylon war, erschien ihm ein Traumbild, das von der Gottheit, die es bewirkte, folgendermaßen geformt war. Fi-

---

6   Übers. Radt 2004. Text: λέγεται δὲ Γόρδυς ὁ Τριπτολέμου τὴν Γορδυηνὴν οἰκῆσαι, ὕστερον δὲ καὶ Ἐρετριεῖς οἱ ἀναρπασθέντες ὑπὸ Περσῶν (...).
7   Übers. Siebelis u. Aa. 2007. Text: Hunc Armenii, quos minores appellant, Armenios Babylonii, utrosque Belitae et, qui montes Cossaeorum incolebant, sequebantur. [11] Post hos ibant Gortuae, gentis quidem Euboicae, Medos quondam secuti, sed iam degeneres et patrii moris ignari. (...).
8   Übers. Eckstein/Meyer 1987. Text: μετὰ δὲ Ἴωνας κεχειρωμένους ἠνδραπόδισαντο καὶ Ἐρέτριαν Μῆδοι, προδόται δὲ ἐγένοντο οἱ εὐδοκιμοῦντες μάλιστα ἐν Ἐρετρίᾳ Φίλαγρος Κυνέου καὶ Εὔφορβος Ἀλκιμάχου.
9   Übers. Mumprecht 1983. Text: προελθόντι δὲ αὐτῷ ἐς τὴν Κισσίαν χώραν καὶ πρὸς Βαβυλῶνι ἤδη ὄντι δόξα ἐνυπνίου ἐφοίτησεν ὧδε τῷ φήναντι θεῷ ξυντεθεῖσα· ἰχθῦς ἐκπεπτωκότες τῆς θαλάττης ἐν τῇ γῇ ἤσπαιρον θρῆνον ἀνθρώπων ἱέντες καὶ ὀλοφυρόμενοι τὸ ἐκβεβηκέναι τοῦ ἤθους, δελφῖνά τε τῇ γῇ παραθέοντα ἱκέτευον ἀμῦναί σφισιν ἐλεεινοὶ ὄντες, ὥσπερ τῶν ἀνθρώπων οἱ ἐν τῇ ξένῃ κλαίοντες. ἐκπλαγεὶς δὲ οὐδὲν ὑπὸ τοῦ ἐνυπνίου ξυμβάλλεται μὲν αὐτῷ ὅπως καὶ ὅπη [25 k.] εἶχε, διατρῖψαι δὲ βουλόμενος τὸν Δάμιν, καὶ γὰρ τῶν εὐλαβεστέρων αὐτὸν ἐγίγνωσκεν, ἀπαγγέλλει πρὸς αὐτὸν τὴν ὄψιν δέος πλασάμενος ὡς ἐπὶ πονηροῖς, οἷς εἶδεν, ὁ δὲ ἀνεβόησέ τε ὡς αὐτὸς ἰδὼν ταῦτα καὶ ἀπῆγε τὸν Ἀπολλώνιον τοῦ πρόσω 'μή πῃ' ἔφη 'καὶ ἡμεῖς ὥσπερ ἰχθύες ἐκπεσόντες τῶν ἠθῶν ἀπολώμεθα καὶ πολλὰ ἐλεεινὰ ἐν τῇ ἀλλοδαπῇ εἴπωμεν, καί που καὶ ἐς ἀμήχανον ἐμπεσόντες ἱκετεύσωμεν δυνάστην τινὰ ἢ βασιλέα, ὃ δ᾽ ἡμᾶς ἀτιμάσῃ, καθάπερ τοὺς ἰχθῦς οἱ δελφῖνες.' γελάσας δὲ ὁ Ἀπολλώνιος 'σὺ μὲν οὔπω φιλοσοφεῖς,' εἶπεν ,εἰ δέδιας ταῦτα, ἐγὼ δὲ οἷ τὸ ἐνύπνιον τείνει δηλώσω· Ἐρετριεῖς γὰρ τὴν Κισσίαν ταύτην χώραν οἰκοῦσιν οἱ ἐξ Εὐβοίας ποτὲ Δαρείῳ ἀναχθέντες ἔτη ταῦτα πεντακόσια, καὶ λέγονται, ὥσπερ ἡ ὄψις ἐφάνη, ἰχθύων πάθει περὶ τὴν ἅλωσιν χρήσασθαι· σαγηνευθῆναι γὰρ δὴ καὶ ἁλῶναι πάντας. ἐοίκασιν οὖν οἱ θεοὶ κελεύειν με ἐς αὐτοὺς παρελθόντα ἐπιμεληθῆναι σφῶν, εἴ τι δυναίμην. ἴσως δὲ καὶ αἱ ψυχαὶ τῶν Ἑλλήνων, οἵπερ ἔλαχον τὴν ἐνταῦθα μοῖραν, ἐπάγονταί με ἐπ᾽ ὠφελείᾳ τῆς γῆς· ἴωμεν οὖν ἐξαλλάξαντες τῆς ὁδοῦ περὶ μόνου ἐρωτῶντες τοῦ φρέατος, πρὸς ᾧ οἰκοῦσι.' λέγεται δὲ τοῦτο κεκρᾶσθαι μὲν ἀσφάλτου καὶ ἐλαίου καὶ ὕδατος, ἐκχέαντος δὲ τοῦ ἀνιμήσαντος ἀποχωρεῖν ταῦτα καὶ ἀπ᾽ ἀλλήλων κρίνεσθαι. παρελθεῖν μὲν δὴ ἐς τὴν Κισσίαν καὶ αὐτὸς ὡμολόγηκεν ἐν οἷς πρὸς τὸν Κλαζομένιον σοφιστὴν γράφει, χρηστὸς γὰρ οὕτω τι καὶ φιλότιμος ἦν, ὡς ἐπειδὴ Ἐρετριέας εἶδε, σοφιστοῦ τε ἀναμνησθῆναι καὶ γράψαι πρὸς αὐτὸν ἅ τε εἶδεν ἅ τε ὑπὲρ αὐτῶν ἔπραξεν· καὶ παρακελεύεταί οἱ παρὰ τὴν ἐπιστολὴν πᾶσαν ἐλεεῖν τοὺς Ἐρετριέας, καὶ ὁπότε [26 k.] μελετῴη τὸν περὶ αὐτῶν λόγον, μηδὲ τὸ κλαίειν ἐπ᾽ αὐτοῖς παραιτεῖσθαι.. [24] ξυνῳδὰ δὲ τούτοις καὶ ὁ Δάμις περὶ τῶν Ἐρετριέων ἀναγέγραφεν· οἰκοῦσι γὰρ ἐν τῇ Μηδικῇ, Βαβυλῶνος οὐ πολὺ ἀπέχοντες, ἡμέρας 'ὁδὸν' δρομικῷ ἀνδρί, ἡ χώρα δὲ ἄπολις, ἡ γὰρ Κισσία κῶμαι πᾶσα καί τι καὶ νομάδων ἐν αὐτῇ γένος μικρὰ τῶν ἵππων ἀποβαίνοντες. ἡ δὲ τῶν Ἐρετριέων οἰκεῖται μὲν τῶν ἄλλων μέση, περιβέβληται δὲ ποταμοῦ τάφρον, ἣν

sche, die das Meer ausgespuckt hatte, zappelten auf dem Lande und beklagten mit beinahe menschlich tönendem Jammer das Unglück, das sie von ihrem Lebenselement getrennt hatte. Einen am Ufer vorbeischwimmenden Delphin flehten sie an, ihnen in ihrem Elende zu helfen. Dabei klagten sie weinend, wie dies Menschen in der Fremde voll Jammer tun. Ohne über den Traum erschrocken zu sein, überlegte Apollonios bei sich, welche Bewandtnis es damit habe. Mit einem Anflug von Furcht, als ob er Schlimmes gewärtige, erzählte er diesen Traum Damis, dessen ängstliche Vorsicht er kannte und den er deshalb in Unruhe versetzen wollte. Dieser schrie laut auf, wie wenn er alles mit eigenen Augen gesehen hätte, und versuchte Apollonios von einer weiteren Reise abzuhalten, indem er sagte: „Wir werden sonst zugrunde gehen, wenn wir wie die Fische unser Element verlassen haben, oder in der Fremde viel Klägliches sagen und angesichts unserer ausweglosen Lage einen Herrscher oder König anflehen, der uns verachtet, wie der Delphin die Fische unbeachtet ließ." Da lachte Apollonios und sprach: „Du bist noch kein Philosoph, wenn du dich vor derartigem fürchtest. Ich will dir erklären, worauf das Traumbild hinweist. In diesem Lande wohnen nämlich Eretrier, die einst vor fünfhundert Jahren von Dareios aus Euböa weggeführt worden sind und, wie es uns das Traumbild zeigt, dasselbe Schicksal wie die Fische erlitten haben. Sie wurden alle, wie man erzählt, gleichsam mit Fangnetzen umzingelt und eingefangen. Die Götter scheinen mir also zu befehlen, sie zu besuchen und mich um sie zu kümmern, soweit ich dies vermag. Vielleicht rufen mich auch die Seelen der Hellenen herbei, denen dieses Los wiederfahren ist, damit ich mich diesem Land als nützlich erweise. Laß uns also kurz abweichen von unserem Weg, um bloß nach dem

---

αὐτοὶ βαλέσθαι περὶ τῇ κώμῃ λέγονται τεῖχος αὐτὴν ποιούμενοι πρὸς τοὺς ἐν τῇ Κισσίᾳ βαρβάρους. ὕπομβρος δὲ ἀσφάλτῳ ἡ χώρα καὶ πικρὰ ἐμφυτεῦσαι, βραχυβιώτατοί τε οἱ ἐκείνῃ ἄνθρωποι, τὸ γὰρ ἀσφαλτῶδες ποτὸν ἐς πολλὰ τῶν σπλάγχνων ἰζάνει. τρέφει δ' αὐτοὺς λόφος ἐν ὁρίοις τῆς κώμης, ὃν ὑπεραίροντα τοῦ παρεφθορότος χωρίου σπείρουσί τε καὶ ἡγοῦνται γῆν. φασὶ δὲ ἀκοῦσαι τῶν ἐγχωρίων, ὡς ἑπτακόσιοι μὲν τῶν Ἐρετριέων πρὸς τοῖς ὀγδοήκοντα ἥλωσαν, οὔτι που μάχιμοι πάντες, ἦν γὰρ καὶ θῆλυ ἐν αὐτοῖς γένος καὶ γεγηρακός, ἦν δ', οἶμαί, τι καὶ παιδία, τὸ γὰρ πολὺ τῆς Ἐρετρίας τὸν Καφηρέα ἀνέφυγε καὶ ὅ τι ἀκρότατον τῆς Εὐβοίας. ἀνήχθησαν δὲ ἄνδρες μὲν ἀμφὶ τοὺς τετρακοσίους, γύναια δὲ ἴσως δέκα, οἱ δὲ λοιποὶ ἀπ' Ἰωνίας τε καὶ Λυδίας ἀρχάμενοι διεφθάρησαν ἐλαυνόμενοι ἄνω. λιθοτομίαν δὲ αὐτοῖς παρεχομένου τοῦ λόφου καὶ τινες καὶ λιθουργοὺς εἰδότες τέχνας ἱερά τε ἐδείμαντο Ἑλληνικὰ καὶ ἀγοράν, ὁπόσην εἰκὸς ἦν, βωμούς τε ἱδρύσαντο Δαρείῳ μὲν δύο, Ξέρξῃ δὲ ἕνα, Δαριδαίῳ δὲ πλείους. διετέλεσαν δὲ ἐς Δαριδαῖον ἔτη μετὰ τὴν ἅλωσιν ὀκτὼ καὶ ὀγδοήκοντα γράφοντες τὸν Ἑλλήνων τρόπον, καὶ οἱ τάφοι δὲ οἱ ἀρχαῖοι σφῶν ‚ὁ δεῖνα τοῦ δεῖνος' γεγράφαται, καὶ [27 k.] τὰ γράμματα Ἑλλήνων μέν, ἀλλ' οὔπω ταῦτα ἰδεῖν φασι. καὶ ναῦς ἐγκεχαραγμένας τοῖς τάφοις, ὡς ἕκαστος ἐν Εὐβοίᾳ ἔζη πορθμεύων ἢ πορφυρεύων ἢ θαλάττιον ἢ καὶ ἁλουργὸν πράττων, καί τι καὶ ἐλεγεῖον ἀναγνῶναι γεγραμμένον ἐπὶ ναυτῶν τε καὶ ναυκλήρων σήματι·

οἵδε ποτ' Αἰγαίοιο βαθύρροον οἶδμα πλέοντες
Ἐκβατάνων πεδίῳ κείμεθ' ἐνὶ μεσάτῳ.
χαῖρε κλυτή ποτε πατρὶς Ἐρέτρια, χαίρετ' Ἀθῆναι,
γείτονες Εὐβοίης, χαῖρε θάλασσα φίλη.

τοὺς μὲν δὴ τάφους διεφθορότας ἀναλαβεῖν τε αὐτὸν ὁ Δάμις φησὶ καὶ ξυγκλεῖσαι χέασθαί τε καὶ ἐπενεγκεῖν σφισιν, ὁπόσα νόμιμα, πλὴν τοῦ τεμεῖν τι ἢ καθαγίσαι, δακρύσαντά τε καὶ ὑποπλησθέντα ὁρμῆς τάδε ἐν μέσοις ἀναφθέγξασθαι· ‚Ἐρετριεῖς οἱ κλήρῳ τύχης δεῦρ' ἀπενεχθέντες, ὑμεῖς μέν, εἰ καὶ πόρρω τῆς αὑτῶν, τέθαφθε γοῦν, οἱ δ' ὑμᾶς ἐνταῦθα ῥίψαντες ἀπώλοντο περὶ τὴν ὑμετέραν νῆσον ἄταφοι δεκάτῳ μεθ' ὑμᾶς ἔτει· τὸ γὰρ ἐν κοίλῃ Εὐβοίᾳ πάθος θεοὶ φαίνουσιν.' Ἀπολλώνιος δὲ πρὸς τὸν σοφιστὴν ἐπὶ τέλει τῆς ἐπιστολῆς ‚καὶ ἐπεμελήθην,' φησίν, ‚ὦ Σκοπελιανέ, τῶν σῶν Ἐρετριέων νέος ὢν ἔτι καὶ ὠφέλησα ὅ τι ἐδυνάμην καὶ τοὺς τεθνεῶτας αὐτῶν καὶ τοὺς ζῶντας.' τί δῆτα ἐπεμελήθη τῶν ζώντων; οἱ πρόσοικοι τῷ λόφῳ βάρβαροι σπειρόντων τῶν Ἐρετριέων αὐτὸν ἐληίζοντο τὰ φυόμενα περὶ τὸ θέρος ἥκοντες καὶ πεινῆν ἔδει γεωργοῦντας ἑτέροις. ὁπότ' οὖν παρὰ βασιλέα ἀφίκετο, εὕρετο αὐτοῖς τὸ χρῆσθαι μόνους τῷ λόφῳ.

Brunnen zu fragen, an dem sie wohnen. „Dieser Brunnen soll, wie es heißt, mit Erdpech, Öl und Wasser gemischt sein, die sich voneinander absondern, wenn man daraus schöpft und den Inhalt ausgießt".

Seine Reise nach Kissia hat Apollonios selbst erwähnt im Brief, den er an den Sophisten von Klazomenai gerichtet hat. Er war nämlich so freundlich und großmütig, daß er sich beim Anblick der Eretrier an den Sophisten erinnerte und ihm schrieb, was er gesehen und für sie getan hatte. Durch den ganzen Brief hin forderte er ihn auf, Mitleid mit den Eretriern zu haben, und riet ihm, Tränen nicht zu verschmähen, wenn er eine Rede über sie halte.

Hiermit stimmte auch überein, was Damis über die Eretrier aufgezeichnet hatte. Diese leben bekanntlich im Lande der Meder, von Babylon nur eine solche Strecke entfernt, wie sie ein Läufer etwa in einem Tag zurücklegt. Das Land selbst hat keine Städte, da ganz Kissia nur aus Dörfern besteht und als Einwohner auch eine Art Nomaden aufweist, die selten von ihren Pferden herabsteigen. Die Wohnplätze der Eretrier liegen genau im Zentrum der übrigen. Sie sind umgeben von einem Flußbett, das sie selbst rund um das Dorf aufgeworfen haben sollen, um einen Schutzwall gegen die Barbaren in Kissia zu haben. Der Boden ist von Asphalt durchnäßt und schwierig zu bepflanzen. Die Menschen leben dort auch nur für eine kurze Zeit, da sich der Gehalt an Asphalt im Wasser in den Därmen niedersetzt. Ihre Nahrung beziehen sie von einem Hügel an den Grenzen des Dorfes, der sich über den untauglichen Erdboden erhebt und als Ackerland gebraucht und bebaut werden kann. Wie sie behaupten, haben sie von den Einheimischen erfahren, dass siebenhundertachtzig Eretrier gefangengenommen worden seien, allerdings nicht ausschließlich Männer im streitbaren Alter, sondern auch Frauen, Greise und sogar Kinder, wie ich glaube. Ein großer Teil der Eretrier war nämlich auf den Kaphereus und die höchsten Anhöhen geflohen. Nach Medien wurden ungefähr vierhundert Männer und zehn Frauen abgeführt, während die übrigen auf dem Wege von Ionien nach Lydien starben. Da ihnen der erwähnte Hügel einen Steinbruch bot und einige von ihnen sich auf das Steinhauerhandwerk verstanden, bauten sie einen hellenischen Tempel und einen Markt vom gewöhnlichen Umfange. Außerdem errichteten sie Altäre, zwei dem Dareios, einen dem Xerxes und mehrere dem Daridaios. Bis zum Daridaios waren seit ihrer Gefangennahme achtundachtzig Jahre verstrichen, während welcher Zeit sie weiterhin nach griechischer Weise schrieben. Dazu kommt der Umstand, daß ihre alten Gräber versehen waren mit den in griechischen Buchstaben geschriebenen Namen des Verstorbenen und dessen Vaters. Apollonios und Damis erklären allerdings, dies nie mit eigenen Augen gesehen zu haben. Indessen seien, wie sie behaupten, Schiffe auf den Grabsteinen eingraviert gewesen, je nachdem einer auf Euböa als Fährmann, Purpurfischer, Matrose oder Färber gelebt hatte, und auf einem Grabmal habe man auch eine Aufschrift in elegischem Versmaße lesen können, die Matrosen und Seefahrern gegolten habe:

„Wir, die wir einst des Ägäischen Meers tiefströmende Fluten
durchfuhren, bergen das Haupt in Ekbatanas Flur.
Lebet denn wohl, mein teures Eretria und du, mein Athen,
Nachbarin Euböas. Lebe denn wohl, du mein Meer."

Damis erzählt uns, Apollonios habe die verfallenen Gräber wiederhergestellt und eingeschlossen. Außerdem habe er auf ihnen Trankopfer ausgegossen und viele andere Gaben dargebracht, wie es der Brauch wünscht, mit Ausnahme von Schlachtopfern und Opferverbrennungen. Unter Tränen und großer innerer Bewegung habe er mitten unter ihnen ausgerufen: „Eretrier, die ihr durch das Verhängnis hierher verschlagen worden seid, ihr seid nun begraben, wenn auch fern von der Heimat. Diejenigen, die euch hierher getrieben haben, erfreuen sich noch jetzt keines Grabes, obschon sie schon zehn Jahre nach eurer Entführung umgekommen sind. Was sie in den Schluchten Euböas erfahren haben, brachten die Götter zustande."

Am Schluß des Briefes an den Sophisten aber sagt Apollonios: „Auch ich, Skopelianos, habe in meiner Jugend für deine Eretrier Sorge getragen und ihnen so viel Hilfe geleistet, wie es mir möglich war und zwar sowohl den Toten als auch den Lebenden. Die Barbaren, welche in der Nähe des Hügels wohnten, der von den Eretriern bebaut wurde, raubten stets im Sommer die Ernte, so daß die Gärtner selbst hungern mußten und zusehen konnten, wie der Ertrag ihrer Arbeit in fremde Hände überging. Als nun Apollonios zum König kam, bewirkte er, daß die Eretrier den Hügel allein ausbeuten durften.

Nach der Belagerung der Stadt durch die Truppen von Datis und Artaphernes wurden die Eretrier laut Herodot zunächst auf die im Kanal von Euböa vor Styra liegende Insel Aigilia verschifft[10] und dann nach Susa zu Dareios gebracht. Nach dieser gewalttätigen Aktion tat aber der König ihnen angeblich nichts Schlimmes an und siedelte sie in Arderikka in Kissia, 210 Stadien von Susa entfernt, an.[11] Arderikka sei schon vor der Ankunft der Eretrier ein σταθμός, also eine Domäne des Königs, gewesen. In einer Entfernung von nur 40 Stadien gebe es einen Brunnen, aus dem die Perser Bitumen, Öl und Salz förderten: Der Autor beschreibt detailliert die Prozedur, durch die sie die drei verschiedenen Substanzen gewannen.

Im ‚Menexenos' wird unterstrichen, dass der persische Erfolg gegen die Eretrier besonders bedeutsam gewesen sei, da sie eines der kriegstüchtigsten Völker unter den Griechen und nicht gering an Zahl gewesen seien. In nur drei Tagen schafften es die Perser dank einer erfolgreichen Methode, das ganze eretrische Land nach Menschen zu durchsuchen, damit ihnen niemand entkomme: Nachdem sie die Grenzen von Eretria erreicht hatten, stellten sich die Truppen von einem Meer zum anderen auf und durchzogen dann, sich an den Händen fassend, das ganze Land.

Dieselbe Prozedur wird auch in den ‚Nomoi' beschrieben: Eretria wurde in kurzer Zeit gewaltsam durch zahllose Truppen bezwungen, und es wurden alle seine Einwohner zu Sklaven gemacht, da es Befehl des Dareios gewesen sei, die Eretrier und die Athener nach Asien zu bringen.

Die zitierten Verse der ‚Anthologia Palatina' erwähnen die Eretrier, die bei Susa begraben liegen. In der ‚Anthologia Planudea' sind ihre Gräber aber bei Ekbatana zu finden: Es wird als besonders traurig und verstörend empfunden, dass sie gezwungen worden waren, die Ägäis zu verlassen, und jetzt weit entfernt vom Meer mitten im Land begraben liegen.

---

10   Vgl. Hdt. VI 107, 2.
11   D.h. 31,26 km, das griechische Stadion mit 148,85 m berechnet.

Strabon schreibt, die von den Persern deportierten Eretrier seien in der Gordyene, die ihren Namen vom Helden Gordys, dem Sohn des Triptolemos, erhalten habe, angesiedelt worden. Eine Verbindung zu Gordys findet man auch bei Curtius: Die Menschen aus Euböa, die den Persern gefolgt seien, seien Gortuer genannt worden. Sie werden negativ beurteilt, weil sie die eigenen Sitten vergessen und diejenigen der neuen Heimat angenommen hätten. Auch Pausanias war die Geschichte der Deportationen bekannt und dass Philagros und Euphorbos ihre Mitbürger verraten hatten.

Philostrat erzählt, Apollonios sei zu den Eretriern, die sich noch in dem Gebiet befanden, in das sie damals von den Persern deportiert worden waren, gelangt. Als er sich Kissia näherte, erschienen ihm in der Erzählung Philostrats Fische im Traum, die vom Meer ausgespien auf dem Lande zappelten und klagten, weil sie von ihrem Lebenselement getrennt worden waren. Einen Delphin flehten sie an, ihnen zu helfen. Apollonios sieht hinter diesem Traum den Hilfeanruf der Eretrier und erzählt Damis davon. Dieser schreit und versucht, Apollonios zu überzeugen, dass sie nicht von ihrem Weg abweichen sollten. Apollonios erzählt ihm dann den Fall der Eretrier, die vor 500 Jahren von Dareios I. aus Euböa weggeführt worden und eigentlich die Fische seien, die von den Persern mit einem Fangnetz eingefangen worden seien. Die Götter möchten demnach, dass sie die Eretrier besuchen und sich um sie kümmern. Die Eretrier wohnten in Medien: Nach Philostrat kann man von dort Babylonien zu Fuß in nur einem Tag erreichen. In diesem Land befänden sich keine Städte, da Kissia eine gebirgige Region sei. Asphalt, Öl und Salz liefernde Brunnen sind auch nach Philostrat, wie laut Herodot, in der Nähe der Siedlung zu finden und verwandeln die Umgebung in eine höchst ungesunde Region. Die Eretrier, die von den persischen Truppen gefangen genommen worden seien, seien 780 Personen gewesen, aber diejenigen, die in Medien angekommen seien, seien 400 Männer und nur 10 Frauen gewesen, da die meisten auf dem Weg von Ionien nach Lydien gestorben seien. Trotz der miserablen Lage hätten die Überlebenden nicht aufgegeben: Laut dem Autor nutzten sie den in der Nähe ihres Wohnortes liegenden Steinbruch, sie lernten wie man Steine schneidet und bauten einen griechischen Tempel und einen Markt auf. Zwei dem Dareios, ein dem Xerxes und mehrere dem Daridaios gewidmete Altäre seien auch errichtet worden. Die Eretrier hätten zudem die griechische Sprache weiterverwendet: Deswegen seien griechische Buchstaben auf ihren Grabsteinen zu lesen. Auf ihnen seien auch Graffiti von Schiffen zu finden, die an die vermisste Heimat erinnerten. Apollonios habe die verfallenen Gräber wiederhergestellt und verschlossen, sodass die Eretrier endlich ihren Frieden gefunden hätten. Am Schluss des Briefes an den Sophisten Skopelianos sagt Apollonios, er habe sich sowohl für die toten als auch für die lebenden Eretrier eingesetzt. So habe er den König Vardanes gebeten, den Eretriern zu erlauben, den Hügel allein ausbeuten zu dürfen, sodass die ‚Barbaren', d.h. die Kissier, nicht mehr ihre Ernte rauben konnten.

7.2 Erläuterung

Wenn man sich die Quellen ansieht, fällt einem sofort auf, dass der Fall der Eretrier der Deportationsfall ist, der am besten dokumentiert ist. Jedoch führen die relativ reichlichen Quellen bei der Interpretation des Falles zu Schwierigkeiten.

Herodot erzählt, die Eretrier hätten, nachdem die Perser in der Nähe von Eretria gelandet waren, beschlossen, in der Stadt zu bleiben und sich dort zu verteidigen. Sechs Tage lang hätten sie Widerstand leisten können, aber am siebten Tag sei die Stadt von zwei Bürgern, Euphorbos und Philagros, an die Perser verraten worden (die beiden Namen sind auch Pausanias bekannt). Um sich wegen der Einäscherung von Sardeis zu rächen, hätten die Perser die Stadt geplündert, die Tempel verbrannt und die Eretrier gefangengenommen.[12] Später in seiner Darstellung kommt Herodot auf das Schicksal der gefangenen Eretrier zurück und erzählt, wie sie nach Persien deportiert wurden.

In der Passage des ‚Menexenos' unterstreicht Sokrates, wie mutig die Männer waren, die sich in Marathon der Macht der Barbaren entgegenstellten. Die Perser hätten durch ihren dritten Großkönig, d.h. Dareios I., ganz Asien in ihren Händen gehalten und die Eretrier, welche unter den Hellenen damals zu den Kriegstüchtigsten gehörten, besiegt und gefangengenommen. Trotzdem habe der Mut der Männer bei Marathon sogar sie besiegt. Die Passage dient als Lob der Athener.

Auch in den ‚Nomoi' wird die Geschichte der Eretrier zusammengefasst. In der betreffenden Passage geht es um die These, dass zu viel Freiheit für das Volk genauso schlimm wie Sklaverei sei. Das Perserreich sei ein gutes Beispiel für den zweiten und Athen in der Zeit des Xerxes für den ersten Fall. Anders habe es sich mit den Athenern verhalten, als die Perser das erste Mal nach Griechenland kamen und die Eretrier gefangen nahmen: Als ‚Sklaven' ihrer Gesetze hätten sie es geschafft, sich gegen die Feinde zu verbinden und sie bei Marathon zu besiegen.

Von Diogenes Laertios werden zwei Verse Platon zugeschrieben, die von den Eretriern handeln und in der ‚Anthologia Palatina' zu finden sind. Sie sind aber nicht die einzigen, da Platon auch von der ‚Anthologia Planudea' Verse zugeschrieben werden, die in Verbindung mit dem Schicksal der Eretrier in Asien stehen: In diesem Fall werden jene aber nicht bei Susa lokalisiert, sondern bei Ekbatana.

Strabon erwähnt die Eretrier, wenn er von der Region berichtet, die man heute allgemein an den Grenzen Armeniens, der Adiabene und der Atropatene am Oberlauf des Flusses Tigris, lokalisiert.[13]

Wenn Curtius Rufus die Aufstellung der persischen Truppen in der Schlacht von Gaugamela (331 v.Chr.) beschreibt, nennt er im persischen Heer die „Gortuae gentis quidem Euboicae Medos quondam secuti":[14] Er ist der einzige Alexanderautor, der die Eretrier bei Gaugamela erwähnt.

Besonders interessant, aber gleichzeitig höchst problematisch ist, dass die Eretrier in einem Text wie der ‚Vita des Apollonios' Philostrats Erwähnung finden. Das Werk berichtet über die Reise des Apollonios von Tyana. Philostrat wurde um 165–170 n.Chr. in Lemnos geboren, befand sich aber ab den Jahren 205–207 n.Chr. in Rom, wo er zum engeren Freundeskreis des Kaisers Septimius Severus und der Kaiserin Julia Domna zählte.[15] Sein Held, der aus der Stadt Tyana in Kappadokien stammende Apollonios, war ein Philosoph in der Tradition des Pythagoras, der wegen Informationsmangels als der „obscure religious sage of the first century AD" beschrieben

---

12 Hdt. VI 101.
13 S.u.
14 Curt. IV 12, 11. Auch Pausanias nimmt auf Meder Bezug (Paus. VII 10, 2); es ist aber nichts Ungewöhnliches, in den Quellen die Bezeichnung Meder statt Perser zu finden (s. etwa Hdt. VI 9.109.129; dazu: Tuplin 1994).
15 Jones 2002, 759 ff.; Bowie/Elsner 2009, 29. Allgemein zu Philostrat: Anderson 1986; Meyer 1917; Palm 1976; Bowie/Elsner 2009. Zur Verbindung zwischen dem Werk Philostrats und der römischen Herrschaft seiner Zeit: Flinterman 1995, 67 ff., der die ältere Literatur sehr kritisch betrachtet.

worden ist.¹⁶ Er soll in den Orient bis nach Indien gereist sein, und Nachrichten über seine angebliche Reise finden sich in der Erzählung Philostrats, deren Glaubwürdigkeit allerdings höchst umstritten ist.¹⁷ Auf dem Weg nach Indien habe Apollonios auch die Siedlung der Eretrier besucht, die Opfer der Abneigung des parthischen Königs Vardanes geworden waren. Apollonios habe ihnen geholfen, ihre schlechte Lage zu verbessern und die Hilfe des parthischen Königs gegen die Kissier zu erhalten. Abgesehen von vielen umstrittenen Elementen spielt die Passage Philostrats eine wichtige Rolle, da durch sie trotzdem Informationen sowohl über die Deportierten als auch über die Quellentradition gewonnen werden können.

Eretria, eine Polis auf der großen vor der Ostküste Mittelgriechenlands liegenden Insel Euböa,¹⁸ wird schon in der ‚Ilias' erwähnt¹⁹ und dürfte spätestens im 8. Jh. v. Chr. ein bedeutendes Handelszentrum geworden sein.²⁰ Die herodoteische athenozentrische Perspektive ist nach Plutarch der Grund dafür, dass die Bedeutung Eretrias schon im 6. Jh. und zu Beginn des 5. Jhs. v. Chr. in Vergessenheit geraten sei: Als ‚Gegenspieler' Herodots nennt er Lysanias aus Mallos, der eine ‚Geschichte Eretrias' geschrieben habe.²¹ Was die politische Verfassung Eretrias am Anfang des 5. Jh. angeht, stimme ich Hölkeskamp zu: Weder die Unterstützung des Ionischen Aufstandes noch der im Jahre 490 v. Chr. die Katastrophe herbeiführende Verrat zweier Aristokraten²² reichen als Beweis für die Existenz einer früheren Demokratie aus.²³

Die Vorgeschichte der Deportation, wie sie bei Herodot und Platon Erwähnung findet, kann man wie folgt beschreiben: Im Verlauf der persischen Operation, die letztlich die Unterwerfung Athens zum Ziel hatte, wurden die Eretrier 490 v. Chr., weil sie während des Ionischen Aufstandes mit den Milesiern verbündet gewesen waren,²⁴ mit Land- und Seestreitkräften angegriffen.²⁵ Schon im 6. Buch (101, 3) beschreibt Herodot, wie die Perser auf Befehl des Dareios in Eretria eindrangen und zuerst die Tempel aus Rache für die Zerstörung des Kybele-Heiligtums in Sardeis²⁶ plünderten. Wie schon erwähnt ist die Plünderung der reichen Heiligtümer Bestandteil der orientalischen Prozedur der Eroberung einer Stadt,²⁷ sodass nicht unbedingt nach zusätzlichen Gründen für die persische Politik zu suchen ist, etwa den in den ‚Historien' den Persern immer wieder unterstellten Absichten, Tempel niederzubrennen.²⁸

---

16 Penella 1974, 295.
17 S. etwa Jones 1978, 14: „generally the *Life of Apollonius* is (...) full of fantastic tales und unverified assertions"; so auch Brancacci 1985; Grosso (1958) spricht allerdings Philostrat seine Anerkennung dafür aus, verlässliche ältere Traditionen überliefert zu haben.
18 Dank der Grabungen, die seit 1885 durchgeführt werden, ist die bedeutende Ruinenstätte des alten Eretrias noch erkennbar, obwohl kaum etwas aus der Zeit vor der persischen Zerstörung 490 v. Chr. sichtbar ist (Ich war im Juli 2011 vor Ort).
19 Il. II 536.
20 Als Hinweise darauf dienen die Kolonien, die von Eretria auf Sizilien und auf der Chalkidike begründet wurden: s. etwa Mende (Thuk. IV 123, 1) und Methone (Plut. qu. Gr. 293b).
21 Plut. de Hdt. malign. 24. Dazu: Walker 2004, 264.
22 Hdt. VI 100–1; Paus. VII 10, 2.
23 So Hölkeskamp 1999, 115–6 gegen Gehrke 1985, 63 ff.
24 Hdt. V 99.
25 S. a. schon Hdt. VI 101, 1.
26 Hdt. V 102, 1.
27 S. o. im Kapitel 6.
28 So z. B. Funke 2007, 24 und Anm. 12 (mit Lit.); Wiesehöfer 2014. Dazu s. a. u. im Kapitel 9.

Eretria wird nicht, wie einige Jahre vorher Milet, in den persischen Herrschaftsbereich integriert, sondern nur mittels Plünderung und Deportation bestraft. Außerdem wird, anders als im Fall Milets, wo etwa das Ende der Stadt von Herodot erwähnt wird,[29] vom Autor berichtet, dass die Perser nur eines Teils der Bevölkerung hätten habhaft werden können, da der andere in die Berge geflüchtet sei.[30] Der Ausdruck σαγηνεύσαειν und der Bericht von den Persern, die sich von einem Meer zum anderen aufstellen und mit den Händen ein Netz formen, sodass niemand entkommen kann, der in beiden Texten Platons zu finden ist, dürfte deswegen übertrieben sein. Da der Ausdruck so seltsam ist, spricht vieles dafür, dass Platon Herodots Passage VI 31, 2 kannte, in der der Autor diese Maßnahme beschreibt, eine persische Okkupationspraxis, die nur für Inseln verwendet wurde.[31]

Hdt. VI 31, 1–2:[32]
Immer, wenn sie eine Insel erobert hatten, machten die Barbaren Jagd auf die Menschen wie auf wilde Tiere [ἐσαγήνευον][33], und zwar nach folgendem Plan: Einer faßte den anderen an der Hand, und so bildeten sie eine Kette von der Nordküste bis zur Südküste. Dann durchstreiften sie als Menschenfänger die ganze Insel. Auf die gleiche Art eroberten sie auch die ionischen Städte auf dem Festland; nur jagten sie dabei keine Menschen; denn dort war es nicht möglich.

Hier machte bereits Hirsch 1985 auf Parallelen zur neuassyrischen Propaganda aufmerksam.[34] Die sog. ‚Geierstele' des Königs Eannatum von Lagaš[35] zeigt den Gott Ninĝirsu, der in seiner linken Hand ein Netz mit erschlagenen Menschen trägt. In der Inschrift der Stele lässt sich lesen, wie der König über die „Leute von Umma [...] das große Netz des Gottes Enlin geworfen" habe.[36] Das Netz, das in einigen Übersetzungen des Texts Herodots leider verschwindet (wie bei Feix),[37] war als Symbol der Macht bekannt, sodass in der Literatur des 5. Jhs. v. Chr. zahlreiche Darstellungen von Feinden als in einem Netz gefangenen Fischen zu finden sind.[38]

Wie schon erwähnt, wird von Herodot berichtet, dass die Perser nur eines Teils der Bevölkerung hätten habhaft werden können, da der andere in die Berge geflüchtet sei. Die Eretrier

---

29 S. o.
30 Hdt. VI 100, 2.
31 Hdt. VI 31, 2. S. a. o. im Kapitel 6.
32 Übers. Feix 1963. Text: [1] (…) ὁ δὲ ναυτικὸς στρατὸς ὁ Περσέων χειμερίσας περὶ Μίλητον, τῷ δευτέρῳ ἔτεϊ ὡς ἀνέπλωσε, αἱρέει εὐπετέως τὰς νήσους τὰς πρὸς τῇ ἠπείρῳ κειμένας, Χίον καὶ Λέσβον καὶ Τένεδον. ὅκως δὲ λάβοι τινὰ τῶν νήσων, ὡς ἑκάστην αἱρέοντες οἱ βάρβαροι ἐσαγήνευον τοὺς ἀνθρώπους. [2] σαγηνεύουσι δὲ τόνδε τὸν τρόπον· ἀνὴρ ἀνδρὸς ἁψάμενος τῆς χειρὸς ἐκ θαλάσσης τῆς βορηίης ἐπὶ τὴν νοτίην διήκουσι, καὶ ἔπειτα διὰ πάσης τῆς νήσου διέρχονται ἐκθηρεύοντες τοὺς ἀνθρώπους. αἵρεον δὲ καὶ τὰς ἐν τῇ ἠπείρῳ πόλιας τὰς Ἰάδας κατὰ ταὐτά, πλὴν οὐκ ἐσαγήνευον τοὺς ἀνθρώπους· οὐ γὰρ οἷά τ᾽ ἦν.
33 Für σαγηνεύουσι ist die Übersetzung von Nenci (2007) zutreffender: „(…) i barbari catturavano gli abitanti come in una rete (…)". Das Verb kommt sehr selten vor; bei Herodot schon in Buch 3 (149), um die Besetzung von Samos zu beschreiben; bei Platon bezüglich des Falls der Eretrier (s. u. im Kapitel 7). Für σαγήνη („ein großes Netz, mit dem viele Fische auf einmal gefangen werden können" PAPE s. v.) s. a. etwa Luc. Tim. 22; Ael. Nat. An. XI 12.
34 Hirsch 1985.
35 RlA III, 194.
36 Zitiert nach Meuli 1954.
37 Aber Godley 1922: „Whenever they took an island, the foreigners would „net" each severally".
38 Ceccarelli 1993, 49–57.

sind in der Tat bald in der Geschichte wiederzufinden: Eretrische Schiffskontingente sind bei Artemision[39] sowie Salamis[40] anwesend, und ein Hoplitenkorps wird im Zusammenhang mit der Schlacht von Plataiai genannt.[41] Nach Platon hatte Dareios Datis befohlen, sowohl die Eretrier als auch die Athener gefangen mitzubringen. Eine Deportation der Athener wird aber weder von Platon noch von anderen Autoren erwähnt. Man muss annehmen, dass die Perser, wie in den ‚Nomoi' ausgeführt, die Deportation der Eretrier als Warnung für die Athener zu nutzen gedachten, aber in Athen nicht wiederholten. Das Vorhandensein mehrerer Quellen zum Fall zeigt, dass das Geschehen unter den Griechen hinreichend bekannt war und dass es vermutlich in der Tat als Warnung für andere Griechen bzw. Feinde des Perserreichs diente, wie Dareios es sich gewünscht hatte.

Auf die Frage, wohin die Eretrier deportiert wurden, antworten die vorhandenen Quellen sehr unterschiedlich bzw. gar nicht. Laut Herodot war das Zwischenziel der Deportation Susa und das Endziel Arderikka, im 7. Nomos, Σούσων δὲ καὶ τῆς ἄλλης Κισσίων χώρης, gelegen, also in Susiana:[42] Die altpersischen Inschriften nennen die Region *Uja/Uvja*, d. h. Elam, das zusammen mit *Pārsa* und *Māda* immer am Anfang der Liste der Reichsländer bzw. -völkerschaften zu finden ist.[43] Es wird davon ausgegangen, dass Arderikka dem elamischen Urdalika entspricht[44], d. h. einer Stadt, die in den ‚Annalen' des assyrischen Königs Aššurbanipal erwähnt wird.[45] Bei der geographischen Bestimmung der Siedlung hilft das aber nicht, da die elamische Stadt bis heute noch nicht lokalisiert worden ist.[46] Arderikka ist laut Herodot ein σταθμός, also eine Domäne des Königs gewesen;[47] in einer Entfernung von nur 40 Stadien habe es einen Brunnen gegeben, aus dem die Perser Bitumen, Öl und Salz gefördert hätten.

In beiden Texten Platons, zunächst im ‚Menexenos', später in den ‚Nomoi', ist nicht zu finden, wohin die Eretrier gebracht wurden. Die Tatsache, dass Platon die herodoteische Version kannte, wird durch die Nutzung des seltsamen Ausdrucks σαγηνεύσειν in seinen beiden Texten angedeutet.[48] Und ein Hinweis darauf, dass Platon neben Herodot noch eine weitere Version des Eretrierfalls gekannt haben dürfte, ist die Information, dass die Belagerung der euboischen Stadt nicht sechs Tage, wie Herodot erzählt[49], sondern drei Tage gedauert habe (so im ‚Menexenos').[50]

Von Diogenes Laertios werden zwei Verse Platon zugeschrieben: Diese, die in der ‚Anthologia Palatina' zu finden sind, erinnern an die Euböer, die in Susa gestorben sind. Die Stadt wird im

---

39 Hdt. VIII 1, 2.
40 Hdt. VIII 46, 2.
41 Hdt. IX 28, 5.
42 Vgl. z. B. Aesch. Pers. 119; vgl. Barrington, Karte 92, D4; K. 93, E1–2.F2.
43 DNa § 3 L; DNe § 3; DPe § 2 H; DSe § 4 A; XPh § 3 L.
44 Die Identifikation stammt aus Oppert 1888.
45 Annales assyriennes V 51. Urdalika wird unter den Städten genannt, die Aššurbanipal 640 v. Chr. zerstört hat.
46 Verschiedene Vorschläge zur Bestimmung der Lage Arderikkas findet man bei Olshausen (1995, 29 ff.), alle innerhalb des Gebietes der Kissier. Eine Lokalisierung der Siedlung ist zurzeit nicht möglich; es gilt aber als sicher, dass das Arderikka als Siedlung der Eretrier nichts zu tun hat mit dem Arderikka, das Herodot nördlich von Babylon lokalisiert (Hdt. I 185; dazu: Olshausen 1995, ebda.).
47 κατοίκισε ἐν σταθμῷ ἑωυτοῦ (Hdt. VI 119, 2). Zum Wort σταθμός s. a. Hdt. V 52, 3; Plut. Art. 25. Sie sind die „stations or stages on the royal road, where the king rested in travelling" (LSJ s. v.; PAPE s. v. erwähnt diese Bedeutung nicht).
48 S. o.
49 Hdt. VI 101.
50 Zu den Quellen Platons und der anderen die Deportation berichtenden Autoren s. a. u.

Text Herodots als Zwischenziel der Deportation genannt. Platon werden jedoch auch von der 'Anthologia Planudea' Verse zugeschrieben, die dieses Mal jene Euböer, die bei Ekbatana begraben liegen,[51] betreffen. Das bestätigt, dass Platon zwei Traditionen der Episode kannte. Ekbatana kann in den Versen der 'Anthologia Planudea' sowohl die Endstation als auch das Zwischenziel der Deportation gewesen sein. Die Tatsache, dass in der 'Anthologia Palatina' Susa als Zwischenstation gilt und dass Deportierte zuerst nach achaimenidischen Residenzstädten geführt wurden,[52] sprechen meines Erachtens dafür, dass Ekbatana das Zwischenziel war. Außerdem ist Ekabatana ist auch die *versio difficilior*, da griechische Quellen ansonsten in der Regel Susa als Residenz und Aufenthaltsort des Großkönigs bezeichnen.[53]

Noch anders verortet Strabon die Wohnsitze der Ἐρετριεῖς οἱ ἀναρπασθέντες ὑπὸ Περσῶν, nämlich in der Gordyene, die sowohl er als auch die Forschung an den Grenzen Armeniens, der Adiabene und der Atropatene am Oberlauf des Tigris, lokalisieren,[54] d.h. weder bei Susa noch bei Ekbatana. Er erwähnt zugleich, nach 'klassischer Art',[55] dass der Name Gordyene sich vom Namen des in diese Region gereisten Helden Gordys, des Sohnes des Triptolemos, herleite.[56]

Wenn Curtius Rufus die Aufstellung der persischen Truppen in der Schlacht von Gaugamela beschreibt, nennt er auch diejenigen Soldaten, die in den *montes Cossaeorum* wohnten, *Gortuae gentis quidem Euboicae Medos quondam secuti*. Die Volksgruppe der Kossäer, von denen sich die *montes Cossaeorum* herleiten, wird auch von Diodor erwähnt:[57] Es sei ein vom persischen König unabhängiges Volk gewesen, das οἱ πάροδοι bzw. die „Übergänge" zwischen Susa und Ekbatana kontrolliert habe.[58] Diese Lokalisierung wird von Strabon[59] und Arrian[60] bestätigt: Die Kossäer seien eine Gebirgsbevölkerung und wohnten nicht in Städten, sondern in kleinen Dörfern. Laut

---

51 Also beim modernen Hamadan, 48° 31' ö. L. und 34° 48' n. Br., Höhe 1800 m. Die Identifikation ist sicher: dazu Hüsing 1913; Frye 1979.
52 S.u. im Kapitel 15.
53 S. etwa Wiesehöfer 2009.
54 Dazu: Wiesehöfer 1998. Der Name ist möglicherweise vom Namen der Karduchoi abgeleitet, den Xenophon in der Anabasis (Xen. an. IV 18; vgl Pin. nat. Hist. VI 44) erwähnt. Andere Quellen: Plut. Lucull. 21.26.29; ders. Pomp. 36; Ptol. Geogr. IV 12, 9; noch Strab. geogr. XI 14, 2.15 527.532 C; App. Mithr. 105; Joseph. I 3, 6.
55 Die Gewohnheit, jede Völkerschaft und bes. ihre Herrscher nach einem hervorragenden Vorfahren zu benennen, ist tief in der griechischen Tradition verwurzelt. Die ersten bekannten Fälle sind in der 'Ilias' zu finden, in der Tlepolemos, König von Rhodos, (Il. II 653; ebda. V 628) und Thessalos, ἄναξ einiger Völkerschaften auf den Dodekanes-Inseln (Il. II 679), Herakleides genannt werden. Was die berühmteste Dynastie der Herakleides betrifft, sind Herakles' angebliche Nachkommen in Sparta (die Agiaden und die Eurypontiden), in Korinth (die Bakchiaden), in Makedonien (die Bakchiaden und die Argeaden), in Sikyon und in Thessalien zu finden. Da in der archaischen und klasssischen Zeit Herrscher noch nicht eine gottgleiche bzw. -ähnliche Glorifizierung erfuhren, war die Bedeutung eines Heros in der eigenen Abstammungslinie umso größer. Die Lit. ist außerordentlich reichlich; für eine erste und generelle Orientierung: Cassola 1953; Brelich 1958; Carlier 1984; speziell zu den Herakleides: Jourdain-Annequin 1989; Meyer/von den Hoff (Hgg.) 2010.
56 Strab. geogr. XVI 1, 25 747 C. Das Toponym findet man aber auch in anderen Gebieten: Stephanos von Byzanz nennt ein Gordis an der Mündung des Tigris (De Urbibus, s. v. Gordis in Meineke 1849); andererseits findet man dort auch die Region, die unsere Quellen Gordyene nennen, s.v. Gordieion). Zur Gordyene s. nun Marciak 2017.
57 Diod. XVII 59, 3.
58 Ders. XVII 11,4; ders. XIX 19, 2–3.
59 Strab. geogr. XI 13, 6 524 C.
60 Arr. Ind. 40, 6. S.a. Arr. exped. Alex. VII 15, 1, wo die Kossäer als ein ἔθνος πολεμικὸν ὅμορον τῷ Οὐξίων (und als unabhängige Gebirgsbevölkerung, die in den Bergen zwischen Susa und Ekbatana wohnt und eine „Mautgebühr" erhält (Strabo geogr. XV 3, 4 729 C)), bezeichnet werden.

Polybios⁶¹ lebten sie im Zagros, der wohl auch unter den „Kossäischen Bergen"⁶² zu verstehen ist. Die Kossäer beziehen sich also auf die alten Kassiten (akk. *Kaššū*), die in den klassischen Quellen als Kossaioi/Cossaei erscheinen.⁶³ Der Ausdruck *Gortuae gentes*, den Curtius benutzt, ist selbstverständlich auch auf die Gordyene zu beziehen, d. h., dass sowohl Strabon als auch Curtius die Eretrier und Gordys in Verbindung sehen; unterschiedlich ist aber ihre Lokalisierung: Einmal werden sie in der Gordyene (Strabon), einmal im Zagros in Medien, der Heimat der Kossäer (Curtius), lokalisiert.

Philostrat erzählt, die Eretrier seien in Kissia angesiedelt worden und, wie er seltsamerweise spezifiziert, Βαβυλῶνος οὐ πολὺ ἀπέχοντες, ἡμέρας ὁδὸν' δρομικῷ ἀνδρί. Es ist wahrscheinlich, dass sich Philostrat hier geirrt und nicht bemerkt hat, dass im Text Herodots zwei Arderikka zu finden waren: das, in dem die Eretrier wohnten, und das in der Nähe von Babylon, und dass es sich nicht um dieselbe Stadt handelt.⁶⁴ Philostrat zitiert als Quelle der Eretrierepisode seinen Gefährten Damis, der Apollonios auf seinen Reisen begleitet und darüber ein Tagebuch angefertigt haben soll. Da wir Damis nur durch das Werk Philostrats kennen, wird behauptet, dass er nur ein fiktiver Autor sei, ähnlich dem Aelius Cordus in der ,Historia Augusta'.⁶⁵ Als weitere Quelle der Eretrierepisode zitiert Philostrat einen Brief, den Apollonios selbst dem Skopelianos aus Klazomenai geschrieben habe, um ihn und die Griechen darüber zu informieren, wie schmerzhaft der Fall der Eretrier gewesen sei. Penella hält es für möglich, dass der Sophist eine Deklamation über die im 5. Jh. v.Chr. stattgefundene Deportation der Eretrier geschrieben habe, sodass „the Cissian Eretrians belong to Scopelianus (...) only in a literary sense".⁶⁶ Abgesehen von den von Philostrat selbst zitierten Quellen verraten Teile seiner Eretrierepisode den Einfluss Herodots und mindestens einer anderen nicht zitierten Quelle. Unter den herodoteischen Elementen befinden sich das schon von Platon wiederholte Bild von den Persern, die die Eretrier „fischen", sowie die Lokalisierung der Siedlung in der Nähe von einem Asphalt liefernden Brunnen; nach Herodot wurden die Eretrier nach Kissia deportiert, und ἡ γὰρ Κισσία wird auch von Philostrat als Zielregion der Deportation genannt. Jedoch kann man Unstimmigkeiten im Text Philostrats bemerken. Die von ihm gebotene Beschreibung von Kissia (ἡ χώρα δὲ ἄπολις, ἡ γὰρ Κισσία κῶμαι πᾶσα καί τι καὶ νομάδων ἐν αὐτῇ γένος μικρὰ τῶν ἵππων ἀποβαίνοντες) passt nicht zur echten Kissia, da diese Region weder ἄπολις noch gebirgig ist. Sie würde viel besser zu einer gebirgigen Region, wie etwa der des Zagros in Medien,⁶⁷ passen. Philostrat kannte beide Traditionen, die eine, die die Eretrier in Kissia, und die andere, die sie in Medien ansiedelte. Er hat aber höchstwahrscheinlich die Inkohärenz nicht bemerkt und die unterschiedlichen Informationen, die er

---

61 Pol. V 44, 7.
62 Strab. geogr. XI 13, 6 524 C; Curt. IV 12, 11.
63 Dazu erst Delitzsch 1884, 22 f. Dagegen aber zu Unrecht Lehmann-Haupt (1898, 211 ff., der der Meinung war, dass die Cossaei mit den Kissiern gleichzusetzen seien). Auch eine Gleichsetzung mit den Medern ist vorgeschlagen worden (Winckler 1892, 211 ff. und Hüsing 1908, 23), was aber aus linguistischen Gründen auszuschließen ist (so Potts 2006, 114). Zu den Kassiten vgl. Brinkman 1976; Reade 1978; Heinz 1995. Die Kassiten werden zum ersten Mal im 9. Regierungsjahr des Šamšu-iluna (1. Dynastie von Babylon, 1741 v.Chr. nach der mittleren Chronologie) als Landarbeiter in Sippar erwähnt (Heinz 2009, 178). Nach Brinkman 1976–80 sind sie gegen Ende der altbabylonischen Epoche auch am Mittleren Euphrat, in Hana, Terqa und Alalach, belegt.
64 Herodot lokalisiert das zweite Arderikka nördlich von Babylon (Hdt. I 185; dazu: Olshausen 1995, 29 ff.).
65 S. etwa Dzielska 1986, 19.141; Schirren 2005, 5 ff.
66 Penella 1974, 300.
67 S. etwa Strab. geogr. XI 13, 6 524 C; Arr. Ind. 40, 6.

in den Quellen finden konnte, zusammengestellt. Der Fehler ist gut nachzuvollziehen, da die in der Antike verbreitete Verwechslung von Kissiern und Kossäern sich bis heute erhalten hat.[68] Die vorhandenen Quellen zeigen, dass schon in der Zeit Platons zwei Traditionen zu finden waren: Eine, die die Eretrier in Kissia lokalisierte, die andere, die sie in Medien verortete. Ktesias als der Autor, der am Anfang der Überlieferung stehen soll, die die Eretrier in Medien lokalisiert, ist eine attraktive Vermutung.[69] Er wäre wegen der Chronologie eine gute Wahl, da Platon seinen Text gelesen haben könnte, und auch, weil er in seinen ‚Persika' häufiger eine Alternative zu den ‚Historien' Herodots bietet.[70] Außerdem erwähnte schon Jacoby, „Philostratus' vita Apollonii ist voll von ktesianischem Gut (...)".[71]

Zusammenfassend kann festgestellt werden, dass sämtliche vorhandenen Quellen zwar die Deportation erwähnen, jedoch nur Herodot, Strabon, Curtius, Philostrat und die ‚Anthologia Graeca' etwas über den Zielort der Deportation aussagen. Curtius und die ‚Anthologia Planudea' verorten die Eretrier in Medien, Herodot und die ‚Anthologia Palatina' hingegen in Kissia; Philostrat vermischt beide Versionen. Die Version Strabons, die Gordyene-Version, wirft Fragen auf und berechtigt zu folgender Hypothese: Die griechische Tradition dürfte die Region an den Grenzen Armeniens, der Adiabene und der Atropatene wegen der Legende vom dortigen Aufenthalt des Helden Gordys[72] Gordyene genannt haben. Als griechische Autoren nach Griechen suchten, die als Nachfahren des Gordys fungieren konnten, stießen sie auf die Eretrier, die bekanntermaßen von Dareios nach Persien deportiert worden waren. So dürfte die Verbindung Gordys-Gordyene-Eretrier entstanden sein. Bei Curtius ist diese Verbindung durch den Ausdruck *gortuae gentes* noch ersichtlich, allerdings werden die Eretrier von ihm weit entfernt von der Gordyene, d. h. im Zagros, lokalisiert, eine Angabe, die der Autor in seinen Quellen gefunden haben muss.[73]

7.3 Die Frage der Historizität

Das Vorhandensein mehrerer Quellen zum Eretrierfall, eines präzisen historischen Kontexts, wie dem der Perserkriege, und zwei parallele Traditionen sprechen dafür, dass die Deportation historisch gewesen ist. Nach der persischen Perspektive war Eretria, genau wie Athen, für die damalige Hilfe für die Aufständischen in Ionien zu bestrafen. Was die Deutungsmöglichkeiten der persisch-griechischen ‚Verträge' vor dem Ionischen Aufstand angeht, sieht Waters einen

---

68 Die Kossäer sind laut Arr. exped. Alex. IV 23, 1 in der Persis beheimatet. Ptolemaios (Geogr. VI 3, 3) berichtet, dass sie in Kissia lebten, und Strabon (geogr. XI 13, 6 524 C; ebda. XVI 1, 18 744 C) betont, dass 13.000 kossäische Bogenschützen (apropos: Diod. XVII 59, 3; ebda. 111, 4; Arr. exped. Alex. VII 15, 1; ebda. 23, 1) an einem nicht präzisierten Kampf an der Seite der Elymaier gegen Babylon teilgenommen hätten. Zur falschen Identifikation Kossäer/Kissier durch die moderne Forschung s. o.
69 So Penella 1974; Grosso 1958.
70 Zu Ktesias als ‚Herodots Alternative': Bichler 2004; s. a. ders. 2011, wo Ktesias als Verfasser fiktionaler Prosa beschrieben wird, der gerne mit den ‚Historien' Herodots spiele.
71 Jacoby 1922.
72 S. o.
73 Dagegen Olshausen (1995, 27 Anm. 28), nach dem auch Curtius, wie Strabon, die Eretrier in der Gordyene verortet hat. Der Ausdruck *montes Cossaeorum* bezieht sich aber ohne Zweifel auf den Zagros, wo die Kossäer zu finden sind.

Schwur an, der vergleichbar mit den neuassyrischen *adê*-Schwüren war.[74] Scharff bejaht aus griechischer Perspektive eine bestehende Verpflichtung, da ein Eid (ὅρκος) geschworen worden war, der rechtliche Bindung erzeugte.[75] Somit war in allen kulturellen Kontexten Athens und Eretrias Intervention in Ionien ein Eidbruch, was als Frevel galt. Im Fall Eretrias wird die Bestrafung des Betrügens durch die Deportation ermöglicht.

Die Antwort auf die Frage, wo die Deportierten angesiedelt worden sind, fällt in diesem Fall besonders schwer. Wurden die Eretrier nach Susa gebracht und später in Arderikka angesiedelt oder nach Ekbatana und dann in seiner Nähe angesiedelt? Beide Versionen werden in den späteren Quellen geboten bzw. unbewusst vermischt.

Um etwas Licht auf den Fall zu werfen, muss man auf die Eretrier zurückkommen. Man kann sich die Frage stellen, warum sie deportiert wurden, da die Bestrafung allein die Maßnahme der Deportation nicht begründen kann.[76] Mögliche Antworten sind in der Ausbeutung der erst von Herodot und dann von Philostrat erwähnten Ressourcen zu finden, bes. des Asphaltes. Bitumenvorkommen sind nicht selten zu finden im Alten Orient:[77] Archäologische Befunde bestätigen die reichliche Anwesenheit von Bitumenquellen in Kissia und Mesopotamien.[78] Bitumen wurde als Abdichtungsmaterial verwendet, um Bauwerke vor Wasser zu schützen.[79] Für den Bau der auf Kanälen und Flüssen verkehrenden Boote wurden aus Rinderhäuten hergestellte Schwimmsäcke benutzt, die über ein Holzgerüst gespannt und ebenfalls mit Bitumen abgedichtet wurden.[80] Bei Sabiyah in Kuwait sind einige hundert Fragmente Bitumens entdeckt worden, die auf Seefahrten schon um 6. Jt. v. Chr. hinweisen.[81] In Susa sind sogar Statuen gefunden worden, die mit Bitumen hergestellt wurden.[82] Steuern wurden in Bitumen bezahlt: So schickte die Stadt Ĝirsu dem König von Ur 290.000 kg Bitumen.[83] Bestimmte persische Straßen, Teile des Straßennetzes, das sich von Ägypten bis zum Indus erstreckte, waren mit Steinen oder Ziegeln gepflastert, die mit Bitumenbelag versehen worden waren.[84] Die Tatsache, dass Bitumen so wichtig und seine Nutzung so vielfältig war, macht die Idee sehr attraktiv, Dareios habe im Voraus bestimmt, dass die Eretrier bei der erwähnten Quelle arbeiten sollten, um die so vielfältigen und wichtigen Bodenschätze für ihn zu fördern.

Philostrat fügt hinzu, dass sie auch als Steinmetze gearbeitet und es dank dieser Fähigkeit geschafft hätten, ihre Siedlung nach dem Muster Eretrias anzulegen. Man kann diese Erklärung akzeptieren und mit dem Thema des Bewahrens der eigenen Identität in Verbindung bringen.[85] Eine Alternative ist aber, dass das Steinschneiden Bezug auf Bitumen selbst nimmt, da es in Sedimentgesteinen[86] und in Form von Naturasphalt vorkommt.

---

74 Waters 2016.
75 Scharff 2016, 129–35.
76 Vgl. Einleitung; Kapitel 15.
77 Vgl. die Karte in Connan 1999, 34. Zu den Quellen in Indien und Ägypten: Forbes 1955; Stein/Schwartz/Hollander 1999.
78 Forber 1955, 12 Abb. 1.
79 Vitr. de Arch. VIII 3, 8; Iust. I 2, 7; Curt. V 1, 16; ebda. 24–5; Amm. Marc. XXIII 6, 23; Hyg. Fab. CCXXIII 6.
80 Dazu: Connan 1999, 35.; Potts 2012, passim; Carter 2012, passim; Rollinger 2014c, bes. 10 ff.
81 Potts 2012.
82 Connan/Deschesne 1995b.
83 Dazu: Zarins 2008, 216–7.
84 S. etwa Lockhart 1939, 1–3; Wiesehöfer 2007.
85 S.o.
86 Zu den heutigen Bitumenquellen in Form von Asphaltkalksteinen: Schmitt/Heene[14] 1998, 33.

Einige der von Philostrat in seiner Passage überlieferten Informationen über das Leben der Eretrier in der achaimenidischen Siedlung sind beachtenswert und könnten auf Historisches Bezug nehmen, auch wenn sie immer kritisch analysiert werden müssen. Die von Philostrat genannte Zahl deportierter Personen, nämlich 780 Frauen, Männer und Kinder, erscheint plausibel, da Strabon berichtet:

> Strab. geogr. X 1, 10 448 C:[87]
> (...) Die alte Stadt (scil. Eretria) haben die Perser dem Erdboden gleichgemacht, nachdem sie die Leute – mit Herodot zu reden – wie mit einem Netz eingefangen hatten, indem die Barbaren mit ihrer Riesenmenge die Mauer umfluteten (man zeigt noch die Fundamente und nennt sie das alte Eretria); das heutige ist danach gegründet worden. Von der Macht der Eretrier, die sie einstmals besessen haben, zeugt die Steintafel, die sie einst in dem Heiligtum der Amaryntischen Artemis aufgestellt haben: darauf steht geschrieben, die Prozession solle von dreitausend Schwerbewaffneten, sechshundert Reitern und sechzig Wagen gebildet werden (...).

Hält man die Zahl der an der Prozession teilnehmenden Menschen für historisch, dann ist es möglich, dass 780 Personen von den Persern deportiert wurden, vermutlich, wie Schachermeyr betont, „die für den Widerstand verantwortlichen Elemente".[88] In der Episode Philostrats wird weiter berichtet, dass nur 400 Männer und 10 Frauen von diesen 780 Menschen den Marsch nach Arderikka überlebt hätten. Für diese Zahl schlägt Grosso als mögliche Quelle Philostrats Ktesias vor,[89] der am Anfang der Überlieferung stehe, die die Eretrier in Medien lokalisiere. Die Vermutung Grossos kann aber nicht verifiziert werden.

Was die politische Verfasstheit der Eretrier in der neuen Heimat betrifft, soll die Stadt über griechische Tempel und eine Agora verfügt haben.[90] Die Beibehaltung griechischer Strukturen passt zu Herodots Aussage, dass die Eretrier noch zu seiner Zeit ihre eigene Sprache bewahrt hätten.[91] Dazu gehört auch, dass sie angeblich die figurativen Motive, die im Hafen Eretrias zu finden waren, auch in der neuen Heimat weiternutzten. Während seines Aufenthalts soll Apollonios Gräber wiederhergestellt haben, auf denen Darstellungen von Schiffen und Schiffern zu sehen waren. Auch wenn die Information der Phantasie entstammen sollte, ist sie trotzdem bedeutsam, da sie auf Kontinuitäten verweist, wie sie immer wieder in den Deportationsquellen zu finden sind.[92]

Es steht andererseits fest, dass viele Elemente des Philostrattextes ohne Zweifel nicht als historisch interpretiert werden können und dass der Text hochdramatisch konzipiert ist. Der Boden ist so von Asphalt durchtränkt, dass sie nicht pflanzen können, und da sich der Gehalt an Asphalt im Wasser in den Därmen niedersetzt, haben die Menschen nur eine geringe Lebens-

---

[87] Übers. Radt 2004. Text: τὴν μὲν οὖν ἀρχαίαν πόλιν κατέσκαψαν Πέρσαι, σαγηνεύσαντες, ὥς φησιν Ἡρόδοτος, τοὺς ἀνθρώπους τῷ πλήθει, περιχυθέντων τῶν βαρβάρων τῷ τείχει· καὶ δεικνύουσιν ἔτι τοὺς θεμελίους, καλοῦσι δὲ παλαιὰν Ἐρέτριαν, ἡ δὲ νῦν ἐπέκτισται. τὴν δὲ δύναμιν τὴν Ἐρετριέων ἣν ἔσχον ποτὲ μαρτυρεῖ ἡ στήλη, ἣν ἀνέθεσάν ποτε ἐν τῷ ἱερῷ τῆς Ἀμαρυνθίας Ἀρτέμιδος· γέγραπται δ' ἐν αὐτῇ τρισχιλίοις μὲν ὁπλίταις ἑξακοσίοις δ' ἱππεῦσιν ἑξήκοντα δ' ἅρμασι ποιεῖν τὴν πομπήν.
[88] Schachermeyr 1951, 3.
[89] Grosso 1958, 366.
[90] Philostr. Apoll. I 24.
[91] Hdt. VI 119, 4. So Olshausen 1995, 39
[92] S. u. im Kapitel 18.

erwartung. Dass der Philosoph Apollonios in der Zeit des parthischen Königs Vardanes die deportierten Eretrier bzw. ihre Nachkommen in Kissia treffen konnte, ist sehr unwahrscheinlich. Nicht historisch wird auch die Existenz von Altären sein, die nach Philostrat in der Umgebung der Siedlung mit den Namen dreier persischer Könige, Dareios, Xerxes und Daridaios, versehen waren. Sie finden keine Erklärung im persischen Hofzeremoniell, da Perserkönige nie als Götter verehrt wurden, und vermutlich ‚nur' als Heroen nach ihrem Tode.[93] Was die Form Daridaios angeht, ist sie in der epigraphischen griechischen Tradition nicht zu finden. Keiper[94] und Kent[95] nahmen an, sie müsse ein Patronym mit Suffix -da abbilden und sich deswegen auf Artaxerxes II. (404–358 v. Chr.) beziehen. Die Identifikation passt auch zu der Information, dass er 88 Jahre nach der Schlacht bei Marathon gelebt haben soll. Deswegen scheint die Hypothese Mumprechts unwahrscheinlicher: Er bemerkt, Dareios II. (423–404 v. Chr.) werde einmal bei Xenophon als Δαρειδαῖος beschrieben,[96] und denkt, Philostrat habe eine ähnliche Form verwendet, um zu vermeiden, zweimal dieselbe Namensform zu benutzen.[97]

Interessanterweise sind die Verse, die angeblich auf den Gräbern zu lesen waren (fast) dieselben, die man in der ‚Anthologia Planudea' findet. Nur ein Wort ist anders: Im Text Philostrats findet man πλέοντες statt λιπόντες. Für die Ersetzung lässt sich eine Erklärung mittels der Dramatik der Philostratepisode finden: Er unterstreiche damit, wie schwer es Meeresbewohnern falle, ihre maritime Umwelt zu verlassen und eine nichtmaritime Umwelt zu bewohnen.[98] Daher möchte ich die folgende Hypothese bezüglich des Auftauchens der Medientradition in den Quellen aufstellen: Der Wunsch einiger griechischer Autoren, die Lage der Eretrier im Perserreich als besonders dramatisch und die Perser als besonders gewalttätig zu charakterisieren,[99] also anders als bei Herodot, wo Dareios „ihnen nichts zuleide" tat, könnte am Anfang der Tradition gestanden haben, die die Eretrier in Medien lokalisiert. Medien ist nämlich eine gebirgige Region (Zagros), und Ekbatana liegt weit entfernt vom Meer. Eine Lokalisierung in Kissia wäre nicht dramatisch genug gewesen. Es ist allerdings unmöglich zu bestimmen, ob diese alternative Tradition aus Ktesias stammt.[100]

Wie schon erwähnt, sprechen das Vorhandensein mehrerer Quellen zum Eretrierfall und eines präzisen historischen Kontexts, wie dem der Perserkriege, dafür, dass die Deportation historisch gewesen ist. Herodot ist nicht nur die chronologisch erste und die Hauptquelle mehrerer Deportationsfälle. Seine Anmerkung, dass die Eretrier zu einer Domäne des Königs deportiert worden seien und dort für den König bei dem Brunnen gearbeitet hätten, passt zu einem persischen Kontext, da die Nutzung von fremden Arbeitskräften normale Praxis im Perserreich war.[101] Die archäologisch bestätigte Anwesenheit von Bitumenvorkommen in Kissia ist meines Erachtens als Hinweis darauf zu werten, dass die Deportation der Eretrier nach Kissia sich mit großköniglichen Politikmustern verträgt.

---

93 Dem persischen König kam keine göttliche Verehrung zu: Er zeichnete sich nur durch eine besonders enge Beziehung zu den Göttern aus. Dazu befindet sich zahlreiche Lit. unter anderen: Duschesne-Qujllemin 1962 und ders. 1972; Widengren 1968; Boyce 1982; Sancisi-Weerdenburg 1982; Ahn 1992 und bes. Wiesehöfer 2014.
94 Keiper 1878.
95 Kent 1953, 189.
96 Xen. Hell. II 1, 9.
97 So Mumprecht 1983, 1037 Anm. 93.
98 So Grosso 1958, 363.
99 S. u. im Kapitel 9.
100 So Olshausen 1995, passim.
101 S. u. bes. Kapitel 16.

8. Herodoteische Anaspastoi

8.1 Text

Hdt. III 93, 2:[1]
Von den Sagartiern, Sarangen, Thamanaiern, Utiern, Mykern und den Inselbewohnern im Roten Meer, wo der König die so genannten Vertriebenen ansiedelt, von ihnen allen betrug die Abgabe 600 Talente (...).

Hdt. VII 80:[2]
Die Gefolgsvölker jener Inseln vom Roten Meer, auf denen der König die sogenannten Verbannten ansiedelte, benutzten Kleidung und Waffen fast nach medischer Art. Ihr Befehlshaber war Mardontes, der Sohn des Bagaios, der im Jahre darauf als Heerführer in der Schlacht bei Mykale fiel.

Auf Inseln des Persischen Golfs siedelt der persische König Menschen an, die als die sogenannten Vertriebenen bekannt sind. Die Einwohner dieser Inseln zahlen zusammen mit den Sagartiern, den Sarangen, den Thamanaiern, den Utiern und den Mykern dem Perserkönig 600 Talente. Dieselben Inselbewohner, die sich nach medischer Art kleiden und bewaffnen, dienen laut Herodot unter dem General Mardontes, Bagaios' Sohn, im Heer des Xerxes als reguläre Truppen bei Doriskos.

8.2 Erläuterung

Im 3. Buch der ‚Historien' weist Herodot auf die steuerpflichtigen Untertanen hin. Zum 14. herodoteischen Nomos gehören auch die Einwohner von Inseln des Roten Meeres. Dieselben sind auch im Heer des Xerxes bei Doriskos zu finden.

---

[1] Übers. Feix 1963. Text: ἀπὸ δὲ Σαγαρτίων καὶ Σαραγγέων καὶ Θαμαναίων καὶ Οὐτίων καὶ Μύκων καὶ τῶν ἐν τῇσι νήσοισι οἰκεόντων τῶν ἐν τῇ Ἐρυθρῇ θαλάσσῃ, ἐν τῇσι τοὺς ἀνασπάστους καλεομένους κατοικίζει βασιλεύς, ἀπὸ τούτων πάντων ἑξακόσια τάλαντα ἐγίνετο φόρος· νομὸς τέταρτος καὶ δέκατος οὗτος. Mit „Erythrian Meer" meint Herodot nicht nur was wir Rotes Meer nennen, sondern den Persischen Golf und den indischen Ozean (vgl. Hdt. IV 37).
[2] Übers. Feix 1963. Text: τὰ δὲ νησιωτικὰ ἔθνεα τὰ ἐκ τῆς Ἐρυθρῆς θαλάσσης ἑπόμενα, νήσων δὲ ἐν τῇσι τοὺς ἀνασπάστους καλεομένους κατοικίζει βασιλεύς, ἀγχοτάτω τῶν Μηδικῶν εἶχον ἐσθῆτά τε καὶ ὅπλα. τούτων δὲ τῶν νησιωτέων ἦρχε Μαρδόντης ὁ Βαγαίου, ὃς ἐν Μυκάλῃ στρατηγέων δευτέρῳ ἔτεϊ τούτων ἐτελεύτησε ἐν τῇ μάχῃ.

Es ist hier wichtig, sich in Erinnerung zu rufen, dass die von Herodot erwähnten Nomoi nicht den tatsächlichen Verwaltungseinheiten des Perserreichs entsprechen; die Passagen Herodots stimmen weder mit den persischen Quellen noch mit den Informationen, die andere Autoren, etwa die Alexanderautoren, bieten, überein, und „the chaotic arrangement of the *nomoi* list, which conflicts with geographic reality, its overemphasis on the western regions, which shows that Herodotus had no authentic source at his disposal", spricht gleichfalls für ihre herodoteische Schöpfung.[3] Die anderen Völkerschaften des herodoteischen Nomos sind die Sagartier, die Sarangen, die Thamanaier, die Utier und die Myker. Erstere sind nach Herodot ein persischer nomadischer Stamm, dessen Mitglieder Persisch sprechen und Kleidung tragen, die aus einer Kombination von persischen und indischen Elementen besteht.[4] In der Behistun-Inschrift sind sie im Zusammenhang mit den Medern zu finden,[5] was als Nachweis gesehen worden ist, dass sie in Medien gewohnt haben.[6] Vallat vermutet, einige Sagartier seien in Medien, andere im Südwesten des Irans zu finden gewesen.[7]

Die Sarangen sollen in der aus den königlichen Inschriften als Drangiana bzw. *Zranka* bekannten Region, d. h. dem modernen Sistan, gelebt haben.[8] Wenn Arrian über die Reise des Nearchos berichtet, zitiert er einen Ort „Saranga",[9] der mit dem modernen Karachi identifiziert worden ist.[10] Nach Herzfeld wohnten die Thamanaier in Arachosien bzw. *Harauvatiš*,[11] im heutigen Südosten Afghanistans.[12] Die Utier sind als die *Yutiyā* identifiziert worden,[13] ein Stamm aus Kerman im Südosten Irans.[14] Schließlich sind Myker in *Maka* zu finden.[15] Potts unterstreicht, dass diese Region auf keinen Fall mit Makran,[16] sondern aus zweierlei Gründen mit Oman gleichzusetzen sei.[17] Erstens laute ihr Name auf Babylonisch *Qadê/Qadû*, und dieser sei sowohl in achaimenidischen Inschriften für das altpersische *Maka* und das elamische *Makkaš*,[18] als auch in einer Inschrift Aššurbanipals zu finden, die davon berichte, dass der assyrische König Abgaben von Pade, dem König von *Qadê*, bekommen habe, dessen Hauptstadt *Iskie* heiße:[19] Dieselbe Stadt in

---

3 So Jacobs 2006. Die Tatsache, dass die herodoteische Liste nicht als historisch gesehen werden kann war schon Altheim (1947/8, I, 140–5), bekannt. Vgl. Bichler/Rollinger 2000, 161–3; Klinkott 2005, 87 ff. Zahlreiche Literatur zum Thema ist bei Jacobs 2006 und Wiesehöfer 2013 zu finden. S. a. Ruffing 2009.
4 So Hdt. I 125; ders. VII 85.
5 DB § 33.
6 So Lecoq 1997, 140–2.
7 Nach RGTC 11 (20, s. v. Assakarta) sind sie teils in Medien verortet, teils im Südwesten Irans.
8 So Herzfeld 1968, 331; RGTC 11, 313. Nach Lecoq 1997, 142 war Sarangien die medische Form für Drangiana. In den Inschriften findet man unterschiedliche Grenzen für Drangiana: Schmitt 1995.
9 Arr. Ind. 22, 3.
10 So Brunt 1983, 371 Anm. 1.
11 Herzfeld 1968, 333.
12 In der Region von Kandahar. RGTC 11, 138.
13 Schwarz 1912, 266.
14 Dazu: de Goeje 1903, 9; Marquart 1931, 77.
15 RGTC 11, 163–5.
16 So z. B. Eilers 1982.
17 Potts 2013a, 6–7.
18 DB § 6; XPh § 3. Das moderne Oman ist schon als *Magan* in ABC 20 zu finden: Naram-Sin, König von Akkad, hat angeblich das Land erobert. In den Täfelchen aus Persepolis sind Satrapen von Maka zu finden: Irdumasda (PFT 679), Zamašba (PFT 680).
19 Die sog. ‚Ištar-Platte' aus Ninive, auf der die Inschrift zu lesen war, ist verloren gegangen. Dazu: Campbell Thompson/Mallowan 1933.

der Form *Izki* ist einer mündlichen omanischen Tradition nach die älteste Stadt Omans.[20] Zweitens finde man in den Täfelchen aus Persepolis Araber = *har-ba-a-be* aus *Maka*, die Rationen für ihre Leistung in Susa bekommen:[21] Die Tatsache, dass sie Araber genannt werden, lege die Vermutung nahe, dass sie nicht das festländische Perserreich bewohnten.[22] Die Lokalisierung der verschiedenen Bevölkerungen, die nach Herodot zum 14. Nomos gehörten, zeigt, dass sie teilweise sehr weit auseinander gewohnt haben dürften. Das bedeutet auch, dass die Informationen über diese Bevölkerungsgruppen nicht verwendet werden können, um die Lokalisierung dieser Gruppen auf den oben gegebenen Inseln zu postulieren.

Die hier beheimatete Bevölkerung, die allgemein als Inselbevölkerung gekennzeichnet wird, ist in keiner persischen Liste der Regionen bzw. Völkerschaften[23] belegt. So wie es stimmt, dass die von Herodot genannten Nomoi nicht den Verwaltungseinheiten des Reichs entsprechen, sollte man auch festhalten, dass nicht jede einzelne Gemeinschaft, die das Reich bewohnte, in den achaimenidischen Listen zu finden sein muss.[24] Und die Tatsache, dass Herodot nach einer alten mesopotamischen (assyrischen) Vorstellung schreibt, das Rote Meer sei die südliche Grenze des Perserreichs gewesen,[25] heißt nicht, dass er die in diesem Meer sich befindenden Inseln ausschloss. Die Küste des Persischen Golfs befand sich ohne Zweifel unter strikter achaimenidischer Kontrolle: Die Küstenregion war mit dem Landesinneren der Persis verbunden, wie die Straße, die Alexander nach Pasargadai benutzte, beweist.[26] Es darf auch nicht vergessen werden, dass eine königliche persische Residenz schon seit Kyros II. in Taoke untergebracht war und dass die Täfelchen von Persepolis auf viele Versetzungen von Arbeitskräften zwischen Persepolis und der Küste hinweisen.[27] Aber was kann man über die Inseln sagen?

Wenn es stimmt – und es besteht kein Grund, dies zu bezweifeln –, dass die Inselbewohner Abgaben an Dareios I. entrichteten und Xerxes Truppenkontingente stellten, bedeutet dies, dass diese Inseln verwaltungstechnisch dem Reich angeschlossen waren und eine enge Schiffsverbindung mit dem persischen Festland bestand.[28]

Während Herodot bei der Lokalisierung dieser Inseln nicht weiterhelfen kann, findet man bei Arrian Informationen, die etwas mehr Licht auf den Fall werfen können. In der ‚Anabasis' ist von unbestimmten πρόσοικοι τῇ ἐρυθρᾷ θαλάσσῃ die Rede, die im Jahre 333 v. Chr. in dem von Dareios III. in Issos aufgestellten Heer zu finden waren.[29] Hier ist anscheinend von allen rund um das Rote Meer wohnenden Bevölkerungsgruppen die Rede, sowohl von Insel- als auch von

---

20 Potts 1985.
21 PFT 1507.1534; dazu: de Blois 1989.
22 Potts 2013a, 7.
23 Listen der Völker sind unter Dareios I. in DB § 6 ff.; DNa § 3 ff.; DNe, DPe § 2; Dse § 4; DSm § 2; DSaa § 4; DSv § 2, unter Xerxes in XPh § 3, unter Artaxerxes II. in A²Pa zu finden.
24 Das wurde besonders aus dem Fehlen von Regionen wie Kilikien, dem Hellespontischen Phrygien und Syrien geschlossen: Krumbholz 1883, 11; Calmeyer 1982–3, II, 194; Vogelsang 1985, 88; Lecoq 1990, 133–34.
25 Hdt. IV 37. Dazu: Lang/Rollinger 2010, wo auch der assyrische Umgang mit den Inseln im Meer (allerdings im Mittelmeer) Erwähnung findet.
26 Arr. exped. Alex. VI 29, 1; Curt. X 1, 22–4; Strab. geogr. XV 3, 6 7 730 C.
27 S. etwa NN 0480 und NN 1177. Zwei Orte werden in den Persepolis-Täfelchen Tamukkan (Altpersisch *Tauka) genannt: Einer ist binnenländisch, der andere liegt an der Küste des Persischen Golfs. Beide werden von klassischen Quellen genannt (Ptol. geogr. VI 4, 2 (vgl. ebda. VI 4, 3; ebda VIII 21, 15); dazu: Vallat 1993, 273 mit Lit.). Der königliche Palast Tamukkans an der Küste wird von Strabon (geogr. XV 3, 3 729 C) erwähnt. S. a. o. in den Kapiteln 2 und 5.
28 So Schiwek 1962, 17.
29 Arr. exped. Alex. III 8, 5.

Küstenbewohnern. Inseln des Roten Meers findet man aber auch in der langen Passage der ‚Indiká', die von Nearchos' Fahrt vom Indus nach Susa berichtet.[30]

Einige Inseln sind durch den Vergleich ihres griechischen Namens mit dem modernen persischen bzw. arabischen Namen, andere durch die angegebene Entfernung[31] als identifizierbare Inseln erkannt worden[32]. Die Tatsache, dass Nearchos auf den Inseln gewesen ist, bedeutet nicht zwangsläufig, dass alle Inseln ins Perserreich integriert waren. Besonders interessant ist aber der Fall der Insel Oarakta, für die ein höchstwahrscheinlich lokaler Gouverneur dokumentiert ist, der in die persische Verwaltung integriert ist.

> Arr. Ind. 37, 2–3:[33]
> Die menschenleere Insel hieß Organa, die, vor der sie vor Anker gingen, Oarakta. Auf ihr wuchsen Weinstöcke und Dattelpalmen, und sie trug Getreide. Die Länge der Insel betrug 800 Stadien. Und Mazenes, der Statthalter der Insel, fuhr aus eigenem Antrieb als Lotse mit ihnen nach Susa. Man sagte, daß auf dieser Insel das Grab des ersten Beherrschers dieses Landes gezeigt werde. Sein Name sei Erythres gewesen, wonach das gleichnamige Meer das Erythräische genannt werde.

Oarakta ist die größte Insel des Persischen Golfs, und ihre Übereinstimmung mit dem modernen Qešm steht außer Frage.[34] „It was almost certainly the most populous of the Iranian islands belonging to the XIVth satrapy and presumably the only one that actually warranted the appointment of a hyparch", schreibt Potts.[35] Mazenes wird sowohl bei Arrian als auch bei Strabon[36] Hyparchos gennant. Es ist schwierig, in den verschiedenen Fällen zu erkennen, ob das Wort als Synonym für den Satrapentitel[37] oder als offizielle Amtsbezeichnung, etwa Distriktverwalter, gebraucht wird.[38] Es scheint aber in unserem Fall sehr unwahrscheinlich zu sein, dass Mazenes selbst Satrap war: Nach Petit muss er unter dem Satrapen der Persis,[39] nach Jacobs unter dem Satrapen von Karmanien, Astaspes, der seinerseits unter dem Satrapen der Persis stand,[40] gestanden haben. Liest man aber den Bericht Arrians über die Fahrt des Nearchos sorgfältig, scheint die Situation eine etwas andere zu sein. Nearchos war nämlich schon einem Hyparchen begegnet, bevor er Oarakta erreicht hatte: Dieser wird von Arrian nur als „Hyparchos des Landes"[41] be-

---

30 Arr. Ind. 17 ff.
31 Sie kann z. B. durch in der Passage verwendete Ausdrücke wie „die nächste Insel" geschätzt werden.
32 Zu den einzigen Inseln: Potts 2010, 530 ff.; ders. 2013a. S. a. u.
33 Übers. Wirth/von Hinüber 1985. Text: [2] καὶ ἡ μὲν ἐρήμη νῆσος Ὄργανα ἐκαλέετο, ἐς ἣν δὲ ὡρμίσθησαν Ὀάρακτα. ἄμπελοί τε ἐν αὐτῇ ἐπεφύκεσαν καὶ φοίνικες, καὶ σιτοφόρος ἦν· τὸ δὲ μῆκος τῆς νήσου στάδιοι ὀκτακόσιοι. καὶ ὁ ὕπαρχος τῆς νήσου Μαζήνης συνέπλωεν αὐτοῖσι μέχρι Σούσων, ἐθελοντὴς ἡγεμὼν τοῦ πλόου. [3] ἐν ταύτῃ τῇ νήσῳ ἔλεγον καὶ τοῦ πρώτου δυναστεύσαντος τῆς χώρας ταύτης δείκνυσθαι τὸν τάφον· οὔνομα δὲ αὐτῷ Ἐρύθρην εἶναι. ἀπ' ὅτου καὶ τὴν ἐπωνυμίην τῇ θαλάσσῃ ταύτῃ εἶναι.
34 In portugiesischen Quellen ist sie als Queiximi/Queixome/Queixume zu finden: Tomaschek 1890, 48; Curzon 1892, II, 410; Hüsing 1929, 103.
35 Potts 2013a, 12.
36 S. u.
37 Dazu: Balcer 1988, 3.
38 Für einige Regionen des Reichs sind Untersatrapen dokumentiert: Sherwin-White/Kuhrt 1993, 46; Klinkott 2005, 89.
39 Petit 1990, 214.
40 Jacobs 1994, 206.
41 Arr. Ind. 34, 1; ebda. 36, 1.

zeichnet und saß in Harmozia, an den Grenzen zwischen Gedrosien und Karmanien. Wenn man davon ausgeht, dass Oarakta sich innerhalb dieser ‚Provinz' befand, liegt die Vermutung nahe, dass Mazenes dem sogenannten „Hyparchos des Landes" unterstand. Weiterhin dürfte er ein Einheimischer gewesen sein, da er sich entschlossen hatte, mit Nearchos nach Susa zu fahren, wie in der oben angegebenen Passage zu lesen ist.[42] Es ist plausibel, dass Mazenes aus irgendeinem Grund von Astaspes beauftragt worden war, Oarakta zu kontrollieren, und dass seine Aufgaben beendet waren, als er sich entschloss, mit Nearchos zu fahren.

Für andere Inseln, die im Text Arrians auf Nearchos' Weg zu finden sind, ist eine persische Kontrolle nicht direkt bewiesen: Sie könnten sich aber unter den von Herodot erwähnten Inseln befinden. Diese sind Karnine,[43] Nosala,[44] Organa,[45] „eine Insel weiter",[46] noch „eine Insel weiter",[47] Pylora,[48] Katage,[49] Kaikandros,[50] „eine Insel weiter",[51] Margastana.[52] Auf Nosala seien keine Menschen anzutreffen, und es befinde sich ein Tempel des Helios ebendort: Niemand komme freiwillig auf die Insel, und wer es aus Unwissenheit trotzdem tue, verschwinde.[53] Auch die erste Insel der Liste ohne Namen sei unbewohnt und dem Poseidon geweiht, während Katage unbewohnt und Aphrodite und Hermes heilig sei. Katage, die als die iranische Insel Kiš identifiziert worden ist,[54] wird von englischen Seefahrern „as flourishing, well planted, and capable of supplying refreshments to the vessels" beschrieben.[55] Ob diese Inseln in der Tat Ort irgendwelcher religiöser Aktivitäten gewesen sind, kann nicht bewiesen werden: Die angebliche Anwesenheit griechischer Heiligtümer kann aber auch die griechische Interpretation heimischer Legenden widerspiegeln.

Die letzte Insel ohne Namen sei fürs Perlenfischen bekannt: Diese Insel ist das moderne Jazireh-ye Lavan.[56] Über Organa, Pylora und Kaikandros schreibt Arrian nur, dass sie unbewohnt seien. Zusammengefasst sagt Arrian von mehreren Inseln, dass sie unbewohnt und heilig oder nur unbewohnt seien und von zwei Inseln, dass sie fruchtbar seien und eigene Ressourcen besäßen: Dies sind Qešm und Jazireh-ye Lavan.

Abgesehenen von Oarakta und den anderen von Arrian erwähnten Inseln kann laut Potts auch Bahrain unter den herodoteischen Inseln gewesen sein.[57] Einerseits ist nämlich ein babylonischer *lúpihatu* in Dilmun für das 11. Jahr Nabonids dokumentiert.[58] Das heißt, dass Bahrain

---

42 So Potts 2013a, 11–2.
43 Ind. 26, 7.
44 Ind. 31, 1.
45 Ind. 37, 2.
46 Ind. 37, 4.
47 Ind. 37, 7.
48 Ind. 37, 8.
49 Ind. 37, 10.
50 Ind. 38, 2.
51 Ind. 38, 3–4.
52 Ind. 41, 2.
53 Nosala ist unter den Namen Asthala bei Ptolemaios (Geogr. VI 21, 6) zu finden. Die Identifizierung stammt aus Tomaschek 1890, 24–6.
54 Vincent 1807, 363.
55 So Vincent 1807, 364.
56 Vincent 1807, 377. Perlenfischen war noch 20. Jh. n. Chr. die übliche Aktivität auf der Insel (so Lorimer 1915, 1814).
57 Potts 2013a, 14.
58 Kessler 1983, 152.

nach dem Untergang des babylonischen Reichs von Kyros II. hätte übernommen werden können. Man muss Højlund und Andersen zustimmen: „it seems unlikely that Bahrain would have been tolerated as an independent and thriving centre so close to the Achaemenian empire".[59] Andererseits war Bahrain fürs Perlenfischen bekannt, genau wie Jazireh-ye Lavan, welches in der Liste Arrians zu finden ist. Es ist möglich, dass auch die unbewohnten Inseln Teil einer achaimenidischen Satrapie gewesen sind. Man kann sich gut vorstellen, dass Inseln wie Oarakta, Jazireh-ye Lavan und Bahrain für die Perserkönige sehr interessant gewesen sind. Besonders das Perlenfischen muss eine große Quelle des Reichtums gewesen sein.[60] Der Wert von Perlen in der achaimenidischen Zeit war nämlich höher als der von Gold.[61] Und nach wie vor gehört das Perlenfischen zum Alltagsleben am Persischen Golf.[62]

Auch wenn Arrian weder in der Passage der ‚Anabasis' noch in der der ‚Indiká' ἀνάσπαστοι, die auf den Inseln anwesend sind, erwähnt, scheinen beide Quellen diesbezüglich wichtig zu sein: Die erste, weil sie die Anwesenheit von Truppen von den Inseln in einem achaimenidischen Heer bestätigt, die zweite, weil sie ansatzweise eine Lokalisierung der Inseln ermöglicht.

In den Passagen Herodots werden die ἀνάσπαστοι nur am Rande erwähnt. In den zwei Listen, der Liste der Völkerschaften des Reiches und der der militärischen Kräfte des Xerxes, finden wir die Bewohner der im Roten Meer liegenden Inseln. Es sind die Inseln, auf denen der König die sog. Vertriebenen ansiedelt. Meines Erachtens dürfte Herodot durch die Erwähnung der ἀνάσπαστοι dem Leser einen Hinweis darauf gegeben haben, welche Inseln gemeint waren: D.h., dass das Phänomen der Ansiedlung von Vertriebenen auf diesen Inseln bekannt war und sich mehrmals wiederholte. Soweit man die Passagen verstehen kann, werden das „Wegziehen" und die Ansiedlung der „Weggezogenen" auf den Inseln als Gewohnheit des Königs dargestellt.[63] Unter dem griechischen Verb κατοικίζειν versteht man nämlich „to settle, to establish": Es gehört zum griechischen Kolonisationswortschatz, da der Begründer einer griechischen Kolonie üblicherweise οἰκιστής genannt wird.[64]

Was das Wort ἀνασπάστος angeht, wurde oben schon erklärt, dass es das Partizip zu ἀνασπάω ist und „weggezogen, entfernt" bedeutet.[65] Laut Ambaglio ist die Tatsache, dass Herodot die gleiche Umschreibung im 3. Buch und im 7. Buch benutzt, ein Zeichen dafür, dass der Autor aus bestimmten einheimischen Quellen zitiert hat: „(...) considerato il loro carattere di κατάλογος, non è pensabile che Erodoto non abbia consultato precise fonti scritte, forse persiane, (...) è probabile che il termine corrisponda esattamente a un termine persiano che doveva designare persone

---

59 Højlund/Andersen 1994, 479.
60 S. a. u.
61 Rawlinson 1879, 325. Perlen wurden als Schmuck für verschiedene Körperteile, wie Arme, Beine und Hals benutzt. Vgl. das Material, das in Susa und Pasargadai gefunden wurde (z.B. de Morgan 1905, Abb. V/6; Stronach 1978, 159c; Musche 1988, Abb. CVI–CVII) und. Amm. XXIII 6, 84.
62 Eine umfassende Studie über das Perlenfischen im Persischen Golf von der Antike bis zur Gegenwart bietet Carter 2005. Die erste mögliche schriftliche Quelle dazu stammt vom Anfang des 2. Jhs. v. Chr.: Perlen sind unter dem Ausdruck „Fischaugen" zu verstehen (dazu: Oppenheim 1954, 7; Ratnagar 1981, 138), auch wenn einige Gelehrte glauben, dass der Ausdruck sich auf Steine und nicht auf Perlen beziehe. Aber der Ausdruck „Fischaugen" für Perlen ist bis Japan verbreitet (so Donkin 1998, 11.49).
63 S. a. u.
64 LSJ s.v.; s. a. o. im Kapitel 4.
65 S. o. im Kapitel 4.

condannate all'esilio e trasferite in un ambiente estraneo se non addirittura ostile".⁶⁶ Medaglia ist der gleichen Meinung und nimmt in seiner Erläuterung zum 3. Buch auf das aramäische Wort šršw Bezug.⁶⁷ Bekanntlich findet sich seit Herodot und Aischylos in der griechischen Literatur iranisches Sprachgut: Das betrifft meistens Namen, also Personennamen, Völkernamen, geographische Namen und Appellativa,⁶⁸ sodass auch ἀνασπάστος theoretisch ein Appellativ aus dem Persischen sein könnte. In einigen Fällen ist in den ‚Historien' eindeutig, dass Herodot persische Worte benutzt;⁶⁹ allerdings ist dies nicht immer so, sodass nicht auszuschließen ist, dass Herodot ἀνασπάστος aus dem Persischen übernahm, ohne diese Entlehnung anzugeben. Das Wort šršw bedeutet, vor allem wenn man es als šršy liest,⁷⁰ „Strafe",⁷¹ die in einer Bastonade bestehen kann, wie im ‚Hebräerbrief' XII 5–6 und in den ‚Proverbia' XXII 15. Das Wort findet man auch in einem Brief des Satrapen Aršama, wo es eindeutig „Strafe" bedeutet: „Wenn ich diese Männer vor ihn führe, so soll die Strafe, die ich für sie bestimmen werde, an ihnen vollstreckt werden. Jetzt sagt Aršām (...) du sollst einen Strafbefehl ausgehen lassen: was (die Strafe, die) Psmšk über sie bestimmt, das soll an ihnen vollstreckt werden" (A6.3 = Driver 3 = Grelot 64 = Lindenberger 39, 5–7).⁷² šršy wird mit avestisch *sraošiia-*, „Strafe" in Verbindung gesetzt:⁷³ Das ist aber fraglich, und noch fraglicher ist, ob ein solches Wort überhaupt ein Terminus des persischen Rechtswesens gewesen sein kann.⁷⁴ Denn dass šršy bzw. šršw nicht nur die Bedeutung „Strafe", wie in den erwähnten Texten, sondern auch „Vertreibung" besitze, sodass es genauso wie ἀνασπάστος die erste Phase eines Deportationsprozesses bezeichnen könne, bleibt allein Medaglias Vermutung. Das Wort ἀνασπάστος ist Schlusswort des Deportationswortschatzes: Es wird im Buch 5 der ‚Historien' Herodots in Bezug auf die Deportation der thrakischen Bevölkerung der Paionen⁷⁵ und im Buch 6 in Bezug auf die Deportation der Barkäer⁷⁶ verwendet. Und nicht nur bei Herodot ist der Ausdruck zu finden: So bezeichnet auch Arrian das Kontingent der Karer, das von Dareios III. in Babylon aufgestellt wurde.⁷⁷ Den Karern wurde ein eigenes Kapitel gewidmet.⁷⁸

---

66 Ambaglio 1974.
67 Asheri/Medaglia/Fraschetti 2005, 317.
68 Herodot hat „nicht die iranische Form, sondern jeweils die griechische Wiedergabe im Auge (...) die iranische Namen nicht unmittelbar aus persischen Munde gehört hat, sondern (...) Mittelpersonen – wohl aus Kleinasien – in dem Weg der Überlieferung anzunehmen sind" (Schmitt 1976, 140).
69 Das klarste Beispiel ist in der Geschichte des Themistokles zu finden: ὀροσάγγαι καλέονται Περσιστί (Hdt. VIII 85, 3): Das Wort ὀροσάγγαι dürfte aus dem Medischen **varusanha-* stammen (Schmitt 1976, 131; vgl. schon Oppert 1875, 266; s.a. die Anmerkungen von Wiesehöfer 1980, 8).
70 Ich danke Prof. Dr. Rüdiger Schmitt, der mir viele hilfreiche Hinweise bezüglich eines angeblichen Zusammenhangs zwischen ἀνασπάστος und dem Persischen gegeben hat (Schmitt 2012).
71 Vgl. Esr 7, 26. Dort wurde šršw fälschlicherweise als Vertreibung interpretiert (dazu detailliert Rundgren 1957).
72 Übers. Driver 1965, 13 ff. Dazu: Tuplin 2013a, 1–14. Im Brief gibt Aršama Artavanta (Aršamas *mār biti*, d.h. seinem Sohn) Anweisungen für die Bestrafung von acht Sklaven.
73 So Schmitt 2012, der keinen Zusammenhang sieht.
74 In dem Fall hätte man im Aramäischen im Anlaut nicht š- erwartet (so Schmitt 2012).
75 Hdt. V 12, 1 und ebda. 106, 4.
76 Hdt. VI 204, 1.
77 Arr. exped. Alex. III 8, 5 und ebda. 11, 5.
78 Kapitel 3.

8.3 Die Frage der Historizität

Das Wort ἀνάσπαστος = „Weggezogener" kann als Synonym für einen Deportierten benutzt werden. In dieser Bedeutung ist das Wort in anderen Passagen Herodots zu finden. Es muss die Frage gestellt werden, ob auch die ἀνάσπαστοι der Inseln der angeblichen 14. Satrapie als Deportierte anzusehen sind. Wie schon erwähnt, ist die Deportation ein Prozess, der aus zwei Phasen besteht: dem Wegführen durch eine politische Autorität und der Ansiedlung der ,Weggezogenen' in dem durch diese Autorität kontrollierten Territorium.[79] In den zwei oben zitierten Passagen wird aber nicht angegeben, wer diese ἀνάσπαστοι sind bzw. woher sie kommen. Und es wird auch kein Bezug auf bestimmte Umstände genommen, unter denen das Wegziehen stattgefunden hat, sondern es lässt sich vom Text durch die Verwendung des Präsens (κατοικίζει) nur erahnen, dass der Prozess mehrmals stattgefunden hat bzw. stattfindet, dass also die Perserkönige in unterschiedlichen Situationen auf die Inseln Menschen umgesiedelt haben bzw. umsiedeln. Meines Erachtens sind diese ἀνάσπαστοι keine Volksgruppen, sondern einzelne Individuen, sonst hätte Herodot sie höchstwahrscheinlich ethnisch spezifiziert. Auch Potts ist der Meinung, es handele sich hier um einzelne politische Gegner des Königs bzw. unbeliebte Menschen, die von ihm entfernt wurden: „The practice of banishment to the Erythraean Sea should not be confused with the deportation of foreign prisoners-of-war *en masse*".[80] Während die Opfer der Deportationen Kriegsgefangene sind, scheinen die Menschen dieses „Wegziehens" politische Gegner gewesen zu sein.

Dieser Prozess muss nicht Deportation, sondern Verbannung genannt werden. Nicht nur ist die verfügbare Dokumentation dieses Phänomens für das Perserreich ausschließlich in den klassischen Quellen zu finden, sondern sie ist auch sehr spärlich. Drei Fälle werden genannt: Der Fall des Mithropastes, der Fall des Megabyzos und der Fall des Eunuchen Artoxares.[81] Der erste Fall wurde von Nearchos überliefert und findet bei Arrian[82] und Strabon Erwähnung.

> Strab. geogr. XVI 3, 5–7 766–7 C:[83]
> Von Karmanien aus, so berichten sowohl Nearchos (FGrHist 133 F27) als auch Orthagoras (FGrHist 713 F5), liege zweitausend Stadien südwärts im offenen Meer die Insel Tyrine[84], auf der man das Grab des Erythras zeigt, einen großen, mit wilden Dattelpalmen bepflanzen aufgeworfenen Hügel; dieser sei König des Landes gewesen und habe das Meer nach sich benannt hinterlassen (das, sagt er, habe ihnen Mithropastes erzählt – der Sohn des

---

79 S.o. in der Einleitung.
80 Potts 2013a, 23.
81 Diese Fälle lassen sich etwa mit dem Fall der Tyrannen von Eresos, die von Alexander vertrieben wurden, vergleichen. Dazu: Wallace 2016 mit vorheriger Lit.
82 Arr. Ind. 37.
83 Übers. Radt 2009. [5] Text: ἀπὸ δὲ τῆς Καρμανίας εἰρήκασι καὶ Νέαρχος καὶ Ὀρθαγόρας νῆσον Ὤγυριν κεῖσθαι πρὸς νότον πελαγίαν ἐν δισχιλίοις σταδίοις, ἐν ᾗ τάφος Ἐρύθρα δείκνυται, χῶμα μέγα ἀγρίοις φοίνιξι κατάφυτον· τοῦτον δὲ βασιλεῦσαι τῶν τόπων καὶ ἀπ' αὐτοῦ τὴν θάλατταν ἐπώνυμον καταλιπεῖν· δηλῶσαι δὲ ταῦτά φησιν αὐτοῖς Μιθρωπάστην τὸν Ἀρσίτου τοῦ Φρυγίας σατράπου, φυγόντα μὲν Δαρεῖον, διατρίψαντα δ' ἐν τῇ νήσῳ, συμμίξαντα δὲ αὐτοῖς καταχθεῖσιν εἰς τὸν Περσικὸν κόλπον καὶ ζητοῦντα κάθοδον δι' αὐτῶν εἰς τὴν οἰκείαν. [...] [7] φησὶ δ' ὁ Νέαρχος τὸν Μιθρωπάστην ἐντυχεῖν αὐτοῖς μετὰ Μαζήνου· τὸν δὲ Μαζήνην ἐπάρχειν νήσου τινὸς τῶν ἐν τῷ Περσικῷ κόλπῳ· καλεῖσθαι δὲ τὴν νῆσον Ὀάρακτα· εἰς ταύτην δὲ τὸν Μιθρωπάστην καταφυγόντα ξενίας τυχεῖν κατὰ τὴν ἐξ Ὠγύριος γενομένην ἄφοδον, καὶ δὴ καὶ συνελθεῖν τῷ Μαζήνῃ συσταθησόμενον τοῖς ἐν τῷ στόλῳ Μακεδόσι, τὸν δὲ Μαζήνην καὶ καθηγεμόνα τοῦ πλοῦ γενέσθαι [...].
84 M.E. = Oarakta, die Insel auf der man das Grab des Erythras fand (so Arr. Ind. 37, 2). Anders aber Radt 2009, 338.

Arsites, des Strapen von Phrygien, der vor Dareios geflohen war und auf der Insel gelebt hatte; er hatte sie aufgesucht, als sie im Persischen Golf gelandet waren, und erhoffte sich von ihnen die Rückkehr in seine Heimat. (...) Nearchos erzählt (FGrHist 133 F 28), Mithropastes sei zusammen mit Mazenes zu ihnen gekommen; Mazenes sei der Statthalter einer Insel im Persischen Golf gewesen, die Dorakta[85] heiße, und dort habe Mithropastes bei dem Abzug aus Ogyros[86] seine Zuflucht gesucht und Aufnahme gefunden; und so sei er denn zusammen mit Mazenes gekommen, um den Makedonen auf der Flotte empfohlen zu werden, und Mazenes sei auch Lotse ihrer Fahrt geworden.

Auch wenn beide Passagen, Arrians und Strabons, von Nearchos stammen, ist eine Insel namens Ogyris nicht in den ‚Indiká' zu finden. Die Beschreibung von Oarakta bei Arrian stimmt mit der von Ogyris bei Strabon überein: „Auf ihr wuchsen Weinstöcke und Dattelpalmen, und sie trug Getreide", berichtet Arrian.[87] Jacoby vermutet, Arrian habe den Bericht des Nearchos verkürzt und deswegen Ogyris weggelassen.[88]

Einige Wissenschaftler gehen davon aus, dass Oarakta und Ogyris verschiedene Namen für dieselbe Insel sind.[89] Nach Strabon waren aber Oarakta und Ogyris zwei verschiedene Inseln: In der gegebenen Passage schreibt der Autor, dass Mithropastes von Oarakta nach Ogyris geflohen sei.

Eine falsche Interpretation Strabons ist auch der Grund, warum die Lokalisierung von Oarakta bei späteren Autoren falsch ist. Ptolemaios lokalisiert Oarakta an der arabischen Küste, geschätzte 2000 Stadien von Karmanien entfernt,[90] genau die Angabe, die im Text Strabons im Bezug auf die Insel Tyrine = Oarakta zu finden ist.[91] Auch Plinius lokalisiert Ogyris (verwechselt er unbewusst die Insel mit Oarakta?) an der sudöstlichen Küste Omans.[92] Ptolemaios und Plinius haben möglicherweise die Entfernungsangaben Strabons übernommen, ohne zu verstehen, was Strabon meinte: Die 2000 Stadien müssen sich auf die von Nearchos bis dahin abgefahrene Strecke und nicht auf die Entfernung zwischen der Küste Karmaniens und der Insel beziehen.[93]

Mithropastes war der Sohn des Arsites, des Satrapen von Kleinphrygien und Paphlagonien. Das Unglück des Mithropastes darf mit dem seines Vaters in Verbindung gebracht werden: Es ist bekannt, dass Arsites 334 v. Chr. vom Granikos geflohen war und sich nach dem Sieg Alexanders umgebracht hatte.[94] „The father's failure blighted the prospects of the son", betont Bosworth.[95] Mithropastes wird von Dareios nach Ogyris geschickt und verbringt seine Zeit auf der Insel.

---

85 Vgl. die folgenden Testimonia: Ὀάρακτα Salmasius (Plin. exerc. 1180 B); so Radt 2005, 356. Ὀάρακτα findet man auch in Arr. Ind. 37, 2 (s.o.); bei Ptol. geogr. VI 8, 15: Οὐορόχθα; bei Plin. nat. Hist. VI 98 *Oracla*.
86 Alle unsere übrigen Zeugnisse nennen die Insel Ogyris: Plin. nat. Hist. VI 153; Mela III 79; Steph. Byz. 706, 5.
87 Arr. Ind. 37, 2.
88 Jacoby 1927, 460.
89 Die Identfikation Hormuz (= Organa bei Arr. Ind. 37, 2; s.o.) = Oarakta = Ogyris stammt aus Bunbury 1879, 550.
90 Ptol. Geogr. VI 7, 46; vgl. ebda. VI 8, 15: Οὐορόχθα.
91 S.o. im Text.
92 Plin. nat. Hist. VI 153; vgl. Plin. nat. Hist. VI 98 *Oracla*.
93 So Schiwek 1962, 76. Zusätzlich darf man nicht vergessen, dass die von Strabon gegebenen geographischen Informationen oft ungenau sind: Bunbury 1879, 544–546; Goukowsky 1974, 122.
94 Arr. exped. Alex. I 16, 3.34. Er war mit den kleinasiatischen Satrapen gegen Alexander verbunden gewesen (Arr. exped. Alex. I 12, 8–10; Diod. XVII 19, 4).
95 Bosworth 1996, 66; s.a. schon Goukowsky 1974, 122.

Mithropastes hat wohl Nearchos folgen wollen, da er wahrscheinlich nach dem Ende der Achaimenidenherrschaft die Möglichkeit sah, in sein altes Leben zurückzukehren. Das muss nicht automatisch bedeuten, dass sein Leben auf Ogyris unerträglich war. Die oben angeführte Passage legt im Gegenteil die Vermutung nahe, dass er nicht gefangen gehalten wurde und dass er auf der Insel ein würdiges Leben verbringen konnte:[96] „Mithropastes was not under a severe form of detention, perhaps not even strong enough to warrant the term ‚house arrest'. In any case, he escaped or fled Ogyris, how we are not told, and reached Oarakta (Qeshm), where Nearchus, according to Strabo, met him ‚in company' with Mazenes, the ruler of the island".[97]

Die beiden anderen dokumentierten Fälle von Verbannung sind der des Megabyzos und der des Eunuchen Artoxares. Megabyzos war das Enkelkind von Megabyzos I., der bei Herodot in der politischen Debatte über die beste Regierungsform, die fiktiv am Persischen Hof angesiedelt wird, als Fürsprecher der Oligarchie und in der Behistun-Inschrift als Bagabuxša zu finden ist.[98] Die meisten Informationen über Megabyzos sind bei Ktesias zu finden.[99] Vor seiner Verbannung soll er schon einmal von Artaxerxes I. Verzeihung erlangt haben, als er sich zusammen mit Artapanos gegen den König verschworen hatte.[100] In einem anderen Fall konnte er aber einer Bestrafung nicht entkommen:

> Ktes. 133 Lenfant, F 14a Photios (§ 43):[101]
> Der Großkönig geht auf die Jagd, und ein Löwe geht auf ihn los; auf die Bestie, die sich in die Höhe erhob, wirft Megabyzos mit dem Speer und tötet (das Tier). Und der Großkönig gerät in Zorn, weil Megabyzos geworfen habe, bevor er selbst (das Tier) getroffen hätte; und er befiehlt, daß dem Megabyzos der Kopf abgeschnitten werde. Aber auf das Bitten der Amistriš und der Amytis und der anderen wird er zwar vom Tod errettet, (dafür) aber verbannt ans Rote (Meer), in eine gewisse Stadt, namens Kyrta. Verbannt wird auch Artoxares, der Eunuche, nach Armenien, weil er sich dem Großkönig gegenüber oft über Megabyzos freimütig geäußert hatte.
> Als aber Megabyzos einige Jahre in der Verbannung zugebracht hatte, entfloh er, nachdem er den *pisaga* geheuchelt hatte. (Bei den Persern wird der Aussätzige *pisaga* genannt, und niemand darf ihm nahekommen.) Nachdem er also entlaufen war, kommt er zu Amytis und (seinem) Hause, und mit Mühe wird er erkannt; und durch Amistriš und Amytis wird der Großkönig versöhnt und er macht ihn, wie früher, zum Tischgenossen. Nachdem er sechsundsiebzig Jahre gelebt hatte, starb er, und großes Leid trug der Großkönig.

---

96 Vgl. besonders das Verb διατρίβω, das einfach für „Zeit zu verbringen" steht (PAPE s. v.).
97 So Potts 2013a, 11.
98 Hdt. III 70 ff.; DB § 68.
99 Ktesias fängt an, die Sage des Megabyzos und seiner Familie in Buch 12 zu erzählen. Die Sage war Mittelpunkt des Buches 14. Dazu Nichols 2008, 32–37; Briant 2002, 137.
100 Ktes. 131–2 Lenfant = F14b* Photios (§§ 40–1).
101 Übers. König 1972. Text: Ἐξέρχεται βασιλεὺς ἐπὶ θήραν, καὶ λέων ἐπέρχεται αὐτῷ· μετεώρου δὲ φερομένου τοῦ θηρίου, βάλλει ἀκοντίῳ Μεγάβυζος, καὶ ἀναιρεῖ· καὶ ὀργίζεται Ἀρτοξέρξης ὅτι πρὶν ἢ αὐτὸς τύχῃ Μεγάβυζος ἔβαλε· καὶ προστάσσει τὴν κεφαλὴν Μεγαβύζου ἀποτμηθῆναι. Ἄμηστρις δὲ καὶ Ἀμύτις καὶ τῶν ἄλλων τῇ παραιτήσει τοῦ μὲν θανάτου ῥύεται, ἀνάσπαστος δὲ γίνεται εἰς τὴν Ἐρυθρὰν ἔν τινι πόλει, ὀνόματι Κύρται. Ἐξορίζεται δὲ καὶ Ἀρτοξάρης ὁ εὐνοῦχος εἰς Ἀρμενίαν, ὅτι πολλάκις ὑπὲρ Μεγαβύζου βασιλεῖ ἐπαρρησιάσατο. Ὁ δὲ Μεγάβυζος πέντε διατρίψας ἐν τῇ ἐξορίᾳ ἔτη, ἀποδιδράσκει, ὑποκριθεὶς τὸν πίσαγαν· πίσαγας δὲ λέγεται παρὰ Πέρσαις ὁ λεπρός, καὶ ἔστι πᾶσιν ἀπρόιτος. Ἀποδρὰς οὖν παραγίνεται πρὸς Ἄμυτιν καὶ τὸν οἶκον, καὶ μόλις ἐπιγινώσκεται. Καὶ δι' Ἀμήστριος καὶ Ἀμύτιος καταλλάσσεται ὁ βασιλεύς, καὶ ποιεῖ αὐτὸν ὡς τὸ πρόσθεν ὁμοτράπεζον. Ζήσας δὲ ἓξ καὶ ἑβδομήκοντα ἔτη, ἀπέθανε· καὶ κάρτα ἠχθέσθη βασιλεύς.

Als während der Jagd ein Löwe den König angriff, schlug und tötete Megabyzos das Tier. Diese Geste, die als mutig und löblich beurteilt werden könnte, war im Kontext jedoch unklug. Es war nämlich nur dem König erlaubt, einen Löwen zu töten. Aus diesem Grund ist Magabyzos nach Ktesias an den Persischen Golf verbannt worden, nachdem er der Todesstrafe entkommen war. Es ist nicht unwahrscheinlich, dass das Töten eines Löwen in der Tat der Grund für extreme Maßnahmen im persischen Reich gewesen ist. Mit einem solchen Verhalten verstieß man nicht nur gegen ein Gesetz, sondern zweifelte auch an der Fähigkeit des Königs, ein guter Jäger und ein guter König zu sein.[102] Megabyzos sei dann an die Küste des Persischen Golfs nach Kyrta geschickt worden und dort fünf Jahre geblieben. Danach sei er geflohen und habe sich wieder mit dem König anfreunden können, sodass er wieder den Titel ὁμοτράπηζος[103] habe erhalten können.

In der Passage weist der Autor auch kurz auf die Geschichte des Eunuchen[104] Artoxares hin, der auch verbannt, aber nach Armenien geschickt worden sei. Sein Schicksal sei mit dem des Megabyzos verbunden gewesen, da der Grund seiner Verbannung gewesen sei, dass er für Megabyzos eingetreten sei. Schon Herodot bemerkte, Armenien sei eine in den 13. Nomos integrierte[105] reiche[106] Region gewesen. Der Begriff Armenien findet sich das erste Mal in der Behistun-Inschrift[107] und wird dann in anderen persischen königlichen Inschriften[108] erwähnt, dort, wo auf Assyrisch von Uraschtu die Rede war.[109] Aus Tušpa in Armenien kommt auch die einzige bekannte achaimenidische Inschrift außerhalb Irans.[110] Eine Passage Strabons zeigt, dass Armenien zahlreiche Ressourcen besaß:

> Strab. geogr. XI 14, 9–10 529–30C:[111]
> Bergwerke gibt es in der Hyspiratis bei Kaballa, wo Gold gefördert wird; dorthin hat Alexander Menon mit Soldaten geschickt, aber *** von den Einheimischen. Es gibt auch noch

---

102 Vgl. Curt. VIII 1, 14–6 zu einer Jagd Alexanders. Das Motiv des Königs als Jägers ist auf dem Dareios-Zylinder (SDa) und auf einigen Siegeln zu finden (s. etwa Frankfort XXXVII h.m.n). Zum Perserkönig bei der Jagd s.a. Diod. XV 10, 3; Ael. Poik. VI 14. Zu den Tischgenossen s.a.: Rollinger/Wiesehöfer 2009.

103 Den Titel trägt auch der Arzt Demokedes in Hdt. III 131–2. Die sogennanten Homotrapezoi sind bei Kyros d. J. in Kunaxa (Xen. an. I 8, 25).

104 Die Eunuchen kommen in mehreren Passagen Herodots vor. Aus Babylon und Assyrien kämen unter anderem 500 verschnittene Knaben als regelmäßige Steuerleistung (Hdt. III 92, 1); die Barbaren verließen sich auf Verschnittene sogar mehr als auf Männer (ders. VII 105, 2); Eunuchen wachten im Hof des Palasts des falschen Smerdis (ders. III 77, 2). Zur kontroversen Frage der Eunuchen am persischen Hof: Grayson 1995, 88 ff.; Pirngruber 2011; Jursa 2011b; Briant 2002, 268–77, der betont, dass der Terminus Eunuch oft auch unspezifisch genutzt wurde, um die Perser zu diskreditieren (Eunuchen als nicht-vollständige machtvolle Personen in der Nähe des Königs). S. a. RlA s. v. ‚Eunuch'.

105 Hdt. III 93, 1. Zu den herodoteischen Nomoi s.a.o.

106 Hdt. V 49, 6; vgl. Arr. exped. Alex. III 5, 17.

107 DB § 49 D.

108 DNa § 3 S; DPe § 2 J; DNe § 20; DSe § 4 H; XPh § 3 L; A3Pb 20. Dazu: Kent 1953, 136 ff.

109 Es ist plausibel, wie Herodot erzählt (Hdt. VI 73), dass die Armenier im 7 Jh. v. Chr. in die Region Urartu einwanderten und dann dort assimiliert wurden; Hinweis darauf seien assyrische und persische Reliefdarstellungen, auf denen die Kleidung der Armenier denen der Urartäer sehr ähnlich ist. Dazu: Schmitt 1986 mit Lit.

110 XV; die Inschrift klingt etwas außergewöhnlich: Xerxes sagt, er habe sie anbringen lassen, da Dareios I. den Platz für die Inschrift vorbereitet, aber dann die Inschrift nicht habe schreiben lassen. Dazu: Lecoq 1997, 263–4. Die Inschrift dürfte eine der Inschriften sein, die die Erwerbungen von Gebieten dokumentieren.

111 Übers. Radt 2005. Text: μέταλλα δ' ἐν μὲν τῇ Συσπιρίτιδί ἐστι χρυσοῦ κατὰ τὰ Κάβαλλα, ἐφ' ἃ Μένωνα ἔπεμψεν Ἀλέξανδρος μετὰ στρατιωτῶν, ἀνήχθη δ' ὑπὸ τῶν ἐγχωρίων· καὶ ἄλλα δ' ἐστὶ μέταλλα, καὶ δὴ τῆς

andere Bergwerke, auch für die sogenannte Sandyx, die man denn auch Armenische Farbe nennt; sie ist dem Purpur ähnlich. Für die Pferdezucht ist das Land in so hohem Grade und nicht weniger als Medien geeignet, dass es auch hier die Nisäischen Pferde gibt, derer die Könige der Perser sich bedienten, dass der Satrap von Armenien dem Perser alljährlich zwanzigtausend Fohlen für das Mithrasfest schickte, und dass, als Artavasdes dem Antonius bei ihrem gemeinsamen Einfall in Medien seine Reiterei vorführte, allein schon die gepanzerte Reiterei, die er aufstellte, sechstausend Mann stark war (diese Reiterei wird nicht nur von den Medern und Armeniern, sondern auch von den Albanern eifrig betrieben: Auch sie nämlich bedienen sich gepanzerter Reiter).

Für den Reichtum und die Macht des Landes ist es kein geringes Zeichen, dass, als Pompeius dem Tigranes (Artavasdes' Vater) sechstausend Talente Silber auferlegte, dieser sie auf der Stelle an die Streitkräfte der Römer austeilte: den Soldaten fünfzig Drachmen pro Mann, den Centurionen tausend, und den Kavalleriekommandanten und Stabsoffizieren ein Talent.

Die armenische Praxis, zehntausende Fohlen dem Großkönig zu senden, wird von Xenophon bestätigt.[112] Strabon selbst fügt noch hinzu, dass die Armenier sowie einige Bevölkerungsgruppen, die im Binnenland wohnten, etwa die Meder und die Kappadokier, dem Großkönig Steuer sowohl in Silber als auch in Naturalien bezahlten.[113] Der Satrap Armeniens war 401/400 v. Chr. Orontes.[114] Ein gleichnamiger Satrap Armeniens findet sich in der Zeit Dareios' III.:[115] Dies kann ein Zeichen dafür sein, dass die Satrapie erblich war.[116] Unabhängig davon steht außer Frage, dass Armenien sich dauerhaft unter der Kontrolle des Perserkönigs befand.

Die spärliche (und nicht lokale) Dokumentation bietet keine Informationen über den juristischen Status der Verbannten. Ktesias erwähnt Megabyzos' Gebiet in Syrien.[117] Die Küste Syriens formte zusammen mit dem inländischen Nordsyrien, Palästina und Babylonien eine Satrapie, die vermutlich unter Xerxes in mehrere kleinere Einheiten geteilt worden war.[118] Da aber Megabyzos als Satrap in keinem babylonischen Dokument zu finden ist, könnte es bedeuten, dass er ein Gebiet in der Region vom König zugewiesen bekommen hatte.[119] Die Vermutung liegt nahe, dass solche Gebietsübertragungen durch die Verbannung verloren gingen. Der Fall Megabyzos zeigt jedoch, dass Verbannung temporär war bzw. temporär sein konnte. Auch wenn er angeblich

---

σάνδικος καλουμένης, ἣν δὴ καὶ Ἀρμένιον καλοῦσι χρῶμα, ὅμοιον κάλχῃ. οὕτω δ' ἐστὶν ἱπποβότος σφόδρα ἡ χώρα καὶ οὐχ ἧττον τῆς Μηδίας, ὥστε οἱ Νησαῖοι ἵπποι καὶ ἐνταῦθα γίνονται, οἷσπερ οἱ Περσῶν βασιλεῖς ἐχρῶντο, καὶ ὁ σατράπης τῆς Ἀρμενίας τῷ Πέρσῃ κατ' ἔτος δισμυρίους πώλους τοῖς Μιθρακίνοις ἔπεμπεν. Ἀρταουάσδης δὲ Ἀντωνίῳ χωρὶς τῆς ἄλλης ἱππείας αὐτὴν τὴν κατάφρακτον ἑξακισχιλίαν ἵππον ἐκτάξας ἐπέδειξεν, ἡνίκα εἰς τὴν Μηδίαν ἐνέβαλε σὺν αὐτῷ. ταύτης δὲ τῆς ἱππείας οὐ Μῆδοι μόνοι καὶ Ἀρμένιοι ζηλωταὶ γεγόνασιν, ἀλλὰ καὶ Ἀλβανοί· καὶ γὰρ ἐκεῖνοι καταφράκτοις χρῶνται. [10] τοῦ δὲ πλούτου καὶ τῆς δυνάμεως τῆς χώρας σημεῖον οὐ μικρὸν ὅτι Πομπηίου Τιγράνῃ τῷ πατρὶ τῷ Ἀρταουάσδου τάλαντα ἐπιγράψαντος ἑξακισχίλια ἀργυρίου, διένειμεν αὐτίκα ταῖς δυνάμεσι τῶν Ῥωμαίων, στρατιώτῃ μὲν κατ' ἄνδρα πεντήκοντα δραχμάς, ἑκατοντάρχῃ δὲ χιλίας ἱππάρχῳ δὲ καὶ χιλιάρχῳ τάλαντον.

112 Arr. exped. Alex. IV 5, 34.
113 Strab. geogr. XI 13, 8 524 C.
114 Arr. exped. Alex. III 5, 17.
115 Arr. exped. Alex. III 8, 5.
116 Schmitt 1986.
117 Ktes. 131–2 Lenfant.= F14b*. Photios (§§ 40–1).
118 So Stolper 1989, 291.
119 So Briant 2002, 577–578.

nur durch eine Täuschung fliehen konnte, wurde Megabyzos vom König nicht abgewiesen und konnte seinen Platz am Hof wieder einnehmen.

In zwei der drei bekannten Fälle werden die Opfer an den Persischen Golf geschickt. Das Gebiet war aber auch eine große Quelle des Reichtums, eine Tatsache, die auch der Grund gewesen sein dürfte, warum dem König eine Kontrolle sinnvoll schien. Eine Passage Strabons aus Nearchos zeigt, wie vielfältig dieser Reichtum sein konnte:

> Strab. geogr. XVI 3, 7 767 C:[120]
> (...) Er (scil. Nearchos) sagt auch, am Anfang der persischen Küste liege eine Insel, auf der es viele kostbare Perlen gebe (auf anderen gebe es durchsichtige und leuchtende Kieselsteine), und auf den Inseln vor dem Euphrat wüchsen nach Weihrauch duftende Bäume, aus deren Wurzeln, wenn man sie bricht, ein Milchsaft fließe, sowie riesengroße Krebse und Seeigel, was allgemein für das ganze äußere Meer gelte: jene seien größer als Kausien, diese mäßen nicht weniger als zwei Kotylen; und er habe ein angespültes Meeresungeheuer gesehen, das fünfzig Ellen maß.

Auf der Grundlage der erwähnten Fälle liegt die Vermutung nahe, dass der Persische Golf tatsächlich zu den beliebten Orten zählte, an die die Perserkönige politische Gegner verbannten. Es ist wahrscheinlich, dass es das Ziel der Verbannung war, Gegner von ihrem Standort und aus ihrer Heimat zu entfernen und in periphere Gebiete, in denen sie besser kontrolliert werden konnten, zu schicken: In diesem Zusammenhang können der Persische Golf und Armenien als sinnvolle Möglichkeiten zur Verfügung gestanden haben. Die Orte der Verbannung müssen aber nicht unbedingt unwirtliche Regionen gewesen sein. Diesbezüglich schließe ich mich Potts Vorschlag nicht an: „were (...) individuals whose land was seized (...) by the crown, and whose ‚compensation' was banishment to arguably one of the hottest and most humid regions of the empire".[121] Was außer Frage steht, ist der erste Teil von Potts Aussage: Die verbannten Menschen müssen Funktionäre und politisch wichtige Individuen gewesen sein, die wegen Auseinandersetzungen mit dem Großkönig gezwungen wurden, auf ihre Privilegien zu verzichten. Damit die Maßnahme effektiv war, dürften ihre Besitztümer konfisziert und sie selbst gezwungen worden sein, ihren Wohnort zu verlassen.

Was die Verbanung auf Inseln angeht, habe ich schon in der Einleitung bemerkt, dass die Römer gerne auf Inseln verbannten.[122] Die Praxis ist aber auch in anderen Geschichtsepochen bekannt: Auch St. Helena, der Verbannungsort Napoleons, ist eine Insel. Besoners durch diesen Fall und ihre große Entfernung von Kontinenten (1859 km von Afrika und 3286 km von Südamerika) wird einem klar, was der Vorteil solches Standortes war: Man kann nicht so leicht entfliehen.[123]

---

120 Übers. Radt 2005. Text: (...) λέγει δὲ καὶ ἐν ἀρχῇ τοῦ Περσικοῦ παράπλου νῆσον, ἐν ᾗ μαργαρίτης πολὺς καὶ πολυτίμητός ἐστιν, ἐν ἄλλαις δὲ ψῆφοι τῶν διαυγῶν καὶ λαμπρῶν· ἐν δὲ ταῖς πρὸ τοῦ Εὐφράτου νήσοις δένδρα φύεσθαι λιβάνου πνέοντα, ὧν τὰς ῥίζας κλωμένων ὀπὸν ῥεῖν· παγούρων δὲ καὶ ἐχίνων μεγέθη, ὅπερ κοινὸν ἐν πάσῃ τῇ ἔξω θαλάττῃ· τοὺς μὲν γὰρ εἶναι μείζους καυσίων, τοὺς δὲ καὶ δικοτύλους· ἐποκεῖλαν δὲ κῆτος ἰδεῖν πεντήκοντα πηχῶν.
121 Potts 2013a, 24.
122 S. o. in Einleitung a.
123 Die isolierte Lage der Insel, wird folgend Wilson beschrieben: „[...] one step removed from a satellite colony in space" (Wilson 1992, 105).

Was im Rahmen dieser Studie noch einmal erwähnt werden sollte, ist, dass das Phänomen, das durch die Fälle Mithropastes, Megabyzos und Artoxares dokumentiert ist, keine Deportation ist.[124] Opfer einer Deportation, wie sie in der Einleitung definiert worden ist,[125] sind Gruppen von Menschen, üblicherweise Kriegsgefangene, die an Orte umsiedelt werden, an denen ihre Fähigkeiten gefragt waren und genutzt werden konnten. Opfer einer Verbannung sind eher Individuen, die aus politischen Gründen entfernt werden sollten. Und noch wichtiger ist es, den wesentlichen Unterschied zwischen den Phänomenen zu unterstreichen, da dies nicht immer mit genügendem Nachdruck passiert. Dies gilt, obgleich auch Briant betont: „the deportation of Mithropastes was just one in a long series of such actions that go back to the deportation of the Milesians to the head of the Gulf at Ampe".[126] Der Fall der Milesier war aber von ganz anderer Qualität.

---

124 S.o.
125 S.o. in der Einleitung.
126 Briant 2002, 759.

9. Griechen (und Lykier) bei Persepolis

9.1 Text

Curt. V 5, 5–24:[1]
Und schon waren sie nicht mehr weit von der Stadt, als ihnen ein bejammernswerter Zug entgegenkam: Als ein Beispiel für schicksalhaftes Unglück verdient er besondere Erwäh-

---

[1] Übers. Siebelis u. Aa. 2007. Text: [5] Iamque haud procul urbe erant, cum miserabile agmen, inter pauca fortunae exempla memorandum, regi occurrit. Captivi erant Graeci ad IIII milia fere, quos Persae vario suppliciorum modo adfecerant. [6] Alios pedibus, quosdam manibus auribusque amputatis inustisque barbararum litterarum notis in longum sui ludibrium reservaverant: et, cum se quoque alienae dicionis esse cernerent, volentes regi occurrere non prohibuerant. [7] Invisitata simulacra, non homines videbantur nec quicquam in illis praeter vocem poterat adgnosci. Plures igitur lacrimas commovere, quam profuderant ipsi: quippe in tam multiplici variaque fortuna singulorum intuentibus similes quidem, sed tamen dispares poenas, quis maxime miserabilis esset, liquere non poterat. [8] Ut vero Iovem illi tandem Graeciae ultorem aperuisse oculos conclamavere, omnes pari supplicio adfecti sibi videbantur. Rex abstersis, quas profuderat, lacrimis bonum habere animum iubet: visuros urbes suas coniugesque et liberos Castra inde duo ab urbe stadia communit. [9] Graeci excesserant vallo deliberaturi, quid potissimum a rege peterent: cumque aliis sedem in Asia rogare, aliis reverti domos placeret, Euctemon Cymaeus ita locutus ad eos fertur: [10] ,Ii, qui modo etiam ad opem petendam ex tenebris et carcere procedere erubuimus, ut nunc est, supplicia nostra – quorum nos pudeat magis an paeniteat, incertum est – ostentare Graeciae velut laetum spectaculum cupimus. [11] Atqui optime miserias ferunt, qui abscondunt, nec ulla tam familiaris est infelicibus patria, quam solitudo et status prioris oblivio. Nam qui multum in suorum misericordia ponunt, ignorant, quam celeriter lacrimae inarescant. [12] Nemo fideliter diligit, quem fastidit: nam et calamitas querula est et superba felicitas. Ita suam quisque fortunam in consilio habet, cum de aliena deliberat. Nisi mutuo miseri essemus, olim alius alii potuissemus esse fastidio: quid mirum est fortunatos semper parem quaerere? [13] Obsecro vos, olim vita defuncti quaeramus locum, in quo haec semesa obruamus. Grati prorsus coniugibus, quas iuvenes duximus, revertemur! Liberi in flore et aetatis et rerum adgnoscent patres ergastuli detrimenta! [14] Et quota pars nostri tot obire terras potest? Procul Europa in ultima Orientis relegati, senes, debiles, maiore membrorum parte mulcati tolerabimus scilicet, quae armatos et victores fatigarunt. [15] Coniuges deinde, quas captis fors et necessitas unicum solacium adplicuit, parvosque liberos trahimus nobiscum an relinquimus? [16] Cum his venientes nemo adgnoscere volet: relinquemus ergo exemplo praesentia pignora, cum incertum sit, an visuri simus illa, quae petimus? Inter hos latendum est, qui nos miseros nosse coeperunt.' Haec Euctemon. [17] Contra Theaetetus Atheniensis orsus est dicere: Neminem pium habitu corporis suos aestimaturum, utique saevitia hostis, non natura calamitosos. Dignum esse omni malo, qui erubesceret fortuito: tristem enim de mortalitate ferre sententiam et desperare misericordiam, quia ipse alteri denegaturus sit. [18] Deos, quod ipsi numquam optare ausi forent, offerre: patriam, coniuges, liberos et, quidquid homines vel vita aestimant vel morte redimunt. [19] Quin illi ex hoc carcere erumperent? alium domi esse caeli haustum, alium lucis aspectum. Mores, sacra, linguae commercium etiam a barbaris expeti: quae ingenita ipsi omissuri sint sua sponte, non ob aliud tam calamitosi, quam quod illis carere coacti essent. [20] Se certe rediturum ad penates et in patriam tantoque beneficio regis usurum: si quos contubernii liberorumque, quos servitus coegisset adgnoscere, amor detineret, relinquerent, quibus nihil patria carius est. [21] Pauci huius sententiae fuere: ceteros consuetudo, natura potior, vicit. Consenserunt, petendum esse a rege, ut aliquam ipsis attribueret

nung. Gefangene Griechen waren es, 4,000 ungefähr, die die Perser auf vielfache Weise verstümmelt hatten. Den einen waren die Füße, anderen Hände und Ohren abgehauen: und mit barbarischen Schriftzeichen gebrandmarkt, hatte man sie, um immer seinen Spott mit ihnen treiben zu können, zurückbehalten. Als man sich nun selbst unter fremder Herrschaft sah, hatte man sich ihrem Wunsch, dem König entgegenzugehen, nicht widersetzt. Nie gesehene Gestalten, keine Menschen schienen es zu sein, und nichts als die Stimme war an ihnen erkennbar. So entlockten sie den Makedoniern mehr Tränen als sie selbst vergossen hatten: Denn bei dem vielfachen und mannigfaltigen Schicksal der Einzelnen ließ sich, wenn man ihre zwar ähnlichen und dennoch verschiedenen Verstümmelungen betrachtete, nicht entscheiden, wer der Beklagenswerteste unter ihnen sei. Als die nun gar gemeinsam riefen, Zeus habe endlich als Rächer Griechenlands die Augen geöffnet, da schien es ihnen selbst, als seien sie alle auf gleiche Weise misshandelt worden. Der König trocknete sich die Tränen, die er vergossen hatte, und sagte, sie sollten guten Mutes sein und die Vaterstadt und die Gattin wiedersehen. Dazu schlug er zwei Stadien vor der Stadt ein festes Lager auf. Die Griechen hatten sich außerhalb des Lagers begeben, um zu beratschlagen, was sie am liebsten vom König erbitten sollten, und da es den einen besser schien, ihn um Wohnsitze in Asien zu bitten, den anderen, in die Heimat zurückzukehren, so soll Euktemon aus Kyme folgendermaßen zu ihnen gesprochen haben: „Wir, die wir uns eben noch geschämt haben, selbst als Hilfesuchende aus dem Dunkel unseres Gefängnisses hervorzutreten, möchten, wie die Sachen nun stehen, Griechenland unsere Verstümmelung, über die wir, ich weiß nicht, ob mehr beschämt oder betrübt sein sollen, gleichsam als ein erfreuliches Schauspiel zeigen. Nur aber erträgt der sein Elend am besten, der es verbirgt, und es gibt für den Unglücklichen keine bessere Heimat als die Einsamkeit und das Vergessen seines früheren Daseins. Denn wer viel auf das Mitleid der Seinen baut, der weiß nicht, wie schnell Tränen vertrocknen. Niemand liebt treu den, vor dem es ihn ekelt; denn einerseits ist das Unglück zum Klagen, andererseits das Glück zum Hochmut geneigt. So lässt sich jedermann von seiner eigenen Lage leiten, wenn er über die eines anderen urteilt. Wären wir nicht allesamt elend, so hätten auch wir einmal einer dem anderen zum Ekel werden können: Ist es denn ein Wunder, wenn die Glücklichen immer ihresgleichen suchen? Ich beschwöre euch, lasst uns, für die es längst mit dem Leben vorbei ist, einen Ort zu suchen, diese unsere nur noch halben Gliedmaßen zu vergraben und unsere grässlichen Narben in der Fremde zu verbergen! Recht willkommen werden wir zu unseren Frauen, die wir als junge Männer heirateten, zurückkehren! Denn unsere Kinder, in der Blüte ihres Lebens und ihres Besitzes, werden sie an diesen Resten, die die Sklavenarbeit übrig gelassen hat, ihre Väter erkennen wollen? Wie viele von uns sind noch in der Lage, so viele Länder zu durchwandern? Fern von Europa in den äußersten Orient fortgeschickt, sollen wir Greise, Schwache und des größeren Teils unserer Gliedmaßen Beraubte das aushalten, was die Kraft bewaffneter und siegreichen Männer erschöpft hat! Ferner die Frauen, die in unserer

---

sedem. [22] C ad hoc electi sunt: quos Alexander ratus, quod ipse praestare cogitabat, petituros, ‚Iumenta', inquit, ‚adsignari, quae vos veherent, et singulis vestrum milia denarium dari iussi. Cum redieritis in Graeciam, praestabo, ne qui statum suum, si haec calamitas absit, vestro credat esse meliorem.' [23] Illi obortis lacrimis terram intuebantur nec aut erigere vultus aut loqui audebant: tandem rege tristitiae causam exigente Euctemon similia iis, quae in consilio dixerat, respondit. [24] Atque ille non fortunae solum eorum, sed etiam paenitentiae misertus terna milia denarium singulis dari iussit: denae vestes adiectae sunt et armenta cum pecoribus ac frumento data, ut coli serique attributus iis ager posset.

Gefangenschaft Zufall und Not als einzigen Trost mit uns verbanden, und unsere kleinen Kinder, sollen wir sie mit uns schleppen oder zurücklassen? Kommen wir mit ihnen, wird uns niemand unserer Angehörigen mehr erkennen wollen. Wir wollen also ohne weiteres diese gegenwärtigen Liebespfänder zurücklassen, da es doch ungewiss ist, ob wir jene, zu denen wir uns aufmachen wollen, erblicken werden? Nein, inmitten derer müssen wir uns verbergen, die unser Elend von Anfang an kennen." So also sprach Euktemon. Dagegen erhob sich der Athener Theaitetos und sprach: Kein treuer Verwandter werde seine Angehörigen nach ihrem körperlichen Äußeren beurteilen, zumal wenn sie durch die Grausamkeit der Feinde, nicht von Natur aus Krüppel seien. Der sei jedes Unglücks wert, der sich des Unverschuldeten schäme, denn er spreche ein trauriges Urteil über die Menschheit und verzweifle an ihrer Barmherzigkeit, weil er sie einem anderen selbst verweigern würde. Die Götter böten ihnen, was sie selbst niemals zu wünschen gewagt hätten, Vaterland, Gattinnen, Kinder und was nur immer die Menschen so lieben wie ihr Leben und selbst durch den Tod wiederzuerkaufen versuchen. Ja, ausbrechen sollten sie aus diesem Gefängnis! Eine andere Luft atme man in der Heimat, eine andere Sonne leuchte dort. Sitten, heilige Gebräuche, sogar Umgangssprache entlehnten sie hier von den Barbaren und, wollten sie diese angeborenen Güter freiwillig aufgeben, so sei ihr schwerstes Unglück gerade dies, dass sie gezwungen seien, all das zu entbehren. Er wenigstens werde in sein Haus und in sein Vaterland zurückkehren und von dieser großen Wohltat des Königs Gebrauch machen. Wenn welche von der Liebe zu ihren Sklavenfrauen und den Kindern, die sie notgedrungen in der Knechtschaft als solche anerkannt hätten, sich wollten festhalten lassen, so sollten die, denen nichts teurer wäre als ihr Vaterland, sie verlassen. Wenige waren dieser Ansicht: bei den Übrigen überwog die Gewohnheit, die stärker ist als die Stimme der Natur. Sie verständigten sich darauf, den König zu bitten, dass er ihnen irgendeinen Wohnsitz anweisen möge. Dazu wurden Hundert aus ihrer Mitte ausgewählt. Da Alexander glaubte, sie kämen, sich das zu erbitten, was er selbst für das Bessere hielt, so sprach er: „Ich habe den Befehl gegeben, euch Tiere zum Reiten anzuweisen, und jedem von euch 1.000 Denare auszuzahlen. Seid ihr nach Griechenland zurückgekehrt, so will ich dafür sorgen, dass, abgesehen von diesem eurem Unglück, niemand seine Lage für besser halten soll als die eure." Jene blickten, Tränen in den Augen, zur Erde und wagten weder die Augen aufzuschlagen noch zu sprechen. Endlich, als sie der König nach dem Grund ihrer Trauer befragte, antwortete ihm Euktemon ähnlich, wie er bei der Beratung gesprochen hatte. Da befahl der König, voll Mitleid nicht nur für ihr Schicksal, sondern auch für ihre Sorgen, jedem 3.000 Denare zu geben, dazu noch Gewänder, Rinder, Schafe und Getreide, um den ihnen zugeteilten Acker bearbeiten und besäen zu können.

Diod. XVII 69, 1–9:[2]
Auf dem Weitermarsch nach Persepolis (...) überbrückte er den Fluß Araxes und setze seine Truppen ans andere Ufer. Beim weiteren Vorrücken bot sich ihm ein unerwartetes,

---

2   Übers. Veh/Böhme 2009. Text: [1] μετὰ δὲ ταῦτα ἐπὶ τὴν Περσέπολιν προάγων κατὰ τὴν ὁδὸν διόπερ ὁ Ἀλέξανδρος κατὰ σπουδὴν ἦγε τὴν δύναμιν καὶ τὸν Ἀράξην ποταμὸν ζεύξας διεβίβασε τοὺς στρατιώτας. [2] προάγοντος δὲ τοῦ βασιλέως θέαμα παράδοξον καὶ δεινὸν ὤφθη, μισοπονηρίαν μὲν περιέχον κατὰ τῶν πραξάντων, ἔλεον δὲ καὶ συμπάθειαν ἐπιφέρον πρὸς τοὺς ἀνήκεστα πεπονθότας. [3] ἀπήντησαν γὰρ αὐτῷ μεθ' ἱκετηρίων Ἕλληνες ὑπὸ τῶν πρότερον βασιλέων ἀνάστατοι γεγονότες, ὀκτακόσιοι μὲν σχεδὸν τὸν ἀριθμὸν ὄντες, ταῖς δ' ἡλικίαις οἱ πλεῖστοι μὲν γεγηρακότες, ἠκρωτηριασμένοι δὲ πάντες, οἱ μὲν χεῖρας, οἱ δὲ πόδας, οἱ δὲ ὦτα καὶ ῥῖνας:

schreckliches Schauspiel, das Haß gegen die Übeltäter, Mitleid aber und Mitgefühl mit den unseligen Opfern erweckte. Es kamen ihm nämlich, mit Ölzweigen versehen, schutzflehende Griechen entgegen, die von den früheren Perserkönigen aus ihrer Heimat verschleppt worden waren, etwa achthundert an der Zahl und zwar meist ältere Personen. Sämtliche waren verstümmelt, die einen an den Händen, die anderen an den Füßen, wieder andere an Ohren und Nasen. Da sie über Kenntnisse und Fertigkeiten verfügten und in ihrer Ausbildung Fortschritte gemacht hatten, hatte man ihnen alle übrigen Gliedmaßen abgeschlagen und nur jene belassen, die sie zur Ausübung ihrer Fertigkeiten brauchten. Und so mußten alle Soldaten angesichts ihres ehrwürdigen Alters und der körperlichen Leiden die Schicksale der unglücklichen Menschen bemitleiden, am meisten aber war Alexander von den Ärmsten gerührt und konnte sich der Tränen nicht erwehren.

Als sie nun allesamt ihre Stimme erhoben und Alexander baten, sich ihres persönlichen Unglücks anzunehmen, rief er seine Offiziere zu sich, ehrte die Männer seinem Großmut entsprechend und sagte ihnen zu, daß er sich ihre Rücksendung in die Heimat ganz besonders angelegen sein lasse. Als sie sich aber daraufhin versammelten und zu Rate gingen, wollten sie doch lieber an Ort und Stelle bleiben als nach Hause zurückkehren. Bringe man sie nämlich heil in die Heimat, würden sie in kleine Scharen aufgeteilt und müßten bei ihrem weiteren Aufenthalt in den Städten ob ihres schlimmen Schicksals Schmähungen hinnehmen. Dürften sie hingegen als Unglücksgefährten in einer Gemeinschaft beisammen leben, so fänden sie Trost für ihre eigene Verstümmelung in der ähnlichen Lage der anderen. Sie erschienen darum erneut vor dem König, taten ihm ihre Entscheidung kund und baten ihn um seine Hilfe, die ihrem Zustand entspreche. Alexander war mit ihrem Beschluß einverstanden und machte einem jeden dreitausend Drachmen zum Geschenk, ferner fünf Männer- und ebenso Frauenkleidungen, außerdem noch zwei Rindergespanne, fünfzig Schafe und fünfzig Scheffel Weizen. Auch befreite er sie von jeder Abgabe an den König und beauftragte ihre Vorsteher, dafür zu sorgen, daß ihnen von niemandem Unrecht geschehe. Durch solche Wohltaten erleichterte Alexander entsprechend seiner angeborenen Menschenfreundlichkeit das Los dieser Unglücklichen.

---

[4] τῶν δ' ἐπιστήμας ἢ τέχνας εἰδότων καὶ ἐν παιδείᾳ προκεκοφότων τὰ μὲν ἄλλα τῶν ἀκρωτηρίων ἀπεκέκοπτο, αὐτὰ δὲ μόνα τὰ συνεργοῦντα πρὸς τὰς ἐπιστήμας ἀπελέλειπτο· ὥστε πάντας ὁρῶντας τὰ τῆς ἡλικίας ἀξιώματα καὶ τὰς περιεχούσας τὰ σώματα συμφορὰς ἐλεεῖν τὰς τύχας τῶν ἀκληρούντων, μάλιστα δὲ αὐτὸν τὸν Ἀλέξανδρον συμπαθῆ γενέσθαι τοῖς ἠτυχηκόσι καὶ μὴ δύνασθαι κατασχεῖν τὰ δάκρυα. [5] ἀναβοησάντων δὲ ἅμα ἁπάντων καὶ τὸν Ἀλέξανδρον ἀξιούντων ἀμῦναι ταῖς ἰδίαις συμφοραῖς ὁ μὲν βασιλεὺς προσκαλεσάμενος τοὺς προεστηκότας καὶ τῆς αὑτοῦ μεγαλοψυχίας ἀξίως τιμήσας ἐπηγγείλατο πολλὴν πρόνοιαν ποιήσασθαι τῆς ἐπ' οἶκον ἀνακομιδῆς. [6] οἱ δὲ συνελθόντες καὶ βουλευσάμενοι προέκριναν τὴν αὐτόθι μονὴν τῆς εἰς οἶκον ἀνακομιδῆς. ἀνασωθέντας μὲν γὰρ αὐτοὺς διασπαρήσεσθαι κατ' ὀλίγους καὶ περιόντας ἐν ταῖς πόλεσιν ἐπονείδιστον ἕξειν τὴν ἐκ τῆς τύχης ἐπήρειαν· μετ' ἀλλήλων δὲ βιοῦντας, τὴν ὁμοίαν συμφορὰν ἔχοντας, παραμύθιον ἕξειν τῆς ἰδίας ἀκληρίας τὴν τῶν ἄλλων τῆς ἀκληρίας ὁμοιότητα. [7] διὸ καὶ πάλιν ἐντυχόντες τῷ βασιλεῖ καὶ τὴν ἰδίαν κρίσιν δηλώσαντες ἐδέοντο πρὸς ταύτην τὴν ὑπόστασιν οἰκείαν παρέχεσθαι βοήθειαν. [8] ὁ δὲ Ἀλέξανδρος συγκαταθέμενος τοῖς δεδογμένοις τρισχιλίας μὲν ἑκάστῳ δραχμὰς ἐδωρήσατο καὶ στολὰς ἀνδρείας πέντε καὶ γυναικείας ἴσας, [9] ζεύγη δὲ βοϊκὰ δύο καὶ πρόβατα πεντήκοντα καὶ πυρῶν μεδίμνους πεντήκοντα· ἐποίησεν δὲ καὶ ἀτελεῖς αὐτοὺς παντὸς βασιλικοῦ φόρου καὶ τοῖς ἐπιστάταις προσέταξε φροντίζειν ὅπως μηδ' ὑφ' ἑνὸς ἀδικῶνται.

Iust. XI 14, 10–12:[3]

Er (scil. Alexander) eroberte auch Persepolis, die Hauptstadt des Perserreichs, eine seit vielen Jahren ruhmreiche Stadt, angefüllt mit den Beutestücken des ganzen Erdkreises, welche erst jetzt zugleich mit dem Untergang des Reiches zum Vorschein kamen. Indessen kamen an die achthundert Griechen zu Alexander, welche zur Strafe ihrer Gefangennahme die Verstümmelung eines Teils ihres Leibes hätten ertragen müssen; diese baten ihn, er möge wie ganz Griechenland, so auch sie von der Grausamkeit der Feinde befreien. Ihnen wurde die Möglichkeit geboten, in die Heimat zurückzukehren; aber sie wollten lieber Land erhalten, um nicht mit ihrer Rückkehr ihren Eltern weniger Freude als Schande und Abscheu über ihren Anblick zu bieten.

Curtius berichtet, dass, als Alexander schon in der Nähe von Persepolis war, ihm gefangene Griechen entgegenkamen, die von den Persern auf verschiedene Art und Weise verstümmelt (die einen hatten die Füße, die anderen die Hände oder die Ohren verloren) und mit barbarischen Schriftzeichen gebrandmarkt worden waren. Was an ihnen übrig blieb, waren die Körperteile, die der Perserkönig benötigte, um sie als Arbeitskräfte nutzen zu können. Ansonsten sahen sie nicht mehr wie Menschen aus, abgesehen von ihrer Stimme, an der man sie noch erkennen konnte. Alexander wurde durch die Szene so tief berührt, dass er in Tränen ausbrach. Curtius unterstreicht, seine Tränen seien zahlreicher gewesen als die, die die Gefangenen selbst vergossen hätten. Dann sagte Alexander ihnen, sie sollten guten Mutes sein und in die Heimat zurückkehren. Sie sollten beratschlagen, was sie am liebsten vom König erbitten wollten. Sie seien sich aber nicht einig gewesen: Einige hätten in Asien bleiben, andere in die Heimat zurückkehren wollen. Für erstere spricht Euktemon aus Kyme: Er sagt, um das eigene Elend am besten ertragen zu können, gebe es keine bessere Heimat als die Einsamkeit und das Vergessen des früheren Zustandes. Für sie sei die Möglichkeit, von den geliebten Menschen geliebt zu werden, vorbei: Niemand liebe den, vor dem es ihn ekele, ihre Frauen würden nichts mehr mit ihnen zu tun haben und ihre kleinen Kinder würden sie nicht erkennen wollen. Die einzige Möglichkeit, ihren Zustand besser zu ertragen, sei zusammenzubleiben, um sich gegenseitig zu unterstützen: Da sie allesamt elend seien, könnten sie nicht dem anderen zum Ekel werden. Deswegen sollten sie einen Ort in Asien suchen. Wenn sie sich jedoch für eine Rückkehr entscheiden sollten, würden zusätzliche praktische Probleme auftreten: Wie viele unter ihnen würden den langen Weg nach Hause überleben, und was werde aus den Frauen und Kindern, die ihr einziger Trost in der Gefangenschaft gewesen seien? Sie sähen nicht vorteilhaft aus, wenn sie sich mit ihrer alten Familie wieder vereinen wollten. Gegen Euktemons Argumente äußert sich der Athener Theaitetos. Das Ekelmotiv sei nicht nachvollziehbar, da kein treuer Verwandter seine Angehörigen nach ihrem Äußeren beurteile, besonders, wenn das schreckliche Aussehen durch die Grausamkeit der Feinde verursacht worden sei. Die Götter böten ihnen gerade an, alles zurückzubekommen, von dem sie nicht mehr gedacht hätten es zurückzubekommen. Deswegen sollten sie dieses Gefängnis verlassen und nicht auf ihre Sitten und ihre Heimat verzichten, nur weil die Barbaren sie gezwungen hätten, so zu leben. Theaitetos wünscht sich, in seine Heimat zurückkehren zu können und bittet die, denen die Heimat das

---

[3] Übers. Seel 1972. Text: [10] Expugnat et Persepolim, caput Persici regni, urbem multis annis inlustrem refertamque orbis terrarum spoliis quae interitu eius primum apparuere. [11] Inter haec octingenti admodum Graeci occurrunt Alexaudro, qui poenam captiuitatis truncata corporis parte tulerant, rogantes ut sicuti Graeciam se quoque ab hostium crudelitate uindicaret. [12] Data potestate redeundi agros accipere maluerunt, ne non tam gaudium parentibus quam detestandum sui conspectum reportarent.

Wichtigste ist, ihre Meinung zu äußern. Da die meisten inzwischen daran gewohnt waren, in Asien zu wohnen, fragten sie den König nach einer neuen Siedlung vor Ort. Alexander war von der Entscheidung zunächst überrascht, befahl dann aber, jedem 3 000 Denare zu geben sowie Gewänder, Rinder, Schafe und Getreide, damit sie ein neues Leben als freie Menschen in Asien beginnen könnten.

Was Diodor angeht, so beschreibt er, noch bevor er einen Hinweis darauf gibt, was danach geschah, welche Gefühle durch das Zusammentreffen mit den Verstümmelten in Alexander geweckt wurden: auf der einen Seite Hass gegen die Übeltäter, auf der anderen Seite Mitleid und Mitgefühl mit den Opfern. Später schreibt er, alle Soldaten hätten angesichts ihres Leidens die Schicksale der unglücklichen Menschen bemitleidet, aber es ist Alexander selbst, der am meisten von ihrem Schicksal gerührt ist und in Tränen ausbricht. Die Opfer sind schutzflehende, meist ältere Personen. Ohne Ausnahme sind alle unterschiedlich verstümmelt worden: Jeder hatte nur die Körperteile behalten dürfen, die für die eigens vom Perserkönig bestimmte Tätigkeit nötig waren. Alexander bietet ihnen dann an, sich um ihre Rücksendung in die Heimat zu kümmern. Sie entscheiden aber gemeinsam, dort zu bleiben, wo sie sind: So müssen sie sich nicht gegenüber ihren Mitbürgern schämen und können sich gegenseitig schützen und trösten. Alexander schenkt ihnen dann entsprechend seiner Menschenfreundlichkeit Geld, Kleidung, Weizen und Fleisch und verbessert auf diese Weise deutlich ihre Lage. Und noch dazu befreit er sie von jeder Abgabe an den König und sorgt dafür, dass ihnen von niemandem Unrecht geschieht.

Auch Trogus/Iustin erzählen, dass Alexander, als er die Hauptstadt des Perserreichs mit ihren damals noch geheimnisvollen Beutestücken erobert habe, diesen Opfern der persischen Gewalt begegnet sei: Die achthundert verstümmelten Griechen seien zu Alexander gekommen und hätten ihn gebeten, sie von der Grausamkeit des Perserkönigs zu befreien. Ihnen sei von Alexander die Möglichkeit geboten worden, in die Heimat zurückzukehren; sie hätten aber entschieden, dort zu bleiben, wo sie seien, um nicht mit ihrer Rückkehr ihre Eltern wegen ihres schlechten Zustands zu quälen und ihnen Schande zu bringen.

9.2 Erläuterung

In ihrer Beschreibung der Ankunft Alexanders des Großen in Persepolis 330 v. Chr. widmen Curtius Rufus, Diodor und Justin einen Abschnitt den gefangenen Griechen, die dort zu finden gewesen seien. Bei anderen Autoren, etwa Arrian und Plutarch, findet sich hingegen dazu nichts.

Wenn man den Text des Curtius liest, wird sofort klar, dass der Autor – die Frage nach der Historizität der Episode soll zunächst außen vor bleiben – die Begebenheit nutzt, um seine rhetorischen Fähigkeiten zu zeigen. Anhand von zwei Rednern, die sich für unterschiedliche Beschlüsse aussprechen, konstruiert er eine Polarität, die in These, Antithese und Beschluss strukturiert ist:[4] Euktemon fängt an und listet die Gründe auf, warum die Griechen in Asien bleiben

---

4 Das Word Synthese wird bewusst vermieden. Man kann den Begriff nicht im modernen Sinne für die Antike verwenden, da die Synthese die Widersprüche von These und Antithese umfasst, während das bei Platon zu findende Wechselgespräch als Prozess des Erkenntnisgewinns das Wissen überprüft und die richtige Meinung bzw. die Wahrheit ans Licht bringt (so Men. 75d). S. etwa Krämer 1966; Riggenbach 2000, 279–82;

sollten. Theaitetos' Aufgabe ist es, auf die verschiedenen Argumente eine Antwort zu finden. Da Euktemons stärkstes Argument gegen die Rückkehr ist, dass die in Griechenland gebliebenen Familien sich schämen und die Gefangenen sich deswegen in der Heimat fehl am Platz fühlen würden und es ihnen sogar schlechter als in Asien gehen werde, erklärt Theaitetos, dass sie sich ganz im Gegenteil nicht schämen müssten, und erläutert die Gründe, warum die Familien sie doch mit offenen Armen empfangen würden. Die Rede des Theaitetos besitzt aber einen schwachen Punkt: Die während der Gefangenschaft geborenen Kinder können selbstverständlich nicht mitgenommen werden; hier kann er Euktemon nicht widersprechen und deutet nur an, nichts könne so wichtig sein, wie wieder in der eigenen Heimat zu sein, auch diese Kinder nicht. Diese Schwierigkeit leitet die Schlussfolgerung ein: Die Griechen entschließen sich, in Asien zu bleiben.

Der Text Diodors, wenn auch kürzer und weniger rhetorisch im Aufbau, zeigt teilweise wörtliche Entsprechung mit dem Text des Curtius. Dies ist nicht der einzige Fall, in dem sich die Autoren einig sind. Dasselbe findet man beispielsweise wenig später in der Feldzugserzählung, d.h. beim Brand der Paläste in Persepolis.[5] Die Entsprechungen weisen auf die Nutzung einer gemeinsamen Quelle hin: Diese dürfte Kleitarchos gewesen sein, der die Quelle von Diodor XVII 64–83 ist.[6]

Die Erzählung von Trogus/Iustin ist noch weniger detailliert. Im Bericht sind die Hauptbestandteile der Episode nützlich: Die Griechen, denen Alexander begegnet, sind von den Persern verstümmelt worden und leben unter ihrer gewalttätigen Macht. Sie werden von Alexander von jeder Abgabe an den König befreit, möchten aber nicht in die Heimat zurückfahren, um den Verwandten nicht zusätzliches Leid anzutun.

Bei Diodor und Trogus scheint die Episode nicht *per se* eine Rolle gespielt zu haben. Sie dürfte nur deswegen aufgenommen worden sein, weil sie in den Vorlagen zu finden war.

Was die Chronologie der angeblichen Umsiedlung angeht, ist bei Diodor zu lesen, die Griechen seien schon von den früheren Perserkönigen deportiert worden, während Curtius und Iustin gar keine chronologischen Angaben machen. In den Quellen findet man keine Informationen über die Umstände, unter denen die Griechen aus der Heimat entfernt worden sein könnten. Wenn man die Information Diodors, dass sie von den früheren Königen verschleppt worden seien, für authentisch hält, führt dies zu den Vorgängern Dareios' III. (336–30 v. Chr.) in der Herrschaft. Curtius berichtet, die Gefangenen hätten in Griechenland Kinder zurücklassen müssen und diese befänden sich jetzt in der Blüte ihres Lebens. D.h., dass seit der Deportation geschätzte 20–25 Jahre vergangen sind, was ein Hinweis darauf ist, dass diese Griechen von Artaxerxes III. (358–38 v. Chr.) umgesiedelt worden sein könnten. Zwei von Artaxerxes III. durchgeführte Deportationen sind dokumentiert und werden in dieser Studie berücksichtigt: die der Juden nach Hyrkanien[7] und die der Sidonier nach Babylonien und Susa.[8] Da aber keine Quelle erwähnt,

---

Geiger 2006. Erst Schelling hat die Methode des Dreischritts von These, Antithese und Synthese ausdrücklich mit dem Begriff Dialektik, d.h. „Kunst der Unterredung", bezeichnet. Es ist hier nicht der Ort, um die vollständige Literatur über die Dialektik bei Schelling und Hegel zu nennen; für eine erste Beschäftigung mit der Frage: Hartkopf 1976; Röd² 1986.

5   Vgl. die Geschichte der Thais in Diod. XVII 72, 1–6 und Curt. V 7, 2–7. Auch in diesem Fall findet man bei Arrian nichts. Für andere Parallelen: Schwartz 1901, 1873–4.
6   So Hammond 1983, 54.79.131. Seiner Meinung nach ist Kleitarchos immer die Quelle, die Diodor „for the great occasions in A.'s career" benutzt (79). Kleitarchos ist generell eine beliebte Quelle der sog. ‚Vulgatatradition' Alexanders. Badian 1965; Schachermeyer 1970, 211–24; Hammond 1983, 84–5; Prandi 1996, 66–71.
7   S. u. im Kapitel 13.
8   S. u. im Kapitel 12.

woher diese Griechen kamen, ist es unmöglich, etwas über die Umstände der angeblichen Deportation zu sagen.

Der von Curtius erwähnten Zahl von 4000 Personen wird sowohl von Diodor als auch von Justin widersprochen: Beide geben eine Zahl weit darunter an, nämlich 800 Individuen. Die Tatsache, dass Diodor mit seinen Zahlenangaben gegenüber den übereinstimmenden Ziffern von Justin und Curtius mehrmals allein steht,[9] könnte dafür sprechen, dass 800 die korrekte Zahl und die Zahl 4000 ein Irrtum ist. Es ist aber immer Vorsicht geboten, was die Zahlenangaben angeht, die nicht epigraphisch, sondern literarisch überliefert sind,[10] da sie häufig einfach unpräzise sind[11] oder aus verschiedenen Gründen unzuverlässig.

Was bei Curtius ausführlich und detailliert beschrieben wird, ist die Verfassung der Umgesiedelten: Sie seien derart verstümmelt worden, dass nur die Körperteile, die für die ihnen zugeordnete Arbeit nötig gewesen seien, unversehrt geblieben seien. Das Abtrennen von Gliedmaßen ist eine der Formen physischer Gewalt, die in den ‚Historien' Herodots als gewöhnliche Strafmaßnahme bei den Persern erwähnt wird: das Abschneiden der Ohren, der Nase, der Lippen und der Zunge; reichliche Beispiele dieser Praxis findet man in den altorientalischen Quellen.[12] Nach Curtius sind diese „Sklaven" auch mit „barbarischen Buchstaben" gekennzeichnet worden. Es ist bekannt, dass im Neubabylonischen Reich die für den Tempel bestimmten Sklaven mit dem Gottessymbol[13] und die von Privatleuten gehaltenen Sklaven mit dem Namen ihres Besitzers[14] gekennzeichnet waren; auf die gleiche Weise wurde in bestimmten Fällen auch mit den Tempeldienern verfahren.[15] Eine derartige Vorgehensweise galt im antiken Nahen Osten demnach als eindeutiges Zeichen für Abhängigkeit,[16] und unsere Quellen belegen ein Andauern der Brandzeichnung der privaten Sklaven auch in achaimenidischer Zeit.[17] Eine in Matezziš bei Persepolis zur Zeit des Kambyses geschriebene Tafel berichtet von einem Sklaven, der einem Babylonier mit Namen Itti-Marduk-balatu gehörte und dessen Hand zwei Inschriften, die erste auf Akkadisch und die zweite auf Aramäisch, trug.[18] Und auch die einzige aus Persepolis bekannte Tafel auf Akkadisch enthält eine Klausel, nach der derjenige, der einen gekennzeichneten Sklaven verkauft,

---

9 So Atkinson 1980, 61.
10 Diesbezüglich ist die Arbeit Stangls (2008) zu betrachten, die die verschiedenen Methoden der Schätzung der demographischen Zahlenangaben in den antiken Texten zu kombinieren und zu bewerten versucht. Der Autor zeigt, dass die literarischen und historischen Quellen zwar einen sehr wichtigen Beitrag leisten, aber nur wenn sie mit archäologischen Befunden, Modellen der Demographie, Wirtschaft, Ökologie und Technologie kombiniert werden können.
11 Zahlenangaben in literarischen Texten sind deshalb unzuverlässig, weil manche Autoren sie einfach erfinden. Oft sind sie auch Rundzahlen (so Dreizehnter 1978, 1–2).
12 S. Katalog der Passagen bei Rollinger 2010a, 590 ff. Für die einzelnen Beispiele s. Rollinger 2010a, 601–2.
13 Dandamayev 1984, 488 ff.
14 Cardascia 1951, 172; Greenfield 1991, 183.
15 Es handelt sich hierbei besonders um die geflohenen und wieder eingefangenen *širkus* (so Kleber 2011, 101–2). Zum širkus s. a. u.
16 So Culbertson 2011, 6.
17 In achaimenidischer Zeit ist nämlich neben privaten Sklaven die Existenz königlicher Sklaven (akk. *arad-šarrūtu*) ausreichend belegt, wie auch die der *arad-ekalli*, der Palastsklaven, die in den königlichen Gemächern dienten. Zu ihnen zählten wohl auch diejenigen Eunuchen und Mädchen, die die Einwohner von Kolchis und Babylonien jedes Jahr dem König geschickt haben sollen (Hdt. III 92.97; dazu Dandamayev 1984, 113 ff.). S. a. u. im Kapitel 12. Zum Thema Sklaverei s. u. im Kapitel 17 und Wiesehöfer 2012.
18 Camb. 143.

bestätigt, dass es sich nicht um einen königlichen Sklaven oder um einen freien Bürger handele.[19] Die Behauptung des Curtius scheint demnach nicht komplett aus der Luft gegriffen. Herodot berichtet zudem, dass einige Thessaler, die bei den Thermopylen kämpften, durch στίγματα βασιλήια gekennzeichnet worden seien.[20]

Die Arbeit von Sklaven ist auch für Griechenland in der klassischen Zeit dokumentiert.[21] Der Fall der Minen von Laureion ist besonders bedeutsam: Auf dem Höhepunkt ihrer Nutzung sollen 30.000 Bergwerkssklaven in mehreren hundert Minen beschäftigt gewesen sein, von denen die Mehrzahl Nicht-Griechen aus dem Norden oder aus Kleinasien waren.[22] Was die von Privaten besessenen Sklaven angeht, sind Informationen in Gerichtsreden zu finden. Lysias dürfte übertreiben, wenn er erzählt, dass alle Bürger Sklaven besäßen,[23] aber seine Aussage weist darauf hin, dass Sklaven zu besitzen ein sehr verbreitetes Phänomen war. In einem ἐργαστήριον (= Curtius' *ergastula*) des Timarchos arbeiteten 9 bzw. 10 Sklaven, die Schuhe herstellten;[24] der Vater des Demosthenes hatte eine Werkstatt mit 32 bzw. 33 Sklaven, in der Schwerter gefertigt wurden, sowie eine Möbelwerkstatt mit 20 Sklaven.[25] Die Nutzung von Sklaven in Werkstätten soll die übliche Praxis gewesen sein. Dies zeigt auch Thukydides' Aussage, nach der die Flucht von über 20.000 Sklaven während des sog. Dekeleischen Krieges den Athenern sehr schweren Schaden zugefügt habe.[26]

Demnach könnte es so gewesen sein, dass die Deportierten vom Perserkönig versklavt worden waren, da Hinweise auf die Praktik sowohl in den persischen als auch in den klassischen Quellen zu finden sind. Es gibt aber keine Informationen darüber, ob damit die Griechen gemeint sind, die angeblich nach Persepolis deportiert wurden.

Die Episode wird besonders von Diodor sehr dramatisch geschildert. Während es bei Curtius ein Zeichen des Mitgefühls Alexanders ist, dass er sich nach dem Weinen die Tränen abtrocknet, berichtet Diodor, noch bevor er die Episode erzählt, dass Alexander von sehr starken Gefühlen erschüttert wird: einerseits von Hass gegen die Täter, andererseits von Mitleid mit den Opfern. Alle Soldaten bemitleiden das Schicksal der unglücklichen Menschen, jedoch wird unterstrichen, dass es unter ihnen Alexander selbst ist, der am meisten gerührt ist und sich der Tränen nicht erwehren kann. Und am Ende seines Textes fügt Diodor noch hinzu, Alexander habe durch seine Wohltaten – die gleichen, die auch bei Curtius zu finden sind – den Opfern die Situation erleichtert, weil er eine angeborene Menschenfreundlichkeit besessen habe. Das Verhalten Alexanders gegenüber diesen Verstümmelten ist auch aus einem anderen Grund erwähnenswert. Es gibt in unseren Quellen keinen Fall von Alexanders Philanthropia nach 334 v. Chr., höchstens bei Arrian im Fall der Skythen Euergeten.[27] Alexander zeigte wenig Sensibilität für erlittenes Leid. Meines Erachtens ist aber sein Mitleid in der Passage Mittel zum Zweck der perserfeindlichen Propagan-

---

19 PFT 1786 (dazu Stolper 1984) und unter den aramäischen Dokumenten aus Ägypten: DAE 41 [AP 28]; DAE 22 (,Bodleian Ostracon').
20 Hdt. VII 233, 2.
21 Der Erforschung der Sklaverei im antiken Griechenland stehen unzureichende Quellen zur Verfügung; sie sind zudem nahezu allein auf Athen bezogen, und kein Werk ist speziell dem Thema der Sklaverei gewidmet. S.u. im Kapitel 17.
22 Laufer² 1979; allgemein dazu Rihll 2010.
23 Lys. or. V 5; dazu: Welwei² 1998, 221.
24 Aischin. Tim. 97.
25 Demosth. or. XVII 9.
26 Thuk. VII 27, 5.
27 Arr. Exped. Alex. III 27, 4.

da: Die für seine Verhältnisse extreme Emotionalität Alexanders ist die passende Antwort auf die Grausamkeit der Perser.

9.3 Die Frage der Historizität

Die Frage der Historizität der Passage ist besonders komplex. Negative Rückschlüsse auf ihre Glaubwürdigkeit sind aus dem Grund gezogen worden, dass Arrian den Fall verschweigt: „... as Arrian chose not to include the story of the mutilated prisoners, its historicity is questioned", schreibt z. B. Atkinson.[28] Auch wenn Autoren wie Curtius, Diodor, Trogus, die ‚Metzer Epitome'[29] und Kleitarchos als ihre Hauptquelle generell als weniger zuverlässig als die Tradition gelten, die bei Arrian zu finden ist und ursprünglich aus Kallisthenes und dann aus Nearchos, Ptolemaios und Aristobulos stammt, ist es nicht gerechtfertigt, sie in jedem einzelnen Fall, in dem sie nicht mit Arrian übereinstimmen, als nicht brauchbar einzustufen.[30]

Es muss deswegen meines Erachtens einerseits erforscht werden, welche Feststellungen über die Anwesenheit von Griechen bei Persepolis getroffen werden, andererseits, welche Leitmotive in den Quellen zur Erschaffung der Geschichte geführt haben könnten.

Was Persepolis und die Anwesenheit von Griechen in ihrem Gebiet angeht, stehen die Zeugnisse in offenem Widerspruch zu der alten, inzwischen als überholt geltenden Ansicht, wonach die Stadt eine Art heiliger Ort des Perserreiches gewesen sei, zu dem Fremde keinen Zugang hatten. Die These von der ‚holy city' geht auf den Mangel an antiken Quellen zurück, in denen griechische Botschafter erwähnt werden, die sich dorthin begeben hatten, um mit dem Großkönig zu konferieren. Tatsächlich erscheint in den klassischen Quellen vor Alexander zumeist Susa als das Ziel der Botschaftermissionen,[31] allerdings ist zutreffend bemerkt worden, dass sich hinter dem Begriff Persien oftmals Persepolis verbergen könne.[32]

Der These von der geschlossenen Stadt Persepolis wird durch aus Persepolis stammende Quellen widersprochen. So existiert ein auf Griechisch geschriebenes Täfelchen aus der Zeit zwischen dem Ende des 6. und dem Anfang des 5. Jhs. v. Chr.,[33] das aus dem Archiv von Persepolis stammt.[34] Diese Herkunft wird erstens durch die Tatsache belegt, dass es dasselbe Siegel wie einige elamische Täfelchen des Archivs trägt,[35] zweitens dadurch, dass der Text die Lieferung einer Ration Wein erwähnt, wie sie üblicherweise in den Rationenlisten aufgeführt wird. Der

---

28 Atkinson 1980, 62.
29 Es handelt sich um eine in lateinischer Sprache verfasste Epitome eines früheren unbekannten Werkes über Alexander. Da das einzig erhaltene Manuskript in Metz, Frankreich, gefunden wurde, ist der Text unter dem Namen ‚Metzer Epitome' bekannt. Dazu Baynham 1995; Bosworth 2000, 11–2.
30 So Bosworth 2000, 10–1. Die oben genannten Autoren und Texte bilden die sog. ‚Vulgatatradition', in der eine dramatisch-romanhafte Darstellung von Alexanders Leben zu finden ist. Aber gegen den Begriff ‚Vulgata' hat sich Hammond (1983, 1–3) ausgesprochen; für ihren historischen Wert s. etwa Bosworth 1988a, 8–9. Zu diesen Quellen s. Einleitung c. Quellen zum Achaimenidenreich.
31 Dazu Briant 1982; Wiesehöfer 2009, 22.
32 Cameron 1973. Sehr interessant ist auch der alte Artikel Jacobsthals (1938), in dem der Autor annimmt, dass der erste Name, den die Griechen der Hauptstadt von Fars gaben, Πέρσαι lautete und nicht Περσέπολις.
33 Der Text ist nach seinen Buchstabentypen auf etwa 500 v. Chr. datierbar (so Lewis 1977, 13 Anm. 15).
34 Sie ist die einzige Tafel des Archivs auf Griechisch, die gefunden worden ist. PFT 1771 = SEG 29 = IEOG 230.
35 Es handelt sich um das Siegel PFS 0041; dazu Garrison/Cool Root 2001, 6.

kurze Text lautet: οινο/ς δυο/II/μαρις/τεβητ (PFT 1771 = SEG 29 = IEOG 230). Die Inschrift lässt sich auch ohne große Kenntnisse der griechischen Sprache lesen: δύο muss als Zahlenangabe gelesen werden, die Maßeinheit μάρις ist eine Transkription aus dem Persischen,[36] und *Tebet* ist der akkadische Name des zehnten Monats im babylonischen Kalender.[37] Der Begriff οἶνος gibt Griechenland als Herkunftsort des Getränks an und kann als ‚Kulturwort' gelten.[38] Darüber hinaus darf einerseits die Verwendung einer anderen Sprache als der üblicherweise für offizielle Kommunikation verwendeten Sprachen Altpersisch, Elamisch, Aramäisch und Akkadisch[39] nicht verwundern, wenn man sich den Text als von einer Elite verfasst denkt, die sich rühmt, ein breites multikulturelles Reich zu regieren.[40] Es steht andererseits fest, dass die Nutzung der griechischen Sprache auf Kommunikation mit einer griechisch sprechenden Gemeinschaft hindeutet. Da mehrere Dokumente des Archivs in Persepolis Griechen erwähnen, ist es zweifellos so, dass derartige Kontakte auch in Persepolis stattgefunden haben.

Hinweise auf Griechen in altorientalischen Texten sind grundsätzlich im Ethnonym *Iamnāja* (Assyrisch) bzw. *Iamanāja* (Babylonisch) und im Toponym *Iaman* zu sehen.[41] Nach Zadok, Klinkott, Casabonne, Rollinger und anderen sind mit *Iamnāja/Iamanāja* sowohl Griechen als auch Nichtgriechen gemeint, soweit sie aus dem weit entfernten ägäisch-kleinasiatischen Raum stammen.[42] In achaimenidischer Zeit wird jedoch durch die Eroberung Kleinasiens und seine Integrierung in das Verwaltungssystem des Reichs „eine Ethnisierung des Begriffs bemerkbar".[43] Die in achaimenidischen Dokumenten erwähnten *Yaunā* (Elamisch und Altpersisch) dürften deswegen ethnisch-griechischen Ursprungs sein.

Ein sich auf das dritte Herrschaftsjahr des Xerxes (483/2 v. Chr.) beziehendes Dokument verzeichnet eine Bezahlung in Geld,[44] das jeweils einer Gruppe von Männern, 201 insgesamt, die aus Syrien, Ägypten und Griechenland stammten und für einen Zeitraum von sechs Monaten in Persepolis gearbeitet hatten, ausgehändigt werden sollte.[45] Ein anderes Dokument erwähnt einen Griechen als Einzelperson und nicht als Mitglied einer Gruppe von Arbeitskräften, der den ethnischen Namen *Yauna* trägt, als ob dies ein Eigenname sei. Er hatte 499/8 v. Chr. wichtige Funktionen inne: Er kontrollierte für Parnaka, den Onkel Dareios' I. und Kopf der Regionalver-

---

36 Schmitt 1989.
37 Hunger 1980. Zum babylonischen Kalender: Parker/Dubberstein 1956.
38 Stolper/Tavernier 2007, 4 und Anm. 2.
39 Alle Inschriftenversionen sind als authentische Königsverlautbarungen anzusehen; die altpersische Version scheint jedoch mehr Autorität als die anderen gehabt zu haben (Briant 1999; Henkelman/Stopler/Jones 2006).
40 Vgl. die geläufigen Ausdrücke, die in den königlichen Inschriften den persischen König als König eines multikulturellen Reichs beschreiben: S. etwa DNa § 2 D = DZc § 2 D = DSe § 2 D: „König der Länder mit allen Stämmen"; XPa § 2 D = XPb § 2 D = XPd § 2 D = XPf § 2 D = D²HA: „König der Länder mit vielen Stämmen".
41 Rollinger 2011a, 267–8. Detailliert zur Anwesenheit von „Griechen" in altorientalischen Texten und zu ihrer problematischen Terminologie: Rollinger 2007; Rollinger/Henkelman 2009, 331–4; ebda. 347–350.
42 Zadok 1985, 188; Klinkott 2001, passim; Casabonne 2004, 82; Rollinger 2007.
43 So Rollinger 2007, 307. Zu den *Iamnāja* s. a. o. im Kapitel 6.
44 Die Summen des Geldes, das der Schatzmeister *Baradkama* bezahlt, gehen nicht auf, wie schon Cameron (1948, 110–2) festgestellt hat; es handelt sich höchstwahrscheinlich um einen Fehler des Schreibers.
45 PT 15, 5–9.

waltung zwischen 506 und 497 v. Chr.,[46] die Zuteilung von Getreiderationen.[47] Das Fehlen des Eigennamens könnte bedeuten, dass er unter den Mitarbeitern Parnakas nur als „der Grieche" bekannt war. Eine Verwechslung war ausgeschlossen, wenn er zu der betreffenden Zeit der Einzige dieses Ursprungs war, der eine derart bedeutende Position innehatte.

Die in den Höhlen des Kuh-i Rahmat bei Persepolis gefundenen griechischen Graffiti belegen noch deutlicher die Anwesenheit von Griechen in der Stadt bzw. Umgebung. Die bekannteste dieser Inschriften enthält den Schriftzug πύθαρχος εἰμί. Derselbe Name taucht auch in Athenaios auf[48] und bezeichnet einen Freund Kyros' II., dem vom König die Regierung von sieben Städten Kleinasiens übertragen worden war. Die Vermutung, dass es sich um dieselbe Person handele, kann aber ausschließlich durch den Namen[49] und durch die Tatsache, dass die Formen πύθαρχος bzw. πείθαρχος immer in ionischem Umfeld auftauchen,[50] gestützt werden. Der aus Kleinasien stammende Pytharchos dürfte demnach für den persischen König (der wegen der Chronologie Dareios I. sein muss) in den Höhlen des Kuh-i Rahmat gearbeitet haben. Indem Pytharchos seinen Namen in den Stein ritzte, wollte er möglicherweise seine Rolle in der Verwaltung des Steinbruchs unterstreichen.[51] An derselben Stätte findet sich neben verstreuten und schwer verständlichen Buchstaben die aus dem 5. Jh. v. Chr. stammende Inschrift Νίκων ἐγρα[φε vel –ψε] Κ[.] ΙΟΣ ΑΥΣ[[52] und gleich darunter ein Sterne tragendes Fünfeck, das erneut auf den ionischen Kontext und besonders auf Mysien verweist.[53]

Auch einige bildliche Darstellungen in dem Wohnbereich des Komplexes von Persepolis legen die handwerkliche Arbeit von Griechen nahe. So etwa griechische menschliche Köpfe, die auf einem Fuß des Königs in Dareios' tačara eingraviert sind: Die Forschung ist sich nicht einig, ob hier konkrete Könige abgebildet sind oder nur ‚der königliche Held' oder etwas Ähnliches ohne nähere Individualität.[54] Die griechische Hand wird besonders in den Details des menschlichen Gesichtes sowie in der Erstellung des Körpers von Tieren, wie Hunden, Stieren, Steinböcken und Ziegen, die beliebte Motive der Säulen sind, sichtbar.[55] Hinzu kommt ein auf den Täfelchen von Persepolis zu findendes Siegel, das Herakles auf dem zweispännigen Wagen darstellt[56] und sowohl griechische als auch iranische Bildelemente zeigt. Auf der rechten Seite befindet sich Herakles; in der Mitte, wie aus Monumentalreliefs bekannt,[57] das Symbol, das mit dem iranischen Gott Ahura Mazda in Verbindung gebracht worden ist, aber eigentlich eine Darstellung des königli-

---

46 Parnaka erhält ungefähr 18 Bar (1 Bar = 5,6 kg oder 9,28 Liter) Gerste, 9 Bar Wein und immerhin zwei Ziegenböcke am Tag (PFT 798). Zu ihm und seinen Festen: Henkelman 2011, bes. 98 ff. Unter den 9 Persepolis-Täfelchen, die ein šip Fest erwähnen, stehen 5 im eindeutigen Zusammenhang mit Parnaka.
47 PFT 1798.1942.1965.
48 Athen. I 54, 30 = FGrHist 476 F 6.
49 Der Name gehört nicht zu den geläufigsten, wie Pugliese Caratelli (1966, 32) bemerkt; die Tatsache reicht aber natürlich nicht aus, um die Identifizierung zu gewährleisten.
50 Pugliese Caratelli 1966, 32.
51 Canali de Rossi 2007, 6.
52 Pugliese Caratelli 1966, 32.
53 Ebner 1951.
54 Farkas 1974, 91–2; Nylander/Flemberg 1981/3.
55 Richter 1946; Kavami 1986.
56 PFS 57459. Dazu: Richter 1946; ders. 1952; Boardman 1970.
57 Üblicherweise stellen die Zylinder in kleinerem Format dieselben Szenen der großen Reliefs dar (s. etwa Razmjou 2010).

chen $x^{v}ar$ənah ist.⁵⁸ Oder eine Steinplatte, die auf der Grundlage von im Schatzhaus gefundenen Fragmenten rekonstruiert wurde und auf der Herakles in Begleitung von Apollon und Artemis mit dem üblichen Polos erscheint.⁵⁹ Da das Motiv dem iranischen Umfeld vollkommen fremd ist, ist es sehr unwahrscheinlich, dass die Platte vom Perserkönig in Auftrag gegeben wurde;⁶⁰ da die Gesteinsart aber lokal ist, muss es sich um einen Gegenstand handeln, der in Persepolis von griechischer Hand für griechischen Gebrauch angefertigt wurde und erst später in das Eigentum des Großkönigs überging.⁶¹ Hier ist Vorsicht angebracht: Das Vorhandensein griechischer Bildelemente allein muss nicht auf eine griechische Herstellung hindeuten. Die Eigenart der achaimenidischen Kunst besteht darin, sich künstlerische Anregungen aus anderen Kulturkreisen zu eigen zu machen. Darüber hinaus wurde der griechische Einfluss auf die persischen Bauten oft überschätzt. Ein solcher Einfluss ist betont worden,⁶² doch hätte vielleicht eher der eklektische Charakter der achaimenidischen Architektur unterstrichen werden sollen, wie er konsequent programmatisch in den königlichen Inschriften zum Ausdruck kommt.⁶³

Allerdings bezeugen in unserem Fall die Täfelchen und die Graffiti eindeutig die Anwesenheit von Handwerkern bzw. Künstlern griechischen Ursprungs im Gebiet von Persepolis, sodass es plausibel ist, dass die Baudetails, die einen griechischen Charakter zeigen, in der Tat von einem Netzwerk von griechischen Künstlern und Auftraggebern realisiert wurden.

Der Fall Persepolis ist kein Einzelfall, da sich die Anwesenheit griechischer Gruppen nach wie vor⁶⁴ auch in anderen Verwaltungszentren des Reichs, etwa in Babylon, feststellen lässt. Die Anwesenheit von *Iamanāja* in Babylon erwähnen schon die Texte des Archivs des Gewölbebaus, die aus Sesamöl bestehende Rationen verzeichnen, welche dem Personal des königlichen Palastes in der Stadt im Jahre 594 oder im Jahre 592 v. Chr. zugeteilt wurden.⁶⁵ Es bleibt jedoch zu klären, ob der Begriff *Iamanāja* sich hier nicht auf Personen bezieht, die zwar anatolischen oder insularen, nicht aber griechischen Ursprungs sind, da unter den zitierten Namen kaum einer ausgemacht werden kann, der von der Etymologie her griechisch ist.⁶⁶ Als *Iamanāja* wird ein *qallu*,

---

58 So Boyce 1985 mit Lit. Zum königlichen Farnah und dem Mann in der Flügelsonne gibt es viel Literatur: etwa Henkelman 1995/6; Wiesehöfer 2010; zuletzt Rollinger 2011c, bes. 20–2. Zum gleichen Symbol auf anderen Siegeln: Garrison 2011, 29–36.
59 Vgl. Schmidt 1957, pl. 31.2; Roaf/Boardman 1980.
60 Es handelt sich um ein sehr berühmtes Motiv in der archaischen griechischen Kunst, das öfter in der attischen Vasenmalerei vorkommt; für einen Katalog: Brommer³ 1973, 38–46; ders. 1971, 37–40.
61 Roaf/Boardman 1980, 204.
62 Erster wichtiger Beitrag in dieser Richtung ist der von Nylander (1970) über die Ionier in Pasargadai gewesen.
63 S. etwa die sog. ‚Bauinschrift' aus Susa (DSf), in der die Beschäftigung von Handwerkern aus dem ganzen Reich ausdrücklich erwähnt wird. Während der Anteil griechischer Handwerker sich auf technische Neuerungen und Formen des Bauschmuckes konzentriert, zeigen Reliefs und Bauskulpturen starken assyrischen, babylonischen und ägyptischen Charakter. Zum eklektischen Charakter der achaimenidischen Kunst: Root 1979, 1–2; ebda. 138–144 und 303–9. Zum iranischen Beitrag zur achaimenidischen Kunst: Farkas 1980; Moorey 1985.
64 Hinweise auf die ersten Kontakte zwischen Orientalen und Griechen sind in den neuassyrischen Quellen ab der Zeit Tiglat-pilesers III. (744–727 v. Chr.) zu finden (Rollinger 2007, 265–70; ders. 2011c, 269–75). Sie scheinen auf die levantinische und kilikische Küste beschränkt gewesen zu sein.
65 Die Texte wurden von Weidner (1939) veröffentlicht und auf das 11. oder 13. Herrschaftsjahr von Nebukadnezar II. datiert. Es handelt sich um das einzige Königsarchiv, das für das neubabylonische Reich bekannt ist. Zum Archiv im Allgemeinen: Pedersén 2005a und ders. 2005b; Rollinger 2009a, 36–7. Zu anderen *Iamnāja* erwähnenden Quellen aus der neubabylonischen Zeit: Rollinger 2007, 288–97; ders. 2009a, 37–8.
66 Kuhrt 2002, 12; aber dagegen Högemann 2005. S.a. Rollinger 2009a, 37.

ein Sklave,⁶⁷ bezeichnet, der in der Gegend von Uruk im Jahre 549/8 v. Chr. verkauft wurde.⁶⁸ Er trägt einen typisch babylonischen Namen, was mit der Gewohnheit übereinstimmt, dem Sklaven den Namen des Eigentümers zu geben.⁶⁹

Um wieder auf die achaimenidische Zeit zurückzukommen, erwähnt ein auf die Herrschaft Dareios' II. zurückgehendes Dokument aus dem Muraschu-Archiv einen gewissen Uštana, Besitzer eines Feldes (ŠE.NUMUN);⁷⁰ der Name ist typisch iranisch und lässt sich auch im Archiv von Persepolis antreffen.⁷¹ Ihm folgt in Zeile 3, nach der von Zadok vorgeschlagenen Lesung, ein [ˡᵘ]ia-a-ma-na-[A+<A>], d. h. „der Grieche", ein Titel, der den Mitbesitzer desselben Feldes oder eines an das Feld Uštanas angrenzenden Feldes bezeichnen soll.⁷²

So wird schon in einem in die Zeit Dareios' I. zu datierenden Text des Egibi-Archivs ein gewisser Bazbaka als [ˡᵘs]i-pi-ri/šá um-ma-nu u ˡᵘ[x x] ˡᵘia-ma-na-a-a eingeführt.⁷³ Es fällt sofort der Genitiv Plural von *Iamanāja* ins Auge, während der erste Teil des Titels als ˡᵘˢ*epīru ša ummânî* = „der Sekretär der Handwerker", aber auch als ˡᵘˢ*epīru ša ummāni* = „der Sekretär der griechischen Truppen" gelesen worden ist. Um die Schwierigkeit mit dem Genitiv ˡᵘ*ia-ma-na-a-a* zu beheben, hat Kessler die Lesart *lú[GAR (šá)]* vorgeschlagen;⁷⁴ nach ihr wird die Rolle Bazbakas neben der des Sekretärs (der Handwerker? der Truppen?) auch die des Chefs (*šaknu*) der griechischen Gemeinschaft gewesen sein, die sich in Babylon befand. Der šaknu ist tatsächlich der typische Repräsentant der fremdstämmigen Gemeinschaften, die nach dem Schema des ḫatru organisiert sind.⁷⁵ Sie sind Vereinigungen auf unterschiedlicher sozialer Grundlage, die das Vorhandensein von ethnischen Minderheiten im achaimenidischen Mesopotamien bezeugen, deren soziale Organisation durch geographische bzw. ethnische Elemente gekennzeichnet ist.⁷⁶ Dokumente des Murašu-Archivs⁷⁷ belegen beispielsweise für Nippur und das angrenzende Gebiet ein *ḫatru šá* ˡᵘ*Šur-ra-a-a*⁷⁸ bzw. *ḫatru šá* ˡᵘ*Mi-li-du-a-a*.⁷⁹ So wie in Babylon können Gemeinschaften fremder

---

67 Der Begriff *qallu* (fem. *qallatu*) scheint klar einen Zustand der Sklaverei zu benennen, d. h. einen Sklaven als „chattel, person owned as a slave": Die Etymologie geht auf „klein, von geringem Wert" zurück (so Kleber 2011, 101). Derselbe Begriff taucht in der akkadischen Version der Behistun-Inschrift auf, um das altpersische *bandakā* („Gefolgsleute") wiederzugeben zur Bezeichnung derjenigen Untergebenen, die Dareios gegen die Rebellen Treue und Hilfestellung geleistet haben: etwa des Satrapen Vivana in Arachosien (§ 45) oder Dadaršiš in Baktrien (§ 26).
68 FLP 1574 (= Dillard 1975, 128 ff.).
69 Dazu: Jursa 2005, 149 ff.
70 Die erste Ausgabe ist die von Donbaz/Stolper (1997, Nr. 32). Zum Archiv: Stolper 1985.
71 Dandamayev 1992a, 139–141.
72 Zadok 2005, 80; aber Donbaz/Stolper 1997, 4: „Jāmana, occuring beside the well-attested Iranian Uštana, is perhaps a Hypocoristic of an Iranian name formed on the Ir. *yauna-, rather than a gentilic, the Greek".
73 BM 32891; dazu: Kessler 2006; Rollinger 2007, 299–300.
74 So Kessler 2006.
75 Dazu: Dandamayev/Lukonin 2004, 148–9.
76 Die genaue Bedeutung und die Etymologie des Wortes sind umstritten: Cardascia 1951, 7.29; Stolper 1985, 25–6; Pearce 2006, 405–8.
77 Das Hauptarchiv besteht aus 870 Fragmenten, die 1983 in Nippur zum Vorschein kamen. Die Texte waren seit dem 5. Jh. v. Chr. verfasst worden (der größte Teil davon in der Zeit 440–416 v. Chr.), als in Nippur und den angrenzenden Gebieten persische Adlige und Offiziere einen Teil der Gebiete pachteten. Die Dokumente betreffen Handelsverträge, Kredite und andere finanzielle Operationen. Dazu: Cardascia 1951, bes. 7–8 und passim; Stolper 1976, 1, 111–157. Für andere Texte, die nicht in der ersten Ausgabe enthalten sind: Stolper 1985, Nr. 34.40.44.90.94; ders. 2001. S. a. u. im Kapitel 18.
78 PBS II/1 197, 4.
79 BE X 67, 17–8.

Völkerschaften in der Form des ḫatru auch in Persepolis anwesend und ihre Lebensverhältnisse ähnlich gewesen sein.

Wenn man davon ausgeht, dass es möglich ist, dass Alexander bei Persepolis Griechen begegnet ist, kommt man zum zweiten Punkt: Welche Leitmotive gibt es dafür in den Quellen, und welche Rolle können sie für die Episode gespielt haben? Die Alexander-Überlieferung kann dank des Zusammentreffens die Griechen als unschuldige Opfer persischer Macht und Alexander als Rächer der von den Persern heimgesuchten Griechen darstellen. Diodor beschreibt, von welchen starken Gefühlen Alexander erschüttert worden sei: einerseits von Hass gegen die Übeltäter, andererseits von Mitleid mit den Opfern. Und über die Gefühle Alexanders zu reden heißt, auf eine dramatische Art und Weise sein Programm darzustellen: einerseits die Täter zu bestrafen, andererseits die Opfer für das Unrecht zu entschädigen.

Aus der Perspektive des Kallisthenes sind „Alexander und die Makedonen immer wehrhafte Männer, während die Perser als verweichlichte und verweiblichte Kämpfer in keinem guten Licht präsentiert werden".[80] Arrian schreibt, Alexander rächte die Vorfahren der Griechen, die ohne Schuld Unrecht erlitten hatten.[81] Und auch der Vulgata nach ist Alexander bis zum Tod Dareios' III.[82] der *Graeciae ultor*.[83] Das Rachemotiv ist in allen Traditionen vorhanden, vor allem deshalb, weil es von Alexander selbst propagiert wurde. Und die Rache muss einer der erfolgreichsten Punkte der Pro-Krieg-Propaganda gewesen sein: Wie Jehne schreibt, ist die Rache bei den Griechen „eine verbreitete und in keiner Weise moralisch anstößige Kategorie des Denkens und Fühlens gewesen", so dass es nicht zu bezweifeln ist, dass gerade dieses Argument „den Hellenen einleuchtete und ihre Bereitschaft erhöhte, den von Philipp gewünschten Krieg zu beschließen (...)".[84] Man darf nicht vergessen, dass besonders seit dem Anfang des 4. Jhs. v. Chr. der griechische Kampf für die Freiheit gegen das ‚despotische' persische System immer öfter in den Quellen zu finden ist.[85] Schon Agesilaos war nach Xenophon gelobt worden, weil er die Rache an den Tätern der Perserkriege gewollt hatte.[86] Das Rachemotiv darf auf keinen Fall als reiner Vorwand für den Krieg gewertet,[87] sondern muss als seine echte Erklärung gesehen werden.[88]

Konsequenterweise wurden die Griechen, die mit den Persern zusammengearbeitet hatten, von Alexander bestraft. Das war das Schicksal Thebens gewesen, weil die Stadt während der Perserkriege auf der Seite der Perser gestanden hatte.[89] Und so traf die Wut Alexanders auch die

---

80 So Macherei 2012, 15.
81 Arr. exped. Alex. II 14, 4.
82 Zur in der ‚Vulgatatradition' deutlich spürbaren Veränderung Alexanders in der zweiten Phase des Feldzugs s. u. im Kapitel 10.
83 Curt. V 5, 7.
84 Jehne 1994, 162 (auch wenn die Monographie zu differenzierteren Ergebnissen gelangt).
85 Detailliert dazu: Marincola 2007, bes. 114 ff.
86 Xen. Ag. I 8.
87 Die Rache als Motiv für den Anfang des Feldzuges von Philipp II. wird schon von Polybios (Pol. III 6, 13) zitiert. Der Meinung sind auch viele Wissenschaftler: s. etwa Brunt 1976, li–lviii; Austin 1993; Billows 1995, 19–20. Die Meisten glauben, meines Erachtens fälschlicherweise (s. u.), dass der echte Grund des Feldzuges die Erweiterung der makedonischen Grenzen gewesen sei.
88 Flower 2000, passim. Allgemein zur Ideologie des Panhellenismus, nach der die griechischen Städte ihre Probleme lösen könnten, wenn sie sich nur gegen das persische Reich verbünden würden: Mathieu 1925; Dobesch 1968; Perlman 1976; Sakellariou 1980; Green 1996.
89 Diod. XVII 14; Arr. exped. Alex. I 9, 6–9; Iust. XI 3, 6–9. Dazu: Yardley/Heckel 1997, 92–5.

am Achaimenidenhof dienenden Dropides[90] und Demokrates[91] aus Athen, Monimos, Onomastoripidas aus Sparta und Pausippos.[92]

Es wird in allen unsere Episode berichtenden Quellen unterstrichen, dass Alexander und seine Soldaten Mitleid mit den Opfern persischer Grausamkeit zeigen und Entrüstung über den Zustand der Verstümmelten und die Qualen äußern, die die Griechen in Iran hatten ertragen müssen.

Der Rächer ist der, der alles wieder gut macht, was zerstört wurde, und den Opfern hilft. Um einige Episoden des Feldzuges interpretieren zu können, muss man die zwei Leitmotive, d.h. die Rache gegen die Täter und die Hilfe für die Opfer, berücksichtigen. In Susa befand sich die Statuengruppe der antiken Tyrannen-Mörder Harmodios und Aristogeiton. Sie sei von Xerxes während der Perserkriege in Athen erbeutet und nach Susa verschleppt worden: Alexander ließ angeblich diese Statuengruppe nach Athen zurückbringen, um zu zeigen, dass alles, was die Perser in der vergangenen Zeit und besonders während der Perserkriege zerstört hatten,[93] wiedergutgemacht werden könne.[94] Aus demselben Grund soll auch der königliche Palast in Persepolis niedergebrannt worden sein, besonders in der literarischen Version, die den Brand als eine mit voller Absicht durchgeführte symbolische Handlung sieht[95] und nicht als spontane Aktion Alexanders, der den Palast unter Alkoholeinfluss und aus einer Laune heraus anzündet:[96] „(...) Alexander hat den Palast in Persepolis in Flammen aufgehen lassen, um die Griechen zu rächen, weil die Perser auch deren Heiligtümer und Städte mit Feuer und Schwert zerstört hatten" (Strab. geogr. XV 3, 6 730 C[97]).

In der Version, die Alexander als bewussten Zerstörer sieht, wird die Rache als Grund der persischen Aktionen während der Perserkriege gesehen. Sancisi-Weerdenburg hat aber gezeigt, dass weder diese noch die andere Version, die Alexander von Alkohol geplagt sieht, glaubwürdig sind, da in Persepolis keine vollständige Zerstörung stattfand, sondern gezielt gezündelt wurde.[98] Die Plünderung der Stadt unterhalb der Terrasse hätte nicht aus Rache-Gründen, sondern als „Entschädigung der Soldaten für die Entbehrungen der letzten Zeit" stattgefunden.[99] Archäologische Befunde zeigen, dass die kontrollierten Brandsätze fast ausschließlich die Teile des Palastes, die unter Xerxes gebaut worden waren, zerstörten. Müller fasst zusammen, dass die Intentionen hinter dem Brand vielfältig sein müssen: „panhellenische Konzessionen an die Griechen, Statement

---

90 Er hielt sich im Jahre 330 v.Chr. als athenischer Gesandter bei Dareios III. auf und fiel nach dessen Tod mit den griechischen Söldnern in Alexanders Hände, der ihn in Gewahrsam hielt (Arr. exped. Alex. III 24, 4). Dazu: Berve Nr. 291; Hofstetter 1978, 55.
91 Er befand sich auch als athenischer Gesandter bei Dareios III. Er brachte sich wohl nach dessen Tod um, da er sich von Alexander keine Gnade erhoffte (Curt. VI 5, 9). Dazu: Berve Nr. 261; Hofstetter 1978, 47.
92 Alle sind Gesandte bei Dareios III. Nach dessen Tod fielen sie in die Hände Alexanders, der sie in Gewahrsam hielt (Arr. exped. Alex. III 24, 4). Dazu: Berve Nr. 538.584.617.
93 Arr. exped. Alex. III 16, 4. Das Wegführen reichlicher, umfangreicher Beute durch Xerxes ist sicherlich ein Leitmotiv, auch wenn es zutrifft, dass einige Fälle der Wahrheit entsprechen. Dazu: Moggi 1973 und a.u. im Kapitel 10.
94 Zu den späten Traditionen der Rückführung von Beutestücken: Müller im Druck.
95 So Arr. exped. Alex. III 18, 12; Strab. geogr. XV 3, 6 730 C (s.u.).
96 So Diod. XVII 72, 1–6; Plut. Alex. 38; Curt. V 7, 3–7. Diese Autoren erwähnen die Worte einer Edelprostituierten, Thais, die Alexander angestiftet haben soll, den Palast in Brand zu stecken.
97 Übers. Radt 2005.
98 So Sancisi-Weerdenburg 1993. Vorher hatten sich die Historiker für die eine oder andere Version entschieden, s. etwa die Zusammenfassungen von Gehrke 2000, 59–61; Barceló 2007, 155–9.
99 So Wiesehöfer 1994, 35.

an Dareios, wer der neue Machthaber im Reich war, und eventuell auch Abgrenzung von Xerxes zugunsten einer Anlehnung an Kyros". [100]

Die Frage der Historizität kann so beantwortet werden: Es ist einerseits möglich, dass Alexander Griechen bei Persepolis begegnet ist. Andererseits sind in den Quellen Leitmotive zu finden, die die Erfindung einer derartigen Geschichte erklären könnten. Vorausgesetzt, dass Alexander selbst sich als Rächer dargestellt und konsequent verhalten hat, ist nicht ausgeschlossen, dass die Episode von den Quellenautoren erfunden wurde, um dem Bild Alexanders als Rächer und Retter zusätzliche Nahrung zu geben. Bedeutsam ist, dass nach all den Autoren die Griechen Alexander eben deshalb entgegenkommen, weil sie in ihm ihren Retter sehen.

Auch wenn nicht endgültig geklärt werden kann, ob die Episode historisch ist oder nicht, gibt es meiner Meinung nach ein paar Elemente, die dafürsprechen, dass sie zumindest in der Form, in der sie erzählt wird, von einer Quelle, d.h. von Kleitarchos, erfunden worden ist.

Das Fehlen von chronologischen Angaben spricht nicht für die Authentizität der Passage. Die einzige chronologische Information findet sich bei Diodor, dass nämlich die Griechen von den früheren Königen umgesiedelt worden seien. Es fällt schwer zu glauben, dass die Autoren bei einem derartigen Punkt mit Absicht geschwiegen hätten. Die Alternative, dass detailliertere Informationen im Text des Kleitarchos zu finden gewesen und später verloren gegangen seien, ist schwer zu begründen: Falls dies der Fall gewesen wäre, würde die Information wohl nicht bei allen Autoren fehlen.

Was sehr unglaubwürdig ist, ist der Zustand der Gefangenen, so wie er von den Quellen beschrieben wird. Wenn man unterstellt, dass eine solche Darstellung perfekt zum Rachemotiv passt, und man gleichzeitig die verbreitete Praxis der Nutzung von Arbeitskräften im Achaimenidenreich berücksichtigt, scheint es insgesamt sehr wenig plausibel, dass Deportierte vom persischen König verstümmelt wurden.[101] Die Darstellung der Situation als besonders dramatisch ist auch deswegen höchst zweckdienlich, weil diese *exageratio* deutlich im Widerspruch zu dem Bild steht, das sowohl von nicht so tendenziösen griechischen Deportationsquellen, etwa Herodot, als auch von heimischen Quellen gezeichnet wird. In den Deportationsbeschreibungen Herodots kommen Gewalt und Brutalität gegenüber Deportierten, nachdem sie im Perserreich angesiedelt worden waren, nie vor. Im Gegenteil: Es wird immer wieder unterstrichen, ihnen sei kein Leid geschehen.[102]

Eine andere Passage kann Licht auf die Frage werfen, wie der Zustand der Gefangenen, denen Alexander bei Persepolis begegnet sein soll, gewesen sein könnte.

Die Episode, mit der die Überlieferung der Ereignisse von Persepolis beginnt, wird von Diodor,[103] Curtius,[104] und Plutarch,[105] also noch einmal von der sog. ‚Vulgata', geschildert.

---

100 Müller 2019, 147–8.
101 S.u. im Kapitel 17.
102 S.u. im Kapitel 15.
103 Diod. XVII 68, 4–6.
104 Curt. V 4, 10–12.
105 Plut. Alex. 37, 1.

Diod. XVII 68, 4–6:[106]

> Dreihundert Stadien weit zog er (scil. Alexander) sich von dem Paß zurück, dann schlug er ein Lager auf und forschte die Eingeborenen danach aus, ob es nicht einen anderen Weg durch das Gebirge gebe. Doch alle bestanden darauf, daß es sonst keine andere Passage gebe, wohl aber einen Umweg, der viele Tage beanspruche. (…) so befahl er [scil. Alexander] denn, sämtliche Gefangenen vorzuführen. Unter diesen konnte tatsächlich ein Mann beigebracht werden, der zwei Sprachen beherrschte und Persisch verstand.
> Dieser erklärte, ein Lykier zu sein, er sei aber in Gefangenschaft geraten und habe sich schon mehrere Jahre in den vorliegenden Bergen als Hirte aufgehalten. Aus diesem Grunde kenne er das Gebiet und sei in der Lage, das Heer auf einem Waldpfad zu führen und so in den Rücken derer zu bringen, die den Paß bewachten. Daraufhin versprach der König, ihn reichlich zu beschenken, und durchzog nun unter seiner Führung mühsam bei Nacht das Bergland (…).

Alexander findet in einem anderen Gefangenen, einem Lykier, den Menschen, der ihm hilft, an den Persischen Toren vorbei einen Umweg nach Persepolis zu finden. Dieser Lykier spricht zwei Sprachen und kann die persische Sprache verstehen. Seine Muttersprache ist Lykisch, und die zweite Sprache, die er sprechen kann, ist sicher Griechisch. Er kann auch die heimische Sprache verstehen: D.h., dass er nicht nur nicht seine Sprache aufgegeben hat, sondern auch, dass er sich mindestens zum Teil in der neuen Heimat integriert hatte.[107] Solche Zweisprachigkeit dürfte üblich gewesen sein. Für die mündliche Kommunikation gibt es selbstverständlich keine Dokumentation. Man kann aber davon ausgehen, dass die Lykier auch unter der achaimenidischen Verwaltung weiter ihre Sprache bewahrt und dass zumindest einige die Verwaltungssprache des Reiches, also das Aramäische, gelernt hatten. Die Trilingue, die 1973 im Letoheiligtum bei Xanthos gefunden wurde und Mitte des 4. Jhs. v. Chr. (wahrscheinlich 358 v. Chr., aber die Datierung ist umstritten) verfasst wurde, besitzt einen aramäischen, einen griechischen und einen lykischen Text. Der griechische und der lykische Text (jeweils 35 und 41 Zeilen) sind länger als der aramäische (27): „Texte lycien et texte grec se terminent l'un et l'autre par un appel aus satrape (…) L'inscription araméenne est comme la résponse a cet appel: c'est un acte officiel émanant de la chancellerie du satrape, donnant force de loi a la convention sacrée quel es habitans de Xanthos en conclue cous la foi du serment".[108] Der Text enthält nämlich einen Erlass des Pixodaros, des karischen und lykischen Satrapen, Vertragspartner sind die Xanthier, die einen Kult für den βασιλεὺς Καύνιος und Ἀρκησιμάς eingerichtet hatten. Pixodaros sei „weder an der Entscheidungsfindung

---

[106] Übers. Veh/Böhme 2009. Text: [4] ἀναχωρήσας δὲ ἀπὸ τῶν παρόδων σταδίους τριακοσίους κατεστρατοπέδευσε καὶ παρὰ τῶν ἐγχωρίων ἐπυνθάνετο μή τις ἑτέρα ἐστι διεκβολή. πάντων δ' ἀποφαινομένων δίοδον μὲν μηδεμίαν ἄλλην ὑπάρχειν, περίοδον δὲ εἶναι πολλῶν ἡμερῶν αἰσχρὸν εἶναι νομίσας ἀτάφους ἀπολιπεῖν τοὺς τετελευτηκότας καὶ τὴν αἴτησιν τῶν νεκρῶν οὖσαν ὁρῶν ἀσχήμονα καὶ περιέχουσαν ἥττης ὁμολόγησιν προσέταξεν ἀναγαγεῖν ἅπαντας τοὺς αἰχμαλώτους. [5] ἐν δὲ τούτοις ἧκεν ὑπαγόμενος ἀνὴρ δίγλωττος, εἰδὼς τὴν Περσικὴν διάλεκτον· οὗτος δὲ ἑαυτὸν ἀπεφαίνετο Λύκιον μὲν εἶναι τὸ γένος, αἰχμάλωτον δὲ γενόμενον ποιμαίνειν κατὰ τὴν ὑποκειμένην ὀρεινὴν ἔτη πλείω· δι' ἣν αἰτίαν ἔμπειρον γενέσθαι τῆς χώρας καὶ δύνασθαι τὴν δύναμιν ἀγαγεῖν διὰ τῆς καταδένδρου καὶ κατόπιν ποιῆσαι τῶν τηρούντων τὰς παρόδους. [6] ὁ δὲ βασιλεὺς μεγάλαις δωρεαῖς τιμήσειν ἐπαγγειλάμενος τὸν ἄνδρα τούτου καθηγουμένου διῆλθεν ἐπιπόνως τὴν ὀρεινὴν νυκτὸς πολλὴν μὲν πατήσας χιόνα, (…).

[107] Für das Gleichgewicht zwischen Integration und Bewahrung eigener Sitten, die einige Quellen den Deportierten zuschreiben, s. u. im Kapitel 18.

[108] Metzger u.Aa. 1979, 133 (aber s.a. 129–77).

noch an der rechtlichen Umsetzung beteiligt gewesen, sondern habe nur den Bestand des Kultes garantiert".[109]

Der Zustand des Lykiers, dem Alexander begegnet, wird anders als der der Griechen dargestellt: Er ist nicht verstümmelt, wohnt seit mehreren Jahren in den Bergen, arbeitet als Schäfer und kennt deswegen das Gebiet. Letzteres zeigt, dass er sich innerhalb dieses Territoriums frei bewegen konnte. Es ist meines Erachtens unbestritten, dass die Tätigkeit eines Schäfers im Auftrag des Großkönigs ausgeübt wurde. Es ist interessant, dass er für Plutarch kein Gefangener, sondern als Sohn eines Lykiers und einer Perserin dort beheimatet ist. Das ist meiner Meinung nach Plutarchs persönliche Interpretation der in seinen Quellen zu findenden Informationen.[110] Plutarch sieht sich genötigt zu erklären, warum er kein schlechtes Leben führt, und muss ihn deswegen in einen freien Mann umwandeln. Plutarch bzw. seine Quelle(n) macht/machen in unseren Augen den Fehler, Informationen erklären zu wollen, die keine Erklärung benötigen, weil sie im Grunde nicht merkwürdig sind. Die Tatsache, dass dieser die Umwelt zeigende Hirte eine literarische Parallele hat und beispielsweise an Ephialtes erinnert, der nach Herodot dem Xerxes an den Thermopylen den Umgehungspfad gezeigt hatte,[111] heißt nicht, dass die Anwesenheit von Lykiern an den persischen Toren und unter den Gefangenen im Perserreich generell in Frage zu stellen ist.

Der Zustand des Lykiers dürfte nämlich der übliche Zustand der Gefangenen im Perserreich gewesen sein.[112] Im selben Zustand müssen die Griechen bei Persepolis gewesen sein, denen Alexander möglicherweise begegnete. Die verstümmelten, hoffnungslosen Griechen hat es höchstwahrscheinlich nie gegeben.

---

109 So Funke 2008, 608, der der Interpretation von Briant (1998) zustimmt. Zu der Stele etwa: Metzger u. Aa. 1979; Eichner 1983; Kottsieper 2001; Donner/Rölling 2002, 78–9; Grätz 2004, 112 ff. Ein anderes Dokument, das Mehrsprachigkeit im kleinasiatischem Raum bestätigt, wurde 4. Jh. v. Chr. auf Griechisch und Karisch verfasst: Das ist die sog. ‚Bilingue aus Kaunos', die eine besondere Bedeutung deshalb besitzt, da nur dank ihr es möglich wurde, das Karische mindestens partiell zu entschlüsseln (dazu: Marek 1997; Frei/Marek 1997; Frei/Marek 1998; Frei/Marek 2000).
110 Bei Plutarch sind Elemente sowohl der Vulgatatradition als auch der ‚guten' Erzählung des Ptolemaios zu finden. Die Tradition Plutarchs ist aber viel komplizierter: Er dürfte der Autor gewesen sein, der die größte Menge an Quellen über Alexander benutzt hat. Es wurde gezählt, dass seine Erzählung von 24 Autoren beeinflusst wurde (Hamilton² 1999, xv–xvii; Nawotka 2010, ix–x).
111 Hdt. VII 213–5; dazu: Bradford 2004, 137–8; Cartledge 2006, 146 ff.
112 Detailliert zum Zustand der Deportierten: Kapitel 17.

10. Branchiden im Osten

10.1 Text

Curt. VII 5, 28–35:[1]

Man war zu einer kleinen Stadt gekommen, die von den Branchiden bewohnt war. Sie waren einst auf Befehl des Xerxes bei dessen Rückkehr aus Griechenland aus Milet mit herüber gekommen und hatten sich an dieser Stelle niedergelassen, weil sie den so genannten didymeischen Tempel Xerxes zu Gefallen beraubt hatten. Ihre heimatlichen Sitten waren noch nicht verschwunden; aber sie sprachen schon eine Mischsprache, ihre eigene Sprache war durch die fremde allmählich entartet. Mit großer Freude also nahmen sie den König auf und übergaben ihm sich und ihre Stadt. Jener ließ die Milesier, die in seinem Heer dienten, zusammenrufen. Die Milesier hegten aber einen alten Hass gegen das Volk der Branchiden. Also überließ er den Verratenen die freie Entscheidung über die Branchiden, ob sie sich lieber an das Unrecht oder an ihren gemeinsamen Ursprung erinnern wollten. Als daraufhin verschiedene Ansichten laut wurden, versprach er ihnen, er werde selbst überlegen, was zu tun am besten sei. Als die Branchiden nun am folgenden Tag zu ihm kamen, befahl er ihnen, mit ihm zu gehen, und als man bei der Stadt angelangt war, trat er selbst mit einer kampfbereiten Schar beim Tor ein, während der Phalanx befohlen war, die Stadtmauern zu umzingeln und auf ein gegebenes Zeichen hin die Stadt, dieses Verräternest, zu plündern, die Einwohner selbst aber bis auf den letzten Mann niederzumachen. So wurden jene allerorts wehrlos niedergemetzelt, und weder die gemeinsame Sprache noch die Bittzeichen der Schutzflehenden und ihr Flehen konnten die Grausamkeit bremsen. Damit der Unterbau der Mauern einfiele, wurden diese schließlich untergraben, damit

---

[1] Übers. Siebelis u. Aa. 2007. Text: Dum Bessum persequitur, perventum erat in parvulum oppidum. Branchidae eius incolae erant: Mileto quondam iussu Xerxis, cum e Graecia rediret, transierant et in ea sede constiterant, quia templum, quod Didymeon appellatur, in gratiam Xerxis violaverant. [29] Mores patrii nondum exoleverant, sed iam bilingues erant paulatim a domestico externo sermone degeneres. Magno igitur gaudio regem excipient urbem seque dedentes. Ille Milesios, qui apud ipsum militarent, convocari iubet. [30] Vetus odium Milesii gerebant in Branchidarum gentem. Proditis ergo, sive iniuriae sive originis meminisse mallent, liberum de Branchidis permittit arbitrium. [31] Variantibus deinde sententiis se ipsum consideraturum, quid optimum factu esset, ostendit. Postero die occurrentibus Branchidis secum procedere iubet, cumque ad urbem ventum esset, ipse cum expedita manu portam intrat: [32] phalanx moenia oppidi circumire iussa et dato signo diripere urbem, proditorum receptaculum, ipsosque ad unum caedere. [33] Illi inermes passim trucidantur, nec aut commercio linguae aut supplicum velamentis precibusque inhiberi crudelitas potest. Tandem, ut deicerent, fundamenta murorum ab imo moliuntur, ne quod urbis vestigium extaret. [34] Nemora quoque et lucos sacros non caedunt modo, sed etiam extirpant, ut vasta solitudo et sterilis humus exustis etiam radicibus linqueretur. [35] Quae si in ipsos proditionis auctores excogitata essent, iusta ultio esse, non crudelitas videretur: nunc culpam maiorum posteri luere, qui ne viderant quidem Miletum, adeo et Xerxi non potuerant prodere.

auch nicht eine Spur von der Stadt übrig bleibe. Auch die Wälder und heiligen Haine holzten sie nicht nur ab, sondern rotteten sie aus, indem sie selbst die Wurzeln ausgruben, so dass sie nichts als wüste Einöde und unfruchtbares Erdreich zurückließen. Hätte man dies gegen die Urheber des Verrats selbst ersonnen, so schiene es gerechte Rache, nicht Grausamkeit zu sein. Jetzt aber mussten die Nachkommen die Schuld der Vorfahren büßen, die Milet nicht einmal gesehen hatten, es also auch nicht an Xerxes hatten verraten können.

Diod. XVII, Arg. II, 20:[2]
How the Branchidae, who of old had been settled by the Persians on the borders of their kingdom, were slain by Alexander as traitors to the Greeks.

Strab. geogr. XI 11, 4 518C:[3]
In dieser Gegend (scil. in Sogdiane) habe er auch die Stadt der Branchiden zerstört, die Xerxes dort angesiedelt hatte, als sie zusammen mit ihm freiwillig aus ihrer Heimat fortgezogen waren, weil sie ihm das in Didyma liegende Geld des Gottes und seine Schätze ausgehändigt hatten; Alexander habe aus Abscheu über den Tempelraub und den Verrat die Stadt zerstört.

Plut. de sera 557B:[4]
(...) Selbst an Alexander loben es sogar seine besten Freunde, zu denen wir auch gehören, nicht, daß er die Stadt der Branchiden zerstören und dabei alle Einwohner ohne Unterschied des Alters niederhauen ließ, weil ihre Vorfahren am Tempel zu Milet Verrath begangen. (...)

Suda E 514= Ael. frg. 57 Domingo-Forasté (54 Hercher):[5]
Those (scil. Branchidai) living in Milesian Didyma, who, in seeking favor with Xerxes, betrayed the temple of the indigenous Apollo to the barbarians: the temple offerings, of

---

[2] Übers. Oldfather 1989. In der deutschen Fassung (Veh/Böhme 2009) fehlt der Teil. Text:: ὡς τοὺς Βραγχίδας τὸ παλαιὸν ὑπὸ Περσῶν μετοικισθέντας εἰς τὰ ἔσχατα τῆς βασιλείας ὡς προδότας τῶν Ἑλλήνων ἀνεῖλεν Ἀλέξανδρος.

[3] Übers. Radt 2004. Text: (…)περὶ τούτους δὲ τοὺς τόπους καὶ τὸ τῶν Βραγχιδῶν ἄστυ ἀνελεῖν, οὓς Ξέρξην μὲν ἱδρῦσαι αὐτόθι συναπάραντας αὐτῷ ἑκόντας ἐκ τῆς οἰκείας διὰ τὸ παραδοῦναι τὰ χρήματα τοῦ θεοῦ τὰ ἐν Διδύμοις καὶ τοὺς θησαυρούς, ἐκεῖνον δ' ἀνελεῖν μυσαττόμενον τὴν ἱεροσυλίαν καὶ τὴν προδοσίαν.

[4] Übers. Weise/Vogel 2012. Text: (…) καὶ τὸν Ἀλέξανδρον οὐδ' οἱ πάνυ φιλοῦντες, ὧν ἐσμεν καὶ ἡμεῖς, ἐπαινοῦσι, τὸ Βραγχιδῶν ι ἄστυ συγχέαντα καὶ διαφθείραντα πᾶσαν ἡλικίαν διὰ τὴν γενομένην τοῦ περὶ Μίλητον ἱεροῦ προδοσίαν ὑπὸ τῶν προπάππων αὐτῶν (…). ‚De sera numinis vindicta' ist eine Apologie der göttlichen πρόνοια gegen die Τύχη und den epikureischen Glauben, nach dem die Götter sich nicht um die Menschen kümmern (zum Begriff im Text Plutarchs: Scholten 2009). Zum platonischen Hintergrund des Werkes: Helming 2005, 14–29. Das Werk wurde zwischen den Jahren 91 n. Chr. und 107 n. Chr. verfasst (Görgemanns 2003, 327 ff.).

[5] Übers. Mc Alhany 2001. Text: ὅτι οἱ ἐν Διδύμοις τῆς Μιλησίας οἰκοῦντες Ξέρξῃ χαριζόμενοι τὸν νεὼν τοῦ ἐπιχωρίου Ἀπόλλωνος τοῖς βαρβάροις προὔδοσαν· καὶ ἐσυλήθη τὰ ἀναθήματα πάμπλειστα ὄντα. δεδιότες οὖν οἱ προδόται τὴν ἐκ τῶν νόμων καὶ τῶν ἐν ἄστει τιμωρίαν δεόντα Ξέρξου μισθὸν λαβεῖν τῆς κακίστης ἐκείνης προδοσίας, μετοικισθῆναι ἐν χώρῳ τινὶ Ἀσιανῷ. ὁ δὲ πείθεται, καὶ ἀνθ' ὧν εἶχε κακῶς καὶ ἀσεβῶς, ἔδωκεν αὐτοῖς οἰκεῖν ἔνθεν οὐκ ἔμελλον ἐπιβήσεσθαι τῆς Ἑλλάδος ἔτι, ἀλλ' ἔξω τοῦ δέους ἔσεσθαι τοῦ κατειληφότος αὐτοί τε καὶ τὸ ἐκείνων γένος. κατὰ λαχόντες δὴ τὸν χῶρον ἐν οἰωνοῖς οὐδαμῇ χρηστοῖς πόλιν ἐγείρουσι καὶ τίθενται Βραγχίδας ὄνομα αὐτῇ καὶ ᾤοντο μὴ μόνους ἀποδρᾶναι Μιλησίους, ἀλλὰ καὶ τὴν δίκην αὐτήν. οὐ μὴν ἐκάθευδεν ἡ τοῦ θεοῦ πρόνοια· Ἀλέξανδρος γάρ, ὅτε τὸν Δαρεῖον νικήσας τῆς Περσῶν ἀρχῆς ἐγκρατὴς ἐγένετο, ἀκούσας τὰ

which there were a great number, were plundered. The traitors, fearing vengeance from both the laws and the inhabitants of the city, asked Xerxes to pay them for this wretched betrayal and settle them in some Asian land. He agreed, and in exchange for what was evil and unholy, allowed them to live where they would never again set foot upon Greece and both they and future generations would be removed from the fear besetting them. Then, having obtained the land with birds of ill-omen, they established a city and gave it the name Branchidai, thinking they had not only escaped the Milesians, but also justice itself. But the watchfulness of the god was not asleep. For Alexander, when he obtained mastery of the Persian empire upon conquering Darius, heard of their daring and conceived a hatred for them and their successive generations; so he killed them all, judging that the offspring of evil is evil. He overthrew their pseudonymous city and razed it to the ground.

Auf dem Weg nach Marakanda begegnete Alexander laut Curtius den Branchiden, die mit Xerxes aus Milet hierhergekommen waren, weil sie den didymeischen Tempel Xerxes zuliebe beraubt hatten. Sie hätten noch nach 150 Jahren in der neuen Heimat gewohnt, in der sie die eigenen Sitten und die eigene Sprache bewahrt hätten, auch wenn sich in die letztere fremde Elemente gemischt hätten. Aufgrund ihres griechischen Charakters hätten sie mit großer Freude Alexander begrüßt. Dieser habe die in seinem Heer anwesenden Milesier entscheiden lassen wollen, wie mit den Branchiden umzugehen sei. Einige dieser Milesier schienen nach Curtius die vorangehenden Ereignisse nicht verziehen zu haben, anderen schien der gemeinsame Ursprung wichtiger zu sein.

Nach einigem Überlegen soll Alexander wieder zur Stadt gezogen und selbst mit einer kampfbereiten Schar beim Tor eingetreten sein: Der Phalanx sei befohlen worden, die Stadtmauern zu umzingeln und den Soldaten, auf ein gegebenes Zeichen hin die Stadt zu plündern und die Einwohner bis auf den letzten Mann umzubringen. Die Aktion war, Curtius zufolge, besonders gewalttätig, da die Mauern untergraben wurden, damit keine Spur der Existenz der Stadt übrigbleibe. Die Makedonen sollen gar die Bäume in den Wäldern und heiligen Hainen in der Weise abgeholzt haben, dass sie die Wurzeln selbst ausgruben, um nur Wüste zu hinterlassen. Curtius wertet dieses Verhalten als Grausamkeit, da nicht die Verräter selbst, sondern ihre Nachkommen bestraft worden seien.

Die Episode von der Ermordung der Branchiden, die während der Perserkriege von den Persern umgesiedelt worden sein sollen, ist auch bei Diodor zu finden. Die ausführliche Passage selbst ist aber verloren gegangen.

Strabon schreibt, dass die Stadt der Branchiden in Sogdiane gelegen habe. Dort seien sie von Xerxes angesiedelt worden, da sie mit ihm freiwillig die Heimat verlassen hätten, weil sie ihm das in Didyma liegende Geld des Gottes und seine Schätze ausgehändigt hätten. Aus Abscheu über den Tempelraub und ihren Verrat habe Alexander ihre Stadt zerstört.

Plutarch unterstreicht, dass selbst die Freunde Alexanders, die jede Gelegenheit genutzt hätten, um ihn zu loben, zugegeben hätten, dass sein Verhalten gegenüber den Branchiden nicht lobenswert gewesen sei: Jeder Einwohner der Stadt sei für das, was seine Vorfahren getan hätten, bestraft worden.

τολμηθέντα καὶ μισήσας αὐτῶν τὴν τοῦ γένους διαδοχὴν ἀπέκτεινε πάντας, κακοὺς εἶναι κρίνων τοὺς τῶν κακῶν ἐκγόνους, καὶ τὴν ψευδώνυμον πόλιν κατέσκαψε, καὶ ἠφανίσθησαν.

Das Fragment Ailians berichtet, die Branchiden hätten die wunderbaren Schätze des Tempels in Didyma für die Perser geraubt. Weil sie hätten befürchten müssen, bestraft zu werden, hätten sie sich an Xerxes gewandt, und dieser habe ihnen erlaubt, ihren Wohnsitz in Asien zu nehmen, wo sie nichts für sich selbst und die neuen Generationen zu befürchten hätten. Sie hätten auf griechische Art und Weise eine Stadt aufgebaut und sie Branchidai genannt. Aber zum Beweis, dass man vor seinem Schicksal nicht flüchten könne, sei Alexander als neuer König Persiens gekommen, habe die Stadt zerstört und ihre Einwohner umgebracht.

10.2 Erläuterung

Nachdem Alexander im Jahre 329 v. Chr. Baktrien verlassen hatte, durch die Wüste marschiert war und den Oxos überquert hatte, zog er in Richtung Marakanda. Auf dem Weg begegnete er den Branchiden. Diese kamen ursprünglich aus Didyma, welches in der Nähe von Milet an der Westküste Kleinasiens liegt. Der Name verweist auf ihren sakralen Charakter, da sie für kultische Prozessionen bestimmt war. Der karisch-griechische Orakelgott Apollon Didymeus wurde wahrscheinlich als karischer Gott *ntro- pryida-* in archaischer Zeit in Didyma bei Milet und möglicherweise auch in einer Art ‚Filialheiligtum' des Gottes im ägyptischen Naukratis verehrt[6]. *ntro- pryida-*, der karische Name, „was later given to the place as well as to Apollo's personnel in Didyma, the *Branchidai*".[7]

Die Branchiden sollen schon vor der Ankunft von Griechen in Asien in Didyma ansässig gewesen sein, wie Herodot[8] und Pausanias[9] berichten. Wenn Herodot Bezug auf den Tempel Apollons nimmt, verwendet er viel häufiger den Namen βραχγίδαι als Didyma.[10] Das zeigt, welchen guten Ruf die Branchiden in der griechischen Welt besaßen. Die Rolle, die sie im Heiligtum spielten, dürfte in der Tat eine besondere gewesen sein: Dass ein griechisches Heiligtum sich in archaischer und klassischer Zeit vollständig unter der Kontrolle einer Familie befand, sodass es sogar mit ihrem Namen bedacht wurde, dürfte ein Einzelfall gewesen sein.[11]

Was die Ereignisse der angeblichen Umsiedlung angeht, so hatten es die Branchiden während des Ionischen Aufstandes wohl zunächst abgelehnt, die Schätze des Apollontempels zu verwenden, um den Krieg gegen Persien zu finanzieren; später aber dürften sie bereit gewesen sein, sie dem persischen König auszuliefern. Aufgrund der späteren Umstände (die Schlacht von Mykale 479 v. Chr. führte zur Zerstörung des Hauptstützpunkts der Perser in Ionien sowie ihrer Flotte im Mittelmeer) befürchteten sie die Rache der Ionier und besonders der Milesier und zogen deswegen zusammen mit dem König Xerxes fort. Hier handelt es sich eigentlich nicht um eine Deportation, doch wird dieser Fall oft als Deportationsfall betrachtet, weshalb ihm in dieser Studie Platz gewidmet wird. Die Branchiden haben sich den Quellen nach ‚freiwillig' entschieden, Didyma zu verlassen und den Persern zu folgen bzw. sogar die Perser gebeten, mit ihnen gehen zu dürfen, um der zu erwartenden Strafe zu entgehen. Da eine Deportation eine erzwungene Um-

---

6 Dazu: Fontenrose 1988, 45–6 und 77–8; Parke 1985, 1–22 mit Lit.
7 So Herda 2013, 438–9.
8 Hdt. I 157, 3.
9 Paus. VII 2, 6.
10 Hdt. I 46, 2; ebda. 92, 2; ebda. 157, 3; ebda. 159, 1; II 159, 3; V 36, 3; VI 19, 2 gegen VI 19, 3 (Didyma).
11 So Parke 1985, 59.

siedlung ist, kommt die Definition für den Branchiden-Fall nicht in Frage. Es handelt sich aber auch nicht um echte Freiwilligkeit, da die Entscheidung getroffen wurde, nachdem festgestellt worden war, dass es aufgrund der vorausgegangenen Ereignisse für die Branchiden zu gefährlich gewesen wäre, in Didyma zu bleiben. Daher könnte man den Fall als „impelled migration" definieren.[12]

In Sogdien[13] waren sie vor den Griechen sicher, und sie und ihre Nachkommen hätten normal weiterleben können. Die Region war in der Tat aus griechischer Perspektive eine am Ende der Welt zu verortende wilde Region: In den ‚Meteorologica' schreibt Aristoteles, vom Hindukusch sei der Ozean bzw. das Ende der Welt zu sehen,[14] und laut Ailian war die Region von seltsamen Tieren wie den über 100 Jahre lang lebenden Kamelen bewohnt.[15] In diesem Fall könnte die Entfernung eine Rolle bei der Wahl des Ansiedlungsortes gespielt haben. Wenn man davon ausgeht, dass die Branchiden mit den Persern ihre Umsiedlung vereinbart haben, könnten sie darum gebeten haben, in eine Region geschickt zu werden, die für die Menschen, die sich an ihnen rächen wollten, unerreichbar zu sein schien.

Was die Branchiden von 479 v.Chr. bis zur Ankunft Alexanders angeht, liefern die Quellen, d.h. Curtius, ein interessantes Detail: Auch weit entfernt vom Zuhause sollen sie und ihre Nachkommen lange Zeit die eigenen Sitten bewahrt und die griechische Sprache nicht vergessen haben, auch wenn sie Bestandteile der fremden in die eigene Sprache aufgenommen hätten. Letzteres wird von Curtius als Zeichen einer Entartung der Branchiden gewertet, die, indem sie nicht mehr das reine Griechisch reden, sozusagen aufhören, richtige Griechen zu sein. Das Beibehalten der Sitten und der Sprache findet man als Konstante in den klassischen Deportationsquellen.[16]

Eine wichtige Frage ist, wie unsere Quellen die Ermordung der Branchiden begründen. Der Leser erwartet vernünftige Gründe: In einem unbekannten Gebiet begegnet Alexander plötzlich und zufällig Menschen, die Griechisch reden und eine griechische Stadt bewohnen, aber anders als in Persepolis, wo die anwesenden Griechen sein größtes Mitgefühl besitzen, entschließt sich der Makedonenkönig, die Branchiden bis zum letzten Mann zu töten.

Strabon und Curtius berichten, dass die Branchiden von Alexander dem Großen bestraft worden seien, weil sie die Perser unterstützt hätten. Wegen ihrer προδοσία und ἱεροσυλία gegen Apollon habe sich dann Alexander dem Gott gegenüber zur Rache an ihnen verpflichtet gefühlt. Das Orakel zu Didyma sei schon von Perseus und Herakles besucht worden, und es habe mit einer Vorhersage der Erfolge Alexanders sein Schweigen gebrochen.[17] Alexander dürfte dem Orakel zu Didyma in der Tat aus diesen Gründen besondere Bedeutung beigemessen haben: Was uns eine reine Legende zu sein scheint, kann einen großen Einfluss auf Alexanders Entscheidungen gehabt haben.[18] Bevor Alexander nach Asien ging, hatte er laut den Quellen das Apollonorakel

---

12 Nach der in der Einleitung a. gegebenen Definition.
13 Zur Satrapie Baktrien-Sogdien s.o. im Kapitel 4.
14 Aristot. Meteor. I 13 350a. Die Information dürfte von Ktesias stammen (Geus 2005, 235). Für eine alternative Hypothese: Bosworth 1993, 409 ff., der Eudoxos von Knidos als Quelle nennt.
15 Ael. Poik. IV 55. Dazu: Holt 1988, 71–2.
16 S.u. im Kapitel 18.
17 Strab. geogr. XVII 1, 43 814 C = FGrHist 124 (Kallisthenes) F 14. S. a. u.
18 S. a. u. Die Ehrfurcht Alexanders gegenüber Herakles und sein Wunsch, auf den Spuren seines Vorfahren zu wandeln, werden von mehreren Quellen unterstrichen. Schon am Hellespont soll Alexander Altäre für Herakles und Zeus errichtet haben (Arr. exped. Alex. I 11, 7). Nach Athen. XII 537 e = FGrHist 126 (Ephippos) F 5 zog Alexander die letzten Monate seines Lebens die Kleidung des Herakles beim Abendessen an. Detailliert zu Alexander als Imitator des Herakles: Edmunds 1971, 374–6. Es ist schwer zu unterscheiden,

in Delphi befragt. Hier wollte er eine Bestätigung einholen, dass ihm der Sieg im bevorstehenden Feldzug zufallen werde. Nach den Quellen spendete er, nachdem das Orakel angemessen reagiert hatte, 150 philippische Goldstücke für den Bau eines neuen Apollontempels.[19]

Curtius ist der Autor, der dem Schicksal der Branchiden in Asien den größten Platz widmet. In seiner Erzählung wird Alexander als äußerst rachsüchtig dargestellt. Er soll zwar die Entscheidung über die Branchiden seinen milesischen Soldaten überlassen, sich aber eigentlich dazu entschlossen haben, alle Menschen umzubringen und die Stadt bis auf den Grund zu zerstören, da es das Beste sei. In diesem Punkt ist dasselbe bei Ailian zu finden: Alexander macht „das Beste", weil er die Situation wieder ins Gleichgewicht bringt. Die Branchiden hatten es Anfang des 5. Jhs. v. Chr. geschafft, der angemessenen Strafe zu entgehen, indem sie die Hilfe der Perser in Anspruch genommen hatten: Sie schafften es nach Ailian aber doch nicht, für immer davonzukommen, und ihre Stadt in Asien wurde vollkommen zerstört. Dass 329 v. Chr. im Heer Alexanders unter den bei ihm gebliebenen Griechen Milesier zu finden gewesen sind, kann nicht bestätigt werden, vielmehr ist dieser Hinweis wahrscheinlich nur ein fiktives Element in der Geschichte: Curtius will zeigen, dass sogar die Milesier selbst, die am meisten unter dem Verrat der Branchiden gelitten hatten, sich nicht so eindeutig wie Alexander für Rache an den Branchiden aussprachen. Es muss auch betont werden, dass Alexander bei Curtius in der ersten Werkhälfte noch positiv, ab dem 6. Buch jedoch eher negativ gezeichnet wird. Die Änderung des Herrscherbildes fand ihren äußeren Anlass im Tod des Kallisthenes, der ein Neffe des Aristoteles, des Lehrers Alexanders, war.[20] Der Peripatos hatte als erster die Grundlinien eines Tyrannenbildes für Alexander gezeichnet,[21] und in hellenistischer Zeit hat sich die alexanderfeindliche Tradition dann gefestigt. Bei Curtius verliert Alexander im Orient seine *clementia* und *magnitudo animi*: Neue Eigenschaften, die ihn immer mehr prägen, werden *cupiditas*, *iracondia*, *superbia*.[22] Curtius zeichnet das Bild eines Königs, der von seinen Erfolgen korrumpiert wird und sich nicht mehr wie ein guter makedonischer König, sondern wie ein orientalischer Despot verhält, und er betont den Affekt als eine Triebfeder des Handelns Alexanders.[23]

10.3 Die Frage der Historizität

Wie schon erwähnt, wurden 494 v. Chr. die Einwohner Milets laut Herodot teils getötet, teils deportiert, und gleichzeitig wurde die Orakelstätte Apollons in Didyma geplündert.[24] Die Zerstörung des Tempels wird auch von Ktesias erwähnt: Sein Text muss aber korrigiert werden, da es außer Frage steht, dass die betreffende Passage nicht von Delphi, sondern von Didyma handelt.[25]

---

welche Aktionen tatsächlich von Alexander durchgeführt und welche später von seinen Nachfolgern bzw. von sekundären Quellen erfunden wurden. Es darf aber nicht bezweifelt werden, dass Alexander seine übermenschlichen Vorfahren ernst nahm.

19 Plut. Alex. 14, 4; Diod. XVII 93, 4. Dazu: Lauffer 2005, 43–6.
20 Plut. Alex. 8, 3 und ebda. 55, 4.
21 So Egge 1978, 6.
22 S. etwa Curt. III 12, 18; ders. VI 6, 1; ders. X 5, 26.
23 So Baynham 1998, 132–200.
24 Hdt. VI 19, 2–3.
25 Ktes. 126 Lenfant, F 13 Photios (§ 31). Zur Korrektur: Bernard 1985, 123–5.

Auch Ktesias erwähnt, wie Herodot, die Umsiedlung der Branchiden nicht, aber anders als Herodot schreibt er, Urheber der Plünderung Didymas sei Xerxes und nicht Dareios gewesen.

Auch in den übertragenen Passagen ist zu lesen, dass nicht Dareios I., sondern der König Xerxes 479 v. Chr. nach seiner Niederlage bei Plataiai das Heiligtum zerstört habe. Am Anfang des Kapitels sind nur die Quellen zu finden, die explizit über die Deportation berichten. Zwei zusätzliche Passagen Strabons berichten zwar nicht darüber, doch bestätigen sie die Zerstörung des Tempels, die von Xerxes angeordnet worden sei.

> Strab. geogr. XIV 1, 5 634 C:[26]
> Nach dem milesischen Poseidon denn kommt anschließend das Orakel des Apollon Didymeus in Branchidai, etwa achtzehn Stadien landeinwärts. Es wurde von Xerxes in Brand gesteckt (ebenso wie die übrigen Heiligtümer außer dem ephesischen), und die Branchiden, die die Schätze des Gottes dem Perser übergeben hatten, zogen bei seiner Flucht zusammen mit ihm fort, um sich der Strafe für ihren Tempelraub und ihrem Verrat zu entziehen. (...).

> Strab. geogr. XVII 1, 43 814 C = FGrHist 124 (Kallisthenes) F 14:[27]
> (...) Dem fügt Kallisthenes noch die nach Tragödie schmeckende Geschichte hinzu, dass, obwohl Apollon das Orakel in Branchidai verlassen hatte, seitdem das Heiligtum von den Branchidai beraubt worden war, die zu Xerxes' Zeit mit den Persern kollaboriert hatten, und auch der Brunnen versiegt war, damals nicht nur der Brunnen aufsprudelte, sondern auch die Gesandten der Milesier viele Orakelsprüche nach Memphis brachten, die von Alexanders Erzeugung durch Zeus, von dem künftigen Sieg bei Arbela, dem Tod des Dareios und den Aufständen in Sparta sprachen; (...).

Pausanias erwähnt die Deportation nicht, schreibt aber, Xerxes (wieder er und nicht Dareios) habe eine Bronzestatue des Apollon aus Didyma weggeführt und nach Ekbatana transportiert. Dank Seleukos I. habe dann Didyma die Statue wiederbekommen können.[28] Die Statue ist wahrscheinlich mit der des Apollon Philesios von Kanakos identisch.[29] Die Tatsache, dass schwere Bronzeobjekte aus Kleinasien weggeführt und ins Herz des Reiches gebracht wurden, wird durch den Fall des Astragalos, des in den Ruinen Susas gefundenen Objekts mit der Inschrift in ionischen Buchstaben, die die Abgabe des Zehnten der Ernte an Apollon Didymeus beschreibt,[30] bestätigt. Xerxes wird von Pausanias selbst ein anderer Fall zugeschrieben: der der Statue der Artemis aus Brauron, die Seleukos I. den Laodikeern später übergeben habe;[31] das Leitmotiv des

---

26 Übers. Radt 2009. Text: μετὰ δὲ τὸ Ποσείδιον τὸ Μιλησίων ἑξῆς ἐστι τὸ μαντεῖον τοῦ Διδυμέως Ἀπόλλωνος τὸ ἐν Βραγχίδαις ἀναβάντι ὅσον ὀκτωκαίδεκα σταδίους· ἐνεπρήσθη δ' ὑπὸ Ξέρξου, καθάπερ καὶ τὰ ἄλλα ἱερὰ πλὴν τοῦ ἐν Ἐφέσῳ· οἱ δὲ Βραγχίδαι τοὺς θησαυροὺς τοῦ θεοῦ παραδόντες τῷ Πέρσῃ φεύγοντι συναπῆραν τοῦ μὴ τῖσαι δίκας τῆς ἱεροσυλίας καὶ τῆς προδοσίας. (...).
27 Übers. Radt 2009. Text: (...) προστραγῳδεῖ δὲ τούτοις ὁ Καλλισθένης, ὅτι τοῦ Ἀπόλλωνος τὸ ἐν Βραγχίδαις μαντεῖον ἐκλελοιπότος, ἐξ ὅτου τὸ ἱερὸν ὑπὸ τῶν Βραγχιδῶν σεσύλητο ἐπὶ Ξέρξου περσισάντων, ἐκλελοιπυίας δὲ καὶ τῆς κρήνης, τότε ἥ τε κρήνη ἀνάσχοι καὶ μαντεῖα πολλὰ οἱ Μιλησίων πρέσβεις κομίσαιεν εἰς Μέμφιν περὶ τῆς ἐκ Διὸς γενέσεως τοῦ Ἀλεξάνδρου καὶ τῆς ἐσομένης περὶ Ἄρβηλα νίκης καὶ τοῦ Δαρείου θανάτου καὶ τῶν ἐν Λακεδαίμονι νεωτερισμῶν· (...).
28 Paus. I 16, 3 und ebda. VIII 46.
29 Paus. II 10, 5; ders. VII 2, 6; ders. IX 10, 2
30 S.a. o. im Kapitel 6.
31 Paus. I 23, 7; ebda. 33, 1; III 16, 7–8.

guten Königs (Seleukos I.) gegen den bösen König (Xerxes) kann die Konstruktion der Geschichte begründet haben.³² Was man auch nicht vergessen darf, ist, dass die anti-persische Koalition sich sogar vor der Zerstörung Athens bemüht hatte, die Perser als Tempelschänder hinzustellen.³³

Passagen bei Strabon, Curtius, Ailian und Pausanias widersprechen der Aussage Herodots, nach der Didyma von Dareios I. geplündert wurde.³⁴ Laut Hammond hat nicht nur die Plünderung Didymas unter Xerxes stattgefunden, sondern hat auch Herodot die Zerstörung des Tempels nicht mit der von Milet oder mit irgendeiner Aktion des Dareios, sondern mit Xerxes in Verbindung gebracht. Er denkt, der folgende Satz in einer Passage in Herodots 6. Buch: „Die hochgelegenen Landesteile teilen sie den Karern aus der Stadt Pedasos zu", der den Bericht über die Ereignisse von 494 v. Chr. mit der Deportation der Milesier abschließt, nehme Bezug auf einen späteren Zeitpunkt, nämlich auf die 479 v. Chr. von Xerxes durchgeführte Plünderung. So erklärt er die Nutzung des Futurs im letzten Satz des erwähnten Orakels: „Und den Tempel in Didyma werden uns andere besorgen". Diese Behauptung ist aber falsch: Da das Orakel einige Jahre vor den erzählten Ereignissen erging, liegt auch das Jahr 494 v. Chr. und nicht nur das Jahr 479 v. Chr. in der Zukunft. Xerxes findet in der Passage Herodots keine Erwähnung, vielmehr ist es offensichtlich, dass die ganze Passage konsequent von Ereignissen in der Zeit des Dareios handelt. Nach Herodot hatte die Plünderung Didymas im Jahre 494 v. Chr. stattgefunden, wie auch die Zerstörung Milets.

Eine Brandzerstörung Didymas ist für die Zeit zwischen 500 v. Chr. und 475 v. Chr. nicht archäologisch nachweisbar,³⁵ sodass die Archäologie uns bezüglich der Frage, ob Dareios oder Xerxes für die Zerstörung Didymas verantwortlich sind, nicht weiterhelfen kann.

Es ist eindeutig, dass alle verfügbaren Texte, die den Urheber der Aktion erwähnen, außer den ‚Historien' Herodots, Xerxes als Urheber nennen. Die Autoren dieser Texte sind voneinander unabhängig. Von einigen der zitierten Passagen kennt man die Quellen bzw. man kann sie mit großer Wahrscheinlichkeit vermuten. Strab. geogr. XVII 1, 43 814 C stammt von Kallisthenes, wie der Autor selbst enthüllt. Kallisthenes könnte die Episode in die Herrschaft des Dareios-Nachfolgers verlegt haben, weil dieser in der panhellenischen Propaganda als Erzbösewicht und Tempelschänder galt.³⁶ Er kann aber nicht die Quelle von Strab. geogr. XI 11, 4 518 C sein, da die Passage von Ereignissen handelt, die nach seinem Tode stattfanden: Da viele geographische Details zu finden sind, vermutet Hammond, Strabon habe eine erste Quelle der Geschichte Alexanders verwendet, etwa Aristobulos oder Ptolemaios.³⁷ Noch anders muss die Quelle von Strab. geogr. XIV 1, 5 634 C gewesen sein, da neue Ausbaumaßnahmen nach der Wiederöffnung des

---

32 So Moggi 1973. Xerxes habe auch die Bronzegruppe von Harmodios und Aristogeiton aus Athen mitgenommen. In dem Fall habe Alexander es wieder gut gemacht, indem er die Statuen zurück nach Athen geschickt habe (Arr. exped. Alex. III 16, 4). Detailliert dazu: Müller im Druck.
33 Kienast 1995, 123–4. Bezüglich der Gründe, die zur Zerstörung der griechischen Tempel führten, muss man erwähnen, dass die Perser schon allein aus rein praktischen Gründen, „selbst wenn sie es gewollt hätten, nicht alle griechischen Heiligtümer verschonen konnten. Die oft an strategisch günstigen Stellen errichteten Steintempel konnten leicht zu Widerstandsnestern ausgebaut werden. Außerdem war nennenswerte Beute wohl nur in den Tempeln zu erwarten" (so ders. 1995, 124 Anm. 49). Derselben Meinung auch Bichler 2000, 336–7; Funke 2007, 27–8. S. a. Scheer (2003, 73–81), die die Tragfähigkeit der von Herodot (Hdt. V 52.102) vorgenommenen argumentativen Verknüpfung der Zerstörung des Kybebe-Heiligtums durch die Griechen und griechischer Heiligtümer durch die Perser in Frage gestellt hat.
34 Hdt. VI 19, 2. S. o. beim Fall Milets (Kapitel 6).
35 So Mitchell 1989–90, 105–6.
36 So Müller 2014a, 185 Anm. 69; Müller 2015, passim.
37 So Hammond 1998, 341.

Orakels im Text genannt werden: Es muss sich also um einen späteren (unbekannten) Autor handeln. Schließlich war die Quelle von Curtius und Diodor, wie schon im Fall der Griechen bei Persepolis, Kleitarchos.[38]

In den ‚Historien' Herodots wird der persische Sieg über Milet, wie es übliche altorientalische und griechische Praxis war, als eine über drei Phasen sich erstreckende Eroberung dargestellt, von denen jede auf den Gewinn von Reichtümern ausgerichtet war: An erster Stelle stand die Eroberung des Apollontempels, dann folgte das Gebiet, in dem auch Didyma liegt, schließlich die Unterwerfung der Bevölkerung Milets. Es sind die drei Elemente, die üblicherweise auf die Eroberung einer Stadt hindeuten.[39] Die Zerstörung der Stadt und des Tempels, quasi die komplette Zerstörung Milets, sollte unter demselben König stattgefunden haben. Aus diesem Grund hat m. E. Herodot den Fall Dareios zugeschrieben. Aber Xerxes muss für Didyma verantwortlich gemacht werden, wie verschiedene und voneinander unabhängige Quellen bestätigen. Griechische Quellen erwähnen zusätzlich Dareios' großen Respekt gegenüber Apollon:[40] Es handelt sich aber um eine *interpretatio Graeca*. Im sog. Gadatas-Brief wirft Dareios seinem Funktionär in Asia Minor vor, die Gärten des heiligen Landes des Apollon besteuert zu haben.[41] Über die Authentizität des Gadatas-Briefs lässt sich aber streiten.[42]

Tarn schreibt in seiner ‚Geschichte Alexanders', die Begegnung der Branchiden mit Alexander in Asien sei „a peculiarly naive and clumsy fabrication":[43] Kallisthenes[44] habe das erfunden „as an act to please Apollo".[45] Besonders verdächtig schien Tarn zu sein, dass Arrian nichts darüber schreibt.[46] So wie Tarn haben viele andere Althistoriker die Historizität der Passage in Frage gestellt bzw. einfach ignoriert.[47] Es lassen sich aber Hinweise darauf finden, dass die Branchiden in der Tat Didyma verlassen haben. Schon nach Strabon war das Orakel lange still geblieben und in Didyma keine Spur mehr von den Branchiden zu finden gewesen.[48] Didyma wurde aber nach der Zerstörung nicht komplett verlassen: Während der deutschen Ausgrabung sind z. B. Gebäudeteile aus dem 5. Jh. v. Chr. in der Siedlung gefunden worden.[49] In einer im Delphinion gefundenen Inschrift wird über periodische Prozessionen von Milet nach Didyma berichtet; die Branchiden werden aber nicht erwähnt: Sie spielten offenbar keine Rolle mehr.[50]

---

38 Ders. 1983, 141–2. S. a. im Kapitel 9.
39 S. o. beim Fall 1.5.
40 So Hammond 1998, 340.
41 TOD 10.12; vom Brief steht eine griechische Übers. aus der Kaiserzeit zu Verfügung. Nach Schmitt (1996, 97–9) handelt es sich um „die Übersetzung eines originalen Dareios-Briefes", der auf Aramäisch geschrieben war. Zum Brief s. u. im Kapitel 18.
42 Eine Zusammenschau der einzelnen Meinungen findet man bei Tuplin 2009.
43 Tarn 1968, I, 67. Das wundert nicht, da der Autor eine den König vielfach entschuldigende Geschichte Alexanders präsentiert, in der die ‚Bosheit' des Königs gegenüber den Branchiden keinen richtigen Platz finden würde.
44 S. u. Strab. geogr. XVII 1, 43 814 C = FGrHist 124 (Kallisthenes) F 14.
45 Tarn 1968, II, 272.
46 Dagegen: Bosworth 1988a, 109.
47 So etwa Altheim/Stiehl 1970, 158–61; Bernard 1985, 123–5. Bei Parke 1985, der gegen diese Einstellung argumentiert, findet man viel ältere Literatur über die Debatte.
Bernard 1985, 123–5.
48 Strab. geogr. XIV 1, 5 634 C.
49 Dazu: Knackfuss 1940, 127 und 142 ff.; s. a. etwa Hahland 1964; Fontenrose 1988, 14.
50 Syll³ 57; dazu: Kawerau/Rehm 1914, 277–84.

Ausgrabungen in Dilberdzin haben bezüglich der Branchiden die Aufmerksamkeit der Althistoriker geweckt. Zwei unter anderen Objekten gefundene hellenistische Amphoren tragen Inschriften auf Baktrisch.[51] Auf der ersten sei βροχγιδδεςς, auf der zweiten βροχγεεςς zu lesen:[52] Beide seien als dialektische Formen von „Branchidai" zu verstehen und stünden im Zusammenhang mit den nach den Quellen in Baktrien angesiedelten Branchiden.[53] Einige hätten das Massaker überlebt und seien noch im hellenistischen Baktrien nachzuweisen.[54] Aber es ist Vorsicht angebracht. Wenn man davon ausgeht, dass die Inschriften wirklich auf die Branchiden hinweisen, (die Inschriften deuten wirklich auf die Branchiden hin), könnte die Verbindung Branchiden-(Apollon)-baktrisches Gebiet durch die Umsiedlung der Branchiden hergestellt und in den Inschriften erläutert worden sein. Jedoch bleibt dies eine reine Hypothese.

Auch wenn man die Anwesenheit der Branchiden im Osten für historisch hält, bleibt die Frage offen, ob Alexander sie in der Tat ermordet und ihre Stadt zerstört hat. Man muss sich deswegen die Frage stellen, ob die Geschichte im Kontext des Feldzuges Alexanders glaubwürdig ist. Wie schon erwähnt, war die panhellenische Rache an Persien und all denen, die es unterstützt hatten, nicht nur ein literarisches Leitmotiv, sondern in der Tat etwas, das die Griechen eng verband.[55] Auf die Frage, ob die Rache an den Feinden der Griechen noch 329 v. Chr. eine Rolle gespielt hat, wird oft negativ geantwortet. Nach der Eroberung von Persepolis wurde Ekbatana kampflos eingenommen. Da die letzte achaimenidische Residenzstadt in Westiran sich jetzt in Alexanders Händen befand, wurde das griechische Kontingent entlassen. Der Feldzug des Strategen des Korinthischen Bundes wurde beendet.[56] Die meisten Historiker denken, der Rache-Krieg sei damit abgeschlossen gewesen,[57] aber Hinweise darauf sind in keiner Quelle zu finden. Im Gegenteil scheint Alexander die Griechen, die freiwillig bei ihm blieben, sehr geschätzt zu haben,[58] und es ist nicht unwahrscheinlich, dass auch die Rache-Parole bedeutsam blieb.[59] Der Fall der Branchiden könnte sich gut in dieses Leitmotiv des Feldzugs einfügen, und dies umso mehr, als ihr Verrat einen Gott betraf, den Alexander sehr zu schätzen schien.[60]

Parke behauptet, Alexander habe die Entscheidung den in seinem Heer anwesenden Milesiern zuliebe getroffen.[61] Angenommen, dass zu der Zeit, d.h. nach der Entlassung der Griechen in Ekbatana, noch Milesier im Heer Alexanders anwesend waren, ist m. E. Panchenko zu folgen: „one has just to recall who Alexander was and what he achieved in order to realize that Alexander would never allow himself to be influenced by the Milesians while making an important decisi-

---

51 Baktrisch ist eine mitteliranische Sprache, die bis zum frühen Mittelalter gesprochen wurde. Während der Kušan-Herrschaft vom 1. bis zum 3. Jh. n.Chr. wurde sie weit über Baktrien hinaus in anderen Teilen des Reiches verwendet. Es wurde fast ausschließlich im griechischen Alphabet geschrieben. Dazu: Schmitt 1994; Saloumeh 2014.
52 Es ist nicht klar, ob es die richtige Lesart ist. So Coloru 2015. S.a.u.
53 So Kruglikova 1974, 79–80; Bernard 1985, 125; Kulesza 1994, 245–246.
54 So Nawotka 2010, 274.
55 S.o. im Kapitel 9.
56 Arr. exped. Alex. III 19, 5–6. Verabschiedung der Griechen in Ekbatana: Arr. exped. Alex. III 19, 5; etwas später Ansetzung des Ereignisses nach dem Tode des Dareios bei Diod. XVII 74, 3; Curt. VI 2, 17.
57 S. etwa Brunt 1965, 203; Hamilton 1973, 90; Bosworth 1988a, 96–7. Noch weiter geht Hatzopoulos 1997, der glaubt, Alexander habe von Persepolis nach Makedonien zurückkehren wollen.
58 Diod. XVII 74, 4. Es mag übertrieben sein, dass jeder von ihnen 3 Talente bekam, doch dürfte feststehen, dass für Alexander die Unterstützung der Griechen extrem wichtig war.
59 Dazu detailliert: Flower 2000, 115–9.
60 S.u.
61 Parke 1985, 66–8.

on". Parke vergleicht dann das Schicksal der Branchiden mit dem anderer Gegner Alexanders, die zu der Zeit von ihm ausgemerzt wurden, wie Philotas, Parmenion und Kleitos. Der Vergleich ist aber eher schwach, da die Branchiden Alexander nichts antaten oder angetan hatten.[62] Nachdem er einige Erklärungsversuche Parkers kritisiert hat, schlägt Panchenko vor, den Grund für Alexanders Entscheidung für die Zerstörung und das Massaker im militärstrategischen Bereich zu suchen. Curtius schreibt, die Truppen Alexanders hätten auch „die Wälder und heiligen Haine" abgeholzt und sogar ausgerottet, indem sie selbst die Wurzeln ausgegraben hätten. Das Überqueren des Oxos sei für Alexander und seine Truppen besonders schwierig gewesen: Es habe fünf Tage gedauert, da kein Holz zu Verfügung gestanden habe, um Brücken oder Flöße bauen zu können.[63] Da die Stadt der Branchiden nicht weit weg vom Flussübergang gelegen habe und der Holzmangel ein akutes Problem gewesen sei, habe das Holz der heiligen Haine und der Wälder es erlaubt, Mittel zur Flussüberquerung sofort einzusetzen. Es ist aber nicht überzeugend, wenn Panchenko schreibt, Alexander habe die frühere ἱεροσυλία der Branchiden gegen Apollon ausgenutzt, um das eigene Sakrileg des Holzeinschlags zu rechtfertigen. Die Tatsache, dass die Branchiden eines ähnlichen Vergehens schuldig waren, hätte nämlich nicht die Schuld Alexanders gelöscht: Alexander wäre gegenüber Apollon schuldig geblieben. Alexander zeigt aber, dass er viel Respekt gegenüber Apollon hatte, sodass er wahrscheinlich gezögert hätte, die heiligen Wälder zu nutzen, um Holz zu besorgen. Die Religion für die antiken Menschen und in diesem Fall für Alexander kann tatsächlich eine große Rolle in ihren Entscheidungen gespielt und ihre Taten auf einer Art und Weise beeinflusst haben, die für den modernen Betrachter nicht einfach zu verstehen ist.[64]

Es kann letztlich nicht geklärt werden, ob Alexander die Branchiden töten ließ oder nicht. Unter den möglichen Gründen, die genannt worden sind, ist aber m. E. der Respekt Alexanders gegenüber Apollon innerhalb seines Planes, die Griechen zu rächen, der einzige Grund, der eine Rolle bei der möglichen Ermordung der Branchiden gespielt haben könnte.

---

62 So Panchenko 2002, 247–8.
63 Curt. VII 5, 16–18; Arr. exped. Alex. III 29, 4.
64 Um nur ein paar Beispiele zu nennen: Am Hellespont wurden Altäre an Zeus Apobaterios, Athena und Herakles geweiht (dazu: Will 1986, I, 50). Vgl. auch Alexanders Vorlieben für Homer und die ‚Ilias' und seine Verehrung der beiden (dazu: Will 1986, I, 47; Mossé 2004, 89; Carney 2006, 6). Alexander glaubte jedoch, ein zweiter Herakles zu werden, und eiferte ihm konsequent nach (dazu: Schachermeyer 1973, 408; Badian 1982, 34–36; Hutter 1997, 65–85). Zur Verehrung des Dionysos: Schachermeyer 1973, 412–3; Goukowsky 1974; Will 1986, 128–31. Gegen die ‚Pietät' Alexanders argumentieren: Wiemer 2005, 97–99; Müller 2014, 110–4.

11. Boioter in Medien

11.1 Text

Diod. XVII 110, 4–5:[1]
Desweiteren marschierte er (scil. Alexander) in vier Tagen durch Sittakene, woraufhin er einen Ort mit Namen Sambana erreichte. Alexander blieb hier sieben Tage, dann setzte er mit seinen Truppen den Marsch fort und kam am dritten Tage zu den Kelonen, wie sie heißen. Dort wohnt bis auf den heutigen Tag eine Gruppe von Boiotern, die zurzeit von Xerxes' Feldzug angesiedelt worden waren, doch ihre väterlichen Sitten noch nicht aufgegeben hatten. Sie sind zweisprachig und haben sich in der einen Sprache den Einmischen angepaßt, während sie in der anderen sehr viele griechische Wörter bewahrten und auch an einigen griechischen Lebensformen festhielten.
Schließlich machte er sich nach einem Aufenthalt von ... Tagen wieder auf den Weg (...).

Diodor schreibt, noch zu seiner Zeit befinde sich bei den Kelonen in Medien eine Ansiedlung von Boiotern, die zur Zeit des Xerxes-Feldzuges nach Griechenland dorthin gebracht worden seien. Die Siedlung liege drei Tagesmärsche von einem Ort namens Sambana entfernt und sei von den Truppen Alexanders auf ihrem Rückmarsch erreicht worden. In der neuen Heimat hätten die Deportierten ihre alte Sitten bewahrt und sie seien zweisprachig: Sie hätten die griechische Sprache beibehalten und anderseits die lokale Sprache so gut gelernt, dass sie in der Lage gewesen seien, wie Einheimische zu sprechen.

11.2 Erläuterung

Zunächst sollte man bedenken, dass in der Passage keine Identifizierung der Kelonen mit den deportierten Boiotern vorgeschlagen, sondern nur gesagt wird, dass die Siedlung der Boioter in dem von den Kelonen bewohnten Gebiet (ἐν ᾧ) zu finden sei. Die Region Sittakene liegt östlich des Tigris,[2] an den Grenzen zur Susiana.[3] Die Stadt Sambana ist unbekannt. Was die Kelonen an-

---

[1] Übers. Veh/Böhme 2009. Text: ἑξῆς δ' ἐν ἡμέραις τέτταρσι τὴν Σιττακινὴν διανύσας ἧκεν εἰς τὰ καλούμενα Σάμβανα. ἐνταῦθα δὲ μείνας ἡμέρας ἑπτὰ καὶ προσαναλαβὼν τὴν δύναμιν τριταῖος εἰς τοὺς Κέλωνας προσαγορευομένους ἧκεν, ἐν ᾧ μέχρι νῦν διαμένει γένος Βοιώτιον, κατὰ μὲν τὴν Ξέρξου στρατείαν ἀνάστατον γεγονός, μεμνημένον δ' ἔτι τῶν πατρίων νόμων· [5] ὄντες γὰρ οὗτοι δίφωνοι τῇ μὲν ἑτέρᾳ διαλέκτῳ ἐξωμοιώθησαν τοῖς ἐγχωρίοις, τῇ δ' ἑτέρᾳ πλείστας τῶν Ἑλληνικῶν λέξεων διετήρουν καὶ τῶν ἐπιτηδευμάτων ἔνια διεφύλαττον. τέλος δὲ προσμείνας ἡμέρας ἀνέζευξε καὶ παρεγκλίνας τὴν ὑποκειμένην ὁδόν (...).
[2] Arr. Ind. 42, 4; Strab. geogr. XVI 1, 5 739 C.
[3] So Strab. geogr. XVI 1, 17 744 C.

geht, so sind sie nur im Text Diodors zu finden, wohingegen eine Region, deren Name Chalonitis lautet und die dem Gebiet entspricht, in dem Diodor die Kelonen verortet, bei verschiedenen Autoren zu finden ist.

Strab. geogr. XI 14, 8 529 C:[4]
(...) durch ihn (scil. den Arsenischen See) hindurch läuft der Tigris, der aus dem Bergland des Niphates kommt; er bewahrt seinen Strom unvermischt dank seiner Schnelligkeit (daher auch sein Name: die Meder nennen den Pfeil *Tigris*); er enthält viele Arten Fische, die Fische in dem See dagegen sind alle von *einer* Art; im innersten Winkel des Sees stürzt der Fluss in einen Abgrund, läuft dann eine lange Stecke unterirdisch weiter und kommt in der Chalonitis wieder nach oben; von dort läuft er, ebenso wie der Euphrat, nach Opis und der sogenannten Sperrmauer der Semiramis, wobei er die Gordyäer und ganz Mesopotamien zur Rechten lässt und der Euphrat umgekehrt dasselbe Land zur Linken hat; (...).

Strab. geogr. XVI 1, 1 736 C:[5]
An Persien und Susiane stoßen die Assyrier. Mit diesem Namen bezeichnet man Babylonien und einen großen Teil des umliegenden Landes, zu dem im einzelnen Aturien gehört – in dem Ninos und die Apolloniatis, die Elymäer und Paraitaker, die Chalonitis beim Zagros-Gebirge und die Ebenen um Ninos liegen: (...)

Pol. V 54, 6–7:[6]
Der König (scil. Antiochos) (...) befahl, den Leichnam Molons an dem markantesten Punkt Mediens ans Kreuz zu schlagen, was die damit Beauftragten auch sofort ausführten. Sie brachten ihn in die Kallonitis und hängten ihn unmittelbar am Fuß der Paßstraße über den Zagros ans Kreuz.

Plin. nat. Hist. VI 131:[7]
Die dem Tigris nächstgelegene Landschaft heißt Parapotamia; in ihr ist Mesene schon besprochen; die Stadt davon ist Dabitha. Daran schließt sich Chalonitis mit Ktesiphon,

---

4 Übers. Radt 2004. Text: φέρεται δὲ δι' αὐτῆς ὁ Τίγρις ἀπὸ τῆς κατὰ τὸν Νιφάτην ὀρεινῆς ὁρμηθείς, ἄμικτον φυλάττων τὸ ῥεῦμα διὰ τὴν ὀξύτητα, ἀφ' οὗ καὶ τοὔνομα, Μήδων τίγριν καλούντων τὸ τόξευμα· καὶ οὗτος μὲν ἔχει πολυειδεῖς ἰχθῦς, οἱ λιμναῖοι ἑνὸς εἴδους εἰσί· κατὰ δὲ τὸν μυχὸν τῆς λίμνης εἰς βάραθρον ἐμπεσὼν ὁ ποταμὸς καὶ πολὺν τόπον ἐνεχθεὶς ὑπὸ γῆς ἀνατέλλει κατὰ τὴν Χαλωνῖτιν· ἐκεῖθεν δ' ἤδη πρὸς τὴν Ὦπιν καὶ τὸ τῆς Σεμιράμιδος καλούμενον διατείχισμα ἐκεῖνός τε καταφέρεται τοὺς Γορδυαίους ἐν δεξιᾷ ἀφεὶς καὶ τὴν Μεσοποταμίαν ὅλην, καὶ ὁ Εὐφράτης τοὐναντίον ἐν ἀριστερᾷ ἔχων τὴν αὐτὴν χώραν (...).
5 Übers. Radt 2005. Text: τῇ δὲ Περσίδι καὶ τῇ Σουσιανῇ συνάπτουσιν οἱ Ἀσσύριοι· καλοῦσι δ' οὕτω τὴν Βαβυλωνίαν καὶ πολλὴν τῆς κύκλῳ γῆς, ἧς ἐν μέρει καὶ ἡ Ἀτουρία ἐστίν, ἐν ᾗπερ ἡ Νίνος καὶ ἡ Ἀπολλωνιᾶτις καὶ Ἐλυμαῖοι καὶ Παραιτάκαι καὶ ἡ περὶ τὸ Ζάγρον ὄρος Χαλωνῖτις
6 Übers. Drexler 1961. Text: [6] ὁ δὲ βασιλεὺς διαρπάσας τὴν παρεμβολὴν τῶν πολεμίων, τὸ μὲν σῶμα τοῦ Μόλωνος ἀνασταυρῶσαι προσέταξε κατὰ τὸν ἐπιφανέστατον τόπον τῆς Μηδίας. [7] ὃ καὶ παραχρῆμα συνετέλεσαν οἱ πρὸς τούτοις τεταγμένοι· διακομίσαντες γὰρ εἰς τὴν Καλλωνῖτιν πρὸς αὐταῖς ἀνεσταύρωσαν ταῖς εἰς τὸν Ζάγρον ἀναβολαῖς:.
7 Übers. Brodersen 1996. Text: proxima tigri regio parapotamia appellatur. in ea dictum est de mesene; oppidum eius dabitha. cui iungitur chalonitis cum ctesiphonte, non palmetis modo, verum et olea pomisque arbusta. ad eam pervenit zagrus mons, ex armenia inter medos adiabenosque veniens supra paraetacenen et persida. chalonitis abest a perside [ccclxxx] p.; tantum a caspio mari et a syria abesse conpendio itineris aliqui tradunt.

berühmt nicht nur durch ihre Palmen-, sondern auch Öl- und Obstbaumpflanzungen. Bis dahin erstreckt sich der Zagros-Berg, der aus Armenia zwischen Medern und Adiabenern oberhalb von Paraitakene und Persis herabkommt. Chalonitis ist von Persis 380 Meilen entfernt; ebensoweit ist es vom Kaspischen Meer und von Syrien auf dem kürzesten Wege, wie jedenfalls manche überliefern.

Die parthische Stadt Ktesiphon wird in der Chalonitis gegründet, einer ziemlich großen Region, die sich laut vorhandenen Informationen zwischen Persis und Susiana an der einen Seite und dem Zagros an der anderen befand.

Die Begegnung zwischen Alexander und den Boiotern soll nach der Erzählung Diodors während des Durchzugs der Truppen Alexanders durch den Zagros in Medien im Jahr 326 v. C. stattgefunden haben, als das Heer sich auf dem Rückmarsch nach Westen befand. Schon 331 v. Chr. hatte sich Alexander in der Region aufgehalten, während er sich mit der Reorganisation seiner Truppen beschäftigt hatte.[8]

Was den Text Diodors angeht, wurde vorgeschlagen, dass Βοιώτιον eher als Εὐβοικόν zu lesen sei.[9] Und das nur deshalb, weil es den Abschnitt Diodors mit den deportierten Eretriern in Verbindung bringen, genauer: eine Verbindung zu der von Curtius, von Philostrat (wenn auch unbewusst) und von der ‚Anthologia Planudea' erwähnten Tradition herstellen würde, nach der die Siedlung der deportierten Eretrier nicht in Kissia, sondern in Medien zu finden war.[10] Auch Böhme in seinem Kommentar betont, dass diese Böotier „vielleicht die bei Hdt. VI 119 genannten Eretrier, die er im Land Kissia (...) angesiedelt hatte", seien.[11] Will man diese Hypothese berücksichtigen, stößt man auf eine grundlegende Schwierigkeit: Laut Diodor ist es nicht der König Dareios, wie all die Quellen für den Eretrierfall angeben, (sowohl jene, die die Siedlung in Kissia als auch diejenigen, die sie in Medien lokalisieren), sondern sein Nachfolger Xerxes, der die Boioter deportiert. Deswegen ist m. E. auszuschließen, dass die Passage Diodors Bezug auf die Eretrier nimmt.

Das ist nicht das erste Mal, dass Alexander laut unseren Quellen während des Feldzuges durch Asien Gruppen von Griechen begegnet. So hatte es sich in der Nähe von Persepolis verhalten und in Baktrien bei den Branchiden.[12] Auch der Text Diodors zeigt, wie unterschiedlich die Reaktion Alexanders gegenüber angeblich im Perserreich angesiedelten Griechen sein konnte. Die zur Verfügung stehenden Quellen präsentieren ihn einerseits als den Retter der ‚versklavten' Griechen bei Persepolis; andererseits ist er derjenige, der die Branchiden, die mit den Persern kollaboriert hatten, brutal bestraft: Sie seien getötet und ihre Stadt vollständig zerstört worden. Im Fall der Boioter scheint die Reaktion Alexanders noch anders gewesen zu sein. Oder genauer: Es scheint keine besondere Reaktion stattgefunden zu haben. Diodor schreibt nur, dass Alexander auf seinem Weg Griechen begegnet sei, denn er habe einige Tage in ihrem Gebiet verbracht. Die Boioter seien weder gerettet noch bestraft worden.

---

8 Diod. XVII 65. So auch Curt. V 1, 40–42; ebda. 2, 1–7; dagegen Arr. exped. Alex. III 16, 10.
9 Grosso 1958.
10 S. o. im Kapitel 7.
11 Veh/Böhme 2009, 184. So auch Briant 2002, 719; Funke 2006.
12 S. o. in den Kapiteln 9 und 10.

11.3 Die Frage der Historizität

Informationen über Griechen, die Alexander während des Feldzugs in Asien getroffen haben soll, können immer potenziell auf Leitmotive zurückführen, die sich in die Propaganda Alexanders und seiner Anhänger[13] gut integrieren lassen.[14] In den schon analysierten Fällen wurde unterstrichen, dass es möglich ist, dass Alexander Deportierten begegnete, dass aber einerseits auszuschließen ist, dass der Zustand der Griechen bei Persepolis so war, wie er beschrieben wird, dass andererseits fraglich bleibt, ob die Branchiden von Alexander ermordet wurden. In den umstrittenen Fällen kann man nie mit Sicherheit für oder gegen ihre Authentizität sprechen. Man kann sich aber fragen, ob die Deportation einen Platz im historischen Kontext finden kann.

Es sind sehr wenige Informationen über die Region vorhanden. Das gilt besonders „in the time between the alliance with Aegina and the invasion of Xerxes".[15] Die Boioter sind mit Ausnahme der Einwohner von Thespiai und Plataiai in der Liste derer zu finden, die Xerxes Tribut zahlten.[16] Nach der Schlacht an den Thermopylen rückte die persische Landmacht durch Mittelgriechenland vor, und als Xerxes Orchomenos erreicht habe, sei die ganze Bevölkerung Boiotiens an seiner Seite gewesen.[17] Makedonen wurden angeblich in die boiotischen Städte geschickt: Wie Herodot schreibt, hatte der makedonische Einsatz das Ziel, die öffentliche Meinung der Boioter so zu lenken, dass ihre Unterstützung gesichert werden könne.[18] Weiter unterstreicht Herodot, dass die Boioter, die an der Seite des Mardonios standen, nicht freiwillig, sondern ὑπ' ἀναγκαίης die persische Seite gewählt hätten.[19] Es ist theoretisch möglich, dass die Perser nicht nur durch die Hilfe der Makedonen die Unterstützung der Boioter erlangten, sondern auch durch andere Aktionen, wie beispielsweise die Deportation einer Gruppe von Boiotern bzw. von denjenigen, die nicht von Anfang an auf Xerxes' Seite gestanden hatten. Ein derartiges Geschehen bleibt selbstverständlich nur eine Hypothese.

Die Frage der Authentizität der Deportation der Boioter in der Zeit des Xerxes muss offenbleiben. Man kann nur sagen, dass sie historisch nicht auszuschließen ist. Für einige Deportationsfälle kann man nicht mit Sicherheit gegen oder für ihre Authentizität plädieren. Man kann sich aber erstens fragen, ob die Deportation einen Platz im historischen Kontext finden kann, man kann zweitens aus den Beschreibungen diejenigen Elemente herausgreifen, die höchstwahrscheinlich historisch sind – abgesehen von der Historizität der Geschichte im Ganzen. Bezüglich der zweiten Möglichkeit findet man im Fall der Boioter ein Element, das mehrmals in den Depor-

---

13 Mit Propaganda ist hier nicht eine reine formale Ausrede für Alexanders Aktionen gemeint. Wie schon erwähnt (s.o. in den Kapiteln 9 und 10) war die panhellenische Rache gegen Persien und jeden, der die Perser unterstützt hatte, nicht nur ein literarisches Leitmotiv, sondern in der Tat ein starkes Bindemittel für die Griechen gewesen, und Alexander selbst dürfte daran geglaubt haben.
14 S.o. in den Kapiteln 9 und 10.
15 So Buck 1979, 128.
16 Hdt. VII 132.
17 Boiotien folgte offiziell einer pro-persischen Politik erst nach der Schlacht an den Thermopylen und der Entscheidung der griechischen Verbündeten, sich auf den Isthmos zurückzuziehen, die Boiotien den persischen Eindringlingen aussetzte. S. Hdt. VIII 34. Zu der politischen Situation Boiotiens in der Zeit der Perserkriege: Mackil 2014 („The Thebans were clearly leading the effort to coordinate the poleis of Boeotia in the late sixth century (…) A single Boeotia (…) was not yet a reality though it was clearly a goal of the Thebans (…)", S. 50-1).
18 Hdt. VIII 34.
19 Hdt. IX 17, 1.

tationsquellen auftaucht: die Identitätsfrage.[20] Im Fall der Boioter gewinnt man das Bild eines perfekten Gleichgewichts zwischen Integration und Erhalt der eigenen Identität. In der neuen Heimat sollen die Deportierten ihre alten Sitten bewahrt und zweisprachig (δίφωνοι) geworden sein: Sie hätten die griechische Sprache beibehalten und anderseits die lokale Sprache des Ortes so gut gelernt, dass sie in der Lage gewesen seien, wie Einheimische zu sprechen. Dasselbe wurde schon bei Curtius für die Branchiden behauptet, auch wenn in diesem Fall das Phänomen durch die Interpretation des Autors negativ konnotiert wurde.[21] Auch bezüglich der Eretrier berichtet Herodot, dass sie ihre Sprache in Arderikka bewahrt hätten,[22] und auch der Lykier, der Alexander hilft, an den Persischen Toren einen Umweg nach Persepolis zu finden, soll zwei Sprachen beherrscht und Persisch verstanden haben.[23] Der Frage der Identität wird in dieser Studie ein Kapitel gewidmet.[24]

---

20 S. u. im Kapitel 18.
21 S. o. im Kapitel 10.
22 S. o. im Kapitel 7.
23 S. o. im Kapitel 9.
24 S. im Kapitel 18.

12. Sidonische Gefangene

12.1 Text

CM 2004, 28:[1]
The fourteenth year of Umasu, who was called Artaxerxes [III]:
In the month Tašrîtu the prisoners whom the king
had captured at Sidon [*were brought*] to Babylon and Susa.
On the thirteenth day of the same month a few of these troops
entered Babylon.
On the sixteenth day the women remaining among the prisoners of Sidon
whom the king had sent to Babylon on that day,
they entered the palace of the king

Im 14. Regierungsjahr Artaxerxes' III. im nach dem babylonischen Kalender Tašritu genannten Monat wurden die sidonischen Gefangenen nach Babylon und Susa gebracht. Am 13. Tag des Monats traf eine kleine Gruppe von ihnen in Babylon ein, am 16. Tag die übriggebliebenen gefangenen Frauen im Königspalast.

12.2 Erläuterung

Es handelt sich um eine Passage einer babylonischen Chronik, die auf einer Seite einer kleinen Tafel eingeschrieben wurde (die andere Seite ist leer). Ca. 45 Chroniken,[2] die ein *continuum* in der mesopotamischen historiographischen Praxis darstellen, stehen für die Zeit von Nabunasir (747–734 v. Chr.) bis zu Seleukos II. (245–226 v. Chr.) zur Verfügung: Die Texte wurden in Babylon verfasst.[3] Nicht nur steht fest, dass eine der Chroniken in der Zeit Dareios' I. in Babylon niedergeschrieben wurde, sondern es zeigen auch alle Texte eine „babylonzentrierte Perspektive".[4]

---

1   = ABC 9. Diese ist die Neulesung von van der Speck bei livius.org verfügbar. Text: [MU] XIV^{kám} ^{m}Ú *-ma-su šá* ^{m}*Ar-tak-šat-su* [*šùm-šú*] nabû (sa)$^{ú\,iti}$*Tašrītu* ^{lú}*ḫubtu*(sar)^{tú} *šá šarru* [ina(?) ^{kur}]^{r}Ṣi'*-da-nu iḫbutū*(sar)^{tú} *ana Bābili*^{ki} *u* ^{uru}[*Š*]*u-šá-an* [x x I] TI BI UD XIII$^{kám\,lú}$*ummāni i-ṣu-tú* [x *ultu*(?) l]*ib-šú-nu ana Bābili*^{ki} *īterubū*^{meš}*-ni* UD XVI^{kám} SAL^{meš} SIG^{meš} *ḫubtu*(sar)^{tú} *šá* ^{kur}*Ṣi-da-nu šá šarru ana Bābili*^{ki} *iš-pur(u)* UD BI *ana ēkal* [*šá*]*rri īterubā*^{meš}'.
2   Die genaue Zahl ist unklar, weil umstritten ist, welche Texte zum Genre gehören; s. die Tafel in Waerzeggers 2012, 288.
3   Grayson 1970, 163.
4   Waerzeggers 2012, 289.

Das 14. Regierungsjahr Artaxerxes' III., dessen babylonischer Name Umakuš lautet, dürfte das Jahr 345/4 v. Chr. gewesen sein. Tašritu ist der 10. Monat des babylonischen Kalenders, der vom 11. Oktober bis zum 9. November lief: D. h., dass der 13. Tag des Monats der 23. Oktober und der 16. der 26. Oktober 345 v. Chr. waren.[5]

In der kurzen Passage der Chronik wird berichtet, dass aus Sidon kommende Gefangene, die auf königlichen Befehl hin nach Susa und Babylon gesendet worden waren, in Babylonien ankamen. Sie betraten gruppenweise die Stadt: Eine kleine Gruppe, die wahrscheinlich gemischt war,[6] kam am 23. Oktober an; drei Tage später trat eine Frauengruppe in den königlichen Palast ein. Aufgrund dieser Beschreibung lässt sich vermuten, dass die Gefangenen offiziell ‚begrüßt' und dass ihnen gezeigt wurde, welchen Beitrag sie für den Großkönig zu leisten hatten.

Sidon, das in der Chronik als die Heimat der Gefangenen genannt wird, zählte zu den bedeutendsten phönizischen Städten[7]. Im Alten Testament wird sie als älteste kanaanäische Stadt bezeichnet.[8] In der Perserzeit wurde sie von lokalen Königen regiert, die die Autorität des Perserkönigs anerkannten.[9] Die persische Kontrolle der Stadt scheint „nicht besonders hart" gewesen zu sein;[10] Jigoulov benutzt den Ausdruck „managed autonomy", um das Verhältnis zwischen dem Perserkönig und den phönizischen Städten zu beschreiben.[11] Allgemein darf nicht vergessen werden, dass lokale Herrschaften innerhalb des Achaimenidenreichs fortbestehen durften: Die einzige *conditio sine qua non*, um ihre Stellung behalten zu können, war die Übereinstimmung mit der Politik des Großkönigs.[12]

Die Phönizier spielten die bedeutendste Rolle in der achaimenidischen Marine. Herodot schreibt, dass Kambyses' gesamte Seemacht von den Phöniziern abhängig war.[13] Während der Invasion Griechenlands standen Phönizier als Marineingenieure dem Großkönig zur Verfügung, die sich z. B. um die Anlage des Kanales durch die Athos-Halbinsel kümmerten.[14] Herodot spricht von über 300 phönizischen Schiffen, die bei der Schlacht von Salamis anwesend waren,[15] und schreibt, dass der König Sidons als Flottenkommandeur die gleiche Macht wie der Großkönig besaß.[16]

Die persischen Militäraktionen, die immer mit der unverzichtbaren Unterstützung durch die phönizischen Schiffe durchgeführt wurden, dürften eine extreme Belastung für die finanzielle Situation der phönizischen Städte bedeutet haben.[17] Und dieser Umstand muss auch eine Rolle im späteren Aufstand gespielt haben.

---

5 Kuhrt 2009, I, 412.
6 Sonst wäre es nicht nötig gewesen zu spezifizieren, dass die zweite Gruppe nur aus Frauen bestand.
7 Zur phönizischen Geschichte: Harden 1962; Moscati 1968; Jigoulov 2010; Elayi 2013; Morstadt 2015. Eine Geschichte Gesamtphöniziens unter den Achaimeniden ist ein Desiderat.
8 1 Mos 10, 15.
9 Dazu: Briant 2002, 664–5.
10 Herm 1980, 221.
11 Jigoulov 2010, 169–70.
12 S. u. im Kapitel 18.
13 Hdt. III 19.
14 Hdt. VII 23, 3; oder auch beim Aufbau einer Brücke am Hellespont (Hdt. VII 25, 34).
15 Laut Herodot (VII 89) machten die phönizischen Schiffe ein Viertel der persischen Flotte aus (ca. 300 Schiffe). Das erste feindliche Schiff, das die Griechen in der Schlacht sahen, war laut Aischylos ein phönizisches (Pers. 409–11); dazu: Morris 1995, 372–3.
16 Hdt. VIII 67.
17 Dazu: Morstadt 2015, 89.

12.3 Die Frage der Historizität

Artaxerxes III. war Mitte des 4. Jhs. v. Chr. mit einem erneuten Aufstand Ägyptens beschäftigt. Diodor berichtet, dass das persische Heer in den Jahren 361–351 v. Chr. in einem Ägyptenfeldzug unterlag.[18] Nach Isokrates und Demosthenes ist die persische Niederlage ins Jahr 351 v. Chr. zu datieren.[19] Während der Großkönig sich dann auf einen erneuten Feldzug nach Ägypten vorbereitete, entfesselten auch einige Phönizier[20] und die Zyprer einen Aufstand. Was die Ereignisse in Phönizien angeht, fragten laut Diodor die Phönizier beim ägyptischen Pharao Nektanebos um Unterstützung an. Nektanebos soll 4000 Söldner zur Unterstützung geschickt haben.[21] Die Sidonier zerstörten einen königlichen Park in der Nähe von Sidon, vernichteten für den ägyptischen Feldzug gelagertes Futter und ermordeten persische Offiziere.[22] Der Großkönig schickte dann Mazaios und Belesys gegen die Sidonier, aber letztlich entscheidend für die sidonische Niederlage war der Verrat des Königs Tennes, den seine Untertanen den Persern auslieferten.[23]

> Diod. XVI 45, 4–6:[24]
> Der Großkönig meinte nun, daß ihm Tennes im weiteren nicht mehr nützen könne, und ließ ihn töten. Die Sidonier aber hatten noch vor dem Eintreffen des Königs ihre sämtlichen Schiffe in Brand gesteckt, damit niemand aus der Stadt fortzusegeln und sich allein zu retten vermochte; als sie nun die Stadt und ihre Mauern besetzt und von vielen zehntausend Soldaten umschwärmt sahen, schlossen sie sich, ihre Kinder und Frauen in die Häuser ein und suchten den Tod in den Flammen. Wie es heißt, sollen damals, die Sklaven mitgerechnet, mehr als vierzigtausend Menschen im Feuer umgekommen sein. Nachdem dieses Unheil über die Sidonier hereingebrochen und die ganze Stadt mitsamt ihren Einwohnern ein Raub der Flammen geworden war, bot der Großkönig jene Brandstätte gegen viele Talente zum Kauf an; denn infolge des Reichtums der Bewohner ließ sich dort viel Silber und Gold, das in der Feuersbrunst geschmolzen war, finden. In eine solche Katastrophe mündeten also die Heimsuchungen von Sidon; die übrigen Städte aber schlossen sich in äußerster Bestürzung wieder den Persern an.

---

18 Diod. XVI 40, 3–5.
19 Isokr. or. V 101; Dem. or. XV 11–2.
20 Es muss hier unterstrichen werden, dass Phönizien ein griechisches Konstrukt ist und dass es sich in der Tat um autonome und miteinander rivalisierende Stadtstaaten handelte. S. etwa de Blois/van der Spek 1997, 33–4; Marston 2002, 13–4.
21 Diod. XVI 41, 3–4; ebda. 42, 2.
22 Diod. XVI 41, 5.
23 S. zuletzt Wiesehöfer 2016a mit älterer Lit.
24 Übers. Veh/Böhme 2009 Text: ἡ μὲν οὖν Σιδὼν διὰ τοιαύτης προδοσίας ὑποχείριος ἐγένετο τοῖς Πέρσαις. ὁ δὲ βασιλεὺς ὑπολαβὼν τὸν Τέννην μηκέτι χρήσιμον ὑπάρχειν ἀνεῖλεν. οἱ δὲ Σιδώνιοι πρὸ μὲν τῆς παρουσίας τοῦ βασιλέως ἐνέπρησαν ἁπάσας τὰς ναῦς, ὅπως μηδεὶς δύνηται τῶν κατὰ τὴν πόλιν ἐκπλεύσας ἰδίᾳ σωτηρίαν πορίζεσθαι· ἐπειδὴ δὲ τὴν πόλιν ἑώρων καὶ τὰ τείχη κατειλημμένα καὶ πολλαῖς μυριάσι στρατιωτῶν περιεχόμενα, συγκλείσαντες ἑαυτοὺς καὶ τὰ τέκνα καὶ γυναῖκας εἰς τὰς οἰκίας ἐνέπρησαν. [5] φασὶ δὲ τοὺς ὑπὸ τοῦ πυρὸς τότε διαφθαρέντας σὺν τοῖς οἰκετικοῖς σώμασι γεγονέναι πλείους τῶν τετρακισμυρίων. τούτου δὲ τοῦ πάθους περὶ τοὺς Σιδωνίους γενομένου καὶ τῆς πόλεως ὅλης μετὰ τῶν ἐνοικούντων ὑπὸ τοῦ πυρὸς ἀφανισθείσης τὴν πυρκαϊὰν ὁ βασιλεὺς ἀπέδοτο πολλῶν ταλάντων· [6] διὰ γὰρ τὴν εὐδαιμονίαν τῶν ἐνῳκηκότων εὑρέθη πολὺς ἄργυρός τε καὶ χρυσὸς ὑπὸ τοῦ πυρὸς κεχωνευμένος. τὰ μὲν οὖν κατὰ Σιδῶνα συμβάντα δυστυχήματα τοιαύτην ἔσχε τὴν καταστροφήν, αἱ δ' ἄλλαι πόλεις καταπλαγεῖσαι προσεχώρησαν τοῖς Πέρσαις.

Die Passage ist in vielerlei Hinsicht problematisch. Die Sidonier hätten die eigenen Schiffe, 100 Triremen und Pentaremen,[25] verbrannt, schreibt Diodor, weil sie so verhindern wollten, dass jemand fliehen könne. Diodors Erklärung scheint nicht wirklich glaubwürdig zu sein, und ich stimme Briant zu, dass die Sidonier durch den Brand eher verhindern wollten, dass den Persern Schiffe für den Zug gegen Ägypten zur Verfügung stünden.[26] Es sollte auch nicht vergessen werden, dass die achaimenidischen Militäraktionen, die nur durch die Unterstützung durch die phönizischen Flotten ermöglicht wurden, eine extreme Belastung für die finanzielle Situation der Städte darstellten, und dass auch deswegen die verzweifelten Sidonier verhindern wollten, dass die Perser nach Ägypten mit ihren Schiffen führen.[27]

Andere Details, so wie sie vom Autor präsentiert werden, erscheinen übertrieben. Es ist nicht ohne weiteres verständlich, warum der König Tennes plötzlich die Sidonier betrogen haben sollte, als er erfuhr, dass Artaxerxes III. auf dem Weg nach Sidon war.[28] Am wahrscheinlichsten ist, dass Tennes als sidonischer Armeechef begriffen hatte, dass seine Mitbürger ohne die erhoffte zusätzliche Hilfe aus Ägypten keine Chance gegen den Großkönig besaßen.[29]

Außerdem ist es sehr unwahrscheinlich, dass alle Sidonier sich, ihre Kinder und Frauen in den eigenen Häusern eingeschlossen und den Tod in den Flammen gesucht haben sollten. Und die babylonische Chronik bestätigt diesen Zweifel, indem sie berichtet, dass Sidonier deportiert wurden. Die Beschreibung Diodors mit der vollständigen Zerstörung der Stadt und dem Tod aller Einwohner ist übertrieben und ein Leitmotiv, das schon häufiger in den ‚Historien' Herodots, z.B. bei der Zerstörung Milets, anzutreffen war.[30]

Problematisch ist auch die in der Zeit von anderen phönizischen Städten gespielte Rolle. Diodor schreibt, die Städte Tyros, Sidon und Arwad hätten sich im 4. Jh. entschlossen, die Tripolis als erstes Parlament Phöniziens zu begründen: Dort hätten die „Väter" der drei Städte Ratsversammlungen abgehalten und über wichtige allgemeine Angelegenheiten entschieden. Laut dem Autor hatten die Phönizier ihren Unabhängigkeitswillen in einer Erklärung während einer innerhalb der Tripolis stattfindenden Zeremonie manifestiert.[31] Abgesehen von der Richtigkeit solcher Information wecken die Tatsache, dass Tyros nach dem Aufstand von Artaxerxes III. bevorzugt wurde[32] und dass die zwei Städte sehr unterschiedliche Reaktionen auf das Erscheinen Alexanders des Großen in der Levante zeigten,[33] Zweifel daran, dass Tyros Sidon unterstützte.[34] Was die anderen bedeutenden Städte wie Byblos und Arwad angeht, kann man nicht mit Sicherheit für oder gegen ihre Teilnahme am Aufstand plädieren. Aber auch gesetzt den Fall, dass sie an der Seite Sidons gewesen wären, kann ihr Beitrag nicht bedeutend gewesen sein.[35]

Was die Chronologie angeht, ist das gesamte 6. Buch Diodors sehr ungenau. Dagegen ist das in der Chronik angegebene Datum präzise, sodass der Oktober 345 v. Chr. als *teminus ante quem* des Aufstands dient. Es ist unwahrscheinlich, dass der sidonische Aufstand direkt im Anschluss

---

25 Diod. XVI 44, 6.
26 Briant 2002, 684.
27 Morstadt 2015, 89.
28 Diod. XVI 41, 1; ebda. 45, 1.
29 Andere Interpretationen listet Wiesehöfer 2016a, 104–5 auf.
30 S.o. im Kapitel 6.
31 Diod. XVI 41, 1; ebda. 45, 1.
32 Dazu: Ruzicka 2012, 275.
33 S. u.
34 So Wiesehöfer 2016a, 102.
35 So Elayi 2013, 292–3.

an die persische Niederlage in Ägypten begann, weil die Perser offenbar genug Zeit hatten, ihre Kräfte wieder zu sammeln und Sidon als Ausgangspunkt eines neuen Feldzuges nach Ägypten auszugestalten. Das Datum der Chronik zusammen mit der Tatsache, dass der Aufstand nicht zu kurz gewesen sein kann, da die Sidonier am Anfang erfolgreich gegen die persischen Truppen agierten, lässt vermuten, dass er 348 oder 347 v. Chr. begann und in den ersten Monaten des Jahres 345 v. Chr. endete.[36]

Auch Orosius erwähnt die Zerstörung Sidons und unterstreicht die Verbindung zwischen ihr und den Ereignissen in Ägypten.[37] Und Orosius und die Chronik nennen keine andere phönizische Stadt als aufständisch; ein weiteres Zeichen dafür, dass sie wahrscheinlich nicht an der Rebellion beteiligt gewesen waren.

Der ägyptische Sieg über die Perser und die ihnen von Nektanebos versprochene Unterstützung müssen die Gründe dafür gewesen sein, dass die Sidonier es wagten, sich gegen Artaxerxes III. zu erheben. Der entsprechende Wunsch muss aber schon länger existiert haben. 367 v. Chr. hatte der sidonische König Straton I. die im Auftrag des athenischen Volkes zum achaimenidischen Hof reisenden athenischen Gesandten unterstützt. Diese Rolle zeigt, dass die Sidonier zu jener Zeit zunehmend gute Kontakte zu griechischen Städten unterhielten. Das kann entweder als Element einer politischen Linie gesehen werden, die mehr Unabhängigkeit vom Großkönig suchte, oder könnte damit erklärt werden, dass Athen um diese Unterstützung nachgesucht und der Großkönig dies gebilligt hatte. Tatsache ist, dass Straton und seinen Nachfolgern in Athen die Proxenie, „Staatsgastfreundschaft", verliehen wurde: Damit ging auch einher, dass Straton die athenischen Kaufleute in Sidon förderte.[38] Die Tatsache, dass die aus Ägypten kommende Unterstützung geringer als erhofft ausfiel, sanktionierte aber, zusammen mit der Feigheit des Tennes, die sidonische Niederlage.

Archäologisch ist ein Brand des Ešmun-Heiligtums bei Sidon nachgewiesen: Das ist mit der Zerstörung Sidons durch Artaxerxes III. in Verbindung gebracht worden,[39] auch wenn dies nur eine Hypothese bleiben kann.[40]

Nach dem Aufstand[41] regierte in Sidon, das auf keinen Fall aufhörte zu existieren, König Straton II.[42] Einige Münzen tragen den Namen Mazaios: Mildenberg denkt, dass er als Gouverneur der Stadt diente,[43] aber das Wort Satrap ist nie auf diesen Münzen zu lesen, sodass die Frage, welche Rolle Mazaios in Phönizien gespielt hat, unbeantwortet bleiben muss.[44] Laut den Alexanderautoren blieb Straton II. dem Großkönig treu.[45] Die Perser konnten weiter phönizische Schiffe

---

36 So Wiesehöfer 2016a. Nur einige Monate im Jahre 346 oder 345 v. Chr. dauerte der Aufstand laut Briant (2002, 683–4). Zur Chronologie der Chronik und des sidonischen Aufstandes: Arena 1998, 45–6.
37 Oros. hist. III 7, 8.
38 CIG I, 87 = TOD 2, N. 139. Zum Dokument: Austin/Vidal-Naquet 1984, 241–2; zum Phänomen der Proxenie und seiner Bedeutung: Wohlan 2014, 33–40.
39 So Stucky u. Aa. 2005, 33.115.
40 Wiesehöfer 2016a, 108.
41 Zu der Zeit: Elayi 1989, 147–8.
42 Zu den Münzen Stratons: Betlyon 1982, 18–20.
43 Mildenberg 1990/1, 138; zu den Münzen des Mazaios: Betlyon 1982, 18; Harrison 1982, 353–4.
44 So Briant 2002, 1015–6.
45 Curt. IV 1, 16; Diod. XVII 47, 1.

nutzen. Die Situation gleicht also in jeder Hinsicht der vor dem Aufstand. Phönizier waren später auch in der Flotte Alexanders auf dem Indos anwesend.[46]

Was Ägypten angeht, kam das Land im Jahre 343/2 v. Chr. nach 65 Jahren wieder in persische Hände: Wie sowohl durch ein Siegel nachgewiesen, als auch durch die antipersische Propaganda unterstrichen wird, plünderten die Perser das Land, Pherendates wurde Satrap und Nektanebos floh nach Nubien.[47]

Der sidonische Groll gegen die Achaimeniden dürfte immer weiter gewachsen sein. Arrian schreibt, Abdastart II. von Sidon habe bei der Ankunft Alexanders des Großen in Phönizien die Stadt und ihr Territorium auf Drängen der Einwohner abgetreten, „weil sie die Perser hassten".[48] Das ist als Zeichen dafür zu werten, dass die Beziehung zwischen der zentralen Autorität und der phönizischen Stadt Schaden genommen hatte.

Die Historizität der Deportation, so wie sie in der Chronik erzählt wird, ist nicht zu leugnen. Zusätzlich berichten Diodor und Orosius, dass in eben jener Zeit ein Aufstand in Sidon stattgefunden habe: Dieser muss als Hintergrund der Deportation gedient haben. Die Deportierten, die nach Babylonien gebracht wurden, wurden in zwei Gruppen geteilt. Es ist m. E. wahrscheinlich, dass die weibliche Gruppe, die als zweite in den Palast eintrat, aus ausgewählten Frauen bestand, die sich innerhalb des königlichen Palasts um typisch weibliche Aufgaben kümmern sollten. Jeder persischen Prinzessin bzw. Königin standen mehrere Frauen als Dienerinnen zur Seite, die sich um sie kümmerten, wie das Beispiel der Mutter Dareios' III. zeigt.[49] In den Palästen kamen Frauen auch als Musikerinnen zum Einsatz; in einer Passage bei Athenaios wird über ein Bankett berichtet, bei dem 150 Frauen spielten und sangen.[50]

Herodot schreibt, während der Perserkriege seien die schönsten Mädchen der ionischen Städte, die von den Persern wiedererobert worden waren, an Dareios' I. Hof geschickt worden.[51] Der Autor berichtet auch, die Einwohner von Kolchis und Babylonien hätten jedes Jahr dem Großkönig Eunuchen und Mädchen schicken sollen.[52] In achaimenidischer Zeit ist neben der Existenz von königlichen Sklaven (akk. arad-šarri) auch die von Palastsklaven (arad-ekalli), die in den königlichen Gemächern dienten, ausreichend belegt.[53] Dieses Phänomen, nach dem Menschen für die königlichen Paläste ausgesucht wurden, lässt sich von dem der Deportation unterscheiden, nach dem Frauen sowie Männer gruppenweise in einem bestimmten Ort angesiedelt wurden. In den Quellen ist nie die Rede von einer Deportation, die nur Männer oder nur Frauen betraf, sondern es scheint so gewesen zu sein, dass Mitglieder einer Familie zusammen gefangen genommen und umgesiedelt wurden: Der Perserkönig hatte nämlich jedes Interesse daran, Familien beisammen zu halten.[54]

Es ist aber wahrscheinlich, dass diese zwei Phänomene zumindest in einigen Fällen gleichzeitig stattfanden. Beweis dafür ist die Tatsache, dass die Deportierten, bevor sie einen neuen

---

46 Arr. exped. Alex. VI 1, 6.
47 Diod. XVI 46, 4–51, 3; dazu: Junge 1939, 63–4 Nr. 4.
48 Arr. exped. Alex. II 15, 6.
49 Diod. XVII 38, 1.
50 Athen. XII 514 b; vgl. ders. IV 145 c. Dazu: Vössing 2004, 39 und Anm. 2.
51 Hdt. VI 32. Vgl. Athenaios (XIII 609), der überliefert, dass Timosa aus Ägypten zu Artaxerxes' II. Frau Stateira geschickt wurde, weil sie viel schöner als die anderen Frauen war.
52 Hdt. III 92.97; dazu: Dandamayev 1984, 113 ff.
53 S. u. im Kapitel 16.
54 S. u. Kapitel 16.

Wohnsitz bekamen, zum Perserkönig geschickt wurden:[55] Wenn diese sich beim König befanden, mag er entschieden haben, ob bzw. welche Menschen für die Aufgaben in den Palästen zurückzuhalten waren. Was den sidonischen Fall angeht, schlage ich folgende Hypothese vor: Der ersten Gruppe, die sowohl aus Frauen als auch aus Männern bestand, wurde ein zu bewohnender Ort zugewiesen, wahrscheinlich nicht weit von Borsippa entfernt,[56] während die ausgewählten Frauen der zweiten Gruppe *arad-ekalli* im Palast in Babylon wurden.

---

55 S.u. im Kapitel 15.
56 Wo eine große Gemeinschaft von Karern lange wohnte: s.o. im Kapitel 3.

13. Juden in Hyrkanien (und in Ägypten)

13.1 Text

Eus. chron. II 105:[1]
Ochos nahm einen Teil von den Römern und von den Juden und siedelte sie in Hyrkanien an, am Kazbier-Meere.

Hier. chron. a. Abr Olymp. 105:[2]
Ochus, having captured Apodasmus of the Jews, settled her deported inhabitants in Hyrcania, by the Caspian Sea.

Oros. hist. III 7, 6–7:[3]
Ebenfalls damals trieb der auch Artaxerxes genannte Ochos, nachdem er in Ägypten einen sehr harten und lange währenden Krieg geführt hatte, die meisten Juden zur Auswanderung und befahl ihnen, in Hyrkanien, am Kaspischen Meer, zu wohnen. Es besteht die Meinung, daß diese dort bis zum heutigen Tag bei sehr starkem Zuwachs ihres Stammes fortbestehen und von da aus einmal ausbrechen werden.

Synk. I 307, 12:[4]
(...) Ochos, son of Artaxerxes, launched an invasion against Egypt, and took part of the Jews captive, some of whom he settled in Hyrkania by the Caspian Sea, others in Babylon. These are there even to this day, as many of the Greeks relate. (...)

Laut Euseb von Cäsarea und Hieronymus hat Artaxerxes III. die jüdische Stadt Apodasmos bzw. eine jüdische Stadt erobert und ihre Einwohner am Kaspischen Meer angesiedelt.

---

1   Übers. Karst 1911. Text: Ochus partem aliquam de Romanis Judaeisque cepit et habitare fecit in Hyrcania juxta Mare Cazbium.
    Der Text ist eine lateinische Übersetzung aus dem Armenischen (s. u.), während Karst direkt aus dem Armenischen übersetzt hat.
2   Übers. Pearse 2005. Text: Ochus Apodasmo Judaeorum capta, in Hyrcaniam accolas translatos juxta mare Caspium collocavit.
3   Übers. Lippold 1985. Text: Tunc etiam Ochus, qui et Artaxerxes, post transactum in Aegypto maximum diuturnumque bellum plurimos Iudaeorum in transmigrationem egit atque in Hyrcania ad Caspium mare habitare praecepit: [7] quos ibi usque in hodiernum diem amplissimis generis sui incrementis consistere atque exim quandoque erupturos opinio est.
4   Übers. Adler/Tuffin 2002. Text: Ὄχος Ἀρταξέρξου παῖς εἰς Αἴγυπτον στρατεύων μικρὴν αἰχμαλωσίαν εἷλεν Ἰουδαίων, ὧν τοὺς μὲν ἐν Ὑρκανίᾳ κατῴκισε πρὸς τῇ Κασπίᾳ θαλάσσῃ, τοὺς δὲ ἐν Βαβυλῶνι, οἳ καὶ μέχρι νῦν εἰσιν αὐτόθι, ὡς πολλοὶ τῶν Ἑλλήνων ἱστοροῦσιν.

Nach Orosius wurden Juden gezwungen, nach Hyrkanien zu migrieren. Er schreibt, sie seien seit dem Feldzug Artaxerxes' III. nach Ägypten bekanntermaßen in Hyrkanien ansässig; die jüdische Gemeinschaft sei in der Region gewachsen, und es sei zu erwarten, dass sie irgendwann aus diesem Land ausziehen werde.

Georgios Synkellos berichtet, dass Artaxerxes III. während seines Feldzuges nach Ägypten Juden mitgenommen und sie teils nach Hyrkanien, teils nach Babylonien deportiert habe, wie es bei vielen griechischen Historikern zu lesen sei.

13.2 Erläuterung

Dieser Deportationsfall wird durch späte Quellen überliefert. Die Chronik Eusebs von Cäsarea war noch im Mittelalter im Osten wie im Westen bekannt.[5] Mit Eusebs Buch 2 der Chronik, der sog. ‚Kanones', bekommt der Leser einen historischen Überblick bis in das Jahr 325 n. Chr. und eine Chronologie von Herrschaftsjahren und Olympiaden. Die armenische Fassung, die aus dem griechischen Text Eusebs geschaffen wurde, war die einzige, die auch das Buch 2 enthielt.[6] Der oben angegebene Text ist eine lateinische Übersetzung aus dem Armenischen, die im dritten Viertel des 19. Jh. n. Chr. von Schöne und Petermann vorbereitet wurde.[7] Was den Text angeht, scheint *de Romanis* sinnlos zu sein; vermutlich war im armenischen Text *de Idumaeis* zu finden.[8]

Im Text des Hieronymus, der die Chronik Eusebs überarbeitete und bis 378 v. Chr. fortsetzte,[9] aber nicht deren zweites Buch übersetzte, ist *Apodasmo* zu lesen. Dabei dürfte es sich um einen Schreibfehler handeln: Vielleicht muss man hier „Ochus Artaxerxes urbe Judaeorum capta" lesen.[10]

Die ‚Historiae Adversum Paganos' sollten nach dem Plan des Orosius der Apologie des Christentums dienen. Es schien aufgrund der Lage, in der sich das Weströmische Reich seit der Eroberung Roms durch Alarich I. 410 n. Chr. befand, nötig darzulegen, dass sich in der Vergangenheit, als das Christentum noch nicht aufgetaucht war, noch schlimmere Katastrophen ereignet hatten. Orosius erwähnt die Deportation der Juden nach Hyrkanien, nachdem er Bezug auf die Geburt Alexanders genommen hat, die auch als Katastrophe präsentiert wird. Schon aufgrund „der ständigen chronologischen Standortbestimmung"[11] ist evident, dass Euseb eine der Hauptquellen des Orosius war.

Georgios Synkellos, der im 8. Jh. n. Chr. am Hof des byzantinischen Patriarchen Tarasios als sein Privatsekretär tätig war, stützte sich für seine ‚Weltchronik' auf zahlreiche (und viele verlorene) Quellen, unter denen auch Euseb von Cäsarea zu finden ist.[12]

Euseb scheint also nicht nur die älteste verfügbare Quelle für diesen Deportationsfall zu sein, sondern auch jene, aus der die anderen erwähnten Quellen die Episode geschöpft haben.

---

5 Dazu: Kotlowska 2009, 4–5.
6 Zur armenischen Fassung: Kotlowska 2009, 11 ff.
7 Schöne 1875.
8 So Graetz 1891, 209.
9 Burgess 1995; ders. 2005, 167–70.
10 So Graetz 1891, 209.
11 So Andresen 1985, 38 ff., der reichliche Beispiele nennt.
12 So Adler/Tuffin 2002, LX ff.

Die Nachricht, dass sich in der Zeit Artaxerxes' III. auch die Juden gegen die Perser erhoben hätten, ist nicht nur in den oben angegeben Quellen zu lesen. Auch Solinus erwähnt in seinem ‚Wunder der Welt' die Zerstörung Jerichos durch Artaxerxes III. („Artaxerxis bello subacta") nach seinem Feldzug nach Ägypten[13]. Mommsen datierte Solinus' Werk in die erste Hälfte des 3. Jhs. n. Chr.[14] und unterstrich, dass sein Inhalt zum größten Teil auf einer Zusammenstellung von Kuriositäten, die der Autor unter anderem aus Plinius und Pomponius Mela exzerpiert habe, bestehe.[15] Solinus erwähnt nur die Zerstörung Jerichos, nicht aber die Deportation. Er ist der einzige Autor, der den Namen einer Stadt nennt: Dank ihm darf man vermuten, dass auch unter der „urbe Judaeorum capta" im Text des Hieronymus Jericho zu verstehen ist.

Auch das äthiopische Henochbuch soll metaphorisch Bezug auf die Zerstörung bzw. die Deportation genommen haben. Die folgende Passage wurde in Verbindung zu derartigen Ereignissen gesetzt: „(...) und über alles waren dieser Schafe Augen (...) Und sie gaben auch die Hirten hin zum Umbringen in Menge, und mit ihren Füßen zertraten sie die Schafe und verschlangen sie."[16]

Sowohl Orosius als auch Solinus siedeln die jüdischen Ereignisse „nach dem Krieg" in Ägypten an. Nach Diodor hatte sich der Aufstand nach einer ersten erfolglosen persischen Unternehmung von Ägypten bis nach Phönizien und Zypern[17] verbreitet. Die Rückeroberung Ägyptens Mitte 4. Jh. v. Chr. soll, wie im Fall der Deportation der Sidonier, dabei im Hintergrund stehen. Diodor erwähnt aber eine Beteiligung der Juden am Aufstand nicht, während er über den Abfall Sidons und Zyperns, den Krieg der Satrapen gegen Phönizien, das Vorrücken der persischen Heere gegen Sidon und die Einnahme der Stadt berichtet.[18]

Khlopin hat sich bemüht, die Grenzen Hyrkaniens, des Ziels der angeblichen Deportation, genau festzulegen[19]. Inbegriffen sei die südöstliche Ecke des Kaspischen Meeres, der Ort, den die Perser nach Orosius als neuen Wohnsitz der deportierten Juden ausgewählt hätten. Nördlich liegen seine Grenzen am Oxos[20] und weiter Richtung Süd-Osten das Kopet-Dag-Gebirge entlang bis zur Margiane. Wichtige Siedlung in der Region ist Zadrakarta, von der bei Arrian und im ‚Itinerarium Alexandri' die Rede ist.[21] Hyrkanien scheint also genau in der Mitte zwischen West- und Ost-Iran zu liegen.

In unseren Quellen wird Hyrkanien zumeist im Zusammenhang mit Parthien erwähnt.[22] Man geht aber davon aus, Hyrkanien sei auch in den Fällen, in denen die Region einfach Parthien genannt wird, inbegriffen.[23] Noch unter den Seleukiden waren Parthien und Hyrkanien im

---

13 Solin. 35, 4. Für Solinus s. die vor kurzem erschienene Übers. mit Kommentar von Brodersen (2014).
14 Mommsen⁴ 1994, IV–V.
15 Mommsen⁴ 1994, VIII–X.
16 1 Hen 88, 115–6 (so Kent 1904, 232).
17 S. o. im Kapitel 12.
18 Diod. XVI 41–45, 6.
19 Khlopin 1977, 142–43; vgl. detaillierter Vogelsang 1988, 122–3.
20 Ptol. Geogr. VI 9, 1.
21 Arr. exped. Alex. III 23; ebda. 25, 1; Itin. Alex. 52.54. Letzteres wurde anonym verfasst und Kaiser Constantius II. (337–61 v. Chr.) gewidmet. Das Werk enthielt die Erzählung des Feldzuges Alexanders gegen die Achaimeniden und des Trajans gegen die Parther, aber der zweite Teil ist verloren gegangen. Der Text zeigt Übereinstimmungen mit der Erzählung Arrians (dazu: Davies 1998; Tabacco 2000).
22 DB § 35 B; Arr. exped. Alex. III 22, 1; ebda. 23, 4; VI 27, 3. Aber Parthien ist allein genannt in: DB § 37 C; Arr. exped. Alex. III 28, 2; ebda. IV 7, 1; Curt. IX 10, 17.
23 Zeichen dafür ist auch, dass Athenaios (deipn. II 70b) schreibt, Chorasmier seien östlich von den Parthern zu finden.

gleichen Steuerbezirk zu finden.[24] Nikolaos von Damaskus schreibt, dass Artasyras unter Astyages und Kyros II. Satrap in Hyrkanien gewesen sei.[25] Andere angebliche Gouverneure der Region finden bei Ktesias Erwähnung: Astyages' Enkel Megabernes[26] und Ochos, Sohn Artaxerxes' I.[27] Auch Hystaspes (I), der Vater Dareios' I., hat eine wichtige militärische Rolle in der Region gespielt.[28] Hyrkaner sind im Heer des Xerxes zu finden, wo sie so wie Meder und Perser gekleidet gewesen sein sollen.[29] Die Region muss also kontinuierlich Teil des Perserreichs gewesen sein.

Wie schon erwähnt war eine wichtige Aufgabe des Perserkönigs die Pflege von Kanalsystemen, die in verschiedenen Formen im ganzen Reich vorhanden waren und dazu dienten, die Untertanen mit Trink- und Nutzwasser zu versorgen.[30] Bis in die Neuzeit sind Qanate die am häufigsten benutzte Bewässerungsform im Iran und in Afghanistan gewesen.[31] Die bekannteste Passage, die die Qanate beschreibt,[32] nimmt genau auf Hyrkanien Bezug. Wenn Polybios vom Ostfeldzug des seleukidischen Königs Antiochos' III. und seiner Auseinandersetzung mit dem parthischen König Arsakes II. berichtet, erklärt er, wie der Erste es schaffte, die Wüstengegend in der Choarene und der Komisene erfolgreich zu durchqueren.

> Pol. X 28, 1–5:[33]
> Arsakes hatte mit dem Vordringen von Antiochos bis in die Gegend gerechnet, niemals aber damit, dass er auch die angrenzende Wüste mit einem so großen Heer wagen würde zu durchqueren, vor allem wegen des Wassermangels. Denn an der Oberfläche ist nirgends Wasser sichtbar, jedoch gibt es eine Anzahl unterirdischer Kanäle, die an verschiedenen Stellen als Brunnen ans Tageslicht treten und nur den Einheimischen bekannt sind. Diese erzählen davon eine Geschichte, die den Tatsachen entspricht: Zu der Zeit, als die Perser über Asien herrschten, gaben sie denen, die auf vorher nicht bewässertes Land Quellwasser leiteten, das Recht, fünf Generationen lang dieses Land zu nutzen. (...) Kanäle, von denen heutzutage nicht einmal die Benutzer wissen, wo sie anfangen und woher sie mit Wasser

---

24 Strab. geogr. XI 9, 1 514 C.
25 FGrHist 46 F 66.
26 Ktes. 113 Lenfant = F 9 Photios (§ 8).
27 Ktes. 136 Lenfant = F 15 Photios (§ 47).
28 DB § 35 A–H.
29 Hdt. VII 63. Dazu: Vogelsang 1988, 127–9, der die Information Herodots mit Darstellungen auf persischen Reliefs vergleicht und behauptet, dass sie der Wahrheit entspreche.
30 S. o. im Kapitel 4. Trotz einer wahrscheinlich verbreiteten Nutzung sind die Qanate nicht die einzige Kanalform, die im Perserreich verwendet wurde. Unterschiede sind auch regional bedingt: Man findet z. B. benachbarte Flüsse in Pasargadai, mit Zisternen verbundene Kanäle in Persepolis, den Fluss Nil in Ägypten etc. S. o. im Kapitel 4.
31 Dazu: Tuplin 1987, 144 und Anm. 128; Rahimi-Laridjani 1988, 444–5; Bouchalat 2001.
32 Vgl. auch Strab. geogr. XVI 1, 12 741 C.
33 Übers. Drexler 1961. Text: ἕως μὲν οὖν τούτων τῶν τόπων ἤλπισεν αὐτὸν ἥξειν Ἀρσάκης, τὴν δ' ἔρημον τὴν τούτοις πρόσχωρον οὐ τολμήσειν ἔτι δυνάμει τηλικαύτῃ διεκβαλεῖν, καὶ μάλιστα διὰ τὴν ἀνυδρίαν. [2] ἐπιπολῆς μὲν γὰρ οὐδέν ἐστι φαινόμενον ὕδωρ ἐν τοῖς προειρημένοις τόποις, ὑπόνομοι δὲ πλείους εἰσὶ καὶ διὰ τῆς ἐρήμου φρεατίας ἔχοντες ἀγνοουμένας τοῖς ἀπείροις. [3] περὶ δὲ τούτων ἀληθὴς παραδίδοται λόγος διὰ τῶν ἐγχωρίων, ὅτι καθ' οὓς χρόνους Πέρσαι τῆς Ἀσίας ἐπεκράτουν, ἔδωκαν τοῖς ἐπί τινας τόπους τῶν μὴ πρότερον ἀρδευομένων ἐπεισαγομένοις ὕδωρ πηγαῖον ἐπὶ πέντε γενεὰς καρπεῦσαι τὴν χώραν· [4] (...) ὥστε κατὰ τοὺς νῦν καιροὺς μηδὲ τοὺς χρωμένους τοῖς ὕδασι γινώσκειν τὰς ἀρχὰς τῶν ὑπονόμων πόθεν ἔχουσι τὰς ἐπιρρύσεις. [5] πλὴν ὁρῶν Ἀρσάκης ἐπιβαλόμενον αὐτὸν τῇ διὰ τῆς ἐρήμου πορείᾳ, τὸ τηνικάδε χωννύειν καὶ φθείρειν ἐνεχείρησε τὰς φρεατίας. – Der gesamte Text des Polybios über die Kanäle und die damit verbundenen Fragen wurden sehr detailliert von Plischke 2014, 68 ff. analysiert.

gespeist werden. Da Arsakes also sah, dass Antiochos den Marsch durch die Wüste vorhatte, begann er sofort, die Brunnen zuzuschütten und sonst unbrauchbar zu machen.

Polybios' Text ist in vielerlei Hinsicht problematisch. Schon die beschriebene Arbeitsweise kann nicht korrekt sein: Das durch die Kanäle unterirdisch geleitete Wasser dürfte nicht aus Flüssen gestammt haben, sondern vielmehr aus dem erhöhten Grundwasserspiegel in Gebirgsnähe gewonnen worden sein.[34] Eine Beschreibung eines ähnlichen Kanalsystems ist auch bei Diodor zu finden: Hier sind die Araber diejenigen, die mit Regenwasser gefüllte und für nicht Heimische unsichtbare unterirdische Wasserspeicher in der Wüste verwenden.[35] Genau die Passage Diodors kann Polybios' Interpretation der Qanate beeinflusst und zum Missverständnis geführt haben.[36] Es kann nämlich nicht stimmen, dass das System nur Einheimischen bekannt war, sonst hätte Antiochos es nicht geschafft, es zu nutzen und „heil durch die Wüste zu kommen"; dazu kommt, dass die Historizität der ganzen Passage sehr umstritten ist.[37] Die Tatsache, dass die Passage des Polybios nicht korrekt ist, bedeutet aber noch nicht, dass dort nicht die Rede von Qanaten ist, sondern einfach, dass Interpretationsfehler vorliegen. Auch wenn so viele Details fraglich sind, steht nämlich fest, dass die Qanate eine wichtige Rolle in der Entwicklung Zentralasiens im 1. Jt. v. Chr. gespielt haben und dass sie unter den Perserkönigen weiterentwickelt wurden.[38] Eben die Pflege von Qanaten in Hyrkanien zeigt, dass das Gebiet unter der Kontrolle des Perserkönigs stand und dass es sein Interesse war, es zu unterstützen und zu entwickeln.

Der einzige Autor, der ein zusätzliches Deportationsziel nennt, ist Synkellos, der berichtet, Juden seien nicht nur nach Hyrkanien, sondern auch nach Babylonien deportiert worden. War Babylonien schon bei seinen (verlorenen) griechischen Quellen zu lesen gewesen oder besteht bei Synkellos eine Vermengung dieses Falls mit dem der sidonischen Deportation, deren Ziel Babylonien (zusammen mit Susa) gewesen war?[39] Das zweite ist meiner Meinung nach eher wahrscheinlich.

13.3 Die Frage der Historizität

Die bekannteste Episode der achaimenidischen Zeit, die Juden betraf, fand genau zu Beginn der persischen Herrschaft statt. Kyros II. erlaubte es den unter Nebukadnezar II. nach Babylonien deportierten Judäern, in die Heimat zurückzukehren.[40] Ein Teil von ihnen kehrte tatsächlich nach Judäa zurück, aber es ist nur ein Mythos, dass eine Massenrückkehr stattfand.

Nach ABC 5 besiegte Nebukadnezar II. in seinem 7. Regierungsjahr den König von Juda, führte große Beute von Jerusalem weg und setzte einen neuen Vasallenkönig auf den judäischen Thron ein. Dieser Bericht entspricht den Eregnissen von 2 Kg 24 (nach der Bibel rebellierte der

---

34 So Goblot 1979, 27.
35 Diod. XIX 94, 2–7.
36 Vorbild des Polybios dürfte auch eine Passage Herodots über die auch in diesem Fall von den Arabern genutzte Prozedur, um Wasser für Kambyses zu besorgen, gewesen sein (Hdt. III 6–9; so Briant 2001, 29 ff.).
37 So Plischke 2014, 83–5.
38 Dazu: de Planhol 2011, 572–5.
39 S. im Kapitel 12.
40 Kyros II. baute die Tempel in Babylon wieder auf; Quellen: ANET 314–6; vgl. Esr 1, 2–4; ebda. 7–11; Jer 24, 14; Isa 40–66. Zu den biblischen Quellen s. u.

König Jojakim gegen Nebukadnezar, starb aber, bevor die babylonische Armee Jerusalem belagerte). Im Jahre 587/586 v. Chr. zerstörten die babylonischen Truppen Jerusalem und deportierten eine weitere Gruppe von Menschen nach Babylonien. Zusätzlich zu den zwei erwähnten Deportationen bezieht sich Jer 52, 30 auf eine dritte Deportation in Nebukadnezars 23. Regierungsjahr, für die wir aber keine weiteren Quellen besitzen. Obwohl dies weiterhin möglich ist, erscheint eine historische Rekonstruktion auf der Grundlage von zwei Deportationen am plausibelsten. Al-Yahudu, das Dorf Juda in Babylonien,[41] und seine judäischen Einwohner tauchen ab 572 in den babylonischen Quellen auf. Auf diese Juden weisen Dokumente aus der Umgebung von Babylon hin, etwa die des Murašu-Archivs.[42] Alstolas Dissertation hat deutlich gezeigt, dass die meisten deportierten Judäer je nach ihrer geographischen Herkunft in ländlichen Gemeinden angesiedelt und ins *land for service*-System der babylonischen Landwirtschaft integriert wurden: Sie erhielten Grundstücke zu bebauen, und waren im Gegenzug verpflichtet, Steuern zu zahlen und Arbeit und Militärdienst zu leisten. Einige konnten von dem System ‚profitieren', indem sie als Vermittler zwischen der königlichen Verwaltung und den kleineren Landbesitzern arbeiteten.[43]

Als Teil des Großreichs stand Judäa unter der Kontrolle der persischen Verwaltung. Auch unter den Achaimeniden blieb es eine landwirtschaftlich basierte Region. „The main conclusion from the archaeological excavations and surveys is that there was a continuation of settlement in this region during the 6th and 5th centuries b.c.e. – that is, from the late Iron Age to the Babylonian and then to the early Persian periods".[44]

Eine komplette Liste von Statthaltern für die Zeit unter der persischen Herrschaft steht nicht zur Verfügung. Informationen kommen meist aus der Bibel bzw. von Inschriften auf Bullen oder Stempelsiegeln, wie denjenigen, die von Avigad publiziert worden sind.[45] Auf diesen ist mehrmals yh(w)d (Y^{e}hūd) als Funktionsbezeichnung zu lesen. Der Titel *yhwd* befindet sich auf mehreren Siegeln von Ramat Rahel, die auf den typischen aus der Region kommenden Gefäßen mit Griffen zu finden sind.[46] Ca. 3000 abgestempelte Gefäße gehören in die Zeit, in der die jüdische Provinz sich unter der Kontrolle der Assyrer, Babylonier und Perser befand. Über 300 Gefäße mit sowohl *lmlk* als auch privaten Stempeln sind gefunden worden, die in die Zeit zwischen dem Ende des 8. Jh. v. Chr und dem Anfang des 7. Jhs. v. Chr. zu datieren sind.[47] Gefäße mit Stempeln mit konzentrischen Kreisen[48] und Rosetta-Typ-Stempeln[49] wurden auf Mitte des 7. Jhs./Anfang des 6. Jhs. datiert. Die große Bedeutung der Siedlung in der Perserzeit wird durch 77 Löwen-Typen[50] und mehrere *yhwd*-Typ-Gefäße[51] hervorgehoben.

---

41 Zu dem Namen s. a. im Kapitel 20.2.
42 Zum Archiv s. o. im Kapitel 7 und 2.1. Vgl. auch Ausdrücke wie die „Alten von Judäa", die in der Bibel die judäische Gemeinschaft in Babylon bezeichnen (s. etwa Jer 10, 1; Ez 8, 1; ebda. 14, 1; ebda. 20, 1). Zu anderen Dokumenten zu den Juden in Babylon s. u. Kapitel 20.2.
43 Dazu: Alstola 2020, 272–3 und passim.
44 Lipschits 2015, 247. S. a. Lipschits 1999, 180–4; ders. 2005, 245–49.
45 Avigad 1976; sie sind auch wieder in Bianchi 1993 vorgestellt worden.
46 Aharoni 1956.
47 Lipschits/Sergi/Koch 2010, 3–32; Lipschits/Knoppers/Oeming 2011, 16–17.
48 Lipschits/Sergi/Koch 2010, 7–8.
49 Koch/Lipschits 2013, 60–61.
50 Lipschits 2010, 17–19.
51 Lipschits/Vanderhooft 2011, 107–10.

Auch wenn eine Reihe von persischen Statthaltern schon ab dem 6. Jh. v. Chr. belegt ist, wurde trotzdem vermutet, dass eine autonome Satrapie Judäa erst später eingerichtet wurde.[52] Die Stempel räumen eine derartige Hypothese nicht aus, weil sie nie eindeutig auf Satrapen hindeuten.[53] Laut Alt[54] lässt sich dank der Bibel vermuten, dass die Satrapie Judäa nicht in der Zeit Kyros' II. sondern erst in der Zeit Nehemias Mitte des 5. Jh. v. Chr. eingerichtet wurde und dass es zuvor eine einzige Satrapie mit Samaria bildete.[55] Einige Elemente dürften nach Alt für die Einheit Samaria-Judäa in der ersten Phase der Perserherrschaft sprechen, etwa die Tatsache, dass für Zerubbabel[56] kein offizielles Amt genannt wird oder dass Tattenai, der Verwalter der Satrapie „Jenseits des Flusses"[57], in Jerusalem nicht auf einen Provinzstatthalter, sondern auf die sog. Ältesten der Juden[58] traf.[59] Die archäologischen Daten aus den erneuerten Ausgrabungen in Ramat Rahel[60] widersprechen einer solchen Hypothese nicht, indem sie zeigen, dass das Gebäude, das auf der Spitze des Hügels in der Mitte des Beth-haccherem-Bezirks stand, den Höhepunkt seiner Aktivität während des 5.–4. Jhs. erreichte.[61] Es dürfte die einzige Struktur mit königlicher Architektur, mit einem bewässerten Garten und Pflanzen, die sowohl aus Persien als auch aus der Region stammten, in der Gegend gewesen sein. Es ist nicht zu bezweifeln, dass die Struktur die Macht der lokalen Herrscher als Vertreter des Großkönigs symbolisierte, und das würde m. E. gut zu einer Einrichtung der persischen Provinz Mitte des 5. Jhs. v. Chr. passen.

In diesem Kapitel möchte ich auch erwähnen, dass in den Quellen Hinweise darauf zu finden sind, dass unter der persischen Herschafft Juden auch nach Ägypten deportiert worden sind.

Bevor wir auf die bekanntesten Dokumente zu sprechen kommen, die die Anwesenheit von Juden im achaimenidischen Ägypten dokumentieren, möchte ich darauf hinweisen, dass auch der sog. ‚Aristeasbrief' auf diese Siedler Bezug nimmt. Der Brief ist eine fiktive Erzählung:[62] Ein angeblicher Grieche, Aristeas, berichtet seinem Bruder Philokrates von der Übersetzung des Pentateuchs in die griechische Sprache und ihrer Aufnahme in die Bibliothek von Alexandria.[63] In einer Passage des Briefes, in der es um die Korrespondenz zwischen Ptolemaios II. und dem Hohepriester Eleazar geht, wird erwähnt, dass Juden schon von den Persern, und dann als Kriegsgefangene von Ptolemaios I. aus Jerusalem mitgebracht worden seien:

Arist. 35:
Der König Ptolemäus begrüßt den Hohepriester Eleazar und wünscht ihm Heil. Viele Juden wurden von den Persern während ihrer Herrschaft aus Jerusalem verpflanzt und

---

52 So schon Avigad 1976, 35–8.
53 So Naveh/Greenfield 1984, 122–4; Soggin³ 1999, 301–2; s.a.: Bianchi 1993, 18–19.
54 So Alt 1959, I, 318–30, laut dem Judäa spätestens seit dem Jahre 582 v. Chr. vom Statthalter Samarias mitregiert wurde.
55 So auch Bianchi 1993, 87–8.
56 Zu Zerubbabel s. etwa: Hagg 1, 1.12; ebda. 2, 20–3; Sach. 6, 9–14.
57 Zur Provinz: Stolper 1989; Eph'al 1998, 109; Briant 2002, 951 mit weiterer Lit.
58 So in Esr 5 f. Für die „Ältesten der Juden" s. o. im Kapitel 2.
59 So Alt 1959, 326 ff. Dagegen etwa Jericke 2003, 55 ff., der eine frühere Datierung der Provinz Juda vorschlägt.
60 Für die Geschichte von Ramat Rahel: Lipschits/Gadot/Oeming (im Druck).
61 Lipschits u. Aa. 2014; Lipschits/Gadot/Langgut 2012.
62 D.h. eine διήγησις (Arist. 8).
63 Arist. 9.10.29.38. Dazu: Collins 2000, 115–180.

in meinem Lande angesiedelt; andere kamen mit meinem Vater kriegsgefangen nach Ägypten.[64]

Die später im Text erwähnte „Furcht vor den Juden"[65] wirkt gegenüber dem jüdischen Hohepriester als *captatio benevolentiae*: Die Juden werden auf die Seite des Herrschers gerückt, um zu zeigen, dass es das Interesse des Königs ist, eine enge Zusammenarbeit zwischen Juden und Ägyptern zu gewährleisten: Ptolemaios erscheint durch seine judenfreundliche Tat in einem ausgesprochen positiven Licht.[66] In diesem Kontext stärkt die Tatsache, dass Juden schon früher, d.h. in der Perserzeit, nach Ägypten gebracht worden sein sollen, die Verbindung zwischen ihnen und dem ptolemäischen Hof. Im Text werden die Juden als ἀνάσπαστοι definiert, d.h. „die Weggezogenen; die, die entfernt wurden": Den Ausdruck verwendet auch Herodot für Deportierte.[67]

Der Brief, auch wenn er fiktiv ist, ist einerseits wichtig, weil er Bezug auf die Migration von Juden nach Ägypten unter den Achaimeniden nimmt, und noch mehr, weil er unterstreicht, dass es sich um eine Zwangsumsiedlung handelte. Andererseits weisen die berühmten Elephantine-Papyri[68] darauf hin, dass Juden schon vor der Perserzeit in Elephantine anwesend waren.[69] In der Militärkolonie auf der Nilinsel Elephantine waren jüdische Söldner höchstwahrscheinlich zum Schutz der ägyptischen Südgrenze eingesetzt.[70] Es handelt sich nicht nur um private Dokumente, etwa Kreditverträge und Heiratsurkunden, wie im Fall der Daliyeh Papyri,[71] sondern auch um die Kommunikation zwischen dem Perserkönig bzw. seinen Vertretern und den Priestern des Jerusalemer Tempels bezüglich des in Elephantine ausgeübten Kultes zu Ehren Jahwes.[72] Die Dokumente liefern aber auch wichtige Informationen über Judäa,[73] etwa die Anwesenheit eines persischen Statthalters, Bagoas, in Judäa, an den Jedoniah und seine Mitpriester sich wenden mit der Bitte, den jüdischen Tempel wieder aufbauen zu können.[74] Juden waren nicht die einzige in Elephantine anwesende fremdländische Gemeinschaft: auch Iraner, Ägypter und Babylonier waren vor Ort, um nur einige zu nennen.[75]

---

64 Übers. Rießler 1928. Text: Ἐλεαζάρῳ ἀρχιερεῖ χαίρειν καὶ ἐρρῶσθαι. ἐπεὶ συμβαίνει πλείονας τῶν Ἰουδαίων εἰς τὴν ἡμετέραν χώραν κατῳκίσθαι γενηθέντας ἀνασπάστους ἐκ τῶν Ἱεροσολύμων ὑπὸ Περσῶν, καθ' ὃν ἐπεκράτουν χρόνον, ἔτι δὲ καὶ συνεληλυθέναι τῷ πατρὶ ἡμῶν εἰς τὴν Αἴγυπτον αἰχμαλώτους.
65 Arist. 36: Jüdische Söldner seien in Wehrdörfern angesiedelt worden, sodass die ägyptische Bevölkerung sich vor ihnen zu fürchten hätte.
66 Schimanovski 2003, 51–2.
67 S. schon o. in den Kapiteln 4 und 8.
68 Die bis 1920 gefundenen Papyri (=AP) wurden 1923 von Cowley herausgegeben. In Porten 1968 sind diese und noch andere zu finden; s.a. TADAE.
69 Im Bagoasbrief ist davon die Rede, dass der jüdische Tempel schon da war, als Kambyses nach Ägypten kam: Porten 1996, 141–2 (B 19). Verschiedene Umstände können Juden nach Elephantine gebracht haben: Rosenberg 2004, 7.12.
70 Dazu: Habachi 1975; Kaiser 1999.
71 Es handelt sich um private Dokumente aus dem Aramäischen, die den Verkauf bzw. die Freilassung von Sklaven, den Verkauf von Eigentum etc. betreffen. Sie wurden zwischen den Jahren 375 und 335 v.Chr. geschrieben (Gropp/Vander Kam/Brady 2002).
72 Zum Tempel: Rosenberg 2004. Zum religiösen Leben der Juden in der Perserzeit in Elephantine ist die Studie von Joisten-Pruschke (2008) ein wichtiger Beitrag.
73 Da die Elephantine-Papyri aber zwischen 495 und 399 v.Chr. zu datieren sind (Porten 1968, 296), unterstützen sie die Suche nach Informationen über einen jüdischen Aufstand Mitte des 4. Jhs. nicht.
74 S.a. schon o. im Kapitel 2.
75 Quellen: Porten 1996, 74–276 (B1–52). Zur Multikulturalität in Elephantine: Kräling 1953, 49 ff.; Porten 1968, 28 ff.; Grelot 1972.

Es ist m. E. möglich, das folgende Szenario zu entwerfen: Der Perserkönig hat unter Umständen, die uns unbekannt sind, Juden nach Ägypten deportiert und als Verstärkung beim Schutz der ägyptischen Südgrenze[76] in Elephantine angesiedelt, wo schon eine jüdische Gemeinschaft anwesend war.[77] Damit hätte der Perserkönig seine Weitsicht dergestalt bewiesen, dass er Überlegungen darüber angestellt hatte, wo die Deportierten am besten anzusiedeln waren: Eine Deportation wird immer mit dem Ziel durchgeführt, die Gefangenen für die eigenen Ziele ausnutzen zu können und nie als reiner Selbstzweck.[78] In diesem Fall hätten sich die neu angekommenen Juden schnell in Elephantine einleben und anfangen können, dem König zu dienen.

Die Deportation von Juden nach Hyrkanien wäre also nicht die einzige gewesen, die Juden in der achaimenidischen Zeit betraf.

Informationen über einen jüdischen Aufstand gegen die Perser unter Artaxerxes III. lassen sich in unseren Quellen nicht finden. Das Problem der Quellenarmut besteht allgemein für die Juden in der Perserzeit. Archäologische Quellen sind extrem spärlich,[79] und wenn man sich auf die Suche nach Informationen macht, wird man nicht nur merken, dass primäre Quellen aus dem perserzeitlichen Judäa sich kaum finden lassen,[80] sondern auch, dass die zur Verfügung stehenden Zeugnisse sich lange Zeit nicht mit den Juden beschäftigt haben. Herodot hat sich nicht für die Juden interessiert:[81] Auch wenn in den ‚Historien' die Rede von Juden ist, spricht der Autor mal über die „Syrer in Palästina",[82] mal erwähnt er die in Syrien liegende Stadt Aškelon.[83] Der Informationsmangel findet mit den Alexanderautoren kein Ende, da sie auch keinen Bezug auf die Juden nehmen.[84] Erst in der frühen Diadochenzeit erwachte aus bestimmten Gründen das Interesse griechischer Autoren: „Die Kämpfe der Diadochen um den Besitz von Palästina und Syrien mussten Exkurse über die Juden und ihre Kultur zum notwendigen Bestandteil aller ernsthaften Geschichtswerke des Hellenismus gemacht haben", schreibt Stern.[85] Der erste von ihnen ist nach unserer Kenntnis Hekataios von Teos (oder Abdera) gewesen, der wahrscheinlich als Vertrauensmitarbeiter Ptolemaios' I. bei seinem Feldzug nach Judäa (auf 320 v. Chr. ist seine Eroberung Judäas datiert[86]) anwesend war. Diodor entnahm seinen Bericht über die Juden[87] teils den von ihm auch sonst für die ägyptische Geschichte verwendeten ‚Aegyptiaca' des Hekataios, teils einem Werk desselben Autors über die Juden.[88] Es ist möglich, dass die Deportation schon bei Hekataios zu finden war. Dieser wird nämlich als Quelle bei Josephus genannt,[89] und die Deportation könnte in einer verlorengegangenen Passage bei Josephus erwähnt worden sein. Euseb

---

76 S. o.
77 Eine derartige Hypothese schlage ich auch für den Fall der Karer in Borsippa vor (s. o. im Kapitel 3).
78 S. u. im Kapitel 15.
79 Lipschits/Gadot/Langgut 2012, 57–9; einzige Ausnahme ist Ramat Rahel (s. o.).
80 Ausnahme sind die Daliyeh Papyri (s. o.).
81 So Myres 1953. Vgl. Yerushalmi 1993.
82 Hdt. II 104. Die „Syrer in Palästina" stellten auch dem Xerxes Schiffe zur Verfügung (Hdt. VII 89).
83 Hdt. I 105.
84 Dazu: Momigliano 1988, bes. 60–3.
85 So Stern 1974, 18.
86 Diod. XVIII 43; App. Syr. 52.
87 Diod. I 28–9.
88 Josephus spricht von einem besonderen Buch des Hekataios über die Juden (C. ap. I 183.205): D. h., es gab ein unabhängiges Werk über die Juden außerhalb der Passagen in den ‚Aegyptiaka'.
89 Ios. C. ap. I 183. 186. 190. 204. 213–214; ebda. II 43.

kann die Nachricht aus dieser Passage präzise[90] übernommen haben: Es ist bekannt, dass er sich in seiner ‚Kirchengeschichte' auf die Angaben von Josephus gestützt hat.[91]

Hekataios dürfte aber nicht der einzige griechische Autor gewesen sein, der die Deportation erwähnte: Nach Synkellos war sie bei vielen griechischen Historikern zu lesen, in Texten demnach, die uns nicht mehr zur Verfügung stehen.

Die Glaubwürdigkeit von Autoren wie Euseb, der die erste zur Verfügung stehende Quelle für die Episode ist,[92] Solinus und Orosius bezüglich der Zerstörung Jerichos bzw. der Deportation ist immer wieder in Frage gestellt worden. Wellhausen schreibt, dass eine „schwache Kunde" sich von der Beteiligung der Juden an einem Aufstand gegen Artaxerxes III. erhalten habe,[93] und Stade beschreibt die Passagen als „sehr dunkel".[94]

Eine Deportation der Juden ist aber auch vor dem Hintergrund der geographischen Lage des Gebietes von Jericho sinnvoll. Diodor entnimmt aus Hieronymus aus Kardia die Information, dass in seiner Zeit, also am Ende des 4. Jhs. v. Chr., Jericho und seine Umgebung nicht mehr jüdisch, sondern arabisch gewesen seien. Hier hatten sich inzwischen die sogenannten Nabatäer angesiedelt.[95] Eine kurz zuvor stattgefundene Deportation, auch wenn sie nur einen Teil der Bewohner betroffen haben sollte, kann „der Ursprung einer Systemschwäche gewesen sein, die den Durchbruch einer anderen Ethnie erleichterte".[96]

Die oben zitierte Passage aus Polybios weist darauf hin, dass der Großkönig ein Interesse daran hatte, durch effiziente Bewässerungsanlagen Wasser in Hyrkanien zu fördern. Die Perser gaben denen, die auf vorher nicht bewässertes Land Quellwasser leiteten, das Recht, für mehrere Generationen das Land zu nutzen. Unter denen, die Landstücke bekamen, kann auch die Gruppe der jüdischen Deportierten gewesen sein.

Zusammenfassend stimme ich Hirschy darin zu, dass die Quellen nicht leichtfertig abzulehnen sind[97] und dass die Deportation von Juden unter Artaxerxes III. stattgefunden haben kann.

---

90 Wenn Euseb den Text aus Josephus zitiert (s.u.), scheint dieses Zitat textkritisch nutzbar zu sein, weil der Kirchenvater in der Regel den besten Josephustext liefert (so Schreckenberg 1977, 157).
91 An einigen Stellen übernimmt er sogar den Text des Josephus wörtlich: H. E. I 8, 5–8 zitiert z.B. AJ XVII 168–70 zum Tode des Herodes; H. E. III 6, 1–38 zitiert zum Untergang Jerusalems BJ V 424–38; ebda. 512–9; ebda. VI 193–213. Für diese und andere Beispiele: Ulrich 1999, 101 ff.
92 S.o.
93 Wellhausen³ 2013, 192.
94 Stade 1888, 194.
95 Diod. XIX 98.
96 So Hölscher 1903, 23–5.
97 Hirschy 1907, 41–2.

Zweiter Teil:
Charakterzüge der teispidisch-achaimenidischen Deportationen

14. Vorwort zum zweiten Teil

Im ersten Teil dieser Arbeit wurden die in den Quellen zu findenden achaimenidischen Deportationen bzw. Phänomene, die in der Literatur als Deportationen interpretiert worden sind, analysiert. Im zweiten Teil werden die Ergebnisse dieser Analyse zusammengefasst. Selbstverständlich werden in dieser Phase nur die historischen bzw. die potenziell historischen Ereignisse berücksichtigt, d.h. dass die Fälle, die eindeutig nicht als Deportationen betrachtet werden können, Fall 7 und Fall 9, ausgeschlossen bleiben.

Auf dieser Basis versuche ich, wie es in der Literatur noch nicht vollständig unternommen worden ist, ein achaimenidisches ,Deportationsmodell' zu definieren. Dafür muss man die Frage beantworten, warum Menschen von den Perserkönigen deportiert wurden und welche Ziele die Deportationen verfolgten: Mit diesen Fragen beschäftigt sich das erste Kapitel dieses Teils.

Die anderen Abschnitte behandeln bestimmte Themen, die mir besonders bedeutend zu sein scheinen, weil sie sowohl in den Quellen als auch in der wissenschaftlichen Diskussion immer wieder auftauchen. Der Beitrag von nichtpersischen Gemeinschaften in Form von Arbeitsleistungen spielte eine große Rolle im Perserreich. Man kann sich deswegen fragen, in welchem Verhältnis die Deportierten zu den Arbeitskräften standen, die in indigenen administrativen Dokumenten zu finden sind, d.h. ob letztere auch Deportierte waren bzw. Abkömmlinge von Deportierten.

Im dritten Abschnitt stelle ich die Frage, ob bei den Deportierten von Versklavung die Rede sein kann, da Worte und Ausdrücke, die in den Berichten der klassischen Autoren zu finden sind, mit dem üblichen Sklaverei-Wortschatz in enger Verbindung stehen.

Einige klassische Quellen weisen darauf hin, dass den Opfern erlaubt wurde, die eigenen Sitten und Gebräuche beizubehalten. Deswegen heißt der letzte Abschnitt ,Die Identität der Deportierten'. Sein Ziel ist zu zeigen, dass die Deportierten keine Ausnahme gewesen sind und so wie die anderen Untertanen behandelt wurden, auch was die eigene Kultur anging.

15. Ziele und Wege der achaimenidischen Deportationen

Die Deportation von Aufständischen und anderen Personengruppen scheint eine Maßnahme gewesen zu sein, die von den Perserkönigen immer wieder zur Sicherung von Ruhe und Ordnung im Reich angewandt wurde. Der erste überlieferte Deportationsfall gehört in die Zeit des Kambyses. Es wurde allerdings postuliert, dass diese Form der erzwungenen Migration schon unter dem ersten Perserkönig, Kyros II., genutzt wurde. Das sollen Dokumente aus dem Murašu-Archiv beweisen, die Lyder, die in Nippur wohnten, erwähnen.[1] Sie sind unter dem Namen *sapardāja* aufgeführt, der sich vom Namen Sardeis, dem Namen ihrer Hauptstadt, *Sfarda* auf Lydisch, ableitet.[2] Außerdem haben nach einem nur fragmentarisch erhaltenen Text Lyder (*luddājan*) 508 v. Chr. Landstücke an das Haus Egibi vermietet.[3] Die Anwesenheit von Lydern im Herzen des Reichs bedeutet aber nicht unbedingt, dass sie als Opfer einer Deportation bzw. einer persischen Deportation dorthin gebracht worden sein müssen. Bedeutsam ist in dieser Hinsicht eine Passage Herodots, in der der Autor schreibt, dass nach dem Aufstand des Paktyes Lyder „versklavt" wurden.[4] Klassische Autoren definieren aus verschiedenen Gründen Deportierte als Sklaven, ohne dass dies der Wahrheit entsprechen muss. Dem Thema Sklaverei und Deportation wird deshalb ein eigenes Kapitel gewidmet.[5] An dieser Stelle sei nur gesagt, dass die These, nach der Gefangene massenweise versklavt wurden, einerseits nicht zutrifft, andererseits ἀνδράποδον bei Herodot oft auch für den Kriegsgefangenen steht. Deshalb spricht einiges dafür, dass auch in unserer Passage der Ausdruck als „Gefangene" zu verstehen ist.[6] Eine Deportation der Lyder als Anhänger des Paktyes nach dessen Aufstand würde zu diesem Umstand passen: Im Murašu-Archiv könnten sich Spuren von einer solchen deportierten lydischen Gemeinschaft finden lassen.[7]

Wenn man die zwei in der Einleitung genannten Kategorien, einerseits die Deportation im innerstaatlichen, andererseits die des zwischenstaatlichen Bereichs, berücksichtigt[8], stellt man fest, dass die Deportationsfälle 1, 4, 6, 10 dem zwischenstaatlichen Bereich zuzuweisen sind. Rechtliche Basis dieses Phänomens ist das in der Antike angewandte Siegerrecht (*ius victoriae*), das nicht nur für das unterworfene Gebiet, sondern auch für das ‚Volk', von dem es bewohnt war, galt.[9] Xenophon lässt den Prätendenten Kyros das Folgende sagen: „Es gibt nämlich bei allen Menschen ein immerwährendes Gesetz: Wann immer eine Stadt im Kriege erobert wird, sollen den Eroberern sowohl die Einwohner in der Stadt als auch deren Besitz gehören" (Xen. Kyr. VII 5, 73).

---

1 S. etwa UM 53.144 Dazu: Unger² 1970, 40.
2 Hdt. VI 119.
3 Dar. 351.
4 Hdt. I 161. Zum Paktyes-Aufstand: Rung 2015, bes. 16 ff.
5 S. u. Kapitel 17.
6 Zu ἀνδράποδον als „Kriegsgefangener" bei Herodot s. a. o. im Kapitel 4.
7 So Wiesehöfer 1987a.
8 S. o. ‚Einleitung' a.
9 Dazu: Stucke 2017, 62 ff.

Ein solches Verfahren würde heute gegen das gebietsbezogene Selbstbestimmungsrecht verstoßen.[10] Aber in der Antike konnte ein Mensch ebenso wie das Land speererworben sein, und theoretisch war die gesamte Bevölkerung einer eroberten Stadt bzw. Region Kriegsbeute, über die der Sieger beliebig verfügen konnte.[11] Welche Maßnahmen auf unterschiedlichen Ebenen einem Siege folgten, wird von Herodot, wenn er den Fall Milets beschreibt, anschaulich dargestellt. Jede Phase besteht demnach aus einem Gewinn von ‚Reichtümern‘: den Reichtümern der Tempel mittels Plünderung; den Reichtümern des Landes (die Perser besetzten die Stadt und das umgebende Land, überließen den Rest der Region jedoch den Karern von Pedasos); den Reichtümern der Bevölkerung, sodass kein Milesier in der Stadt blieb.[12] Die Deportation wird demnach durch das Recht des Siegers legitimiert, weil die besiegte Bevölkerung der Herrschaft unterworfen wird, die er im Felde gewonnen hat; entsprechend können die Unterworfenen durch ihn weggeführt und umgesiedelt werden. Die Deportation von Bevölkerungsgruppen ist demnach als eine legitime Phase des Eroberungsprozesses einer Stadt bzw. eines Landes anzusehen.

Die Fälle 2, 3, 5, 11, 12 gehören dem innerstaatlichen Bereich an. Beispielsweise besaß Milet, da es weder mit Kroisos, noch mit Paktyes verbunden gewesen war, ein deutlich größeres Maß an Unabhängigkeit als die anderen Städte.[13] Als sich aber in der Stadt der Aufstand verbreitete, ließ Dareios I. die Stadt zerstören, ohne diese Sonderstellung zu berücksichtigen, und deportierte noch Teile ihrer Einwohner. Auch die phönizischen Städte gehörten schon unter Kyros II. zum Großreich, aber nach ihrem Aufstand gegen Artaxerxes III. wurde die Stadt Sidon zerstört und es wurden Sidonier deportiert. Unabhängig von dem Problem, zu welcher Provinz es gehörte, war Judäa ab der Zeit des Kyros Teil des Perserreichs: Möglicherweise wurden Juden nach ihrer Teilnahme am antipersischen Aufstand unter Artaxerxes III. deportiert. Im Fall des innerstaatlichen Bereichs ist die Deportation grundsätzlich eine Maßnahme, die nach einem Aufstand eines schon vom Perserkönig kontrollierten Gebiets angewandt wurde, um die Kontrolle über dieses Gebiet wiederzuerlangen. Es wird also nicht *ex novo* erobert, sondern der König nimmt sein Recht in Anspruch, das Gebiet ‚wiederzuerobern‘ und seine illoyalen Untertanen aus ihrer Heimat zu entfernen.

Der Fall 8 ist sehr unklar. Es ist wahrscheinlich, dass Alexander bei Persepolis Griechen begegnete, aber es bleibt ungewiss, ob die Quellen auf ein bestimmtes Deportationsverfahren Bezug nehmen.[14] Außerdem bleibt unbestimmbar, ob diese Griechen aus Griechenland oder aus Kleinasien kamen und mithin, ob ihre Deportation, falls sie historisch ist, dem zwischen- oder innerstaatlichen Bereich zuzuweisen ist. Die Fälle 7 und 9 sind keine Deportationsfälle.

Beide Deportationsvarianten zeigen, dass es von Seiten des Reichszentrums für nötig befunden wurde, die Kontrolle über ein bestimmtes Territorium zu sichern. Hier muss man erwähnen, dass die Bestimmung eines zum Perserreich gehörenden Territoriums zu Missverständnissen führen kann. Teile des Perserreichs waren Königtümer sowie Städte, die nicht direkt vom Perserkönig verwaltet wurden, sondern denen ein gerütteltes Maß an Autonomie zugestanden war, d.h., dass sie von lokalen Repräsentanten, die Untertanen des Perserkönigs waren und ihm

---

10 Die Zwangsumsiedlung verstößt gegen § 15 „Human rights and population transfer" des Berichts der Unterkommission des UN-Sicherheitsrats (UN Doc. E/CN. 4/Sub. 2/1997/23). Dazu: Kehne 2002, 230 und Anm. 8.
11 Kehne 2002, 240–1. Zur χώρα δωρικτητός s. schon o. im Kapitel 6.
12 S.o. im Kapitel 6.
13 Hdt. I 141.169.
14 S.o. im Kapitel 7.

Tribute zahlten, verwaltet wurden.¹⁵ Deswegen ist auch von Deportationen des innerstaatlichen Bereichs die Rede, wenn Deportationen diese ‚autonomen' Einheiten des Perserreichs betreffen.

Wie erwähnt ist die *conditio sine qua non* für eine Deportation die Tatsache, dass die Praxis gemäß dem Siegerrecht als legal angesehen werden konnte. Ein anderes Element, das die persischen Deportationen legitimiert, ist in der königlichen Ideologie zu finden. Der König ist derjenige, der nicht nur die materiellen Güter, sondern auch die Menschen an den ihnen zukommenden Platz stellt:

> DB § 14 E–L:¹⁶
> Genau wie sie (früher) waren
> so machte ich die Kultstätten,
> die Gaumāta der Mager zerstört hatte.
> Ich gab den Leuten (dem Volk) zurück
> die Gehöfte, das Vieh, das Gesinde (und)
> zusammen mit den Häusern,
> deren Gaumāta der Mager sie beraubt hatte.
> Ich stellte das Volk (wieder) an seinen Platz,
> Persien und Medien und die anderen Länder (…).

Die Dokumente der achaimenidischen Verwaltung, etwa die ‚Reise-Texte' aus Persepolis, weisen darauf hin, dass der König das Recht hatte, die Arbeitskräfte, die im öffentlichen Interesse arbeiteten, beliebig im Reichsterritorium zu verlegen. Der Fall unterscheidet sich allerdings von dem der Deportationen: Erstens betrifft er Menschen, die das Gebiet des Perserreichs bereits bewohnten und zusätzlich im „Staatsauftrag" arbeiteten; zweitens dürften die in den ‚Reise-Texten' dokumentierten Umsiedlungen nur temporärer Natur gewesen sein. Trotzdem weist auch diese Praxis darauf hin, dass der König unter bestimmten Voraussetzungen Menschen beliebig räumlich versetzen konnte.¹⁷

So fallen dem Großkönig bei der Eroberung bzw. Wiedereroberung eines Gebiets nicht nur materielle Güter, sondern auch die Bevölkerung zu. Jeder Deportationsprozess beginnt damit, dass es von Seiten der persischen Autoritäten als nötig empfunden wird, Menschen zu bestrafen. Die Feinde im Krieg bzw. die Untertanen, die sich als illoyal erwiesen haben, werden als schuldig angesehen, und die Deportation ist ein Weg, sie der verdienten Strafe zuzuführen.

Das Phänomen, mit dem sich diese Studie beschäftigt, betrifft keine einzelnen Individuen, sondern Gemeinschaften. Die Frage zu beantworten, wie groß die deportierten Gruppen jeweils waren, ist keine einfache Aufgabe. Eine Zahl wird nur in zwei Fällen genannt. Bei Ktesias lässt sich die Zahl 6000 finden: So viele Ägypter seien zusammen mit ihrem König aus ihrem Land

---

15 Nicht-persische politische Personen wurden innerhalb des vom Perserkönig beherrschten Gebiets in einigen Fällen toleriert, wenn festgestellt wurde, dass sie dem Großkönig gegenüber loyal waren (s. u. im Kapitel 18).
16 Übers. Schmitt 2009. Text: *yaθā paruvamci āvaθā adam akunavam āyadanā, tayā Gaumāta haya magu viyaka; adam niyaçārayam kārahyā ābicarīš gaiθāmcā māniyamcā viθbišcā, tayādiš Gaumāta haya maguš adinā; adam kāram gāθavā avāstāyam Pārsamcā Mādamcā utā aniyā dahyāva (…).*
17 S. u. im Kapitel 16.

deportiert worden.[18] Philostrat spricht von 780 deportierten Eretriern, von denen 400 Männer und 10 Frauen überlebt hätten.[19] Das bedeutet aber nicht, dass diese Zahlen korrekt sein müssen. 6000 scheint mir übertrieben zu sein, während die von dem ansonsten wenig glaubwürdigen Autor Philostrat angegebene Zahl dank einer Information Strabons bezüglich der Bevölkerung Eretrias[20] plausibel zu sein scheint.[21] Es wurde in anderen Fällen der Versuch gewagt, mit den wenigen verfügbaren Informationen etwas Licht auf die Frage der Deportiertenzahl zu werfen. Von der Deportation sollen drei Stämme unter den Paionen betroffen gewesen sein, die Siriopaionen, die Paiopler und die Paionen, die bis zum Prasias-See siedelten. Dies müssen insgesamt einige hundert Menschen gewesen sein: Erstens, weil Megabazos sie in Eile nach Sardeis führen konnte,[22] zweitens, weil nur wenig für Herodots Information spricht, dass die Stadt aufgehört habe zu existieren,[23] und drittens, weil viele Menschen getötet worden sein dürften.[24] Die verfügbaren Informationen weisen darauf hin, dass höchstwahrscheinlich jedes Mal Hunderte von Menschen zusammen deportiert wurden.

Einige Quellen unterstreichen auch, dass die zu deportierenden Menschen nicht zufällig mitgenommen, sondern sorgfältig ausgewählt wurden, allerdings nicht immer aus demselben Grund. Es lassen sich zwei Prinzipien unterscheiden: das Schuld- und das Fähigkeitsprinzip. Unter den Barkäern sollen die Menschen deportiert worden sein, die eine weniger aktive Rolle bei der Ermordung des Arkesilaos gespielt hatten, während die Hauptschuldigen brutal ermordet worden sein sollen und den ‚Übrigen' die Stadt überlassen worden sei.[25] Es ist der Grad des Verschuldens, der darüber entscheidet, wer den Tod verdient hat und wer die Deportation.[26] Eigentlich sind in unserem Falle zwei entscheidende Figuren im Spiel: Pheretime und Dareios I., auch wenn man durch die Passage Herodots den Eindruck bekommt, dass Pheretime und nicht die persische Macht über das Schicksal der Einwohner Barkes und mithin die Deportation der zweiten Gruppe entschied. Da aber der Satrap Aryandes als Alliierter der Pheretime in die Affäre eintrat, wurde der, der in ihren Augen schuldig war, auch für Dareios I. automatisch schuldig. Unabhängig von der Frage, ob die Perser von dieser Schuld überzeugt waren oder sie nur als Vorwand nutzten, dürfte genau diese Schuld die Deportation als Strafe legitimiert haben.

Das andere Kriterium ist die Fähigkeit der Deportierten. Das wird besonders im ägyptischen und paionischen Fall evident. Kambyses soll 6000 Ägypter selbst als zu Deportierende ausgewählt haben.[27] Die nicht ganz korrekte Übersetzung des Wortes τεχνίτας im Text Diodors durch Wirth erweckt den Anschein, dass die besten Künstler Ägyptens von Kambyses ausgewählt worden seien. Die richtige Übersetzung ist hier wohl „Handwerker", auch wenn einige von ihnen künstlerisch begabt gewesen sein dürften[28]. Ktesias' Information dürfte in diesem Fall eine Konstruktion *ex post* sein. Auch ihm, der am persischen Hof gelebt haben will,[29] sollte bekannt

---

18 Ktes. 117 Lenfant, F 13 Photios (§ 10).
19 Philostr. Apoll. I 24.
20 Strab. geogr. X 1, 10 448 C.
21 S. o. im Kapitel 7.
22 S. o. im Kapitel 5.
23 Hdt. VI 19, 3.
24 S. o. im Kapitel 6.
25 Hdt. IV 201, 2.
26 S. a. u.
27 Ktes. 117 Lenfant, F 13 Photios (§ 10).
28 S. o. im Kapitel 2.2.
29 Zu den Testimonia: König 1972, 199.

gewesen sein, dass sie, in Diodors Worten, benutzt wurden, „um die berühmten königlichen Residenzen in Persepolis sowie in Susa in Medien auszustatten".[30] Aus Ägypten kamen Spezialisten im Goldschmiede- und Holzhandwerk, die z.B. als Hilfskräfte beim Schmücken der Terrasse in Persepolis gedient haben könnten.[31]

Im Fall der Paionen soll Dareios I. Stämme deportiert haben, weil sie bzw. ihre Frauen besondere Fähigkeiten besaßen:

> Hdt. V 13-4:[32]
> Dareios wunderte sich über das, was er von den Kundschaftern hörte und selbst sah, und ließ sich die Frau vorführen. (…). Dareios aber fragte sie, ob denn alle Frauen dort so fleißig seien wie diese. Auch das bejahten sie eifrig; denn gerade deshalb hatten sie dies ja so gemacht. So schrieb denn Dareios einen Brief an Megabazos, den er als Feldherrn in Thrakien zurückgelassen hatte. Er trug ihm auf, die Paionen aus ihren Wohnsitzen wegzuführen und mit Frauen und Kindern zu ihm zu bringen.

Es ist vorstellbar, dass, da man an Handwerkern besonderes Interesse gehabt hatte, nach diesen in bestimmten Stadtvierteln gesucht wurde, in denen sie leicht zu finden waren. Andererseits ist es möglich, dass in einigen Fällen ein bestimmter Teil der Bevölkerung gezielt aus politischen Gründen entfernt wurde. Die Perser müssen z.B. gegenüber der städtischen Elite besonders achtsam gewesen sein. In mehreren Fällen muss die Elite zusammen mit einem Teil der nicht ermordeten Bevölkerung aus der eigenen Heimat entfernt worden sein. Ein Beispiel dafür ist das des ägyptischen Königs, den Ktesias Amyrtaios nennt, der zusammen mit einem Teil seiner Bevölkerung deportiert wurde.[33] Die Deportation des Königs hat m.E. zwei Ziele: Ihn als Feind *par excellence* zu bestrafen und seine Kenntnisse und Erfahrungen politisch zu nutzen. Allgemein hat die Deportation der Elite den politischen Zweck, nicht nur die Eroberung abzuschließen, sondern auch die endgültige Kontrolle eines Territoriums für den Perserkönig zu gewährleisten, indem versucht wird, zukünftige Widerstandsbewegungen schon im Keim zu ersticken.

Während die Deportation aus persischer Perspektive, d.h. der des die Deportation durchführenden Staats, als Strafmaßnahme erscheint, bedeutete sie für viele Deportierte, nicht nur unter Zwang der Heimat verlustig zu gehen, sondern auch in ein fremdes Land, das von den Feinden beherrscht wurde, gebracht zu werden. Echos der Härte einer solchen Erfahrung, die jeden Feind des Perserkönigs treffen konnte, findet man in griechischen Quellen. In den meisten Fällen ist eine solche Opferperspektive aber nicht überliefert. Dennoch kann kein Zweifel daran bestehen, dass Deportationen enorm gefürchtet waren. Das über Milet oder Eretria verhängte Strafgericht wird dabei in Hellas als warnendes Beispiel gedient haben. Die Tatsache, dass die Perser nicht nur bis ins griechische Mutterland vorgedrungen waren, sondern es sogar geschafft hatten, Menschen von dort mit sich wegzuführen, muss in Athen Furcht und Schrecken verbreitet haben.

---

30 Diod. I 46, 4.
31 S.o. im Kapitel 2.
32 Übers. Feix 1963. Text: [13, 1] θωμάζων δὲ ὁ Δαρεῖος τά τε ἤκουσε ἐκ τῶν κατασκόπων καὶ τὰ αὐτὸς ὥρα, ἄγειν αὐτὴν ἐκέλευε ἑωυτῷ ἐς ὄψιν. (…) [3] οἱ μὲν δὴ ταῦτα ἕκαστα ἔλεγον, ὁ δὲ εἰρώτα εἰ καὶ πᾶσαι αὐτόθι αἱ γυναῖκες εἴησαν οὕτω ἐργάτιδες. οἱ καὶ τοῦτο ἔφασαν προθύμως οὕτω ἔχειν· αὐτοῦ γὰρ ὦν τούτου εἵνεκα καὶ ἐποιέετο. [14, 1] ἐνθαῦτα Δαρεῖος γράφει γράμματα Μεγαβάζῳ, τὸν ἔλιπε ἐν τῇ Θρηίκῃ στρατηγόν, ἐντελλόμενος ἐξαναστῆσαι ἐξ ἠθέων Παίονας καὶ παρ' ἑωυτὸν ἀγαγεῖν καὶ αὐτοὺς καὶ τὰ τέκνα τε καὶ τὰς γυναῖκας αὐτῶν.
33 Ktes. s. 117 Lenfant, F 13 Photios (§ 10).

Nach Platon war es in der Tat Dareios' Befehl gewesen, ἄγοντα Ἐρετριᾶς καὶ Ἀθηναίους,[34] doch ist es möglich, dass der Perserkönig im Fall Athens die Deportation nur als Drohung angesehen hatte. Den Griechen war bewusst, dass sie von den Persern durch eine Deportation bestraft werden konnten, und die Perser nutzten diese Angst aus.

Auf die Deportation als mögliche Strafe für die Einwohner Ioniens nehmen laut Herodot die Perser Bezug, als sie die Tyrannen bitten, ihre Bürger davon zu überzeugen, von Aristagoras abzufallen.[35] Es ist in der Passage von einer Praxis die Rede, die im Vergleich zu einer ‚traditionellen' Deportation zusätzliche Details enthält: Nicht nur werden die Einwohner als Gefangene mitgenommen, sondern es werden die Jungen von den Mädchen getrennt und zu Eunuchen gemacht. Hier wird allerdings keine echte Deportation beschrieben, sondern die größten Ängste der Griechen gegenüber den persischen Strafmaßnahmen bzw. Sitten. Nach Baktrien umgesiedelt zu werden war in der Tat möglich,[36] so wie Eunuchen an persischen Höfen anwesend gewesen sein müssen.[37]

Interessant ist auch eine andere Passage Herodots: Histiaios sagt den Ioniern, dass es der Plan Dareios' I. sei, die Phönizier nach Ionien und die Ionier nach Phönizien zu bringen.[38] In diesem Fall ist es Herodot selbst, der zugibt, dass Dareios keinen derartigen Plan gehabt habe.[39] Uns ist aber wichtig, dass Histiaios' Satz glaubwürdig klang, dass den Griechen bewusst war, dass der Perserkönig Personengruppen umsiedeln konnte: Die Tatsache, dass Deportationen als Drohung angesehen werden konnten, bedeutet, dass dem Perserkönig die Fähigkeit zuerkannt war, Menschen zu deportieren.

Nachdem die Frage beantwortet wurde, warum die Deportation nach dem Siegerrecht legitim war, d.h. warum der Perserkönig die Deportation als Möglichkeit berücksichtigen durfte, muss man klären, warum er tatsächlich zu dieser Maßnahme griff. Wie schon erwähnt steht am Anfang eines Deportationsprozesses die Tatsache, dass Menschen für ihre Untaten bestraft werden sollen. Die Feinde im Krieg bzw. die Untertanen, die sich als illoyal erwiesen haben, haben sich schuldig gemacht, und die Deportation ist ein möglicher Weg, ihre Bestrafung vorzunehmen.

Die Tatsache, dass die Deportation einen tieferen Grund als den der reinen Bestrafung gehabt haben muss, wird klar, wenn man überlegt, was es bedeutet, Hunderte von Menschen zu zwingen, ihre Heimat zu verlassen und tausende Kilometer durch das Land ziehen zu lassen. Es muss die politischen Autoritäten extrem viel Energie, Geld und Zeit gekostet haben, Barkäer aus Nordafrika bis nach Baktrien, ins heutige Nord-Afghanistan bzw. Süd-Usbekistan, Milesier bis zum Persischen Golf und Eretrier bis nach Kissien im Süd-Westen Irans zu bringen. Wenn es das einzige Ziel gewesen wäre, Menschen zu bestrafen, hätte man sicher zu weniger aufwändigen Mitteln gegriffen, etwa „dem Massaker bis hin zur Tötung aller Betroffenen".[40]

---

34 Plat. Menex. 240a.
35 Hdt. VI 9, 4.
36 S. o. im Kapitel 4.
37 Zu den Eunuchen s. o. im Kapitel 8.
38 Hdt. VI 3.
39 Es wird nie darauf hingewiesen, dass die Perser ganze Völkerschaften deportierten und in deren Gebiet andere Deportierte ansiedelten. Vgl. u. im Kapitel 21.
40 So Kehne 2002, 235 (s. a. Anm. 21 mit Lit.). Zu diesen sehr drastischen Maßnahmen zählt der folgende Fall: Bei der Eroberung des Illyrischen Gebiets wurde nicht nur die Stadt Metulum von Octavian komplett zerstört, sondern es kamen auch all seine Einwohner ums Leben (App. civ. III 21). Zur Häufigkeit des Massakers als Bestrafung nach der Eroberung: Ducrey 1968, 54–58 und 117–121.

Leider ist nicht viel von dem, was während der Migration passierte, und vom Zustand der Deportierten in dieser Phase bekannt. Das ist auf Quellenmangel zurückzuführen: Ausführlicher wird diese Phase von assyrischen Quellen beschrieben.[41] Man kann aber davon ausgehen, dass die Menschen auf dem Weg in die neue Heimat beschützt und versorgt wurden. Was Fuchs in Bezug auf die neuassyrischen Deportationen schreibt, muss auch für die achaimenidischen Deportationen wirksam gewesen sein: „Der Weg in die neu zugewiesenen Siedlungsgebiete (ist) in keinem Fall als Todesmarsch gedacht. Die Deportierten sollten ganz im Gegenteil möglichst vollzählig am Ziel ankommen".[42] Die Aussage Philostrats, dass nur 410 von 780 Menschen den Mš nach Arderikka überlebt hätten, muss nämlich nicht der Wahrheit entsprechen und findet in der Dramatik des Werkes eine Erklärung.[43]

Wenn Herodot den Deportationsprozess beschreibt, redet er über 5 verschiedene Phasen:[44]

1. Ein Befehl wird vom Großkönig formell gegeben, eine bestimmte Menschengruppe zu deportieren;[45]
2. Ein Statthalter/Feldherr nimmt die genannte Bevölkerungsgruppe gefangen;[46]
3. Die Gefangenen werden zum König geführt;[47]
4. Der König erklärt, wohin diese ‚Umzusiedelnden' zu bringen sind;[48]
5. Die Deportierten werden an ihren neuen Wohnort gebracht.

Die dritte Phase ist besonders interessant, weil sie nicht unbedingt nötig wäre. Glaubt man Herodot, dann hatte die Tatsache, dass die Deportierten zum Großkönig gebracht wurden, kein praktisches Ziel: Der König hätte einfach seinem Statthalter befehlen können, die Gefangenen an ihren neuen Wohnsitz zu bringen. Ein Umweg über eine Residenzstadt des Reichs, in der der Großkönig in diesem Moment anwesend war, wäre nicht nötig gewesen. Ich möchte hier eine Hypothese formulieren, inwiefern dieser Umweg dem Perserkönig nützlich gewesen sein könnte; diese Hypothese verleiht der Beschreibung Herodots Glaubwürdigkeit. Wie man in der babylonischen Chronik CM 2004, 28 lesen kann, wurden die sidonischen Gefangenen in zwei Gruppen geteilt. Ich habe in diesem Zusammenhang die Meinung vertreten, dass die weibliche Gruppe, die als zweite den Palast betrat, aus Frauen bestanden haben dürfte, die ausgewählt worden waren, um sich innerhalb des königlichen Palasts um damals typisch weibliche Aufgaben zu kümmern. Die Möglichkeit, einzelne Individuen bzw. kleine Gruppen für bestimmte Aufgaben in den königlichen Palästen auszusuchen, kann gut der Grund gewesen sein, warum die Depor-

---

41 Oded 1979, 34–40. S. u. im Kapitel 20.
42 So Fuchs 2009, 75.
43 Philostr. Apoll. I 24. S. o. im Kapitel 4.
44 Ähnlich: Asheri 1990, 158–61.
45 S. etwa Hdt. V 14: „So schrieb denn Dareios einen Brief an Megabazos, den er als Feldherrn in Thrakien zurückgelassen hatte. Er trug ihm auf, die Paionen aus ihren Wohnsitzen wegzuführen und mit Frauen und Kindern zu ihm zu bringen. Sofort eilte ein Reiter mit dieser Botschaft zum Hellespont, setzte über und brachte dem Megabazos den Brief. Als der ihn gelesen und Wegführer aus Thrakien ausgewählt hatte, zog er gegen die Paionen". Übers. Feix 1963; s. o. im Kapitel 5.
46 Hdt. VI 119, 1: Datis und Artaphernes schafften die gefangenen Eretrier, als sie die Küste Asiens erreicht hatten, landeinwärts nach Susa (...). Übers. Feix 1963; s. o. im Kapitel 7.
47 Hdt. V 23, 1: (...) Megabazos aber zog mit den Paionen zum Hellespont, ließ sich übersetzen und kam nach Sardes. (...). Übers. Feix 1963. S. o. im Kapitel 5.
48 Hdt. IV 204: (...) Dareios gab ihnen ein Dorf in Baktrien als Wohnort. (...). Übers. Feix 1963; s. o. im Kapitel 4.

tierten zum König gebracht wurden. In dieser Phase ist es durchaus möglich, Menschen nach bestimmten Fähigkeiten auszuwählen.

Besonders wichtig ist die Einstellung des Königs zu den Deportierten. In Bezug auf die Deportation der Ägypter schreibt Ktesias, Kambyses habe Amyrtaios nichts Böses angetan.[49] Aber es ist Herodot, dem man die meisten Informationen über den Zug der Deportierten verdankt: Die Menschen seien gezwungen worden, die Heimat zu verlassen, doch sei ihnen ab dem Moment, in dem sie sich in persischen Händen befunden hätten, kein Leid mehr angetan worden:

> Hdt. VI 19, 20:[50]
> Von ihrer Heimat weg wurden die gefangenen Milesier nach Susa geführt. König Dareios tat ihnen weiter kein Leid; nur siedelte er sie am sogenannten Roten Meer an, in der Stadt Ampe an der Mündung des Tigris. (…).

> Hdt. VI 119, 1–2:[51]
> (…) Bereits vor ihrer Gefangennahme hegte König Dareios einen gewaltigen Zorn gegen die Einwohner von Eretria; denn sie hatten als erste mit dem „Unrecht" gegen Persien begonnen. Als er aber sah, wie man sie gefangen vor ihn führte und wie sie in seine Gewalt gegeben waren, tat er ihnen nichts zuleide (…).

In den Quellen ist mehrmals zu lesen, dass Deportierte eigene Städte zu bewohnen bekamen: Sie dürften aber in den meisten Fällen eher in Dörfern gewohnt haben, die in der Nähe einer Stadt lagen. Der Fall der Karer in Borsippa ermöglicht es uns, diesbezüglich anzunehmen, dass Deportierte zunächst privaten Arbeitgebern unterstellt waren und später erst öffentliche Aufgaben übernahmen.[52] Das hätte zum Ziel gehabt, sie vor Ort besser kontrollieren zu können und sie zu lehren, die Aufgaben, die sie später übernehmen sollten, kennenzulernen. Das ist nur möglich, wenn diese Menschengruppen in einem Radius von 5–10 km von schon angesiedelten Gemeinschaften wohnten.

Ein gemeinsames Herkunftsland mit denjenigen Personen, die die Zielregion der Deportierten bereits bewohnten, dürfte in einigen Fällen eine Rolle bei der Wahl der Siedlung gespielt haben. Im Fall der Paionen liegt die Vermutung nahe, dass Dareios Phrygien innerhalb seines Reichs als natürliche Adresse für die Deportierten aus Thrakien ansah, da diese Region und Phrygien einen ähnlichen kulturellen Kontext besaßen.[53] Die ‚Verwandtschaft' mit den Phrygern hätte es den Deportierten erlaubt, sich leicht in das neue Gebiet zu integrieren, dem Großkönig, über Menschen verfügen zu können, die sich nicht nur schnell im neuen Gebiet einleben, sondern auch effektiv für ihn arbeiten konnten. Aus demselben Grund dürften auch Familien zusammengeblieben und es ihnen erlaubt worden sein, die eigene Kultur zu bewahren.[54] Das Gleiche dürfte den aus Ägypten unter Kambyses weggeführten Karern passiert sein: Die Tatsa-

---

49 Ktes. 117 Lenfant, F 13 Photios (§ 10).
50 Übers. Feix. S. o. im Kapitel 6.
51 Übers. Feix. S. o. im Kapitel 7.
52 S. o. im Kapitel 3.
53 S. o. im Kapitel 5.
54 S. u. im Kapitel 18.

che, dass karische Gemeinschaften schon vorher in der Region anwesend waren, hätte Kambyses dazu gebracht, die neuen Karer ebenfalls dort anzusiedeln.[55]

In Bezug auf die demographischen und ökonomischen Parameter des Achaimenidenreiches fehlen aufgrund des Quellenmangels, der den Iran und die Nachbarregionen auszeichnet, entsprechende Zeugnisse. Hauptquellen für derartige Untersuchungen sind archäologisches Material und Archive aus Babylonien, aber selbst diese stehen nur begrenzt zur Verfügung und sind als Quellen nicht unproblematisch. Es ist aber nicht zu bezweifeln, dass das 7. Jh. v. Chr. und die Perserzeit durch Bevölkerungswachstum, Steigerung der landwirtschaftlichen Produktion sowie Verbesserungen im institutionellen Sektor gekennzeichnet waren.[56] Auch die speziellen Rationen für Mütter, die die Täfelchen aus Persepolis dokumentieren,[57] weisen darauf hin, dass der König großes Interesse an einer Zunahme der Reichsbevölkerung besaß. Eine solche bedeutete nämlich, die größtmögliche Zahl von potenziellen Soldaten und Arbeitern zur Verfügung zu haben.

Das Bevölkerungswachstum bestimmter Regionen im Perserreich dürfte teilweise auch von Deportationen mitverursacht worden sein. Auch die Deportationspraxis diente dem Entwicklungsprojekt der Perserkönige, denn auch dadurch stieg die Zahl von Soldaten[58] und Handwerkern, die dem Großkönig zu Diensten waren. Weiterhin konnte der Perserkönig, anders als bei den meisten seiner anderen Untertanen, ohne Probleme entscheiden, wo seine Gefangenen anzusiedeln waren. Diese Entscheidung muss jedes Mal gut überlegt gewesen sein.

Die verschiedenen Fälle zeigen, dass Deportationen aus zwei Gründen genutzt wurden: als Sicherheits- und als Entwicklungsmaßnahme. Die Deportation brachte Feinde sowie Rebellen weit von ihrer Heimat unter, wo sie nicht mehr gefährlich werden konnten. Es ist aber erneut zu betonen, dass das nicht der einzige und nicht der echte Grund einer Deportation gewesen sein kann, weil es nicht erklärt, warum die Deportation gewählt wurde, obgleich andere Sicherheitsmaßnahmen, die viel weniger Zeit und Mühe gekostet hätten, zur Verfügung standen.

Die Fälle ermöglichen es einzuschätzen, dass zwei Regionen den Perserkönigen besonders am Herzen lagen: einerseits Baktrien, andererseits Elam und das Gebiet am Persischen Golf. Andere in den Quellen als Ziele von Deportationen erwähnte Regionen sind Kleinasien für die Paionen und Hyrkanien für die Juden.

Im Fall der Paionen dürfte das gemeinsame Herkunftsland eine bedeutende Rolle bei der Wahl Phrygiens als Ziel der Deportation gespielt haben. Was die Entscheidung, Paionen zu deportieren, angeht, dürften deren besondere Fähigkeiten entscheidend gewesen sein. Phrygische Wolle war in der ganzen antiken Welt besonders begehrt und geschätzt, und auch wenn im Text Herodots von Flachs und nicht von Wolle die Rede ist, ist nicht auszuschließen, dass als Schneiderinnen besonders fähige paionische Frauen ihren Beitrag zur Herstellung von Geweben in der Region geleistet haben.[59]

Was die Juden in Hyrkanien angeht, stehen uns zu wenige Informationen zu Verfügung, um sagen zu können, welche Rolle sie in der Region gespielt haben könnten. Es ist aber wahrschein-

---

55 S. o. im Kapitel 3.
56 Für eine Analyse der demographischen Parameter des Großreichs, die Quellen und ihre Probleme: Wiesehöfer 2016b und ders. im Druck.
57 S. o. im Kapitel 7.
58 Als Untertanen fanden die Deportierten Platz im Perserheer. Die in Kissia angesiedelten Euböer stellten Dareios III. in Babylonien ein militärisches Kontingent zur Verfügung (Curt. V 1, 2; s. o. im Kapitel 3), und in demselben Heer gab es ein Kontingent von Karern, die irgendwann vorher nach Mittelasien verbracht worden waren (ebda.; Arr. exped. Alex. III 11. S. o. im Kapitel 3).
59 S. o. im Kapitel 5.

lich, dass das Umsiedeln von Deportierten in die Region das Ziel hatte, deren ökonomische Entwicklung zu fördern, da Hyrkanien vor den Achaimeniden keine fortschrittlichen ökonomischen Strukturen besaß und sich z. B. in einer ganz anderen Lage als Baktrien befand. Die Existenz von Wasserkanälen, wie sie von Polybios beschrieben wird,[60] muss, anders als in Baktrien, Konsequenz der persischen Herrschaft gewesen sein.

Es ist der baktrische Fall, der zeigt, wie der Großkönig Siedlungen von Deportierten zum Schutz vor potenziell gefährlichen Völkerschaften benutzt haben könnte. Wie schon erwähnt, befand sich Sogdien in intensivem Kontakt zu nichturbanisierten und auch deswegen potenziell gefährlichen Völkerschaften, mit denen man wirtschaftliche Beziehungen pflegte. So spielte die Provinz Baktrien-Sogdien als Grenzreichseinheit die Rolle, Nomaden unter Kontrolle zu halten und ihre Produkte im Tausch abzuschöpfen. Neue, von Deportierten bewohnte Ansiedlungen dürften in der Region die Rolle gespielt haben, das Gebiet zu schützen und die Kontrollmaßnahmen des Zentrums zu stärken.[61]

Als der Perserkönig die Entscheidung traf, wohin die Deportierten zu schicken waren, muss ihm bewusst gewesen sein, dass Deportationen als Mittel benutzt werden konnten, die ökonomische Entwicklung einer bestimmten Region zu fördern. Wenn man das Achaimenidenreich in einem Zentrum-Peripherie-Modell[62] zu fassen sucht, dann erbringt das Zentrum Leistungen, die einen funktionierenden Staat ausmachen, wie Rechtsprechung, Landesverteidigung usw. Demnach muss die Peripherie notwendige Ressourcen für das Zentrum einziehen. Eine Passage von Xenophons ‚Oikonomikos' erklärt, wie sehr sich das Zentrum bzw. der Perserkönig um die ökonomische Nutzung des Landes kümmerte:

> Xen. Oec. IV 8:[63]
> Ferner besichtigt und überprüft er (scil. der König) auch das Land selbst, soweit er es bereist, soweit er es aber nicht selbst in Augenschein nehmen kann, läßt er es inspizieren, indem er ergebene Beamte entsendet. Und jenen unter den Befehlshabern, von denen er feststellt, daß sie ihr Land mit einer hohen Bevölkerungszahl und den Boden gut bestellt sowie reichlich mit Bäumen und Früchten, wie er sie jeweils gedeihen läßt, bebaut vorweisen können, gibt er noch anderes Land hinzu, zeichnet sie durch Geschenke aus und belohnt sie mit besonderen Ehrenstellen; deren Land er aber unbearbeitet und nur mäßig bevölkert vorfindet, sei es durch unmäßige Härte, Übermut oder Nachlässigkeit, diese bestraft er, enthebt sie ihres Amtes und setzt andere Befehlshaber ein.

Da die Peripherie als Ressource für das Zentrum gesehen wurde, kümmerte sich der Perserkönig darum, die Entwicklung der Peripherie zu fördern, indem er sich z. B. mit dem Ausbau von Land

---

60 S. o. im Kapitel 13.
61 S. o. im Kapitel 4.
62 Die Bezeichnung „Zentrum" ist hier sowohl geographisch (Fars) als auch politisch, als Autorität, d. h. als Großkönig, zu verstehen.
63 Übers. Meyer 1975. Text: ἔτι δὲ ὁπόσην μὲν τῆς χώρας διελαύνων ἐφορᾷ αὐτός, καὶ δοκιμάζει, ὁπόσην δὲ μὴ αὐτὸς ἐφορᾷ, πέμπων πιστοὺς ἐπισκοπεῖται. καὶ οὓς μὲν ἂν αἰσθάνηται τῶν ἀρχόντων συνοικουμένην τε τὴν χώραν παρεχομένους καὶ ἐνεργὸν οὖσαν τὴν γῆν καὶ πλήρη δένδρων τε ὧν ἑκάστη φέρει καὶ καρπῶν, τούτοις μὲν χώραν τε ἄλλην προστίθησι καὶ δώροις κοσμεῖ καὶ ἕδραις ἐντίμοις γεραίρει, οἷς δ' ἂν ὁρᾷ ἀργόν τε τὴν χώραν οὖσαν καὶ ὀλιγάνθρωπον ἢ διὰ χαλεπότητα ἢ δι' ὕβριν ἢ δι' ἀμέλειαν, τούτους δὲ κολάζων καὶ παύων τῆς ἀρχῆς ἄρχοντας ἄλλους καθίστησι.

und Wasserwegen befasste. Ein Beispiel für die Nutzung eines regelrechten Land- und Wasserwegeverbundes ist in der ‚Burgbauinschrift' aus Susa zu finden.[64]

Welche Bedeutung die Pflege von Wasserwegen hatte, wird klar, wenn man an die Niederschlagsniveaus im Nahen Osten denkt. Während genug Regen in der Türkei, am Kaspischen Meer, an der levantinischen Küste und im oberen Teil Mesopotamiens fällt, ist der jährliche Niederschlag in Südmesopotamien und Ägypten so niedrig, dass die Landwirtschaft von Bewässerungsmaßnahmen völlig abhängig ist. In der ländlichen Siedlung von Manawir in der Oase al-Chargah sind die Reste eines iranischen Systems von unterirdischen Kanälen zu finden, das von den Achaimeniden eingeführt wurde, um die Produktivität der Region zu steigern.[65] Auf dem iranischen Plateau wurden die sog. Qanate, d.h. unterirdische Kanäle, die schon vor den Achaimeniden in Betrieb waren und von ihnen weiter gepflegt wurden, für das Verteilen von Wasser genutzt.

Eine wichtige Aufgabe des persischen Königs war also der Aufbau und die Pflege von Kanalsystemen, die einen wichtigen Teil der Infrastruktur des Reiches ausmachten[66]. Mit Hilfe der Kanäle plante der Perserkönig die Entwicklung seines Landes[67]. Seinen Funktionären wurde befohlen, an diesem Entwicklungsprozess mitzuwirken. Im sog. Gadatas-Brief[68] wird der nicht näher gekennzeichnete Funktionär Gadatas[69] von Dareios I. für die Anpflanzung von aus der Satrapie der Transeuphratene stammenden Fruchtbäumen in Kleinasien belohnt. Damit ist der Gadatas-Brief auch ein authentisches Zeugnis[70] für die „Verbreitung orientalischer Obstbaumkultur bzw. für den Übergang der Kulturpflanzen aus Asien nach Griechenland, der (...) der Nachhilfe der Menschen bedurfte, etwa der Förderung durch die Perserkönige, die sich die Kultivierung aller Teile ihres Reiches, die Hebung des Lebensstandards, überhaupt die Wirtschaftspolitik sehr angelegen sein ließen".[71]

Die Provinz Elam, die in eine Seeprovinz umgewandelt wurde, dient als perfektes Beispiel dafür, dass Deportationen eine bedeutende Rolle in der ökonomischen Entwicklung des Perserreichs gespielt haben. Der Fall der Milesier, der Fall der Eretrier sowie der Fall der Karer sind damit verbunden. Auf die 490er Jahre wird die Wiedereröffnung des Necho-Kanals datiert[72], und der ‚Skylaxweg' war ein weithin benutzter Seeweg.[73] Man kann sich ohne Schwierigkeiten vorstellen, dass Dareios die Milesier im Rahmen der Entwicklung des maritimen Verkehrs im

---

64 DSf §§ 30–5.
65 Dazu: Wuttmann/Marchand 2005.
66 Die Bewässerung und der Wassertransport unterschieden sich im Perserreich von Region zu Region: Während Qanate in Zentralasien existierten, brachten benachbarte Flüsse Wasser zur königlichen Residenz in Pasargadai, mit Zisternen verbundene Kanäle wurden in Persepolis verwendet, in Ägypten stand der Fluss Nil zu Verfügung, etc... Bes. zu den Qanaten s.o. im Kapitel 13.
67 So in Plut. Alex. 36, 4.
68 ML 12. S. a. u. im Kapitel 18.
69 Man kann weder bestätigen noch ausschließen, dass Gadatas ein Satrap war, wie es oft behauptet wird (so Schmitt 1996, 96).
70 Die Tatsache, dass keine Gründe bestehen, die Echtheit des Briefes zu leugnen, hat wirksam Wiesehöfer (1987b) unterstrichen (dagegen: Hansen 1986). Es geht nicht um die Echtheit des Briefes (wir haben ja nur eine römische Kopie), sondern darum, ob ihm ein ursprünglich persisches Diktat zugrunde lag. Unabhängig davon passt der Brief aber zu dem, was wir sonst über die Belohnung oder Bestrafung von Funktionären wissen.
71 So Schmitt 1996, 97.
72 S.o. im Kapitel 6.
73 S. etwa die ‚Burgbauinschrift' aus Susa (DSf; DSz; DSaa).

Persischen Golf, die er in eben jenen 490er Jahren durch solche Maßnahmen weiter steigerte, ausnutzen konnte.

Zur gleichen Zeit traf Dareios die Entscheidung, die Milesier nach Ampe und die Eretrier nach Arderikka umzusiedeln. Auch wenn noch umstritten ist, wo die Siedlungen zu lokalisieren sind, sollte Ampe am Persischen Golf liegen, während Arderikka in Elam, am Platz des assyrischen Urdalika, zu lokalisieren ist.[74] Zusätzlich sind in den Täfelchen aus Persepolis mehrere Beispiele für Versetzungen von Arbeitskräften im Raum zwischen Persepolis und der Küste zu finden. All diese Hinweise zeigen, dass der Perserkönig am Persischen Golf besonders aktiv war. Die Ansiedlung von Deportierten in der Region diente Dareios' Projekten dadurch, dass er dort anschließend deutlich mehr Personal bzw. Handwerker zur Verfügung hatte. Das schon von Anfang an gegebene persische Interesse an der Küste das Persischen Golfes, worauf etwa die Residenz Kyros' II. in Taoke verweist, war unter Dareios noch weiter gewachsen. Auch die Karer, die in der Nähe von Borsippa untergebracht waren, können in dieses Projekt involviert gewesen sein. Es darf nicht vergessen werden, dass Karer sowie Milesier traditionell Seefahrer waren und deswegen Kenntnisse besaßen, um die Verbindung zwischen Elam und der Küste bzw. dem Meer zu fördern.

Will man zusammenfassen, was man über die Ziele der achaimenidischen Deportationen sagen kann, so lässt die Tatsache, dass der Ansiedlungsort immer im Vorwege bestimmt wurde, den Schluss zu, dass die Deportation nicht nur eine Strafmaßnahme darstellte, sondern mit weiteren Zielen verbunden war. Solche Gründe für Deportationen sind zweifelsohne der Schutz vor potenziell störenden externen Elementen und die ökonomische Entwicklung des Reichs gewesen. Andererseits schließt die Tatsache, dass derartige Aspekte mitentscheidend waren, nicht aus, dass es immer eine Situation gegeben haben muss, die der Deportationserlaubnis gedient hat. Am Anfang jedes Deportationsprozesses steht ein politischer Grund, der eine Strafmaßnahme gegen die Elite oder die Bevölkerung einer Stadt bzw. gegen beide Gruppen nötig macht. Als wichtigster Grund, der den König zum Deportationsmittel greifen lässt, obwohl auch andere Strafmaßnahmen zu Verfügung standen, ist auszumachen, dass der König in bestimmten Regionen Menschen benötigte, die sowohl zur Weiterentwicklung als auch zum Schutz solcher Gebiete beitragen konnten.

---

74 S.o. im Kapitel 4.

16. In welchem Zusammenhang stehen die Deportierten mit den *Kurtaš*?

Nichtperser sind als Arbeitskräfte im Reich reichlich belegt. Auch die Deportierten waren nichtpersischer Abkunft. Man kann sich deshalb fragen, in welchem Verhältnis die Deportierten zu den Arbeitskräften standen, die in indigenen administrativen Dokumenten zu finden sind. Die Frage lässt sich nicht ohne weiteres beantworten, da bislang ein sicherer Hinweis darauf fehlt, dass unter den in den Täfelchen aus Persepolis erwähnten Arbeitskräften bzw. den Gemeinschaften, die in der Nähe von Nippur angesiedelt waren, Gruppen von Deportierten zu verstehen sind. Dennoch weist vieles darauf hin, dass einerseits unter diesen Arbeitskräften Deportierte zu finden sind, andererseits Deportierte in das achaimenidische Wirtschafts- und Verwaltungssystem integriert waren.

Der Beitrag der nichtpersischen Gemeinschaften in Form von Arbeitsleistungen spielte eine unverzichtbare Rolle in der ökonomischen Entwicklung des Perserreichs. Davon zeugen nicht nur die berühmten Dokumente aus Persepolis. Kyros II. ließ bereits am Anfang seiner Regierungszeit Bauarbeiten in der Transtigris-Region aufnehmen.[1] Zweck dieser Maßnahme scheint es gewesen zu sein, die Stadt Lahiru in eine Festung umzuwandeln, die die Gebiete ostwärts kontrollieren konnte. Sie scheint zudem Teil eines umfangreichen Programmes gewesen zu sein, durch das Kyros II. das kürzlich gegründete Reich zu konsolidieren gedachte. Lokale Bevölkerungen dürften bzw. müssen an der Realisierung dieses Programms beteiligt gewesen sein: Im Fall von Lahiru stammten die für den Umbau der Stadt verpflichteten Arbeiter aus Babylonien.

Die 40 beim Eanna-Tempel arbeitenden Landarbeiter, die der König Kambyses im siebten Jahr seiner Herrschaft nach Matannan, einem Dorf im Nord-Westen von Persepolis, schickte, waren von Arbeitsmanagern in Fars angeworben worden und bekamen auf dieser Grundlage regelmäßige Rationen.

> YOS 7, 187:[2]
> 40 farm workers (*ikkarātu*) [of the Lady of Uru]k, whom Nabû-mukīn-apli, the administrator (*šatammu*) of Eanna, son of Nādin, descendant of Dābibī and Sîn-šarru-uṣur, Inninur, the royal intendant of Eanna (*ša reš šarri bēl piqitti Eanna*) gave to Lâbâši, son of Nanāja-ahu-iddin, the farm worker, the oblate (*širku*) of Ištar of Uruk, these 40 workers he will take to perform the work at the palace of the king, which (lies) in the town of Matnānu. In case anyone of them should go to another place, Lâbâši will bear the punishment of the king. Witnesses: Nabû-uballit, son of Ina-Esagila-zēri, descendant of Amēl-Ea,

---

1 Dazu: Joannès 2005.
2 Übers. Henkelman/Kleber 2007. Text: 40 lúengar^me [š dištar unu]g^ki šá ^mdnà-du-ibila lúšà.tam é.an.na a-šú šá ^mna-di-nu a ^mda-bi-bi u ^md30-lugal-urù sag lugal lúen pi-qit-tu é.an.na a-na ^mla-a-ba-ši a-šú šá ^mdna-na-a-šeš-mu lúengar lúrig₇ dinnig unug^ki id-di-nu lúerín^meš a₄ 40 ib-ba-ak-ma dul-lu ina é.gal šá lugal šá ina uru ma-at-na-a-nu ip-pu-šu ki-i-mam-ma ina lìb-bi-šú-nu a-na a-šar šá-nam-ma it-tal-ku ^mla-a-ba-ši hi-ṭu šá lugal i-šad-da-ad lúmu-kin-nu ^mdnà-tin-iṭ a-šú šá ^mina-é-sag-gìl-numun a ^mlú-^dbe ^md en sum-ibila a-šú šá ^mdamar.utu.mu-mu a ^mden-a-urù ^mdinnin-na-mu-urù a-šú šá ^mgi.mil-lu a ^mku-ri-i lúumbisag ^mgi.mil a-šú šá ^mdin-nin-numun-mu unug^ki iti.šu u₄.8.kam mu.⸢*7.⸣.k[am] ^mkam-bu-zi-iá [lugal tin.tir^ki] lu[gal.kur.kur].

Bēl-nādin-apli, son of Marduk-šumu-iddin, descendant of Bēl-aplu-uṣur, Innin-šumu-uṣur, son of Gimillu, descendant of Kurî. Scribe: Gimillu, son of Innin-zēru-iddin. Uruk, 8. Du'uzu, year *7 of Cambyses, [King of Babylon], Ki[ng of the Lands].

Die beschriebene Praxis, nach der der König für seine Projekte Tempelkräfte einforderte, haben die Achaimeniden von ihren Vorgängern übernommen.[3] Wie in Dokumenten aus Sippar und Uruk zu lesen ist, hatte ein *qīpu*, ein königlicher Funktionär, die Aufgabe, die *corvée* des Tempels für den König einzuplanen.[4] Andere Individuen, die an der Organisation beteiligt sind, sind der *šatammu*, der Tempelverwalter, und der *rab širkī*, der Vorsteher der Arbeiter.[5]

Die Texte, die die Verteilung der Rationen unter Kyros II. und Kambyses registrierten, müssen den Täfelchen aus Persepolis ähnlich gewesen sein. Diese dokumentieren, dass Arbeitskräfte, die ihren Dienst im Rahmen von Arbeitskollektiven in offiziellem Auftrag der Perserkönige versahen, mit Nahrungsmittelrationen (später auch mit Silber) belohnt wurden.[6] Der größte Teil der Dokumente bezieht sich auf die Errichtung und Fertigstellung der großen achaimenidischen Bauwerke in Persepolis unter der Herrschaft Dareios' I., Xerxes und Artaxerxes' I.: Sie erwähnen für die Stadt insgesamt 351 *kurtaš* bzw. Arbeiter, die dort im Zeitraum 509–493 v. Chr. im Einsatz waren,[7] während im Jahre 466 v. Chr. diese Zahl auf 2195 angestiegen war (ohne die im Umkreis eingesetzten Arbeitskräfte[8]). Außerdem muss das in Persepolis angewandte, auf Arbeitsleistung basierende Wirtschaftssystem in ähnlicher Weise im ganzen Reich Anwendung gefunden haben. Das beweist auch das vor nicht langer Zeit entdeckte baktrische Archiv, das von Leistungen von heterogenen Gruppen im Osten des Großreichs zeugt.[9]

Diese Verwaltungsakte dokumentieren die große Vielfalt der im Wirtschaftssystem des Reiches eingesetzten Völkerschaften. In den zur Verfügung stehenden Dokumenten aus Persepolis sind insgesamt 26 verschiedene Gruppen nachgewiesen worden. Einige, etwa die Lyder und die Skudrier, zählen Hunderte von Individuen.[10] Einige Texte erwähnen *Yaunā*, unter denen höchstwahrscheinlich Griechen aus Kleinasien zu verstehen sind[11]: sie berichten von Mutterschaftsrationen für ionische Frauen[12] sowie von der Anwesenheit eines Griechen, der direkt Parnaka unterstand.[13] Ein späteres Dokument, das sich auf das 3. Herrschaftsjahr des Xerxes bezieht, verzeichnet eine Bezahlung in Geld, das einer Gruppe von syrischen, ägyptischen und griechischen

---

3 Vgl. Beaulieu 2005 zu einem Dossier, das die Nutzung der Tempelarbeiter von Nippur für den Aufbau des Nord-Palastes des Nebukadnezar II. in Babylon bezeugt.
4 Dazu: Mac Ginnis 2003; Beaulieu 2005, 55–61.
5 Dazu: Beaulieu 2005, 61 und Anm. 31.
6 Der Übergang zur Bezahlung in Silber wird in Persepolis von den Tafeln des Schatzamtes dokumentiert (492–457 v. Chr.), die aus einer späteren Zeit als die der Festung stammen (509–493 v. Chr.); dazu: Cameron 1958, 169–71. Eine bestimmte Anzahl von Tafeln, die zwischen 507 und 500 Jh. v. Chr. zu datieren sind, verzeichnet den Transport von Getreide, Mehl und Wein, die als Rationen für die Arbeiter bestimmt sind (etwa PFT 1580–4; PFT 1587.1594.1614).
7 Dandamayev 1975, 72.
8 PTT 34.35; PTT 37–40; PTT 42–7 zum 19. Jahre der Herrschaft des Xerxes.
9 S. o. im Kapitel 4.
10 Rollinger/Henkelman 2009, 272. Man kann die Tafeln theoretisch statistisch auswerten, doch kann eine solche Analyse angesichts der Lückenhaftigkeit der zu Verfügung stehenden Dokumente schnell in die Irre führen: Briant 2002, 467.
11 Zur Identifizierung und den damit verbundenen Fragen s. o. im Kapitel 2.
12 PFT 1224, 13–16. S. o.
13 PFT 1798.1942.1965. S. o.

Männern ausgehändigt werden soll, die für einen Zeitraum von sechs Monaten in Persepolis gearbeitet hatten.[14]

Üblicherweise findet man in den Dokumenten keinen Hinweis darauf, welche Aufgaben den Arbeitern übertragen worden waren. In diesen Fällen werden sie nur als Arbeiter, die „für jede Aufgabe" geeignet sind,[15] bzw. als Arbeiter, die Rationen aus einem besonderen Schatzhaus erhalten, bezeichnet, etwa als „Arbeiter vom Schatzhaus in Persepolis"[16]. Manchmal werden aber Individuen erwähnt, die spezialisiert sind, etwa der 490–489 v. Chr. in Persepolis Holzarbeiten ausführende Ägypter[17] oder der von Susa nach Persepolis geschickte Dekorateur.[18] Es sind keine Spezialisierungen festzustellen, die sich an der geographischen Abkunft der Arbeiter festmachen lassen. Wir wissen beispielsweise, dass Babylonier in der Regel Schreiber waren[19], aber es fehlt unter ihnen auch nicht an Händlern[20] und Totengräbern[21].

Als Arbeiter wurden Männer, Frauen sowie Jungen und Mädchen eingesetzt. Die Dokumentation spricht von *kurtaš* in Gruppen zu je 100 oder 10[22]; nur einmal von vier[23]; an der Spitze jeder Gruppe stand ein „Kopf/Vorsteher" (*battiš*).[24]

Es existieren zahlreiche Dokumente, die Bezug auf Arbeiter nehmen, die nicht in Persepolis selbst, sondern etwa in Niriz,[25] Fasa[26] oder Schiraz[27] tätig waren. Solch eine Verschickung findet sich wiederholt, sodass man unter den Dokumenten sog. Reise-Texte ausmachen kann:[28] Üblicherweise wurden Menschen vom Zentrum in die Peripherie des Reichs geschickt, doch ist auch das Gegenteil ausreichend belegt. Wie schon erwähnt erlaubt es diese Organisation in Einheiten, die Arbeitskräfte je nach Notwendigkeit innerhalb des Reiches zu verschieben. Um einige Beispiele zu nennen: Es wurden *Yaunā* vom Satrapen Arachosiens von Kandahar nach Persepolis geschickt, um einer dringenden Nachfrage nach Arbeitskräften in der Stadt abzuhelfen.[29] Genauso wurden andere Griechen vom Satrapen von Sardeis in die Persis geschickt.[30] Dasselbe Schicksal wurde 31 Arbeitern zuteil, die von Niriz nach Persepolis gebracht wurden, um dort als Maurer zu arbeiten,[31] ebenso 547 Ägyptern, die von Susa nach Persepolis gebracht wurden[32]. *Kurtaš* waren

---

14 PTT 15, ZZ. 5–9. Die Bauphase der Residenz von Persepolis war lang und kompliziert. Die Errichtung des Apadana fällt in die erste von Dareios I. eingeleitete Bauphase (bis 486 v. Chr.), während andere Gebäude unter der Herrschaft von Xerxes I. und Artaxerxes I. bis zum Ende des 5. Jhs. v. Chr. errichtet wurden (vgl. besonders für die Chronologie: Herzfeld 1941, 270; Shahbazi 1977, 206–8; s.a. Roaf 1996, 218).
15 S. etwa PTT 79.
16 PTT 27–33; 67–8.
17 PTT 1.
18 PTT 78.
19 S. etwa Briant 2002, 351.
20 PFT 1811.1821.1822.
21 PFT 1856.
22 PTT 138–43.
23 PTT 1963, Z. 10.
24 Zu den Aufgaben dieser Figur: Briant 2002, 430–2.
25 PTT 52.
26 PTT 53.
27 PTT 42.42a.60.
28 Die Versetzung wurde vom Satrapen der Provinz, aus der die Arbeitskräfte geschickt wurden, organisiert. Zu den praktischen Details der Organisation: Koch 1993, 5–58.
29 NN 2261.
30 NN 2108.
31 PFT 1852.
32 PFT 1557.

in Gruppen aufgeteilt, die dasselbe Herkunftsland teilten.[33] Dies ist kein Einzelfall in der Organisation von Arbeitskräften: So sollen z.B. die Gruppen, die beim Athoskanal arbeiteten, κατὰ ἔθνεα gegliedert gewesen sein.[34] Und homogen müssen auch die aus ihrer Heimat weggeführten Deportierten gewesen sein. Weiterhin ist festzustellen, dass der König sowohl bei den *kurtaš* als auch bei den Deportierten dazu tendierte, Familien zusammenzuhalten. Das muss m.E. das Ziel gehabt haben, ihre Zufriedenheit und damit die Effizienz der Arbeit zu steigern. Die Arbeiter, die man in den Texten des baktrischen Archivs findet, waren ähnlich in Familiengruppen organisiert. Unter ihnen befanden sich Verwandte, wie die Verwendung von Begriffen wie *byt* = „Haus" oder *bny* = „Sohn von" zeigt;[35] dasselbe gilt für die *kurtaš* der Täfelchen aus Persepolis.[36]

Beim Verschicken von Arbeitskräften innerhalb des Großreichs handelte es sich wie bei Deportationen um vom Perserkönig entschiedene Versetzungen von Menschen, Versetzungen, die sich aber deutlich unterscheiden. Ich habe festgestellt, wie deportierte Gruppen nicht nur Aufgaben für den Perserkönig erledigten, sondern auch genau dahin geschickt wurden, wo sie am dringendsten gebraucht wurden. Dieses Element haben die Deportationen und die Versetzungen gemeinsam. Aber die Menschen, von denen in den Reisetexten die Rede ist, sind Arbeitskräfte, die bereits ins staatliche Arbeitssystem integriert sind, also *kurtaš*, die schon vorher für den Perserkönig gearbeitet hatten und deswegen bei Gelegenheit versetzt werden konnten.[37]

Es sind viele Versuche unternommen worden, hinter bestimmten *kurtaš* ehemalige Deportierte zu sehen. In der Frage, wer die *Yaunā* seien, die laut der Bauinschrift aus Susa Zedernholz von Babylon nach Susa lieferten und die aus Elam stammenden Steinsäulen schnitten,[38] ist angenommen worden, dass es sich um die Milesier gehandelt haben könnte, die von den Persern nach dem Ionischen Aufstand deportiert worden waren.[39] Die aus Thrakien stammenden Paionen seien die, die in den Täfelchen aus Persepolis als Skudrier auftauchten.[40] Die Griechen, die Spuren am Kuh-i Rahmat in Form von Graffiti hinterlassen hätten, seien die Griechen gewesen, denen Alexander begegnet sei.[41]

Es lassen sich aber nie entscheidende Hinweise darauf finden, dass eine Gruppe von *kurtaš* aus ehemals vom Perserkönig deportierten Menschen bestand. Außerdem wissen wir, dass viele Fremde schon vor den Achaimeniden in Mesopotamien und Fars wohnten, weil sie von den Vorläuferdynastien deportiert worden waren[42]. Man braucht nicht unbedingt persische Deportationen zu vermuten, um die Anwesenheit von nichtpersischen Gemeinschaften im Herzen des Reichs zu begründen.

Aber es ist nicht zu bezweifeln, dass unter den Gruppen, von denen in Dokumenten wie den Täfelchen aus Persepolis die Rede ist, auch ehemalige Deportierte zu finden sind, da die meisten, wenn nicht alle Deportierten staatliche Aufgaben zu übernehmen hatten. Explizit ist diesbezüg-

---

33 Dazu: Rollinger/Henkelman 2009, 273.
34 Hdt. VII 23; zur Passage: Briant 2002, 401.411 und 454–6; Kuhrt 2007, II, 818.
35 S.o. im Kapitel 4.
36 So der Schluss von Dandamayev/Lukonin 2004, 160–1.
37 S.a.o. im Kapitel 15.
38 DSf § 11, A–B.
39 So Rollinger 2007, 302; schon Briant (2002, 166) hatte diesbezüglich Zweifel angemeldet. S.o. im Kapitel 6.
40 S.o. im Kapitel 5.
41 S.o. im Kapitel 7.
42 Dazu: Eph'al 1978. S.a. o. im Kapitel 2 für Ägypter und Juden bei Babylon; im Kapitel 3 zu den Karern in Mesopotamien.

lich Diodor, laut dem Ägypter von Kambyses deportiert wurden, um die berühmten königlichen Residenzen auszustatten. Das passt zu der Tatsache, dass bei persischen Bauprojekten ägyptische Arbeitskräfte dokumentiert sind.[43] Was die Eretrier angeht, sollen sie für den König an einer Bitumenquelle gearbeitet haben: Das wird von Herodot und auch durch die Erzählung Philostrats berichtet, die wichtige Informationen liefert, nachdem man sie ihrer übertriebenen Dramatik entkleidet hat.[44]

Und es gibt noch einen bedeutenden Punkt, der berücksichtigt werden muss. Will man behaupten, Menschenmengen seien an Reichshauptorte gelangt, nicht weil sie dazu gezwungen worden waren, sondern weil sie es selbst so entschieden hatten, trifft man auf eine grundlegende Schwierigkeit: Einen freien Arbeitskräftemarkt hat es im Perserreich nie gegeben.[45] Es sind einzelne Fälle bekannt, in denen Ausländer sich freiwillig für das Perserreich engagierten, aber wir reden hier über Individuen, die Spezialwissen besaßen, etwa militärisch oder künstlerisch begabt waren, wie Telephanes aus Phokis[46], bzw. Dichter, Tänzer, Athleten,[47] und nicht über Mengen von nichtspezialisierten Arbeitskräften. Ein freier Markt würde nämlich bedeuten, dass die Menschen, die freiwillig umgezogen waren, um für den Staat zu arbeiten, nach dem Ende ihres Vertrages einfach nach Hause hätten zurückkehren bzw. sich eine neue Arbeit suchen können; davon ist aber in unseren Quellen nie die Rede.

Man kann zu Recht mit Henkelman sagen, dass „some of the groups (scil. der Täfelchen aus Persepolis), such as the Lydians and Skudrians, consisted of hundreds of individuals and may reflect the well-attested Achaemenid policy of deporting populations".[48] Und auch in den privaten Archiven sind ohne Zweifel Spuren von achaimenidischen Deportationen zu finden, auch wenn es aktuell nicht möglich ist zu bestimmen, welche unter den erwähnten Ausländern schon vorher vor Ort gewesen und wie viele dazu gekommen waren.[49] So dürften mindestens einige der bei Nippur wohnenden Lyder und Phryger[50] Opfer achaimenidischer Deportationen gewesen sein.[51]

---

43 S. o. im Kapitel 2.
44 Hdt. VI 119, 2–3; Philostr. Apoll. I 24.
45 So Briant 2002, 435.944.
46 Plin. nat. Hist. XXXIV 19, 68.
47 So Briant 2002, 293–4; ebda. 434–5. Aber es sollte nicht vergessen werden, dass viele auch als Gefangene nach Persien kamen. Beispiele sind: Ktesias (so Diod. II 32, 4), Demokedes von Kroton (so Hdt. III 138; dazu: Griffiths 1987), der Steinmetz (*patikara-kara*) Hinzanay. Letzterer arbeitete für den Satrapen Aršama (DAE 70 [AD 9]); er wird *'lym* genannt, das nicht unbedingt als „Sklave", sondern als „im Dienst von" übersetzt werden muss (so Briant 2002, 457; zu Hinzanay auch Roaf 1980, 72). Allgemein zu Künstlern und ihren Versetzungen im Alten Orient: Benveniste 1958, 60–3; Zaccagnini 1983.
48 Henkelman 2013, 538.
49 Vgl. den Fall der Karer: s. o. im Kapitel 3.
50 S. etwa BE X 90, 10f; PBS II/1 144, 31; dazu: Eph'al 1978, 74–9.
51 So Wiesehöfer 1987a.

17. Die Deportierten und ihr Sklavenstatus: Realität oder Fiktion?

Die Versklavung von Menschen nach einem Krieg ist bekannte Praxis in der Antike. Die einen Sklavenzustand definierenden griechischen Wörter sind δοῦλος[1] und ἀνδράποδον,[2] wörtlich „auf Menschenfüßen gehend", aber zum Sklavereiwortschatz gehören auch θεράπων/Θεράπαινα = „Diener/Dienerin",[3] οἰκέτης = „Haus-Sklave"[4] sowie auch παῖς = „Junge" bzw. „Mädchen"[5] und σῶμα = „Körper"[6]. Schon das in der ‚Ilias' praktizierte Kriegsrecht[7] brachte es mit sich, dass die Sieger die männlichen Erwachsenen der eroberten Stadt töteten und die Frauen und die Kinder versklavten.[8] Quellen weisen darauf hin, dass Besiegte von den Griechen zwar nicht systematisch, aber oft versklavt wurden. Und es ist nicht nur von einzelnen Menschen oder kleinen Gruppen die Rede: Die Versklavung von Gemeinschaften und großen Menschenmengen nach einem Krieg war eine Praxis, die im archaischen bzw. klassischen Griechenland vorkam und auch später von den hellenistischen Königen praktiziert wurde. Im Jahre 403 v. Chr. führte Dionysios I. die Massenversklavung der Einwohner von Naxos und Katane durch; ein Teil der Bevölkerung schaffte es, nach Rhegion zu flüchten. Von dort wurden die Menschen 394 v. Chr. nach Mylai umgesiedelt[9]. 217 v. Chr. wurde das phthiotische Theben von Philipp V. erobert, die Stadt mit Makedonen besiedelt und ihr Name in Philippopolis geändert.[10]

In Griechenland waren Sklaven vor allem in der Landwirtschaft tätig, und sogar der kleine Grundstückseigentümer besaß zuweilen Sklaven, wenn auch nur einen oder zwei.[11] Thukydides berichtet, dass es auf der Insel Chios die größte Zahl von Sklaven gegeben habe.[12] Ländliche Sklavenhaltung muss in Poleis wie Athen sehr verbreitet gewesen sein.[13]

In Steinbrüchen müssen ganz überwiegend Sklaven gearbeitet haben. Nach Laufer waren in den Minen von Laureion 30.000 Sklaven beschäftigt, die von ihren Besitzern an die Minen ver-

---

1. In Linear-B-Texten sind *do-e-ro* bzw. *do-e-ra*, Sklaven/Sklavinnen zu finden: S. etwa PY Ae 303 („Sklavinnen einer Priesterin"); PY Eo 269 („Sklave des Gottes"). Vgl. LSJ s.v.; dazu: Fischer 2008.
2. Schon für Kriegssklaven in Il. VII 475.
3. Das ist die Bedeutung in klassischer Zeit; vgl. Chantraine s.v.
4. Angehörige des Gesindes wurden auch in der Kindererziehung, etwa als Ammen und Pädagogen, verwendet. Dazu: Hanson 1992, 222–3.
5. Vgl. Chantraine s.v.
6. Vgl. Chantraine s.v.
7. Dazu: Wickert-Micknat 1983, 1983 ff.; s. a. u. im Kapitel 20.
8. Vgl. Hdt. I 146, 3 zur Praxis während der ionischen Eroberung Kariens. – Zur Sklaverei in homerischer bzw. archaischer Zeit: Welwei 1974 (Sklaven im Kriegsdienst); Gschnitzer 1976 (Terminologie der Sklaverei); Wickert-Micknat 1983 (homerische Zeiten). Die genannten Werke sind Teile der Forschung zum Thema Sklaverei in Griechenland im Auftrag der Kommission für Geschichte des Altertums der Akademie der Wissenschaften und Literatur Mainz. S. a. das ‚Handwörterbuch der antiken Sklaverei' (HAS).
9. Diod. XIV 14, 1–15, 3; XIV 87, 1. Dazu: Ducrey 1968, 133 ff.; Consolo Langher 1997, 116 und Anm. 16.
10. Pol. V 100, 8. Dazu: Volkmann² 1990, 130 ff. Andere Beispiele sind hier zu finden: Kehne 2002, 236 Anm. 25.
11. Finley 1997, 149–50.
12. Thuk. VIII 40, 2.
13. Finley 1997, 150.

liehen wurden; als Beispiel zitiert der Autor das des Nikias, der tausend Sklaven an die Minen verliehen und dafür einen Obol pro Sklave und Jahr erhalten habe.[14]

Wir wissen, dass neun bzw. zehn Sklaven in einem ἐργαστήριον des Timarchos arbeiteten, die Schuhe herstellten,[15] und dass der Vater des Demosthenes eine Werkstatt mit 32 bzw. 33 Sklaven besaß, in der Schwerter gefertigt wurden, sowie eine Möbelwerkstatt mit 20 Sklaven.[16]

Die Nutzung von Sklaven muss übliche Praxis gewesen sein, wenn Thukydides schreibt, dass die Flucht von über 20.000 Sklaven während des Dekeleischen Krieges den Athenern sehr schweren Schaden zufügte.[17] Nach Diodor und Nepos ließen die Athener nach dem Ende der Perserkriege nach dem Ratschlag des Themistokles alle, Stadt- und Landvolk, d. h. Männer, Frauen, Kinder, aber auch Sklaven, arbeiten, um die Mauer so schnell wie möglich wieder aufbauen zu können.[18] Die Bemerkung des Lysias, dass alle Bürger Sklaven besitzen,[19] mag übertrieben sein, dürfte aber nicht gänzlich unglaubwürdig sein.

Auch wenn Sklaven eine bedeutende Rolle in der Landwirtschaft, in staatlichen sowie in privaten Werkstätten gespielt haben müssen, wird die physisch-moralische Inferiorität der Sklaven gegenüber den Freien schon in der ‚Odyssee' betont.[20] D. h., dass die Praxis der Sklaverei akzeptiert war, aber nicht immer unkritisch betrachtet wurde. Aus diesem Grund wollten die Spartiaten Agesilaos II.[21] und Kallikratidas[22] keine Sklaven.

In der neuassyrischen und neubabylonischen Zeit ist Sklaverei insbesondere in häuslichem Kontext bezeugt. Es kann nicht bezweifelt werden, dass einige Sklaven in einzelnen königlichen Bauprojekten zum Einsatz kamen. Eine Massensklaverei hat sich aber nie ergeben.[23] Im Neubabylonischen Reich waren die für den Tempel bestimmten Sklaven mit dem Gottessymbol und die von Privatleuten gehaltenen Sklaven mit dem Namen ihres Besitzers gezeichnet[24]. Markierungen wurden in manchen Fällen im Alten Orient auch bei Tempeldienern eingesetzt. Es handelt sich hierbei insbesondere um die geflohenen und wieder eingefangenen širkūs.[25]

Es ist auch kaum zu bezweifeln, dass die Versklavung von Kriegsgefangenen eine Kriegsfolge auch bei den Achaimeniden war. Die Institution der Sklaverei hat auch in ihrer Zeit nach wie vor im Alten Osten existiert, und das eindeutige Zeichen dieses Zustands war nach wie vor die Menschenmarkierung.[26] Staatliche bzw. königliche Sklaven (*arad-šarrūtu*) sind in Babylon ausreichend belegt sowie auch die *arad-ekalli*, „Palastsklaven", die in den königlichen Gemächern dienten[27]; bei Letzteren handelt es sich wohl beispielsweise um diejenigen Eunuchen und Mädchen, die angeblich die Einwohner von Kolchis und Babylonien jedes Jahr dem König schick-

---

14 Laufer² 1979; allgemein dazu Rihll 2010. S. a. schon o. im Kapitel 8.
15 Aischin. Tim. 97.
16 Demosth. or. XVII 9.
17 Thuk. VII 27, 5. S. a. schon im Kapitel 9.
18 Diod. XI 40; Nep. Them. 6.
19 Lys. or. V 5.
20 Od. XVII 320 f.; s. a. Theogn. 535 ff.
21 Plut. Ages. 7, 6.
22 Xen. Hell. I 6, 14.
23 So Wunsch 2011.
24 So Dandamayev 1984, 488 ff.
25 Kleber 2011, 101; s. a. u.
26 Culbertson 2011, 6; s. a. schon Aperghis 2000; s. a. im Kapitel 9
27 Dazu: Cardascia 1951, 172; Greenfield 1991, 183.

ten²⁸. Nebenbei ist auch die Existenz privater Sklaven dokumentiert, zu denen sich auch klare Hinweise finden lassen, dass sie gebrandmarkt wurden. So trägt die Hand eines Sklaven, der einem Babylonier mit dem typisch babylonischen Namen Itti-Marduk-balatu gehörte, auf einer in Matezziš bei Persepolis zur Zeit des Kambyses beschriebenen Tafel eine Inschrift auf Akkadisch und eine zweite auf Aramäisch.²⁹ Und die einzige Tafel auf Akkadisch aus dem Archiv in Persepolis³⁰ enthält eine Klausel, nach der derjenige, der einen gezeichneten Sklaven verkauft, bestätigt, dass es sich nicht um einen königlichen Sklaven oder um einen freien Bürger handelt.³¹

Doch muss in Frage gestellt werden, ob auch bei den Deportierten von Versklavung die Rede sein kann. Diese waren ‚Kriegsopfer' und ‚Menschenbeute', Resultate der siegreichen persischen Herrschaft auf königlichen Befehl hin. Worte und Ausdrücke, die in den klassischen Quellen in den Berichten über achaimenidische Deportationen zu finden sind, stehen mit dem Sklaverei-Wortschatz in enger Verbindung: etwa ἀνδραποδίζειν/ἀνδράποδον³² und *ergastulum*³³. Dies sind Termini, die in den Deportationsquellen die Kriegsgefangenen und ihren Zustand beschreiben.

Das semantische Feld lässt sich nicht ohne Schwierigkeiten abgrenzen. Erstens unterscheidet man beim Begriff ‚Sklaverei' in den griechischen Texten verschiedene Varianten. Während der ‚wörtliche' Gebrauch keiner weiteren Erklärungen bedarf, gibt es dort Platz für Missverständnisse, wo die Formulierung untechnisch gebraucht wird. So wird etwa in der herodoteischen Erzählung der Deportation der Eretrier der Begriff nur im Sinne von „Wegführen der Menschenbeute" verwendet. Obwohl der Autor in der Passage wie immer keine eindeutigen Informationen über den rechtlichen Zustand der Verschleppten bietet, dürfte ἀνδράποδον einfach für „Kriegsgefangener" und nicht für „Geknechteter" stehen, so dass das Wort also ein Synonym für αἰχμαλωτος ist³⁴. Im Bereich der Abhängigkeit und Unterwürfigkeit sind untechnische Verwendungen von Begriffen genauso im persischen Wortschatz zu finden. Das in den königlichen Inschriften üblicherweise zu findende Appellativum *bandaka* = „Gefolgsmann" ist nämlich ambivalent und mehrdeutig, da es „jegliche Abhängigkeit eines Individuums von einer höherrangigen Person (…) zum Ausdruck bringt".³⁵ Wenn von den „*bandakā* des Großkönigs" die Rede ist, sind in der Regel Aristokraten und keine Sklaven gemeint.³⁶ Es ist bemerkenswert, dass das Wort *qallu* in der akkadischen Version steht.³⁷ Im 6. Jh. v. Chr. war das „the most frequently used word for (chattel) slave", auch wenn seine Etymologie nicht automatisch auf einen sklavischen Rechtszustand schließen lässt, da das Wort ursprünglich „of low standing, of little value" bedeutet.³⁸ Nebenbei sei *qallu* in den akkadischen Quellen vom 5. Jh. v. Chr. an durch *ardu* (weiblich *antu*) ersetzt

---

28 Hdt. III 92.97; dazu: Dandamayev 1984, 113 f.
29 Camb. 143.
30 PFT 1786; dazu: Stolper 1984.
31 S. a. zwei aramäische Dokumente aus Ägypten: DAE 41 = AP 28 und DAE 22.
32 Hdt. IV 203, 1; ebda. 204 (Kapitel 4); Hdt. VI 19, 3 (Kapitel 6); Plat. leg. III 698 c (Kapitel 7).
33 Curt. V 5, 13. S. o. im Kapitel 9.
34 Hdt. VI 119, 1. S. a. o. im Kapitel 4.
35 Wiesehöfer 2012. S. a. schon Briant 2002, 324–326.
36 S. etwa DB § 41 D; ebda. § 45; ebda. § 50 C; ebda. § 71 J; *bandakā* werden sowohl Untertanen als auch Vertrauensmänner genannt, die dem König Dareios gegen die Rebellen geholfen haben.
37 Auch wenn Ungnad (1937, 126) das Wort mit „Sklave" übersetzt, steht es auch für Arbeiter bzw. Handwerker (Widengren 1968, 13). In anderen Inschriften ist in der altpersischen Fassung für den akkadischen *qallu* *marīka*, etwa „junger Mann", zu finden und bezeichnet eine Person von niedrigem Stand, etwa einen „Untertanen" bzw. eine Person niedrigeren Ranges (so Kent 1953, 202; Schmitt 2014, s. v.; Quellen: etwa DNb § 11 A; ebda. § 12 A.F).
38 So Kleber 2011, 101.

worden, das in einigen Fällen doch mit „Sklave" übersetzt werden könne, das aber „(...) rather indicates social subordination in general. Thus, lower-ranking officials call themselves *ardu* of their supervisors, while both *ardu* and *antu* appear as elements in personal names (...), in which they express subordination to deity".[39] Die Eigenschaft des Sklaverei-Wortschatzes, einen jeweils niedrigeren Status zu bezeichnen, geht bis auf die sumerische Sprache zurück, wo das Wort *arad* ähnlich benutzt wurde wie das akkadische *ardu* und *antu*.[40]

Neben dem untechnischen Gebrauch von Wörtern sind weitere Gründe zu finden, die Autoren dazu gebracht haben, die Untertanen des Großkönigs als Sklaven zu bezeichnen. Die Tatsache, dass keine historiographischen Quellen von der Perserseite zu Verfügung stehen[41] und dass wir die meisten Informationen griechischen Quellen, d. h. der Seite der persischen Feinde, verdanken, hat eine große Rolle bei der Entstehung von Barbaren-Stereotypen und -Klischees gespielt. Und oft haben auch oberflächliche oder unkritische Interpretationen von Quellen Verwirrung gestiftet, so etwa im Fall des Hellenen-Barbaren-Gegensatzes, der quasi eine Erfindung der modernen Historiker gewesen ist: In der Antike war er literarisch[42], aber nie wirklich praktisch-politisch[43] ausgerichtet gewesen.

Klassische Quellen legen also die Vermutung nahe, dass bei ihrer Abfassung auch andere Motive eine Rolle in Bezug auf den angeblichen Sklavenstatus der Untertanen des Großkönigs gespielt haben. So kontrastieren die griechischen Autoren etwa scharf die Griechen, die mit den Persern zusammengearbeitet haben, und die griechischen Gruppen bei Persepolis, die als für den Großkönig arbeitende verstümmelte Sklaven dargestellt werden.[44] Letztere werden auf höchst emotionale Weise als unschuldige Opfer persischer Gewalt präsentiert. Ihr angeblicher Sklavenstatus findet so seine Erklärung. Auch die Situation der Eretrier, wie sie von Philostrat beschrieben wird, lässt einen Sklavenzustand vermuten: Die Menschen leben nur für eine kurze Zeit, da sich der Gehalt an Asphalt im Wasser in den Därmen niederschlägt. Ihre Nahrung beziehen sie von einem Hügel an den Grenzen des Dorfes, der sich über den landwirtschaftlich nicht nutzbaren Erdboden erhebt und als Ackerland gebraucht und bebaut werden kann. Erstens beweist der Autor durch diese Beschreibung, dass er extrem dramatische Elemente und Beschreibungen zu schätzen weiß; zweitens kann er dadurch seinen Helden Apollonios als wahren Retter der Eretrier präsentieren.[45] Solche auf gewollter *exageratio* aufbauende Beschreibungen stehen nicht im Einklang mit einem Bild, das andere griechische Quellen, ohne eine solche Absicht, entwerfen, allen voran Herodot. Nach ihm kamen solche Praktiken nicht vor, ja er versichert sogar wiederholt, dass den Deportierten

---

39 Ebda.
40 So Parpola 1997, 121.
41 S. Eileitung b.
42 Das früheste literarische Beispiel ist vermutlich der Agon zwischen Teukros und Agamemnon des Sophokles (Ai. 1226 ff.; um 445 v. Chr.), wo Teukros, der Sohn des Telamon, Sklave des Agamemnon genannt wird, da seine Mutter Hesione eine Asiatin war. S. a. etwa Eur. Hel. 276; Plat. Menex. 239 d und später: Isokr. or. IX 20; Hippokr. aër. 23, 7, wo die Seelen der Bewohner Asiens als „versklavt" angesehen werden.
43 Als Beispiele mögen dienen: Tyrannische Familien Griechenlands und Kleinasiens (dazu: Hornblower 1983, 18 ff.); thebanische Kollaborateure der Perser schon im Jahre 479 v. Chr. (etwa Hdt. IX 169); Pausanias und seine persische Prinzessin (Thuk. I 128, 7; s. a. Hdt. V 32). Und auch wer nicht für die Perser war, hielt sie trotzdem nicht für barbarisch: „Herodot und seine Standesgenossen kannten Perser der Oberschicht, und niemand wäre auf die Idee gekommen, die persischen Adligen für ungleichwertig (...) zu halten", betont Malitz (2001, 6). Vgl. Whitby 1998.
44 Curt. V 5, 6; Diod XVII 69, 3; Just: XI 14, 11. S. o. im Kapitel 9.
45 Philostr. Apoll. I 24. S. o. im Kapitel 7.

„kein Leid zugefügt" worden sei.[46] Es scheint also so gewesen zu sein, dass klassische Quellen in einigen Fällen den Zustand der Deportierten missinterpretiert bzw. aufgrund eigener Wirkabsicht verfälscht haben.

Um den Zustand der Deportierten besser interpretieren zu können, muss man sich den indigenen Quellen zuwenden. Wie schon betont waren die Deportiertengruppen nach dem in den Täfelchen von Persepolis erwähnten Modell in das ökonomische System des Achaimenidenreiches integriert. Aufgrund der Gleichsetzung von Deportierten mit den *kurtaš* und um den Status der Ersteren zu bestimmen, ist die Frage berechtigt, ob die *kurtaš/garda* der orientalischen Quellen Sklaven waren und deswegen markiert. Die Auffassung, die Staaten des Alten Orients seien auf dem ökonomischen Beitrag versklavter Arbeitskräfte begründet gewesen, ist nicht mehr akzeptierbar: Es gilt heute als sicher, dass Sklaven zu keiner Zeit die entscheidenden Produzenten in Rahmen der Gesamtökonomie waren.[47] Kleber hat beispielsweise zu Recht viele Zweifel an dem üblicherweise angenommenen Sklavenstatus der *širkūs*, Tempeldiener, angemeldet und definiert sie als „institutional dependents whose limitate freedom, in comparison with free citizens of a Babylonian town, was a result of their social subordination to an institutional temple household".[48]

Die Terminologie der orientalischen Quellen ist häufig vage und ungenau[49]. Auch der elamische Begriff *kurtaš*, der diejenigen Gruppen von Einzelpersonen bezeichnet, die als Arbeitskräfte im Wirtschaftssystem des Perserreiches eingesetzt waren, entgeht dieser Schwierigkeit nicht, und die Einschätzungen der Forscher bezüglich des sozialen Status der *kurtaš* reichen von Sklaverei bis zu Freiheit.[50] Der altiranische Stamm *ʾgrda* gibt ein altpersisches **garda-* wieder, das auch in aramäischen und babylonischen Zeugnissen als *gard* bzw. *ga-ar-da/u* erscheint.[51] In einem Briefdokument aus Ägypten teilt der Satrap Aršama dem Verantwortlichen seiner Güter im Land mit, dass sein alter Verwalter ihm während der Niederschlagung des vorherigen Aufstandes *garda* für seine Güter besorgt habe.[52] Ein wertvoller Hinweis, um das Dilemma zu lösen, könnte sich in den aramäischen Glossen einiger Täfelchen aus Persepolis finden, wo der Begriff *kurtaš* mit GBRN = „Mann" wiedergegeben wird.[53] Ein sklavischer Status der Arbeitskräfte lässt sich hierfür kaum fordern.

---

46 S. o. im Kapitel 15.
47 Dazu: Gelb 1973, 195–6; ders. 1982.
48 Kleber 2011, 101.
49 Ich danke Prof. Giovanni Lanfranchi und Prof. Robert Rollinger für die Informationen, die sie mir dazu anlässlich eines Aufenthalts an der Universität Kiel am 31. Mai 2011 zuteil werden ließen. Die für orientalische Quellen typische Unbestimmtheit mag einem Altertumsforscher fremd erscheinen, der daran gewöhnt ist, nur mit klassischen Dokumenten umzugehen, da die genaue Entsprechung von Signifikant und Signifikat der griechischen Sprache eigen ist (vgl. Plat. Krat. 430c: da erklärt Sokrates, dass die Wörter sowie die Bilder Imitationen des Realen seien und dass sich die Gesichtszüge eines Mannes nicht einer Frau und die einer Frau nicht einem Mann zusprechen ließen).
50 Dandamayev 1975, 76 mit Lit.; Stolper 1985, 56–9.
51 Dazu: Hallock 1969, 717.
52 Driver 1965, Nr. 7. Es handelt sich in diesem Fall um *kurtaš*, die nicht dem König, sondern dem Satrapen gehören. Dieser Fall ist nicht einzigartig, wenn auch nicht sehr verbreitet. 15 Täfelchen aus Persepolis erwähnen Gruppen von *kurtaš*, insgesamt einige hundert Personen, die für Irdabama, eine Verwandte des Königs Dareios I., tätig sind (dazu: Hallock 1969, 29; Dandamayev 1975, 76); 2 Tafeln erwähnen *kurtaš*, die für die Frau des Dareios arbeiten, Irtašduna (PFT 1234.1454). Zu den mächtigen Frauen im Perserreich: Brosius 1996, bes. 135 ff.
53 Dazu: Hallock 1969, 717.

Und es gibt noch andere Hinweise, die berücksichtigt werden können. Die den Opfern in der zweiten Phase der Deportation, d. h. nach dem Durchzug durch die königlichen Städte, zugekommene Behandlung, wie sie von anderen Quellen bezeugt wird, scheint die Möglichkeit auszuschließen, dass die Deportierten Sklaven wurden. Nicht nur wird immer wieder betont, dass ihnen kein Leid angetan wurde, sondern auch, dass ihnen die Möglichkeit einer Existenzsicherung in der neuen Siedlung geboten wurde. Die der Deportation folgende Ansiedlung der Verschleppten in einem im Voraus bestimmten Ort des Reiches spielte eine besondere Rolle, da diese in enger Verbindung mit der ökonomischen Entwicklung dieses Platzes geplant wurde. Das Verb κατοικίζειν, das bei Herodot die zweite Phase der Deportation beschreibt, weist auf eine Ansiedlung hin und nicht auf eine Verbringung in die staatliche Sklaverei. Zugleich weisen die Quellen immer wieder darauf hin, dass den Opfern der Deportationen die Möglichkeit geboten wurde, die eigenen Sitten und Gebräuche zu bewahren, darunter die eigene Sprache.[54] Auch angesichts dieser gewährten Privilegien kann man bei den Deportierten im persischen Reich nicht gut von Sklaven sprechen.

Wie schon erwähnt scheint die Markierung das sichtbare Zeichen der Sklaverei zu sein. Für freie Arbeitskräfte wurde sie nur dann angewandt, wenn diese in besonderen Situationen ihre 'Freiheit' abgeben mussten, etwa, wie schon erwähnt, einige *širkūs*. Klebers Beschreibung der *širkūs* stimmt in vielerlei Hinsicht mit den Informationen überein, die in den Quellen über den Status der achaimenidischen *kurtaš* zu finden sind. So weist im genannten Brief der Satrap Aršama beim erneuten Aufflammen des Aufstandes den neuen Verwalter an, die *garda* mit seinen eigenen Initialen zu brandmarken. Das heißt aber nicht, dass der übliche Status dieser Gruppen der von Sklaven war. Der Fall lässt sich eher als Ausnahme interpretieren.

Zusammenfassend darf man feststellen, dass die achaimenidischen Deportationen nicht zur Versklavung der einzelnen Deportierten, sondern zu ihrer Inkorporierung in die Gruppe der Untertanen des Perserkönigs führten. Wenn man feststellt, dass man in ihrem Fall nicht von Sklaverei reden kann, bedeutet das nicht unbedingt, dass das Wort „Freiheit" zu ihrem Zustand passt. Man muss immer berücksichtigen, wie wenig die modernen Kategorien geeignet sind, antike Phänomene angemessen zu beschreiben. Das ist auch hier der Fall: „The diversity of experiences and realities of enslaved people across time and place as well as the evidence that enslaved persons could and did exercise certain behaviors that would today be described as ‚freedoms' resists inflexible legal or economic definitions".[55] „The concept of freedom had no meaning and no existence for the most of human history"[56] und lässt sich auch auf die Antike nicht anwenden.[57] Die Deportierten wurden in das Perserreich integriert, und es wurden ihnen Aufgaben zugeordnet. Sie besaßen nie die freie Wahl zu entscheiden, ob sie diese erledigten oder nicht. Ihre Mobilität war konsequenterweise nicht uneingeschränkt. Die Arbeiter, die nicht am zugeordneten Platz blieben, wurden bestraft, wie im schon in Kapitel 16 zitierten Text aus der Zeit des Kambyses, der eine *corvée* der *širkūs* von Eanna beschreibt, zu lesen ist (YOS 7, 187, 11–4: „(…) these 40 workers he will take to perform the work at the palace of the king (…). In case anyone of them should go to another place, Lâbâši will bear the punishment of the king").[58]

---

54 S. u. im Kapitel 18.
55 Culbertson 2011, 3.
56 Finley 1964, 237.
57 Dazu: Toledano 2002; Englund 2009; Adams 2010.
58 Übers. Henkelman/Kleber 2007.

18. Die Identität der Deportierten

Einige über Deportationen berichtende klassische Quellen weisen darauf hin, dass den Opfern erlaubt wurde, die eigenen Sitten und Gebräuche beizubehalten. Herodot schreibt, dass die Barkäer ihre neue Siedlung in Baktrien Barke hätten nennen dürfen[1] und dass die Eretrier noch zu seiner Zeit in Kissien die eigene Sprache bewahrt hätten;[2] nach Philostrat wurde ihnen sogar erlaubt, die neue Siedlung wie eine griechische Stadt etwa mit griechischen Tempeln auszustatten.[3] Die Aussage dieses Autors, dass die Eretrier sowohl ihre Götter als auch die Perserkönige verehrt hätten, deutet, auch wenn die Perserkönige nie als Götter verehrt wurden,[4] darauf hin, dass die Griechen auch als Untertanen des Perserkönigs ihre religiösen Sitten bewahren durften. Diodor berichtet, die drei Tagesmärsche von Sambana entfernt angesiedelten Boioter hätten ihre alten Sitten bewahrt und seien δίφωνοι gewesen: Sie hätten einerseits ihre Sprache beibehalten und andererseits hervorragend die Sprache der neuen Heimat beherrscht, sodass sie in der Lage gewesen seien, so gut wie die Einheimischen zu sprechen.[5] Der Lykier, der Alexander hilft, an den Persischen Toren einen Umweg nach Persepolis zu finden, soll zwei Sprachen gesprochen und auch die lokale Sprache verstanden haben: D. h., dass er nicht nur nicht seine Sprache aufgegeben, sondern sich auch in die neue Heimat integriert hatte.[6]

Die Erlaubnis zur Bewahrung der eigenen Sitten wird den Historiker, der sich mit den Achaimeniden beschäftigt, nicht überraschen. Die Kultur Irans im 1. Jht. v. Chr. war Produkt langer kultureller Begegnungen zwischen Indo-Iranern auf der einen und Elamern auf der anderen Seite.[7] Die irano-elamische Akkulturation ist etwa durch archäologische Quellen ab dem Ende des 7. Jhs. bis zum Anfang des 6. Jhs. v. Chr. durch den Hortfund Arjan in der Behbahan-Region in Chusistan und den Hortfund Kalmakarra aus der Saimarreh-Region in Luristan dokumentiert.[8] Aber das Phänomen ist viel älter: „Wer die elamo-iranische Akkulturation allerdings erst in die Achämenidenzeit datieren will, unterschätzt ihre chronologische Dimension. Ihr Beginn wird wohl bereits in der Mitte des 2. Jtsds. v. Chr. anzusetzen sein, als die mittelelamischen Könige in der Susiane auf dem Höhepunkt ihrer Macht waren und die ersten (Proto-) Perserstämme, von Ost-Iran kommend, begannen, das iranische Hochland zu besetzen", schreibt Balzer.[9]

Die zwei Elemente, das iranische und das elamische, sind die Basis der achaimenidischen Kultur. Dazu kommt oft genug in neugewonnenen Gebieten noch ein *substratum*, d.h. Elemente, die weder iranisch noch elamisch sind, etwa das ägyptische.[10] Aufgrund der Fähigkeit der persischen

---

1 Hdt. IV 204 (Kapitel 4).
2 Hdt. VI 119, 4 (Kapitel 7).
3 Philostr. Apoll. I 24.
4 S. o. im Kapitel 7.
5 Diod. XVII 110, 4–5 (Kapitel 10).
6 Diod. XVII 68, 4–6; Curt. V 4, 10–12; Plut. Alex. 37, 1 (s. im Kapitel 9).
7 Dazu: Miroschedij 1985; ders. 1990. Beispielsweise hatten im achaimenidischen Pantheon beide Elemente Platz gefunden, ohne zu Reibungen zu führen (so Henkelman 2011).
8 Dazu etwa: Boucharlat 2005, 246-8; Curtis 2005, 125 –6; Henkelman 2003; ders. 2008a, 28.
9 Balzer 2012, 3.
10 S. u.

Kultur, problemlos neue Elemente einzugliedern, wird einen nicht wundern, dass die Perserkönige nie nach einer kulturellen Homogenisierung strebten. Unter der sogenannten ‚Persianisierung', die im umstrittenen Begriff „Romanization"[11] sein Vorbild findet, ist keine programmierte Vereinheitlichung der unterschiedlichen Untertanen zu verstehen, sondern nur im praktischen Sinn ein Lebensstil, der am persischen Hof entstanden war und der von der Elite, Satrapen und lokalen Herrschern, wie eine Mode adaptiert wurde: Deswegen lässt sich auch dieselbe Etikette in den verschiedenen Reichsgebieten finden.[12]

Die Täfelchen aus Persepolis erlauben einzuschätzen, inwieweit die Fremden auf den verschiedenen Ebenen des Wirtschaftssystems des Reichs eingebunden waren. Sie weisen darauf hin, dass das Perserreich sich als flexibel darin erwies, Menschen jeglicher Herkunft in das eigene System zu integrieren.[13] Was die achaimenidische Politik angeht, beweist sie die Integration von Minderheiten, die Akzeptanz der Fremden und die Abwesenheit von jeder herkunftsbasierten Diskriminierung. Es scheint für die politische Karriere nicht die Herkunft, sondern die Tatsache, dass jedes Verwaltungsmitglied dem König loyal gesinnt war, entscheidend gewesen zu sein. Obwohl der weit überwiegende Teil der herrschenden Klasse tatsächlich persischen bzw. iranischen Ursprungs war (die sog. „éthno-classe dominante"[14]), hatten die Perser nie die Absicht, von vornherein diejenigen auszuschließen, die keinen derartigen Ursprung vorweisen konnten. So konnten einige Nichtperser in die höchsten Ämter aufsteigen. So schreibt Rung in seinem Artikel, in dem er den Übergang zwischen dem lydischen Königtum und der lydischen Satrapie schildert: „the government of Lydia was originally headed by native Lydians, Tabalus, and Pactyes. This was in accordance with the Persian policy of including native aristocrats into the power structures of the recently conquered countries (...)"[15]. Und das ist z. B. auch der Fall bei Belesys gewesen. Belesys' Name ist auf Tontafeln aus Babylon in der Form Belšunu überliefert: Er trägt für die Jahre 421–414 v. Chr. den Titel *pihatu*, der dem Titel Satrap nicht entspricht, sondern einen Funktionär bezeichnet, der dem Satrapen unterstellt ist, und dann für die Jahre 407–401 v. Chr. den Titel „Gouverneur von Ebir Nari", der als Satrap interpretiert werden darf[16]. Belesys ist auch bei Xenophon als Satrap Syriens für das Jahr 401 v. Chr. zu finden[17]. Seine privaten Aktivitäten sind denen der bekannten Familie Murašu sehr ähnlich[18]: Die Tafeln weisen darauf hin, dass er in die babylonische Gesellschaft sehr gut integriert war und sich sowohl um das Land, das er als Ge-

---

11 Zum Begriff: Haverfeld 1926, 11.
12 Zum Verhältnis von Reichskunst und -kultur und provinzialer Kultur s. die unterschiedlichen Ansichten von Jacobs (2010) und Dusinberre (2013). In Bezug auf Dusinberre 2013, schreibt Draycott (2014): „Dusinberre is on the optimistic end of the scale when it comes to seeing evidence for the Achaemenid period in general and for Achaemenid authority within this (...) a success of this book is its general review of the weight of Persian authority – even if some might disagree with the degree – and most importantly its attention to the incorporation or „soft power" aspect of this authority". Dagegen Jacobs 2010, 111: „Das Bīsutūn-Monument und sein Relief sind (...) das einzige Denkmal achämenidischer Kunst, dessen Inhalt auf einen breiteren Personenkreis als Zielgruppe ausgerichtet war" und „Bilder und Inschriften (dienen) weniger der Kommunikation mit den Untertanen oder gar der „Propaganda", sondern der Verpflichtung der Nachfolger in der Herrschaft".
13 S. o. im Kapitel 16.
14 Briant 1984; s. a. ders. 1988; s. o. Eileitung b.
15 Rung 2015, 22.
16 Die Tafeln sind zwischen den Jahren 438 und 400 v. Chr. zu datieren. Dazu: Stolper 1987a; ders. 1995.
17 Xen. an. I 4, 10; vgl. Diod. XIV 20, 5.
18 Zum Murašu-Archiv s. o. im Kapitel 9.

schenk (*nidintu šarri*) vom König bekommen hatte,[19] als auch um andere Territorien kümmerte, die meist Personen mit iranischem Namen gehörten. „Damit scheint er zu einer nicht-iranischen Gruppe von *homines novi* zu gehören, die aufgrund ihrer Verdienste in die – auch administrativ – herrschende Elite aufgenommen wurden" unterstreicht Klinkott.[20] Die Tatsache, dass auch Nichtperser sich das Vertrauen des Großkönigs verdienen konnten, zeigt auch der Fall der Griechen Eurysthenes, Prokles, Giorgion und Gongylos, unter deren Herrschaft sich am Ende des 5./Anfang des 4. Jhs. v. Chr. verschiedene Städte in der Aiolis und in Mysien befanden.[21] Diese Städte unterstanden schon den Vorfahren dieser Griechen, d.h. Demaratos und Gongylos, seitdem diese sich 480 v. Chr. auf die Seite des Xerxes gestellt und so ihre Loyalität gegenüber dem Perserkönig bewiesen hatten.[22]

Nach der Eroberung einer Stadt kam es nicht automatisch zu einer Ersetzung des alten durch neues Personal. Keine Ersetzung hatte auch Kyros II. für Babylon geplant.[23] Die Zunahme des iranischen Elements in der Verwaltung der Stadt, die wir durch den sprachlichen Vergleich der Dokumente der Egibi mit den späteren der Murašu einschätzen können,[24] muss wohl rein politische Gründe gehabt haben.[25] Eine Rolle bei der Entscheidung dürften schon die zwei Aufstände von Nidintubel gespielt haben, der, nachdem er sich als Sohn Nabonids vorgestellt hatte, als König unter dem Namen anerkannt wurde.[26] Solche Ereignisse dürften schon in Dareios I. den Wunsch geweckt haben, mittels Personen seines Vertrauens die Kontrolle über die Stadt zurückzugewinnen. Aber noch entscheidender waren die Aufstände der Usurpatoren Belšimanni und Šamaš-eriba in Babylonien gegen Xerxes aus dem Jahre 484 v. Chr.[27] Danach wurden viele Personen ausgetauscht. Die Praxis zeigt, dass eine Ersetzung des Personals für den Perserkönig nur dann in Frage kam, wenn sie aus politischen Gründen nötig erschien, etwa um die Kontrolle eines Gebiets für sich endgültig zu sichern, nachdem sie gefährdet gewesen war.

---

19 Neben Dienstgütern, welche nach dem Ende der Amtszeit wieder geräumt werden mussten, gab es Eigentum, das vom König als Geschenk gegeben wurde. Meist waren es Funktionäre, die beschenkt wurden. Dabei handelte es sich selbstverständlich um einen Weg, sowohl die früheren Dienste zu belohnen als auch die zukünftige Loyalität für sich zu sichern. Dazu: Mileta 2008, 29–3.
20 Klinkott 2005, 270. So schon Stolper 1999, 371–4.
21 Xen. Hell. III 1, 6.
22 Hdt. VI 70, 2. Dazu: Briant 2002, 562. Die Frage, wie viel ‚Freiheit' in der Tat diese Griechen besaßen, ist für unseren Diskurs sekundär.
23 Dazu: Unger 1931, 39 und Anm. 6; Cardascia 1988 mit Lit.
24 Vgl. schon Koldewey 1925. S. o. im Kapitel 9.
25 Zur babylonischen Verwaltung unter Kyros II. und Kambyses: San Nicolò 1941, 21–2 und 51–64; Kuhrt 1988; Petschow 1988.
26 DB § 16; ebda. §§ 18–20.
    In der ersten Zeit nach der Eroberung durch Kyros II. muss alles wie vorher verblieben sein. „At first sight, the Babylonian documentation exhibits great continuity. (...) archives or temple archives. They do not refer explicitly to political upheavals. In the private archives in particular, the major historical events, such as the conquest of Cyrus, would not even be noticeable if the notaries did not date their documents according to the regnal year of the sovereign in power" (so Briant 2002, 71). Beispiel: Ninurta war vom 17. Jahre Nabonids bis zum 7. Jahre des Kyros der Kopf der Verwaltung in Nippur = šandabakku (dazu: Joannès 1982, 3; Stolper 1988).
27 Dazu: Waerzeggers 2003–4; Oelsner 2007. Waerzeggers 2003–4 hat auch dargelegt, dass die beiden Aufstände im Jahr 2 des Xerxes stattfanden (entgegen der bis dahin vorherrschenden Ansätze, nach denen der erste in dieses Jahr gehört und der andere ins vierte Regierungsjahr; so z. B. de Liagre-Böhl 1962). Zusätzlich s. Jursa 2007; Waerzeggers 2015.

Die Dokumentation zeigt, dass die verschiedenen ethnischen Gruppen im Reich nicht diskriminiert wurden und integriert waren. Zusätzlich wurde es ihnen erlaubt, die eigenen Sitten zu bewahren. Das Phänomen, als es noch nicht vollständig erkannt worden war, hat häufiger zu Verwirrung geführt. Es ist z. B. lange behauptet worden, dass die achaimenidische Kunst, abgesehen von den Ausnahmen im Herzen des Reiches, keine bemerkenswerten Produkte geschaffen habe: Im besten Falle hat man nur von der Abwesenheit von Originalität geredet.[28] Es ist aber inzwischen geklärt worden, dass die merkwürdige Abwesenheit der Perser im provinzialen Befund mit der Tatsache in Verbindung steht, dass Fremde die eigenen Sitten und die eigene Kunst bewahren durften und bewahrt haben. Und nicht nur haben all die verschiedenen Kulturen überlebt, sondern auch die kulturellen Vorlieben der Achaimenidenkönige selbst beeinflusst und quasi geformt. Ein perfektes Beispiel dafür ist in der Kunst zu finden: Die achaimenidische Kunst inkorporierte bewusst fremde Elemente, die weder indo-iranisch noch elamisch waren, und machte sie sogar zu Bestandteilen des eigenen politischen Diskurses: Der Großkönig lieh fremde Traditionen, um sein Reich so multikulturell wie möglich visuell darzustellen.[29] Für die Mischung aus elamischen bzw. indo-iranischen und dem heimischen *substratum* angehörenden Elementen findet man zahlreiche Beispiele. Hier möchte ich Bezug auf eine Grabstele aus Ägypten nehmen, die 1994 im Gisr el-Mudir von Saqqara, der Nekropolis von Memphis, gefunden und 1995 publiziert wurde.[30] Sie hat drei Register: Oben ist eine geflügelte Scheibe abgebildet, in der Mitte eine traditionelle ägyptische Szene mit einem Verstorbenen auf einem Bett, unten die folgende Szene: Rechts sind zwei Ägypter jeweils hinter einem Opfertisch dargestellt; der erste streckt eine Art Ring mit einer Blume einer Person entgegen, die auf einem im persischen Stil dekorierten Thron sitzt. Sie ist in persischer Kleidung mit weiten Ärmeln dargestellt, die als königliche Kleidung auf den persischen Reliefs zu finden ist, er hat eine Lotusblume in der linken und eine Trinkschale in seiner rechten Hand, auf seinem Kopf trägt er ein Diadem. Diese aus einer perfekten Mischung aus persischen und ägyptischen Elementen bestehende Ikonographie ist von einer Inschrift, die in Hieroglyphisch- und Demotisch-Ägyptisch verfasst ist, begleitet. Außer einem traditionellen Gebet zu Osiris bezieht sich die Inschrift auf das *ka* des Djedherbes, Sohn des Artam, dessen Mutter Tanofrether ist. So haben wir eine explizite Erwähnung einer Mischehe zwischen einem Iraner, Artam, und einer ägyptischen Frau, deren Nachwuchs einen ägyptischen Namen trägt, und diese Beziehung spiegelt sich auch in der Bildersprache: Die dargestellte Person ist in beiden Welten zuhause. Dieses Dokument zeigt, wie intensiv der interkulturelle Austausch im Ägypten unter den Großkönigen gewesen sein muss.

Die altpersischen Worte *vispazana* = „(mit) allen Stämmen" und *paruzana* = „(mit) vielen Stämmen"[31] sind repräsentativ für die achaimenidische königliche Ideologie, die den Großkönig als Kopf eines multikulturellen Staates sieht. Im Gegensatz zu den Assyrern sehen die Perserkönige ihr Königtum mehr als ein Geschenk des Gottes als als Resultat ihrer Anstrengungen.[32] Der repräsentativste Aspekt dieses Königtums, das auf göttlicher Ordnung und göttlicher Gnade basiert, ist seine Vielfalt. Schon die Tatsache, dass die meisten Inschriften in drei Monumental-

---

28 Dazu: Brosius 2011, 135. S. a. Tuplin 2011 mit Lit.
29 S. u.
30 Mathieson u. Aa. 1995. S. a. Boardman 2000, 179; Miller 2011, Abb. 11.
31 S. etwa DNa § 2 D = DZc § 2 D = DSe § 2 D: „König der Länder mit allen Stämmen"; XPa § 2 D = XPb § 2 D = XPd § 2 D = XPf § 2 D = D²HA = XPa § 2 D: „König der Länder mit vielen Stämmen".
32 Einzige Ausnahme ist die Behistun-Inschrift (DB), die die Erfolge Dareios' I. gegen seine Gegner um die Kontrolle des Reichs narrativ präsentiert.

schriftsprachen abgefasst waren, in Altpersisch, der – allerdings im Sinne einer Kunstsprache verfremdeten – Sprache der Herrscher, Elamisch, der voriranischen Sprache der Region, die die Perser als ihre Heimat gewählt hatten, Akkadisch, der Sprache der Assyrer und Babylonier, die vor den Persern den Nahen Osten beherrscht hatten, ist ein Zeichen dafür.

Ein anderer Bereich, in dem die Achaimeniden ihre Akzeptanz gegenüber dem Fremden zeigten, ist die Religion. Der Hauptgott des achaimenidischen Pantheons ist den Königsinschriften zufolge Ahura Mazda, auch wenn sehr umstritten ist, ob die Achaimeniden Zoroastrier waren[33]. Ahura Mazda ist der einzige Gott, der als Einzelner und nicht in einer Gruppe[34] in den achaimenidischen Inschriften erwähnt wird: Die Herrscher legitimieren sich, indem sie betonen, dass sie mit dem Willen, *vašna-*, Ahura Mazdas konform gehen.[35] Der König verdankt seine Siege der Unterstützung durch den Gott, und deswegen und wegen des Gutseins seiner Schöpfung wird Letzterer verehrt.[36]

Die Täfelchen aus Persepolis zeigen, dass der Großkönig den Kultus von verschiedenen Göttern unter seinen Untertanen förderte. In den Täfelchen sind auch andere Götter als Ahura Mazda zu finden, denen Kulte gewidmet und an Festtagen Opfer zugeteilt wurden, wie den iranischen Göttern Naryasanga,[37] Hvarira,[38] Bartakamya[39] und Drva[40]. Aber auch den elamischen Göttern Humban und Napiriša zusammen mit göttlich verehrten Flüssen bzw. Bergen wurden vor Zeremonien Opfer dargebracht. So schreibt Koch: „Because of the Persian king's tolerance, Elamite and Babylonian gods received rations for offerings too. However, they were venerated only by the Elamites (...) and in some isolated places in the Persian heartland (We should bear in mind that Elamites lived all over the country)".[41] Persische Kulte waren nicht nur Geschäft des Großkönigs, sondern wurden auch in den Satrapenresidenzen zelebriert „in order to ensure a forum in which the local governing Persian elite could articulate their Persian identity and manifest their link to the Persian king, in the shared worship to Ahura Mazda and the other gods belonging to the Persian pantheon".[42] Religion war also ein Mittel, die persische Elite in ihrer Loyalität zum Großkönig zu bestärken und zusammenzuhalten. Das heißt aber nicht, dass andere Kultusformen nicht akzeptiert bzw. untersagt wurden. Diesbezüglich darf nicht vergessen werden: Religiöse Intoleranz ist bei antiken polytheistischen Gesellschaften *per se* unüblich. Zusätzlich hat Aadlers zeigen können, dass polytheistische Herrscher sich sehr pragmatisch ver-

---

33 Dass die Achaimeniden Anhänger der Religion Zoroasters gewesen seien, wird heute sehr bezweifelt. Dazu: de Jong 2015 mit Lit. Wenn man überhaupt solchen Zusammenhang sehen möchte, sollte man nur die jüngste ‚Avesta' in Betracht ziehen (so Wiesehöfer 1996, 99–100).

34 Für diese werden Ausdrücke wie „die anderen Götter, die sind" benutzt (so DB § 62 D–F). So bittet Dareios I. diese anderen Götter (= *visaibiš bagaibiš*) um Schutz und Hilfe (DPd § 3 C.O.R).

35 Vgl. etwa DB § 5; ebda. § 9 B; ebda. § 13 X–Y; DPd § 1; DEa § 1; DNa § 4 A-F; DSf § 1 F; DZc § 1; XEa § 1; XPa § 1; XPd § 1. Dazu: Wiesehöfer 2005, 55 ff.; Brosius 2006, 32–4; Jacobs 2010. „Zu dieser von Ahura Mazda herrührenden Weltordnung gehören (...) sowohl das Königtum der Achaimeniden als auch ihr Gesetz, was ihren Handlungen und Entscheidungen eine gewisse sakrale Legitimation verleiht" (so Knäpper 2011, 96).

36 Gegen die Elamer und Skythen habe Dareios gewonnen, weil diese Völker nicht Ahura Mazda verehrten, wohingegen er das tue (DB §§ 72–6). Andere Beispiele: DSf § 5 C; XPh § 4 F–§ 5 H. Zu XPh s. demnächst Rollinger 2009a.

37 PFT 1960.

38 PFT 773.1956; unter den Inedita: V (= KI) 2268. Dazu: Koch 1977, 94.

39 PFT 303; inedita: E 310.791 (Koch 1977, 93); dazu: Hinz 1975, 68.

40 PFT 1956.1957.

41 So Koch 1995, 1968 ff. Dazu auch: Henkelman 2017c, 281.

42 So Brosius 2011, 137.

halten, was Religion angeht.⁴³ Beweise dafür sind im Alten Orient assyrische bzw. hethitische Verträge, die Fluchformeln enthalten, nach denen die Götter beider Seiten zusammen diejenigen bestrafen, die gegen den Vertrag verstoßen haben.⁴⁴ Und die Großkönige zeigten Akzeptanz und Respekt gegenüber indigenen Heiligtümern, solange diese nicht aktiv antipersisch agierten.

Es sind Hinweise darauf zu finden, dass persische Offiziere bestraft wurden, wenn sie Verachtung gegenüber fremden Heiligtümern zeigten. Im Gadatas-Brief⁴⁵ wird der nicht näher gekennzeichnete Funktionär Gadatas einerseits von Dareios I. belohnt, weil er sich um die Anpflanzung von aus Transeuphratene stammenden Fruchtbäumen in Kleinasien gekümmert hat, andererseits gewarnt, weil einige seiner Maßnahmen (die Eingriffe des Beamten in die Rechte des Apollon-Tempels und die Missachtung von Interessen seiner Priester) der großköniglichen Politik widersprechen:

> ML 12, 17–29:⁴⁶
> Daß du aber meine Verfügung hinsichtlich der (fremden) Götter übergehst, (dafür) werde ich dir, wenn du deine Meinung nicht änderst, einen Beweis (meines) gekränkten Gefühls geben. Denn du hast den geheiligten Gärtnern des Apollon Tribut auferlegt und sie angewiesen, ungeweihtes (d. h.: außerhalb des Tempelbezirkes gelegenes) Land zu bearbeiten, indem du die Gesinnung meiner Vorfahren gegenüber jenem Gott verkannt hast, der den Persern lauter Wahrheit (m. E.: ein ganz sich bewahrheitendes Wort) kündete (...)

Nur Tempel, die sich als illoyal erwiesen bzw. rebelliert hatten, wurden Opfer repressiver Maßnahmen. Eine Passage der ‚Daiva-Inschrift' wirft etwas Licht darauf, was den illoyalen Tempeln passieren konnte: „Und unter diesen Ländern war eines, wo zuvor (die) Daivas⁴⁷ verehrt wurden. Da(raufhin) habe nach dem Willen Ahuramazdās ich diese Daiva-Stätte zerstört und angeordnet: „(Die) Daivas sollen nicht (länger) verehrt werden!"" (so XPh § 5 A–G).⁴⁸ Viele Interpretationen der Passage sind vorgeschlagen worden. Es ist unter anderem eine Verbindung mit der Vernichtung griechischer Tempel auf der Akropolis Athens postuliert worden⁴⁹. Mehrere Elemente sprechen gegen diese Interpretation: Erstens, die Tatsache, dass Griechenland sich außerhalb des vom Großkönig kontrollierten Gebiets befand, zweitens, dass Xerxes den Athenern, die sich in seinem Gefolge befanden, schon am folgenden Tag angetragen haben soll, ihren Göttern zu opfern.⁵⁰ Es wurde zu Recht behauptet, dass XPh keine narrative Inschrift ist⁵¹. Man darf aber nicht

---

43 Aalders 1964.
44 So van der Spek 2014. Für die assyrischen Verträge: Parpola/Watanabe 1988. Für die hethitischen: etwa Beckam² 1999.
45 ML 12; s. schon o. im Kapitel 15.
46 Übers. Schmitt 1996. Tetx: Text: ὅτι δὲ τὴν ὑπὲρ θεῶν μου διάθεσιν ἀφανίζεις, δώσω σοι μὴ μεταβαλομένῳ πεῖραν ἠδικη[μέ]νου θυμοῦ· φυτουργοὺς γὰρ [ἱ]ερούς Ἀπόλλ[ω]νος φόρον ἔπρασσες καὶ χώραν [σ]καπανεύειν βέβηλον ἐπ[έ]τασσες, ἀγνοῶν ἐμῶν προγόνων εἰς τὸν θεὸν [ν]οῦν, ὃς Πέρσαις εἶπε [πᾶ]σαν ἀτρέκει[α]ν καὶ τῃ
....
47 Ich stimme Bianchi (1977, 1) zu, dass hier die Daiva negativ vorgestellt werden (auch wenn ihn das zum Schluss bringt, Xerxes sei Anhänger Zoroasters gewesen; zum selben Schluss kommt auf einem anderen Weg auch Boyce 1996; aber dagegen s. o. und Herrenschmidt/Kellens 1993 mit Lit.).
48 Übers. Schmitt 2009.
49 Dazu: Ahn 1992, 111–122, der die Pro- und Contra-Argumente der verschiedenen Positionen listet und bewertet.
50 So Hdt. VIII 54.
51 Sancisi-Weerdenburg 1980, 1–47; Briant 2002, 525–6.

zu weit gehen, indem man ausschließt, dass die Inschrift auf echte Widerstände anspielt, auch wenn sie nur allgemein argumentiert und nicht auf einen bestimmten Vorfall Bezug nimmt. Für das Jahr 484 v. Chr. sind sparsame Nachrichten über Widerstand in Ägypten zu finden,[52] während Belšimanni den Titel „König Babylons, König der Länder" für sich reklamierte.[53] Auch die Erhebung Šamaš-eribas gehört in dieses Jahr.[54] Die genauen Gründe für diese Aufstände sind unbekannt, aber „the troubles in Egypt and Babylonia indicate that Darius's imperial policy had discovered its natural limits".[55] Echo solcher Widerstände sind in der ‚Daiva-Inschrift' zu finden: Dort bringt Xerxes zum Ausdruck, dass der beste Schutz gegen rebellische Gesinnung die rechte Verehrung Ahura Mazdas ist.

Hier wird man sich auf Babylon und die dort von Xerxes ergriffenen Maßnahmen als Beispiel konzentrieren.[56] Es ist behauptet worden, Xerxes habe Babylonien von der Satrapie Transeuphratene getrennt,[57] nach den Ereignissen aufgehört, die babylonische königliche Titulatur zu verwenden[58] und Babylon und seinen Tempeln großen Schaden zugefügt. Es lassen sich aber keine Beweise für derartige Maßnahmen finden. Was den ersten Punkt angeht, so verweist ein babylonisches Täfelchen auf den Titel „Gouverneur von Babylon und Ebir Nāri" für das Jahr 486 v. Chr.,[59] d.h. viel später als der bis dahin späteste Hinweis auf die Titulatur im Jahre 516 v. Chr.[60] Der Titel „König von Babylon" wird auch für Artaxerxes (ob Artaxerxes I. oder Artaxerxes II. bleibt unklar) verwendet.[61] Das Argument, nach dem Xerxes die Tempel Babyloniens geschädigt hätte, stützt sich vor allem auf eine Passage Herodots,[62] in der berichtet wird, Xerxes habe eine Statue (ἀνδριάς) weggenommen, die mit der Statue von Marduk identifiziert worden ist. Das Wort ἀνδριάς aber, anders als ἄγαλμα, steht nicht für Kultusstatue bzw. Götterbild,[63] sodass „the statue purportedly stolen was a votive statue placed in the area of the temple. Nor does Herodotus say anything about a cessation of the cult".[64]

Schließlich ist die Vorstellung, Alexander der Große habe bei seiner Ankunft restauriert, was Xerxes damals zerstört habe, irrig.[65] Große Zerstörungen der Infrastruktur Babylons sind nicht

---

52 Hdt. VII 5, 7; s. etwa Briant 1988, 140–3.
53 Tuplin (1997, 395–99); Oelsner (1999–2000, 377; ders. 2007) und später Waerzeggers (2003–4), die die bisher unbekannten Urkundenbelege vorstellt, dass die Aufstände in die Jahre 485/4 v. Chr. zu datieren sind. Dagegen: Briant (2002, 524–5), der 481–479 v. Chr. vorgeschlagen hatte.
54 Waerzeggers 2003–4. Laut ihr ist für eine solche Datierung die Tatsache entscheidend, dass mehrere (23) Archive nach dem 2. Jahre der Herrschaft des Xerxes abbrechen. So auch Kessler 2004, 140–7.
55 So Briant 2002, 525.
56 Zu den griechischen und orientalischen Quellen zu den babylonischen Aufständen: Briant 1992.
57 So noch Klinkott 2005, 453.
58 So noch Cardascia 1988.
59 BM 74554. Den ersten Hinweis auf die Titulatur findet man im Jahre 535 v. Chr. In über 20 Texten vom Jahre 535 bis zum Jahre 525 v. Chr. besitzt Gubaru den Titel, während drei Texte, die von 521 bis 516 v. Chr. datiert sind, Uštanu den Titel geben.
60 Dazu: Stolper 1989, 289.
61 Dazu: Joannès 1989; Rollinger 1999; Rollinger 2014b, 164 und Anm. 87 mit Lit.
62 Hdt. I 183.
63 LSJ s.v.
64 So Henkelman u. Aa. 2011, 451.
65 So Strab. geogr. XVI 1, 5 739 C; Diod. XVII 112, 3; Curt. V 1, 22; Arr. exped. Alex. III 16, 3–5; ebda. VII 17, 1–3. Zu Alexander in Babylon: Kuhrt 1990.

nachgewiesen worden⁶⁶, und die Darstellung Alexanders als desjenigen, der wiedergutmacht, was die Perser zerstört hatten, passt in das Konzept seiner Rachepropaganda.⁶⁷

Um zusammenzufassen: Auch nach der Unterdrückung der Aufstände in Ägypten und Babylonien ist eine vollständige Zerstörung der Tempel sowie das Ende heimischer Kulte und die Verpflichtung für die Einwohner, persische Rituale zu zelebrieren, auszuschließen. Es muss sich in Babylon sowie auch in Ägypten um politische Maßnahmen gehandelt haben, die das Ziel hatten, die Rebellen zu bestrafen und zukünftige Widerstände zu vermeiden. Es ist auszuschließen, dass administrative Änderungen mit religiösen Auflagen verbunden waren: „it seems highly likely that the old class of administrators was removed from office and new men were brought in (...)".⁶⁸

Die Beobachtung der Annäherungsweise der Großkönige im Bereich Religion wirft Licht auf Aspekte des Deportationsphänomens. Wenn der spätere Autor Philostrat berichtet, dass die Eretrier in Arderikka griechische Tempel bauen konnten,⁶⁹ stellt er ein Phänomen vor, das in der Tat dokumentiert ist. Der Tempel bei Dahan-e Gholaman im Süd-Osten Irans wurde in die achaimenidische Zeit datiert.⁷⁰ Es kann sich um keinen zoroastrischen Tempel gehandelt haben, da mit zerkleinerten und verbrannten tierischen Knochen und Asche gefüllte Behälter am Ort gefunden wurden, etwas, das ganz gegen zoroastrischen Reinheitsregeln verstößt: Es liegt die Vermutung nahe, dass dieses Heiligtum ein Tempel der lokalen indigenen Bevölkerung war, der mit königlicher Billigung gebaut wurde.⁷¹

Abgesehen von der religiösen Offenheit der Könige konnte die königliche Genehmigung für die Deportierten, die eigene Identität, die eigenen Sitten zu bewahren, in der Praxis ein besseres Funktionieren des Herrschaftssystems garantieren. Diese Praxis muss eine ähnliche Rolle wie das Zusammenhalten der Menschen gleicher Abkunft gespielt haben: Wie erwähnt waren nicht nur die Gruppen von Deportierten ethnisch und/oder kulturell homogen, sondern es wurden auch Familienverbände bewusst nicht getrennt.⁷² Der Großkönig scheint gut verstanden zu haben, dass sein Reich nicht trotz, sondern gerade wegen seiner Heterogenität stark sein konnte. Nebeneffekt dieser Politik dürfte gewesen sein, dass das Wohlergehen der Deportierten sich für den Herrscher in Form von gesteigerter Arbeitsproduktivität auszahlte.

---

66 So: Baker 2008; Rollinger 2014b, 164–5.
67 S. o. im Kapitel 9.
68 Dazu: Stolper 1989, 295 ff.; Jursa 2007, 91; Henkelman u. Aa. 2011, 452–3.
69 S. o. und im Kapitel 7.
70 So Scerrato 1966; ders. 1977.
71 Boyce² 1996, 130. S. a. Henkelman u. Aa. 2011.
72 S. o. im Kapitel 17.

Dritter Teil:
Persische, Neuassyrische und Neubabylonische Deportationen

19. Vorwort zum dritten Teil

Im folgenden Abschnitt soll der – zugegeben vorläufige – Versuch unternommen werden, die achaimenidische Deportationspraxis mit der neuassyrischen und neubabylonischen zu vergleichen. Tut man dies, bemerkt man sogleich, dass die Quellenlage für die verschiedenen Zeiten sehr unterschiedlich ist und dass dieser Umstand jede Bewertung und jeden Versuch, ein vollständiges diachrones Bild des Deportationsphänomens zu zeichnen, erschwert.

Ich werde dabei weder auf jede der Quellen, die von neuassyrischen und neubabylonischen Deportationen berichten, eingehen, noch die ausgewählten Zeugnisse in der Ausführlichkeit behandeln können, mit der ich mich im ersten Teil der Arbeit den achaimenidischen Deportationen gewidmet habe. Anhand von Studien und Aufsätzen über das Phänomen der vorpersischen Deportationen sowie über Ökonomie und Gesellschaft des Nahen Ostens unter den Herrschern Assyriens und Babyloniens wird in diesem Abschnitt zusammenfassend untersucht, welche Ziele die neuassyrischen bzw. neubabylonischen Deportationen besaßen und inwiefern diese mit den persischen Deportationsabsichten vergleichbar sind. Auch der Status und die Identität der Deportierten, die Hauptthemen des zweiten Teils der Arbeit gewesen sind, werden untersucht und mit dem achaimenidischen Modell verglichen.

Die Achaimeniden sind nicht die ersten Herrscher gewesen, die Deportationen in ihre Außen- und Innenpolitik integriert haben. Und sie waren auch nicht die letzten, wie Zwangsumsiedlungen in hellenistischer Zeit und unter den späteren iranischen Dynastien, wie der sassanidischen, zeigen. Deportationen hatten im Alten Orient eine lange Tradition. Sie waren schon früh ein Mittel, Widerstände zu bekämpfen, und Bestandteil der Eroberungsprozedur.[1] In Mesopotamien wurden Menschen schon ab dem Ende des 4. Jts. v.Chr. deportiert, wie die Schriftzeichen „Frau + Fremdland" bzw. „Mann + Fremdland" für Gefangene belegen sollen.[2] Schon der 4. Herrscher der 3. Dynastie von Ur berichtet, dass er Kriegsgefangene von Simanun in Nordostsyrien in eine Stadt nahe Nippur umgesiedelt habe.[3] In den mittelassyrischen[4] und hethitischen Königsinschriften lassen sich schon tausend Deportierte finden.[5]

Die Entscheidung, sich vergleichend nur auf die neuassyrischen bzw. neubabylonischen Zeiten zu konzentrieren, ist folgendermaßen begründet: Erstens dürften die neuassyrischen Herrscher die ersten gewesen sein, die systematisch deportierten: Die Deportation scheint zu einem Massenphänomen geworden zu sein.[6] Zweitens ist der neuassyrische und neubabylonische Einfluss auf die Politik der persischen Nachfolger vielfach nachweisbar. Schließlich kann man sich in einer derartigen Studie nicht den Deportationen unter allen Dynastien des antiken Nahen Ostens widmen. Dieser Umstand bietet allerdings viel Potenzial für zukünftige Forschung.[7]

1　So Rivaroli/Scialanca 2009. Vgl. die von Herodot beschriebene Prozedur (im Kapitel 6).
2　So Klengel 1980–3, 243–6.
3　Nach einer Abschrift seiner Inschriften: Civil 1967, 31; vgl. Neumann 1992.
4　So Oded 1979, 25.
5　Gefangene Krieger werden als *LÚŠU.DAB/appant-* bezeichnet (dazu: Alp 1950).
6　So etwa Frahm 2003. Diese communis opinio werde ich in Frage stellen.
7　S.a. ‚Schlusswort'.

20. Ziele und Wege der Deportationen: Ein Vergleich

20.1 Quellen und Literatur

Für Forschungen zu teispidisch-achaimenidischen Deportationen stehen viel mehr griechische und römische Texte als indigene zur Verfügung. Für die Zeiten davor stehen jedoch nicht nur zahlreichere, und damit vielfältigere, sondern vor allem lokale Quellen zur Verfügung.[1] Schon diese unterschiedliche Quellenlage beeinflusst unvermeidlich jeden Vergleich.

Anders als für die achaimenidischen und die neubabylonischen Deportationen steht für die neuassyrische Zeit eine Bezugsstudie zur Verfügung: Es ist die 1979 veröffentlichte Monographie Odeds „Mass Deportations and Deportees in the Neo-Assyrian Empire",[2] die noch heute die einzige Arbeit ist, die einzelne Quellen detailliert analysiert und versucht, die Reichweite und die Ziele des politischen Instruments zusammenzufassen. Eine Monographie zum Deportationsphänomen in Mespotamien wurde im Jahre 2004 von Mayer veröffentlicht.[3] Andere haben sich auf einzelne Aspekte des Deportationsphänomens konzentriert. So hat Gelb über die Lage der Kriegsgefangenen in Mesopotamien geschrieben.[4] Zablockas Arbeiten[5] untersuchen den Zustand der Deportierten und ihre Rolle in der Wirtschaft Assyriens. Parpolas Forschung über die assyrische Identität hilft uns, das Integrationsniveau der Minderheiten, darunter auch der Deportierten, im assyrischen Reich besser verstehen zu können.[6] Auch Radner hat sich ausführlich mit Deportationen in der neuassyrischen Zeit beschäftigt und das Ausmaß des Phänomens zusammenfassend beschrieben.[7] Fales hat in seinen Arbeiten oft Bezug auf das Phänomen ‚Deportation' genommen.[8]

Die zur Untersuchung mesopotamischer Deportationsfälle geeigneten Quellen sind vor allem Königsinschriften und Briefe sowie administrative Texte und Reliefs. Königliche Inschriften und Briefe verursachen Interpretationsprobleme, weil Propaganda-Motive in ihnen auftauchen.[9]

---

1 Diese sind allerdings deswegen nicht weniger ideologisch geprägte Zeitzeugnisse (s. u.).
2 Oded 1979.
3 Mayer 2004.
4 Gelb 1973.
5 Zablocka 1972; dies. 1974.
6 Parpola 2007.
7 Bes. Radner 2003; dies. 2012. Deportationen in der neuassyrischen Zeit waren auch das Thema des Vortrags von Radner bei der Session des Internationalen Workshops „Socio-Environmental Dynamics over the Last 12,000 Years: The Creation of Landscapes III.", Kiel 15–18.04.2013, der von meiner Kollegin Balatti und mir organisiert wurde.
8 S. etwa Fales 2014.2017.2018.
9 Gelb 1973, 72. S.o. im Kapitel 2 mit den Hinweisen auf verschiedene fremde Völkerschaften bei den Bauarbeiten in Susa, deren Erwähnung in der Bauinschrift als reines Leitmotiv interpretiert werden könnte; in diesem Fall bestätigen aber die Täfelchen aus Persepolis die Anwesenheit solcher Personen.

Sie sind aber trotzdem wegen ihres narrativen Charakters sehr wichtig. Dies ist bei den achaimenidischen Inschriften nicht der Fall.[10] Für die neuassyrische Zeit stehen auch bildliche Quellen in Form von Reliefs zur Verfügung, die den Transport der Opfer über Land- und Seewege beschreiben;[11] auch in diesem Fall sind die persischen Reliefs, was Deportationen betrifft, nicht besonders hilfreich gewesen. Eine ähnlich bedeutende Rolle spielen auch die administrativen Texte, die Informationen über die Lage und die administrative Behandlung der Deportierten und deren Situation bieten: Sowohl in früherer, als auch in späterer Zeit ist der fragmentarische Zustand der Quellen problematisch und auch die Tatsache, dass diese administrativen Texte kaum Deportationen betreffen.[12] Jedoch scheint die Onomastik noch problematischer zu sein: Nicht nur bietet sie die gleiche Schwierigkeit wie die Verwaltungsdokumente, weil ein fremder Name nicht *per se* als eindeutiger Beleg für eine Deportation gelten kann. Zusätzlich ist die Bestimmbarkeit der ethnischen Zugehörigkeit und der Herkunft anhand des Namens einer Person nicht möglich.[13] Galter betont, dass das Namenmaterial und die Herkunftsappellative nur innerhalb einer bestimmten Zeitspanne erkennbar sind: Im Laufe der Zeiten erfolgen Integrationsprozesse, so dass dies die Identifikation der ethnischen Zugehörigkeit durch die Onomastik verhindere.[14] Bei der Frage nach dem Status eines Deportierten ist die Namenkunde jedoch ein wichtiges Hilfsmittel, das nicht vergessen werden darf. Nicht-akkadische Namen tauchen in administrativen Texten auf, die auf königliche Archive Bezug nehmen.[15] Durch das Fehlen arbeitsbedingter Mobilität[16] ist es wahrscheinlich, dass sie Hinweise auf deportierte Personen oder deren Nachfahren sind.

Assyrische Deportationen sind von Ägypten bis nach Anatolien und vom Kaukasus über Persien bis zum Persischen Golf bezeugt.[17] Ab Tiglat-pileser I. wird die Eroberungspolitik der assyrischen Könige in den Quellen durch Ausdrücke wie: „I added territory to Assyria (and) people to its population (UGU $^{KUR.d}$*A-sur ma-ata* UGU UN^{MEŠ}-*ša* UN^{MEŠ} *lu-ra-di*)" verdeutlicht.[18] Ähnliche Ausdrücke tauchen auch in Bezug auf Deportationen auf: „I took them (scil. the people of Kasku and Urumu), together with their property and 120 chariots and harnessed horses, (and) reckoned them with the people of my land (*a-na* UN^{MEŠ} KUR-*ti-ia am-nu-šu-nu-ti*)".[19] Die Schöpfung neuer Ausdrücke hängt damals ganz klar mit der Herausbildung eines Imperiums zusammen; daher rühren auch die geänderte Politik und neue Themen in den Herrscherinschriften.[20]

Was die Orte der Umsiedlung, d. h. das Ziel der Deportation angeht, scheinen die meisten Deportierten ins assyrische Kernland gebracht worden zu sein. Nach Zablocka ist das bei 70 % der Deportierten der Fall gewesen. Nach ihrer von Oded unabhängigen Rechnung dürften schon Anfang des 9. Jhs. v. Chr. 193.000 Menschen ins Kernland Assyriens umgesiedelt worden sein.[21]

---

10 DB (= Schmitt 2009, 36–91) ist unter unseren Inschriften die einzige, die auch historische Ereignisse bietet.
11 Dazu: Oded 1979, 11 ff.
12 Oded 1979, 8–11.
13 So etwa Potts 2013b. S. a. im Kapitel 18.
14 Galter 1988, 279.
15 Oded 1979, 63–5.
16 S. etwa Briant (2002, 435): „There was no real labor market".
17 Rolfes 2010, 14.
18 RIMA 2, 13–14.59–60.
19 RIMA 2, 17, III 2–6. Für die Entwicklung dieser Formeln in den Quellen: Fales 2018, 480 ff.
20 Dazu: van de Mieroop 2003.
21 So Zablocka 1972.

In seiner Studie hat Oded versucht, die Gesamtzahl aller Deportierten anhand der Quellen zu rekonstruieren. Ein solcher Versuch ist methodologisch sehr zu hinterfragen, weil die Quellenlage gering ist, und, noch bedeutsamer, weil die scheinbar genauen Zahlen der Deportierten in den Quellen Teil der assyrischen Propaganda sind. 145 von 157 Fällen bei Oded stammen aus Inschriften, und nur 36 Fälle sind in anderen (zuverlässigeren) Quellen belegt. Zusätzlich werden in ca. ⅔ der zur Verfügung stehenden Texte nur Ausdrücke, die „unzählige" bedeuten, verwendet.[22] Nach den Quellenangaben haben die meisten Deportationen in der Zeit zwischen Tiglat-pileser III. (745–726 v.Chr.) und dem Ende des Neuassyrischen Reichs stattgefunden. Dadurch erhält man den Eindruck, dass besonders das Ende der neuassyrischen Zeit stark durch die Deportationspraxis geprägt war.[23] Sanherib soll z.B. in 20 Kriegszügen ca. 469.150 Menschen deportiert haben, Tiglat-pileser III. ca. 393.598 Personen in 37 Feldzügen und Sargon II. 239.285 Menschen in 38 Feldzügen Kampagnen.[24] Durch eine statistische Berechnung kommt Oded zu dem Schluss, dass in neuassyrischer Zeit insgesamt 4,5 Millionen Menschen deportiert wurden.[25]

Eine Monografie über neubabylonische Deportationen bleibt ein Desiderat, und ein Grund dafür ist sicherlich auch der Quellenmangel, der unser Wissen sehr begrenzt. Babylonische Chroniken nehmen gelegentlich Bezug auf Könige, die während ihrer Feldzüge Personen gefangennahmen.[26] Wie etwa im Fall des Archivs von Persepolis oder der Inschriften aus Susa für die persische Zeit gibt es auch für die neubabylonische Zeit indirekte Hinweise auf Deportationen. Nebukadnezar II. rühmt sich, dass alle Regionen und Völker seines Reiches an den Bauarbeiten der Zikkurat Etemenanki und seines Südpalastes teilgenommen haben.[27] Rationslisten aus Babylon bezeugen, dass ausländische Fachleute in der Hauptstadt lebten und von der staatlichen Verwaltung unterhalten wurden.[28]

Was Deportationen in neubabylonischer Zeit angeht, sind die Judäer sicherlich das bekannteste Beispiel.[29] Die einzelnen Ereignisse und ihre vielfältigen Echos in der hebräischen Bibel, in der rabbinischen und späteren jüdischen Literatur sowie in christlichen Quellen sind ein Thema des Bandes der Ausstellung „Babylon. Wahrheit", die 2008 in Berlin im Vorderasiatischen Museum stattgefunden hat (bes. relevant sind die Beiträge von Hermann/Ilan[30] und Krath[31]). Hier sei nur kurz gesagt, dass nach der Bibel der König Nebukadnezar II. beim ersten Mal (597 v.Chr.) Judäer mit sich nach Babylon nahm, aber viele im Lande zurückließ. In Judäa durften die Zurückgebliebenen noch jahrelang wohnen.[32] In Jer 52, 28–30 lassen sich teilweise abweichende Zahlen für die Deportierten finden. Babylonische Angaben dazu stehen nicht zur Verfügung.[33]

Der Onkel Jojachins wurde von Nebukadnezar II. als König mit dem Name Zedekia in Juda eingesetzt, nachdem er die alte Elite deportiert hatte. Auch der neuen Elite mangelte es aber an

---

22 So Oded 1979, 19; Rolfes 2010, 13.
23 Für die kritische Diskussion dieser Daten s.u.
24 So nach Oded 1979, 21 ff.
25 Oded 1979, 21 ff.
26 Etwa ABC 3, 5–9; ebda. 6, 8–23.
27 Langdon 1912, 146–148 cols. ii–iii; dazu: Beaulieu 2005; ders. 2008, 7–8; Jursa 2010, 661–9.
28 Dazu: Pedersén 2005a; Alstola 2020, 276 ff.
29 Dazu: Alstola 2020.
30 Hermann/Ilan 2008.
31 Krath 2008.
32 II. Kn 24, 8–17.
33 Dazu: Rölling 1996, 109 ff.

Loyalität: Sie erhob sich mit Unterstützung Ägyptens gegen Nebukadnezar. Dieses Mal (587 v. Chr.) soll Nebukadnezar nicht nur Einwohner gefangengenommen und nach Babylon geführt, sondern auch die Stadt und den Tempel zerstört haben.[34]

20.2 Deportationsziele

Will man das Ziel der neuassyrischen bzw. neubabylonischen Deportationen untersuchen, wird einem schnell klar, dass die von uns als zwei Hauptziele der achaimenidischen Deportationen definierten Absichten, nämlich der Schutz vor potentiell störenden externen Elementen und die Förderung der ökonomischen Entwicklung im Reich, auch schon früher eine große Rolle gespielt haben müssen. Und der Anlass einer Deportation scheint, früher wie später, die Tatsache gewesen zu sein, dass es als nötig (und legitim) empfunden wurde, Menschen zu bestrafen.

In einem Brief des Königs Asarhaddon heißt es: „Wer gegenüber dem König (…) nicht loyal ist, den werden wir deportieren".[35] Im Vertrag zwischen Šamši-adad V. (824–811 v. Chr.) und Marduk-zakir-šumi I. (855–819 v. Chr.) lässt sich die folgende Warnung finden: „Verstößt letzterer gegen den Vertrag, wird sein Volk deportiert werden."[36] Man wird sich hier daran erinnert fühlen, dass nach Platon Dareios den Befehl ausgegeben hatte, ἄγοντα Ἐρετριᾶς καὶ Ἀθηναίους[37], und dass höchstwahrscheinlich der Perserkönig im Fall Athens die Deportation nur als Drohung aufgefasst hatte. Man denke auch an eine andere Passage Herodots: Histiaios soll den Ioniern gesagt haben, dass es der Plan Dareios' I. sei, die Phönizier nach Ionien und die Ionier nach Phönizien zu bringen.[38] In diesem Fall ist es Herodot selbst, der zugibt, dass Dareios keinen derartigen Plan gehegt habe.[39]

Deportationen waren schon seit langem im Nahen Osten ein gängiges und legitimes Mittel in der Außenpolitik und bei Eroberungen.[40] Nach Gelb wurden nach dem orientalischen Kriegsrecht nur Frauen und Kinder gefangen genommen und alle Männer getötet.[41] Man erinnert sich hier an das in der ‚Ilias' erwähnte praktizierte Kriegsrecht, das mit sich brachte, dass die Sieger die männlichen Erwachsenen der eroberten Stadt töteten und die Frauen und die Kinder versklavten bzw. gefangen nahmen.[42] Die Quellen für die vorachaimenidische und die achaimenidische Zeit lassen aber kaum daran zweifeln, dass sowohl beide Geschlechter als auch alle Bevölkerungsteile

---

34 II Kn 24, 20; ebda. 25, 8–10; Jer 52, 28–32. S. a. u.
35 ABL 58 = LAS 1, 158 Text 213 = SAA 10, 284.
36 Weidner 1932/3. Der Vertrag ist fragmentarisch erhalten. Interessant ist, dass er nur die babylonischen Gottheiten nennt und der Gott Aššur fehlt; im assyrischen Teil wird er nicht König genannt und scheint so quasi untergeordnet zu sein. Die Situation änderte sich aber bald, nachdem Šamši-adad V. und sein Sohn Adad-nirari III. aus Marduk-balassuiqbi einen assyrischen Vasallen gemacht hatten (dazu: Schmöckel 1985, 132 ff.).
37 Pl. Menex. 240a.
38 Hdt. VI 3.
39 Es wird nie auf einen Volksaustausch unter den Achaimeniden hingewiesen (s. u.).
40 S. o. im Kapitel 6.
41 Gelb 1973, 72.
42 S. u.

von Deportationen betroffen waren. Sowohl die Assyrer als auch die Babylonier dürften Handwerker, Soldaten sowie die Elite deportiert haben.[43]

Der König muss bei der Durchführung einer Deportation jeweils entschieden haben, welcher Teil der Bevölkerung zu deportieren war. Z.B. wurde die Deportation der Elite in den Fällen nötig, in denen der König kein Vertrauen in eine Person oder Gruppe hatte und ihm aus diesem Grund ihre Ersetzung nötig zu sein schien. So wurde z.B. der Onkel Jojachins von Nebukadnezar II. als König mit dem Namen Zedekia in Juda eingesetzt, nachdem er die alte Elite deportiert hatte. Auch der neuen Elite mangelte es allerdings an Loyalität: Sie erhob sich mit der Unterstützung Ägyptens gegen Nebukadnezar.[44]

Als weiteres Beispiel der Deportation einer Elite dienen die Ereignisse der Eroberung Babylons durch Sanherib (705–681 v.Chr.) im Jahre 689 v.Chr. Der ausführlichste Bericht lässt sich in den drei Exemplaren der Bavian-Felsinschrift finden.[45]

> OIP 2, 78–85 §§ 43–48:[46]
> (...) Auf meinem zweiten Feldzug
> zog ich eiligst nach Babylon,
> das ich zu erobern bestrebt war.
> Wie aufkommendes Unwetter stürmte ich an,
> wie Nebel warf ich es nieder.
> Die Stadt umzingelte ich und
> mittels Stollen und Rampen
> [eroberte ich sie] eigenhändig.
> Gefangene(?) [........].
> Ihre Menschen – klein und groß –
> verschonte ich nicht,
> mit ihren Leichen füllte ich
> die Plätze der Stadt.
> Šuzubu, den König von Babylon,
> brachte ich zusammen mit seiner Familie
> und seinen [.....] leben-
> dig in mein Land.
> Die Besitztümer dieser Stadt führte
> ich weg:
> Gold, erlesene Steine, Habe

---

43 Oded 1979, 22.
44 II Kn 24, 20; ebda. 25, 8–10; Jer 52, 28–32. S. a. u.
45 Zu den Reliefs: Börker-Klähn 1982, 206 ff. mit ausführlicher Lit. Für die Standardbearbeitung der Inschrift: OIP 2, 78 ff. Der Bericht scheint später unverändert in die ‚Annalen' Sanheribs übernommen worden zu sein: K 1634, ein Fragment eines sechsseitigen Prismas, enthält den Beginn des ersten sowie den Schluss des achten Feldzuges; dieser bildet eine Parallele zu den ZZ. 49–54 der Bavian-Inschrift (dazu: Reade 1975, 194).
46 Übers. Galter 1984, 163–4. Text: *Bâbili^ki ša* (v. *šá*) *a-na ka-ša-di ú-ṣa-am-me-ru-šú ḫi-it-mu-ṭiš al-lik-ma ki-ma ti-ib me-ḫi-e a-zi-qa-ma ki-ma im-ba-ri as-ḫu-up-šú* (v. *šu*) *ala ni-i-tial-me-ma i-na pil-ši ùna-p*(b)*al-kâtâ*[*-ai ik-šu-da*] *ḫu-bu-ut . . . . . . dannûte^pl-šu ṣiḫra ù rabâ(a) la e-zib-ma ^am pagrê^pl-šu-nu ri-bit ali ú-ma-li ^m Šú-zu-bu šar Bâbili^ki ga-du kim-ti-šu* [. . . . .]^pl *-šu bal-ṭu-su-un a-na ki-rib mâti-ia ú-bil-šú* (v. *la*) *makkûr ali šú-a-tu kaspu ḫurâṣu abnê^pl ni-siḳ-ti bušû makkûru a-na ḳâtâ^du* [*nišê^pl-ia*] *am-ni-i-ma a-na i-di ra-ma-ni-šu-nu ú-tir-ru ilâni^pl a-šib lib-bi-šu ḳâtâ^du nišê^pl-ia ik-šu-su-nu-ti-ma ú-šab-bi-ru-ma* [*bušâ*]*-šu-nu makkûra-šu-nu il-ḳu-ni* (v. *ú*).

und Besitz verteilte ich an meine
Leute,
und sie eigneten es sich an.
Meine Leute ergriffen die Götter,
die in ihr wohnten,
zerbrachen sie
und nahmen ihre Habe
und ihre Besitztümer
weg (...).

Der assyrische König entfernt also die untreue Elite und ersetzt sie durch eine neue, die loyal zum ihm steht. Aber auch wenn der König die alte Elite ersetzen wollte, bedeutete das nicht automatisch, dass sie deportiert wurde. Manchmal ‚genügte' ihre Ermordung, wie im Fall Peqahs, des Königs von Bit-Humria, der 733 v. Chr. getötet und durch Hoschea ersetzt wurde.[47] Man kann also sagen, dass die Oberschicht eines feindlichen Staates Opfer einer Deportation werden konnte (aber nicht musste), wenn der König sie politisch und militärisch lähmen wollte. Wie im Fall des ägyptischen Königs, den Ktesias Amyrtaios nennt, der zusammen mit einem Teil seiner Bevölkerung deportiert worden sein soll, hatte die Deportation der illoyalen bzw. feindlichen Herrscher und Eliten das Ziel, sie zu bestrafen und in harmlose Freunde zu verwandeln. Zusätzlich wird die endgültige Kontrolle eines Territoriums abgesichert, indem sie zukünftige Widerstandsbewegungen verhindert.[48]

Die Frage, die man sich stellen könnte, ist, ob renitente Aufrührer üblicherweise anders behandelt, also ermordet statt deportiert wurden. Waren die alten Eliten wirklich immer so bedeutsam? Man kann zwar nicht pauschalisieren, aber es ist anzunehmen, dass in einigen Fällen es als vorteilhaft eingeschätzt wurde, die alte Elite am Leben zu lassen und sie strikt unter Kontrolle zu halten. Das geschah vielleicht, um ihre politische Expertise ausnutzen zu können, oder weil ihre Ermordung Widerstände unter der Bevölkerung hätte auslösen können.

In der Forschung sind die Strafziele lange als wichtigster Grund für Deportationen angesehen worden. Auch wenn diese die Deportationsauslöser sind, können sie allein keine Deportation begründen.[49]

Wie schon erwähnt waren die politische Konsolidierung und der Schutz vor potenziell störenden externen Elementen eines der Hauptziele der persischen Deportationen. Sie scheinen auch vorher eine sehr bedeutende Rolle in der Deportationspraxis gespielt zu haben. Es wurden Deportationen durchgeführt „ (...) to create a loyal following in strategic settlements along the Assyrian borders".[50] Der neuassyrische König habe durch Deportationen politische Gegner ausgeschaltet, indem er sie im Herzen seines Reichs ansiedelte. Er habe dann vertrauenswürdige Assyrer in die ‚entvölkerten' Zonen geschickt,[51] um die Region politisch abzusichern.[52]

---

47 Übers. Tadmor/Yamada 2011, 106 Nr. 42, ZZ. 17b–19a.
48 Zur Deportation der Eliten s. a. u.
49 S. o. im Kapitel 15.
50 Sarlo 2013, 5.
51 Bezüglich des Bevölkerungsaustauschs s .u.
52 S. etwa Freydank 1975, 55; Rolfes 2010, 12.

Auch Deportierte in Form von waffenfähigen Männern waren in den Grenzgebieten besonders nützlich: Sie dürften in einigen Fällen sogar im assyrischen Heer als Hilfstruppen mit dem Ziel, Grenzfestungen zu bestücken, gedient haben.[53] Deportationen mit dem Ziel, die Grenzen zu schützen, können als Folge der Eroberungspolitik angesehen werden. Deutlich ist der Fall Tiglat-pilesers III.: Nachdem er in den ersten Jahren seiner Herrschaft seine Kontrolle über den gesamten Nahen Osten erweitert hatte, wurde es nötig, die neuen Gebiete und deren Ressourcen zu sichern. Das Ziel konnte durch Deportierte erreicht werden, die unter den Völkerschaften der Peripherie angesiedelt wurden. Diesbezüglich unterstreicht Oded, dass Deportierte, sowohl Assyrer als auch Nichtassyrer, bereit waren, den assyrischen König zu unterstützen, weil sie befürchteten, von den Einheimischen zurückgewiesen zu werden. Aus diesem Grund stufte der neuassyrische König sie als besonders loyal ein.[54] So wurden Deportierte im Gebiet an den Grenzen zu Urartu angesiedelt, um die Entstehung von Koalitionen zu verhindern.[55] Auch die Israeliten wurden 722/1 v.Chr. an die Grenzen des assyrischen Machtbereichs, in diesem Fall ans entgegengesetzte Ende, d.h. von Samaria nach Medien, umgesiedelt, wie in den ‚Annalen' Sargons zu lesen ist.[56]

Neben diesem strategischen bzw. politischen Zweck hatten Deportationen auch rein ökonomische Ziele, etwa, die Entwicklung einiger Regionen zu fördern. Spezialisierte und unspezialisierte Arbeitskräfte wurden deportiert, um ihre Fähigkeiten für Bauprojekte zu nutzen, und die Deportation der Landbevölkerung sorgte für Menschen, die für die Kultivierung des Landes zur Verfügung standen. Als der neuassyrische König die Grenzen seines Reichs ausdehnte, wuchs der Bedarf an Arbeitskräften besonders in der Landwirtschaft, sodass Menschen in Gebiete „mit vorwiegend landwirtschaftlichem Profil"[57] deportiert wurden.[58] In einem Text aus der Zeit von Tiglat-pileser III. lesen wir: „I reckoned them as inhabitants of Assyria (*it-ti* UN^{MEŠ} KUR *Aš-šur am-nu-šú-nu-ti*); I imposed over them service and corvée like Assyrians (*il-ku tup-sik-ku ki-i šá Aš-šu-ri e-mid-su-nu-ti*)".[59] Den Deportierten wurde in der Form, die Jursa in Bezug auf das Neubabylonische Reich „land for service" nennt, Land zugewiesen: Gruppen, die oft nichtbabylonischer Herkunft waren, wurde vom König oder seinen Funktionären Land zugewiesen, und im Gegenzug dienten sie dem Staat als Soldaten bzw. *corvée*-Arbeiter und bezahlten ihm Tribute in Form von Naturalien und Geld.[60] Das System hatte zwei Ziele: Erstens, das vom Staat kontrollierte Land in vor kurzem eroberten oder unzureichend genutzten Gebieten zu erweitern. Zweitens, die neuen Einwohner in den Staat zu integrieren. Ein Echo dieses Systems kann man im Brief Jeremias lesen (Jer 29, 5–7: „Baut Häuser und wohnt darin, pflanzt Gärten und genießt ihre Früchte! (…) Kümmert euch um die Wohlfahrt des Landes, in das ich (scil. Jahwe) euch weggeführt habe (…)").

Auch Texte aus der neubabylonischen Zeit weisen darauf hin, dass Deportationen zum ökonomischen Wachstum des Reichs beigetragen haben müssen: Die Könige versuchten, wirtschaftlich schwache Regionen zu beleben und Babylonien und seine Umgebung weiterzuentwickeln. Deswegen wurden beispielsweise in der Nähe von Babylon jüdische Gemeinschaften angesiedelt.

---

53 So Rölling 1996, 105 ff. S.a.u.
54 Oded 1979, 46 ff.
55 Oded 1979, 47–8.
56 Prisma D aus Nimrud IV 25–49 in Gadd 1954; vgl. Tadmor 1958, 34 und II Kn. 17, 1–6.; ebda. 18, 9–12.
57 Rolfes 2010, 12.
58 Nach der Rechnung von Zablocka (1974, 95) waren es 70 %.
59 RINAP 1, 70, Nr. 27, Z. 2.
60 Jursa 2010, 198 ff.

Die meisten Judäer dort wurden nach ihrer geographischen Herkunft in ländlichen Gemeinden angesiedelt und ins *land for service*-System der babylonischen Landwirtschaft integriert. Die Deportierten erhielten Grundstücke zu bebauen, und waren im Gegenzug verpflichtet, Steuern zu zahlen und Arbeit und Militärdienst zu leisten.[61] In den neu entdeckten und soeben edierten administrativen Urkunden von Al-Yahudu[62] ist es möglich, das Leben der nach Mesopotamien deportierten jüdischen Gemeinschaft zu beleuchten bzw. die vom neubabylonischen König deportierten Juden bzw. ihre Nachfahren zu finden. Im ältesten Dokument (572 v.Chr., d.h. 15 Jahre nach der Deportation) wird der Ort Al-Yahudu = Jerusalem („Jérusalem de Babylonie"[63]) genannt. Man wird sich hier an den Fall der Barkäer erinnern: Dareios I. soll ihnen ein Dorf in Baktrien als Wohnort gegeben haben: Dieses Dorf hätten sie Barka genannt.[64]

So wie unter den Persern muss es auch unter den Assyrern üblich gewesen sein, dass Menschen mit ‚passenden' Fähigkeiten deportiert und dahin umgesiedelt wurden, wo ihre Fähigkeiten am meisten benötigt wurden.[65] In einer Inschrift Sanheribs (704–681 v.Chr.) wird vom Bau einer Flotte im assyrischen Kernland berichtet. Die fertiggestellten Schiffe fuhren dann den Tigris bis nach Opis hinab, dort wurden sie dann über Land in den Euphrat gelassen und fuhren weiter in Richtung Süd-Ost. Was den Bau der Schiffe und die daran teilnehmenden Menschen angeht, enthält die im Kapitel 6.3 zitierte Inschrift Sanheribs (704–681 v.Chr.) wertvolle Informationen[66]. Neben Menschen von der levantinischen Küste findet man *Iamnāja*,[67] die sich mit der Fertigung der Schiffe beschäftigen. Es handelt sich hier um neu angesiedelte *Iamnāja*, deren Fähigkeiten vom assyrischen König besonders geschätzt wurden und die deswegen aus ihrer Heimat mitgenommen wurden.

Es lassen sich zahlreiche Belege dafür finden, dass die eroberte und deportierte Bevölkerung ihre früheren Tätigkeiten wiederaufnehmen konnte (z.B. ANET 285, ZZ. 23–26: „I (scil. Sargon II.) besieged and conquered Samaria, led away as booty 27,290 inhabitants of it. I formed from among them a contingent of 50 chariots and made remaining (inhabitants) assume their (social) positions").

Viele Schreiber in Mesopotamien besaßen nichtakkadische Personennamen; deswegen waren wohl manche unter ihnen Deportierte oder deren Nachfahren.[68] Oded zählt einige betroffene Berufe auf: „for building, as well as for ivory carving (...) in the task of metal working".[69]

Listen von Deportierten sind tatsächlich häufig nach Tätigkeiten und Berufen geordnet. In den ‚Nimrud Wine Lists' werden z.B. viele Handwerker erwähnt, bei denen es sich dem Perso-

---

61 S.a.o. im Kapitel 13.
62 Es handelt sich um über 100 Täfelchen, auf denen akkadische Texte zu finden sind. Sie sind in der Nähe des heutigen Birs Nimrud (Borsippa) gefunden worden. Sie sind in der Zeit 572–484 v.Chr. verfasst worden und stellen den Alltag der jüdischen ländlichen Gemeinschaft bei Babylon dar: Sie registrieren übliche landwirtschaftliche und kommerzielle Tätigkeiten: Verträge, Quittungen, Verkauf von Vieh, Hausmieten und verschiedene Transaktionen. Dazu: Abraham 2011.
63 So Joannès/Lemaire 1999, 26.
64 Hdt. IV 204; s.o. im Kapitel 4.
65 S.o. im Kapitel 15.
66 Frahm 1997, 116–8; den Text habe ich schon im Kapitel 6 angeführt.
67 Der Begriff bezeichnete aus dem ägäisch-kleinasiatischen Raum stammende Menschen. S.o. im Kapitel 9.
68 In den assyrischen Rechtsurkunden werden Schreiber mit westsemitischen Personennamen erwähnt: „[...] Mu-ṣu-ra-a-a; Ḫu-u-ru, Ṣu-u-a-ṣu and Ni-ḫar-a-u are referred to as Egyptian scribes" (Nach ADD 851 zitiert in Oded 1979, 100).
69 Oded 1979, XI–XII.

nennamen nach um Deportierte oder deren Nachfahren handeln könnte.[70] Spezialisierte Handwerker erscheinen häufig im Zusammenhang mit Bauprojekten, dem Wiederaufbau ganzer Städte oder von Stadtmauern. Beispielsweise wurden Tischler und Töpfer zu Bauprojekten nach Dur Šarrukin geschickt, wie im Brief ABL 1065 an Sargon II. oder in RCAE III 241 („[...] the carpenters, the potters, ... let them assemble, let them come ... the prisoners to (?) Dur-Sharrukin") zu lesen ist.

Ein Vergleich mit der spätbabylonischen Zeit zeigt, dass König Nebukadnezar II. nicht nur die Elite, sondern auch Handwerker aus Jerusalem für seine Bauvorhaben in Babylon deportierte:

> II Kn 24, 15–16:[71]
> Und Jehojachin führte er nach Babel in die Verbannung, und auch die Mutter des Königs, die Frauen des Königs, seine Kämmerer und die Starken des Landes ließ er in die Verbannung gehen, von Jerusalem nach Babel. Und auch alle Krieger, siebentausend, und die Schmiede und die Metallarbeiter, tausend, alle kriegstüchtigen Helden, sie brachte der König von Babel in die Verbannung nach Babel.

Aber nicht nur Spezialisten wurden deportiert, sondern auch Personengruppen, die dort eingesetzt wurden, wo nichtspezialisierte Arbeitskräfte dringend gebraucht wurden. Z. B. benötigte Sanherib Arbeitskräfte zur Erweiterung der Stadt Ninive, wie in einer Inschrift, die die ersten Bauarbeiten des Königs in der Stadt registriert, zu lesen ist.

> OIP 2, 96, ZZ. 71–2:[72]
> The people of Chaldaea, the Aramaeans, the Mannai, (the people) of Kue and Hilakku, who had not submitted to my yoke, I snatched away (from their lands), made them carry the basket and mold bricks. I cut down the reed marshes which are in Chaldaea, and had the men of the foe whom my hands had conquered drag their mighty reeds (to Assyria) for the completion of its work.

Und so leisteten beispielsweise deportierte Kriegsgefangene al Arbeitskräfte einen großen Beitrag beim Wiederaufbau der Stadtmauer von Kalchu (Nimrud) unter Aššurnasirpal II.[73]

Um zusammenzufassen: neuassyrische und neubabylonische Deportationen hatten, wie die achaimenidischen, einerseits strategische bzw. politische Ziele, andererseits rein ökonomische, wie etwa, die Entwicklung einiger Regionen zu fördern und dem König Unterstützung bei Bauprojekten zu leisten.

---

70 = NWL; dazu Fales 1990.
71 Übers. Deutsche Bibelgesellschaft 1982. Text: *15 wayyeḡel ʾet-yəhwōyāḵîn bāḇelā wəʾet-ʾēm hammeleḵə wəʾet-nəśê hammeleḵə wəʾet-sārîsāyw wəʾēt ʾêlê hāʾāreṣ hwōlîḵə gwōlā mîrûšālaim bāḇelā: wəʾēt kāl-ʾanəšê h*ʰ*ḥayil šiḇəʿat ʾălāfîm wəheḥārāš wəhammasəgēr ʾelef hakōl gibwōrîm ʿōśê milḥāmā wayəḇîʾēm meleḵə-bāḇel gwōlā bāḇelā.*
72 Übers. OIP 2. Text: *te-ne-šit [ᴵKal]-di ᵃᵐA-ra-mu ᴵMan-na-ai ᴵṣu-e ù ᴵHi-lak-ku ša a-nani-ri-ia la kit-nu-šu as-su-ḫa-am-ma dup-šik-ku ú-ša-aš-ši-šu-nu-ti-ma il-bi-nu libitta a-pi ku-pi[-e šá] kirib Kal-di ak-šit-ma ap-pa-ri-šu-un šam-ḫu-ti i-na ba-ḫu-la-ti na-ki-ri ki-šit-ti kâtâ*ᵈᵘ*-ia ú-šal-di-da a-na e-piš šip-ri-ša.*
73 Mallowan 1966, 75 ff.

20.3 Der Status der Deportierten

Einzelne Umgesiedelte dürften einen Platz in der neuassyrischen Elite gefunden haben, weil aus den Quellen hervorgeht, dass einige Fremde bzw. ihre Nachkommen wichtige Rollen in der Verwaltung spielten. Sie standen in enger Verbindung zum Königshof und waren als Schreiber, Statthalter oder in der Verwaltung tätig. Sie arbeiteten im assyrischen Kernland, in den Residenzstädten und in den Provinzen. Z. B., „It has been suggested that Rabshakeh, the officer of Sennacherib, was a descendant of an Israelite deportee".[74] Viele Statthalter und Träger von Eponymen trugen ausländische Personennamen, manche von ihnen waren wohl auch Deportierte. Der Einsatz der Deportierten oder die Präsenz ihrer Nachkommen in der Elite des neuassyrischen Staates spricht für ihre hohe Position und ihr Ansehen in der Gesellschaft. Das widerspricht der Einschätzung, sie seien nicht in der Lage gewesen, Eingang in die Elite zu finden.[75] Und nicht nur die Tatsache, dass einzelne Deportierte Teil der Elite wurden, sondern auch die Anwesenheit von Deportierten in der assyrischen Armee weist auf ihre Integration in den assyrischen Staat hin. In den Inschriften Sargons liest man: „And the rebellious inhabitants of Carchemish who (had sided) with him, I led away as prisoners and brought (them) to Assyria. I formed from among them a contingent of 50 chariots, 200 men on horseback (and) 3,000 foot soldiers and added (it) to my royal corps" (ANET 285, ZZ. 72–6); oder: „A contingent of 200 chariots and 600 men on horseback I formed from among the inhabitants of Hamath and added them to my royal army" (ANET 285, ZZ. 33–37). Wie Röllig anmerkt, dürften die deportierten waffenfähigen Männer im assyrischen Heer als Hilfstruppen gedient haben; dabei dürfte das Prinzip angewandt worden sein, nach dem die Deportierten „in den ihrer Heimat räumlich entgegengesetzten Regionen stationiert wurden".[76]

Will man allgemein den Status der Deportierten erforschen, findet man ähnliche Schwierigkeiten wie für die achaimenidische Zeit: In den Quellen ist kein Wort darüber zu finden, was „Deportierte" bedeutet; vielmehr lassen sich verschiedene Begriffe im Zusammenhang mit Deportierten, wie ṣābū[77] oder nišū, finden.[78] Ersterer steht für Einwohner und Menschengruppen, der zweite hat eine eher militärische Bedeutung. Für Kriegsgefangene werden Termini wie šallatu[79], kišittu[80] oder ḫubtu[81] verwendet. Das sind Worte, die etwa die gleiche Bedeutung wie das Griechische αἰχμαλώτος[82] haben und bei der Bestimmung des Zustands der Deportierten nicht helfen können.

Auf den Reliefs werden Deportierte oft gefesselt dargestellt. Man muss nicht unbedingt Oded zustimmen, dass es sich in solchen Fällen um Mitglieder der Elite handelt, die der assyri-

---

74 So Oded 1979, 105.
75 So a. im Perserreich; s. o. in den Kapiteln 15; 18.
76 Rölling 1996, 106. Die ‚Bilingue von Karatepe' beweist, dass diese Umsiedlungspolitik von Azatiwada befolgt wurde, der eine Festung auf dem Karatepe im rauen Kilikien errichtete: „Ich unterwarf starke Länder im Westen (...) ließ sie herabsteigen, ließ sie sich ansiedeln an meinen äußersten Grenzen im Osten" (KAI 26 A I, ZZ. 18–21).
77 CAD 16 Ṣ s. v. „Gruppe von Menschen, Kontingent an Arbeitern, Truppe, Soldaten, Armee, Bevölkerung".
78 CAD 11 N 1 s. v. „1. Menschheit; 2. Einwohner, Bevölkerung; 3. Sklaven".
79 CAD 17 Š s. v. „Beute, Gefangene, Kriegsgefangene".
80 CAD 8 K s. v. „Beute, Kriegsgefangene, bezogen auf Gefangene und eroberte Völker".
81 CAD 6 Ḫ s. v. „Raub, Beute, Gefangene, Kriegsgefangene".
82 S. o. im Kapitel 17.

sche König besonders hart bestrafen wollte.[83] Die Bilder veranschaulichen nur den Moment der Bestrafung, in dem die Besiegten gefangen genommen werden. Es ist aber sehr unwahrscheinlich, dass sie nach der Gefangennahme grausam behandelt wurden, da der König kein Interesse daran gehabt haben dürfte, sie zusätzlich zu schwächen oder sogar umzubringen, bevor sie an dem von ihm bestimmten Ziel ankamen. Man darf davon ausgehen, dass die Deportierten soweit wie möglich in einem guten Zustand bis zur neuen Siedlung gebracht wurden, sodass ihr wirtschaftliches Potenzial ausgeschöpft werden konnte. Es wäre sinnlos gewesen, sie erst zu deportieren und dann umzubringen. Verwaltungs- und Rechtstexte zeigen, dass Deportierte einige Rechte wie die Assyrer genießen konnten: Beispielsweise das Recht, als Zeugen bei Gerichtsverfahren und Verträgen aufzutreten.[84] Ein von Bürgern Babylons an den assyrischen König adressierter Brief weist darauf hin, dass das Schutzprivileg jeder Stadt auch für Ausländer bzw. Deportierte galt: „the privileged status (*kidinnūtu*) of every man entering the city, no matter who he may be, is established."[85] Tributabgaben wurden von neuassyrischen Königen sowohl von den einheimischen Assyrern als auch von den Deportierten verlangt, so wie diesen Beispielen aus der Zeit Tiglat-pilesers III. und den Inschriften Sargons zu entnehmen ist (z.B. Rost 1893, 149, Z. 27: „Kriegsgefangene von Kuti, Bīt-Sangibuti siedelte ich in der Stadt Til-Karmi an, zählte sie zu den Einwohnern des Reiches Aššur. Steuern (...) gleich den Assyrern [legte ich ihnen] auf", oder Lie 1929, 5, Z. 10: „ [...] who placed his functionaries as prefects over them and imposed tribute and tax upon them as if they were Assyrians").[86]

Wie schon erwähnt sind Deportierte unter den akkadischen Begriffen *ṣābū*, *nišū*, *šallatu*, *kišittu* oder *ḫubtu*[87] zu finden, aber kein Begriff steht ausschließlich für Deportierte. Die Tatsache, dass es keinen eindeutigen Terminus für sie gab, zeigt das Fehlen eines allgemeingültigen Status. Das könnte darauf hinweisen, dass die Deportierten individuell behandelt wurden, d.h., dass nicht alle den gleichen Status besaßen, aber es könnte auch bedeuten, dass ein Begriff unnötig war, weil sie vom Staat als normale Staatsbürger betrachtet und von der Gesellschaft nicht als ausgeschlossene Gruppe wahrgenommen wurden.

Alle Kriegsgefangenen waren ja Besitz des Königs, Kriegsopfer wurden als ‚Menschenbeute', die die siegreiche Herrschaft mit sich brachte, angesehen: Der König durfte über ihren Siedlungsort und ihre Aufgaben entscheiden. Es lassen sich aber keine Hinweise darauf finden, dass sie Sklaven wurden. Man muss hier berücksichtigen, dass die Anzahl der Sklaven in Mesopotamien immer recht gering gewesen sein dürfte und dass Sklaverei insbesondere im häuslichen Kontext bezeugt ist: Wenn auch einige Sklaven in einzelnen königlichen Projekten zum Einsatz gekommen sein dürften, hat es mit Sicherheit keine Massensklaverei gegeben.[88] Die Kriegsgefangenen können nicht als „chattel slaves" betrachtet werden, da sie nicht in den Palast- bzw. Tempelhaushalt integriert, sondern außerhalb dieser Bereiche angesiedelt wurden. Es wäre ein Fehler, sie als Sklaven zu definieren, auch wenn sie teilweise rechtlichen Einschränkungen unterlagen: Es ist z.B. wahrscheinlich, dass sie, zumindest anfänglich, nicht das Recht hatten, ihren Wohnort zu verlassen.[89] Ein Echo eines solchen Diktats kann in Jeremia gefunden werden: Die Gefangenen

---

83 Oded 1979, 35.
84 Oded 1979, 87–8.
85 Nach ABL 878 zitiert in Oded (1979, 89).
86 S.a. ARAB I, 281.
87 S.o.
88 Wunsch 2011. S.o. im Kapitel 16.
89 Dandamayev 1992b, 63.

hätten Jahwe darüber in Kenntnis gesetzt, dass die Gefangenschaft von langer Dauer sei, und er habe ihnen geraten, neue Häuser zu errichten, Gärten anzulegen, zu heiraten und Kinder zu zeugen.⁹⁰

Jedoch war Deportierten erlaubt, das vom Staat erhaltene Land weiterzugeben, sodass es im Familienbesitz verblieb: Das brachte mit sich, dass sie über Generationen und selbst dann, wenn es ihnen nicht mehr untersagt war, ihre Siedlung zu verlassen, am Ort blieben.⁹¹ Nach Galter dürften einige Deportierte sogar eigene Sklaven besessen haben: Das schließt endgültig aus, dass sie selbst Sklaven waren.⁹²

Aufgrund der verfügbaren Informationen geht man davon aus, dass Deportierte, von Ausnahmen abgesehen, keine Sklaven waren und dass sie viele der Rechte der Nicht-Deportierten besaßen.

20.4 Die Identität der Deportierten

Die Gefangenen wurden nach ihrem geographischen Herkunftsort gruppiert und umgesiedelt. Wie Oded unterstreicht, lässt sich die Formel „people, great and small, male and female" oft in Bezug auf Deportationsverfahren finden, und auf den Reliefs werden sowohl Männer als auch Frauen und Kinder dargestellt: Das weist darauf hin, dass Familien zusammenbleiben durften⁹³ („[...] and the order given by the king: „let them give their families back to them, so that the men will continue working; their mind is (attached) to their families" so in ABL 537).

Wie schon erklärt worden ist, war die Ansiedlung nach Familien und nach geographischer Zugehörigkeit eine erfolgreiche Strategie für den durchführenden Staat: Der gemeinsame Hintergrund muss den Deportierten ermöglicht haben, sich leicht in das neue Gebiet zu integrieren, und für den Herrscher hatte es den Vorteil, Menschen zur Verfügung zu haben, die sich schnell im neuen Gebiet einleben und effektiv für ihn arbeiten konnten. Das sich dadurch ergebende Wohlgefühl der Deportierten war mit einer Steigerung der Macht des Staates, der sich auf den Beitrag von loyalen Arbeitskräften verlassen konnte, verbunden.⁹⁴ Auch die Bibel weist darauf hin, dass die Judäer in Babylon in Familienverbänden verblieben: In den Büchern ‚Esra' und ‚Nehemia' werden die Geschlechter aufgeführt, die am Ende der Exilzeit wieder in die Heimat zurückkehren.⁹⁵

Das neuassyrische Königreich war ein multiethnischer Staat, ein Territorium mit Grenzen, welche auszudehnen die Aufgabe des Königs war. Die neueroberten Gebiete wurden dann Teil des sog. Landes Aššur. Nach der königlichen Ideologie stand das Land Aššur im Zentrum des Universums, und all jene Gebiete, über die der König herrschte, waren Teil des Landes. Sobald ein Territorium in das Provinzsystem integriert wurde, gehörte es zusammen mit seinen Einwohnern zum assyrischen Reich und die unterworfenen Völker wurden zu Assyrern.⁹⁶ Im Gegensatz

---

90 Jer 10, 4.
91 Oded 1979, 99.
92 So Galter 1988, 281.
93 Oded 1979, 23.
94 S. o. im Kapitel 15.
95 Esr 2, 59; Neh 7, 61.
96 Parpola 2004b, bes. 11–5.

dazu weist keine Quelle darauf hin, dass die unterschiedlichen Völkerschaften, die das Perserreich bewohnten, zu Persern wurden. Die assyrische königliche Ideologie besaß einen ‚nationalistischen' Charakter, der potenziell mehr Platz für die königliche Einmischung in das Leben und die Kultur seiner Untertanen ließ.

Der Begriff *aššurû* „Assyrian, from the city of Assur"[97] kennzeichnete alle Einwohner Assyriens als Assyrer, die somit eine gemeinsame politische Identität teilten. Im 1. Jt. v. Chr. wurde die assyrische Elite immer internationaler: „aus einem ethnisch homogenen Stadtstaatensystem entwickelte sich das assyrische Reich zu einem multiethnischen Staatengebilde".[98] Die assyrischen Könige, anders als die Achaimeniden, unterstreichen nicht gerne die ‚ethnische' Diversität der Reichsbevölkerung. Die Deportierten werden z. B. von Šalmanassar III. (859–834 v. Chr.) in der Inschrift am Bronzetor von Balawat zu den Menschen seines Landes dazugerechnet: „Ich, Salmanassar, der mächtige König (…) 40.000 4000 400 kräftige Soldaten schleppte ich aus ihren Ländern fort und zählte sie zu den Leuten meines Landes…."[99]

Die Formel „zu den Menschen des Landes Assyrien rechnete ich sie" wurde seit Tiglat-pileser I. (1114–1076 v. Chr.) in den Inschriften im Zusammenhang mit Deportierten verwendet. Auch Aššurdan II. (934–911 v. Chr.) und Šamši-adad V. (823–811 v. Chr.) verwendeten in den Provinzen diese Formel bei Deportierten (in einem Beispiel aus der Zeit Aššurdans, Weidner 1926, 156, ZZ. 31–32: „[…………..die üb]rigen von ihnen schleppte ich fort, in ..[…] [………zum Gebie]te des Landes Assyrien rechnete ich sie").

Nach Tiglat-pileser III. (745–726 v. Chr.) kam es zu einer Art Wettbewerb zwischen den assyrischen Königen: Jeder wollte durch neu eroberte Territorien beweisen, dass er besser als der Vorgänger sei.[100] Insbesondere nach den Siegen Sargons II. (721–705 v. Chr.)[101] bekommt man den Eindruck, dass sich die Lage der Minderheiten in einzelnen Fällen verschlechtert hatte. Anzeichen dafür sind in unseren Quellen gefunden worden: Z. B. ist nach Sargon II. (721–705 v. Chr.) die Formel „zu den Menschen des Landes Assyrien rechnete ich sie"[102] nicht mehr überliefert. Man darf aber nicht im Namen eines *argmentum ex silentio* die Lage missverstehen. Sicherlich brachte die Ausdehnung der Grenzen neue Herausforderungen, die gemeistert werden mussten, und ließ mehr Raum für Unruhen und Rebellionen, gegen die der König Widerstand leisten musste, um die Einheit seines Reichs zu erhalten. Dies erklärt auch einige Maßnahmen der Religionspolitik der Zeit. In den Quellen wird die Wegführung von Götterbildern[103] fremder Völkerschaften erwähnt (so in ANET 283, ZZ. 1–34: „and I (scil. Tiglat-pileser III.) placed (?) (the images of) my […gods] and my royal image in his own palace…and declared (them) to be (thenceforward) the gods of their country").

Nach II Kn 16, 18 führte Ahas, der König von Juda, „wegen des Königs Assyriens" ein paar Änderungen im Tempel von Jerusalem durch, nachdem er sich Tiglat-pileser III. in Damaskus im Jahre 732 v. Chr. unterworfen hatte; er errichtete im Heiligtum auch einen neuen Altar.

Der assyrische König markiert das neu eroberte Territorium mit seinem Bildnis, wie in einer Inschrift Tiglat-pilesers, die auf die Eroberung von Gaza Bezug nimmt, zu lesen ist (Tadmor[2]

---

97 CAD A 2, 471.
98 So Rolfes 2010, 21.
99 ARAB I, 617 = RIMA 3, 102. S.a. Unger 1913. Die gleiche Formel in ARAB I, 277.318.487.508.516.621.
100 Dazu: Tadmor 1999, passim.
101 Zur Vergrößerung des assyrischen Reichs: Bagg 2011; Lanfranchi 2011.
102 So Rolfes 2010, 22; s.a. Oded 1979, 90–1.
103 Zu der Wegführung von Götterbildern: Schaudig 2012.

2008, 222–30 III: „As to Hanūnu of Gaza (who had escaped to Egypt), [I took] his possessions and [his] gods. I made an image of the (great) gods, my lords, and a golden image showing me as king (on one royal stele?). [I set (the stela / stelae) up] in the palace of the city of Ga[za], and I counted (the stela / stelae) among the gods of their country").

Die Theorie der Einmischung der Assyrer in die Kulte der Minderheiten stammt von Olmstead[104] und wurde auch von Oestreicher übernommen, der die Reformen Josiahs als anti-assyrische Maßnahmen interpretierte.[105] Diese Sichtweise ist auch von Jagersma in seiner Geschichte Israels akzeptiert worden,[106] während sie von Cogan[107] und McKay[108] verworfen wurde. Beide unterstreichen, dass weder die Bibel, noch assyrische Quellen belegen, dass die Verehrung der assyrischen Götter unter Zwang durchgesetzt wurde.

In Kapitel 18 der Arbeit kam ich zu dem Ergebnis, dass die achaimenidischen Deportierten, sowie all die Minderheiten im Perserreich ihre Identität und ihre Traditionen bewahren konnten; unter den letzteren ist auch die Religion zu fassen.[109] D.h. aber nicht, dass die Perser grundsätzlich religiös toleranter als die Assyrer waren, sondern nur, dass es von den Perserkönigen als weniger nötig empfunden wurde, die Maßnahmen zu betonen, die diese Freiheit einschränkten. In den polytheistischen Religionen der antiken Reichen findet man keine religiöse Intoleranz, und Maßnahmen, die sich einschränkend auf die religiöse Freiheit von Fremden auswirken konnten, haben bei ihnen nur politische Ziele, die im Fall der altorientalischen Reiche darin bestanden, Rebellionen zu vermeiden und den Staat zu konsolidieren. Es wird in den assyrischen Quellen nie erwähnt, dass der Kult von Aššur den Unterworfenen aufgezwungen wurde. Was die assyrischen Könige bezweckten, war, zu zeigen, dass ihr Gott der stärkste war, weil sie dadurch ihre Handlungen legitimieren konnten. Die Zerstörung der Tempel, das Wegführen von Statuen oder das Durchsetzen von Tributen im Namen des Tempels von Aššur diente als Beweis dieser Stärke und war im Alten Orient üblich.[110] Gegen ein weit verbreitetes Vorurteil, nach dem die Assyrer besonders grausam gewesen sein, schreibt Fuchs: „Das assyrische Reich scheint sich in seinen Methoden (...) nicht wesentlich von seinen Nachbarn unterschieden zu haben".[111]

Auch der Perserkönig nahm bei seiner Legitimierung Bezug auf Ahura Mazda, den Hauptgott des iranischen Pantheons, und die Achaimeniden zerstörten Tempel und führten Götterbilder mit sich fort: Wie schon erwähnt ist die Plünderung der reichen Heiligtümer Bestandteil der orientalischen Prozedur bei der Eroberung einer Stadt,[112] sodass nicht unbedingt nach weiteren Gründen für die persische Politik zu suchen ist, etwa die in den ‚Historien' immer wieder unterstellte Absicht, Tempel niederzubrennen[113]. Die Zerstörung bzw. das Wegnehmen der Statue heißt aber nicht, dass der Kult mit einer neuen Statue bzw. der Rückführung des alten Bildes nicht wiederbelebt werden konnte. Die Untertanen waren verpflichtet, Güter an den Tempel Aššurs zu liefern, genauso wie die unterworfenen Völker dem umherziehenden Perserkönig Ga-

---

104 Olmstead 1908, 171; ders. 1918, 757–8; ders. 1931, 452.
105 In II Kn 22–3; so Oestreicher 1923, 35–7.
106 Jagersma 1982, 59.163.
107 Cogan 1974, 42–61.
108 Mc Kay 1973, 45–59.
109 S. o. im Kapitel 18.
110 Rivaroli/Scialanca 2009.
111 Fuchs 2009, 66.
112 S. o. in den Kapiteln 6 und 4.
113 Dazu: Wiesehöfer 2014.

ben zukommen ließen. Das bedeutet allerdings nicht, dass der Kult fremder Götter durch den Kult Aššurs oder Ahura Mazdas ersetzt wurde. Spieckermann hat betont, dass eine Reihe von assyrischen Inschriften der Meinungen Cogans und McKays widersprächen, die in der Tat eine gewisse königliche Einmischung in die lokalen Kulte belegten, wie die schon erwähnte Aufstellung von Stelen mit dem Bild des Königs und die Anbringung von Göttersymbolen im Palast des Königs von Gaza.[114] Mit van der Spek ist aber darauf zu verweisen, dass assyrische Tempel nicht in eroberten Gebieten errichtet und dass die lokalen Heiligtümer nie in assyrische Tempel umgewandelt wurden.[115]

Die Religionspolitik der Assyrer unterschied sich prinzipiell nicht von derjenigen der Achaimeniden. Auch die Perser mischten sich in religiöse Belange dann ein, wenn sie es als politisch nötig empfanden.[116]

Die Tatsache, dass die letzten neuassyrischen Herrscher ‚nur' damit beschäftigt waren, die Einheit ihres inzwischen riesigen Reichs zu fördern, wird auch dadurch unterstrichen, dass das Aramäische zur *lingua franca* des Reichs wurde.[117] Dies blieb es auch unter den Achaimeniden, nicht wegen deren persönlicher Entscheidung, sondern, weil es durch die neuassyrische Sprachpolitik die im Reich am meisten verbreitete Sprache geworden war.[118] Mit der Erweiterung der Grenzen des neuassyrischen Reiches wurde das Aramäische zu Beginn des 7. Jhs. v. Chr. beinahe zur einzigen Sprache, die in der offiziellen Kommunikation verwendet wurde und so zum zentralen Merkmal der assyrischen Identität,[119] sodass die Griechen später die Sprache und die Schrift mit der assyrischen Kultur gleichsetzten.[120]

---

114 Spieckermann 1982, 320–72.
115 Van der Spek 2014.
116 S. o. im Kapitel 18.
117 Parpola 2007, 261–266.
118 Dazu: Wiesehöfer 2016b, 129. S. a. o. im Kapitel 18.
119 Nachdem ihre Sprecher zunächst negativ gesehen worden waren. Hier ein Beispiel für die negative Wahrnehmung zur Zeit Sargons II.: „In that desert country Aramaeans and Suti, tent-dwellers, fugitives, treacherous, a plundering race […]" (Gadd 1954, 193, ZZ. 57–59).
120 So Parpola 2007, 262.

21. Deportierten die Perser anders als ihre Vorgänger in der Herrschaft?

Die neubabylonischen Könige dürften, wie die Perser später, auch nur Teile von Bevölkerungsgruppen deportiert haben. So führte Nebukadnezar das erste Mal zwar gefangene Judäer nach Babylon, ließ aber viele andere zurück, die noch jahrelang in der unzerstörten Stadt lebten.[1] Als die Babylonier erneut wegen eines Aufstands gegen Jerusalem zogen, zerstörten sie die Stadt und den Tempel und deportierten nochmals Bevölkerungsteile nach Babylon.[2] Auch in diesem Fall dürfte aber nicht die ganze Bevölkerung deportiert worden sein. Der Großteil verblieb in Judäa: „The main conclusion from the archaeological excavations and surveys is that there was a continuation of settlement in this region during the 6th and 5th centuries b.c.e. – that is, from the late Iron Age to the Babylonian and then to the early Persian periods".[3]

Was die neuassyrische Zeit angeht, findet man aber besonders für die Zeit ab Tiglat-pileser III. in unseren Quellen größere Deportiertenzahlen, die von den Historikern als veränderte Strategie der neuassyrischen Könige im Sinne des Wegführens von großen Menschenmassen, wenn nicht sogar ganzer Völkerschaften interpretiert wurde. Als Beispiel für solche Quellen können verschiedene Passagen der ‚Annalen' Tiglat-pilesers III. gelten, wie z. B. die folgende:

Tadmor[2] 2008, 44–5:[4]
I exercised authority over [... from] the cities Dūr-(Kuri)galzu, Sippar of the god Šamaš, [...], the (tribes) Na]sikku, Naqru, (and) Tanê, the city Kala'in, the Šumandar canal, [the city Pa]ṣitu of the (tribe) Dunanu, the land Qirbutu, [... the (tribe) Adi]lê, the land Būdu, the city Paḫḫaz, the land Qin-Nippur, (and) the cities [of Kar]duniaš (Babylonia) as far as the Uqnû River, [which are on the shore of the Lo]wer [Sea]. I anne[xed] (those areas) to Assyria (and) placed a eunuch of mine as [provincial governor over them].
[From] those [Ara]means whom I deported, (10) [I distribut]ed (and) settled [... thousand to the province of] the *turtānu*, 10,000 (to) the province of the palace herald, [...] thousand (to) the province of the chief cupbearer, [... thousand (to) the province of the land] Barḫa(l) zi, (and) 5,000 (to) the province of the land Mazamua.

---

1 II Kn 14, 8–17. Zu den Deportationen der Judäer nach Babylonien s. nun: Alstola 2020.
2 II Kn 24, 20; ebda. 25, 8–10.
3 So Lipschits 2015, 247. S. a. schon ders. 1999, 180–4; ders. 2005, 245–49.
4 Text: [...] ⸢aḫ⸣-re-e-ma i-na qer-bé-e-šá ú-šaḫ-bi-ba A.MEŠ nu-uḫ-⸢še⸣ [...ul-tu] ⸢URU⸣.BÀD-gal-zi URU.si-par šá ᵈšá-maš [... LÚ].⸢na⸣-sik-ki LÚ.na-aq-ri LÚ.ta-né-e URU.ka-la-in ÍD.šu-ma-an-da-⸢ar⸣ [URU.pa]-⸢ṣi⸣-tú šá LÚ.du-na-ni KUR.qi-ir-bu-tu [... LÚ.a-di]-le-e KUR.bu-ú-du ⸢URU⸣.pa-aḫ-ḫa-az KUR.qi-in-NIBRU URU.MEŠ [šá KUR.kar]-du-ni-áš a-di lib-bi ÍD.uq-né-e [šá a-aḫ tam-tim šap]-⸢li⸣-te a-bél a-na mi-[ṣir] ⸢KUR⸣ aš-šur GUR-ra LÚ.šu-ut SAG-ia ⸢LÚ⸣.[EN.NAM UGU-šú-nu] ⸢áš⸣-kun TA lib-bi UDU.NÍTA.MEŠ MÁŠ.MEŠ-šú-nu [šá šat-ti šam-na] ⸢a⸣-sab-ba-ta 2 ME 40 UDU.NÍTA.MEŠ ⸢kad-re⸣-e ⸢a⸣-na aš-šur EN-ia ar-⸢ku⸣-[u sul-tu LÚ.a-ri]-⸢mi⸣ šu-a-tu-nu ša áš-lu-la [x (x) LIM NAM] ⸢LÚ.NÍMGIR ÉGAL [x (x)] LIM NAM LÚ.GAL.⸢BI.LUL⸣ [x (x)] LIM NAM KUR].ba-ar-ḫa-zi 5 LIM NAM KUR.ma-za-mu-a [ú-pa-ar-ri⸣]-is-ú-še-šib pa-a 1-en ú-šá-áš-kin-šu-nu-⸢ti it⸣-ti UN-MEŠ [KUR aš-šur am-nu-šu-nu-ti GIŠ].ni-ri aššur EN-ia ki-i ša [ina tar-ṣi LUGAL.MEŠ-ni AD] ⸢MEŠ⸣-ia ar-bu-tu il-[li-ku].

I united them, [considered them] as inhabitants of [Assyria, (and) imposed] the yoke of (the god) Aššur, my lord, [upon them] as Assyrians. (As for) the abandoned settlements on the periphery of my [land] that had bec[ome] desolated [during the reign(s) of (previous) kings], my [ancestor]s (...).

Die Quellen belegen auch folgendes Phänomen: Menschen wurden in Gebiete gebracht, aus denen andere zuvor deportiert worden waren. Die in den entvölkerten Gebieten angesiedelten Menschen waren meistens Assyrer. Das wurde so interpretiert, dass der König sich dank dieser Assyrer eine schnelle ‚Assyrianisation' der neuerworbenen Gebiete gesichert habe.[5]

ANET 284, ZZ. 51–65:[6]
I (scil. Sargon II.)[7] swept away the land of Hamath, with all its territory, like a flood. I brought Yau-bi 'di, their king, in fetters, together with his family and [his] fighters and (other) captives from his land to Assyria. 200/300 chariot (crew)s and 600 cavalry, bearers of shields and lances I gathered together from among them and added to my royal contingent. I settled in the midst of the land of Hamath 6,300 Assyrians who had committed crimes. I appointed a eunuch of mine over them to serve as provincial governor and imposed upon them tribute and taxes.

Was die teispidisch-achaimenidischen Deportationen betrifft, erwähnt eine griechische Quelle aus einem bestimmten Grund, dass ein Stadtgebiert entleert worden sei. Es handelt sich um die Aussage Herodots, nach dem nach der Deportation durch Dareios I. 494 v. Chr. keine Milesier in Ionien verblieben seien, was jedoch nicht stimmen kann. Dem Autor war in diesem Fall wohl einfach nur an einer gewissen Dramatik gelegen.[8] In einer anderen Passage schreibt Herodot, dass Histiaios bekannt gewesen sei, dass Dareios die Phönizier nach Ionien und die Ionier nach Phönizien habe bringen wollen,[9] um so einen Bevölkerungsaustausch zu realisieren, wie er von ANET 284 präsentiert wird. Kein Argument spricht aber dafür, dass das in der Tat Plan des Großkönigs gewesen ist.

Deportierte stellten schon immer notwendige Arbeitskräfte dar: als Handwerker bei den königlichen Monumentalbauten, als Soldaten, als Arbeiter in der Landwirtschaft. Der politische Feind verwandelte sich in jemanden, der einen unbezahlbaren Beitrag für die Sicherheit und die Ökonomie des Reiches leisten konnte. Deswegen kam ein Verzicht auf die Spezialisten und die Arbeitskräfte, die durch Deportationen gewonnen werden konnten, für die neuassyrischen Könige nie in Frage; im Gegenteil, es ist möglich, dass durch das Wachstum des Territoriums der Bedarf an solchen Fremden sogar als größer als früher empfunden wurde. Es ist in der Tat möglich, dass

---

5 Zum Austausch s. a. o. Kapitel 20.2.
6 Text: KUR *a-ma-at-tu a-na paṭ g[im-ri-šá] a-bu-bi-iš as-p*[*u-un*] ᵐᵈ*ia-ú-bi-i'-di* LUGAL-*šú-nu a-di kim-ti-šú mun-da ḫ-ṣ*[*e-e-šú*] *šal-lat* KUR-*šú ka-mu-us-su a-na* KUR *aš-šur-ki ub-la 2 me (var.: 3 me)* ᵍⁱˢGIGIR.MEŠ 6 me ᵃⁿˢᵉ*pét-ḫal-lum (na-áš)* ᵍⁱˢ*ka-ba-bu* ᵍⁱˢ*az-ma-re-e i-na lìb-bi-šú-nu ak-ṣur-ma* UGU *ki-ṣir* MAN-*ti-ia ú-rad-di 6 lim 3 me* ˡᵘ́*aš-šur-a-a* EN *ḫi-iṭ-ṭi ina qé-reb* KUR *ḫa-am-ma-ti ú-še-šib-ma* ˡᵘ́*šu-ut*–SAG-*ia* ˡᵘ́EN–NAM UGU-*šú-nu áš-kun-ma bíl-tu ma-da-at-tu ú-kin* UGU-*šú-un.*
7 In den ‚Annalen' wird die Deportation aus Samaria Sargon II. zugeschrieben. Wahrscheinlich war der König Šalmanassar V. zu der Zeit schon tot (so Tadmor 1958); zu Sargon II. und Israel ausführlich: Frahm 2019.
8 S. o. im Kapitel 6.
9 Hdt. VI 3. S. a. o. im Kapitel 15.

ab der Zeit Tiglat-pilesers III. die Zahl der Deportierten tatsächlich stieg; es bleibt allerdings die Frage, ob es sich je um ein Massenphänomen gehandelt hat, wie unsere Quellen zu belegen scheinen. Es liegt m. E. die Vermutung nahe, dass der einzige Unterschied zwischen den Persern und den Assyrern der Charakter ihrer Herrschaftsideologie gewesen ist bzw. das, was sie ihren Untertanen schriftlich oder auch mündlich kommuniziert oder nicht kommuniziert haben.

Es sind theoretisch zwei mögliche Konstellationen denkbar: Entweder haben die Assyrer in der Darstellung und bei den Zahlangaben, besonders ab einem bestimmten Zeitpunkt, übertrieben oder die Perser (und vielleicht auch die neubabylonischen Könige?) haben Deportationen in einem viel größeren Maße praktiziert als wir glauben. Nachdem ich die achaimenidischen Deportationen untersucht habe, bin ich zu dem Schluss gekommen, dass die Großkönige immer relativ kleine Gruppen von Menschen deportiert haben. Außerdem haben sich die assyrischen Könige in Wort und Bild mit Stolz als Initiatoren von brutalen Strafaktionen und als gewalttätiger als ihre Gegner dargestellt. Die Erwähnung von Deportationen, die Tausende von Menschen betroffen haben sollen, passt zu diesem Bild. Deswegen dürften die assyrischen Quellen beim Thema Deportation übertrieben haben. Ebenso dürfte Histiaios' Behauptung keinen realen achaimenidischen Plan widerspiegeln. Da er die Ionier davon überzeugen wollte, gegen die Perser zu rebellieren, stellte er ihnen für den Fall, dass sie sich dem Aufstand verweigerten, eine extrem drastische Bestrafung vor Augen: Es handelt sich um eine *escamotage* des Histiaios, um die Ionier bei ihrer Ehre zu packen.[10] Der Unterschied zwischen assyrischer und persischer Kommunikation zwischen König und Untertanen wurde auch schon beim Thema ‚Identität' betont: Während die Achaimeniden sich stolz als Könige verschiedenster Völkerschaften präsentieren, sind die Untertanen der assyrischen Königen „Assyrer".

Zusammenfassend ist Folgendes festzuhalten: Die Perser zeigten sich in Praxis und Herrschaftsauffassung in Vielem als gelehrige Nachfolger der Herrscher des Neuassyrischen und des Neubabylonischen Reiches.[11] Vor allem dürften sie sich in ihrer Art und Weise zu herrschen und auch in ihrer Deportationspraxis nicht sehr von den Assyrern unterschieden haben. Allerdings wählten sie andere Wege der Kommunikation gegenüber ihren Untertanen, ohne die assyrische *exageratio*. Man muss Fuchs zustimmen: „Es (...) hat seinem Nachruf dadurch unendlich geschadet, dass die assyrischen Könige – eben im Unterschied zu sumerischen und babylonischen Herrschern (und auch zu den Achaimeniden!, die Verf.) – darauf bestanden haben, ihre Erfolge und Methoden auf reichlich penetrante Weise in Wort und Bild zu verewigen".[12]

So betonte etwa die achaimenidische Königsideologie stärker die Zusammenarbeit zwischen dem König bzw. der persischen Bevölkerung und den ‚ausländischen' Völkerschaften und unter diesen auch den Deportierten: Der Großkönig nutzte fremde Traditionen, um sein Reich visuell so multikulturell wie möglich darzustellen, und die Tatsache, dass viele unterschiedliche Kulturen im Reich beheimatet waren, wurde als ein Element der Stärke ausgegeben und wohl auch so empfunden.[13] Der assyrische König präsentiert sich dagegen als derjenige, der die ‚Assyrianisierung' seiner Untertanen anstrebte.[14] Die Untertanen des Perserherrschers spielten in der königlichen Ideologie eine derartige Rolle nicht. Obwohl der König „König in Persien" ist und sowohl

---

10 S. o. im Kapitel 15.
11 S. a. schon Alstola 2020, 257: „The aims of Babylonian deportations were similar to their Assyrian counterparts".
12 So Fuchs 2009, 65.
13 S. o. im Kapitel 18.
14 S. etwa Parpola 2007, bes. 257–9.

die Dynastie, als auch die Mehrheit der Elite ursprünglich aus Persien kommt, wird das Reich in unseren Quellen nie das Land Persien genannt, und in den Inschriften dient der Bezug auf Persien und Anšan nur als Bestätigung, dass der König der legitime Herrscher sei. In der Praxis waren die Perser und die assyrischen Könige ähnlich ‚tolerant': Sie mischten sich in religiöse bzw. kulturelle Angelegenheiten nur ein, wenn diese in ihren Augen potentielle politische Gefahren in sich bargen.

Deportationen wurden von den Perserkönigen nie als drastische Stabilitätsmaßnahme angesehen. Es kam nie zu dem Punkt, an dem ganze Völkerschaften deportiert wurden. Das gilt auch für die Deportationen unter der Herrschaft Dareios' I., als die Reichsgrenzen in alle Himmelsrichtungen verschoben wurden und das Reich seine größte Ausdehnung erfuhr. Um prestigeträchtige Baumaßnahmen realisieren zu können und zur Stabilisierung der Grenzgebiete wurden zahlreiche Ausländer, darunter auch Deportierte, zur Arbeit verpflichtet. Dies geschah wegen Arbeitskräftemangels und auch, um neu eroberte oder bedrohte Gebiete abzusichern und ökonomisch zu nutzen bzw. zu stärken. Eine Deportation dürfte nie mehr als einige Hundert Menschen betroffen haben. Und das gleiche dürfte auch für die neuassyrischen und neubabylonischen Deportationen gelten. Die besondere Grausamkeit, die die ältere Forschung den Assyrern zugeschrieben hat, spiegelt sich nicht im Urteil der Zeitgenossen wider. „Das assyrische Reich scheint sich in seinen Methoden also nicht wesentlich von seinen Nachbarn unterschieden zu haben".[15] Dies gilt auch für die Deportationspraxis. Achaimeniden und Assyrer waren sich hier höchstwahrscheinlich viel ähnlicher als bisher angenommen wurde, und sicherlich waren letztere nicht grausamer als erstere.

---

15 So Fuchs 2009.

Schlusswort

Das Ziel meiner Studie ist es gewesen, etwas Licht auf das Phänomen der Deportationen in teispidisch-achaimenidischer Zeit zu werfen. Es war möglich, einige Schlussfolgerungen zu ziehen, die ich hier in den wesentlichen Punkten noch einmal zusammenfasse.

Die *conditio sine qua non* für eine Deportation war die Tatsache, dass die Praxis rechtlich als legitim angesehen werden konnte. In der Antike konnte in der Tat ein Mensch ebenso wie das Land speererworben sein, und theoretisch war die gesamte Bevölkerung eines eroberten Gebietes Kriegsbeute, über die der Sieger nach Belieben verfügen konnte. Die Phase, die einem Sieg folgte, bestand aus dem Gewinnen von ‚Reichtümern': Reichtümern von Heiligtümern; des Landes; der Bevölkerung.[1] Die Deportation wurde durch das Recht des Siegers legitimiert: Die besiegte Bevölkerung war seiner Herrschaft unterworfen und konnte auch weggeführt werden. Deswegen ist die Deportation von Bevölkerungsgruppen als eine legitime Phase des Eroberungsprozesses einer Stadt bzw. eines Landes anzusehen.[2] Ein zusätzliches Element, das die persischen Deportationen legitimiert, ist in der persischen königlichen Ideologie zu finden, nach der der König die Person ist, die sowohl materielle Güter, als auch Menschen an den ihnen zukommenden Platz stellt.[3]

Die Feinde im Krieg bzw. die Untertanen, die sich als illoyal erwiesen haben, haben sich schuldig gemacht, und ihre Bestrafung wird in Form einer Deportation realisiert. Aber das Bedürfnis, Feinde zu bestrafen, kann allein keine Deportation begründen. Es muss die politische Autorität extrem viel Energie, Geld und Zeit gekostet haben, Barkäer aus Nordafrika bis nach Baktrien, ins heutige Nord-Afghanistan bzw. Süd-Usbekistan, Milesier bis zum Persischen Golf und Eretrier bis nach Kissien im Südwesten Irans zu bringen, um nur einige Beispiele zu nennen. Wenn es das einzige Ziel gewesen wäre, Menschen zu bestrafen, hätte man sicher zu weniger aufwändigen Mitteln gegriffen.

Deswegen muss man, um die Frage nach den Deportationsabsichten beantworten zu können, beachten, was mit den Deportierten nach ihrer Ankunft in ihrer neuen Heimat jeweils geschah. Nach dem erzwungenen Wohnsitzwechsel kam es zu ihrer kollektiven Ansiedlung an im Voraus bestimmten Orten. Deportierte dürften in den meisten Fällen in Dörfern gewohnt haben, die in der Nähe einer Stadt lagen. Besonders der Fall der Karer in Borsippa hat es ermöglicht anzunehmen, dass sie wahrscheinlich zunächst privaten Arbeitgebern unterstellt waren und später erst öffentliche Aufgaben übernahmen.[4] Eine derartige Prozedur hätte demnach zum Ziel gehabt, sie vor Ort kontrollieren zu können und sie mit den zu einem späteren Zeitpunkt zu übernehmenden Aufgaben vertraut zu machen. Aus demselben Grund dürfte ethnische oder kulturelle ‚Verwandtschaft' mit Personen, die die Zielregion der Deportierten bewohnten, mindestens in einigen Fällen eine Rolle bei der Wahl der Siedlung gespielt haben. Im Fall der Paionen liegt z. B. die Vermutung nahe, dass Dareios Phrygien innerhalb seines Reichs als natürliche Adresse für

---

1 S. o. im Kapitel 6.
2 S. o. im Kapitel 15.
3 S. etwa DB § 14 E–L.
4 S. o. im Kapitel 3.

die Deportierten aus Thrakien ansah, da diese Region und Phrygien einen verwandten kulturellen Kontext besaßen.[5] Die ‚Verwandtschaft' mit den Phrygern hätte es den Deportierten erlaubt, sich leicht in das neue Gebiet zu integrieren, und dem Großkönig, über Menschen zu verfügen, die sich nicht nur schnell im neuen Gebiet einleben, sondern auch effektiv für ihn arbeiten konnten. Aus demselben Grund blieben Familien zusammen, und es wurde ihnen erlaubt, die eigenen Sitten zu bewahren.[6] Die Tatsache, dass karische Gemeinschaften schon vorher in der Region von Borsippa anwesend waren, dürfte z. B. Kambyses dazu bewogen haben, die von ihm deportierten Karer ebenfalls dort anzusiedeln.[7]

Die Deportation von Aufständischen und besiegten Feinden war eine Maßnahme, die von Perserkönigen immer wieder zur Sicherung von Ruhe und Ordnung im Reich angewandt wurde. Berücksichtigt man die Gebiete, die als Siedlungsort für Deportierte dienten, wird einem klar, dass neue von Deportierten bewohnte Ansiedlungen teilweise dazu gedacht waren, ein Gebiet vor der ‚Außenwelt' zu schützen und die Kontrollmaßnahmen des Zentrums durch den Beitrag der Peripherie zu stärken. Deportationen spielten aber auch eine bedeutende Rolle in der ökonomischen Entwicklung des Perserreichs, wie der Fall Elam zeigt, das auch dank des Beitrags erfahrener Seeleute wie der Milesier in eine Seeprovinz umgewandelt wurde.[8] Oft suchte sich der Großkönig als Deportierte Personen aus, die er wegen bestimmter Fähigkeiten schätzte. Spezialisierte Handwerker konnten bei vielen Bauprojekten extrem hilfreich sein. Aber selbst nichtspezialisierte Handwerker konnten einen Platz als Arbeitskräfte in denselben Projekten finden.[9] Die Oberschicht eines feindlichen Staates konnte Opfer einer Deportation werden, wenn der König sie politisch und militärisch lähmen wollte. Wie im Fall des ägyptischen Königs,[10] den Ktesias Amyrtaios nennt, der zusammen mit einem Teil seiner Bevölkerung deportiert worden sein soll, hatte die Deportation der illoyalen bzw. feindlichen Herrscher und Eliten das Ziel, sie zu bestrafen und in harmlose Freunde zu verwandeln. Zusätzlich wird die endgültige Kontrolle eines Territoriums abgesichert, indem zukünftige Widerstandsbewegungen verhindert werden.

In meiner Arbeit konnte ich erklärungsbedürftige Elemente des Deportationsphänomens in einem größeren Kontext besser verstehen lernen und zugleich mit einigen hartnäckigen ‚Mythen' aufräumen. Als ich angefangen habe, mich mit dem Thema Deportation zu beschäftigen, war mir nicht klar, wie Deportationen sich von anderen Phänomenen wie Migrationen oder Exilierung eindeutig unterscheiden lassen. Schuld daran war auch die Tatsache, dass das Wort „Deportation", sowohl heutzutage als auch schon in der Antike, verwendet wurde und wird, um sehr unterschiedliche Phänomene zu beschreiben. Ein gutes Beispiel dafür ist die römische *deportatio in insulam*, unter der keine Deportation im heutigen Sinne zu verstehen ist. Auch in solchen Fällen der *deportatio in insulam*, in denen der Zielort dem Opfer bestimmt ist, ist es wie für all die anderen Vertreibungen und Exilierungen das Ziel des durchführenden Staates nicht, die Opfer auf dem eigenen Territorium unter Aufsicht zu halten, sondern im Gegenteil, sie aus dem eigenen Gesichtskreis zu entfernen. Daher ist der Ausdruck als „Verbannung auf eine Insel" zu übersetzen, wie schon in der ‚Einleitung' betont wurde. Die Umsiedlung in ein Gebiet, welches

---

5 S. o. im Kapitel 5.
6 S. u. im Kapitel 18.
7 S. o. im Kapitel 3.
8 S. o. im Kapitel 6.
9 S. o. im Kapitel 15.
10 Kapitel 2.

vom die Deportation durchführenden Staat kontrolliert wird, und die ‚Unfreiwilligkeit' sind die Deportationskennzeichen *par excellence*. Bei einer Deportation wird der Ort der Umsiedlung immer im Vorwege bestimmt, und die Opfer verbleiben innerhalb der Grenzen des die Deportation durchführenden Staates. Das hat den Schluss zugelassen, dass Deportation nicht nur als eine Strafmaßnahme aufzufassen ist, sondern als eine Praxis, die mehrere Ziele verfolgt.[11]

Nachdem ich den Begriff ‚Deportation' definiert und angefangen hatte, die Fälle zu analysieren, musste ich feststellen, dass mein Arbeitstitel, der ‚Massendeportationen im Achaimenidenreich' lautete, unzutreffend war. Ein solcher Titel, durch den ich ausdrücken wollte, dass das zu untersuchende Phänomen große Gruppen und z. T. Völkerschaften betrifft, kann weder die teispidisch-achaimenidische noch generell die altorientalische Deportationspraxis beschreiben.[12] Es wurde in einigen Fällen der Versuch gewagt, mit den wenigen verfügbaren Informationen etwas Licht auf die Frage der Deportiertenzahl unter den Achaimeniden zu werfen. Diese Fälle weisen darauf hin, dass höchstwahrscheinlich jedes Mal ein paar Hunderte von Menschen zusammen deportiert wurden. Der Großkönig bzw. seine Vertreter vor Ort dürften in einigen Situationen nur nach bestimmten Spezialisten gesucht haben. Zusätzlich wurde in einigen Fällen nur ein bestimmter Teil der Bevölkerung gezielt aus politischen Gründen entfernt und andere, bei denen der politische Grund fehlte, einfach zurückgelassen.[13] Wegen dieser Erkenntnisse erschien mir ein Titel wie ‚Deportationen in teispidisch-achaimenidischer Zeit' als viel passender.

Der Begriff ‚Deportation' ist stark mit traurigen Kapiteln der Zeitgeschichte verbunden, und auch wenn man das Phänomen in weit entfernten Epochen untersucht, muss man sich mit dieser Vergangenheit auseinandersetzen. Um nur die bekanntesten Beispiele zu nennen: Die Sowjetunion ordnete Deportationen aus den baltischen Republiken oder der Ukraine an, während Menschen aus den vom nationalsozialistischen Deutschland besetzten Ländern zur Zwangsarbeit nach Deutschland gebracht wurden.[14] Derartige Ereignisse der Zeitgeschichte tragen allerdings auch teilweise die Schuld daran, dass wir eine Deportation oft mit einem Todesurteil gleichsetzen.

Eine gründliche Analyse der Quellen hat ermöglicht, einige Klischees auszuräumen. Abgesehen vom allgemeinen Überlieferungsmangel können gerade oberflächliche oder unkritische Interpretationen von antiken Quellen Verwirrung stiften. Dies gilt nicht zuletzt für die für unser Thema wichtigen griechischen literarischen Zeugnisse. Wenn man bei ihnen die Wirkabsicht der Autoren, die Genrezugehörigkeit der Texte, den Zeithintergrund, vor dem sie entstanden, und die Diskurse, in die sie eingebettet sind, ihre orientalistische oder klassizistische Fehldeutung und manch anderes mehr berücksichtigt, sieht man klarer: Etwa, dass nach dem Durchzug durch die königlichen Städte den Opfern die Möglichkeit einer Existenzsicherung in der neuen Siedlung geboten wurde. Das Verb κατοικίζειν, das bei Herodot die zweite Phase der Deportation beschreibt, weist auf eine Ansiedlung hin und nicht auf eine Verbringung in staatliche Sklaverei.[15] Zugleich weisen die Quellen trotz ihres hellenozentrischen Charakters immer wieder darauf hin, dass den Opfern die Möglichkeit geboten wurde, die eigenen Sitten und Gebräuche zu bewahren, darunter die eigene Sprache: Auch angesichts dieser gewährten Privilegien kann man

---

11 S. o.
12 Kapitel 20.
13 S. o. im Kapitel 15.
14 S. o. in der Einleitung.
15 S. o. im Kapitel 17.

bei den Deportierten im persischen Reich nicht von Sklaven sprechen.[16] Der Aspekt Deportation/Sklaverei hat auch gezeigt, wie viel Aufmerksamkeit beim Lesen der Quellen nötig ist. So lässt sich z. B. anmerken, dass das griechische Verb ἀνδραποδίζειν, das in den Quellen bei mehreren Deportationen benutzt wird,[17] nicht nur wörtlich, sondern auch untechnisch im Sinne von „Wegführen der Menschenbeute" verwendet werden kann. ἀνδράποδον kann also einfach für „Kriegsgefangener" und nicht nur für „Sklave" stehen, und man darf sich wohl endgültig von der Idee, dass Deportierte in die Sklaverei gelangten, verabschieden.

Im Laufe meiner Forschung musste ich aber auch feststellen, dass grundlegende Schwierigkeiten nicht überwunden werden konnten. Ich rede besonders über den Mangel an einheimischen Quellen und das Fehlen deutlicher Hinweise darauf, dass fremde Gemeinschaften und Personen, die in orientalischen Quellen auftauchen, sich aus Deportierten zusammensetzten. Will man in den orientalischen Quellen Informationen über Deportationen finden, wird man schnell enttäuscht, da keine persische Quelle und nur eine Quelle aus dem Perserreich ein Phänomen, das sich nach der Definition, die wir gegeben haben, als Deportation definieren lässt, erwähnt. Es handelt sich um eine babylonische Chronik aus der Zeit Artaxerxes' III.[18] Man ist sozusagen ‚gezwungen', griechische und römische Texte als Hauptquellen zu nutzen. Diese können in drei verschiedene Gruppen unterteilt werden. In einer ersten Gruppe lassen sich jene Autoren zusammenfassen, die zur Zeit der Achaimeniden gelebt und geschrieben haben, zuerst Herodot, der Haupt-, manchmal sogar einzige Quelle für mehrere Deportationsfälle ist, dann Ktesias und Xenophon. Es handelt sich um Autoren, die zuweilen sogar, wie etwa Herodot und Ktesias, ganze Werke dem Perserreich gewidmet haben. Allerdings ist auch bei ihnen mit ‚Fehlern' im Umgang sowohl mit Begriffen als auch mit Phänomenen zu rechnen, ‚Fehlern', die auf Unkenntnis oder mangelnde Informationen, ebenso gut aber auch auf literarische Konventionen oder die Wirkabsicht der Autoren zurückgehen können. Bichler hat z. B. untersucht und gezeigt, dass sogar Herodot, der oft einen neutraleren Blick als andere Autoren auf Ereignisse richtet, trotzdem im Hinblick auf die Geschichte von Völkerschaften stark durch seine Herkunft beeinflusst wurde.[19] Zu einer zweiten Gruppe gehören Autoren, die sich mit dem Feldzug Alexanders des Großen in Asien beschäftigen und dabei über angebliche Begegnungen zwischen dem Makedonenkönig und Nachkommen von Deportierten berichten. Unter ihnen sind Autoren wie Diodor, Pompeius Trogus, Plutarch, Arrian, Curtius Rufus zu finden, die sich auf die Berichte früherer Alexanderautoren, etwa Kleitarch, Hieronymus von Kardia, Ptolemaios und Duris von Samos stützen. Diese Texte sind alexanderzentriert, spielen mit dem Rachemotiv, präsentieren Alexander als Wiederhersteller geordneter Verhältnisse und/oder zeigen besonderes Interesse an dramatischen Darstellungen. Eine dritte Gruppe bilden dann die klassischen Autoren, die sich seit Alexander um die Geschichte des Perserreichs gekümmert haben. Diesen müssen frühere griechische Autoren, können jedoch kaum persische Dokumente vorgelegen haben. In dieser Gruppe befinden sich etwa Plutarch, Strabon, Pausanias und Historiker der Spätantike wie Orosius und Solinus.[20]

---

16 S. o. im Kapitel 18.
17 Hdt. IV 203, 1; ebda. 204 (Kapitel 4); Hdt. VI 19, 3 (Kapitel 6); Plat. leg. III 698 c (Kapitel 7).
18 CM 2004, 28 = ABC 9. S. o. im Kapitel 12.
19 So Bichler 2000, 285–8; Bichler/Rollinger 2000, 34–6, 66. Beispielhaft zum sog. medischen Logos: Sancisi-Weerdenburg 1994, 39–55.
20 S. o. im Kapitel 13.

Ich habe versucht, die in den klassischen Quellen zu findenden Informationen über Deportationsfälle im Lichte lokaler Zeugnisse neu zu lesen. Angaben klassischer Quellen sind, wie bereits betont, von bewussten bzw. unbewussten Interpretationen und Fehlern ihrer Autoren, manchmal sogar von solchen moderner Gelehrter, geprägt. Indigene Zeugnisse, die etwa die Anwesenheit und den Zustand von Minderheiten im Perserreich erwähnen und beschreiben, haben mir erlaubt, einige dieser Interpretationen und Fehler aufzuspüren und das Verständnis des Deportationsphänomens zu erleichtern. Ich denke hier besonders an die administrativen Texte. Unter diesen sind die Tontafelarchive aus Babylonien, Elam und der Persis besonders hervorzuheben. Die Täfelchen aus den zwei königlichen ‚Archiven' in Persepolis sind dabei besonders bedeutsam. Sie sind in der Palastbefestigung (PFT = Persepolis Fortification Tablets) bzw. im Schatzhaus (PTT = Persepolis Treasury Tablets) gefunden worden. Sie geben Auskunft über das regionale Wirtschafts- und Verwaltungssystem und bieten einen Eindruck von den Ämtern, den Amtsträgern und ihren Aufgaben, ihrer Entlohnung und ihren Dienstreisen über Land. Persepolis war nur eines von mehreren regionalen Verwaltungszentren, wie die Aufdeckung eines baktrischen Archivs vor kurzem bestätigt hat.[21] Die Mehrheit der Menschen, die in diesen Dokumenten auftauchen, war nichtpersischer Herkunft. Diese Quellen haben aber gleichfalls ihre Tücken, was Deportationen angeht: Weder liefern sie Informationen zu Deportationsprozessen, noch erwähnen sie Menschen, die ohne Zweifel und in jedem Fall als Opfer achaimenidischer Deportationen angesehen werden können. Aus den gleichen Gründen sind auch private Archive, die Kauf- und Erburkunden, Rechtstexte, Mahnungen, Auszahlungen und Gehaltsregister enthalten, problematisch. Sie können aber sehr nützlich sein, indem sie die Anwesenheit fremder sozial organisierter Gemeinschaften und ihre Integration in die Gesellschaft aufzeigen.

Die Königsinschriften,[22] die für das Deportationsthema relevant gewesen sind, indem sie die Einstellung des Königs zu Fremden dokumentieren, sind teilweise unzuverlässig: Es muss bei ihnen immer auf die ideologische Seite der Verlautbarung geachtet werden. Außerdem sind die persischen königlichen Inschriften nicht, wie etwa die neuassyrischen, narrativ gestaltet,[23] und kein Deportationsfall wird in den zur Verfügung stehenden Inschriften erwähnt.

Auch das onomastische Verfahren ist unzuverlässig. Es ist immer möglich, dass es sich bei Trägern von fremden, nichtiranischen Personennamen um Deportierte oder deren Nachkommen handelt, aber man kann eine solche Identität eben auch nicht dezidiert beweisen, zumal Namensänderungen damals kein unübliches Phänomen waren. So haben Fremde typisch iranische Namen angenommen, und sogar das Gegenphänomen ist bekannt. Beispiele der Unzuverlässigkeit dieses Kriteriums sind im Murašu-Archiv zu finden, was zeigt, dass Namen nicht unbedingt auf Ethnizität verweisen; beispielsweise sind 7% (48) der Siegel Iranern zuzuweisen, aber nur 1/3 von ihnen trägt sowohl einen iranischen Namen als auch einen iranischen Vaternamen.[24] Das weist auf gemischte Ehe- und Assimilationsprozesse hin, die die Onomastik beeinflussten.

Ich hoffte ursprünglich, eindeutige Beweise dafür zu finden, dass einige Gruppen, die in orientalischen Dokumenten, etwa den Täfelchen aus Persepolis, zu finden sind, Deportierte gewesen seien. Personen werden aber auf den Täfelchen nie als Deportierte definiert. So ist weder auszuschließen, dass unter den Arbeitskräften des Großkönigs Deportierte waren, noch, dass die meisten Deportierten in das persische Wirtschafts- und Verwaltungssystem integriert wurden.

---

21 S.o. im Kapitel 4.
22 Deutsche Ausgabe: Schmitt 2009.
23 S.o. im Kapitel 20.
24 Briant 2002, 724.

Größere Mengen von Personen, die es selbst so entschieden hatten, dürften kaum in die Residenzstädte gelangt sein, weil es einen freien Arbeitskräftemarkt im Perserreich nie gegeben hat.[25] Aber viele Fremde waren z. B. schon vor der persischen Dynastie in Mesopotamien und Fars anwesend, weil sie von den Vorläuferdynastien deportiert oder aus anderen Gründen dort angesiedelt worden waren:[26] Man braucht also nicht unbedingt persische Deportationen zu vermuten, um die Anwesenheit von nichtpersischen Gemeinschaften im Herzen des Reichs zu begründen. Und trotzdem sind einzelne Fälle bekannt, in denen Ausländer sich freiwillig für das Perserreich engagierten, Individuen, die Spezialwissen besaßen oder künstlerisch begabt waren. Sie und ihre Nachkommen sind eben auch unter den Fremden im Perserreich zu finden. Anhand der vorhandenen Informationen muss man akzeptieren, dass es bislang unmöglich ist, sichere Hinweise darauf zu finden, dass Fremde, etwa die Arbeitskräfte von Persepolis oder die bei Nippur angesiedelten Personen, Deportierte waren.[27]

Noch im Jahre 2015 schreibt Silverman: „Despite frequent acknowledgments in the literature that the Persians indeed continued previous ANE policies of using forced migration and forced labor both as punishments and to further more strategic imperial ends, surprisingly it has received little to no sustained discussion. A rather large amount of relevant material and scholarship is available, but there is no synthetic study of the phenomenon as a whole, nor to the present author's knowledge any which deals with it in a sociological context".[28] Meine Arbeit will einen ersten Beitrag in dieser Richtung liefern, nachdem das Thema Deportation für die teispidisch-achaimenidische Zeit so lang vernachlässigt wurde, während für die neuassyrische Zeit nicht nur zahlreiche Beiträge verfasst wurden, sondern sogar eine Monographie seit fast 40 Jahren zur Verfügung steht.[29] Sicherlich hat bei einem solchen Desiderat die schwierige Quellenlage eine große Rolle gespielt. Mit meiner Arbeit hoffe ich aber bewiesen zu haben, dass es trotz des Mangels an indigenen Zeugnissen und der vielen Probleme, die die ‚fremden' Quellen mit sich bringen, möglich ist, einen Überblick über das Phänomen zu bieten.

Das Thema lässt dennoch genug Platz auch für zukünftige Forschung. Besonders wünschenswert wäre meines Erachtens, die teispidisch-achaimenidische Deportationspraxis mit den Deportationen im Nahen Osten in einem breiteren Kontext zu vergleichen. Welchen Umfang und welche Ziele haben Deportationen unter den Arsakiden bzw. den Sasaniden besessen? Eine Frage, die zu beantworten wäre, ist, ob Deportationen jeweils als drastische Stabilitätsmaßnahme angesehen werden müssen, ob ganze Völkerschaften deportiert wurden oder ob man unter einer Deportation nicht eher als die Umsiedlung von einigen Hunderten Menschen verstehen sollte, wie es bis in achaimenidische Zeit in der Regel der Fall gewesen ist.

---

25 So Briant 2002, 435.944.
26 S. o. im Kapitel 2; im Kapitel 3.
27 S. o. im Kapitel 16.
28 Silverman 2015, 14.
29 Ich rede über Oded 1979. S. o. im Kapitel 21.

Appendix

Anmerkungen zu Namen und Begriffen

Die griechischen Namen wurden generell in lateinischem Alphabet geschrieben. Das griechische Alphabet wurde aber in den Fallen verwendet, in denen ich direkten Bezug auf einen bestimmten Text genommen habe. Die griechischen Begriffe wurden im griechischen Alphabet belassen.

Ich habe versucht, orientalische Namen so zu schreiben, dass die Lektüre des Textes nicht behindert wird. So habe ich auf die Verwendung von Längen- und Sonderzeichen verzichtet mit Ausnahme von š, č und ǧ. Die orientalischen Begriffe wurden kursiv geschrieben, mit Längen- und Sonderzeichen. Wenn ich ein Nomen aus einem Text zitiert habe, habe ich eventuelle Bindestriche und Klammern (wo der Herausgeber Ergänzungen vorgeschlagen hat) beibehalten.

Abkürzungen

AA	Archäologischen Anzeiger
AAA	Annals of Archaeology and Anthropology
AAE	Arabian Archaeology and Epigraphy
ABC	A. K. Grayson (1975), Assyrian and Babylonian Chronicles. Locust Valley/New York/Augustin
ABL	R. Harper (1911), Assyrian and Babylonian Letters belonging to the kouyunjik collection of the British Museum. Chicago
AC	Acta Classica
AchHist	Achaemenid History
ADAB	J. Naveh/S. Shaked (2012), Aramaic Documents from Ancient Bactria (Fourth Century BCE). From the Khalili Collections. London
ADD	C. H. W. Johns (1898–1901), Assyrian Deeds and Documents, Bdd. 1–2: Cuneiform Texts. Cambridge
AFOB	Archaeological Fieldwork Opportunities Bulletin
AHB	The Ancient History Bulletin
AHR	American Historical Review
AHSS	Annales Histoire Sciences sociales
AJA	American Journal of Archaeology
AMI	Archäologische Mitteilungen aus Iran
ANET	J. B. Pritchard (1969), Ancient Near Eastern Texts Relating to the Old Testament, edited. New York
Annales assyriennes	P. Talon (2011), Annales assyriennes: D'Assurnasirpal II à Assurbanipal. Fernelmont
AOAT	Alter Orient und Altes Testament
AoF	Altorientalische Forschungen
AP	A. E. Cowley (1923), Aramaic Papyri of the Fifth Century B. C. Oxford
ARAB I	D. D. Luckenbill (1926), Ancient Records of Assyria and Babylonia I. Chicago
ARAB II	D. D. Luckenbill (1927), Ancient Records of Assyria and Babylonia II. Chicago
ArchOr	Archiv für Orientforschung
Arch. Rep.	Archaeological Reports published by the Hellenic Society
ARTA	Achaemenid Research on Texts and Archaeology
AS	Assyriological Studies

ASNP	Annali della Scuola Normale Superiore di Pisa
Babelon	E. Babelon (1901–32), Traite des monnaies grecques et romaines, 4 Bdd. Paris.
BAMF 2015	BAMF, Aktuelle Zahlen zu Migration und Asyl. https://www.bamf.de/Shared-Docs/Anlagen/DE/Downloads/Infothek/Statistik/Asyl/statistik-anlage-teil-4-aktuelle-zahlen-zu-asyl.pdf?__blob=publicationFile [Zugriff am 10.10.2015]
Barrington	R. J. A. Talbert (2000), Barrington Atlas of the Greek and Roman World. Princeton. http://www.unc.edu/depts/cl_atlas/ [Zugriff am 15.12.2013]
BASOR	The Bulletin of the American Schools of Oriental Research
BCH	Bulletin de Correspondance Hellénique
BE X	A. Clay (1904), Business Documents of Murashû sons of Nippur dated in the Reign of Darius II. Philadelphia
Berve	H. Berve (1926), Das Alexanderreich auf prosopo-graphischer Grundlage, 2 Bdd. München.
Bibla Pauperum	The Warburg Institute Ionografic Database, Religious Iconography, Typology and Prophecy, Cycles, Manuscripts and Prints, Biblia Pauperum. https://iconographic.warburg.sas.ac.uk/vpc/VPC_search/subcats.php?cat_1=14&cat_2=812&cat_3=2903&cat_4=5439&cat_5=5192 [Zugriff am 23.07.2017]
BiOr	Biblioteca Orientalis
BM	Tablets in the Collection of the British Museum
BMCR	Bryn Mawr Classical Review
BNJ	I. Worthington (2007), Brill's New Jacoby. Leipzig. http://referenceworks.brillonline.com/browse/brill-s-new-jacoby [Zugriff am 07.09.2011]
Bodleian	J. Ma/C. Tuplin/L. Allen, The Arshama Letters from the Bodleian Library. 2013. http://arshama.bodleian.ox.ac.uk/publications/ [Zugriff am 26.12.2017]
CAD	J. A. Brinkman (Hg.) (1956–2006), The Assyrian dictionary of the Oriental Institute of the University of Chicago. Chicago
CAH	(1970–2000) Cambridge Ancient History^2, Bdd. 1–14. Cambridge
Camb.	J. N. Strassmaier (1890), Inschriften von Cambyses König von Babylon (529–521 v. Chr.). Leipzig
CDAFI	Cahiers de la Délégation Archéologique Française en Iran

CDLJ	Cuneiform Digital Library Journal
Chantraine	P. Chantraine (1968), Dictionnaire Etymologique De La Langue Grecque. Paris
CHI	(1968–1991) The Cambridge History of Iran, 8 Bdd. Cambridge
CHJ	W. D. Davies/L. Finkelstein (2008–2018), The Cambridge History of Judaism. Bdd. 1–6. Cambridge
CII	Corpus Iscriptionum Iranicarum
ClAnt	Classical Antiquity
CM	J.-J. Glassner (2004), Mesopotamian Chronicles. Atlanta
CPh	Classical Philology
CRAI	Comptes rendus de l'Académie des Inscriptions et Belles Lettres
CRRAI	Comptes rendus de Rencontre Assyriologique Internationale
CRw	Classical Review
CSSH	Comparative Studies in Society and History
CQ	Classical Quarterly
Cyr.	J. N. Strassmaier (1890), Inschriften von Cyrus, König von Babylon Leipzig
Dar.	P. Grelot (1972), Documents araméens d'Égypt. Paris
DHA	Dialogues d'Histoire Ancienne
Dar.	J. N. Strassmaier (1897), Inschriften von Darius, König von Babylon Leipzig
DPN	H. C. Metzler (1996–), Der Neue Pauly, Enzyklopädie der Antike. Stuttgart
Egibi	Egibi Archive
Egibi (Achemenet)	http://www.achemenet.com/en/tree/?/textual-sources/texts-by-languages-and-scripts/babylonian/egibi-archive/1/24/0#set [Zugriff am 17.02.2019]
EIr	(1973–) Encyclopaedia Iranica. New York. http://www.iranicaonline.org [Zugriff am 12.07.2011]
Eos	Commentarii Societatis philologae polonorum
FGrHist	F. Jacoby (1923–68), Die Fragmente der griechischen Historiker. Berlin/Leiden
FLP	Frederick Lewis Collection of the Free Library of Philadelphia (= Dillard 1975)
Frankfort	H. Frankfort (1939), Cylinder Seals. London
GHI	J. Rhodes/R. Osborne (2003), Greek Historical Inscriptions 404–323 B.C. Oxford
GLB	Graeco-Latina Brunensia
GRBS	Greek, Roman, and Byzantine Studies

HAS	(2011–2) Handwörterbuch der antiken Sklaverei, 4 Bdd. Stuttgart. http://www.sklaven.adwmainz.de/index.php?id=313 [Zugriff am 30.03.2017]
IEOG	F. Canali de Rossi (2004), Iscrizioni dell'Oriente Greco. Bonn
Indian Act 1830	Indian Act. http://www.civics-online.org/library/formatted/ texts/indian_act.html [Zugriff am 10.12.2010]
IEJ	Israel Exploration Journal
IMR	International Migration Review
INJ	Israel Numismatic Journal
IA	Iranica Antiqua
IEJ	Israel Exploration Journal
IOS	Israel Oriental Studies
ISSJ	International Social Science Journal
IstMitt	Istanbuler Mitteilungen
KAI	H. Donner/W. Röllig (1968–71), Kanaanäische und Aramäische Inschriften. Wiesbaden
JA	Journal Asiatique
JAAS	Journal of Assyrian Academic Studies
JAOS	Journal of the American Oriental Society
JAS	Journal of Archeological Science
JCS	Journal of Cuneiform Studies
JCSMS	Journal of the Canadian Society for Mesopotamian Studies
JDAI	Jahrbuch des Deutschen Archäologischen Instituts
JEA	Journal of Egyptian archaeology
JESHO	Journal of the Economic and Social History of the Orient
JHS	Journal of Hellenic Studies
JKIF	Jahrbuch für kleinasiatische Forschungen
JNES	Journal of Near Eastern Studies
JQR	The Jewish Quarterly Review
JSav	Journal des savants
LAS	S. Parpola (1970–83), Letters from Assyrian scholars to the King Esarhaddon and Assurbanipal, Alter Orient und alter Testament 5/1–2. Kevelaer
LIE	A. G. Lie (1929), The Inscriptions of Sargon II., King of Assyria. Paris
LSJ	H. G. Liddel/J. Scott (1996), A Greek–English Lexicon⁹, with a revised Supplement. Oxford
Mater. Res. Soc. Symp. Proc.	Materials Research Society symposia proceedings. Materials Research Society
MBAH	Marburger Beiträge zur antiken Handels-, Wirtschaft- und Sozialgeschichte

MD	Abraham 2004
MDAI	Mitteilungen des deutschen archäologischen Instituts
MDP	Mémoires de la Délégation en Perse bzw. Mission archéologique de Perse
Mem. Dél. En Perse	Memoires de la Délégation en Perse
Mém. Miss. Arch. De Perse	Mémoires de la Mission Archéologique de Perse
Mesop. Chron.	Lesungen von den babylonischen Chroniken von Van der Spek. https://www.livius.org/sources/about/mesopotamian-chronicles/ [Zugriff am 05.05.2019]
Milet	Augrabungen in Milet. https://www.ruhr-uni-bochum.de/milet/index2.htm [Zugriff am 13.01.2020]
Migrationsforschung	Migration & Bevölkerung. http://www.migration-info.de/ip_links.php?uel=mig_for_deu [Zugriff am 13.01.2012]
Migrationshintergrund 2012	Statistisches Bundesamt. https://www.destatis.de/DE/Publikationen/STATmagazin/Bevoelkerung/2012_03/Bevoelkerung2012_03.html [Zugriff am 13.05.2012]
ML	R. Meiggs/D. Lewis (1988), A Selection of Greek Historical Inscriptions to the End of the Fifth Century B.C. Oxford
Müller	*Fragmenta Historicorum Graecorum* (1841–1870), Bdd. 1–5
Murašu	Murašu Archive. http://www.achemenet.com/en/tree/?/textual-sources/texts-by-languages-and-scripts/babylonian/murasu-archive/11/24/0 [Zugriff am 10.12.2019]
NABU	Nouvelles Assyriologiques Brèves et Utilitaires
NEA	Near Eastern Archaeology
Netzwerk 2001	Migrationsnetz. hhtp://www.network-migration.org [Zugriff am 11.11.2011]
NN	Unpublished Persepolis Fortification Tablet, quoted from unpublished transliteration by R. T. Hallock
NWL	J. V. Kinnier Wilson (1972), The Nimrud Wine Lists. London
OIP 2	D. D. Luckenbill (1924), The Annals of Sennacherib. Chicago
OLZ	Orientalistische Literaturzeitung
PACA	Proceedings of the African Classical Associations
Palest Explor Q	Palestine Exploration Quarterly

PAPE	W. Pape (1914), Handwörterbuch der griechischen Sprache. Braunschweig
PBS II/1	A. Clay (1912), Business Documents of Murashû sons of Nippur dated in the Reign of Darius II. Philadelphia
PDIR	G. Evans/J. Newnham (2006), The Penguin Dictionary of International Relations[14]. London
PFa	R. T. Hallock (1978), ‚Selected Fortification Tablets'. Cahiers de la Délégation Archéologique Française en Iran 8, 109–36
PFT	R. T. Hallock (1969), Persepolis Fortification Tablets, Chicago. http://oi.uchicago.edu/pdf/ oip92.pdf [Zugriff am 15.08.2015]
PFS	M. B. Garrison/M.C. Rott (1998), AchHist IX.: Persepolis Seals Studies. Leiden
Phil. Trans. R. Soc.	Philosophical Transactions of the Royal Society
PP	La parola del passato
PSAS	Proceedings of the Seminar for Arabian Studies
PTS	Sammlung des Princeton Theological Seminary, Princeton, 2013. http://haltenraum.com/ article/ princeton-theological-seminary [Zugriff am 20.07.2015]
PTT	G. G. Cameron (1948), Persepolis Treasury Tablets. Chicago
PY	E. L. Bennett/J. P. Olivier (1973–6), The Pylos Tablets Transcribed. Bd. 1: Text and notes; Bd. 2: Hands, concordances, indices. Roma
QuSt	Quaderni di storia
RAAN	Rendiconti della Accademia di Archeologia
RAss	Revue d'Assyriologie
RAI	Rencontre Assyriologique International
RCAE III	L. Waterman (1930), Royal correspondence of the Assyrian Empire. Ann Arbor
RE	G. Wissowa u. Aa. (1893–1972), Paulys Realenzyklopädie der Klassischen Altertumswissenschaft, Neue Bearbeitung. Stuttgart
RÉA	Revue des Études Anciennes
RÉG	Revue des Études Grecques
RFIC	Rivista di Filologia e di Istruzione Classica
RGTC 11	F. Vallat (1993), Répertoire Géographique des Textes Cunéinformes – Les noms géographiques des sources suso-élamites. Wiesbaden
RhM	Rheinische Museum für Philologie
RHR	Revue de l'histoire des religions

RIMA	(1987–) Royal Inscriptions of Mesopotamia, Assyrian Periods. Toronto
RINAP	Royal Inscriptions of the Neo-Assyrian Period
Ri. Istit. Lomb	Giornale dell'I. r. Istituto lombardo di scienze, lettere ed arti e Biblioteca italiana
RlA	(1957–) Reallexikon der Assyriologie. Berlin
ROMCT 2	G. J. P. Mc Ewan (1982), The Late Babylonian tablets in the Royal Otario Museum. Toronto, 1982
ROST 1893	P. Rost (1893), Die Keilschrifttexte Tiglat-Pilesers III. Leipzig
Royal coins	Münzen der Perserkönige. http://www.achemenet.com/en/tree/?/achaemenid-museum/object-categories/coins/royal-coins#set [Zugriff am 12.05.2019]
RT	Revue tunisienne
SAA VII	F. M. Fales/J. N. Postgate (1992), Imperial Administrative Records, Part I: Palace and Temple Administration, State Archives of Assyria VII. Helsinki
SAA X	S. Parpola (1993), Letters from Assyrian and Babylonian Scholars. State Archives of Assyria X. Helsinki
SAA XI	F. M. Fales/J. N. Postgate (1995), Imperial Administrative Records, Part II: Provincian and Military Administration, State Archives of Assyria XI. Helsinki
SAA XVI	M. Luukko/G. Van Buylaere (2002), The Political Corrispondence of Esarhaddon, State Archives of Assyria XIV. Helsinki
SAAB	State Archives of Assyria Bulletin
SAK	Studien zur altägyptischen Kultur
Sargons II	A. Fuchs (1994), Die Inschriften Sargons II. aus Khorsabad. Göttingen
Seals	Siegel aus Persepolis. http://www.achemenet.com/en/item/?/achaemenid-museum/object-categories/seals [Zugriff am 10.07.2019]
SEG	(1923–), Supplementum Epigraphicum graecum. Leiden
SF	Achaemenid Elamite Administrative Tablets, Fragments from Old Kandahar, Afghanistan
StAnt	Studi di antichità
StIr	Storia Iranica
StudOr	Studia Orientalia
Syll³	W. Dittenberger u. Aa. (1915–1924), Sylloge Inscriptionum Graecarum. Hildesheim u. A
TADAE	A. Porten/B. Yardeni (1986–99), Texts and Aramaic Documents from Ancient Egypt. Jerusalem

TAVO	(1969–1992) Tübinger Atlas des Vorderen Orients, hgg. vom Sonderforschungsbereich 19 der Universität Tübingen mit Unterstützung der Deutschen Forschungsgemeinschaft. Wiesbaden
TOD	M. N. Tod (1946), A Selection of Greek Historical Inscriptions to the end of the fifth century B.C. Second Edition. Oxford
TOD 2	M. N. Tod (1948), A Selection of Greek Historical Inscriptions II: from 403 to 323 BC. Second Edition. Oxford
Trans	Transeuphratène
TUAT 1	B. Janowski/G. Wilhelm (2004), Texte aus der Umwelt des Alten Testaments. Texte zum Rechts- und Wirtschaftsleben. Gütersloh
UM	A. T. Clay (1912), Business Documents of Murashu Sons of Nippur Dated in the Reign of Darius II, The University of Pennsylvania. The Museum. Publications of the Babylonian Section, Vol. 2, Part 1. Philadelphia
UNESCO	Deutsche Unesco-Kommission (Hg.) (1983), *Weltkonferenz über Kulturpolitik*, Mexiko 1982. München: Saur
UNHCR	Abkommen über die Rechtsstellung der Flüchtlinge vom 28. Juli 1951 (In Kraft getreten am 22. April 1954). United Nations High Commisioner for Refugees
VDI	Journal of Ancient History
VT	Vetus Testamentum
WBG	Die Wissenschaftliche Buchgesellschaft
YOS 7	A. Tremayne (1925), Records from Erech, time of Cyrus and Cambyses, Yale Oriental Series 7. New Haven
ZA	Zeitschrift für Assyriologie und Vorderasiatische Archäologie
ZÄS	Zeitschrift für ägyptische Sprache und Altertumskunde
ZDPV	Zeitschrift des Deutschen Palästina-Vereins
ZNW	Zeitschrift für die neutestamentliche Wissenschaft
ZPE	Zeitschrift für Papyrologie und Epigraphik
ZPhF	Zeitschrift für Philosophische Forschung

Literaturverzeichnis

Aalders 1964: G. J. D. Aalders (1964), ‚The Tolerance of Polytheism in Classical Antiquity and Its Limits'. *Free University Quarterly* 9, 223–42.

Abraham 2004: K. Abraham (2004), *Business and Politics under the Persian Empire. The Financial Dealings of Marduk-nāṣir-apli of the House Egibi (521–487 BCE)*. Maryland: CDL.

—. im Erscheinen: K. Abraham (im Erscheinen), *The Atkuppu Family Archive from Borsippa (608–486 B.C.E.). Typology, Content and Text Editions*. Veröffentlichungen zur Wirtschaftsgeschichte Babyloniens im 1. Jahrtausend v. Chr. 5. Münster: Ugarit-Verlag.

Adams 2010: R. M. Adams (2010), Slavery and Freedom in the Third Dynasty of Ur: Implications of the Garshana Archives'. *CDLJ* 2. http://cdli.ucla.edu /pubs/cdlj/2010/cdlj2010_002.html [Zugriff am 12.12.2010]

Adiego Lajara 1994: I. J. Adiego Lajara (1994), Les identifications onomastiques dans le déchiffrement du carien. In: M. E. Gianotta (Hg.). *La decifrazione del cario*. Roma: Consiglio nazionale delle ricerche, 27–63.

—. 2007: I. J. Adiego Lajara (2007), *The Carian Language*. Leiden/Boston: E. J. Brill.

Adler/Tuffin 2002: W. Adler/P. Tuffin (2002), *The Chronography of George Synkellos. A Byzantine Chronicle of Universal History from the Creation. Translated with an introduction and notes by William Adler, Paul Tuffin*. Oxford: Oxford University Press.

Aharoni 1956: Y. Aharoni (1956), ‚Excavations at Ramath Raḥel, 1954: Preliminary Report'. *IEJ* 6, 102–111.137–157; Tafeln 9–14.21–27.

Ahn 1992: G. Ahn (1992), *Religiöse Herrscherlegitimation im achämenidischen Iran*. Acta Iranica 31. Leiden/Louvain: E. J. Brill.

Almagor 2011: E. Almagor (2011), ‚Plutarch on the End of the Persian Empire'. *GLB* 16, 3–16.

—. 2018: E. Almagor (2018), Plutarch and the *Persica*. Edinburgh: Edinburgh University Press.

Alp 1950: S. Alp (1950), ‚Die soziale Klasse der NAM.RA-Leute und ihre hethitische Bezeichnung'. *JKIF* 1, 113–35.

Alstola 2020: T. Alstola (2020), *Judeans in Babylonia. A Study of Deportees in the Sixth and Fifth Centuries BCE*, Culture And History of the Ancient Near East 109. Leiden/Boston: Brill.

Alt 1959: A. Alt (1959), *Kleine Schriften zur Geschichte des Volkes Israel*. 3. München: C. H. Beck.

Altheim 1947/8: F. Altheim (1947–8), *Weltgeschichte Asiens im griechischen Zeitalter*. Halle: Niemeyer.

Altheim/Stiehl 1970: F. Altheim/R. Stiehl (1970), *Geschichte Mittelasiens im Altertum*. Berlin: de Gruyter.

Ambaglio 1974: D. Ambaglio (1974), ‚Il motivo della deportazione in Erodoto'. *Rend. Istit. Lomb.* 109, 378–383.

—. 1995: D. Ambaglio (1995), *La Biblioteca storica di Diodoro Siculo. Problemi e metodo*. Biblioteca di Athenaeum 28. Como: Edizioni New Press.

Amigues 2003: S. Amigues (2003), ‚Pour la table du Grand Roi'. *JSav* 1, 3–59.

Anderson G. 1986: G. Anderson (1986), *Philostratus, Biography and belles lettres in the second century A.D.* Worcester: Billing & Sons limited.

Anderson 1991: W. L. Anderson (1991), *Cherokee Removal. Before and After*. Athens: University of Georgia Press.

Andreas 1893: F. C. Andreas (1893), Aginis. In: RE I, 810–6.

Andresen 1985: C. Andresen (1985), Einleitung. In: A. Lippold (1985–6), *Die antike Weltgeschichte in christlicher Sicht*. Zürich/München: Artemis, 4–48.

Angeli Bertenelli/Donati 2006: M. G. Angeli Bertinelli/A. Donati (Hgg.) (2006), *Le vie della storia. Migrazioni di popoli, viaggi di individui, circolazione di idee nel Mediterraneo antico*. Atti del II Incontro Internazionale di Storia Antica, Genova, 6–8 Ottobre 2004. Roma: Giorgio Bretschneider.

Apelt 1921: O. Apelt (Hg.) (1921), *Diogenes Laertius, Leben und Meinungen berühmter Philosophen. Bücher VII–X*. Leipzig: Verlag von Felix Meiner.

Aperghis 2000: G. G. Aperghis (2000), War Captives and Economic Exploitation from the Persepolis Fortification Tablets. In: J. Andreau/P. Briant/R. Descat (Hgg.), *Économie antique: la guerre dans les économies antiques*. Entretiens d'archéologie et d'histoire, Saint-Bertrand-de-Comminges 5. Saint-Bertrand-de-Comminges: Musée Archéologique Départemental, 127–44.

Arango 2000: J. Arango (2000), Explaining Migration: A Critical View'. *ISSJ 52*, 283–296.

Archibald 1998: Z. H. Archibald (1998), *The Odrysian Kingdom of Thrace: Orpheus Unmasked*. Oxford: Clarendon Press.

Arena 1998: E. Arena (1998), ‚La cronologia della Seconda Filippica demostenica e le ambascerie di Artaserse III ad Atene'. *StAnt* 11, 41–57.

Arnold 1994: D. Arnold (1994), *Lexikon der ägyptischen Baukunst*. München/Zürich: Artemis & Winckler.

Asheri 1988: D. Asheri (1988), *Erodoto: Le Storie. Libro I, La Lidia e la Persia*. Milano: Fondazione Lorenzo Valla Mondadori.

—. 1990: D. Asheri (1990), Herodotus on Thracian Society and History. In: G. Nenci u. Aa. (Hgg.), *Hérodote et les peoples non Grecs*. Entretiens sur l'Antiquité Classique 35. Genève: Vandoeuvres, 131–63.

Asheri/Lloyd/Corcella 2007: D. Asheri/A. B. Lloyd/A. Corcella (Hgg.) (2007), *A Commentary on Herodotus I–IV*. Oxford: Oxford University Press.

Asheri/Medaglia/Fraschetti 2005: D. Asheri/S. M. Medaglia/A. Fraschetti (2005), La Persia/ Erodoto: introduzione e commento di David Asheri; testo critico di Silvio M. Medaglia; traduzione di Augusto Fraschetti. Milano: Fondazione Lorenzo Valla Mondadori.

Askarov 1982: A. A. Askarov (1982), ‚Raskopki Pshaktepe na juge Uzbekistana'. *Istorija Material'noj Kul'tury Uzbekistana* 16, 30–41.

Askarov/al'Baum 1979: A. A. Askarov/L. I. al'baum (1979), *Poselenie Kuchuktepa*. Tashkent: Fan.

Assmann 2010: J. Assmann (2010) Der Raum der Schrift. In: M. Luminati/W. W. Müller/E. Rudolph/N. Linder (Hgg.), *Spielräume und Grenzen der Interpretation. Philosophie, Theologie und Rechtswissenschaft im Gespräch*. Basel: Schwabe, 9–28

Atai/Boucharlat 2009: M. T. Atai/R. Boucharlat (2009), ‚An Achaemenid pavilion and other remains in Tang-i Bulaghi'. *ARTA* 2009.005. http://www.achemenet.com/ document/2009.005-Atai&Boucharlat.pdf [Zugriff am 12.12.2012]

Atkinson 1980: E. Atkinson (1980), *A Commentary on Q. Curtius Rufus' Historiae Alexandri Magni, Books 3 and 4*. Amsterdam: G. J. Gieben.

Austin 1993: M. M. Austin (1993), Alexander and the Macedonian Invasion of Asia. In: J. Rich/G. Shipley (Hgg.), *War and Society in the Greek World*. London: Routledge, 197–223.

Austin/Vidal-Naquet 1984: M. M. Austin/P. Vidal Naquet (1984), *Gesellschaft und Wirtschaft im alten Griechenland*. München: C. H. Beck.

Avigad 1976: N. Avigad (1976), ‚Bullae and Seals from a Post-Exilic Judean Archive'. *Qedem* 4, 1–36.

Bacchielli 1994: L. Bacchielli (1994), ‚L'ostracismo a Cirene'. *RFIC* 122, 257–270.

Bade 2004: K. J. Bade (2004), *Sozialhistorische Migrationsforschung. Studien Zur Historischen Migrationsforschung*. Göttingen: V&R Unipress.

—. 2007: K. J. Bade (2007), Migration und Ethnizität in der Historischen Migrationsforschung. In: B. Schmidt-Lauber (Hg.), *Ethnizität und Migration. Einführung in Wissenschaft und Arbeitsfelder*. Berlin: Reimer Kulturwissenschaften, 115–134.

Badian 1965: E. Badian (1965), ‚The Date of Clitarchus'. *PACA* 8, 5–11.

—. 1982: E. Badian (1982) ‚Greeks and Macedonians'. *Studies in the History of Art 10 (Symposium series 1)*, 33–51.

—. 1995: E. Badian (1995), Diodorus Siculus. In: EIr VII/4, 421–422.

Bae/Douka/Petraglia 2017: C. Bae/K. Douka/M. D. Petraglia (2017), ‚On the origin of modern humans: Asian perspectives'. *Science* 358 http://science.sciencemag.org/content/358/6368/eaai9067 [Zugriff am 11.12.2017].

Bagg 2011: A. M. Bagg (2011), *Die Assyrer und das Westland*. Leuven: Peeters.

Bailey 1983: H. W. Bailey (1983), Khotanese Saka Literature. In: E. Yarshater (Hg.), CHI 3/2. Cambridge: Cambridge University Press, 1230–43.

Baines 1996: J. Baines (1996), On the Composition and Inscriptions of the Vatican Statue of Udjahorresne. In: P. Der Manuelian (Hg.), *Studies in Honor of William Kelly Simpsom*. Boston: Museum of fine arts, 83–92.

Baker 2000: H. D. Baker (Hg.) (2000), *The Prosopography of the Neo-Assyrian Empire*. 2/1. Helsinki: Eisenbrauns.

—. 2008: H. D. Baker (2008), ‚Babylon in 484 BC: The excavated archival tablets as a source for urban history'. *Zeitschrift für Assyriologie* 98/1, 100–116.

Balatti 2017: S. Balatti (2017), *The Mountain Peoples in the Ancient Near East. The Case of the Zagros in the First Millennium BCE*. CleO 18. Wiesbaden: Harrassowitz Verlag.

Balcer 1988: J. M. Balcer (1988), ‚Persian Occupied Thrace (Skudra)'. *Historia* 37/1-21.

—. 1989: J. M. Balcer (1989), The Persian wars against Greece: a reassessment. *Historia* 38/2, 127–14.

Balzer 2012: W. Balzer (2012), Ethnische, tribale und kulturelle Identitäten: von Persern, Elamern und frühen Achämeniden. Ein Rückblick auf die jüngere Achämenidenforschung (2). 2012. Nicht veröffentlicht. https://www.academia.edu/3875479/Ethnische_tribale_und_kulturelle_IdentitšC3šA4ten_von_Persern_Elamern_und_fršC3šBChen_AchšC3šA4meniden._Ein_RšC3šBCckblick_auf_die_jšC3šBCngere_AchšC3šA4menidenforschung_2_2012 [Zugriff am 13.07.2016]

Barceló 2007: P. Barceló (2007), *Alexander der Große*. Darmstadt: WBG.

Bartlett 2014: B. Bartlett (2014), ‚Justin's Epitome: the unlikely Adaptation oft he Trogus' world History. *Histos* 8, 246–83.

Bauder 2006: H. Bauder (2006), *Labor movement – how migration regulates labor markets*. Oxford: Oxford University Press.

Bavay 1997: L. Bavay (1997), ‚Matière première et commerce à longue distance: le lapis-lazuli et l'Egypte prédynastique'. *Archéo-Nil* 7, 79–100.

Baynham 1995: J. Baynham (1995), ‚An introduction to the Metz epitome: Its traditions and value. *Antichthon* 29, 60–77.

—. 1998: E. Baynham (1998), *Alexander the Great. The Unique History of Quintus Curtius*. Ann Arbor: University of Michigan Press.

Beaulieu 2005: P.-A. Beaulieu (2005), Eanna's Contribution to the Construction of the North-Palace at Babylon. In: H. D. Baker/M. Jursa (Hgg.), *Approaching the Babylonian Economy*. Proceedings of the STAR Project Symposium Held in Vienna, 1–3 July 2004. Münster: Ugarit, 45–74.

—. 2008: P.-A. Beaulieu (2008), ‚Nebuchadnezzar's Babylon as World Capital'. *JCSMS* 3, 5–12.

Beck 1977: R. Beck (1977), *Sachwörterbuch der Politik*. Stuttgart: Kröner Verlag.

Beckam[2] 1999: G. M. Beckman (1999), *Hittite Diplomatic Texts*. Writings from the Ancient World 7, 2nd Edition. Atlanta: Society of Biblical Literature.

Beckby 1965: H. Beckby (Hg.) (1965), *Anthologia Graeca (Sammlung_Tusculum)*. Bd. 1. 2. Aufl. München: Heimeran Verlag.

Becking 2006: B. Becking (2006), ‚We All Returned as One!': Critical Notes on the Myth of the Mass Return. In: O. Lipschits/M. Oeming (Hgg.), *Judah and the Judeans in the Persian Period*. Winona Lake: Eisenbrauns, 3–18.

Bedford 2001: P. Bedford (2001), Empire and Exploitation: The Neo-Assyrian Empire. Vortrag beim Social Science History Institute, Stanford University, May 21–22, 2001. http://fontes.lstc. edu/~rklein/Doc6/bedford.pdf [Zugriff am 20.07.2016]

Benveniste 1958: É. Benveniste (1958), ‚Notes sur les tablettes de Persepolis'. *JA* 246/1, 49–65.

Berger 1937: K. Berger (1937), ‚Bericht über unbekannte achaimenidische Ruinen in der Ebene von Persepolis'. *Archäologische Mitteilungen aus Iran* 8, 1–3.

Bernard 1976: P. Bernard (1976), ‚Les traditions orientales dans l'architecture gréco-bactrienne'. *JAS* 264 3/4, 245–275.

Bernard 1985: P. Bernard (1985), *Fouilles d'Aï Khanoum, IV, Les monnaies hors trésors. Questions d'histoire gréco-bactrienne*. Paris: de Boccard.

Bernard 1996: P. Bernard (1996), Maracanda-Afrasiab colonie grecque. In: A.A. V.V. (Hgg.), *La Persia e L'Asia Centrale da Alessandro al x secolo*. Atti di Convegni Lincei 127. Rome: Accademia Nazionale dei Lincei, 331–65.

Bernard/Francfort 1978: P. Bernard/Francfort (1978), *Études de Géographie historique sur la plaine d'Ai Kjanoum (Afghanistan)*. Paris: Centre National de la Recherche Scientifique.

Berve 1926: H. Berve (1926), *Das Alexanderreich auf prosopographischer Grundlage*. 2 Bdd. Munich: Beck.

Betlyon 1982: J. W. Betlyon (1982), *The Coinage and Mints of Phoenicia: The Pre-Alexandrine Period*. Chico: Scholar Press.

Bianchi 1993: F. Bianchi (1993), *I superstiti della deportazione sono là nella Provincia" (Neemia 1,3). Ricerche epigrafiche sulla storia della Giudea in età neobabilonese e achemenide (586 a.C.–442 a.C.)*. Supplemento N. 76 agli Annali – vol. 53 Fasc. 3. Napoli: Istituto Universitario Orientale.

Bichler 1996: R. Bichler (1996), Wahrnehmung und Vorstellung fremder Kultur. Griechen und Orient in archaischer und frühklassischer Zeit. In: M. Schuster (Hg.), *Die Begegnung mit dem Fremden: Wertungen und Wirkungen in Hochkulturen vom Altertum bis zur Gegenwart*. Colloquium Rauricum 4. Stuttgart: Saur, 51–74.

—. 2000: R. Bichler (2000), *Herodots Welt. Der Aufbau der Historien am Bild der fremden Länder und Völker, ihre Zivilisation und ihre Geschichte.* Berlin: Akademie Verlag.

—. 2004: R. Bichler (2004), Ktesias „korrigiert" Herodot. Zur literarischen Einschätzung der Persika. In: H. Heftner/K. Tomaschitz (Hgg.), *Ad fontes! Festschrift für Gerhard Dobesch zum fünfundsechzigsten Geburtstag am 15. September 2004 dargebracht von Kollegen, Schülern und Freunden.* Wien: Selbstverlag der Herausgeber, 105–116.

—. 2011: R. Bichler (2011), Ktesias spielt mit Herodot. In: Wiesehöfer/Rollinger/Lanfranchi 2011, 21–52.

—. 2013: R. Bichler (2013), Zur Veranschaulichung geographischen Wissens in Herodots Historien. In: D. Boschung/T. Greub/J. Hammerstaedt (Hgg.), *Geographische Kenntnisse und ihre konkreten Ausformungen.* Morphomata 5. München: Wilhelm Fink, 74–89.

Bichler/Rollinger 2000: R. Bichler/R. Rollinger (2000), *Herodot.* Studienbücher Antike 3. Hildesheim: Georg Olms.

—. 2017: R. Bichler/R. Rollinger (2017), Universale Weltherrschaft und die Monumente an ihren Grenzen. Die Idee unbegrenzter Herrschaft und deren Brechung im diskursiven Wechselspiel (Vom Alten Orient bis zum Imperium Romanum). In: R. Rollinger (Hg.), *Die Sicht auf die Welt zwischen Ost und West (750 v. Chr.–550 n. Chr.). Looking at the World, from the East and the West (750 BCE–550 CE).* CleO 12. Wiesbaden: Harrassowitz Verlag, Teil A, 1–30.

Bickerman 1963: E. J. Bickerman (1963), ‚A propos d'un passage de Chares de Mytilene'. PP 91, 241–255.

Billows 1995: R. A. Billows (1995), *Kings and Colonists. Aspects of Macedonian Imperialism.* Leiden: E. J. Brill.

Binder 2008: C. Binder (2008), *Plutarchs Vita des Artaxerxes. Ein historischer Kommentar.* Berlin: de Gruyter.

Boardman 1970: J. Boardman (1970), ‚Pyramidal Stamp Seals in the Persian Empire'. Iran 8, 19–46.

—. 2000: J. Boardman (2000), *Persia and the West. An archeological Investigation of the Genesis of Achaemenid Art.* London: Thames & Hudson.

Börker-Klähn 1982: J. Börker-Klähn (1982), *Altvorderasiatische Bildstelen und vergleichbare Felsreliefs.* Baghdader Forschungen 4/1–2. Mainz: von Zabern.

Borger 1967: R. Borger (1967), *Die Inschriften Asarhaddons, Königs von Assyrien,* AFOB 8. Osnabrück: Biblio-Verlag.

Borgna 2014: A. Borgna (2014), ‚Uno sguardo originale intorno a Roma: Pompeo Trogo e Giustino'. *La Biblioteca di Classico Contemporaneo* I, 52–77.

Borkert/Pérez/Scott/de Tona 2006: M. Borkert/A. M. Pérez/S. Scott/C. De Tona, (2006), ‚Introduction: Understanding Migration Research (Across National and Academic Boundaries) in Europe'. *Qualitative Migration Research in Contemporary Europe* 7/3. http://www.qualitative-research.net/index.php/fqs/issue/view/4 [Zugriff am 13.04.2011]

Bosworth 1980: A. B. Bosworth (1980), *A historical Commetary on Arrian's History of Alexander.* 2 Bdd. Clarendon Press: Oxford.

—. 1988a: A. B. Bosworth (1988), *Conquest and Empire: The Reign of Alexander the Great.* Cambridge: Cambridge University Press.

—. 1988b: A. B. Bosworth (1988), *From Arrian to Alexander. Studies in Historical Interpretation.* Oxford/New York.

—. 1993: A. B. Bosworth (1993), ‚Aristotle, India and the Alexander historians'. *TOPOI: Orient-Occident* 3 (2), 407–424.

—. 1996: A. B. Bosworth (1996), *Alexander and the East: The tragedy of triumph*. Oxford: Clarendon Press.

—. 2000: A. B. Bosworth (2000), Introduction. In: A. B. Bosworth/E. J. Baynham (Hgg.), *Alexander the Great in fact and fiction*. Cambridge: Cambridge University Press, 1–21.

Boteva 2011: D. Boteva (2011), Re-reading Herodotus on the Persian Campaigns in Thrace. In: R. Rollinger/B. Truschnegg/R. Bichler (Hgg.), *Herodot und das Persische Weltreich. Herodotus and the Persian Empire*. Akten des 3. Internationalen Kolloquiums zum Thema „Vorderasien im Spannungsfeld klassischer und altorientalischer Überlieferungen", Innsbruck, 24.–28. November 2008. Wiesbaden: Harrassowitz Verlag, 735–759.

Boucharlat 2001: R. Boucharlat, Galeries souterraines de captage dans la Péninsule d'Oman au 1er millénaire avant J.-C. Questions sur leurs relations avec les galeries du Plateau iranien. In: P. Briant (Hg.), *Irrigation et drainage dans l'Antiquité. Qanat et canalisations souterraines en Iran, en Égypte et en Grèce*. Persika 2. Paris: Éditions Thotm, 157–183.

—. 2005: R. Boucharlat (2005), Iran. In: P. Briant/R. Boucharlat (Hgg.), *L'archéologie de l'empire achéménide: nouvelles recherches*. Persika 6. Paris: De Boccard, 221–92.

Bowie 1970: E. L. Bowie (1970), ‚Persian Greeks and their Past in the Second Sophistic'. *Past & Present* 46, 3–41.

—. 1994: E. L. Bowie (1994), Philostratus, Writer of Fiction. In: J. R. Morgan/R. Stoneman (Hgg.), *Greek Fiction, the Greek Novel in Context*. London/New York: Routledge, 181–199.

Bowie/Elsner 2009: E. Bowie/J. Elsner (2009), *Philostratus*. Cambridge: Cambridge University Press.

Boyce 1983: M. Boyce (1983), Achaemenid Relgion. In: EIr I 4, 426–429.

—. 1984: M. Boyce (1984), ‚Persian religion in the Achaemenid age'. *CHJ* 1, 279–307.

—. 1985: M. Boyce (1985), Ahura Mazda. In: EIr 1, 684–687.

—. ²1996: M. Boyce (1996), *A History of Zoroastrism. Vol. 2. Under the Achaemenians*. II ed. Leiden: E. J. Brill.

Boyce/Grenet 1991: M. Boyce/F. Grenet (1991), *A History of Zoroastrianism under Macedonian and Roman Rule*. Leiden: E. J. Brill.

Bradford 2004: E. Bradford (2004), *Thermopylae: the battle for the West*. New York: Da Capo Press.

Brancacci 1985: A. Brancacci (1985), ‚La théologie d'Antisthène'. *Philosophia* 15, 218–230.

Brandes/Sundhausen/Troebst 2010: D. Brandes/H. Sundhausen/S. Troebst (2010), *Lexikon der Vertreibungen. Deportation, Zwangsaussiedlung und ethnische Säuberung in Europa des 20. Jahrhunderts*. Wien: Böhlau Verlag.

Bravo 1980: B. Bravo (1980), ‚Sylan. Représailles et justice privée contre des étrangers dans les cités grecques'. *ASNP* 10/3, 675–987.

Brelich 1958: A. Brelich (1958), *Who Were the Heroes? – Gli eroi greci. Un problema storico-religioso*. Rome: Edizioni dell'Ateneo.

Brendl 1975: O. Brendl (1975), ‚Die Bedeutung des Suezkanals in Vergangenheit und Gegenwart'. *Zeitschrift für Wirtschaftsgeographie* 9, 212–219.

Bresciani 1985: E. Bresciani (1985), The Persian Occupation of Egypt. In: CHI 2. Cambridge: Cambridge University Press, 502–28.

—. 1986: E. Bresciani (1986), Aršāma 2. In: EIr II/5, 546.

—. 1998: E. Bresciani (1998), ‚L'Egitto achemenide. Dario I e il canale del mar Rosso'. *Trans.* 14, 103–112.
Bresciani/Kamil 1966: E. Bresciani / M. Kamil (1966), ‚Le lettere aramaiche di Hermopoli'. *Atti della Academia Nazionale dei Lincei, Memorie della classe di science morali, storiche e filologiche* 8/12, 356–428.
Bianchi 1977: U. Bianchi (1977), ‚L'inscription des daiva et le zoroastrisme des Achéménides'. *RHR* 192/1, 3–30.
Briant 1982: P. Briant (1982), *Sources greques et histoire achéménide*. In: Ders. (Hg.), *Rois, tributes et paysans*. Paris: Les belles Lettres, 491–506.
—. 1984: P. Briant (1984), *L'Asie centrale et les royaumes proche-orientaux du premier millénaire av. n.è*. Paris: Éd. Recherches sur les civilisations.
—. 1987: P. Briant (1987), Pouvoir central et polycentrisme culturel dans l'Empire achéménide. In: H. Sancisi-Weerdenburg (Hg.), *AchHist I: Sources, structures and synthesis*. Proceedings of the Groningen 1983 Achaemenid History Workshop. Leiden: Nederlands Instituut voor het Nabije Oosten, 1–32.
—. 1988: P. Briant (1988), Ethno-classe dominante et populations soumises dans l'empire achéménide: le cas de l'Egypte. In: A. Kuhrt/H. Sancisi-Weerdenburg (Hgg.), *AchHist III: Method and theory*. Proceedings of the London 1985 Achaemenid history workshop. Leiden: Nederlands Instituut voor het Nabije Oosten, 137–73.
—. 1991a: P. Briant (1991), De Sardeis à Suse. In: H. Sancisi-Weerdenburg (Hg.), *AchHist IV: Centre and Periphery*. Proceedings of the Groningen 1986 Achaemenid History Workshop. Leiden: Nederlands Instituut voor het Nabije Oosten.
—. 1991b: P. Briant (1991), ‚Chasses royales macédoniennes et chasses royales achéménide: la chasse au lion sur la chasse de Vergina'. *DHA* 17/1, 211–255.
—. 1992: P. Briant (1992), ‚La date des revoltes babyloniennes contre Xerxes'. *StIr* 21/1, 7–20.
—. 1998: P. Briant (1998), ‚Cités et satrapes dans l'Empire achéménide: Pixôdaros et Xanthos'. *CRAI* 142/1, 305–340
—. 1999: P. Briant (1999), Inscriptions multilingues d'époque achéménide: le texte et l'image. In: D. Valbelle/J. Leclant (Hgg.), *Le Décret de Memphis. Colloque de la Fondation Singer-Polignac à l'occasion de la célébration du bicentenaire de la découverte de la Pierre de Rosette*. Paris: Belles-Lettres, 91–115.
—. 2001: P. Briant (2001), Polybe X.28 et les *quanāts*: le témoignage et ses limites. In: Ders. (Hg.), *Irrigation et drainage dans l'Antiquité. Quanāts: et canalisation souteraines en Iran, Égypt et Grèce,* Persika 2. Paris: Éd Thotm, 15–40.
—. 2002: P. Briant (2002), *From Cyrus to Alexander. A History of the Persian Empire*. Winona Lake: Eisenbrauns. Übers. von: *Historie de l'Empire perse*. Paris: Fayard, 1996.
—. 2009: P. Briant (2009), The Empire of Darius III in Perspective. In: W. Heckel/L. Trittle (Hgg.), *Alexander the Great: a new History*. Chichester/Malden: Wiley-Blackwell.
—. 2010: P. Briant (2010), *Alexander the Great and His Empire: A Short Introduction*. Princeton/Oxford: Princeton University Press.
—. 2015: P. Briant (2015), *Darius in the Shadow of Alexander*. Cambridge, MA: Harvard University Press.
Briant/Henkelman/Stolper 2008: P. Briant/W. F. M. Henkelman/M. W. Stolper (2008), *L'archive des fortifications de Persépolis: état des questions et perspectives de recherches*. Actes du colloque organisé au Collège de France par la ‚Chaire d'histoire et civilisation du monde achéménide

et de l'empire d'Alexandre' et le ‚Réseau international d'études et derecherches achéménides' (GDR 2538 CNRS), 3–4 novembre 2006, Persika 12. Paris: De Boccard.

Bringmann 1976: K. Bringmann (1976), ‚Die Verfassungsdebatte bei Herodot 3, 80–82 und Dareios' Aufstieg zur Königsherrschaft'. *Hermes* 104/3, 266–279.

Brinkman 1976: J. A. Brinkman (1976), *Materials and Studies for Kassite History* 1. Chicago: Oriental Institute.

—. 1976–80: J. A. Brinkman (1976–80), Kassiten. In: RlA 5, 464–73.

Brixhe 2004: C. Brixhe (2004), ‚Corpus des Inscriptions paléo.phrygiennes'. *Kadmos* 43/2, 1–130.

—. 2006: C. Brixhe (2006), ‚Zonè et Samothrace: lueurs sur la langue thrace et nouveau chapitre de la grammaire comparée?'. *CRAI* 1, 121–46.

Brodersen 2014: K. Brodersen (2014), *Solinus. New Studies*. Heidelberg: Antike.

Brommer 1971: F. Brommer (1971), *Denkmälerliste zur griechischen Heldensage, Bd. 1. Herakles*. Marburg: Elwert.

—. 1973: F. Brommer (1973), *Vasenliste zur griechischen Heldensage*. Marburg: Elwert.

Brosius 1996: M. Brosius (1996), *Women in Ancient Persia*. Oxford: Clarendon Press.

—. 1998: M. Brosius (1998), *Women in Ancient Persia, 559–331 BC*. Oxford: Clarendon Press.

—. 2005: M. Brosius (2005), *Pax Persica*: Königliche Ideologie und Kriegführung in Achämenidenreich. In: B. Meissner/O. Schmitt/M. Sommer (Hgg.) *Krieg – Gesellschaft – Institutionen: Beiträge zu einer vergleichenden Kriegsgeschichte*. Berlin: Oldenbourg Akademieverlag, 135–161.

—. 2006: M. Brosius (2006), *The Persians. An Introduction*. London/New York: Routledge.

—. 2009: M. Brosius (2009), Tempelprostitution im antiken Persien? In: T. Scheer (Hg.). *Tempelprostitution im Altertum*. Berlin: Akademie, 126–53.

—. 2011: M. Brosius (2011), Keeping up with the Persians. Between Cultural Identity and Persianization in the Achaemenid Period. In: E. S. Gruen (Hg.), *Cultural Identity in the Ancient Mediterranean*. Los Angeles: Britton, 135–149.

Brunt 1965: P. A. Brunt (1965), ‚The Aims of Alexander'. *Greece & Rome* 12/2, 205-15.

—. 1976: P. A. Brunt (Hg.) (1976), *Arrian: History of Alexander and Indica*. Volume 1, Books 1–4, Cambridge: Loeb Classical Library.

—. 1983: P. A. Brunt (Hg.) (1983), *Arrian Anabasis of Alexander, Volume II: Books 5–7. Indica*. Loeb Classical Library 269. Cambridge, MA: Harvard University Press.

Bucciantini 2009: V. Bucciantini (2009), Die heiligen Inseln der Küstenfahrt des Nearchos. In: E. Olshausen/V. Sauer (Hgg.), *Die Landschaft und die Religion*, 9. Internationales Kolloquium zur Historischen Geographie des Altertums in Stuttgart, 4.–8. Mai 2005. Stuttgart: Franz Steiner Verlag, 61–8.

Buck 1979: R.J. Buck (1979), *A History of Beotia*. Alberta: The University of Alberta Press.

Bunbury 1879: E. H. Bunbury (1879), *A history of ancient geography*. Bd. 1. London: John Murray.

Burgess 1995: R. W. Burgess (1995), ‚Jerome and the Kaisergeschichte'. *Historia* 44, 349–369.

—. 2005: R. W. Burgess (2005), ‚Further Thoughts on the Date and Nature of the Kaisergeschichte'. *CPh* 100, 166–192.

Burkert 1985: W. Burkert (1985), Das Ende des Kroisos. Vorstufen einer herodoteischen Geschichtserzählung. In: C. Schäublin (Hg.), *Catalepton Festschrift für Bernhard Wyss zum 80. Geburtstag*. Basel: Seminar für Klassische Philologie der Universität Basel, 4–15.

Butterwegge 2015: C. Butterwegge (2015), *Das gelobte Land*. Stuttgart: Raabe Fachverlag für die Schule.

Butzer 1976: K. W. Butzer (1976), *Early Hydraulic Civilization in Egypt: A Study in Cultural Ecology*. Chicago: Univeristy of Chicago Press.

Cagnazzi 2001: S. Cagnazzi (2001), *Gli esili in Persia*. Bari: Edipuglia.

Calder 1925: W. M. Calder (1925), ‚The Royal Road in Herodotus'. *CRw* 39/1, 7–11.

Calmeyer 1982–1983: P. Calmeyer (1982–3), ‚Zur Genese altiranischer Motive: VIII–Die „Statistische Landcharte des Perserreiches"'. *AMI* 15 (1982), 105–87; 16 (1983), 141–222.

Cameron 1948: G. G. Cameron (1948), *Persepolis Treasury Tablets*. Chicago: The University of Chicago Press = PTT.

—. 1958: G. G. Cameron (1958), ‚Persepolis Treasury Tablets Old and New'. *JNES* 17, 161–176.

—. 1973: G. G. Cameron (1973), ‚The Persian Satrapies and related matters'. *JNES* 32, 555–6.

Campbell Thompson/Mallowan 1933: R. Campbell Thompson/M. E. L. Mallowan (1933), ‚The British Museum excavations at Nineveh 1931–1932'. *AAA* 20, 71–186.

Canali de Rossi: F. Canali de Rossi (2007), *I Greci in Medio Oriente ed Asia Centrale. Dalla fondazione dell'Impero Persiano fino alla spedizione di Alessandro Magno (550-336 a. C.)*. Roma: Herder Editrice e Libreria.

Cardascia 1951: C. Cardascia (1951), *Les Archive des Murašu: Una famille d'hommes d'affaires babyloniens à l'époque perse (455–403 B. C.)*. Paris: Imprimerie nationale.

—. 1988: G. Cardascia ((1988). Babylon under Achaemenids. In: EIr III 3, 325–6.

Carlier 1984: P. Carlier (1984), *La royauté en Grèce avant Alexandre*. Études et Travaux publiés par l'Université de science humaines de Strasbourg VI. Strasbourg: AECR.

Carney 2006: E. Carney (2006), *Olympias: Mother of Alexander the Great*. New York/London: Routledge.

Carter 1999: C. E. Carter (1999), *The Emergence of Yehud in the Persian Period: A Social and Demographic Study*. Sheffield: Bloomsbury T&T Clark.

—. 2005: R. A. Carter (2005), ‚The History and Prehistory of Pearling in the Persian Gulf'. *Journal of the Economic and Social History of the Orient* 48/2, 139–209.

—. 2012: R. A. Carter (2012), Watercraft of the Ancient Near East. In D. T. Potts (Hg.), *A Companion to the Archaeology of the Ancient Near East*. Malden MA: Wiley-Blackwell, 347–72.

Cartledge 2006: P. Cartledge (2006), *Thermopylae: the battle that changed the world*. Woodstock: Overlook Press.

Casabonne 2004: C. Casabonne (2004), *La Cilicie à l'époque achéménide*. Persika 3. Paris: de Boccard.

Cassola 1953: F. Cassola (1953), ‚Le genealogie mitiche e la coscienza nazionale greca'. *RAAN* 28, 279–304 = Ders., *Scritti di Storia Antica, Istituzioni e Politica*. Bd. I.: *Grecia*. Milano: Lo Scarabeo 1993, 9–35.

Cassuto 1964: U. Cassuto (1964), *A Commentary on the Book of Genesis, Part 2: From Noah to Abraham, Genesis VI 9–XI 32, With an Appendix: A Fragment of Part III*. London: The Hebrew University Magnes Press.

Castrutius 1972: H. Castritius (1972), ‚Die Okkupation Thrakiens durch die Perser und der Sturz des athenischen Tyrannen Hippias'. *Chiron* 2, 1–15.

Ceccarelli 1993: P. Ceccarelli (1993), ‚La fable des poisson de Cyrus (Hérodote 1.141): Son origine et sa fonction dans l'économie des *Histoires* d'Hérodote'. *Métis* 8, 29–57.

—. 2013: P. Ceccarelli (2013), Ancient Greek Letter-Writing: A Cultural History (600 BC–150 BC). Oxford: Oxford University Press.

Charpentier 1934: J. Charpentier (1934), *The Indian Travels of Apollonius of Tyana*. Uppsala: Almqvist & Wiksells boktryckeria.

Charpin 1992: D. Charpin (1992), Immigrés, réfugiés et déportés en Babylonie sous Hammurabi et ses successeurs. In: Ders./F. Joannès (Hgg.), *La circulation de biens, des personnes et des idées dans le Proche-Orient ancient*. Actes de la XXXVIIIe rencontre Assyriologique internationale, Paris, 8–10 Juillet 1991. Paris: Editions Recherche sur les Civilisations (ERC), 207–218.

—. 2010: D. Charpin (2010), Reading and Writing in Babylon. Cambridge: Harvard University Press.

Chaumont 1986: M. L. Chaumont (1986), Arrian. In: EIr II, 5, 523–524.

Civil 1967: M. Civil (1967), ‚Šū-Sîn's Historical Inscriptions: Collection B'. *JCS* 21, Special Volume Honoring Professor Albrecht Goetze, 24–38.

Cline 2015: E. H. Cline (2015), *1177 v. Chr. Der erste Untergang der Zivilisation*. Darmstadt: Theiss.

Cogan 1974: M. Cogan (1974), *Imperialism and Religion: Assyria, Judah and Israel in the Eighth and Seventh Centuries B.C.E.*, SBLMS 19. Missoula: Society of Biblical Literature and Scholars Press.

Colburn 2013: H. P. Colburn (2013), Art of the Achaemenid Empire, and art in the Achaemenid Empire. In: B. A. Brown/M. H. Feldman (Hgg.), *Critical approaches to ancient Near Eastern art*, 773–800. Boston/Berlin: De Gruyter.

Coloru 2009: O. Coloru (2009), *Da Alessandro a Menandro, il regno greco di Battriana*, Studi Ellenistici XXI. Pisa–Roma: F. Serra.

—. 2015: Nachricht an die Autorin [24.03.2015].

Collins 2000: N. L. Collins (2000), *The Library in Alexandria and the Bible in Greek*. Boston: E. J. Brill.

Connan 1999: J. Connan (1999), ‚Use and trade of bitumen in antiquity and prehistory: molecular archaeology reveals secrets of past civilizations'. *Phil. Trans. R. Soc.* B 354, 33–50.

—. 2010: J. Connan/T. Van de Velde (2010), ‚An overview of bitumen trade in the Near East from the Neolithic (c. 8000 BC) to the early Islamic period'. *AAE* 21/1, 1–19.

Connan/Deschesne 1995a: J. Connan/O. Deschesne (Hgg.), ‚Archaeological bitumen: identification, origins and uses of an ancient near eastern material'. *Mat. Res. Soc. Symp. Proc.* 267, 683–720.

—. 1995b: J. Connan/O. Deschesne (1995), *Le bitume à Suse. Collections du Musée du Louvre*. Paris: Editions de la réunion des musées nationaux.

Connan u. Aa. 2005: R. A. Carter/ J. Connan/ H. Crawford/ M. Tobey/A. Charrie-Duhaut/ D. Jarvie/P. Albrecht (2005), ‚A comparative geochemical study of bituminous boat remains from H3, As-Sabiyah (Kuwait), and RJ-2, Ra's al-Jinz (Oman)'. *AAE* 16/1, 21–66.

Consolo Langher 1997: S. N. Consolo Langher (1997), *Un imperialismo tra democrazia e tirannide. Siracusa nei secoli V e IV a. C.* Messina: Bretschneider.

Cook 2008: J. M. Cook (2008), The Rise of the Achaemenids and the Establishment of their Empire. In: I. Gershevitch (Hg.), CHI 2. Cambridge: Cambridge University Press.

Cowley 1923: A. E. Cowley (1923), *Aramaic Papyri of the Fifth Century B.C.* Oxford: Clarendon Press.

Crifò 1961: G. Crifò (1961), *Ricerche sull'exilium nel periodo repubblicano*. Milano: Giuffrè.

Cruz-Uribe 1988: E. Cruz-Uribe (1988), *Hibis Temple Project I: Translations, commentary, discussions and sign lists.* San Antonio: Van Siclen.

—. 2003: E. Cruz-Uribe (2003), ‚The invasion of Egypt by Cambyses'. *Trans.* 25, 9–60.

—. 2005: E. Cruz-Uribe (2005), *The Persian Presence at Qasr el-Ghuieta*. http://www.cais-soas.com/CAIS/History/hakhamaneshian/persians_at_qasr_el_ Ghieta.htm [Zugriff am 13.06.2011]

Culbertson 2011: L. Culbertson (2011), Introduction. Slaves and Households in the Ancient Near East. In: Ders. (Hg.), *Slaves and Households in the Near East*. Papers from the Oriental Institute Seminar Slaves and Households in the near east held at the Oriental Institute of the University of Chicago, 5–6 March 2010. Chicago: Oriental Institute Press, 1–20.

Cunliffe 2015: B. Cunliffe (2015), *By Steppe, Desert, and Ocean: The Birth of Eurasia*. Oxford: Oxford University Press.

Curtis 2005: J. Curtis (2005), Iron Age Iran and the Transition to the Achaemenid Period. In: V. Sarkhosh Curtis/S. Steward (Hgg.), *Birth of the Persian Empire: The Idea of Iran*. 1. London: I. B. Tauris, 112–131.

Curtis/Tallis 2005: J. E. Curtis/N. Tallis (2005), *Forgotten Empire. The World of Ancient Persia*. Berkeley: University of California Press.

Curzon 1982: G. N. Curzon (1982), *Persia and the Persian Question*. 2 Bdd. London: Longmans, Green & Co.

Czaika/de Hass 2014: M. Czaika/H. De Hass (2014), ‚The Globalization of Migration: Has the World Become More Migratory?'. *IMR*, 283–323.

Dandamayev 1975: M. A. Dandamayev (1975), ‚Forced Labour in the Palace Economy in Achaemenid Iran'. *AoF* 2, 71–78.

—. 1984: M. A. Dandamayev (1984), *Slavery in Babylonia from Nabopolassar to Alexander the Great (623–331 a. C.)*. Chicago: Northern Illinois University Press.

—. 1985: M. A. Dandamayev (1985), ‚Herodotus' information on Persia and the latest discoveries of cuneiform texts'. *Storia della Storiografia* 7, 92–99.

—. 1992a: M. A. Dandamayev (1992), *Iranians in Achaemenid Babylonia*. Columbia Lectures on Iranian Studies, 6. Costa Mesa/New York: Mazda Publishers in Association with Bibliotheca Persica.

—. 1992b: M. A. Dandamayev (1992), Egyptians in Babylonia in the 6th–5th Centuries B.C. In: D. Charpin/F. Joannès (Hgg.), *La circulation des biens, des personnes et des idées dans le Proche-Orient ancien*. Actes de la XXXVIIIe Recontre Assyriologique Internationale (Paris, 8–10 juillet 1991). Paris: Éditions Recherche sur les civilisations, 321–5.

—. 1997: M. A. Dandamayev (1997), Education i) in the Achamenid Period. In: EIr VIII/2, 178–179.

—. 2004: M. A. Dandamayev (2002), Babylonian Chronicles. In: EIr online. http://www.iranicaonline.org/articles/babylonian-chronicles [Zugriff am 21.07.2016].

—. 2004: M. A. Dandamayev (2004), Twin Towns and Ethnic Minorities in First-Millennium Babylonia. In: R. Rollinger/C. Ulf (Hgg.), *Commerce and Monetary Systems in the Ancient World: Means of Transmission and Cultural Interaction*. Melammu Symposia 5. Proceedings of the Fifth Annual Symposium of the Assyrian and Babylonian Intellectual Heritage Project held in Innsbruck, Austria, October 3rd–8th 2002 = Oriens et Occidens 6. Stuttgart: Franz Steiner Verlag, 137–51.

Dandamayev/Lukonin 2004: M. A. Dandamayev/V. G. Lukonin (2004), *The Culture and Social Institutions of Ancient Iran*. Cambridge: Cambridge University Press.

Dandamayev/Medvedskaya 2006: M. Dandamayev/I. Medvedskaya (2006), Media. In: EIr online. http://www.iranicaonline.org/articles/media [Zugriff am 29.05.2016]

Darieva 2007: T. Darieva (2007), Migrationsforschung in der Ethnologie. In: B. Schmidt-Lauber (Hg.), *Ethnizität und Migration. Einführung in Wissenschaft und Arbeitsfelder*. Berlin: Reimer Kulturwissenschaften, 69–89.

Davies 1998: I. Davies (1998), ‚Alexander's itinerary (Itinerarium Alexandri). An English translation'. *AHB* 12, 29–54.

De Blois 1989: F. De Blois (1989), ‚Maka and Mazun'. *StIr* 18, 157–167.

De Blois/van der Spek 1997: L. De Bois/R. J. van der Spek (1997), *An Introduction to the Ancient World*. New York: Routledge.

Degen 2019a: J. Degen (2019), ‚Alexander III., Dareios I. und das speererworbene Land (Diod. 17, 17, 2)'. *Journal of Ancient Near Eastern History* 6/1, 53–95.

—. 2019b: J. Degen (2019), Deportationen zur Zeit der ersten persischen Eroberung Ägyptens. Kambyses' Sicherungspolitik im Lichte hellenischer und achaimenidischer Quellen. In: R. Rollinger/H. Stadler (Hgg.), *7 Millionen Jahre Migrationsgeschichte. Annäherungen zwischen Archäologie, Geschichte und Philologie*. Innsbruck: Innsbruck University Press, 185–219.

De Goje 1903: M. J. de Goje (1903), *Mémoires d'Histoire et de Géographie Orientales: IV. Mémoire sur les migrations des Tsiganes à travers l'Asie*. Leiden: Brill.

De Jong 2015: A. F. De Jong (2015), Religion and Politics in Pre-Islamic Iran. In: M. Stausberg/ Y. S.-D. Vevaina (Hgg.), *The Wiley Blackwell Companion to Zoroastrianism*. Oxford: Blackwell, 85–101.

De Jong/Fawcett 1981: G. F. de Jong/J. T. Fawcett (1981), Motivation for migration: An assessment and a value-expectancy research model. In: G. F. De Jong/R. W. Gardner (Hgg.), *Migration decision making: Multidisciplinary approaches to microlevel studies in developed and developing countries*. New York: Pergamon Press, 13–58.

Delaunay 1977: J. A. Delaunay (1977), *Cuneiform Texts in the Metropolitan Museum of Art New-York*. Paris: Universite de Droit Paris.

De la Vaissière 2011: É. de La Vaissière (2011), Sogdiana III: History and Archeology. In: EIr online. http://www.iranicaonline.org/articles/sogdiana-iii-history-and-archeology [Zugriff am 20.06.2013]

De Liagre-Böhl 1962: F. M. Th. de Liagre Böhl (1962), ‚Die babylonischen Prätendenten zur Zeit des Xerxes'. *BiOr* 19, 110–4.

Delitzsch 1884: F. Delitzsch (1884), *Die Sprache der Kossäer: Linguistisch-historische Funde und Fragen*. Leipzig: Hinrichs.

De Morgan 1905: J. De Morgan (1905), *Mémoires de la Délégation en Perse VIII*. Paris: Editions Ernest Leroux.

De Planhol 2011: X. de Planhol (2011), Kārīz iv. Origin and Dissemination. In: EIr XV/6, 573–578.

Descat 1985: R. Descat (1985), ‚Mnésimachos, Hérodote et le système tributaire achéménide'. *RÉA* 87/1-2, 97–112.

—. 1989: R. Descat (1989), Notes sur la politique tributaire de Darius Ier. In: P. Briant/C. Herrenschimdt (Hgg.), *Le tribute dans l'empire perse*. Paris–Louvain: Peeters, 77–93.

Deutsche Bibelgesellschaft 1982: Deutsche Bibelgesellschaft (Hg.) (1982), *Das Neue Testament Mit Psalmen. Nach Der Übersetzung Martin Luthers*. Stuttgart: Deutsche Bibelgesellschaft.

Devine 1994: A. Devine (1994), Alexander's Propaganda Machine: Callisthenes as the Ultimate Source for Arrian, Anabasis 1-3. In: I. Worthington (Hg.), *Ventures into Greek History*, Oxford: Clarendon Press, 89–102.

Dillard 1975: R. B. Dillard (1975), *Neo-Babylonian Texts from the John Frederick Lewis. Collection of the Free Library of Philadelphia*. Diss. Free Library of Philadelphia.

Dobesch 1968: G. Dobesch (1986), *Der panhellenische Gedanke im 4. Jh. v. Chr. und der „Philippos" des Isokrates*. Vienna: Phoibos.

Donbaz/Stolper 1997: V. Donbaz/M. Stolper (1997), *Istanbul Murašū Texts*. Utigaven van het Nedrlands Historisch-Archaelogisch Instituut te Instanbul 69. Leiden: Nederlands Instituut voor het Nabije Oosten.

Donkin 1998: R. A. Donkin (1998), *Beyond Price, Pearls and Pearl-Fishing: Origins to the Age of Discoveries*. Memoirs of the American Philosophical Society 224. Philadelphia: American Philosophical Society.

Donner/Rölling⁵ 2002: H. Donner/W. Röllig (2002), *Kanaanäische und aramäische Inschriften*. 1/5. erweiterte und überarbeitete Auflage. Wiesbaden: Harrassowitz Verlag.

Dorati 1995: M. Dorati (1995), ‚Ctesia falsario?'. *QuSt* 41, 33–52.

—. 2011: M. Dorati (2011), Lo storico nel suo testo: Ctesia e la sua ‚biografia'. In: Wiesehöfer/Rollinger/Lanfranchi 2011, 81–110.

Dougherty 1930: R. P. Dougherty (1930), ‚A Babylonian City in Arabia'. *AJA* 34/3, 296–312.

Draycott 2014: C. M. Draycott (2014), ‚Review of Empire, Authority, and Autonomy in Achaemenid Anatolia, by Elspeth R.M. Dusinberre'. *AJA* 118/3. http://www.ajaonline.org/online-review-book/1836 [Zugriff am 31.10.2015]

Dreizehnter 1978: A. Dreuzehnter (1978), *Die rhetorische Zahl: Quellenkritische Untersuchungen anhand der Zahlen 70 und 700*. München: C. H. Beck.

Drew 1993: R. Drew (1993), *The End of the Bronze Age. Changes in Warfare and the Catastrophe ca. 1200 BC*. Princeton: Princeton University Press.

Drews 1969: R. Drews (1969), ‚The Fall of Astyages and Herodotus' Chronology of the Eastern Kingdoms'. *Historia* 18, 1–11.

—. 1993: R. Drews (1993), *The End of the Bronze Age – Changes in Warfare and the Catastrophe ca. 1200 B.C*. Princeton: Princeton University Press.

—. 2004: R. Drews (2004), *Early Riders. The Beginnings of Mounted Warfare in Asia and Europe*. New York/London: Routledge.

Drexler 1961: H. Drexler (1961), *Polybios. Geschichte. Eingeleitet und übertragen von Hans Drexler. Die Bibliothek der alten Welt, Griechische Reihe, 1. Bd*. Zürich/München: Artemis Verlag.

Driver 1965: G. R. Driver (1965), *Aramaic Documents of the Fifth Century BC*. Oxford: Oxford University Press.

Ducrey 1968: P. Ducrey (1968), *Le traitement des prisonniers de guerre dans la Grèce antique, des origines à la conquête romaine*. Paris: De Boccard.

Duschesne-Qujllemin 1962: J. Duschesne-Qujllemin (1962), *La Religion de l'Iran ancien*. Paris: Presses Universitaires de France.

—. 1972: J. Duschesne-Qujllemin (1972), La religion des Achemenides. In: G. Walser (Hg.), *Beiträge zur Achämenidengeschichte*. Historia Einzelschriften 18. Wiesbaden: Steiner, 59–82.

Duschesne-Guillemin 1994: J. Duchesne-Guillemin (1994), Deipnosophistaí. In: EIr VII/3, 227–229.

Dusinberre 2013: E. R. M. Dusinberre (2013), *Empire, Authority, and Autonomy in Achaemenid Anatolia*. Cambridge: Cambridge University Press.

Dzielska 1986: M. Dzielska (1986), *Apollonius of Tyana in Legend and History*. Rom: L'Erma di Bretschneider.

Ebner 1951: P. Ebner (1951), ‚Monete veline col pentagono stellato ed eterie pitagoriche'. *Bollettino del Circolo Numismatico Napoletano* 34, 3–29.

Eckstein/Meyer 1987: Eckstein/Meyer (Hgg.) (1987), *Reisen in Griechenland. Band II. Pausanias.* Übersetzt von E. Meyer herausgegeben von E. Eckstein. Darmstadt: Artemis & Winkler.

Eddy 1962: Eddy (1962), *The King Is Dead. Studies in the Near Eastern Resistance to Hellenism, 334–331 B.C.* Lincoln: University of Nebraska Press.

Edmunds 1971: L. Edmunds (1971), ‚The Religiosity of Alexander'. *GRBS* 12, 363–91.

Egge 1978: R. Egge (1978), *Untersuchungen zur Primärtradition bei Q. Curtius Rufus. Die alexanderfeindliche Überlieferung.* Freiburg: Freiburg Dissertationsdruck.

Ehrhardt 1983: N. Ehrhardt (1983), *Milet und seine Kolonien. Vergleichende Untersuchung der kultischen und politischen Einrichtungen.* Europäische Hochschulschriften, Reihe III: Geschichte und ihre Hilfswissenschaften, 206. Frankfurt am Main/Bern/New York: Peter Lang.

Eibl-Eibesfeldt 1986: I. Eibl-Eibesfeldt (1986), *Die Biologie des menschlichen Verhaltens. Grundriß der Humanethologie.* 2. Aufl. München: Piper Verlag.

Eichner 1983: H. Eichner (1983), ‚Etymologische Beiträge zum Lykischen der Trilingue vom Letoon bei Xanthos'. *Orientalia* 52, 48–66.

Eilers 1935: W. Eilers (1935), ‚Das Volk der *karkā* in den Achämenideninschriften'. *OLZ* 38, 201–13.

—. 1940: W. Eilers (1940), *Iranische Beamtennamen in der keilschriftlichen Überlieferung.* Leipzig: Brockhaus.

—. 1982: W. Eilers (1982), *Geographische Namengebung in und um Iran.* München: C. H. Beck.

Elayi 1989: J. Elayi (1989), *Sidon: cité autonome de l'Empire perse.* Paris: Éd. Idéaphane.

—. 2013: J. Elayi (2013), *Histoire de la Phénicie.* Paris: Perrin.

Ellis 1971: J. R. Ellis (1971), ‚Amyntas, Perdikka, Philiph II and Alexander the Great'. *JHS* 91, 15–24.

Englund 2009: R. K. Englund (2009), ‚The Smell of the Cage'. *CDLJ* 4. http://cdli.ucla.edu/pubs/cdlj/2009/cdlj2009_004.html [Zugriff am 12.11.2010]

Eph'al 1978: I. Eph'al (1978), ‚The Western Minorities in Babylonia in the 6th–5th Centuries B.C.'. *Orientalia NS* 47, 74–90.

—. 1998: I. Eph'al (1998), ‚Changes in Palestine during the Persian Period in Light of Epigraphic Sources'. *Israel Exploration Journal* 48/1–2, 106–119.

Eshel 2007: E. Eshel (2007), The onomasticon of Mareshah in the Persian and Hellenistic periods. In: O. Lipschits/G. N. Knoppers/R. Albertz (Hgg.), Judah and the Judeans in the Fourth Century B.C.E. Winona Lake: Eisenbrauns, 139–144.

Fales 1990: F. M. Fales (1990), *Grain Reserves, Daily Rations, and the Size of the Assyrian Army: A Quantitative Study.* State Archives of Assyria Bulletin 4, 25–34.

—. 2014: F. M. Fales (2014), The Road to Judah: 701 B.C.E. in the Context of Sennacherib's Political-Military Strategy. In: I. Kalimi/S. Richardson (Hgg.), *Sennacherib at the Gates of Jerusalem: Story, History, and Historiography.* Leiden/Boston: Brill, 223–247.

—. 2017: F. M. Fales (2017), Ethnicity in the Assyrian Empire: A View from the Nisbe (III): „Arameans" and Related Tribalists. In: Y. Heffron/A. Stone/M. Worthington (Hgg.), *At the Dawn of History.* Ancient Near Eastern Studies in Honour of J. N. Postgate, Bd. I. Winona Lake: Eisenbrauns, 133–171.

—. 2018: F. M. Fales (2018), The Composition and structure of the Neo-Assyrian Empire: Ethnicity, Language and Identities. In: R. Rollinger (Hg.), *Conceptualizing Past, Present and Future.*

Proceedings of the Ninth Symposium of the Melammu Project Held in Helsinki/Tartu, May 18–24, 2015. Münster: Ugarit-Verlag, 443–494.

Farkas 1974: A. Farkas (1974), *Achaemenid Sculpture*. Leiden: Nederlands Instituut voor het Nabije Oosten.

—. 1980: A. Farkas (1980), Is there Anything Persian in Persian Art? In: D. Schmandt-Besserat (Hg.), *Ancient Persia: The Art of an Empire*. Malibu: Undena Pubns, 15–21.

Feix 1963: J. Feix (1963) (Hg.), Herodot: Historien in zwei Bänden. Band I + II / Mit Kommentar und Register. (Sammlung Tusculum. Griechisch und deutsch). München: Heimeran.

Feldman 2007: M. H. Feldman (2007), Darius I and the Heroes of Akkad: Affect and Agency in the Bisitun Relief. In: J. Cheng/M. H. Feldman (Hgg.), *Ancient Near East Art in Context: Studies in Honor of Irene J. Winter by Her Students*. CHANE 26. Leiden: Brill.

Feldmeier 2003: R. Feldmeier (2003), De Sera Numinis Vindicta. In: H. Görgemanns (Hg.), *Plutarch. Drei religionsphilosophische Schriften. Sammlung Tusculum*. Düsseldorf/Zürich: Artemis & Winkler, 318–39.

Ferrara 2006: A. Ferrara (2006), *Storia, politca e storiografia delle migrazioni forzate in Europa*. Diss. University of Napoli.

Finley 1964: M. I. Finley (1964), ‚Between slavery and freedom'. *CSSH* 6/3, 233–49.

Finley² 1997: M. I. Finley (1997). Économie et société en Grèce ancienne². Traduit de l'anglais par J. Carlier. Paris: du Seuil.

Finn 2011: J. Finn (2011), ‚Gods, Kings, Men: Trilingual Inscriptions and Symbolic Visualizations in the Achaemenid Empire'. *Ars Orientalis* 41, 219–275.

Fischer 2008: J. Fischer (2008), Sklaverei und Menschenhandeln im mikenischen Griechenland. In: H. Heinen (Hg.) *Menschenraub, Menschenhandeln und Sklaverei in antiker und moderner Perspektive*. Ergebnisse des Mitarbeitertreffens des Akademievorhabens Forschungen zur antiken Sklaverei, Mainz, 10. Oktober 2006, FAS 37. Stuttgart: Franz Steiner, 45–84.

Fixico 1986: D. L. Fixico (1986), *Termination and Relocation. Federal Indian Policy, 1945–1960*. Albuquerque: University of New Mexico Press.

Flinterman 1995: J.-J. Flinterman (1995), *Power, Paideia & Pythagoreanism: Greek Identity, Conceptions of the Relationship between Philosophers and Monarchs and Political Ideas in Philostratus's Life of Apollonius*. Amsterdam: J. C. Gieben. Übers. von *Politiek, Paideia & Pythagorisme. Griekse identiteit, voorstellingen rond de verhouding tussen filosofen en alleenheersers en politieke ideeën in de Vita Apollonii van Philostratus*. Diss. University of Nijmegen, Groningen 1993.

Flower 2000: M. Flower (2000), Alexander the Great and Panhellenism. In: A. B. Bosworth/E. J. Baynham (Hgg.), *Alexander the Great in Fact and Fiction*. Oxford: Oxford University Press, 96–135.

Fol/Hammond 1988: A. Fol/ N. G.L. Hammond (1988), Persia in Europe apart from Greece. In: CAH 4, 234–53.

Fontenrose 1988: J. Fontenrose (1988), *Didyma: Apollon's Oracle, Cult and Companions*. Berkeley: University of California Press.

Forbes 1935a: R. J. Forbes (1935), ‚Untersuchungen über die ältesten Anwendungen von Bitumen in Mesopotamien (Teil 1)'. *Bitumen* 1, 9–15.

—. 1935b: R. J. Forbes (1935), ‚Untersuchungen über die ältesten Anwendungen von Bitumen in Mesopotamien (Teil 2)'. *Bitumen* 2, 41–68.

—. 1936: R. J. Forbes (1936), *Bitumen and Petroleum in Antiquity*. Leiden: E. J. Brill.

—. 1955: R. J. Forbes (1955), *Studies in ancient technology, Volume 1. Bitumen and Petroleum in Antiquity; The Origin of Alchemy; Water Supply*. Leiden: Brill.
Frahm 1997: E. Frahm (1997), *Einleitung in die Sanherib-Inschriften*. AfO Beiheft 26. Wien: Institut für Orientalistik der Universität.
—. 2000: E. Frahm (2000), Ikausu. In: H. D. Baker (Hg.): *The Prosopography of the Neo-Assyrian Empire* 2/I. Helsinki: The Neo-Assyrian Text Corpus Project.
—. 2003: E. Frahm (2003). Veschleppung. In: DNP 12/2, 92–5.
—. 2019: E. Frahm (2019), Samaria, Hamath, and Assyria's Conquests in the Levant in the Late 720s BCE. The Testimony of Sargon II's Inscriptions. In: S. Hasegawa/C. Levin/Karen Radner (Hgg.), *The Last Days of the Kingdom of Israel*. Berlin/Boston: De Gruyter, 55–86.
Francfort 1989: H.-P. Francfort (1989), *Fouilles de Shortughai, Recherches sur L'Asie Centrale Protohistorique*. Paris: de Boccard.
Francfort/Lecomte 2002: H. P. Francfort/O. Lecomte (2002), ‚Irrigation et société en Asie centrale des origines à l'époque achéménide'. *AHSS* 57/3, 625–63.
Franco 1993: C. Franco (1993), Trogo-Giustino e i successori di Alessandro. In: L. Braccesi (Hg.), *L'Alessandro di Giustino dagli antichi ai moderni*. Roma: L'Erma di Bretschneider, 71–98.
Frede 2000: S. Frede (2000), *Die phönizischen anthropoiden Sarkophage. Teil 1: Fundgruppen und Bestattungskontexte*. 1/1, Forschungen zur phönizisch-punischen und zyprischen Plastik. Sepulkral- und Votivdenkmäler als Zeugnisse kultureller Identitäten und Affinitäten. Mainz: Zabern.
—. 2002: S. Frede (2002), *Die phönizischen anthropoiden Sarkophage. Teil 2: Tradition – Rezeption – Wandel*. 1/2, Forschungen zur phönizisch-punischen und zyprischen Plastik. Sepulkral- und Votivdenkmäler als Zeugnisse kultureller Identitäten und Affinitäten. Mainz: Zabern.
Frei/Marek 1997: P. Frei/C. Marek (1997), ‚Die karisch-griechische Bilingue von Kaunos. Eine zweisprachige Staatsurkunde des 4. Jh.s v. Chr.'. *Kadmos* 36, 1–89.
—. 1998: P. Frei/C. Marek (1998), ‚Die karisch-griechische Bilingue von Kaunos. Ein neues Textfragment'. *Kadmos* 37, 1–18.
—. 2000: P. Frei/C. Marek (2000), ‚Neues zu den karischen Inschriften von Kaunos'. *Kadmos* 39, 83–132.
Freydank 1975: H. Freydank (1975), Die Rolle der Deportierten im mittelassyrischen Staat. In: J. Herrmann/I. Sellnow (Hgg.), *Die Rolle der Volksmassen in der Geschichte der vorkapitalistischen Gesellschaftsformen*. Veröffentlichungen des ZIAGA 7. Berlin: Akademie Verlag, 55–63.
Frye 1972: R. N. Frye (1972), The Institutions. In: G. Walser (Hg.), *Beiträge zur Achämenidengeschichte*. Historia Einzelschriften 18. Wiesbaden: Steiner, 83–93.
—. 1979: R. N. Frye (1979), *Hamadhān*. In: EIr III, 105–06.
Fuchs 1994: A. Fuchs (1994), *Die Inschriften Sargons II. aus Khorsabad*. Göttingen: Cuvillier Verlag.
—. 2009: A. Fuchs (2009), Waren die Assyrer grausam? In: M. Zimmermann (Hg.), *Extreme Formen von Gewalt in Bild und Text des Altertums*. München: Herbert Utz Verlag, 65–119.
Funke 2006: P. Funke, Kelones. In: DNP. http://dx.doi.org/10.1163/1574-9347_dnp_e611840 [Zugriff am 23.04.2015]
—. 2007: P. Funke (2007), Die Perser und die griechischen Heiligtümer in der Perserkriegszeit. In: B. Bleckmann (Hg.), *Herodot und die Epoche der Perserkriege. Realitäten und Fiktionen*. Kolloquium zum 80. Geburtstag von Dietmar Kienast, Europäische Geschichtsdarstellungen, 14. Köln–Weimar–Wien: Böhlau Verlag Köln.

—. 2008: P. Funke (2008), Integration und Herrschaft: Überlegungen zur „Trilingue von Xanthos". In: I. Kottsieper/R. Schmitt/J. Wöhrle (Hgg.), *Berührungspunkte. Studien zur Sozial- und Religionsgeschichte Israels und seiner Umwelt*. Festschrift für Rainer Albertz, Alter Orient und Altes Testament, 350. Münster: Ugarit-Verlag, 603–612.

Gadd 1954: C. J. Gadd (1954), ‚Inscribed prisms of Sargon II from Nimrud'. *Iraq* 16, 179–80.

Gallager 1994: W. R. Gallagher (1994), ‚Assyrian deportation propaganda'. *SAAB* 8, 57–65.

Galling 1963: K. Galling (1963), ‚Eschmunazar und der Herr der Könige'. *ZDPV* 79/2, 140–151.

—.³ 1979: K. Galling (1979), *Textbuch zur Geschichte Israels*. 3. Aufl. Tübingen: Mohr Siebeck.

Galter 1984: H. D. Galter (1984), ‚Die Zerstörung Babylons duch Sanherib'. *StuOr* 55/5, 161–73.

—. 1988: H. D. Galter (1988), Zwischen Isolation und Integration. Die soziale Stellung des Fremden in Mesopotamien im 3. und 2. Jahrtausend v. Chr. In: I. Weiler (Hg.), *Soziale Randgruppen und antike Sozialpolitik*. Graz: Leykam, 277–301.

Gardiner-Garden 1987: J. R. Gardiner-Garden (1987), *Greek Conceptions on Inner Asian Geography and Ethnography from Ephoros to Eratosthenes*. Bloomington: Indiana University.

Garelli 1982: P. Garelli (1982), Importance et role des Arameens dans l'administration dell'empire assyrien. In: H. J. Nissen/J. Renger (Hgg.), *Mesopotamien und seine Nachbarn. Politische und kulturelle Wechselbeziehungen im Alten Vorderasien vom 4. Bis 1 Jahrtausend v. Chr*. CRRAI 25= Berliner Beitrage zum Vorderen Orient 1. Berlin: Reimer, 437–47.

Garrison 2011: M. B. Garrison (2011), By the Favor of Auramazdā: Kingship and the Divine in the Early Achaemenid Period. In: P. P. Iossif/A. D Chankowski/C. C. Lorber (Hgg.), *More than Men, Less than Gods: Studies in Royal Cult and Imperial Worship*. Proceedings of the International Colloquium Organized by the Belgian School at Athens (1–2 November 2007), Studia Hellenistica 51. Leuven/Paris/Walpole, MA: Peters, 15–104.

Garrison/Cool Root 2001: M. B. Garrison/M. Cool Root (2001), *Seals of Persepolis I*. OIP 117. Chicago: Chicago University Press.

Gazzano 2006: F. Gazzano (2006), Ambasciatori greci in viaggio. In: M. Gabriella/A. Bertinelli/A. Donati (Hgg.), *Le vie della storia. Migrazioni di popoli, viaggi di individui, circolazione di idee nel Mediterraneo antico*. Atti del II Incontro Internazionale di Storia Antica, Genova 6–8 ott. 2004. Roma: Bretschneider, 103–25.

Gehrke 1985: H.-J. Gehrke (1985), *Stasis. Untersuchungen zu den inneren Kriegen in den griechischen Staaten des 5. und 4. Jahrhunderts v. Chr*. Vestigia 35. München: C. H. Beck.

—. 2000: H.-J. Gehrke (2000), *Alexander der Große*. München: C. H. Beck.

Geiger 2006: R. Geiger (2006), *Dialektische Tugenden. Untersuchungen zur Gesprächsform in den Platonischen Dialogen*. Paderborn: Mentis.

Geissendörfer 1967: D. Geissendörfer (1967), ‚Die Quellen der Metzer Epitome'. *Philologus* 111/1–2, 258–66.

Gelb 1973: I. J. Gelb (1973), ‚Prisoners of War in Early Mesopotamia'. *JNES* 22, 70–98.

—. 1975: I. J. Gelb (1975), ‚The ancient Mesopotamian ration system'. *JNES* 24, 230–43.

Geus 2005: K. Geus (2005), Space and Geography. In: A. Erskine (Hg.): *A Companion to the Hellenistic Culture*, 232–45. Malden, MA/Oxford/Carlton: Blackwell Publishing. [leicht veränderte Paperback-Ausgabe].

Gharagozlou 2004: D. Gharagozlou (2004), *Quellen zur Migrationsforschung. Eine selektiert-komparative Bibliographie in drei Sprachen über USA, Deutschland, Frankreich und England. Zusammengestellt und versehen mit einer kurzen Darstellung der amerikanischen Migrationsgeschichte*. Münster: Lit Verlag.

Ghirshman 1954: R. Ghirshman (1954), *Iran: From the earliest times to the Islamic conquest*, London: Penguin Books. Übers. von: *L'Iran: des origines à l'Islam*. Paris: Payot, 1951.

Goblot 1979: H. Goblot (1979), *Les qanats. Une technique d'acquisition de l'eau*. Paris: École des Hautes Études en Sciences Sociales.

Godley 1922: A. D. Godley (1922), *Herodotus. The Persian Wars, Volume III: Books 5–7. Translated by A. D. Godley*. Loeb Classical Library 119. Cambridge, MA: Harvard University Press.

Görgemanns 2003: H. Görgemanns (Hg.) (2003), *Plutarch. Drei religionsphilosophische Schriften. Sammlung Tusculum*. Düsseldorff/Zürich: Artemis & Winkler.

Gornman 2001: V. B. Gorman (2001), *Miletos, the ornament of Ionia – a history of the city to 400 B.C.E*. Ann Arbor: University of Michigan Press.

Goukowsky 1974: P. Goukowsky (1974), ‚Les juments du Roi Érythras'. *RÉG* 87, 111–137.

—. 1991: P. Goukowsky (1991), Die Alexanderhistoriker. In: Alonso-Nunez (Hg.), *Geschichtsbild und Geschichtsdenken im Altertum*. Darmstadt: Wissenschaftliche Buchgesellschaft, 136–65.

Gozzoli 2006: R. Gozzoli (2006), *The Writing of History in Ancient Egypt During the First Millennium BC (CA. 1070–180 BC): Trends and Perspectives*. GHP Egyptology 5. London: Golden House Publication.

Grätz 2004: S. Grätz (2004), *Das Edikt des Artaxerxes. Eine Untersuchung zum religionspolitischen und historischen Umfeld von Esra 7,12–26*. Berlin: de Gruyter.

Graetz 1891: H. Graetz (1891), ‚The Last Chapter of Zechariah; The Central Sanctuary of Deuteronomy'. *JQR* 3/2, 208–30.

Graf 1994: D. F. Graf (1994), The Persian Royal Road System. In: H. Sancisi-Weerdenburg/A. Kuhrt/M. C. Root (Hgg.), *AchHist VIII: Continuity and Change*. Proceedings of the Last Achaemenid History Workshop, April 6–8 1990, Ann Arbor. Leiden: Nederlands Instituut voor het Nabije Oosten, 167–89.

Grayson 1970: A. K. Grayson (1970), Chronicles and the Akītu Festival. In: A. Finet (Hg.), *Actes de la 17e Recontre Assyriologique Internationale*. Université Libre de Bruxelles, 30 juin–4 juillet 1969. Bruxelles: Hamm-sur-Heure, 163–70.

—. 1975: A. K. Grayson (1975), *Assyrian and Babylonian chronicles*. Locust Valley: J. J. Augustin.

—. 1995: A. K. Grayson (1995). Eunuchs in power: their role in the Assyrian bureaucracy. In: M. Dietrich/O. Loretz (Hgg.) *Vom Alten Orient zum Alten Testament*. Festschrift für Wolfram Freiherrn. Neukirchen: Verlag Butzon & Bercker, 85–98.

Greaves 2002: A. M. Greaves (2002), *Miletos. A history*. London/New York: Routledge.

Green 1982: M. D. Green (1982), *The Politics of Indian Removal. Creek Government and Society in Crisis*. Lincoln: University of Nebraska Press.

Green 1996: P. Green (1996), *The Greco-Persian Wars*. Berkeley: University of California Press.

Greenfield 1978: J. C. Greenfield (1978), ‚The Dialects of Early Aramaic'. *JNES* 37, 93–99.

—. 1991: J. C. Greenfield (1991), Of scribes, scripts and languages. In: Cl. Baurain/C. Bonnet/V. Krings (Hgg.), *Phoinikeia grammata: Lire et écrire en Méditerranée*. Actes du colloque de Liège, 15–18 novembre 1989. Luvein: PU de Namur, 173–85.

Greenfield/Porten 1982: J. C. Greenfield and B. Porten (1982), *The Bisitun Inscription of Darius the Great. Aramaic Version*. CII I/5 Texts. London: L und Humphries.

Grelot 1972: P. Grelot (1972), *Documents Araméens d'Égypte*. LAPO 5. Paris: Editions du Cerf.

Grethlein 2011: J. Grethlein (2011), Herodot und Xerxes. Meta-Historie in den *Historien*. In: R. Rollinger/B. Truschnegg/R. Bichler (Hgg.), *Herodot und das Persische Weltreich. Herodotus and the Persian Empire*. Akten des 3. Internationalen Kolloquiums zum Thema „Vorderasien *im Spannungsfeld klassischer und altorientalischer Überlieferungen"*, Innsbruck, 24.–28. November 2008. Wiesbaden: Harrassowitz Verlag, 103–22.

Griffiths 1987: A. Griffiths (1987), Democedes of Croton: A Greek Doctor at the Court of Darius. In: H. Sancisi-Weerdenburg/A. Kuhrt (Hgg.), *AchHist II: The Greek sources*. Proceedings of the Groningen 1984 Achaemenid History Workshop. Leiden: Nederlands Instituut voor het Nabije Oosten, 38–51.

Grillot 1986: F. Grillot (1986), ‚Una tablette achéménide inedited'. *AMI* 19 (1986), 149–50.

Grob 2017: H. B. Grob (2017), *Die Gartenlandschaft von Pasargadai und ihre Wasseranlagen*. Oriens et Occidens 28. Stuttgart: Franz Steiner Verlag.

Gropp/Vander Kam/Brady 2002: D. M. Gropp/J. Vander Kam/M. Brady (Hgg.) (2002), *Wadi Daliyeh II and Qumran Miscellanea, Part 2: The Samaria Papyri from Wadi Daliyeh*, Discoveries in the Judaean Desert. Oxford: Oxford University Press.

Grosso 1958: F. Grosso (1958), ‚Gli Eretriesi deportati in Persia'. *RFIC* 86, 351–375.

Grundlach 1994: R. Grundlach (1994), *Die Zwangsumsiedlung auswärtige Bevölkerung als Mittel ägyptischer Politik bis zum Ende des mittleren Reiches*. Forschungen zur antiken Sklaverei 26. Stuttgart: Franz Steiner Verlag.

Gschnitzer 1976: F. Gschnitzer (1976), *Studien zur griechischen Terminologie der Sklaverei. 2. Teil: Untersuchungen zur älteren, insbesondere homerischen Sklaventerminologie*. Forschungen zur antiken Sklaverei 7. Stuttgart: Franz Steiner Verlag.

Guo 2013: S. Guo (2013), *Transnational Migration and Lifelong Learning*. Calgary: Routledge.

Gzella 2004: H. Gzella (2004), *Tempus, Aspekt und Modalität im Reichsaramäischen*. Wiesbaden: Harrassowitz Verlag.

Habachi 1975: L. Habachi (1975), Elephantine. In: W. Helck (Hg.), *Lexikon der Ägyptologie*. 1. Bd. Wiesbaden: Harrassowitz Verlag, 1217–1225.

Hachmann 1995: R. Hachmann (1995), Die Völkerschaften auf den Bildwerken von Persepolis. In: U. Finkbeiner/R. Dittmann/H. Hauptmann (Hgg.), *Beiträge zur Kulturgeschichte Vorderasiens: Festschrift für Rainer Michael Boehmer*. Mainz: von Zabern, 195–223.

Hackl/Jursa/Schmidl 2014: J. Hackl/M. Jursa/M. Schmidl (Hgg.), *Spätbabylonische Privatbriefe*. 1, Alter Orient und Altes Testament 414/1. Münster: Ugarit Verlag.

Hahland 1964: W. Hahland (1964), ‚Didyma im 5. Jahrhundert v. Chr.'. *JDAI* 79, 142–240.

Hallock 1969: R. T. Hallock (1969), *Persepolis Fortification Tablets*. Chicago: The University of Chicago Press.

—. 1973: R. T. Hallock (1973), ‚The Persepolis fortification archive'. *Orientalia* 47, 320–23.

Hamilton 1969: J. R. Hamilton (1969), Plutarch's Life of Alexander – J. R. Hamilton: Plutarch, Alexander. A Commentary. Oxford: Clarendon Press, 1969.

—. 1973: J. R. Hamilton (1973), *Alexander the Great*. London: Hutchinson.

—. 1999²: J. R. Hamilton (1999), *Plutarch, Alexander²*. Bristol: Bristol Classical Press.

Hammershaimb 1968: E. Hammershaimb (1968), ‚Some Remarks on the Aramaic Letters from Hermopolis'. *VT* 18, 265–267.

Hammond 1983: N. G. L. Hammond (1983), *Three Historians of Alexander the Great: The so-called Vulgate Authors, Diodorus, Justin und Curtius*. Cambridge: Cambridge University Press.

—. 1988a: N. G. L. Hammond (1988), The expedition of Datis and Artaphernes. In: CAH 4, 491–517.

—. 1988b: N. G. L. Hammond (1988), ‚The expedition of Xerxes'. In: CAH 4, 518–91.

—. 1993: N. G. L. Hammond (1993), *Sources for Alexander the Great: An Analysis of Plutarch's ‚Life'
and Arrian's Anabasis Alexandrou*. Cambridge: Cambridge University Press.

—. 1998: N. G. L. Hammond, ‚The Branchidae at Didyma and in Sogdiana'. *CQ* 48/2, 339–44.

—. 2000: N. G. L. Hammond (2000), ‚The Continuity of Macedonian Institutions and the
Macedonian Kingdoms of the Hellenistic Era'. *Historia* 49, 141–160.

Hammond/Griffith 1979: N. G. L. Hammond/G. T. Griffith (Hgg.), *A History of Macedonia*. 2.
Oxford: Clarendon Press.

Hampe 1951: R. Hampe (1951), *Die Stele aus Pharsalos im Louvre*. Winckelmannsprogramm der
Archäologischen Gesellschaft zu Berlin 107. Berlin: de Gruyter.

Han 2006: P. Han (2006), *Theorien zur internationalen Migration: Ausgewählte interdisziplinäre
Migrationstheorien und deren zentralen Aussagen*. Stuttgart: Lucius & Lucius.

—.⁴2016: P. Han (2016), Soziologie der Migration: Erklärungsmodelle, Fakten, Politische Konse-
quenzen, Persepktiven. 4. Ausgabe. Kostanz: UVK Verlagsgesellschaft.

Hansen 1986: O. Hansen (1986), ‚The Purported Letter of Darius to Gadates'. *RhM* 129, 95–6.

Hansman 1973: J. Hansman (1973), ‚Elamite, Achaemenians and and Anshan'. *Iran* 10, 101–25.

Hanson 1992: V. D. Hanson (1992), ‚Thucydides and the Desertetion of Attic Slaves during the
Decelean War'. *ClAnt* 11, 210–2.

Harden 1962: D. Harden (1962), *The Phoenicians*. London: Thames and Hudson.

Harrison 1982: C. M. Harrison (1982), ‚Persian names on coins of Northern Antolia'. *JNES* 41/3,
181–94.

Hartkopf 1976: W. Hartkopf (1976), ‚Die Anfänge der Dialektik bei Schelling und Hegel. Zusammenhänge und Unterschiede'. *ZPhF* 30/4, 545–566.

Hassoullier 1905: B. Hassoulier (1905), ‚Offrande à Apollon Dydiméen'. *Mem. Dél. En Perse* 7,
1–165.

Hatzopoulos 1997: M. B. Hatzopoulos (1997): ‚Alexandre en Perse. La Revanche et l'Empire'.
ZPE 116, 41–52.

Haubold/Steele/Stevens (2019), J. Haubold/J. M. Steele/K. Stevens (Hgg.) (2019), *Keeping Watch
in Babylon: The Astronomical Diaries in Context*. Culture and history of the ancient Near East
100. Leiden/Boston: Brill.

Hausleiter 2010: A. Hausleiter (2010), L'oasis de Tayma. In: A. I. al-Ghabban u. Aa. (Hgg.), *Routes
d'Arabie. Archéologie et Histoire du Royaume Arabie-Saoudite*. Paris: Somogy éditions d'art,
218–239.

Haverfield 1926: F. Haverfield (1926), *The Romanization of Roman Britain*. Oxford: Clarendon
Press.

Hayajneh 2001: H. Hayajneh (2001), ‚First evidence of Nabonidus in the Ancient North Arabian
inscriptions from the region of Tayma'. *PSAS* 31, 81–95.

Heckel 2006: W. Heckel (2006), *Who's Who in the Age of Alexander the Great. Prosopography of
Alexander's Empire*. Malden, MA/Oxford: Blackwell Publishing Co.

Heidorn 1991: L. A. Heidorn (1991), ‚The Saite and Persian period forts at Dorginarti'. In: W. W.
Davies (Hg.), *Egypt and Africa: Nubia from Prehistory to Islam*. London: British Museum
Press.

Heinz 1995: M. Heinz (1995), Migration und Assimilation im 2. J. v. Chr.: Die Kassiten. In: K.
Bartl/R Bernbeck/M. Heinz (Hgg.), *Zwischen Euphrat und Indus: Aktuelle Forschungsproblem
in der vorderasiatischen Archäologie*. Hildesheim: Georg Olms Verlag, 165–75.

—. 2009: M. Heinz (2009), *Vorderasiatische Altertumskunde*. Tübingen: Günter Narr.

Heller 2010: A. Heller (2010), *Das Babylonien der Spätzeit (7.–4. Jh.) in den klassischen und keilschriftlichen Quellen*. Berlin: Antike.

Helming 2005: C. Helming (2005), Die Weltenstehung des Timaios und die platonische Homoiosis Theoi – Komsmologischen Hntergrund von Putarchs De Sera Numinis Vindicta 550 D–E. In: T. Leinkauf/ C. Steel (Hgg.), *Plato's Timaeus and the foundations of cosmology in Late Antiquity, the Middle Ages and Renaissance*. Leuven: Leuven University Press, 14–39.

Henkelman 1995/6: W. F. M. Henkelman (1995/6), ,The royal achaemenid crown'. *AMI* 28, 275–293.

—. 2003: W. F. M. Henkelman (2003), An Elamite memorial: the Šumar of Cambyses and Hystaspes. In: W. Henkelman/A. Kuhrt (Hgg.), *AchHist XIII: A Persian Perspective*. Essays in Memory of Sancisi-Weerdenburg. Leiden: Nederlands Instituut voor het Nabije Oosten, 9–15.

—. 2008a: W. F. M. Henkelman (2008), *AchHist XIV: The Other Gods Who Are: Studies in Elamite-Iranian Acculturation based on the Persepolis Fortification Texts*. Leiden: Nederlands Instituut voor het Nabije Oosten.

—. 2008b: W. F. M. Henkelman (2008), From Gabae to Taoce: the geography of the central administrative province. In: P. Briant/M. W. Stolper/W. F. M. Henkelman (Hgg.), *L'archive des Fortification de Persépolis: État des questions et perspectives de recherches*. Actes du colloque organize au Collège de France par la Chaire d'histoire et civilization du monde achéménide et de l'émpire d'Alexandre et le Résau international d'études et de recherches achéménde, Persika 12. Paris: De Boccard, 303–16.

—. 2010: W. F. M. Henkelman (2010), Consumed before the king. The table of Darius, that of Irdabama and Irtaštuna, and that of his Satrap karkiš. In: B. Jacobs/R. Rollinger (Hgg.), *Der Achmenidenhof*. Akten des 2. internationalen Kolloquiums zum Thema ,Vorderasien im Spannungsfeld klassischer und altorientalischer Überlieferungen', Landgut Kastellen bei Basel, 23.–25. Mai 2007, CleO 2. Wiesbaden: Harrassowitz Verlag, 667–775.

—. 2011: W. F. M. Henkelman (2011), Parnakka's Feast: šip in Pārsa and Elam. In: J. Álvarez-Mon/M. B. Garrison (Hgg.), *Elam and Persia*. Winona Lake: Eisenbrauns, 89–166.

—. 2012: W. F. M. Henkelman (2012), The Achaemenid Heartland: An Archaeological – Historical Perspective. In: D. Potts (Hg.), *A Companion to the Archaeology of the Ancient Near East*. Oxford/New York: Blackwell, 931–81.

—. 2013: W. F. M. Henkelman (2013), Administrative realities: The Persepolis Archives and the Archeology of the achaemenid Heartland. In: D. T. Potts (Hg.), *The Oxford Handbook of Ancient Iran*. Oxford: Oyford University Press, 528–46.

—. 2017a: W. F. M. Henkelman (2017), Imperial Signature and Imperial Paradigm: Achaemenid administrative, structure and system across and beyond the Iranian plateau. In: B. Jacobs/W. F. M. Henkelman /M. W. Stolper (Hgg.), *Die Verwaltung im Achämenidenreich – Imperiale Muster und Strukturen. Administration in the Achaemenid Empire – Tracing the Imperial Signature*. CleO 17. Wiesbaden: Harrassowitz Verlag, 45–256.

—. 2017b: W. F. M. Henkelman (2017), Egyptians in the Persepolis Archives. In: M. Wasmuth, *Ägypto-persische Herrscher- und Herrschaftspräsentation in der Achämenidenzeit*. Oriens et Occidens 27. Stuttgart 2017: 276–302, 386–94.

—. 2017c: W. F. M. Henkelman (2017), Humban and Auramazdā: royal gods in a Persian landscape. In: Ders./C. Redard (Hgg.), *Persian Religion in the Achaemenid Period / La religion perse à l'époque achéménide*. CleO 16. Wiesbaden: Harrassowitz Verlag, 273–346.

—. 2018: W. F. M. Henkelman (2018), Bactrians in Persepolis – Persians in Bactria. In: J. Lhuillier/N. Boroffka (Hgg.), *A millennium of history: The Iron Age in southern Central Asia (2nd and 1st millennia BC)*. Archäologie In Iran und Turan 17 = Mémoires de la Délégation Archéologique Française en Afghanistan 35. Berlin: Dietrich Reimer Verlag, 223–55.

Henkelman/Kleber 2007: W. F. M. Henkelman/K. Kleber (2007), Babylonian Workers in the Persian heartland: palace building at Matannan in the Reign of Cambyses. In: C. Tuplin (Hg.), *Persian Responses. Political and Cultural Interaction with(in) the Achaemenid Empire*. Swansea: Classical Press of Wales, 99–115.

Henkelman/Rollinger 2009: W. F. M. Henkelman/R. Rollinger (2009), New observations on „Greeks" in the Achaemenid empire according to cuneiform texts from Babylonia and Persepolis. In: P. Briant/M. Chauveau (Hgg.), *Organisation des pouvoirs et contacts culturels dans les pays de l'empire achéménide*. Persika 14. Paris: Collège de France, 331–351.

Henkelman/Stolper 2009: W. F. M. Henkelman/M. W. Stolper (2009), Ethnic Identity and Ethnic Labelling at Persepolis: The Case of the Skudrians. In: P. Briant/M. Chauveau (Hgg.), *Organisation des pouvoirs et contacts culturels dans les pays de l'empire achéménide*. Persika 14. Paris: Editions de Boccard, 271–239.

Henkelman u. Aa. 2011: W. F. M. Henkelman/A. Kuhrt/R. Rollinger/J. Wiesehöfer (2011), Herodotus and Babylon Reconsidered. In: R. Rollinger/B. Truschnegg/R. Bichler (Hgg.), *Herodot und das Persische Weltreich. Herodotus and the Persian Empire*. Akten des 3. Internationalen Kolloquiums zum Thema „Vorderasien im Spannungsfeld klassischer und altorientalischer Überlieferungen", Innsbruck, 24.–28. November 2008. Wiesbaden: Harrassowitz Verlag, 449–470.

Henkelman/Jacobs/Stolper 2017: W. F. M. Henkelman/B. Jacobs/M. W. Stolper, Einleitung: Imperiale Muster und Strukturen. In: Dies. (Hgg.), *Die Verwaltung im Achämenidenreich. Imperiale Muster und Strukturen / Administration in the Achaemenid Empire: Tracing the Imperial Signature*. Akten des 6. Internationalen Kolloquiums zum Thema „Vorderasien im Spannungsfeld klassischer und altorientalischer Überlieferungen" aus Anlass der 80-Jahr-Feier der Entdeckung des Festungsarchivs von Persepolis, Landgut Castelen bei Basel, 14.–17. Mai 2013. Wiesbaden: Harrassowitz Verlag, VIII–XXXVI.

Henkelman/Stolper/Jones 2006: W. F. M. Henkelman/M.W. Stolper/C. E. Jones (2006), Achaemenid Elamite Administrative Tablets, 2: The Qaṣr-i Abu Naṣr Tablet, ARTA 2006.003. http://www.achemenet.com/ressources/enligne/arta/pdf/2006.003-Stolper-Jones-Henkelman.pdf [Zugriff am 17.04.2015]

Herda 2013: A. Herda (2013), Greek (and our) Views on the Karians. In: A. Mouton/I. Rutherford/I. Yakubovich (Hgg.), *Luwian Identities: Culture, Language and Religion Between Anatolia and the Aegean*. Leiden/Boston: Brill, 421–508.

Herda/Sauter 2009: A. Herda/E. Sauter (2009), ‚Karerinnen und Karer in Milet: Zu einem spätklassischen Schüsselchen mit karischem Graffito aus Milet'. *AA* 2, 51–112.

Herm 1980: G. Herm (1980), *Die Phönizier: das Purpurreich der Antike*. Düsseldorf/Wien: Econ Verlag.

Hermann/Ilan (2008), K. Herrmann/T. Ilan, „An den Wassern Babels sassen wir" – Babylon aus der Sicht des Judentums. In: J. Marzahn/G. Schauerte (Hgg.), *Babylon. Wahrheit. Eine Ausstellung des Vorderasiatischen Museums Staatliche Museen zu Berlin mit Unterstützung der Staatsbibliothek zu Berlin*. München: Hirmer, 527–552.

Herrenschmidt/Kellens 1993: C. Herrenschmidt/J. Kellens (1993). Daiva. In: EIr 4/6, 599–602. http://www.iranicaonline.org/articles/daiva-old-iranian-noun [Zugriff am 06.05.2011]

Herzfeld 1908: E. Herzfeld (1908), ‚Pasargadae: Untersuchungen zur persischen Archäologie'. *Klio* 8, 1–68.

—. 1929–30: E. Herzfeld (1929–30), ‚Rapport sur l'état actuel des ruines de Persépolis et propositions pour leur conservation'. *AMI* 1, 17–38.

—. 1941: E. Herzfeld (1941), *Iran in the Ancient Near East*. New York: Oxford University Press.

—. 1968: E. Herzfeld (1968), *The Persian Empire. Studies in geography and ethnography of the ancient Near East*. Edited from the posthumous papers by Gerold Walser. Wiesbaden: Franz Steiner Verlag.

Hillmann 2015: F. Hillmann (2015), Vom Rand in die Mitte: Migration und Stadtentwicklung. In: Heinrich-Böll-Stiftung (Hg.), *Inklusion: Wege in die Teilhabegesellschaft*. Frankfurt a. M.: Campus, 192–200.

Hinz 1975: W. Hinz (1975), *Altiranisches Sprachgut der Nebenüberlieferungen*. Göttinger Orientforschungen 3/3. Wiesbaden: Harrassowitz.

Hirsch 1985: S. W. Hirsch (1985), ‚Cyrus' Parable of the Fish: Sea Power in the Early Relations of Greece and Persia'. *CJ* 81/3, 222–229.

Hirschy 1907: N. C. Hirschy (1907), *Artaxerxes III Ochus and His Reign. With Special Consideration of the Old Testament Sources Bearing Upon the Period*. Chicago: The University of Chicago Press.

Hitzl 1996: K. Hitzl (1966), *Die Gewichte griechischer Zeit aus Olympia*. Berlin/New York: de Gruyter.

Hofstetter 1976: J. Hofstetter (1976), Zu den griechischen Gesandtschaften nach Persien. In: G. Walser (Hg.), *Beiträge zur Achämenidengeschichte*. Wiesbaden: Steiner, 94–107.

—. 1978: J. Hofstetter (1978), *Die Griechen in Persien. Prosopographie der Griechen im persischen Reich vor Alexander*. Berlin: Reimer.

Hogan 2008: C. M. Hogan (2008), Tomb of Cyrus. In: A. Burnham (Hg.), *The Megalithic Portal*. http://www.megalithic.co.uk/article.php?sid=18264 [Zugriff am 30.06.2014]

Högemann 1985. P. Högemann (1985), *Alexander der Grosse und Arabien*. Munich: C. H. Beck.

—. 2005: P. Högemann (2005), ‚Homer und der Vordere Orient. Auf welchen Wegen kam es zum Kulturkontakt? Eine Zwischenbilanz'. *Asia Minor Studien* 54, 1–19.

Højlund/Andersen 1994: F. Højlund/H. H. Andersen (1994), *Qala'at al-Bahrain: vol. 1. The northern city wall and the Islamic fortress*. Jutland Archaeological Society Publications 30/1. Aarhus: Jysk Arkæologisk Selskab.

Hölkeskamp 1999: K.-J. Hölkeskamp (1999), *Schiedsrichter, Gesetzgeber und Gesetzgebung im archaischen Griechenland*, Historia Einzelband 131. Stuttgart: Steiner.

Hölscher 1903: G. Hölscher (1903), *Palästina in der persischen und hellenistischen Zeit*. Berlin: Weidmann.

Holt 1988: F. L. Holt (1988), *Alexander the Great and Bactria: The Formation of a Greek Frontier in Central Asia*. Leiden: E. J. Brill.

Holtz 2010: S. E. Holtz (2010), ‚Judges of the king' in Achaemenid Mesopotamia. In: J. Curtis/St J. Simpson (Hgg.), *The World of the Achaemenid Persia. History, Art and Society in Iran and in the Ancient Near East* - Proceedings of a Conference at the British Museum, 29th Septemeber–1st October 2005. London: I. B. Tauris & Iran Heritage Foundation, 481–9.

Hood 1967: D. C. Hood (1967), Plutarch and the Persians. Diss. University of Southern California.

Hornblower 1982: S. Hornblower (1982), *Mausolus*. Oxford: Oxford University Press.
—. 1983: S. Hornblower (1983), *The Greek World 479–323 B. C. Classical Civilizations*. London/New York: Methuen.
Hughes 1984: G. R. Hughes (1984), The So-called Pherendates Correspondence. In: H. J. Thissen/K. T. Zauzich (Hgg.), *Grammata Demotika, Festschrift für Erich Lüddeckens zum 15. Juni 1983*. Wurzburg: Gisela Zauzich, 75–86.
Hunger 1980: H. Hunger (1980), Kalender. In: RlA 5, 297–303.
Hüsing 1908: G. Hüsing (1908), *Der Zagros und seine Völker. Eine archäologisch-ethnographische Skizze*. Der Alte Orient 9/3–4. Leipzig: Heinrichs.
—. 1913: G. Hüsing (1913), ‚Hagbatana'. *OLZ* 16, 537–39.
—. 1929: G. Hüsing (1929), Panchaia. In: H. Mzik (Hg.), *Beiträge zur historischen Geographie, Kulturgeographie, Ethnographie und Kartographie, vornehmlich des Orients*. Leipzig/Vienna: F. Deuticke, 98–111.
Huß 2001: W. Huß (2001), *Ägypten in hellenistischer Zeit 332 – 30*. München: C. H. Beck.
Hutter 1997: M. Hutter (1997), ‚Religion in Hittite Anatolia. Some Comments on ‚Volkert Haas: Geschichte der hethitischen Religion". *Numen* 44/1, 74-90.
Hutzfeld 1999: B. Hutzfeld (1999), *Das Bild der Perser in der griechischen Dichtung des 5. vorchristlichen Jahrhunderts*. Wiesbaden: Reichert.
Huyse 1993: P. Huyse (1993), Curtius Rufus, Quintus. In: EIr 4/5, 464–465.
Hyland 2013: J. Hyland (2013), ‚Vishtaspa Krny: An Achaemenid Military Official in 4th–Century Bactria'. *ARTA* 2013.002, 1–8. http://www.achemenet.com/document/2013.002-Hyland.pdf [Zugriff am 24.07.2015]
Izdimirski 2002: M. Izdimirski (2002), ‚Herodotus and the Bisutun inscription of Darius the Great'. *Archaeologia Bulgarica* 6/2, 33–36.
Jacobs 1987: B. Jacobs (1987), *Griechische und Persische Elemente in der Grabkunst Lykiens zur Zeit der Achämenidenherrschaft*. Studies in Mediterranean Archaeology 78. Jonsered: Åström.
—. 1994: B. Jacobs (2014), *Die Satrapienverwaltung im Perserreich zur Zeit Darius' III.*, Beihefte zum TAVO B 87. Wiesbaden: Reichert.
—. 2003: B. Jacobs (2003), *Die altpersischen Länder-Listen und Herodots sogenannte Satrapienliste (Historien III 89–94): Eine Gegenüberstellung und ein Überblick über die jüngere Forschung*. In: R. Dittmann u. Aa. (Hgg.), *Altertumswissenschaften im Dialog*. Festschrift für Wolfram Nagel zur Vollendung des 80. Lebensjahres, Alter Orient und Altes Testament 306. Münster: Ugarit, 301–43.
—. 2006: B. Jacobs (2006), Achaemenid Satrapies. In: EIr online. http://www.iranicaon-line.org/articles/achaemenid-satrapies [Zugriff am 30.08.2014]
—. 2009: B. Jacobs, Grausame Hinrichtungen – friedliche Bilder. Zum Verhältnis der politischen Realität zu den Darstellungsszenarien der achämenidischen Kunst. In: M. Zimmermann (Hg.), *Extreme Formen von Gewalt in Bild und Text des Altertums*, Münchner Studien zur Alten Welt 5. München: Utz Verlag, 121–153.
—. 2010: B. Jacobs (2010), Herrschaftsideologie und Herrschaftsdarstellung bei den Achämeniden. In: G. Lanfranchi/R. Rollinger (Hgg.), *Concepts of kingship in Antiquity,* Proceedings of the European Science Foundation Exploratory Workshop held in Padova, November 28th–December 1st, 2007. Padova: S.a.r.g.o.n, 107–113.
Jacobsthal 1938: P. Jacobsthal (1938), ‚A Sybarite Himation'. *JHS* 58, 205–16.
Jacoby 1922: F. Jacoby (1922), Ktesias. In: RE 11/2, 2066–73.

—. 1927: F. Jacoby (1927), *Die Fragmente der griechischen Historiker*. 2. Teil B. Berlin: Weidmann.

Jagersma 1982: H. Jagersma (192), *A History of Israel in the Old Testament Period*. London: SCM Press.

Jansen-Winkeln 2002: K. Jansen-Winkeln (2002), Die Quellen zur Eroberung Ägyptens durch Kambyses. In: T. A. Bács (Hg.), *A Tribute to Excellence. Studies Offered in Honor of Ernó Gaál, Ulrich Luft, László Török*, Studia Ägyptiaca 17. Budapest: La Chaire d'Ügyptologie, 309–19.

Jehne 1994: M. Jehne (1994), *Koine Eirene: Untersuchungen zu den Befriedungs- und Stabilisierungsbemühungen in der griechischen Poliswelt des 4. Jahrhunderts v. Chr.* Hermesa- Einzelschriften. Stuttgart: Franz Steiner Verlag.

Jericke 2003: D. Jericke (2003), *Abraham in Mamre: Historische Und Exegetische Studien Zur Region Von Hebron Und Zu Genesis 11,27–19,38*. Leiden: E. J. Brill.

Jigoulov 2010: V. S. Jigoulov (2010), *The Social History of Achaemenid Phoenicia. Being a Phoenician, Negotiating Empires*. London: Eisenbrauns.

Joannès 1982: F. Joannès (1982), *Textes economiques de la Babylonie récente*. Paris: Editions Recherche sur les civilisations.

—. 1989: F. Joannès (1989), ‚La titulature de Xerxes'. *NABU* 37. http://www.achemenet.com/pdf/nabu/nabu1995-035.pdf [Zugriff am 13.01.2015]

—. 1990: F. Joannès (1990), ‚Puvoirs locaux et organization du territoire en Babylonie achéménide'. *Trans.* 3, 173–89.

—. 2005: F. Joannès (2005), Les relations entre Babylonie et Iran au début de la période achéménide: qualques remarques. In: H. D. Baker/M. Jursa (Hgg.), *Approaching the Babylonian Economy*, Proceedings of the START Project Symposium Held in Vienna, 1–3 July 2004. Münster: Ugarit, 183–96.

Joannès/Lemaire 1999: F. Joannès/A. Lemaire (1999), ‚Trois tablettes cunéiformes à onomastique ouest-sémitique'. *Trans.* 17, 16–33.

Jones 1974: C. P. Jones (1974), The Reliability of Philostratus. In: G. W. Bowersock (Hg.), *Approaches to the Second Sophistic*. Pennsylvania: Scholars Press, 11–16.

—. 1978: C. P. Jones (1978), *The Roman world of Dio Chrysostom*. Cambridge, MA: Harvard University Press.

—. 2002: C. P. Jones (2002), ‚Philostratus and the Gordiani'. *Mediterraneo Antico* 5, 759–767.

Jones/Stolper 2006: C. E. Jones/M. W. Stolper (2006), Fortification Texts Sold at the Auction of the Erlenmeyer Collection, *ARTA* 2006.001. http://achemenet.com/ressources/enligne/arta/pdf/2006.001.Jones-Stolper.pdf [Zugriff am 12.04.2014]

Jong/Fawcett 1981: G.F. De Jong/J.T. Fawcett (1981), Motivations for Migration: An Assessment and a Value-Expactancy Research Model. In: G.F. De Jong/R.W. Gardner (Hgg.), *Migration Decision Making*. New York: Pergamon.

Joisten-Pruschke 2008: A. Joisten-Prushcke (2008), *Das religiöse Leben der Juden von Elephantine in der Achämenidenzeit*. Wiesbaden: Harrassowitz Verlag.

Jourdain-Annequin 1989: C. Jourdain-Annequin (1989), *Heraclès aux portes du soir. Mythe et historie*, Annales littéraires de l' Université de Besançon 402. Paris: Les Belles Lettres.

Junge 1939: J. Junge (1939), *Saka-Studien: der ferne Nordosten im Weltbild der Antike*. Leipzig: Scientia.

Jursa 2005: M. Jursa (2005), *Neo-Babylonian Legal and Administrative Documents: Typology, Contents and Archives*. Münster: Ugarit-Verlag.

—. 2007: M. Jursa (2007), The Transition of Babylonia from the Neo-Babylonian Empire to Achaemenid Rule. In: H. Crawford (Hg.), *Regime Change in the Ancient Near East and Egypt. From Sargon of Agade to Saddam Hussein.* Proceedings of the British Academy. London: OUP/British Academy, 73–94.

—. 2009: M. Jursa (2009), On aspects of taxation in Achaemenid Babylonia: new evidence from Borsippa. In: P. Briant/M. Chauveu (Hgg.), *Organisation des pouvoirs et contacts culturels dans les pays de l'empire achéménide*, Persika 14. Paris: de Boccard, 237–69 (with contributions by C. Waerzeggers).

—. 2010: M. Jursa (2010), *Aspects of the Economic History of Babylonia in the first Millennium BC. Economic Geography, Economic Mentalities, Agriculture, the Use of Money and the Problem of Economic Growth*, with contributions by J. Hackl, B. Janković, K. Kleber, E. E. Payne, C. Waerzeggers and M. Weszeli. AOAT 377. Münster: Ugarit Verlag.

—. 2011a: M. Jursa (2011), Taxation and Service Obligations in Babylonia from Nebuchadnezzar to Darius and the Evidence for Darius' Tax Reform. In: R. Rollinger/B. Truschnegg/R. Bichler (Hgg.), *Herodot und das Persische Weltreich. Herodotus and the Persian Empire*. Akten des 3. Internationalen Kolloquiums zum Thema „Vorderasien im Spannungsfeld klassischer und altorientalischer Überlieferungen", Innsbruck, 24.–28. November 2008. Wiesbaden: Harrassowitz Verlag, 432–448.

—. 2011b: M. Jursa (2011), «Höflinge» (ša rēši, ša rēš šarri, ustarbaru) in babylonischen Quellen des ersten Jahrtausends. In: Wiesehöfer/Rollinger/Lanfranchi (2011), 159–74.

Jursa/Waerzeggers 2009: M. Jursa/C. Waerzeggers (2009), On aspects of taxation in Achaemenid Babylonia: new evidence from Borsippa. In: P. Briant/M. Chaeuveau (Hgg.), *Organisation des pouvoirs et contacts culturels dans les pays de l'empire achéménide*, 237–69. Paris: de Boccard.

Justi 1884: F. Justi (1884), *Geschichte der orientalischen Volker im Altertum*. Berlin: G. Grote.

Kahn 2006: D. Kahn (2006), ‚The Assyrian Invasions of Egypt (673–663 B.C.) and the Final Expulsion of the Kushites'. *SAK* 34, 251–267.

Kaiser 1999: W. Kaiser (1999), Elephantine. In: K. A. Bard (Hg.), *Encyclopedia of the Archaeology of Ancient Egypt*. London: Routledge, 283–9.

Kalter 2009: F. Kalter (Hg.) (2009), *Migration und Integration*. Kölner Zeitschrift für Soziologie und Sozialpsychologie Sonderhefte. Bremen: VS Verlag für Sozialwissenschaften.

Kammerzell 1993: F. Kammerzell (1993), *Studien zu Sprache und Geschichte der Karer in Ägypten*. Wiesbaden: Harrassowitz Verlag.

Kaper 2015: O. E. Kaper (2015), Petubastis IV in the Dakhla Oasis: New Evidence about an Early Rebellion against Persian Rule and its Suppression in Political Memory. In: J. M. Silverman/C. Waerzeggers, *Political Memory in and after the Persian Empire*. Ancient Near East Monographs 13. Atlanta: SBL Press, 125–151.

Karst 1911: J. Karst (1911), Eusebius Werke. Fünfter Band. Die Chronik. Leipzig: Hinrichs.

Kavami 1986: T. Kawami (1986), ‚Greek Art and Persian Taste: Some Animal Sculptures from Persepolis'. *AJA* 90/3, 259–67.

Kawase 1984: T. Kawase (1984), ‚Female workers ‚pasap' in the Persepolis royal economy'. *Acta Sumerologica* 6, 19–31.

Kawerau/Rehm 1914: G. Kawerau/A. Rehm (1914), *Milet. Ergebnisse der Ausgrabungen und Untersuchungen seit dem Jahre 1899 III: Das Delphinion in Milet*. Berlin: Reimer.

Kehne 2002: P. Kehne (2002), Kollektive Zwangsumsiedlungen als Mittel der Außen- und Sicherheitspolitik bei Persern, Griechien, Römern, Karthagern, Sassaniden und Byzantinern–

Prolegomena zu einer Typisierung völkerrechtlich relavanter Deportationsfälle. In: E. Olshausen/ H. Sonnabend (Hgg.), *„Troianer sind wir gewesen" – Migrationen in der antiken Welt*. Stuttgarter Kolloquium zur Historischen Geographie des Altertums 8. Stuttgart: Geographica Historica, 229–243.

—. 2009: P. Kehne (2009), ‚Zur Phänomenologie, Typologie und völkerrechtlichen Grundlage Internationaler Massendeportationen in der griechisch-römischen Antike'. *MBHA* 26, 75–138.

Keiper 1877: P. Keiper (1877), *Die Perser des Aeschylos als Quelle für altpersische Altertumskunde; nebst Erklärung der darin vorkommenden altpersischen Eigennamen*. Erlangen: Deichert.

Kent 1904: C. F. Kent (1904), *A History of the Jews and Judaism in the Second Temple Period*. New York: Scribners.

Kent 1953: R. G. Kent (1953), *Old Persian: Grammar, Texts, Lexicon*. New Heaven: American Oriental Society.

Kessler 1983: K. Kessler (1983), Zu den keilschriftlichen Quellen des 2./1. Jahrtausends v. Chr. über Dilmun. In: D. T. Potts (Hg.), *Dilmun: New studies in the archaeology and early history of Bahrain*. Berliner Beiträge zum Vorderen Orient 2. Berlin: D. Reimer Verlag, 147–60.

—. 2004: K. Kessler (2004), ‚Urukäische Familien versus babylonische Familien: Die Namengebung in Uruk, die Degradierung der Kulte von Eanna und der Aufstieg des Gottes Anu'. *AoF 31*, 237–262.

—. 2006: K. Kessler (2006), Neue Informationen zu Ioniern und Karern in Babylonien. In: A. Erkanal-Oktu u. Aa. (Hgg.), *Hayat Erkanal'a Armagan. Kulturlerin Yansimasi*. Studies in Honor of Hayat Erkanal. Cultural Reflections. Istanbul: Homer Kitabevi, 487–90.

Khatchadourian 2016: L. Khatchadourian (2016). *Imperial Matter: Ancient Persia and the Archaeology of Empires*. Oakland, CA: University of California Press.

Khlopin 1977: I. Khlopin (1977), ‚Die Reiseroute Isidors von Charax und die oberen Satrapien Parthiens'. *IA* 12, 117–65.

—. 1995: D. Kienast (1995), Die Politisierung des griechischen Nationalbewußtseins und die Rolle Delphis im großen Perserkrieg. In: C. Schubert/K. Brodersen (Hgg.), *Rom und der griechische Osten*. Festschrift für Hatto H. Schmitt zum 65. Geburtstag dargebracht von Schülern, Freunden und Münchener Kollegen. Stuttgart: Franz Steiner, 117–133.

Klaupa u. Aa. 2002: Z. Klaupa/A. Mäesalu/A. Pajur/G. Straube (2002), *Geschichte des Baltikums 2*. Hnasjörg: Küster.

Kleber 2011: K. Kleber (2011), Neither Slave, not truly free: the Status of Dependents of Baylonian Temple Household. In: L. Culbertson (Hg.), *Slaves and Household in the Near East*. Papers from the Oriental Institute Seminar ‚Slaves and Household in the Near East' held at the Oriental Institute of the University of Chicago, 5–6 March 2010. Chicago: Oriental Institute Press, 101–113.

—. 2018: K. Kleber (2018), Dependent Labor and Status in the Neo-Babylonian and Achaemenid Periods. In: A. Garcia-Ventura (Hg.), *What's in a name? Terminology related to work force and job categories in the ancient Near East*. Münster: Ugarit-Verlag, 441–465.

Klees 1998: H. Klees (1998), *Herren und Sklaven. Die Sklaverei im oikonomischen und politischen Schrifttum der Griechen in klassischer Zeit*. Stuttgart: Franz Steiner.

Kleiner 1966: G. Kleiner (1966), *Alt-Milet*. Wiesbaden: Steiner.

Kleiss 1983: W. Kleiss (1983), ‚Brückenkonstruktionen im Iran'. *Architectura* 13, 105–112.

—. 1991: W. Kleiss (1991), Wasserschutzdämme und Kanalbauten in der Umgebung von Pasargadae. *Archäologische Mitteilungen aus Iran* 24, 23–30.

—. 1992: W. Kleiss (1992), Dammbauten aus achaemenidischer und aus Sasanidischer Zeit in der Provinz Fars. *Archäologische Mitteilungen aus Iran* 25, 131–145.

Klengel 1980–3: H. Klengel (1980–3), Krieg, Kriegsgefangene. In: RlA 6, 241–46.

Kley 2009: S. Kley (2009), *Migration im Lebensverlauf: Der Einfluss von Lebensbedingungen und Lebenslaufereignissen auf den Wohnortwechsel*. Bremen: VS Verlag für Sozialwissenschaften.

Klinkott 2001: H. Klinkott (2001), Yauna – Griechen in den Perserinschriften. In: Ders. (Hg.), *Anatolien im Lichte kultureller Wechselwirkungen. Akkulturationsphänomene in Kleinasien und seinen Nachbarregionen während des 2. und 1. Jahrtausends v. Chr.* Tübingen: Attempto, 107–148.

—. 2002: H. Klinkott (2002), Die Funktion des Apadana in Susa, in: M. Schuol/U. Hartmann/A. Luther (Hgg.), *Grenzüberschreitungen. Formen des Kontakts zwischen Orient und Okzident im Altertum*. Oriens et occidens 3. Stuttgart: Franz Steiner, 235–257.

—. 2005: H. Klinkott (2005), *Der Satrap: ein achaimenidischer Amtsträger und seine Handlungsspielräume*. Frankfurt a. M.: Antike.

Kloner/Stern 2007: A. Kloner/ I. Stern (2007), Idumea in the Late Persian period (Fourth Century B.C.E.). In: O. Lipschits/G. N. Knoppers/R. Albertz (Hgg.), *Judah and the Judeans in the Forth Century B.C.E.* Winona Lake: Eisenbrauns, 139–144.

Knackfuss 1940: H. Knackfuss (1940), *Didyma*. 1. Berlin: Gebr. Mann.

Knäpper 2011: K. Knäpper (2011), *Die Religion der frühen Achaimeniden in ihrem Verhältnis zum Avesta*. München: Utz Verlag.

Knauss 2006: F. Knauss (2006), Pasargadae, Susa, Persepolis. Die Paläste der Achämeniden. In: D. Bartetzko (Hg.), *Pracht und prunk der grosskönige – das persische weltreich*. Stuttgart: Theiss, 101–11.

Koch 1977: H. Koch (1977), *Die religiösen Verhältnisse der Dareioszeit. Untersuchungen an Hand der elamischen Persepolistäfelchen*. Göttinger Orientforschungen. Reihe 3, Iranica Bd. 4. Wiesbaden: Harrassowitz.

—. 1992: H. Koch (1992), *Es kündet Dareios der König: vom Leben in persischen Großreich*. Mainz: Zabern.

—. 1993: H. Koch (1993), *Achämeniden-Studien*. Wiesbaden: Harrassowitz Verlag.

—. 1995: H. Koch (1995), Theology and worship in Elam and Achaemenid Iran. In: J. Sasson (Hg.), *Civilization of the ancient Near East*. Bd. 3. New York: Charles Scribner's Sons, 1959–69.

Koch/Lipschits 2013: I. Koch/O. Lipschits (2013), ‚The Rosette Stamped Jar Handle System and the Kingdom of Judah at the end of the First Temple Period'. *Zeitschrift des Deutschen Palästina-Vereins* 129, 55–78.

Koldewey 1925: R. Koldewey (1925), *Das wieder erstehende Babylon: Die bisherigen Ergebnisse der deutschen Ausgrabungen*. 4. erw. Aufl. Leipzig: Hinrichs.

König 1972: F. W. König (1972), *Die Persika des Ktesias von Knidos*. Archiv für Orientforschung 18. Graz: F. Berger & Söhne.

Kotlowska 2009: A. Kotlowska (2009), *Obraz dziejów w Chronici Canones Euzebiusza z Cezarei*. Poznań: Wydawnictwo Poznańskie.

Kottsieper 2001: I. Kottsieper (2001), Die »Trilingue« aus dem Letoheiligtum von Xanthos. In: O. Kaiser (Hg.), *Texte aus der Umwelt des Alten Testaments. Ergänzungslieferung*. Gütersloh: Gütersloher Verlagshaus Mohn, 194–99.

Kräling 1953: E. G. Kräling (1953), *The Brooklyn Museum Aramaic Papyri*. New Haeven: Yale University Press.

Krämer 1966: H. J. Krämer (1966), ‚Über den Zusammenhang von Prinzipienlehre und Dialektik bei Platon. Zur Definition des Dialektikers Politeia 534 B.C.'. *Philologus* 110/1–2, 35–70.

Krath 2008: R. G. Krath (2008), Babylonbilder der Bibel. In: J. Marzahn/G. Schauerte (Hgg.), *Babylon. Wahrheit. Eine Ausstellung des Vorderasiatischen Museums Staatliche Museen zu Berlin mit Unterstützung der Staatsbibliothek zu Berlin*. München: Hirmer 2008, 553–566.

Kretschmer 2019: J. Kretschmer (2019), Die Seite gewechselt? Die griechische Flucht ins persische Imperium. In: R. Rollinger/H. Stadler (Hgg.), *7 Millionen Jahre Migrationsgeschichte. Annäherungen zwischen Archäologie, Geschichte und Philologie*. Innsbruck: Innsbruck University Press, 221–245.

Kruglikova 1974: I. T. Kruglikova (1974), *Dilʹberdžin*. Častʹ 1, Raskopki 1970–1972 gg. Moskva: Nauka.

Krumbholz 1883: P. Krumbholz (1883), *De Asiae Minoris Satrapis Persicis*. Leipzig: Frankenstein Wagner.

Kuhrt 1988: A. Kuhrt (1988), *Babylonia from Cyrus to Xerxes*. In: CAH 4/2. Cambridge: Cambridge University Press, 112–38.

—. 1990: A. Kuhrt (1990), ‚Alexander in Babylon'. In: H. Sancisi-Weerdenburg/J. W. Drijvers (Hgg.), *AchHist V: The Roots of the European Tradition*. Proceedings of the 1987 Groningen Achaemenid History Worshop. Leiden: Nederlands Instituut Vorr het Nabija Oosten, 121–30.

—. 2002: A. Kuhrt (2002), ‚Greeks' and ‚Greece' in Mesopotamian and Persian Perspectives: a Lecture delivered at New College, Oxford, on May 15th–16th, 1990. Mainz: Leopard's Head Press.

—. 2009: A. Kuhrt (2009), *The Persian Empire: A Corpus of Sources from the Achaemenid Period*. London/New York: Routledge.

Kulesza 1994: R. Kulesza (1994), ‚Persian deportations – Greeks in Persia'. *EOS* 82, 221–250.

—. 1998: R. Kulesza (1998), *Polis apolis. Wysiedlenia, przesiedlenia i ucieczki ludności w świecie greckim w V i IV wieku p. n. e*. Warszawa: Zakład Graficzny Uniwersytetu Warszawskiego.

Landucci Gattinoni 1995: F. Landucci Gattinoni (1995), L'emigrazione forzosa dei mercenari di Alessandro. In: M. Sordi (Hg.), *Coercizione e Mobilità nel mondo antico*. Milano: Vita e Pensiero, 125–40.

Lanfranchi 1999: G. B. Lanfranchi (1999), The Ideological and Political Impact of the Neo-Assyrian Imperial Expansion on the Greek World in the 8th and 7th Centuries BC. In: R. M. Whiting (Hg.), *The Heirs of Assyria*. Proceedings of the Opening Symposion of the Assyrian and Babylonian Intellectual Heritage Project Held in Tvärminne, Finland, October 7–11, 1998, Melamnu Symposia 1. Helsinki: Helsinki University Press, 7–34.

—. 2003: G. B. Lanfranchi (2003), The Assyrian expansion in the Zagros and the local ruling elites. In: Lanfranchi/Roaf/Rollinger 2003, 79–118.

—. 2011: G. B. Lanfranchi (2011), The Expansion of the Neo-Assyrian Empire and its peripheries: Military, Political and Ideological Reistsance. In: C. Ulf/R. Rollinger (Hgg.), *Lag Troia in Kilikien? Der aktuelle Streit um Homers Ilias*. Darmstadt: WBG, 225–39.

Lanfranchi/Roaf/Rollinger 2003: G. B. Lanfranchi/M. Roaf/R. Rollinger (Hgg.) (2003), *Continuity of Empire (?). Assyria, Media, Persia*. History of the Ancient Near East Monographs. Padova: Sargon.

Langdon 1912: S. Langdon (1912), *Die neubabylonischen Königsinschriften*. Vorderasiatische Bibliothek 4. Leipzig: Hinrichs.

Lang/Rollinger 2010: M. Lang/R. Rollinger (2010), Im Herzen der Meere und in der Mitte des Meeres. Das Buch Ezechiel und die in assyrischer Zeit fassbaren Vorstellungen von den Grenzen der Welt. In: R. Rollinger/B. Gufler/M. Lang/I. Madreiter (Hgg.), *Interkulturalität in der Alten Welt: Vorderasien, Hellas, Ägypten und die vielfältigen Ebenen des Kontakts*. Philippika Marburger altertumskundliche Abhandlungen 34. Wiesbaden: Harrassowitz Verlag, 207–264.

Lauffer² 1979: S. Lauffer (1979), *Die Bergwerkssklaven von Laureion*. 2. durchgesehene und erweiterte Auflage. Wiesbaden: Steiner.

Lauffer 2005: S. Lauffer (2005), *Alexander der Große*. München: Dtv.

Lawler 2012: A. Lawler (2012), ‚The Truth behind the Tablets'. *Archeology* 65/1, 20–32.

Lecoq 1990: P. Lecoq (1990), ‚Observations sur le sens du mot dahyu dans les inscriptions achéménides'. *Transeuphratène* 3, 131–40.

—. 1997: P. Lecoq (1997), *Les inscriptions de la Perse achéménide*. Paris: Gallimard.

Lee 1966: E. S. Lee (1966), ‚A Theory of Migration'. In: *Demography* 5/1, 47–57.

—. 1982: E. S. Lee (1982): *Eine Theorie der Wanderung*. In: G. Széll (Hg.), *Regionale Mobilität*. München: Nymphenburger Verlag, 117–129.

Lehmann-Haupt 1898: F. F. C Lehmann-Haupt (1898), *Zwei Hauptprobleme der altorientalischen Chronologie und ihre Lösung*. Leipzig: Pfeiffer.

Lembke 2001: K. Lembke (2001), *Phönizische anthropoide Sarkophage*. DF 10. Mainz: Zabern.

Lenfant 2004: D. Lenfant (2004), *Ctésias de Cnide. La perse. L'Inde. Autres Fragments*. Paris: Les Belles Lettres.

—. 2009: D. Lenfant (2009), *Les histoires perses de Dinon et d'Héraclide*. Paris: De Boccard.

—. 2012: D. Lenfant (2012), ‚Ctesias and his Eunuchs: A Challenge for modern Historians'. *Histos* 6, 257–97.

Leriche 2013: P. Leriche (2013), ‚L'apport de la Mission archéologique franco-ouzbeque (MAFOuz) de Bactriane du Nord à l'histoire de l'Asie centrale'. *Cahiers d'Asie centrale* 21/22, 135–164.

Leriche/Grenet 1988: P. Leriche/F. Grenet (1988), Bactria. In: EIr III 4, 339–344. http://www.iranicaonline.org/articles/bactria [Zugriff am 23.05.2014]

Lewis 1977: D. M. Lewis (1977), *Sparta and Persia*. Lectures delivered at the University of Cincinnati, autumn 1976 in memory of Donald W. Bradeen. Leiden: E. J. Brill.

—. 1987: D. M. Lewis (1987), *The King's dinner (Polyaenus IV 3.32)*. In: H. Sancisi-Weerdenburg/A. Kuhrt (Hgg.), *AchHist II: The Greek sources*. Proceedings of the Groningen 1984 Achaemenid History Workshop. Leiden: Nederlands Instituut voor het Nabije Oosten, 79–87.

—. 1989: D. M. Lewis (1989), ‚Persian Gold in Greek International Relations'. *RÉA* 91, 227–34.

Lie 1929: A. G. Lie (1929), *The inscriptions of Sargon II, King of Assyria*. Paris: P. Geuthner.

Lion 2011: B. Lion (2011), Literacy and Gender. In: K. Radner/E. Robson (Hgg.), *Oxford Handbook of Cuneiform Culture*. Oxford: Oxford University Press, 90–112.

Lippold 1985: A. Lippold (Hg.) (1985), *Orosius. Die antike Weltgeschichte in christlicher Sicht*. 2 Bdd. Zürich/München: Artemis.

Lipschits 1999: O. Lipschits (1999), ‚The History of the Benjaminite Region under Babylonian Rule'. *Tel Aviv* 26, 155–90.

—. 2005: O. Lipschits (2005), *The Fall and Rise of Jerusalem*. Winona Lake: Eisenbrauns.

—. 2006: O. Lipschits (2006), Settlment Processes in Palestine, and the Status of Jerusalem in the Middle of the Fifth Century B.C.E. In: O. Lipschits/M. Oeming (Hgg.), *Judah and the Judeans in the Persian Period*. Winona Lake: Eisenbrauns, 19–52.

—. 2010: O. Lipschits (2010), First Thought Following the Corpus of the Lion Stamp Impressions. In: O. Lipschits/I. Koch (Hgg.), *New Studies on the Lion Stamp Impressions from Judah*. Abstracts of a Symposium, 14 January 2010, Tel Aviv University. Tel Aviv: Tel Aviv University, 17–19.

—. 2015: O. Lipschits (2015), The Rural Economy of Judah during the Persian Period and the Settlement History of the District System. In: M. Lloyd Miller/E. B. Zvi/G. N. Knoppers (Hgg.), *The Economy of Ancient Judah in Its Historical Context*. Winona Lake: Eisenbrauns, 237–64.

Lipschits u. Aa. 2014: O. Lipschits/N. Shalom/N. Shatil/Y. Gadot (2014), Judah in „the Long Third Century" – an Archaeological Perspective. In: G. D. Stiebel/O. Peleg-Barkat/D. Ben-Ami/Y. Gadot (Hgg.), *New Studies in the Archaeology of Jerusalem and its Region*. Collected Papers (Volume VIII). Jerusalem: Tel Aviv University, 134–152.

Lipschits/Gadot/Langgut 2012: O. Lipschits/Y. Gadot/D. Langgut (2012), ‚The Riddle of Ramat Raḥel: The Archaeology of a Royal Persian Period Edifice'. *Transeuphratene* 41, 57–79.

Lipschits/Gadot/Oeming (im Druck): O. Lipschits/ Y. Gadot/M. Oeming (erscheint 2020), Deconstruction and Reconstruction: Reevaluationg the Five Expeditions to Ramat Raḥel. In: O. Lipschits/M. Oeming/Y. Gadot (Hgg.), *Ramat Rahel IV – The Renewed Excavations by the Tel Aviv-Heidelberg Expedition (2005–2010): Stratigraphy and Architecture*. The Emery and Claire Yass Publications in Archaeology – Monograph Series of the Institute of Archaeology of Tel Aviv University. Tel Aviv: Eisenbrauns, 476–491.

Lipschits/Knoppers/Oeming 2011: O. Lipschits/G. N. Knoppers/M. Oeming (2011), *Judah and the Judeans in the Achaemenid Period: Negotiating Identity in an International Context*. Winona Lake: Eisenbrauns.

Lipschits/Sergi/Koch 2010: O. Lipschits/O. Sergi/I. Koch (2010), ‚Royal Judahite Jar Handles: Reconsidering the Chronology of the lmlk Stamp Impressions'. *Tel Aviv* 37/1, 3–32.

Lipschits/Vanderhooft 2011: O. Lipschits/ D. Vanderhooft (2011), *Yehud Stamp Impressions: A Corpus of Inscribed Stamp Impressions from the Persian and Hellenistic Periods in Judah*. Winona Lake: Eisenbrauns.

Liverani 1994: Liverani (1994), *Guerra e diplomazia nell'Antico Oriente. 1600–1100 a. C.* Roma/Bari: Laterza 1994.

—. 2002: M. Liverani (2002), Stati etnici e città-stato: una tipologia storica per la prima età del ferro. In: M. Molinos/A. Zifferero (Hgg.), *Primi popoli d'Europa*. Firenze: All'insegna del Giglio, 33–47.

—. 2003: M. Liverani (2003), The Rise and Fall of Media. In: Lanfranchi/Roaf/Rollinger 2003, 1–12.

Llyod 1982: A. B. Lloyd (1982), ‚The Inscription of Udjahorresnet. A Collaborator's Testament'. *JEA* 68, 166–180.

—. 1988: A. B. Llyod (1988), *Herodotus. Book II. Commentary 99–182*. Leiden: E. J. Brill.

—. 2007: A. B. Lloyd (2007), Darius I in Egypt: Hibis and Suez. In: C. Tuplin (Hg.), *Persian Responses. Political and Cultural Interaction with(in) the Achaemenid Empire*. Swansea: Classical Press of Wales, 99–115.

Lockhart 1939: L. Lockhart (1939), ‚Iranian Petroleum in Ancient and Medieval Times'. *Journal of the Institute of Petroleum* 25, 1–8.
Lorimer 1915: J. G. Lorimer (1915), *Gazetteer of the Persian Gulf, 'Oman, and Central Arabia*. Calcutta: Superintendent Government Printing.
Lubos 2009: M. Lubos (2009), Weihungen griechischer Söldner in Didyma. In: R. Einicke u. Aa. (Hgg.), *Zurück zum Gegenstand*. Feistschrift für Andreas E. Furtwängler 2. Langenweißbach: Beier & Beran, 405–14.
Luckenbill 1924: D. D. Luckenbill (Hg.) (1924), *Annals of Sennacherib*. Chicago: The Chicago University Press.
Luraghi 2001: N. Luraghi (2001), Local knowledge in Herodotus' Histories. In: Ders. (Hg.), *The historian's craft in the age of Herodotus*. Oxford: Oxford University Press, 138–60.
Lytton 1973: R. H. Lytton (1973), Justin's Account of Alexander the Great: A Historical Commentary. Diss. Pennsylvania State University).
Mac Ginnis 2003: J. Mac Ginnis (2003), ‚A corvée gang from the time of Cyrus'. *ZA* 93, 88–115.
Macherei 2012: A. M. Macherei (2012), *Medizinisches bei Quintus Curtius Rufus*. Diss. Bochum.
Mackil 2014: E. Mackil (2014), Creating a common Polity in Beotia. In: N. Papazarkadas (Hg.), *The Epigraphy and History of Boeotia. New Finds, New Prospects*. Brill Studies in Greek and Roman Epigraphy 4. Leiden/Boston: E. J. Brill, 45–67.
Madreiter 2012: I. Madreiter (2012), *Stereotypisierung – Idealisierung – Indifferenz: Formen der literarischen Auseinandersetzung mit dem Achaimenidenreich in der griechischen Persika-Literatur des vierten Jahrhunderts v. Chr.* CleO 4. Wiesbaden: Harrassowitz Verlag.
—. (im Druck): I. Madriter (im Druck), Der Raum alltäglicher weiblicher Literalität im Achaimeniden-Reich. In: A. Kolb (Hg.), *Ancient every-day literacy*. Proceedings of a conference held in Zurich 10.–12. November 2016.
Mairs 2014: R. Mairs (2014), *The Hellenistic Far East*. Berkeley: University of Californa Press.
—. 2015: R. Mairs (2015), *The Founder's Shrine and the Foundation of Ai Khanoum*. In: N. Mc. Sweeney (Hg.), *Foundation Myths in Ancient Societies: Dialogues and Discourses*. Philadelphia: University of Pennsylvania Press, 103–28.
Malitz 2001: J. Malitz (2001), Der Umgang mit Fremden in der Welt der Griechen: „natives", Perser, Juden. In: S. von Waltraut (Hg.), *Kontakte Konflikte Kooperationen. Der Umgang mit Fremden in der Geschichte, Eichstätter Kontaktstudium zum Geschichtsunterricht, 2.* Neuried: ars una, 47–76.
Malkin 1987: I. Malkin (1987), *Religion and Colonization in Ancient Greece*. Leiden: Brill.
Mallowan 1966: M. E. L. Mallowan (1966), *Nimrud and Its Remains*. London: HarperCollins Distribution Services.
Manganaro 1995: G. Manganaro (1995), ‚Rilettura di tre iscrizioni arcaiche greche'. *Kadmos* 34, 141–8.
Marciak 2017: M. Marciak (2017), *Sophene, Gordyene, and Adiabene. Three Regna Minora of Northern Mesopotamia Between East and West*. Leiden/Boston: Brill.
Marek 1997: C. Marek (1997), ‚Die Karisch-griechische Bilingue von Kaunos'. *Kadmos* 26, 1–89.
Marg 1962: W. Marg (Hg.) (1962), *Herodot. Übersetzung*. Darmstadt: WBG.
Marincola 2007: J. Marincola (2007), The Persian Wars in Fourth-Century Oratory and Historiography. In: E. Bridges/E. Hall/P. J. Rhodes (Hgg.), *Cultural Responses to the Persian Wars*. Oxford: Oxford University Press, 105–25.

Marquart 1931: J. Marquart (1931), *A Catalogue of the provincial capitals of Erans har. Pahlavi text, version and commentary*. Roma: Inst. Biblico.

Marston 2002: E. Marston (2002), *The Phoenicians*. New York: Cavendish Square Publishing.

Martin 1996: C. J. Martin (1966), The Demotic Texts. In: Porten 1996, 277–385.

Martinez-Sève 2012: L. Martinez-Sève (2012), ‚Les Grecs d'Extrême Orient: communautés grecques d'Asie Centrale et d'Iran'. *PALLAS* 89, 367–91.

—. 2014: L. Martinez-Sève (2014), ‚Les sanctuaires autochtones dans les mondes iraniens: quelques exemples, dans Ph. Clancier et J. Monerie ed., Les sanctuaires autochtones et le Roi dans le Proche-Orient hellénistique'. *Topoi* 19/1, 239–277.

Matarese 2013: C. Matarese (2013), ‚Proskynēsis and the Gesture of the Kiss at Alexander's court: the creation of a new élite'. *Palamedes* 8, 75–85.

Mathieson u. Aa. 1995: I. Mathieson/E. Bettles/S. Davies/H. Smith (1995), ‚A Stela of the Persian Period from Saqqara'. *JEA* 81, 23–41.

Mathieu 1925: G. Mathieu (1925), *Les Idées politiques d'Isocrate*: Paris: Belles Lettres.

Maul 2003: S. M. Maul (2003), Die Reste einer mittelassyrischen Beschwörerbibliothek aus dem Königspalast zu Assur. In: W. Sallaberger/ K. Volk/K. A. Zgoll (Hgg.), *Literatur, Politik und Recht in Mesopotamien*. Festschrift für Claus Wilcke. Wiesbaden: Harrassowitz Verlag, 181–194.

Mayer 2004: W. Mayer (2004), Gedanken zur Deportation im Alten Orient. In: C. Sigrist (Hg.), *Macht und Herrschaft*. AOAT 316. Münster: Ugarit, 215–232.

Mayrhofer 1973: Mayrhofer (1973), *Onomastica Persepolitana. Das altiranische Namegut der Persepolis-Täfelchen*. Wien: Verlag der Österreichischen Akademie der Wissenschaften.

Mc Alhany 2001: J. Mc Alhany (2001), *Suda On Line: Byzantine Lexicography*. http://www.stoa.org/ sol/ [Zugriff am 16.07.2015]

Mc Kay 1973: J. McKay (1973), *Religion in Judah under the Assyrians*. London: SCM Press.

Meineke 1849: A. Meineke (1849), *Stephani Byzantii Ethnicorum quae supersunt*. Berlin: Reimer.

Meister 1990: K. Meister (1990), *Die griechische Geschichtsschreibung. Von den Anfängen bis zum Ende des Hellenismus*. Stuttgart: Kohlhammer.

Mènant 1887: J. Mènant (1887), ‚La stèle de Chalouf'. *RT* 9, 131–157.

Metzger u. Aa. 1979: H. Metzger/E. Laroche/A. Dupont-Sommer/M. Mayrhofer (1979), *La stèle trilingue du Letôon (Fouilles de Xanthos VI)*. Paris: Klincksieck.

Meuli 1954: K. Meuli (1954), Ein altpersischer Kriegsbrauch. In: F. M. Max (Hg.), *Westöstliche Abhandlung: Rudolf Tschudi zum siebzigsten Geburtstag*, Wiesbaden: Harrassowitz Verlag, 63–96; wiedergedruckt in: *Gesammelte Schriften*, Basel: Schwabe 1975, II 699–729.

Meyer 1912: E. Meyer (1912), *Der Papyrusfund von Elephantine, Dokumente einer jüdischen Gemeinde aus der Perserzeit und das älteste erhaltene Buch der Weltliteratur*. Leipzig: Hinrichs.

—. 1917: E. Meyer (1917), ‚Apollonius von Tyana und die Biographie des Philostratos'. *Hermes* 52, 371–424.

Meyer 1975: K. Meyer (1975), *Xenophon's „Oikonomikos", Übersetzung und Kommentar*. Res: philologische Beiträge zur Realienforschung im antiken Bereich 1. Westerburg: Buchdruckerei und Verlag P. Kaesberger.

Meyer-Braun 2002: K. H. Meyer-Braun (2002), *Deutschland, Einwanderungsland*. Frankfurt am Main: Suhrkamp.

Meyer/von den Hoff (Hgg.) 2010: M. Meyer/R. von den Hoff (Hgg.), *Helden wie sie. Übermensch – Vorbild – Kultfigur in der griechischen Antike*. Rombach Wissenschaften Paradeigmata 13. Freiburg/Berlin/Wien: Rombach Druck- und Verlagshaus.

Mildenberg 1990/1: L. Mildenberg (1990/1), ‚Notes on the coin issuees of Mazday'. *INJ* 11, 923.

Mileta 2008: C. Mileta (2008), *Der König und sein Land. Untersuchungen zur Herrschaft der hellenistichen Monarchen über das königliche Gebiet Kleinasien und seine Bevölkerung*. Klio 14. Berlin: Akademie.

Miller 1984: H. F. Miller (1984), ‚The Practical and Economic Background to the Greek Mercenary Explosion'. *Greece & Rome*, Second Series, 31/2, 153–60.

Miller 1985: M. C. Miller (1985), *Perserie. The Arts of the East in Fifth Century Athens*. Cambridge: Cambridge University Press.

—. 1997: M. C. Miller (1997), *Athens und Persia in the Fifth Century B. C.: A Study in Cultural Receptivity*. Cambridge: Cambridge University Press.

—. 2011: M. C. Miller (2011), „Manners Makyth Man": Diacritical Drinking in Achaemenid Anatolia. In: E. S. Gruen (Hg.), *Cultural Identity in the Ancient Mediterranean*. Los Angeles: Getty Research Institute, 97–134.

Miroschedij 1985: P. Miroschedji (1985), ‚La fin du royaume d'Anšan et de Suse et la naissance de l'Empire perse'. *ZA* 75, 265–306.

—. 1990: P. Miroschedji (1990), ‚La fin de l'Élam: essai d'analyse et d'interprétation'. *IA* 25, 47–95.

Mitchell 1989–90: S. Mitchell (1989–90), ‚Archaeology in Asia Minor 1985–89'. *Arch. Rep.*, 83–131.

—. 2007: S. Mitchell (2007), Iranian Names and the Presence of Persians in the Religious Sanctuaries of Asia Minor. In: E. Matthews (Hg.), *Old and New Worlds in Greek Onomastics*, Proceeding of the British Academy 148. Oxford: Oxford University Press, 151–171.

Moggi 1973: M. Moggi (1973), ‚I furti di statue attribuiti a Serse e le relative restituzioni'. *ASNP* 3/3, 1–42.

Momigliano 1988: A. Momigliano (1988), Flavius Josephus und Alexanders Besuch in Jerusalem. In: Ders. (Hg.), *Die Juden in der Alten Welt*. Kleine Kulturwissenschaftliche Bibliothek. Berlin: Wagenbach, 57–66.

Mommsen[4] 1994: T. Mommsen (1994), *C. Ivlii Solini collectanea rervm memorabilivm*. 4. Ausgabe, unveränd. nach der 1. Ausgabe, Berlin 1895. Zürich/Hildesheim: Weidmann.

Moorey 1985: P. R. S. Moorey (1985), ‚The Iranian Contribution to Achaemenid Culture'. *Iran* 23, 21–37.

Morkot 1991: R. Morkot (1991), ‚Nubia and Achaemenid Persia: sources and problems'. In: H. Sancisi-Weerdenburg/E. Kuhrt (Hgg,), *AchHist IV: Asia Minor and Egypt: Old Cultures in a New Empire*. Proceedings of the Groningen 1988 Achaemenid History Workshop, 321–36. Leiden: Nederlands Instituut voor het Nabije Oosten.

Morris 1995: S. P. Morris (1995), *Daidalos and the Origins of Greek Art*. Princeton: Princeton University Press.

Morstadt 2015: B. Morstadt (2015), *Die Phönizier: Geschichte einer rätselhaften Kultur*. Darmstadt: Zabern.

Moscati 1968: S. Moscati (1968), *The World of the Phoenicians*. Translated from the Italian by Alisair Hamilton. London: Weidenfeld and Nicolson.

Mossé 2004: C. Mossé (2004), *Alexander: Destiny and Myth*. Translated by Janet Lloyd. Baltimore: Johns Hopkins University Press.

Müller 2011a: S. Müller (2011), ‚In Abhängigkeit von Alexander? Hephaistion bei den Alexanderhistoriographen'. *Gymnasium* 118, 429–456.

—. 2011b: S. Müller (2011), ‚Onesikritos und das Achaimenidenreich'. *Anabasis* 2, 45–66.

—. 2014a: S. Müller (2014), Ptolemaios I. und das Ölwunder (Arr. an. 4,15,8). In: V. Iliescu/D. Nedu (Hgg.), *Graecia, Roma, Barbaricum*. In memoriam Vasile Lica. Galatzi: Muzeului de Istorie Galați, 175–197.

—. 2014b: S. Müller (2014), *Alexander, Makedonien und Persien*. Frankfurter Kulturwissenschaftliche Beiträge 18. Berlin: trafo Wissenschaftsverlag.

—. 2016: S. Müller (2016), Alexander, Dareios und Hephaistion. Fallhöhen bei Curtius. In: H. Wulfram, (Hg.), *Der Römische Alexanderhistoriker Curtius Rufus. Erzähltechnik, Rhetorik, Figurenpsychologie*. Wiener Studien Beiheft 38. Wien: Austrian Accademy of Science Press, 13–48.

—. 2019: S. Müller (2019), *Alexander der Große: Eroberungen – Politik – Rezeption*. Stuttgart: Urban-Taschenbücher.

—. im Druck: S. Müller, Arrian, the Second Sophistic, Xerxes, and the Statues of Harmodios and Aristogeiton. In: J. Hämeen-Antilla u. Aa. (Hgg.), *Case Studies in Transmission*. The Intellectual Heritage of the Ancient Near East 2. Münster: Ugarit.

Müller/Al-Said 2001: W. W. Müller/S. F. Al-Said (2001), ‚Der babylonische König Nabonid in taymanischen Inschriften'. *Biblische Notizen* 107/8, 109–119.

—. 2002: W. W. Müller/S. F. Al-Said (2002), Der babylonische König Nabonid in taymanischen Inschriften. In: N. Nebes (Hg.), *Neue Beiträge zur Semitistik*. Wiesbaden: Harrassowitz Verlag, 105–122.

Mumprecht 1983: V. Mumprecht (1983), *Philostratos: Das Leben des Apollonios von Tyana*. Berlin: de Gruyter.

Murray 1973: O. Murray (1973), ‚The date of Hecataeus' work on Egypt'. *JEA* 59, 163–168.

Musche 1988: B. Musche (1988), *Vorderasiatischer Schmuck con den Anfängen zur Zeit der Arsakiden und Sasaniden*. Leiden: E. J. Brill.

Myres 1953: J. L. Myres (1953), ‚Persia, Greece and Israel'. *Palest Explor Q* 85, 8–22.

Na'aman 2003: N. Na'aman (2003), ‚Ekron under the Assyrian and Egyptian Empire'. *BASOR* 332, 81–91.

Naumann/Tuchelt 1963/4: R. Naumann/K. Tuchelt (1963/1964), Die Ausgrabungen in Südwesten des Tempels von Didyma 1962. *IstMitt* 13–14, 15–62.

Naveh 1971: J. Naveh (1971), The Palaeography of the Hermopolis Papyri. *IOS* 1, 120–122.

Naveh/Greenfield 1984: J. Naveh/J. C. Greenfield (1984), Hebrew and Aramaic in the Persian Period. In: W. D. Davies/L. Finkelstein (Hgg.), *The Cambridge History of Judaism – I. Introduction; The Persian Period*. Cambridge: Cambridge University Press, 115–29.

Nawotka 2010: K. Nawotka (2010), *Alexander the Great*. Cambridge: Cambridge Scholars Publishing

Nenci 2007: G. Nenci (Hg.), *Erodoto. Le Storie. Volume VI. La battaglia di Maratona*. Milano: Fondazione Lorenzo Valla Mondadori.

Neumann 1992: H. Neumann (1992), ‚Bemerkungen zum Problem der Fremdarbeit in Mespotamien (3. Jahrtausend v. u. Z)'. *AoF* 19, 266–75.

Nichols 2008: A. Nichols (2008), *The Complete Fragments of Ctesias of Cnidus Translation and Commentary with an Introduction*. Diss. University of Florida.

Nickel 1992: R. Nickel (Hg.) (1992), *Kyrupädie. Die Erziehung des Kyros, Griechisch-Deutsch*. München: Artemis und Winkler.

Nicol 1970: M. B. Nicol (1970), ‚Rescue Excavations at Dorūdzan'. *East and West* 20, 245–284.

Niehr 2003: H. Niehr (2003), Die phönizische Inschrift auf dem Sarkophag des Königs Ešmunazor II. aus Sidon (KAI 14) in redaktionsgeschichtlicher und historischer Sicht. In: O. Loretz u. Aa. (Hgg.), *Ritual, Religion, and Reason. Studies in the Ancient World in Honour of Paolo Xella*. OAAT 404. Münster: Ugarit, 297–309.

Nimchuck 2001: C. Nimchuck (2001), *Darius I and the Formation of the Achaemenid Empire: communicating the Creation of an Empire*. Diss. University of Toronto.

Noy 2000: D. Noy (2000), *Foreigners at Rome. Citizens and Strangers*. London: Gerald Duckworth & Co. Ltd.

Nylander 1970: C. Nylander (1970), *Ionians in Pasargade-Studies in Old Persian Architecture*. Uppsala: Almqvist & Wiksell.

Nylander/Flemberg 1981/3: C. Nylander/J. Flemberg (1981/3), ‚A Foot-Note from Persepolis'. *Anadolu/Anatolia* 22, 57–68.

Oberländer 1992: E. Oberländer (1922), *Geschichte Osteuropas. Zur Entwicklung einer historischen Disziplin in Deutschland, Österreich und der Schweiz 1945–1990*. Quellen und Studien zur Geschichte des östlichen Europa 35. Stuttgart: Steiner.

O'Brien 1994: J. M. O'Brien (1994), *Alexander the Great: The Invisible Enemy*. London: Routledge.

Oded 1979: B. Oded (1979), *Mass Deportations and Deportees in the Neo-Assyrian Empire*. Wiesbaden: Reichert.

Oelsner 1996: J. Oelsner (1996), Siegelung und Archivierung von Dokumenten im hellenistischen Babylonen. In: M. F. Boussac/A. Invernizzi (Hgg.), *Archives et Sceaux du Monde Hellénistique*, BCH Supplément 29. Paris: Ecole Française d'Athènes, 101–12.

—. 1999–2000: J. Oelsner (1999–2000), ‚Review'. *AfO* 46/47, 373–380.

—. 2007: J. Oelsner (2007), Das zweite Regierungsjahr des Xerxes (484/3 v. Chr.) in Babylonien. In: M. Kohbach (Hg.), *Festschrift für Hermann Hunger zum 65. Geburtstag*. Wien: Institut für Orientalistik, 289–303.

Oestreicher 1923: D. T. Oestreicher (1923), *Reichstempel und Ortsheiligtümer in Israel*. Beiträge zur Förderung christlicher Theologie 33/3. Gütersloh: Bertelsmann.

Oldfather 1989: C. H. Oldfather (Hg.) (1989), *Diodorus, Siculus: Library of History, Books 1–2,34*. Cambridge, MA: Harvard University Press.

Olmstead 1908: A. T. Olmstead (1908), *Western Asia in the Days of Sargon of Assyria, 722–705 B.C.* New York: Holt.

—. 1918: A. T. Olmstead (1918), Oriental Imperialism. *AHR* 23, 755–62.

—. 1931: A.T. Olmstead (1931), *History of Palestine and Syria*. New York: Scribner.

Olshausen 1995: E. Olshausen (1995), Griechenland im Orient. Die Deportation der Eretrier nach Kleinasien (490 v. Chr.). In: A. Gestrich u. Aa. (Hgg.), *Ausweisung und Deportation. Formen der Zwangsmigration in der Geschichte*. Stuttgart: Steiner, 24–40.

—. 1997: E. Olshausen (1997), ‚Deportationen zu Anfang der Auseinandesetzungen zwischen Griechen und Persern'. *Orbis Terrarum* 3, 101–7.

Olson 2013: D. C. Olson (2013), *A New Reading of the Animal Apocalypse of 1 Enoch: All Nations Shall Be Blessed*. Studia in Veteris Testamenti Pseudepigrapha 24. Boston: E. J. Brill.

Oppenheim 1954: L. Hoppenheim (1954), ‚The Seafaring Merchants of Ur'. *JAOS* 74/1, 6–17.

Oppert 1875: J. Oppert (1875), *L'Etalon des Mesures Assyriennes, fixe par les textes cuneiformes.* Paris: Imprimerie Nationale.

—. 1888: J. Oppert (1888), ‚La langue cissienne ou kassite, non cosséenne'. *ZA* 3, 420–435.

Oren 2000: E. D. Oren (2000), *The sea peoples and their world: a reassessment.* University Museum symposium series 11. Philadelphia: University Museum of Philadelphia.

Oswald 2007: I. Oswald (2007), *Migrationssoziologie.* Konstanz: UVK Verlagsgesellschaft.

—. 2013: W. Oswald (2013), ‚Die Verfassungsdebatten bei Herodot und im Samuelbuch des Alten Testaments (1Sam 8)'. *Historia* 62/2, 129–145.

Pająkowski 1983: W. Pająkowski (1983), ‚Einige Bemerkungen zur Lokalisierung der Persischen Provinz (Satrapie) Skudra'. *Eos* 71, 243–55.

Palm 1976: J. Palm (1976), *Om Filostratos och hans Apollonios-biografi.* Uppsala: Almqvist & Wiksell international.

Panchenko 2002: D. Panchenko (2002), ‚The City of the Branchidae and the Question of Greek Contribution to the Intellectual History of India and China'. *Hyperboreus* 8/2, 244–55.

Parke 1933: H. W. Parke (1933), *Greek Mercenary Soldiers from the Earliest Time to the Battle of Ipsus.* Oxford: Clarendon Press.

—. 1985: H. W. Parke (1985), ‚The massacre of the Branchidae'. *JHS*, 59–68.

Parke 2003: B. J. Parker (2003), ‚Archaeological Manifestations of Empire: Assyria's Imprint on Southeastern Anatolia'. *AJA* 107/4, 525–557.

Parker 2010: V. Parker (2010), Review: F. Canali de Rossi, *I Greci in Medio Oriente ad Asia Centrale. Dalla fondazione dell'Impero persiano fino alla spedizione di Alessandro Magno, Roma 2007. CRw* 60, 311.

Parker/Dubberstein 1956: R. A. Parker/W. H. Dubberstein (1956), *Babylonian Chronology 626 BC – AD 75.* Rhode Island: Brown University Press.

Parpola 1997: S. Parpola (1997), *The standard Babylonian Epic of Gilgamesh: cuneiform text, transliteration, glossary, indices and sign list.* Helsinki: The Neo-Assyrian Text Corpus Project.

—. 2003a: S. Parpola (2003), Sacas, India, Gobryas, and the Median Royal Court: Xenophon's Cyropaedia through the Eyes of an Assyriologist. In: G. B. Lanfranchi / M. Roaf / R. Rollinger (Hgg.), *Continuity of Empire(?): Assyria, Media, Persia,* History of the Ancient Near East / Monograph series 5. Padova: S.a.r.g.o.n, 339–350.

—. 2003b: S. Parpola (2003), Assyria's Expansion in the eighth and seventh Centuries BCE and its long term Repercussions in the West. In: W. G. Dever/S. Gritin (Hgg.), *Symbiosis, Symbolism, and the Power of the Past: Canaan, Ancient Israel and their Neighbors from the late Bronze Age through Roman Palaestina.* Winona Lake: Eisenbrauns, 99–111.

—. 2004a: S. Parpola (2004), ‚Assyrian Identity in Ancient Times and today'. http://www.atour.com/education/pdf/20040416a.pdf [Zugriff am 23.08.2015]

—. 2004b: S. Parpola (2004), ‚National and Ethnic Identity in the Neo-Assyrian Empire and Assyrian Identity in Post-Empire Times'. *JAAS* 18/2, 5–49.

—. 2007: S. Parpola (2007), The neo-assyrian ruling class. In: T. R. Kämmerer (Hg.), *Studien zur Ritual und Sozialgeschichte im Alten Orient/Studies on Ritual and Society in the Ancient Near East.* Beihefte zur Zeitschrift für die alttestamentliche Wissenschaft, 374. Berlin: de Gruyter, 257–274.

Parpola/Watanabe 1988: S. Parpola/K. Watanabe (1988), *Neo-Assyrian Treaties and Loyalty Oaths,* State Archives of Assyria 2. Helsinki: Helsinki University Press.

Pearse 2005: R. Pearse (2005), ‚The Chronicle of St. Jerome'. http://www.tertullian.org/fathers/jerome_chronicle_00_eintro.htm [Zugriff am 07.06.2016]

Pearce 2006: L. Pearce (2006), New Evidence on Judeans in Babylonia. In: O. Lipschits/M. Oeming (Hgg.), *Judah and the Judeans in the Persian Period*. Winona Lake: Eisenbrauns, 399–411.

Pearson 1960: L. Pearson (1960), *The lost histories of Alexander the Great*. New York: American Philological Association.

Pédech 1984: P. Pédech (1984), *Historiens compagnons d'Alexandre. Callisthène, Onésicrite, Néarque, Ptolémée, Aristobule*. Paris: Les Belles Lettres.

Pedersén 1986: O. Pedersén (1986), *Archives and Libraries in the city of Assur: a survey of the material from the German excavations*. 2. Uppsala: Almqvist & Wiksell.

—. 2005a: O. Pedersén (2005), Foreign Professionals in Babylon: evidence from the Archive in Palace of Nabuchadnezzar II. In: W. H. Van Soldt (Hg.), *Ethnicity in Ancient Mesopotamia*. CRRAI 48. Leiden: Nederlands Instituut voor het Nabije Oosten.

—. 2005b: O. Pedersén (2005), *Archive und Bibliotheken in Babylon. Die Tontafeln der Grabung Robert Koldeweys 1899–191*, Abhandlungen der Deutschen Orient-Gesellschaft 25. Berlin: Saarländische Druckerei und Verlag.

Pelling 2007: C. Pelling (2007), De malignitate Plutarchi: Plutarch, Herodotus, and the Persian Wars. In: E. Bridges/E. Hall/P. J. Rhodes (Hgg.), *Cultural Responses to the Persian Wars: Antiquity to the Third Millennium*. Oxford: Oxford University Press, 145–164.

Penella 1974: G. Penella (1974), ‚Scopelianus and the Eretrians in Cissia'. *Atheneum* 52, 295–300.

Peretti 1979: A. Peretti (1979), *Il Periplo di Scilace: studio sul primo portolano del Mediterraneo*. Pisa: Giardini.

Perlman 1976: S. Perlman (1976), ‚Panhellenism, the Polis and Imperialism'. *Historia* 25, 1–30.

Petit 1990: T. Petit (1990), *Satrapes et satrapies dans l'empire achéménide de Cyrus le grand à Xerxès Ier*. Bibliothèque de la Faculté de Philosophie et Lettres de l'Université de Liége, 254. Paris: Les Belles Lettres.

Petschow 1988: H. Petschow (1988), ‚Das Unterkönigtum des Cambyses als „Konig von Babylon"'. *RAss* 82, 78–82.

Pfeiffer 2007: S. Pfeiffer (Hg.) (2007), *Ägypten unter fremden Herrschern zwischen persischer Satrapie und römischer Provinz*. Oikumene Studien zur antiken Weltgeschichte 3. Frankfurt am Main: Antike.

Pichikyan 1991: I. R. Pichikyan (1991), ‚The City of the Branchidae'. *VDI* 2, 168–81.

Pirngruber 2011: R. Pirngruber (2011), Eunuchen am Königshof Ktesias und die altorientalische Evidenz. In: J. Wiesehöfer/R. Rollinger/G. B Lanfranchi (Hgg.), *Die Welt des Ktesias: Ctesias' World*, Classica et Orientalia. Wiesbaden: Harrassowitz Verlag, 279–312.

Plischke 2014: S. Plischke (2014), *Die Seleukiden und Iran. Die seleukidische Herrschaftspolitik in den östlichen Satrapien*, CleO 9. Wiesbaden: Harrassowitz Verlag.

Poebel 1955: A. Poebel (1955), *The Second Dynasty of Isin According to A New King-List Tablet*. AS 15. Chicago: University of Chicago Press.

Pohl 1999: O. Pohl (1999), *Ethnic Cleansing in the URSS, 1937–49*. Westport: Greenwood Press.

Polian 2004: P. M. Polian (2004), *Against their will: the History and geography of forced migrations in the USSR*. Budapest/New York: Central European University Press.

Pope 1969: A. U. Pope (1969), *A Survey of Persian Art: From Prehistoric Times to the Present VII*. 1969. Tehran: Soroush Press Tehran.

Porten 1968: B. Porten (1968), *Archives from Elephantine: The Life of an Ancient Jewish Military Colony*. Berkeley/Los Angeles: University of California Press.

—. 1996: B. Porten (1996), *The Elephantine Papyri in English. Three Millennia of Cross-Cultural Continuity and Change*. Leiden/New York/Köln: E. J. Brill.

Posener 1936: G. Posener (1936), *Le première domination perse en Égypt*. Cairo: Imprimerie de l'Institut Francais d'Arch6ologie Orientale.

Postgate 1992: J. N. Postgate (1992), ‚The Land of Assur and the Yoke of Assur'. *World Archeology* 23/3, 247–263.

Posth 2017: C. Posth (2017), ‚Deeply divergent archaic mitochondrial genome provides lower time boundary for African gene flow into Neanderthals'. *Nature Communications* 8. https://www.nature.com/articles/ncomms16046 [Zugriff am 13.08.2017]

Pottier 1912: E. Pottier (1912), ‚Étude historique et chronologique sur les Vases peints de l'Acropole de Suse'. *Mém. Miss. Arch. De Perse* 13, 27–103.

Potts 1985: D. T. Potts (1985), ‚From Qadê to Mazûn: Four Notes on Oman, c. 700 to 700 AD'. *Journal of Oman Studies* 8/1, 81–95.

—. 2006: D. T. Potts (2006), ‚Elamites and Kassites in the Persian Gulf'. *JNES* 65/2.

—. 2010: D. T. Potts (2010), *Achaemenid Interests in the Persian Gulf*. In: J. Curtis/St J. Simpson (Hgg.), *The World of the Achaemenid Persia. History, Art and Society in Iran and in the Ancient Near East*. Proceedings of a Conference at the British Museum, 29th Septemeber–1st October 2005. London: Tauris I, 524–533.

—. 2012: D. Potts (2012), *Cultural, economic and political relations between Mesopotamia, the Gulf Region and India before Alexander*. Vortrag am ‚Colloqium on Megasthenes, Apollodorus of Artemita and Isidor of Charax', Kiel vom 27. bis zum 30. Juni 2012.

—. 2013a: D. T. Potts (2013), The Islands of the XIVth Satrapy. In: R. Oetjen/E. Ryan (Hgg.), *Festschrift for Getzel Cohen*. Stuttgart: Franz Steiner Verlag.

—. 2013b: D. T. Potts (2013), Mesopotamian and Persian Migrations. In: I. Ness (Hg.), *Encyclopedia of Global Human Migration*, 4. Oxford: Wiley-Blackwell.

Powell 1939: J. E. Powell (1939), ‚The Sources of Plutarch's Alexander'. *JHS* 59, 229–40.

Prandi 1985: L. Prandi (1985), *Callistene: uno storico tra Aristotele e i re macedoni*. Milano: Jaca Book.

—. 1996: L. Prandi (1996), *Fortuna e realtà nell'opera di Clitarco*. Historia Einzelschriften 104. Stuttgart: Franz Steiner Verlag.

Prien 2005: R. Prien (2005), *Archäologie und Migration*. Bonn: Habelt Verlag.

Pugliese Caratelli 1966: G. Pugliese Caratelli (1966), ‚Greek Inscriptions of the Middle East'. *East & West* 16, 31–6.

Radner 2003: K. Radner (2003), Mesopotamia: Neo-Assyrian Period. In: R. Westbrook (Hg.), *A History of Ancient Near Eastern Law*. Handbook of Oriental Studies. Section 1 The Near and Middle East, Volume 72. 2. Bd. Leiden: E. J. Brill, 883–910.

—. 2012: K. Radner (2012), ‚Mass deportation: the Assyrian resettlement policy'. http://www.ucl.ac.uk/sargon/essentials/governors/massdeportation/ [Zugriff am 20.04.2016]

Radt 2004: S. Radt (Hg.) (2004), *Strabons Geographika mit Übersetzung und Kommentar. Buch IX–XIII: Text und Übersetzung*. Göttingen: Vandenhoeck & Ruprecht.

—. 2005: S. Radt (Hg.) (2005), *Strabons Geographika mit Übersetzung und Kommentar. Buch XIV–XVII: Text und Übersetzung*. Göttingen: Vandenhoeck & Ruprecht.

—. 2009: S. Radt (Hg.) (2009), *Strabons Geographika mit Übersetzung und Kommentar. Buch XIV–XVII*. Göttingen: Vandenhoeck & Ruprecht.

Rahimi-Laridjani 1988: F. Rahimi-Laridjani (1988), *Die Entwicklung der Bewässerungs-landwirtschaft im Iran bis im sasanidisch-frühislamistische Zeit*. Beiträge zur Iranistik 13. Wiesbaden: Reichert.

Rapin 1992: C. Rapin (1992), *La trésorerie du palais hellénistique d'Ai Khanoum = Fouilles d'Ai Khanoum* 8. Paris: Boccard.

Rapin/Isamiddinov/Khasanov 2010: C. Rapin/M. Isamiddinov/M. Khasanov (2010), ‚Koktepe, ville jumelle de Maracanda dans Samarcande, cité mythique au coeur de l'Asie'. *Dossiers d'Archéologie* 341, 20–22.

Rathmann 2014: M. Rathmann (2014), Diodor und seine Quellen: Zur Kompilationstechnik des Historiographen. In: H. Hauben/A. Meeus (Hgg.), *The Age of the Successors and the Creation of the Hellenistic Kingdoms (323–276 B.C.)*. Leuven: Peeters, 49–113.

Ratnagar 1981: S. F. Ratnagar (1981), *Encounters, the westerly trade of the Harappa civilization*. Oxford: Oxford University Press.

Ravn 1942: E. Ravn (1942), *Herodotus's Description of Babylon*. Copenhagen: Nyt.

Rawlinson 1879: G. Rawlinson (1879), *The Five Great Monarchies of the Ancient Eastern World*. 3. Band. London: Adamant Media Corporation.

Ray 1982: J. Ray (1982), ‚The Carian Inscriptions from Egypt'. *JEA* 68, 181–198.

Razmjou 2010: S. Razmjou (2010), Persepolis a reinterpretation of palaces and their function. In: J. E. Curtis/St. J. Simpson (Hgg.), *The World of Achaemenid Persia: History, Art and Society in Iran and the Ancient Near East*. London: I. B. Tauris, 231–45.

Reade 1975: J. E. Reade (1975), ‚Sources for Sennaherib: The Prisms'. *JCS* 27, 189–96.

—. 1978: J. E. Reade (1978), ‚Kassites and Iranians in Iran'. *Iran* 16, 137–43.

Rehm 1958: A. Rehm (1958), *Th. Wiegand, Didyma II: Die Inschriften, bearb. Von A. Rehm*. Berlin: v. R. Harder.

Reinmuth 1942: O. W. Reinmuth (1942), *Ostrakismos*. In: RE 18/2, 1674–1685.

Rhodes 2000: J. Rhodes (2000), Ostrakismos. In: DPN 9, 103–4.

Richardson 2012: S. Richardson (2012), ‚Early Mesopotamia: the Presumptive State'. *Past & Present* 215, 3–49.

Richter 1946: G. M. A. Richter (1946), ‚Greeks in Persia'. *AJA* 50, 15–30.

—. 1952: G. M. A. Richter (1952), Greek Subjects on ‚Graeco-Persian' Seal Stones. In: G. C. Miles (Hg.), *Archaeologica Orientalia in Memoriam Ernst Herzfeld*. New York: Augustin Publisher, 189–94.

Rießler 1928: P. Riessler (1928), Der Brief des Aristeas. In: Ders. (Hg.), *Altjüdisches Schrifttum außerhalb der Bibel*. Augsburg: Dr. B. Filser, 193–233.

Riggenbach 2000: P. Riggenbach (2000), *Funktionen von Musik in der modernen Industriegesellschaft: eine Untersuchung*. Hamburg: Tectum Verlag.

Rihll 2010: T. Rihll (2010), Skilled slaves and the economy: the silver mines of the Laurion. In: H. Heinen (Hg.), *Antike Sklaverei: Ruckblick und Ausblick. Neue Beiträge zur Forschungsgeschichte und zur Erschließung der archäologischen Zeugnisse*. Stuttgart: Steiner, 203–20.

Rivaroli/Scialanca 2009: M. Rivaroli/F. Scialanca (2009), *Distruggere una città. Uno studio comparativo tra mondo mesopotamico e mondo greco*. In: P. Giammellaro (Hg.), *Visti dall'altra sponda. Interferenze culturali nel mediterraneo antico*. Atti del V Incontro Orientalisti.net, Palermo, 6–8 Dicembre 2008. Palermo: Edizioni Nuova Cultura, 13–38.

Roaf 1974: M. Roaf (1974), ‚The Subject Peoples on the Base of the Statue of Darius'. *CDAFI* 4, 73–160.

—. 1980: M. Roaf (1980), ‚Texts about the sculptures and sculptors at Persepolis'. *Iran* 18, 65–74.

—. 1996: M. Roaf (1996), *Cultural Atlas of Mesopotamia and the Ancient Near East*. Oxford: Andromeda.

—. 1983: M. Roaf (1983), *Sculptures and sculptors at Persepolis*, Iran xxi. London: British Institute of Persian Studies.

Roaf/Boardman 1980: M. Roaf/J. Boardman, ‚A Greek Painting At Persepolis'. *JHS* 100, 204–6.

Robert 1958: L. Robert (1958), ‚Rewiew of A. Rehm (Hg.), *Dydima II, Die Inschriften*, Berlin 1958'. *Gnomon* 31, 657–674 = OMS II, 1622–1639.

—. 1984: L. Robert (1984), ‚Documents d'Asie Mineur. XXV, 2.Strabon e la katoikia de Pergame'. *BCH* 109 (1984), 467–484 = *Documents d'Asie Mineur*. Paris: De Boccard 1987, 460–477.

Röd^2 1986: W. Röd (1986), *Dialektische Philosophie der Neuzeit*. München: C. H. Beck.

Rolfes 2010: K. Rolfes (2010), *Das „Fremde" als Phänomen im Alten Orient: Neuassyrische Massendeportation im Kontext sozialer Randgruppen*. Grin. Bachelor Arbeit, Freien Universität Berlin: Berlin.

Rölling 1996: W. Rölling (1996), Deportation und Integration. Das Schicksal von Fremden im assyrischen und babylonischen Staat. In: M. Schuster (Hg.), *Die Begegnung mit dem Fremden: Wertungen und Wirkungen in Hochkulturen vom Altertum bis zur Gegenwart*. Stuttgart: Teubner, 100–114

Rollinger 1999: R. Rollinger (1999), ‚Xerxes und Babylon'. *NABU* 1, 9–12.

—. 2001: R. Rollinger (2001), The Ancient Greeks and the Impact in the Ancient Near East: Textual Evidence and Historical Perspective. In: R. M. Whiting (Hg.), *Mythology and Mythologies: Methodological Approaches to Intercultural Influences*. Proceedings of the Second Annual Symposium of the Assyrian and Babylonian Intellectual Heritage Project held in Paris, October 4–7, 1999, Melammu Symposia 2. Helsinki: The Neo Assyrian Text Project, 233–64.

—. 2003a: R. Rollinger (2003), The Western Expansion of the Median ‚Empire': A Re-Examination. In: G. B. Lanfranchi/M. Roaf/R. Rollinger (Hgg.), *Continuity of Empire (?). Assyria, Media, Persia*. History of the Ancient Near East V. Padua: S.a.r.g.o.n., 289–319.

—. 2003b: R. Rollinger (2003), ‚Herodotus'. In: EIr 12/3, 254–288.

—. 2007: R. Rollinger (2007), Zu Herkunft und Hintergrund der in altorientalischen Quellen so genannten ‚Griechen'. In: A. Luther/R. Rollinger/J. Wiesehöfer (Hgg.), *Getrennte Wege? Kommunikation, Raum und Wahrnehmung in der Alten Welt*. Oikumene 3. Frankfurt: Verlag Antike, 259–330.

—. 2009a: R. Rollinger (2009), Near Eastern Perspectives on the Greeks. In: G. Boys-Stones/B. Graziosi/P. Vasunia (Hgg.), *Oxford Handbook of Hellenic Studies*. Oxford: Oxford University Press, 32–47.

—. 2009b: R. Rollinger (2009), ‚Die Philotas-Affäre, Alexander III. und die Bedeutung der Dexiosis im Werk des Q. Curtius Rufus'. *Gymnasium* 116, 257–273.

—. 2010a: R. Rollinger (2010), Extreme Gewalt und Strafgericht. Ktesias und Herodot als Zeugnisse für den Achaimenidenhof. In: B. Jacobs/R. Rollinger (Hgg.), *Der achaimenidische Hof – The Achaemenid Court*. CleO 3. Wiesbaden: Harrassowitz Verlag, 559–666.

—. 2010b: R. Rollinger (2010), Das medische Königtum und die medische Suprematie im sechsten Jahrhundert v. Chr. In: G. Lanfranchi/R. Rollinger (Hgg.), *Concepts of Kingship in Anti-*

quity. Proceedings of the European Science Foundation Preparatory Workshop Held in Padova, November 28th – December 1st, 2007, HANE/M X. Padua: S.a.r.g.o.n, 63–85

—. 2011a: R. Rollinger (2011), Der Blick aus dem Osten: ‚Griechen' in vorderasiatischen Quellen des 8. und 7. Jahrhunderts v. Chr. – eine Zusammenschau. In: H. Matthäus/N. Oettinger/S. Schröder (Hgg.), *Der Orient und die Anfänge Europas. Kulturelle Beziehungen von der Späten Bronzezeit bis zur Frühen Eisenzeit*. Philippika Marburger altertumskundliche Abhandlungen 42. Wiesbaden: Harrassowitz Verlag, 267–282.

—. 2011b: R. Rollinger (2011), Herodotus and Babylon Reconsidered. In: R. Rollinger/B. Truschnegg/R. Bichler (Hgg.), *Herodot und das Persische Weltreich. Herodotus and the Persian Empire*. Akten des 3. Internationalen Kolloquiums zum Thema „*Vorderasien im Spannungsfeld klassischer und altorientalischer Überlieferungen*", Innsbruck, 24.–28. November 2008. Wiesbaden: Harrassowitz Verlag, 449–470.

—. 2011c: R. Rollinger (2011), Herrscherkult und Königsvergöttlichung bei Teispiden und Achaimeniden. Realität oder Fiktion?. In: L.-M. Günther/S. Plischke (Hgg.), *Studien zum vorhellenistischen und hellenistischen Herrscherkult: Verdichtung und Erweiterung von Traditionsgeflechten*, Oikumene: Studien zur antiken Weltgeschichte 9. Berlin: Verlag Antike, 11–54.

—. 2012: R. Rollinger (2012), Der Blick aus dem Osten: ‚Griechen' in vorderasiatischen Quellen des 8. und 7. Jahrhunderts v. Chr. – eine Zusammenschau. In: M. Hartmut/N. Oettinger/S. Schröder (Hgg.), *Der Orient und die Anfänge Europas. Kulturelle Beziehungen von der Späten Bronzezeit bis zur Frühen Eisenzeit*. Philippika Marburger altertumskundliche Abhandlungen 422. Wiesbaden: Harrassowitz Verlag.

—. 2013a: R. Rollinger (2013), The View from East to West: World View and Perception of Space in the Neo-Assyrian Empire. In: N. Zenzen u. Aa. (Hgg.), *Aneignung und Abgrenzung. Wechselnde Perspektiven auf die Antithese von ‚Ost' und ‚West' in der griechischen Antike*. Heidelberg: Sehepunkte, 93–161.

—. 2013b: R. Rollinger (2013), Schwimmen im Alten Orient – eine Nachbetrachtung. In: P. Mauritsch/C. Ulf (Hgg.), *Kultur(en) – Formen des Alltäglichen in der Antike*. Festschrift für Ingomar Weiler zum 75. Geburtstag (Nummi et Litterae 7), Teil 1. Graz: LeykamVerlag, 431–444.

—. 2014a: R. Rollinger/B. Dunsch/K. Ruffing (Hgg.) (2014), *Herodots Quellen. Die Quellen Herodots*. CleO 6. Wiesbaden: Harrassowitz Verlag, 95–116.

—. 2014b: R. Rollinger (2014), Von Kyros bis Xerxes: Babylon in persischer Zeit und die Frage der Bewertung des herodoteischen Geschichtswerkes – eine Nachlese. In: M. Krebernik/H. Neumann (Hgg.), *Babylonien und seine Nachbarn in neu- und spätbabylonischer Zeit*. AOAT 369. Münster: Ugarit-Verlag, 147–194.

—. 2014c: R. Rollinger (2014), ‚Aiolos, Odysseus und der ασκός'. *Hermes* 142/1, 1–14.

—. 2014d: R. Rollinger (2014), Das teispidisch-achaimenidische Großreich. Ein ‚Imperium' *avant la lettre*? In: M. Gehler/R. Rollinger (Hgg.), *Imperien in der Weltgeschichte. Epochenübergreifende und globalhistorische Vergleiche*. 2 Bdd. Wiesbaden: Harrassowitz Verlag, 149–192.

—. 2015: R. Rollinger (2015), Aornos and the Mountains of the East: The Assyrian Kings and Alexander the Great. In: S. Gaspa u. Aa. (Hgg.), *From Source to History: Studies on Ancient Near Eastern Worlds and Beyond*, Dedicated to Giovanni Battista Lanfranchi on the Occasion of His 65th Birthday on June 23, 2014, Alter Orient und Altes Testament 412. Münster: Ugarit-Verlag, 597–635.

—. 2016a: R. Rollinger (2016), Royal Strategies of Representation and the Language(s) of Power: Some Considerations on the audience and the dissemination of the Achaemenid Royal Inscriptions. In: S. Procházka u. Aa. (Hgg.), *Official Epistolography and the Language(s) of Power*. Vienna: Verlag der Österreichischen Akademie der Wissenschaften, 117–130.

—. 2016b: R. Rollinger (2016), The Relief at Bisitun and its Ancient Near Eastern Setting. Contextualizing the Visual Vocabulary of Darius' Triumph over Gaumata. In: C. Binder/H. Börm/A. Luther (Hgg.), *Diwan – Untersuchungen zu Geschichte und Kultur des Nahen Ostens und des östlichen Mittelmeerraumes im Altertum*. Festschrift für Josef Wiesehöfer zum 65. Geburtstag. Duisburg : Wellem, 5–51.

Rollinger/Henkelman 2009: R. Rollinger/W. Henkelman (2009), New observations on „Greeks" in the Achaemenid empire according to cuneiform texts from Babylonia and Persepolis. In: P. Briant/M. Chauveau (Hgg.), *Organisation des pouvoirs et contacts culturels dans les pays de l'empire achéménide*. Paris: de Boccard, 331–351.

Rollinger/Truschnegg/Bichler 2011: R. Rollinger/ B. Truschnegg/ R. Bichler (Hgg.) (2011), *Herodot und das Persische Weltreich*. Wiesbaden: Harrassowitz.

Rollinger/Wiesehöfer 2009: R. Rollinger/J. Wiesehöfer (2009), Königlicher Haushalt, Residenz und Hof: Der Persische König und sein Palast. Auch ein Beitrag zur Umwelt des Alten Testaments. In: Ch. Karrer-Grube u. Aa. (Hgg.), *Sprachen – Bilder – Klänge*. AOAT 359. Münster: Ugarit-Verlag, 213–226.

Rollinger/Stadler 2019: R. Robert/H. Stadler (2019), 7 Millionen Jahre Migrationsgeschichte: Zugänge – Methoden – Konzepte: Eine kurze Einführung. In: Dies. (Hgg.), *7 Millionen Jahre Migrationsgeschichte. Annäherungen zwischen Archäologie, Geschichte und Philologie*. Innsbruck: Insbruck University Press, 7–39.

Root 1979: M. C. Root (1979), *The King and Kingship in Achaemenid Art: Essays on the Creation of an Iconography of Empire*. Acta Iranica 19. Leiden: Peeters Pub.

—. 1985: M. C. Root (1985), ‚The Parthenon Frieze and the Apadana Reliefs at Persepolis: Reassessing a Programmatic Relationship'. *AJA* 89, 103–122.

Rosenberg 2004: S. G. Rosenberg (2004), ‚The Jewish Temple at Elephantine'. *NEA* 67/1, 4–13.

Rosenmeyer 2004: P. A. Rosenmeyer (2004), *Ancient Epistolary Fictions: The Letter in Greek Literature*. Cambridge: Cambridge University Press.

Rosivach 1984: V. J. Rosivach (1984), ‚The Romans' View of the Persians'. *Classical World* 78, 1–8.

Roth/Schütt 2000: D. Roth/B. Schütt (2000), ‚Unterirdische Bewässerungssysteme (Qanate) im Südosten Spaniens (Almería/Murcia)'. *Trierer Geographische Studien* 23, 83–98.

Rott 1991: M. C. Rott (1991), *From the Earth. Powerful Persianisms in the Art of the Western Empire*, In: H. Sancisi-Weerdenburg/E. Kuhrt (Hgg.), *AchHist IV: Asia Minor and Egypt: Old Cultures in a New Empire*. Proceedings of the Groningen 1988 Achaemenid History Workshop, Leiden: Nederlands Instituut voor het Nabije Oosten, 1–29.

Ruffing 2009: K. Ruffing (2009), Die „Satrapienliste" des Dareios: Herodoteisches Konstrukt oder Realität?. AMIT 41, 323–339.

Rundgren 1957: F. Rundgren (1957), ‚Zur Bedeutung von šršw: Esra VII 26'. *VT* 7/4, 400–4.

Rung 2015: E. Rung (2015), The End of the Lydian Kingdom and the Lydians after Croesus. In: J. M. Silverman/C. Waerzeggers (Hgg.), *Political Memory in and after the Persian Empire*. SBL Ancient Near East Monographs 13. Atlanta: SBL Press, 7–26.

—. 2016: E. Rung (2016), The Burning of Greek Temples by the Persians and Greek War-Propaganda. In: K. Ulanowski (Hg.), *The Religious Aspects of War in the Ancient Near East, Greece, and Rome*. Ancient Warfare Series Volume 1. Leiden/Boston: E. J. Brill, 166–179.

Ruzicka 2012: S. Ruzicka (2012), *Trouble in the West. Egypt and the Persian Empire 525–332 BCE*. Oxford: Oxford University Press.

Saggs 2001: H. W. Saggs (2001), *The Nimrud Letters, 1952*. Cuneiform Texts from Nimrud 4. Trowbridge: British School of Archeology in Iraq.

Sakellariou 1980: M. B. Sakellariou (1980), *Les Proto-Grecs. Le peuplement de la Grèce et du bassin égéen aux hautes époques III*. Athènes: Ekdotikè Athenon.

Salles 1990: J. F. Salles (1990), *Les Achéménides dans le Golfe arabo-persique*. In: H. Sancisi-Werdenburg/A. Kuhrt (Hgg.), *AchHist IV: Centre and Periphery*. Proceedings of the Groningen 1986 Achaemenid History Workshop. Leiden: Nederlands Instituut voor het Nabije Oosten, 111–130.

Sallmann 1971: K. G. Sallmann (1971), *Die Geographie des älteren Plinius in ihrem Verhältnis zu Varro: Versuch einer Quellenanalyse*. Untersuchungen zur antiken Literatur und Geschichte 11. Berlin: De Gruyter.

Saloumeh 2014: G. Saloumeh (2014), *Selected features of Bactrian grammar*. Wiesbaden: Harrassowitz Verlag.

Sancisi-Weerdenburg 1980: H. Sancisi-Weerdenburg (1980), *Yaunā en Persai*. Groningen: Dijkstra Niemeyer.

—. 1982: H. Sancisi-Weerdenburg (1982), *Geschiedenis van het Perzische Rijk*. Haarlem: Paperback.

—. 1985: H. Sancisi-Weerdenburg (1985), The Death of Cyrus. Xenophon's Cyropaedia as a source for Iranian history. In: H. W. Bailey u. Aa. (Hgg.), *Festschrift Mary Boyce*. Acta Iranica 25. Leiden: E. J. Brill, 459–72.

—. 1993: H. Sancisi-Weerdenburg (1993), Alexander and Persepolis. In: J. Carlsen u. Aa. (Hgg.), *Alexander the Great. Reality and Myth*. Analecta Romana Instituti Danici 20. Rom: Bretschneider, 177–188.

—. 1994: H. Sancisi-Weerdenburg (1994), The Orality of Herodotus' *Medikos Logos* or: The Median Empire Revised. In: H. Sancisi-Weerdenburg/A. Kuhrt/M. C. Root (Hgg.), *AchHist VIII: Continuity and Change*. Proceedings of the Last Achaemenid History Workshop, April 6–8 1990, Ann Arbor. Leiden: Nederlands Instituut voor Nabije Oosten.

Sandars³ 1987: N. K. Sandars (1987), *The sea peoples: warriors of the ancient Mediterranean 1250–1150 B.C.* 3. Ausgabe. London: Thames & Hudson.

San Nicolò 1941: M. San Nicolò (1941), *Beiträge zu einer Prosopographie neu-babylonischer Beamten der Zivil und Tempelvewaltung*. München: Bayerische Akad. der Wissenschaften.

—. 1951: M. San Nicolò (1941), *Babylonische Rechtsurkunden des ausgehenden 8. und des 7. Jahrhunderts v. Chr*. München: Bayerische Akad. der Wissenschaften.

Sarlo 2013: D. Sarlo (2013), ‚The Economics of Mass Deportation in the Neo-Assyrian Period under Tiglath-Pileser III (744–727 BCE)'. Nicht veröffentlicht. https://www.academia.edu/3463490/The_Economics_of_Mass_Deportation_in_the_Neo_Assyrian_Empire_under_Tiglath-Pileser_III [Zugriff am 24.11.2014]

Scerrato 1966: D. H. U. Scerrato (1966), ‚Excavations at Dahan-i Ghulaman (Seistan – Iran): First Preliminary Report (1962–1963)'. *East and West* New Series 16, 9–30.

—. 1997: D. H. U. Scerrato (1997), Evidence of Religious Life at Dahan-i Ghulaman, Seistan. In: M. Taddei (Hg.), *South Asian Archaeology*. Naples: Universitario Orientale, 709–735.

Schachermeyr 1951: F. Schachermeyr (1951), ‚Marathon und die Persische Politik'. Historische Zeitschrift 172, 1–35.

—. 1970: F. Schachermeyr (1970), *Alexander in Babylon und die Reichsordnung nach seinem Tode*. Wien: Verl. D. Österr. Akad. D. Wissenschaften.

—. 1973: F. Schachermeyr (1973), *Alexander der Große. Das Problem seiner Persönlichkeit und seines Wirkens*. Wien: Verl. D. Österr. Akad. D. Wissenschaften.

Schaller 1963: B. Schaller (1963), ‚Hekataios von Abdera über die Juden. Zur Frage der Echtheit und der Datierung'. *ZNW* 54, 15–31.

Schanz 1914: M. Schanz (1914), *Geschichte der römischen Literatur bis zum Gesetzgebungswerk des Kaisers Justinian*. 4/1. München: Beck.

Scharff 2016: S. Scharff (2016), *Eid und Außenpolitik*. Studien zur religiösen Fundierung der Akzeptanz zwischenstaatlicher Vereinbarungen im vorrömischen Griechenland. Stuttgart: Franz Steiner.

Schaudig 2012: H. Schaudig (2012), Death of Statues and Rebirth of Gods. In: N. N. May (Hg.), *Iconoclasm and Text Destruction in the Ancient Near East and Beyond*. Oriental Institute Seminars 8. Chicago: Oriental Institute of the University of Chicago, 123–149.

Scheer 2003: T. S. Scheer (2003), Die geraubte Artemis. Griechen, Perser und die Kultbilder der Götter. In: M. Witte/S. Alkier (Hgg.), *Die Griechen und der Vordere Orient. Beiträge zum Kultur- und Religionskontakt zwischen Griechenland und dem Vordem Orient im 1. Jahrtausend v. Chr.* = Orbis Biblicus et Orientalis 191. Freiburg/Göttingen: de Gruyter, 59–85.

Schimanovski 2003: G. Schimanovski (2003), Der Aristeasbrief zwischen Abgrenzung und Selbsdarstellung. In: P. W. Van Der Horst/M. J. J. Menken/J. F. M. Smit (Hgg.), *Persuasion and Dissuasion in Early Christianity, Ancient Judaism, and Hellenism (Contributions to Biblical Exegesis and Theology)*. Leuven: Peeters Pub, 45–64.

Schirren 2005: T. Schirren (2005), *Philosophos Bios. Die antike Philosophenbiographie als symbolische Form*. Heidelberg: Bibliothek der klassischen Altertumswissenschaften.

Schiwek 1962: H. Schiwek (1962), ‚Der Persische Golf als Schiffahrts- und Seehandelsroute in Achämenidischer Zeit und in der Zeit Alexanders der Große'. *Bonner Jahrbücher* 162, 4–97.

Schmelz 2002: G. Schmelz (2002), *Kirchliche Amtsträger im spätantiken Ägypten: Nach den Aussagen der griechischen und koptischen Papyri und Ostraka*. Archiv für Papyrforschung und verwandte Gebiete 13. München: K.G. Saur.

Schmidt 1957: E. F. Schmidt (1957), *Persepolis II*. Chicago: Oriental Institute Press.

—. 1970: E. F. Schmidt (1970), *Persepolis III: The Royal Tombs and Other Monuments* = OIP 70. Chicago: Oriental Institute Press.

—. 1995: M. G. Schmidt (1995), *Wörterbuch zur Politik*. Stuttgart: Kröner Verlag.

Schmidt-Lauber 2007: B. Schmidt-Lauber (2007), Ethnizität und Migration als ethnologische Forschungs- und Praxisfelder. Eine Einführung. In: Ders. (Hg.), *Ethnizität und Migration. Einführung in Wissenschaft und Arbeitsfelder*. Berlin: Reimer Verlag, 7–27.

Schmitt 1972: R. Schmitt (1972), ‚Die achaimenidische Satrapie ‚tayaiy drayahyā''. *Historia* 21, 522–7.

—. 1976: R. Schmitt (1976), Der Titel „Satrap". In: A. Morpurgo/W. Meid (Hgg.), *Studies in Greek, Italic and Indo-European Linguistics*. Offered to Leonard R. Palmer on the Occasion of his Seventieth Birthday, June 5, 1976, Innsbrucker Beiträge zur Sprachwissenschaft 16. Innsbruck: Inst. f. Sprachwissenschaft d. Univ. Innsbruck, 373–90.

—. 1980: R. Schmitt (1980), Karer. In: RlA 5, 423–425.

—. 1986: R. Schmitt (1986), Armenia. In: EIr 2/4, 417–418.
—. 1989: R. Schmitt (1989), Ein altiranisches Flüssigkeitsmaß: *mariš. In: K. Heller/O. Panagl/J. Tischler (Hgg.), *Indogermanica Europea*. Feistschrift für Wolfang Meid, Grazer Linguistische Monographien 4. Graz: Institut für Sprachwissenschaft, 301–15.
—. 1992: R. Schmitt (1992), Kleitarchus. In: EIr 5/7, 703–704.
—. 1993: R. Schmitt (1993), Ctesias. In: EIr 6/4, 441–446.
—. 1994: R. Schmitt (1994), Sprachzeugnisse alt- und mittel iranischer Sprachen aus Afghanistan. In: R. Bielmeier/R. Stempel (Hgg.), *Indogermanica et Caucasica: Festschrift für Karl Horst Schmidt zum 65. Geburtstag*. Berlin/New York: de Gruyter, 168–96.
—. 1995: R. Schmitt (1995), Drangiana. In: EIr 7, 534–537.
—. 1996: R. Schmitt (1996), ‚Bemerkung zum sog. Gadatas-Brief'. In: *ZPE* 112, 95–101.
—. 1999: R. Schmitt (1999), Zur Bedeutung von altpers. /dahyu-/. In: P. Anreiter/E. Jerem (Hgg.), *Studia Celtica et Indogermanica*. Festschrift für Wolfgang Meid. Budapest: Archeolingua, 443–52.
—. 2009: R. Schmitt (2009), *Die altpersischen Inschriften der Achaimeniden*, Editio minor mit deutscher Übersetzung. Wiesbaden: Reichert Verlag.
—. 2011: R. Schmitt (2011), Herodot und iranische Sprachen. In: Rollinger/Truschnegg/Bichler 2011.
—. 2012: R. Schmitt. Brief an die Autorin vom 17.05.2012.
—. 2014: R. Schmitt (2014), *Wörterbuch der altpersischen Königsinschriften*. Wiesbaden: Reichert.
Schmitt/Heene[14] 1998: H. Schmitt/A. Heene (1998), *Hochbaukonstruktion. Die Bauteile und das Baugefüge. Grundlagen des heutigen Bauens*. Wiesbaden: Vieweg Verlagsgesellschaft
Schmöckel 1985: H. Schmöckel (1985), *Herrschergestalten des Alten Orients – Semiramis. In: Exempla historica – Epochen der Weltgeschichte in Biographien*. Bd. 1. Frankfurt am Main: Fischer Taschenbuch Verlag.
Schöne 1875: A. Schöne (1875), *Eusebi Chronicorum Libri duo*. Berlin: Berolini.
Schöpsdau 1977: K. Schöpsdau (Hg.) (1977), Nomoi (Gesetze) *Buch VIII–XII. Platon Werke Übersetzung und Kommentar. Band IX / 2*. Göttingen: Verlag Vandenhoeck.
Schörner 2000: H. Schörner (2000), ‚Künstliche Schiffahrtskanäle in der Antike'. *Skyllis* 3/1, 38–43.
Scholten 2009: H. Scholten (2009), ‚Göttliche Vorsehung und die Bedeutung des Griechentums in Plutarchs De sera numinis vindicta'. *Antike und Abendland* 55, 99–117.
Schreckenberg 1977: H. Schreckenberg (1977), *Rezeptionsgeschichtiche und tetkritische Untersuchungen zu Flavius Josephus*. ALGHJ 10. Leiden: E. J. Brill.
Schuol 2000: M. Schuol (2000), *Die Charakene. Ein mesopotamisches Königreich in hellenistisch-parthischer Zeit*. Stuttgart: Steiner.
—. 2017: M. Schuol (2017), Die gepfählten Reiter: Herodots Skythenbild zwischen Realität und Fiktion. In: H. Klinkott/N. Kramer (Hgg.), *Zwischen Assur und Athen. Altorientalisches in den Historien Herodots*. Spielräume der Antike 4, Stuttgart: Franz Steiner Verlag, 145–162.
Schwartz 1901: E. Schwartz (1901), Quintus Curtius Rufus, 31. In: RE IV/2, 1871–91 = Ders. (Hg.), *Griechische Geschichtschreiber*. Leipzig: Deutsche Akademie der Wissenschaften zu Berlin 1957, 156–86.
Schwartz/Hollander 2000: M. Schwartz/D. Hollander (2000), ‚Annealing, distilling, reheating and recycling: bitumen processing in the Ancient Near East'. *Paléorient* 26/2, 83–91.

Schwarz 1912: P. Schwarz (1912), *Iran im Mittelalter nach den arabischen Geographen*. Leipzig: Harrassowitz.

Schwertheim/Winter 2003: E. Schwerteim/E. Winter (Hgg.) (2003), *Stadt und Stadtentwicklung in Kleinasien*. Bonn: Habelt.

Schwinghammer 2011: G. Schwinghammer (2011), Die Smerdis Story – Der Usurpator, Dareios und die Bestrafung der ‚Lügenkönige'. In: R. Rollinger/B. Truschnegg/R. Bichler (Hgg.), Herodot und das Persische Weltreich – Herodotus and the Persian Empire. CleO 3. Wiesbaden: Harrassowitz Verlag, 665–687.

Seel 1972: O. Seel (Hg.), *Pompeius Trogus. Weltgeschichte von den Anfängen bis Augustus im Auszug des Justin*. Zürich: Artemis.

Seibert 1985: J. Seibert (1985), *Die Eroberung des Perserreiches durch Alexander den Grossen*. Beihefte des Tübinger Atlas des Vorderen Orients Reihe B 68. Wiesbaden: Reichert.

—.² 1994: J. Seibert (1972), *Alexander der Große*, Erträge der Forschung 10. Darmstadt: Wissenschaftliche Buchgesellschaft= Nachdruck 1994.

Seidl 1976: U. Seidl (1976), ‚Ein Relief Dareios' I. in Babylon'. *AMI* N.S. 9, 125–30.

—. 1999a: U. Seidl (1999), Eine Triumphstele Darius' I. aus Babylon. In: J. Renger (Hg.), *Babylon: Focus mesopotamischer Geschichte, Wiege früher Gelehrsamkeit, Mythos in der Moderne*. 2. Internationales Colloquium der Deutschen Orient-Gesellschaft, Berlin 24.–6. März 1998. Saarbrücken: SDV, 297–306.

—. 1999b: U. Seidl (1999), ‚Ein Monument Darius' I. aus Babylon'. *ZA* 89, 101–14.

Shahbazi 1977: A. S. Shahbazi (1977), *Persepolis Illustrated*. Institute of Achaemenid Research Publications 4. Tehran: Institut de Recherche Achemenide.

—. 1983: A. S. Shahbazi (1983), Darius' Hafṭ-Kišvar. In: H. M. Koch/D. N. MacKenzie (Hgg.), *Kunst, Kultur und Geschichte der Achämenidenzeit und ihr Fortleben*. Berlin: Reimer Verlag.

—. 1996: A. S. Shahbazi, Deportations. i. In the Achaemenid period. In: EIr VII 3, 297.

Shaked 2004: S. Shaked (2004), *Le satrape de Bactriane et son gouverneur. Documents araméens du IVe siècle av, notre ère provenant de Bactriane*. Persika 4. Paris: de Boccard.

Shaked/Naveh 2012: S. Shaked/J. Naveh (Hgg.) (2012), *Aramaic Documents from Ancient Bactria (Fourth Century BCE.)*. From The Khalili Collections. London: Nour Foundation.

Shaki/Dandameyev 1995: M. Shaki/M. A. Dandameyev (1995), Documents ii) Babylonian and Egyptian Documents in the Achaemenid Period. In: EIr 7/5, 457–461.

Shayegan 2017: M. R. Shayegan (2017), Persianism: Or Achaemenid Reminiscences in the Iranian and Iranicate World(s) of Antiquity. In: R. Strootman/M.J. Versluys (Hgg.), *Persianism in Antiquity*. Stuttgart: Steiner, 401–455.

Sherwin-White/Kuhrt 1993: S. Sherwin-White/A. Kuhrt (1993), *From Samarkhand to Sardis: A New Approach to the Seleucid Empire (Hellenistic Culture & Society)*. London: University of California Press.

Siebelis/Koch 2007: J. Siebelis/H. Koch (Hgg.) (2007), *Q. Curtius Rufus: Geschichte Alexanders des Großen. Nach der Übers. von Johannes Siebelius. Überarb. und kommentiert von Holger Koch, I Bd*. Darmstadt: Wissenschaftliche Buchgesellschaft.

Siebelis u. Aa. 2007: J. Siebelis u. Aa. (2007), *Geschichte Alexanders des Großen, Band II*. Nach der Übers. von Johannes Siebelis überarb. von Christina Hummer (Buch 7), Christoph Fröhlich (Buch 8), Antonia Jenik (Buch 9) und Frank Fabian (Buch 10). Darmstadt: WBG.

Silverman 2015: J. M. Silverman (2015), ‚Judeans under Persian forced Labor and migration Policies'. *Anabasis* 6, 14–34.

—. 2020: J. M. Silverman (2020), *Persian Royal-Judean Elite Engagement in the early Teispid and Achaemenid Empire. The King's Acolytes*. London/New York/Oxford/New Delhi/Sydney: T&T Clark.

Skeldon 1997: R. Skeldon (1997), *Migration and Development: A Global Perspective*. Essex: Longman.

Soggin³ 1999: J. A. Soggin (1999), *An Introduction to the History of Israel and Judah*. 3. Ausgabe. London: SCM Press.

Sommerfeld 1995: W. Sommerfeld (1995), The Kassites of Ancient Mesopotamia: Origins, Politics, and Culture. In: J. M. Sasson (Hg.), *Civilizations of the Ancient near East 2*. New York: Scribner's.

Sonnabend 1995: H. Sonnabend (1995), Deportation im antiken Rom. In: A. Gestrich u. Aa. (Hg.), *Ausweisung und Deportation. Formen der Zwangsmigration in der Geschichte*. Stuttgarter Beiträge zur Historischen Migrationsforschung 2. Stuttgart: Franz Greiner, 13–22.

Spawforth 1994: A. Spawforth (1994), Symbol of Unity? The Persian-Wars Tradition in the Roman Empire. In: S. Hornblower (Hg.), *Greek Historiography*. Oxford: Oxford University Press, 233–247.

Spieckermann 1982: H. Spieckermann (1982), *Juda unter Assur in der Sargonidenzeit*. Göttingen: Vandenhoeck & Ruprecht.

Spiegelberg 1928: W. Spiegelberg (1928), *Drei demotische Schreiben aus der Korrespondenz des Pherendates, des Satrapen Darius' I., mit den Chnumpriestern von Elephantine*. Berlin: Akademie der Wissenschaften.

Stade 1888: B. Stade (1888), *Geschichte des Volkes Israel, Band 2: I. Geschichte des vorchristlichen Judentums bis zur griechischen Zeit*. Stuttgart: Verlag Kohlhammer.

Stangl 2008: G. Stangl (2008), *Antike Populationen in Zahlen: Überprüfungsmöglichkeiten von demographischen Zahlenangaben in antiken Texten*. Frankfurt am Main: Peter Lang.

Stein/Hollander/Schwartz 1999: G. Stein/D. J. Hollander/M. Schartz (1999), ‚Reconstructing Mesopotamian Exchange Networks in the 4th Millennium BC: Geochemical and Archaeological Analyses of Bitumen Artifacts from Hacinebi Tepe, Turkey'. *Paléorient* 25/1, 67–82.

Stern 1971: E. Stern (1971), ‚Seal-Impressions in the Achaemenid Style in the Province of Judah'. *BASOR* 202, 6–16.

—. 1974: M. Stern (1974), *Greek and Latin Authors on Jews and Judaism*. Edited with Introductions, Translations and Commentary by Menahem Stern, vol. 1: From Herodotus to Plutarch. Jerusalem: The Israel Academy of Sciences and Humanities.

Sternberg-El-Notab 2000: H. Sternberg-El-Notabi (2000), ‚Politische und sozio-ökonomische Strukturen im perserzeitlichen Ägypten: Neue Perspektiven'. *ZÄS* 127/2, 153–167.

Stève 1974: M. J. Stève (1974), ‚Inscriptions des Achemenides a Suse'. *StIr* 3, 135–69.

—. 1987: M. J. Stève (1987), *Ville royale de Suse VII: Nouveaux mélanges ipigraphiques. Inscriptions royales de Suse et de la Susiane*. MDAI 53. Nice: Éditions Serre.

Stewart 1993: A. Stewart (1993), *Faces of Power. Alexander's Image and Hellenistic Politics*. Berkeley/Los Angeles/Oxford: University of California Press.

Stini 2002: F. Stini (2002), Exil in der römischen Kaiserzeit. In: E. Olshausen/ H. Sonnabend (Hgg.), *„Troianer sind wir gewesen" – Migrationen in der antiken Welt*. Stuttgarter Kolloquium zur Historischen Geographie des Altertums 8, 2002. Stuttgart: Geographica Historica, 300–309.

Stoessl 1952: F. Stoessl (1952), *Die Tragödien und Fragmente. Auf Grundlage der Übersetzung von Johann Gustav Droysen bearbeitet, eingeleitet und teilweise neu übersetzt*. Zürich: Artemis.

Stolper 1976: M. W. Stolper (1976), *Management and Politics in the Later Achaemenid Babylonia: New Texts from the Murašu Archive*. 2 Bdd. An Arbor: University of Michigan Diss.

—. 1977: M. W. Stolper (1977), *Three Iranian Loanwords in Late Babylonian Texts*. In: L. D. Levine/T. C. Youngs (Hgg.), *Mountains and lowlands: Essays in the Archeology of Greater Mesopotamia*, Bibliotheca Mesopotamica 7. Malibu: Undena, 251–66.

—. 1984: M. W. Stolper (1984), ‚The Neo-Babylonian Text from the Persepolis Fortification'. *JNES* 43, 299–310.

—. 1985: M. W. Stolper (1985), *Entrepreneurs and Empire. The Murašû Archive, the Murašû Firm, and Persian Rule in Babylonia*. Leiden: Nederlands Instituut voor het Nabije Oosten.

—. 1987a: M. W. Stolper (1987), Bēlšunu the Satrap. In: F. Rochberg-Halton (Hg.), *Language, Literature and History. Philological and Historical Studies Presented to E. Reiner*. New Heaven: American Oriental Society, 389–402.

—. 1987b: M. W. Stolper (1988), ‚Some ghost facts from Achaemenid Babylonian texts'. *JHS* 108, 197–98.

—. 1988: M. W. Stolper (1988), ‚The „šaknu" of Nippur'. *Journal of Cuneiform Studies* 40, 127–55.

—. 1989: M. W. Stolper (1989), ‚The Governor of Babylon and Across the River in 486 B. C.'. *JNES* 48, 283–305.

—. 1995: M. W. Stolper (1995), *The Babylonian Enterprise of Belesys*. In: P. Briant (Hg.), *Dans les pas des Dix-Mille: Peuples et pays du Proche-Orient vus par un Grec*, Pallas 43. Toulouse: Presses universitares du Mirail, 217–238.

—. 1999: M. W. Stolper (1999), Achaemenid Legal Documents from the Kasr: Interim Observations. In: J. M. Renger (Hg.), *Babylon: Focus mesopotamischer Geschiche, Wiege früher Gelehrsamkeit, Mythos in der Moderne*. II. Internationales Colloquium der Deutschen Orient Gesellschaft. Saarbrücken: SDV Saarbrücker Druckerei und Verlag, 365–375.

—. 2001: M. W. Stolper (2001), ‚Fifth Century Nippur: Texts of the Murašûs and from their Surroundings'. *JCS* 53, 83–132.

Stolper/Tavernier 2007: M. Stolper/J. Tavernier (2007), *An Old Persian Administrative Tablet from the Persepolis Fortification*, ARTA 2007.001. www.achemenet.com/document2007.001-Stolper-Tavernier.pdf [Zugriff am 17.09.2012]

Streck 1916: M. Streck (1916), *Assurbanipal und die letzten assyrischen Könige bis zum Untergange Niniveh's*. Leipzig: Hinrichs.

Strobel 1976: A. Strobel (1976), *Der spätbronzezeitliche Seevölkersturm: Forschungsüberblick mit Folgerungen zur bibl. Exodusthematik*. Berlin/New York: de Gruyter.

Stronach 1978: D. Stronach (1978), *Pasargadae*. Oxford: Oxford University Press.

Stronk 2010: J. P. Stronk (2010), *Ctesias' Persian History: Introduction, text, and translation*. Düsseldorf: Wellem Verlag.

Stucke 2017: M. Stucke (2017), *Der Rechtsstatus des Kriegsgefangenen im bewaffneten Konflikt. Historische Entwicklung und geltendes Rech*. Tübingen: Mohr Siebeck.

Stucky 1985: R. Stucky (1985), ‚Achämenidische Hölzer und Elfenbeine aus Ägypten und Vorderasien im Louvre'. *AK* 28, 7–32.

Stucky u. Aa. 2005: R. A. Stucky/S. Stucky/A. Loprieno/H.-P. Mathys/R. Wachte (2005), *Das Eschmun-Heiligtum von Sidon: Architektur und Inschriften*. Architektur und Inschriften, Antike Kunst Beiheft 19. Basel: Vereinigung der Freunde antiker Kunst.

Sullivan 1990: R. D. Sullivan (1990), *Near Eastern Royalty and Rome*. Toronto: Toronto University Press.

Summer 1986: W. M. Summer (1986), ‚Achaemenid Settlement in the Persepolis Plain'. *AJA* 90, 3–31.

Summerer/Ivantchik/von Kienlin (Hgg.) 2011: L. Summerer/A. Ivantchik/A. von Kienlin (Hgg.) (2011), *Kelainai – Apameia Kibôtos: Développement urbain dans le contexte anatolien. Stadtentwicklung im anatolischen Kontext*, Kelainai I. Actes du colloque international. Bordeaux: Ausonius.

Süssmuth 2006: R. Süssmuth (2006), *Migration und Integration: Testfall für unsere Gesellschaft*. München: Deutscher Taschenbuch Verlag.

Szemerényi 1980: O. J. L. Szemerényi (1980), *Four Old Iranian Ethnic Names: Scythian – Skudra – Sogdian – Saka*. Wien: Verlag der Österreichischen Akademie der Wissenschaften.

Tabacco 2000: R. Tabacco (Hg.), *Itinerarium Alexandri. Testo, apparato critico, introduzione, traduzione e commento*. Università degli Studi di Torino, Fondo di studi Parini-Chirio. Filologia. Nuova Serie, Bd. 1. Florenz: Olschki.

Tadmor 1958: H. Tadmor (1958), ‚The Campaigns of Sargon II of Assur: A Chronological Historical Study'. *JCS* 12/1, 22–40.

—. 1999: H. Tadmor (1999), World Dominion: The Expanding Horizon of the Assyrian Empire. In: L. Milano/S. de Martino/F. M. Fales/G. B. Lanfranchi (Hgg.), *Landscapes: Territories, Frontiers and Horizons in the Ancient Near East, History of the Ancient Near East Monographs* III (1). Padova: S.a.r.g.o.n, 55–62.

—.² 2008: H. Tadmor (2008), *The Inscriptions of Tiglath-Pileser III, King of Assyria. Critical Edition, with Introductions, Translations and Commentary*. Second Printing with addenda et corrigenda. Jerusalem: The Israel Academy of Sciences and Humanities.

Tadmor/Yamada 2011: H. Tadmor/S. Yamada (2011), *The Royal Inscriptions of Tiglath-Pileser III (744–727 BC) and Shalmaneser V (726–722 BC), Kings of Assyria*. Royal Inscriptions of the Neo-Assyrian Period 1. Winona Lake: Eisenbrauns.

Taishan 2014: Y. Taishan (2014), ‚The Name „Sakā"'. *Sino-Platonic Papers* 251, 1–10.

Talebian 2010: M. H. Talebian (2010), A Review of Research and Restoration Activities at Parsa-Pasargadae: Analysis, Evaluation and Fututre Perspectives. In: J. Curtis/St J. Simpson (Hgg.), *The World of Achaemenid Persia. History, Art and Society in Iran and the Ancient Near East*. Proceedings of a conference at the British Museum 29th September–1st Ocotber 2005. New York: Tauris, 299–308.

Tarn 1968: W. W. Tarn (1986), *Alexander der Grosse*, 2 Bdd. Darmstadt: WBG.

Tavernier 2017: J. Tavernier (2017), The Use of Languages on the Various Levels of Administration in the Achaemenid Empire. In: B. Jacobs/W.F.M. Henkelman/M.W. Stolper (Hgg.), *Die Verwaltung im Achämenidenreich. Imperiale Muster und Strukturen / Administration in the Achaemenid Empire: Tracing the Imperial Signature*. Akten des 6. Internationalen Kolloquiums zum Thema »Vorderasien im Spannungsfeld klassischer und altorientalischer Überlieferungen« aus Anlass der 80-Jahr-Feier der Entdeckung des Festungsarchivs von Persepolis, Landgut Castelen bei Basel, 14.–17. Mai 2013. Wiesbaden: Harrassowitz Verlag, 337–412.

Thérasse 1968: J. Thérasse (1968), ‚Le moralisme de Justin (Trogue-Pompée) contre Alexandre: son influence sur l'oeuvre de Quinte-Curce'. *AC* 37, 551–588.

Tilia 1972: A. B. Tilia (1972), *Studies and Restorations at Persepolis and Other Sites of Fārs*. Rome: IsMEO.

Tilia 1997: G. Tilia (1997), Ponte-Diga sul Fiume Kor – Fārs Iran. In: B. Magnusson u. aA. (Hgg.), *Ultra Terminum Vagari. Scritti in onore di Carl Nylander*. Roma: Associazione Internazionale di Archeologia Classica, 331–338.

Toledano 2002: E. R. Toledano (2002), Representing the Slave's Body in Ottoman Society. In: T. E. J. Wiedeman/J. F. Gardner (Hgg.), *Studies in Slave and Post-Slave Societies and Cultures*. London: Frank Cass.

Tomaschek 1890: W. Tomaschek (1890), *Topographische Erläuterung der Küstenfahrt Nearchs vom Indus bis zum Euphrat*. Vienna: F. Tempsky.

Trampedach 2005: K. Trampedach (2009), Hierosylia. Gewalt in Heiligtümern. In: S. Moraw/G. Fischer (Hgg.), *Die andere Seite der griechischen Klassik. Gewalt im 5. und 4. Jahrhundert v. Chr.* Stuttgart: Franz Steiner, 143–165.

Treidler 1962: H. Treidler (1962), ‚Pasargadai'. *RE, Suppl. 9*, 777–99.

Tripodi 1998: B. Tripodi (1998), *Cacce reali macedoni tra Alessandro I Filippo V*. Messina: Di.Sc.A.M – Università di Messina.

Trundle 2004: M. Trundle (2004), *Greek Mercenaries from the Late Archaic Period to Alexander*. London/New York: Routledge.

Tuplin 1987: C. Tuplin (1987), *The Administration of the Achaemenid Empire*. In: I. Carradice (Hg.), *Coinage and Administration in the Athenian and Persian Empires*. BAR 343, 109–66. Oxford: BAR.

—. 1991: C. Tuplin (1991), Darius' Suez Canal and Persian Imperialism. In: Sancisi-Weerdenburg/A. Kuhrt (Hgg.), *AchHist VI: Asia Minor and Egypt: Old Cultures in a new Empire*. Proceedings of the Groningen 1988 Achaemenid History Workshop. Leiden: Instituut voor het Nabije Oosten, 237–283.

—. 1994: C. Tuplin (1994), Persians as Medes. In: H. Sancisi-Weerdenburg/A. Kuhrt/ M. C. Root (Hgg.), *AchHist VIII: Continuity and Change*. Proceedings of the Last Achaemenid History Workshop, April 6–8 1990, Ann Arbor. Leiden: Nederlands Instituut voor het Nabije Oosten, 235–256.

—. 1997: C. Tuplin (1997), ‚Achaemenid arithmetic: Numerical problems in Persian History'. *Topoi Suppl.* 1, 365–421.

—. 2009: C. Tuplin, (2009) The Gadatas Letter. In L. G. Mitchell/L. Rubinstein (Hgg.), *Greek History and Epigraphy*. Swansea: CPW, 155–84.

—. 2010: C. Tuplin (2010), *An introduction to Arshama*. http://arshama.classics.ox.ac.uk/workshops/workshop1/index.html [Zugriff am 08.09.2013]

—. 2011: C. Tuplin (2011), *Achaemenid administration in the Bodleian Arshama letters: initial observations*. http://arshama.classics.ox.ac.uk/downloads/Tuplin-Administration in the Bodleian Arshama Letters.pdf [Zugriff am 08.09.2013]

—. 2013a: C. Tuplin (2013), *The Arshama Letters from the Bodleian Library*. 3: Commentary. http://arshama.bodleian.ox.ac.uk/publications/ [Zugriff am 18.09.2014]

—. 2013b: C. Tuplin (2013), Xenophon. In: EIr online. http://www.iranicaonline.org/articles/xenophon [Zugriff am 10.12.2015].

—. 2017: C. Tuplin (2017), ‚War and Paece in Achaemenid imperial Ideology'. *Electrum* 24, 31–54

Tylor 1871: E. B. Tylor (1871), *Primitive Culture: Researches Into the Development of Mythology, Philosophy, Religion, Art, and Custom*. London: Murray.

Ulrich 1999: J. Ulrich (1999), *Euseb von Caesarea und die Juden*. Berlin/New York: de Gruyter.

Unger 1913: E. Unger (1913), *Bronzetor von Balawat. Beiträge zur Erklärung und Deutung der assyrischen. Inschriften und Reliefs Salmanassars III.* Leipzig: Pfeiffer.

—. 1931: E. Unger (1931), *Babylon. Die heilige Stadt nach der Beschreibung der Babylonier.* Berlin/Leipzig: de Gruyter.

—. 1932: E. Unger (1932), *Der Obelisk des Konigs Assurnassirpal I. aus Ninive.* Mitteilungen der Altorientalischen Gesellschaft Bd. 6 Hft. 1–2. Leipzig: Harrassowitz.

—.² 1970: Unger (1970), *Babylon: Die heilige Stadt nach der Beschreibung der Babylonier.* 2. Ausgabe. Berin: de Gruyter.

Ungnad 1937: A. Ungnad (1937), *Neubabylonische Rechts- und Verwaltungsurkunden.* Leipzig: Hinrichs.

Vallat 1970: F. Vallat (1970), ‚Table elamite de Darius'. *RAss* 64, 149–60.

—. 1971: F. Vallat (1971), ‚Deux nouvelles ‚Chartes de fondation' d'un palais de Darius I a Suse'. *Syria* 48/1–2, 53–59.

—. 1993: F. Vallat (1993), *Les noms géographiques des sources suso-élamites.* RGTC 11. Wiesbaden: Reichert Verlag.

—. 1994: F. Vallat (1994), ‚Deux Tablettes élamites de l'Université de Fribourg'. *JNES* 53, 263–74.

Van de Mieroop 2003: M. van de Mieroop (2003), The Rise of Assyria. Patterns of Assyrian Imperialism. The Historical Record. Ninth Century Expansion. Internal Assyrian Decline. In: van de Mieroop (Hg.), *A history of the ancient Near East, c. 3000–323 BC.* Oxford: Blackwell.

Van der Spek 1982: R. J. van der Spek (1982), ‚Did Cyrus the Great introduce a new policy towards subdued nations? Cyrus in Assyrian perspective'. *Persica* 10, 278–81.

—. 2014: R. J. Van der Spek (2014), Cyrus the Great, Exiles, and Foreign Gods: A Comparison of Assyrian and Persian Policies on Subject Nations. In: M. Kozuh u. Aa. (Hgg.), *Extraction & Control: Studies in Honor of Matthew W. Stolper,* SAOC 68. Chicago: The Oriental Institute of the University of Chicago, 233–64.

Van Driel 1989: G. Van Driel (1989), ‚The Murašû in Context'. *JESHO* 32, 203–29.

Vasilev 2015: M. I. Vasilev (2015), *The Policy of Darius and Xerxes Towards Thrace and Macedonia.* Mnemosyne Supplements, History and Archaeology of Classical Antiquity 379. Leiden: Brill.

Veh/Böhme 2005: O. Veh/M. Böhme (Hgg.) (2005), *Diodoros Griechische Weltgeschichte. Bücher XVIII–XX.* Übers. von O. Veh, überarb., eingeleitet und kommentiert von M. Böhme. Stuttgart: Hiersemann.

—. 2009: O. Veh/M. Böhme (2009), *Griechische Weltgeschichte / Buch XVII: Alexander der Grosse.* Übers. von Otto Veh; überarb., eingel. und kommentiert von Moritz Böhme. Stuttgart: Hiersemann.

Vermeylen 2010: J. Vermeylen (2010), ‚Les anciens déportés et les habitans du pays. Le crise occultée du début de l'époque perse'. *Trans.,* 175–206.

Vernant 1985: P. Vernant (1985), *Problèmes de la guerre en Grèce ancienne.* Paris: Mounton 1985.

Vertovec 2007: S. Vertovec, ‚Super-Diversity and its Implications'. *Ethnic and Racial Studies* 30/6, 1024–1054.

Vincent 1807: W. Vincent (1807), *The commerce and navigation of the Ancients in the Indian Ocean.* London: T. Cadell and W. Davies.

Virgilio 2001: B. Virgilio (2001), Su alcune concessioni attalidi a comunità soggette. In: B. Virgilio (Hg.), *Studi Ellenistici XIII.* Pisa–Roma: Fabrizio Serra Editore, 57–73.

—. 2003: B. Virgilio (2003), *Lancia, diadema e porpora. Il re e la regalità ellenistica.* 2, Studi Ellenistici XIV. Pisa: Giardini Editore.

Vössing 2004: K. Vössing (2004), *Mensa Regia: Das Bankett beim hellenistischen König und beim römischen Kaiser*. München/Leipzig: K. G. Saur.

Vogelsang 1985: W. J. Vogelsang (1985), ‚Early Historical Arachosia in South-East Afghanistan: Meeting-Place between East and West'. *IA* 20, 55–99.

—. 1988: W. J. Vogelsang (1988), *Some observations on Achaemenid Hyrcania: a combination of sources*. In: A. Kuhrt/H. Sancisi-Weerdenburg (Hgg.), *AchHist III: Method and theory*. Proceedings of the London 1985 Achaemenid history workshop. Leiden: Nederlands Instituut voor het Nabije Oosten, 121–33.

Volkmann² 1990: H. Volkmann (1990), *Die Massenversklavung der Einwohner eroberter Städte in der hellenistisch-römischen Zeit*, Forschungen zur antiken Sklaverei. 2. durchgesehene und erweiterte Ausgabe. Stuttgart: Franz Steiner Verlag.

von Graeve 1986: V. von Graeve (1986), Die Belagerung Milets durch Alexander den Großen. In: A. Avram/M. Babeş (Hgg.), *Civilisation greque et cultures antiques périphériques: hommage à P. Alexandrescu*. Bucarest: Ed. Enciclopedică, 113–129.

—. 2000: V. von Graeve (2000), Die Belagerung Milets durch Alexander den Großen. In: A. Avran/M. Babes (Hgg.), *Civilisation grecque et cultures antiques périphériques*. Hommage à Petre Alexandrescu à son 70e anniversaire. Bukarest: Editura Enciclopedică, 113–129.

von Gutschmid 1882: A. von Gutschmid (1982), ‚Trogus und Timagenes'. *Rheinisches Museum für Philologie* 37, 548–555.

von Voigtlander 1978: E. N. von Voigtlander (1978), *The Bisitun Inscription of Darius the Great: Babylonian Version*, Corpus inscriptionum iranicarum. I/II Texts 1. London: Lund Humphries.

Waerzeggers 2003–4: C. Waerzeggers (2003–4), ‚The Babylonian Revolt against Xerxes and the „End of the Archives"'. *ArchOr* 50, 150–73.

—. 2006: C. Waerzeggers (2006), ‚The Carians of Borsippa'. *Iraq* 68, 1–22.

—. 2010: C. Waerzeggers (2010), ‚Neo-Babylonian tablet about Susa in Amsterdam'. *NABU* 45. Zugriff am 28.09.2015 http://www.achemenet.com/document/Nabu2010-45.pdf [Zugriff am 14.05.2012]

—. 2012: C. Waerzeggers (2012), ‚The Babylonian Chronicles: Classification and Provenance'. *JNES* 71/2, 285–298.

—. 2015: C. Waerzeggers (2015), Babylonian Kingship in the Persian Period: Performance and Reception. In: J. Stökl/C. Waerzeggers (Hgg.), *Exile and Return: The Babylonian Context*, Beihefte zur Zeitschrift für die alttestamentliche Wissenschaft Book 478. Berlin: De Gruyter, 181–222.

Walker 2004: K. G. Walker (2004), *Archaic Eretria: A Political and Social History from the Earliest Times to 490 BC*. London/New York: Routledge.

Wallace 2016: S. Wallace, ‚The Rescript of Philip III Arrhidaios and the Two Tyrannies at Eresos'. *Tyche* 31, 239–58.

Walser 1966: G. Walser (1966), *Die Völkerschaften auf den Reliefs von Persepolis: historische Studien über den sogenannten Tributzug an der Apadanatreppe*. Teheran Forschungen 2. Berlin: Verlag Gebr. Mann.

—. 1984: G. Walser (1984), *Hellas und Iran. Studien zu den griechisch-persischen Beziehungen vor Alexander*. Erträge der Forschung 209. Darmstadt: WBG.

Walter/Vierneisel 1959: H. Walter/K. Vierneisel (1959), ‚Die Funde der Kampagnen 1958/59 im Heraion von Samos'. *MDAI* 74, 27–34.

Ward/Joukovsky 1992: W. A. Ward/M. S. Joukovsky (1992), *The Crisis Years: The 12th Century B. C. From Beyond the Danube*. Dubuque: Kendall/Hunt Publishing Company.

Wasmuth 2009a: M. Wasmuth (2009), *Reflexion und Repräsentation kultureller Interaktion: Ägypten und die Achämeniden*. Diss. Phil.-Hist. Univ. Basel.

—. 2009b: M. Wasmuth (2009), Egyptians in Persia. In: P. Briant/M. Chauveau (Hgg.), *Organisation des pouvoirs et contacts culturels dans les pays de l'empire achéménide*. Actes du colloque Paris, 9–10 nov. 2007. Persika 14. Paris: De Boccard, 133–141.

—. 2014: E-Mail an die Autorin vom 02.04.2014.

Waters 2016: M. Waters (2016), Xerxes and the Oathbreakers: Empire and Rebellion on the Northwestern Front. In: J. Collins and J. G. Manning (Hgg.), *Revolt and Resistance in the Ancient Classical World and the Near East: In the Crucible of Empire*. Leiden: Brill, 93–102

Weidner 1926: E. F. Weidner (1926), ‚Die Annalen des Königs Assurdän II. von Assyrien'. *AfO* 3, 151–161.

—. 1932/3: E. F. Weidner (1932/3), ‚Assyrische Beesbreibungen des Kriegs-Reliefs Assurbânaplis'. *AfO* 8, 175–203.

—. 1939: E. F. Weidner (1939), *Joachin, König von Juda, in babylonischen Keilschriften*. In: F. Coumont u. Aa. (Hgg.), *Melanges syriens offerts à Monsieur René Dussand*. 2. Paris: Geuthner, 923–35.

Weingort 1939: S. Weingort (1939), *Das Haus Egibi in neubabylonischen Rechtsurkunden*. Berlin: Buchdruckerei Viktoria.

Weise/Vogel 2012: C. Weise/M. Vogel (2012), *Plutarch: Moralia. Herausgegeben von Christian Weise und Manuel Vogel. Neu gesetzt und behutsam revidiert nach der Ausgabe Griechische Prosaiker in neuen Übersetzungen, herausgegeben von Christian Nathanael von Osiander und Gustav Schwab, Stuttgart, 1828–1861*. 2 Bdd. Wiesbaden: Marixverlag.

Weißenberger 2003: M. Weißenberger (2003), Isokrates und der Plan eines panhellenischen Perserkrieges. In: W. Orth (Hg.), *Isokrates – Neue Ansätze zur Bewertung eines politischen Schriftstellers,* Wuppertale Beiträge zur Geisteswissenschaft 2. Trier: Wissenschaftlicher Verlag Trier, 95–110.

Wellhausen³ 2013: J. Wellhausen (2013), *Israelitische und Jüdische Geschichte*. 3. Ausgabe. Berlin: Severus Verlag.

Wells 1928: J. Wells (1928), ‚Herodotus and Athens'. *CPh* 23/4, 317–331.

Welwei 1974: K.-W. Welwei (1974), *Unfreie im antiken Kriegsdienst. 1. Teil: Athen und Sparta*. Forschungen zur antiken Sklaverei 5. Stuttgart: Franz Steiner.

—.² 1998: K.-W. Welwei (1998), *Die griechische Polis. Verfassung und Gesellschaft in archaischer und klassischer Zeit,* 2. Ausgabe. Berlin u. Aa.: Kohlhammer.

Weninger 2011: S. Weninger (2011), *The Semitic Languages: an International Handbook*. Berlin/Boston: de Gruyter.

Werba 1982: C. H. Werba (1982), *Die arischen Personennamen und ihre Träger bei den Alexanderhistorikern (Studien zur iranischen Anthroponomastik)*. Diss. Wien.

Wesselmann 2011: K. Wesselmann (2011), *Mythische Erzählstrukturen bei Herodot*. MythosEikonPoiesis 3. Berlin/Boston: De Gruyter.

Wetzel 1944: F. Wetzel (1944), ‚Babylon zur Zeit Herodotus'. *ZA* 48/1, 45–68.

Whitby 1998: M. Whitby (1998), The Grain Trade of Athens in the Fourth Century. In: H. Parkins/C. J. Smith (Hgg.), Trade, traders, and the ancient city. London/New York: Routledge, 102–28.

Wickert-Micknat 1983: G. Wickert-Micknat (1983), *Unfreiheit im Zeitalter der homerischen Epen*, Forschungen zur antiken Sklaverei 16. Stuttgart: Franz Steiner Verlag.
Widengren 1968: G. Widengren (1968), *Les Religions de l'Iran*. Paris: Wikander.
Wiemer 2005: H.-U. Wiemer (2005), *Alexander der Große*. München: C. H. Beck.
Wiesehöfer 1980: J. Wiesehöfer (1980), ‚Die „Freunde" und die „Wohltäter" des Großkönigs'. *StIr* 9/1, 7–21.
—. 1987a: J. Wiesehöfer (1987), ‚Kyros und die unterworfenen Volker: ein Beitrag zur Entstehung von Geschichtsbewußtsein'. *QS* 26, 107–26.
—. 1987b: J. Wiesehöfer (1987), ‚Zur Frage der Echtheit des Dareios-Briefes an Gadatas'. *Rheinisches Museum für Philologie* 130, 396–398.
—. 1994: J. Wiesehöfer (1994), *Die ‚dunklen Jahrhunderte' der Persis: Untersuchungen zu Geschichte und Kultur von Fars in frühhellenistischer Zeit (330–140 v. Chr.)*. München: C. H. Beck.
—. 1996: J. Wiesehöfer (1996), *Ancient Persia from 550 BC to 650 AD*. London/New York: I. B. Tauris.
—. 1998: J. Wiesehöfer, *Gordyaia*. In: DNP 4, 1149. Stuttgart: Metzler.
—. 1999: J. Wiesehöfer (1999), *Kontinuität oder Zäsur? Babylon unter den Achaimeniden*. In: J. Renger (Hg.), *Babylon: Focus mesopotamischer Geschichte, Wiege früher Gelehrsamkeit*. Colloquien der deutschen Orient-Gesellschaft, 2. Saarbrücken: SDV, 167–188.
—. 2003: J. Wiesehöfer (2003), Iraner und Hellenen: Bemerkungen zu einem umstrittenen kulturellen Verhältnis. In: S. Conermann/J. Kusber (Hgg.), *Studia Eurasiatica: Kieler Festschrift f. H. Kulke zum 65. Geburtstag*. Asien und Afrika 10. Schenefeld: ZAAS Christian-Albrechts Universität zu Kiel, 497–524.
—. 2004a: J. Wiesehöfer (2004), Persien, der faszinierende Feind der Griechen: Güteraustausch und Kulturtransfer in achaimenidischer Zeit. In: R. Rollinger/Ch. Ulf (Hgg.), *Commerce and Monetary Systems in the Ancient World: Means of Transmission and Cultural Interaction*. Melammu Symposia 5 = Oriens et Occidens 6. Stuttgart: Franz Steiner Verlag, 195–310.
—. 2004b: J. Wiesehöfer (2004), Das Wasser des Königs. Wohltat, paradiesischer Lebensspender und herrscherlicher Genuß. In: A. Richter/U. Hübner (Hgg.), *Wasser. Historische und zeitgenössische Probleme und Perspektiven in asiatischen und afrikanischen Gesellschaften*. Asien und Afrika 9. Hamburg: C. H. Beck, 149–164.
—. 2005: J. Wiesehöfer (2005), *Das antike Persien. Von 550 v. Chr. bis 650 n. Chr*. Düsseldorf: Albatros.
—. 2006a: J. Wiesehöfer (2006), The Eastern Mediterranean and Beyond: The Relations between the Worlds of the „Greek" and „Non-Greek" Civilizations. In: K. Kinzl (Hg.), *A Companion to the Classical Greek World*. Oxford: Oxford University Press, 197–226.
—. 2006b: J. Wiesehöfer (2006), Kallonitis. In: DNP. http://www.encquran.brill.nl/entries/der-neuepauly/kallonitise607250?s.num=2&s.au=WiesehšC3šB6feršC2C+Josef+(Kiel)&s.f.s2_parent_title=Der+Neue+Pauly [Zugriff am 13.05.2013]
—. 2007: J. Wiesehöfer (2007), Ein König erschließt und imaginiert sein Imperium: Persische Reichsordnung und persische Reichsbilder zur Zeit Dareios I. (522–486 v.Chr.). In: M. Rathmann (Hg.), *Wahrnehmung und Erfassung geographischer Räume in der Antike*. Mainz: Zabern, 18–31.
—. 2009: J. Wiesehöfer (2009), Nowruz in Persepolis? Eine Residenz, das Neujahrsfest und eine Theorie. E. Dabrowa (Hg.), *Orbis Parthicus: Studies in Memory of Professor Józef Wolski*. Electrum 15. Kraków: Jagiellonian University Press, 11–25.

—. 2010: J. Wiesehöfer (2010), Günstlinge und Privilegien am Achaimenidenhof. In: B. Jacobs/Robert Rollinger (Hgg.), *Der Achämenidenhof / The Achaemenid Court*. Akten des 2. Internationalen Kolloquiums zum Thema „Vorderasien im Spannungsfeld klassischer und altorientalischer Überlieferungen", Landgut Castelen bei Basel, 23.–25. Mai 2007, CleO 2. Wiesbaden: Harrassowitz Verlag, 509–30.

—. 2011a: J. Wiesehöfer (2011), Homers „orientalische Verbindungen", oder: Kulturelle Verkehrswege zwischen Orient und Okzident. In: C. Ulf/R. Rollinger (Hgg.), *Lag Troia in Kilikien? Der aktuelle Streit um Homers Ilias*. Darmstadt: WBG, 135–47.

—. 2011b: J. Wiesehöfer, Skudra. In: RlA, 12, Lfg. 7/8.

—. 2012: J. Wiesehöfer (2012), Achaimeniden. In: H. Heinen u. Aa. (Hgg.): *Handwörterbuch der antiken Sklaverei*. HAS 4. Stuttgart: Franz Steiner.

—. 2013: J. Wiesehöfer (2013), Provinz (persisch). In: WiBiLex. https://www.bibelwissenschaft.de/stichwort/31492/ [Zugriff am 12.02.2016]

—. 2014: J. Wiesehöfer (2014), „Not a God but a person apart": The Achaemenid King, the Divine and Persian Cult Practices. In: T. Gnoli/F. Muccioli (Hgg.), *Divinizzazione, culto del sovrano e apoteosi: tra antichitá e Medioevo*. Bologna: Bononia University Press, 29–35.

—.2016a: J. Wiesehöfer (2016), Fourth Century Revolts against Persia: The Test Case of Sidon (348–345 BCE). In: T. Howe/L. L. Brice (Hgg.), *Brill's Companion to Insurgency and Terrorism in the Ancient Mediterranean*. Leiden: E. J. Brill, 93–113.

—. 2016b: J. Wiesehöfer (2016), The Role of Lingua Francas and Communication Networks in the Process of Empire-Building. In: R. Kessler/W. Sommerfeld/L. Tramontini (Hgg.), *State Formation and State Decline in the Near and Middle East*. Wiesbaden: Harrassowitz Verlag, 121–34.

—. 2017: J. Wiesehöfer (2017), ‚Herodotus and Xerxes' hierosylia'. In: Rollinger 2017, 211–220.

—. 2019: J. Wiesehöfer (2019), Die Herrschaft der Teispiden und Achaimeniden und ihr Einfluss auf Jehud. In: M. Oeming (Hg.), *Das Alte Testament im Rahmen der antiken Religionen und Kulturen*. Beiträge zum Verstehen der Bibel 39. Münster: Lit Verlag, 377–400.

—. (im Druck): J. Wiesehöfer (erscheint 2020), Demography of the Persian Empire. In: B. Jacobs/R. Rollinger (Hgg.), *The Blackwell Companion to the Achaemenid Empire*. Oxford: Wiley-Blackwell.

Wiesehöfer/Rollinger/Lanfranchi 2011: J. Wiesehöfer/R. Rollinger/G. B. Lanfranchi (Hgg.) (2011), *Die Welt des Ktesias: Ctesias' World*. CleO 1. Wiesbaden: Harrassowitz Verlag.

Will 1986: W. Will (1986), *Alexander der Große. Geschichte Makedoniens*, 2 Bdd. Stuttgart: Kohlhammer.

Wilson 1992: E. O. Wilson (1992), *The Diversity of Life*. Cambridge (Massachusetts): The Belknap Press of Harvard University Press.

Winckler 1892: H. Winckler (1892): *Altbabylonische Keilschrifttexte zum Gebrauche bei Vorlesungen*. Leipzig: Verlag Eduard Pfeiffer.

—. 1897: H. Winckler (1897), ‚Kimmerier, Ašguzaer, Skythen'. AoF 1/6, 484–496.

—. 1904: H. Winckler (1904), *Geschichte der Stadt Babylon*. Leipzig: Heinrichs.

Wirth u. Aa. 1992–2008: G. Wirth u. Aa. (Hgg.) (1992–2008), *Diodoros, Griechische Weltgeschichte*. 10 Bände. Stuttgart: Hiersemann.

Wirth/von Hinüber 1985: G. Wirth/O. von Hinüber (Hgg.) (1985), *Arrian, Der Alexanderzug. Indische Geschichte*. Griechisch und deutsch. München/Zürich: Artemis Verlag.

Wiseman 1955: D. J. Wiseman (1955), ‚Assyrian Writing-Boards'. *Iraq* 17/1, 3–13.

Wittmann 2003: G. Wittmann (2003), Ägypten und die Fremden im ersten vorchristlichen Jahrtausend. Kulturgeschichte der antiken Welt 97. Mainz: von Zabern.

—. 2011: G. Wittmann (2011), Ägypten zur Zeit der Perserherrschaft. In: R. Rollinger/B. Truschnegg/R. Bichler (Hgg.), *Herodot und das persische Weltreich*, Akten der 3. Internationalen Kolloquiums zum Thema „Vorderasien in Spannugsfeld klassischer und altorientalischer Überlieferungen", Innsbruck, 24–28 November 2008. Wiesbaden: Harrassowitz Verlag, 373–429.

Wijnsma 2018: U. Z. Wijnsma (2018), ‚The Worst Revolt of the Bisitun Crisis: A Chronological Reconstruction of the Egyptian Revolt under Petubastis IV'. *JNES* 77/2, 157–173.

Wohlan 2014: M. Wohlan (2014), *Das diplomatische Protokoll im Wandel*. Jus Internationale et Europaeum 95. Tübingen: Mohr Siebeck.

Wolf/Schleiermacher 2004: U. Wolf/F. D. E. Schleiermacher (Hgg.), *Platons Werke. Zweiter Teil: Menon. Hippias I. Euthydemos. Menexenos*. Übersetzt von F. D. E. Schleiermacher. 617th edition. Hamburg: Rowohlt Taschenbuch.

Worthington 2005: I. Worthington (2005), ‚Review to: Greek Mercenaries from the Late Archaic Period to Alexander'. *BMCR* 07.04.2005. http://bmcr.brynmawr.edu/2005/2005-07-04.html [Zugriff am 10.06.2014]

Wuhrmann/Ziegler 1954: W. Wuhrmann/K. Ziegler (Hgg.) (1954), *Plutarch: Große Griechen und Römer Band 1 (Theseus und Romulus-Lykurgos und Numa-Solon und Poplicola-Aristeides und Marcus Cato-Themistocles und Camillus*. Artemis Zürich.

Wulfram u. Aa. 2016: Wulfram u. Aa. (Hgg.) (2016), *Der römische Alexanderhistoriker Curtius Rufus: Erzähltechnik, Rehtorik, Figurenpsychologie und Rezeption*. Wien: Austrian Academy of Sciences Press.

Wuttmann/Marchand 2005: M. Wuttmann/S. Marchand (Hgg.) (2005), Égypte. In: P. Briant/R. Boucharlat (Hgg.), *Actes du colloque international ‚L'archéologie de l'empire achéménide'*. Paris, collège de France, 21–22 novembre 2003. Paris: de Boccard, 97–128.

Wunsch 2000: C. Wunsch (2000), *Das Egibi-Archiv*. 2 Bdd. Groningen: Brill.

—. 2003: C. Wunsch (2003), *Urkunden zum Ehe-, Vermögens- und Erbrecht aus verschiedenen neuba-bylonischen Archiven*. Babylonische Archive 2. Dresden: ISLET.

—. 2011: C. Wunsch (2011), Sklave. In: RlA 12, 7/8, 572–574.

—. 2013: C. Wunsch (2013), Glimpses on the Lives of Deportees in Rural Babylonia. In: A. Berlejung/M. P. Streck (Hgg.), *Arameans, Chaldaens and Arabs in Mesopotamia and Palestine in the First Millennium B. C.* Leipziger Altorientalische Studien 3. Wiesbaden: Harrassowitz Verlag, 247–60.

Yamada 2008: S. Yamada (2008), Qurdi-Aššur-Iāmur: His Letters and Career. In: M. Cogan/D. Kahn (Hgg.), *Treasures on Camel's Humps. Historical and Literary Studies from the Ancient Near East Presented to Israel Eph'al*, 296–311. Jerusalem: Magnes Press.

Yardley/Heckel 1997: J. C. Yardley/W. Heckel (1997), *Justin: Epitome of the Philippic History of Pompeius Trogus, Bd. 1, Books 11–12: Alexander the Great*, trans. by J. C. Yardley, Commentary by W. Heckel. Oxford: Clarendon Press.

Yerushalmi 1993: Y. H. Yerushalmi (1993), *Diener von Königen und nicht Diener von Dienern. Einige Aspekte der politischen Geschichte der Juden*, Carl Friedrich von Siemens Stiftung Themen 58. München: Carl Friedrich von Siemens Stiftung.

Yoder 2001: C. R. Yoder (2001), *Wisdom as a Woman of Substance: A Socioeconomic Reading of Proverbs 1–9 and 31:10–31*. Beihefte Zur Zeitschrift Fur die Alttestamentliche Wissenschaft. Berlin/New York: de Gruyter.

Zablocka 1972: J. Zablocka (1972), Landarbeiter im Reich der Sargoniden. In: O. E. Dietz (Hg.), *Gesellschaftsklassen im Alten Zweistromland*, XVIII. Rencontre Assyriologique Internationale in München 29.06.–03.07.1970. München: C. H. Beck, 209–215.

—. 1974: J. Zablocka (1974), ‚Palast und König. Ein Beitrag zu den neuassyrischen Eigentumsverhältnissen'. *AoF* 1, 91–113.

Zaccagnini 1983: C. Zaccagnini (1983), ‚Patterns of mobility among Ancient Near Eastern craftsmen'. *JNES* 42/4, 245–64.

Zadok 1976: R. Zadok (1976), ‚On the Connections between Iran and Babylonia in the 6th Century B. C.'. *Iran* 14, 61–78.

—. 1985: R. Zadok (1985), *Geographical Names According to New- and Late-Babylonian Texts*, TAVO VIII. Wiesbaden: Reichert Verlag.

—. 2005: R. Zadok (2005), ‚On Anatolians, Greeks and Egyptians in ‚Chaldean' and Achaemenid Babylonia'. *Tel Aviv* 32/1, 76–106.

Zahrnt 1996a: M. Zahrnt (1996), ‚Alexanders Übergang über den Hellespont'. *Chiron* 26, 129–47.

—. 1996b: M. Zahrnt (1996), Alexander der Große und der lykische Hirt. Bemerkungen zur Propaganda während des Rachekrieges (334–330 v. Chr.). In: G. Ars u. Aa. (Hgg.), *Ancient Macedonia VI*. Papers read at the Sixth International Symposium, held in Thessaloniki, October 15-19, 1996. Thessaloniki: Institute for Balkan Studies, 1381–7.

Zarins 2008: J. Zarins (2008), Magan Shipbuilders at the Ur III Lagash State Dockyards (2062–2025 B. C.). In: E. Olijdam/R. H. Spoor (Hgg.), *Intercultural Relations between South and Southwest Asia*. Studies in commemoration of E.C.L. During Caspers (1934–1996). Oxford: Archeopress, 209–2.

Zgusta 1984: L. Zgusta (1984), *Kleinasiatische Ortsnamen, „Beitrage zur Namenforschung"*. Beiheft 21. Heidelberg: Carl Winter-Universitätsverlag.

Indices

Personen, Götter und Gruppen

2. Dynastie von Isin 8
Abdastart II. 150
Achaimeniden 6, 8, 9, 18, 21, 23, 43, 54, 61, 146, 150, 155, 158, 160, 176, 177, 180, 182, 186, 191, 195, 201, 206, 215, 216, 217, 221, 222, 225, 226
Achvamazda 53 ▷ s. a. Akhvamazda
Adad-nirari III. 206
Adiabener 141
Ägypter 31, 32, 33, 34, 35, 36, 37, 38, 43, 160, 169, 170, 174, 181, 182, 183, 194 ▷ s. a. Miṣirāja
Aelius Cordus 87
Agesilaos II. 186
Agiaden 86
Agrianen 58
Ahas 215
Ahura Mazda 118, 195, 196, 197, 216, 217
Ailian 16, 17, 70, 130, 131, 132, 134
Akhvamazda 53 ▷ s. a. Achvamazda
Alarich I. 154
Albaner 104
Alexander der Große 9, 12, 13, 14, 15, 16, 21, 40, 43, 49, 51, 52, 67, 69, 95, 100, 101, 103, 109, 110, 111, 112, 113, 115, 116, 121, 122, 123, 124, 125, 128, 129, 130, 131, 132, 134, 135, 136, 137, 139, 141, 142, 143, 148, 149, 150, 154, 156, 168, 182, 191, 197, 198, 226
Alexanderautoren 12, 13, 94, 149, 161, 226
Alkimachos 77
Amasis 32, 33
Amun 33
Amyrtaios 31, 32, 33, 171, 174, 208, 224
Antigenes 40
Antiochos III. 140, 156, 157
Aphrodite 97
Apollon 70, 119, 130, 131, 133, 135, 136, 137, 196

Apollonios von Tyana 77, 78, 79, 80, 81, 82, 87, 90, 91, 188
Apuani 4
Araber 54, 95, 157
Aracha 8
Aramaeans 211, 217 ▷ s. a. Aramäer
Aramäer 54 ▷ s. a. Aramaeans
Argeaden 86
Ariaramnes 49
Arier 54
Aristagoras 59, 60, 61, 172
Aristeas 159
Aristobulos 13, 116, 134
Aristogeiton 122, 134
Aristolochos 70
Arkesilaos III. 45, 46, 60, 170
Arrian 13, 14, 15, 39, 40, 44, 51, 69, 86, 94, 95, 96, 97, 98, 99, 100, 101, 112, 113, 115, 116, 121, 135, 150, 155, 226
Arsakes II. 156, 157
Aršama 21, 22, 23, 24, 53, 54, 99, 181, 183, 189, 190
Arsites 101
Artam 194
Artaphernes 47, 75, 80, 173
Artaphrenes 7
Artaxerxes I. 9, 14, 102, 180, 181, 197
Artaxerxes II. 16, 17, 91, 95, 197,
Artaxerxes III. 16, 21, 113, 145, 146, 147, 148, 149, 153, 154, 155, 161, 162, 168, 226
Artaxerxes V. 6
Artemis 90, 119, 133
Aryandes 45, 46, 170
Asarhaddon 37, 206
Aškenaz 52 ▷ s. a. Aškuza
Aškuza 52 ▷ s. a. Aškenaz

Aššur (Gottheit) 206, 216, 217, 220
Aššurbanipal 37, 48, 85, 94
Aššurdan II. 215
Assyrer 6, 11, 15, 18, 34, 55, 72, 158, 194, 195, 207, 208, 209, 210, 213, 214, 215, 216, 217, 220, 221, 222 ▷ s. a. Assyrians
Assyrians 51, 209, 213, 220 ▷ s. a. Assyrer
Astaspes 96
Astyages 156
Athenaios 16, 17, 118, 150, 155
Athener 66, 67, 76, 80, 82, 85, 109, 115, 186, 196
Atossa 68
Azatiwada 212
Babylonier 6, 18, 39, 77, 114, 158, 160, 181, 187, 195, 207, 219
Bagavant 21, 53, 54
Bagoas 24, 33, 160
Bakchiaden 86
Baktrianer 53
Baradkama 117
Barkäer 45, 46, 47, 48, 54, 55, 60, 68, 100, 170, 172, 191, 210, 223
Bartakamya 195
Battiaden 48
Battos III. 45, 46
Bayasa 53 ▷ s. a. Bessos
Belesys 12, 147, 192 ▷ s. a. Belšunu
Belšimanni 8, 193, 197
Belšunu 192 ▷ s. a. Belesys
Bessos 7, 49, 51, 53 ▷ s. a. Bayasa
Boioter 139, 141, 142, 143, 191
Branchidai 119, 130, 133 ▷ s. a. Branchiden
Branchiden 70, 127, 128, 129, 130, 131, 132, 133, 135, 136, 137, 141, 142, 143 ▷ s. a. Branchidai
Chares von Mytilene 16
Chier 59, 67
Chorasmier 155
Constantius II. 155
Cossaei 87 ▷ s. a. Kossäer
Curtius Rufus 13, 14, 53, 70, 81, 82, 86, 87, 88, 111, 112, 113, 114, 115, 116, 123, 129, 131, 132, 134, 135, 137, 141, 143, 226
Damis 78, 79, 80, 81, 87
Dadaršiš 120

Dareios I. 10, 18, 19, 20, 23, 24, 25, 33, 34, 35, 36, 37, 38, 42, 44, 45, 47, 48, 49, 57, 58, 59, 60, 61, 62, 62, 64, 65, 66, 69, 71, 72, 73, 75, 76, 78, 79, 80, 81, 82, 83, 85, 88, 89, 91, 95, 101, 103, 117, 118, 120, 123, 133, 134, 135, 136, 141, 145, 150, 156, 168, 170, 171, 172, 173, 174, 177, 178, 180, 181, 187, 189, 193, 194, 195, 196, 206, 210, 220, 222, 223 ▷ s. a. Darius
Dareios II. 9, 91, 120
Dareios III. 39, 49, 51, 95, 99, 104, 122, 175
Daridaios 79, 81, 91
Darius 20, 51, 71, 129, 197 ▷ s. a. Dareios I.
Datis 47, 75, 76, 80, 85, 173
Deinon 11, 16
Demaratos 193
Demokedes 103, 183
Demokrates 122
Demosthenes 115, 147, 186
Diodor 11, 13, 14, 15, 31, 32, 33, 37, 38, 40, 43, 44, 86, 112, 113, 114, 115, 116, 121, 123, 129, 135, 139, 141, 147, 148, 150, 155, 157, 161, 162, 169, 171, 183, 186, 191, 226
Diogenes Laertios 82, 85
Dionysios I. 85
Dionysos 137
Djedherbes 194
Doberer 58
Dropides 122
Drva 195
Eannatum 84
Egibi (Familie) 21, 23, 120, 167, 193
Elamer 191, 195
Elymäer 140 ▷ s. a. Elymaier
Elymaier 88 ▷ s. a. Elymäer
Enlin 84
Ephialtes 125
Ephippos 131
Ephoros 48
Eretrier 47, 68, 75, 76, 77, 78, 79, 80, 81, 82, 83, 84, 85, 86, 87, 88, 89, 90, 91, 141, 143, 170, 173, 174, 177, 178, 183, 187, 191, 198, 223
Erythres 96
Ešmun 149
Ešmunazar II. 67
Euböer 85, 86, 175

Euktemon 108, 109, 111, 112, 113
Euphorbos 77, 81, 82
Eurypontiden 86
Eurystenes 48
Euseb 153, 154, 161, 162
Gadatas 25, 135, 177, 196
Georgios Synkellos 154
Giorgion 193
Gongylos 193
Gordys 86, 87, 88
Greeks 51, 128, 153 ▷ s. a. Griechen, s. a. Hellenen
Griechen 4, 11, 14, 15, 34, 60, 62, 67, 72, 73, 80, 82, 85, 87, 88, 107, 108, 110, 111, 112, 114, 115, 116, 117, 118, 121, 122, 123, 125, 130, 131, 132, 134, 135, 136, 137, 141, 142, 146, 168, 172, 177, 180, 181, 182, 183, 185, 188, 191, 193, 217 ▷ s. a. Greeks, s. a. Hellenen
Gordyäer 140
Gubaru 197
Haradkama 36
Harmodios 122, 134
Harpagos 22
Hekataios 33, 16, 162
Hellenen 76, 78, 82, 121 ▷ s. a. Greeks, s. a. Griechen
Herakleides 11, 86
Herakles 118, 119, 131, 137
Hermes 97
Herodot 7, 10, 11, 13, 14, 19, 22, 32, 33, 41, 45, 46, 47, 48, 51, 54, 60, 61, 62, 64, 66, 67, 68, 69, 71, 80, 81, 82, 83, 84, 85, 86, 87, 88, 89, 90, 91, 93, 94, 95, 97, 98, 99, 100, 102, 103, 114, 115, 125, 130, 132, 133, 134, 135, 142, 143, 146, 148, 150, 156, 157, 160, 161, 167, 168, 170, 172, 173, 174, 175, 183, 188, 190, 191, 197, 201, 206, 220, 225, 226, ▷ s. a. Herodotus
Herodotus 7, 94, 197 ▷ s. a. Herodot
Hesione 188
Hieron II. 15
Hieronymus 153, 154, 155
Hieronymus von Kardia 162, 226
Hinzanay 183
Histiaios 61, 172, 206, 220
Humban 195
Hvarira 195

Hyparchos 96, 97
Hyrkaner 156
Hystaspes I. 7, 156
Hystaspes II. 49
Hystaspes III. 49
Iamanāja 117, 119, 120 ▷ s. a. Iamnāja
Iamnāja 117, 119, 210 ▷ s. a. Iamanāja
Ikausu 48
Inaros 8, 32
Iohannes Tzetzes 69
Iraner 21, 160, 191, 194, 227
Irdabama 189
Irdumasda 94
Irtašduna 37, 189
Isokrates 10, 147
Israeliten 209
Itti-Marduk-balatu 114, 187
Jawnāja 72
Jedoniah 160
Jojachin 205, 207
Judäer 54, 157, 158, 205, 210, 214, 219
Juden 17 55 113, 153, 154, 155, 157, 158, 159, 160, 161, 162, 168, 175, 182, 210
Julia Domna 82
Justin 112, 114
Kallikratidas 186
Kallisthenes 13, 70, 116, 121, 131, 132, 133, 134, 135
Kambyses II. 17, 24, 31, 32, 33, 37, 38, 41, 44, 46, 48, 114, 146, 157, 160, 167, 170, 174, 175, 179, 180, 183, 187, 190, 193, 224
Kappadokier 104
Karer 34, 39, 40, 41, 42, 43, 44, 65, 67, 99, 134, 151, 161, 168, 174, 175, 177, 178, 182, 183, 223, 224 ▷ s. a. Karsāja
Karsāja 42, 43 ▷ s. a. Karer
Kassiten 87
Kelonen 139, 140
Kissier 81, 83, 87, 88
Klearchos von Soloi 16
Kleitarchos 13, 14, 113, 116, 123, 135
Kleitos 137
Kleomenes II. 33
Kossäer 86, 87, 88 ▷ s. a. Cossaei
Kroisos 168

Ktesias 11, 16, 22, 32, 33, 37, 38, 40, 44, 49, 88, 90, 91, 102, 103, 104, 131, 132, 133, 156, 169, 170, 171, 174, 183, 208, 224, 226
Kušan-Herrschaft 136
Kyaxares 51
Kybebe 134 ▷ s. a. Kybele
Kybele 83 ▷ s. a. Kybebe
Kydimenes 70
Kyneas 77
Kyros II. 6, 7, 9, 12, 17, 22, 23, 33, 37, 41, 44, 49, 52, 67, 72, 95, 98, 118, 123, 156, 157, 159, 167, 168, 178, 179, 180, 193
Kyros d. J. 8, 12, 40, 103
Labaši 179, 190
Lamis von Megara 48
Leto 25, 124
Lyder 58, 167, 180, 183 ▷ s. a Lydians
Lydians 183, 192 ▷ s. a. Lyder
Lykier 124, 125, 143, 191
Lysanias 83
Lysias 115, 186
Makedonier 15, 108
Mannai 211
Marder 40
Mardonios 142
Marduk-balassuiqbi 206
Mardukzakir-šumi I. 206
Masdayašna 36
Masistes 7, 49
Mastyes 57, 59, 60
Mazaios 147, 149
Mazenes 96, 97, 101, 102
Meder 104, 140, 141, 156
Megabazos 57, 58, 59, 60, 61, 63, 64, 170, 171, 173
Megabernes 156
Megabyzos I. 102
Megabyzos 100, 102, 103, 104, 105, 106
Mişirāja 43 ▷ s. a. Ägypter
Mithropastes 100, 101, 102, 106
Monimos 122
Murašu (Familie) 9, 12, 21, 23, 120, 158, 167, 192, 193, 227
Myker 93, 94
Nabonid 8, 23, 97, 193
Nabušezib 24

Nadiršu 43
Nakhtor 53
Napiriša 195
Naryasanga 195
Nearchos 13, 69, 94, 96, 97, 100, 101, 102, 105, 116
Nebukadnezar II. 41, 119, 157, 158, 180, 205, 206, 207, 211, 219,
Nebukadnezar III. 8
Nebukadnezar IV. 9
Necho II. 41, 71
Nektanebos 147, 149, 150
Nidintubel 8, 193
Ninğirsu 84
Ninos 11, 140
Octavian 172
Odomanten 58, 61
Onomastoripidas 122
Orontes 104
Orosius 149, 150, 154, 155, 162, 226
Pactyes 192 ▷ s. a. Paktyes
Padi 47
Paionen 57, 58, 59, 60, 61, 62, 63, 64, 99, 170, 171, 173, 174, 175, 182, 223
Paiopler 58, 61, 170
Paktyes 67, 167, 168
Paraitaker 140
Parmenion 137
Parnaka 117, 118
Parther 17, 18, 157
Pausippos 122
Perser 122, 129, 130, 131, 132, 133, 134, 141, 142, 147, 148, 149, 150, 155, 156, 158, 159, 161, 162, 168, 170, 171, 172, 182, 183, 186, 188, 192, 194, 195, 196, 198, 210, 215, 216, 217, 219, 221, 222
Perserkönige 6, 7, 8, 16, 17, 24, 35, 38, 46, 50, 55, 73, 91, 93, 98, 100, 103, 104, 105, 110, 111, 112, 113, 115, 119, 146, 150, 151, 156, 157, 160, 161, 165, 167, 168, 169, 171, 172, 173, 175, 176, 177, 178, 180, 182, 190, 192, 193, 194, 206, 216, 222, 224
Pharaonen 8, 32, 33, 41, 147
Pharnabazos 14
Pherekydes 62
Pheretime 45, 46, 47, 60, 170
Philagros 77, 81, 82
Philipp II. 121

Philipp V. 185
Philokrates 159
Philostrat 81, 82, 83, 87, 88, 89, 90, 91, 141, 170, 173, 183, 188, 191, 198
Phönizier 54, 146, 147, 148, 150, 172, 206, 220
Phokaier 68
Photios 11, 31
Phryger 62, 63, 174, 183
Phrynichos 66
Pigres 57, 59, 60
Pixodaros 124
Platon 18, 63, 68, 76, 82, 83, 84, 85, 86, 87, 88, 112, 172, 206
Plinius d. Ä. 66, 69, 101, 155
Plutarch 16, 40, 66, 83, 112, 123, 125, 128, 129, 226
Polybios 87, 121, 156, 157, 162, 176
Pompeius Trogus 13, 14, 112, 113, 116, 226
Pomponius Mela 155
Poseidon 97, 133
Prokles 48, 193
Psammetich III. 32, 33, 41, 48
Ptolemaios (Geogr.) 88, 101, 116, 125, 134, 226
Ptolemaios I. 13, 15, 33, 159, 160, 161
Ptolemaios II. 159
Puhu iškudrap 62
Pythagoras 84
Pytharchos 118
Pythia 65
Römer 4, 104, 153
Sagartier 93, 94
Sakā 51 ▷ s.a. Saken
Sakā haumavargā 51, 52
Sakā paradrayā 51
Sakā para Sugdam 52
Sakā tigraxaudā 51, 52
Saken 51, 52, 61 ▷ s.a. Sakā
Šalmanassar III. 71, 215
Šalmanassar V. 220
Šamaš 219
Šamaš-eriba 8, 193, 197
Šamšu-iluna 43, 87
Šamši-adad V. 206, 215
Sanherib 47, 48, 72, 205, 207, 210, 211
Sarangen 93, 94

Sargon II. 69, 72, 205, 209, 210, 211, 212, 213, 215, 217, 220
Sasaniden 18, 228
Satrapen 7, 8, 14, 21, 23, 25, 46, 49, 54, 94, 96, 99, 101, 120, 124, 155, 159, 181, 183, 189, 192, 195
Seleukos I. 133, 134
Seleukos II. 23, 145
Semiramis 140
Septimius Severus 82
Sinopier 40
Siriopaionen 58, 61, 170
Skopelianos 80, 81, 87
Skudrians 183 ▷ s.a. Skudrier
Skudrier 62, 63, 64 180, 182 ▷ s.a. Skudrians
Skylax 71
Skythen 51, 52, 62, 115, 195
Sogder 49, 51, 62
Solinus 155, 162, 226
Spartaner 5
Stateira 150
Stephanos von Byzanz 86
Strabon 86, 87, 88, 90, 95, 96, 100, 101, 103, 104, 105, 129, 131, 133, 134, 135, 170, 226
Straton I. 149
Straton II. 149
Šuddayauda 36
Synkellos 154, 157, 162
Syrakusaner 5
Tanofrether 194
Tanyozarkes 49
Tarasios 154
Teisikles 70,
Telephanes 183
Tennes 147, 148, 149
Teukrer 58
Thais 113, 122
Thamanaier 93, 94
Theaitetos 109, 111, 113
Thebans 142
Themistokles 14, 66, 99, 186
Thessalos 86
Thrason 70
Thukydides 14, 67, 115, 185, 186
Tiglat-pileser I. 204
Tiglat-pileser III. 209, 213, 215, 219, 221

Timagenes von Alexandria 14
Timarchos 115, 186
Tissaphernes 12, 14
Tlepolemos 86
Trajan 16, 155
Triptolemos 77, 81, 86
Turukki 43
Tutubisu 43
Udjahorresnet 24, 33
Unsterbliche (Heer) 39
Uštanu 197
Utier 93, 94
Vardanes 81, 83, 91
Virafsha 53

Vivana 120
Völker am Meer 7
Xanthier 25, 124
Xenophon 8, 12, 13, 16, 63, 86, 91, 104, 121, 167, 176, 192, 226
Xerxes 7, 8, 14, 17, 18, 20, 23, 42, 49, 63, 66, 70, 79, 81, 82, 91, 93, 95, 98, 103, 104, 117, 122, 123, 125, 127, 128, 129, 130, 133, 134, 135, 139, 141, 142, 156, 161, 180, 181, 193, 196, 197, 226
Yaunā 60, 117, 180, 181, 182
Zamašba 94
Zerubbabel 159
Zeus 108, 131, 133, 137
Zyprer 147

Geographische Namen

Adiabene 82, 86, 88
Afghanistan 4, 94, 156, 172
Afrika 105, 172, 223
Ägäis 60, 76, 80
Ägina 5
Ägypten 6, 7, 8, 9, 15, 18, 19, 21, 22, 23, 24, 31, 32, 33, 34, 35, 36, 37, 41, 43, 44, 45, 46, 48, 50, 53, 55, 71, 89, 115, 117, 147, 148, 149, 150, 153, 155, 156, 159, 160, 161, 170, 171, 174, 177, 187, 189, 194, 197, 198, 204, 206, 207
Aigilia 80
Aginis 69
Aiolis 193
Ai-Xanum 50, 52, 53
Alalach 87
Albanien 4
Alexandria 14, 159
Al-Yahudu 158, 210
Ampe 65, 66, 69, 106, 174, 178, ▷ s.a. Ampelone ▷ s.a Ample ▷ s.a Aple
Ampelone 65, 66, 69 ▷ s.a. Ampe ▷ s.a. Ample ▷ s.a. Aple
Ample 69 ▷ s.a. Ampe ▷ s.a. Ampelone ▷ s.a. Aple
Amudarja (Oxos) 50
Anatolien 12, 40, 62, 63, 64, 204

Anšan 9, 222
Aple 69 ▷ s.a. Ampe ▷ s.a. Ampelone ▷ s.a. Ample
Arabien 66, 69
Arachosien 7, 21, 51, 94, 120, 181
Araxes 109
Arbela 133
Arderikka 47, 75, 80, 85, 87, 89, 90, 143, 173, 178, 198
Areia 7, 51
Argos 5
Arjan 191
Armenien 7, 12, 82, 86, 88, 102, 103, 104, 105
Artadatana 54
Artemision 85
Arwad 148
Asien 2, 5, 10, 12, 15, 31, 40, 47, 51, 57, 58, 59, 63, 67, 71, 75, 80, 82, 108, 111, 112, 113, 130, 131, 132, 135, 141, 142, 156, 173, 177, 188, 226
Aškelon 161
Aššur 213, 214, 215
Assyrien 7, 103, 201, 203, 204, 209, 211, 212, 215, 219, 220
Atarneus 67
Athen 14, 32, 66, 76, 82, 83, 85, 88, 89, 115, 122, 134, 149, 171, 172, 185, 196, 206

Athoskanal 182
Atropatene 82, 86, 88
Babylon 8, 12, 13, 17, 19, 23, 38, 40, 41, 42, 44, 48, 49, 77, 79, 85, 87, 88, 99, 103, 119, 120, 145, 146, 151, 153, 158, 180, 182, 186, 192, 193, 197, 198, 205, 206, 207, 210, 211, 213, 214, 219
Babylonien 7, 8, 9, 18, 22, 23, 34, 37, 41, 43, 44, 81, 104, 113, 114, 140, 146, 150, 154, 157, 158, 175, 179, 193, 198, 201, 209, 227
Badachšan 52, 53
Bahrain 97, 98
Baktrien 7, 21, 45, 46, 47, 48, 49, 50, 51, 52, 53, 54, 55, 120, 130, 131, 136, 141, 172, 173, 175, 176, 191, 210, 223
Bannešu 43
Bavian 207
Behbahan-Region 191
Behistun 7, 10, 19, 20, 49, 62, 94, 102, 103, 120, 194 ▷ s. a. Bīsutūn
Beneventum 4
Beth-haccherem 159
Birs Nimrud 210 ▷ s. a. Borsippa
Bīsutūn 192 ▷ s. a. Behistun
Bit-Humria 208
Bît-Sangibuti 213
Black Sea 51
Borsippa 41, 42, 43, 44, 151, 161, 174, 178, 210, 223, 224 ▷ s. a. Birs Nimrud
Branchidai(Stadt) 129, 130, 133
Brauron 133
Byblos 148
Cäsarea 153, 154
Carchemish 212 ▷ s. a. Karkemiš
Chaldaea 211
Chalonitis 140, 141
Chios 59, 60, 61, 68, 185
Choarene 156
Chorasmien 7, 49, 51
Chulmi 54
Chusistan 191
Dabitha 140
Daha 51
Dahan-e Gholaman 198
Damaskus 156, 215
Delphi 132

Deutschland 2, 4, 225
Didyma 65, 66, 70, 128, 129, 130, 131, 132, 133, 134, 135
Dilbat 43
Dilmun 97
Djarkutan 52
Djebel al-Akhadar 46
Doriskos 59, 60, 93
Dodekanes-Inseln 86
Dor 67
Drangiana 7, 51, 94 ▷ s. a. Sistan
Dur-Jakin 69
Duschanbe 52
Eanna 179, 190
Ebir Nari 192, 197
Ekbatana 17, 19, 21, 76, 79, 80, 82, 86, 89, 91, 133, 136
Ekron 47, 48
Elam 72, 85, 175, 177, 178, 182, 224, 227
Elephantine 8, 9, 19, 22, 23, 24, 25, 32, 33, 55, 160, 161
Eretria 47, 75, 76, 77, 79, 80, 82, 83, 84, 87, 88, 89, 90, 170, 171, 174
Erythrian Meer 93
Euböa 78, 79, 80, 81, 83 ▷ s. a. Euboia
Euboia 76, 77 ▷ s. a. Euböa
Euphrat 69, 72, 87, 105, 140, 210
Europa 108
Fars 18, 116, 176, 179, 182, 228
Gallien 5
Gandhara 51
Gaugamela 39, 40, 41, 51, 82, 86
Gaza 215, 216, 217
Gedrosien 97
Ǧirsu 89
Gordieion 86 ▷ s. a. Gordyene
Gordyene 77, 81, 86, 87, 88 ▷ s.a, Gordieion
Griechenland 108, 109, 111, 113, 115, 117, 127, 139, 142, 146, 168, 177, 185, 188, 196
Hamath 212, 220
Hana 87
Hatti 72
Hellespont 58, 61, 63, 67, 131, 137, 173
Hermopolis 24
Hierapolis 61, 64

Hilakku 211
Hyrkania 153 ▷ s. a. Hyrkanien
Hyrkanien 113, 153, 154, 155, 156, 157, 158, 161, 162, 175, 176 ▷ s. a. Hyrkania
Indien 6, 7, 71, 73, 83, 89
Indischer Ozean 93
Indos 150 ▷ s. a. Indus
Indus 6, 13, 71, 89, 96 ▷ s. a. Indos
Indusregion 9
Ionien 7, 59, 67, 79, 81, 88, 89, 130, 172, 206, 220
Iran 9, 17, 18, 19, 21, 22, 52, 94, 103, 122, 136, 155, 156, 172, 175, 191, 198, 223
Iskie 94
Israel 38, 216, 220
Jaffa 67
Jaxartes 52
Jazireh-ye Lavan 97, 98
Jericho 155, 162
Jerusalem 157, 158, 159, 160, 162, 210, 211, 215, 219
Juda 157, 158, 159, 205, 207, 215, 219
Judäa 24, 33, 38, 157, 158, 159, 160, 161, 168, 205
Kaikandros 97
Kalchu 211 ▷ s. a. Nimrud
Kalmakarra 191
Kandahar 94, 181
Kappadokien 7, 82
Karai 40
Karatepe 212
Karkemiš 41 ▷ s. a. Carchemish
Karien 7, 12, 42, 185
Karmanien 49, 96, 97, 100, 101
Karnine 97
Karun 69
Karyanda 71
Kasachensteppe 52
Kasku 204
Kaspisches Meer 141, 153, 155, 177 ▷ s. a. Kazbier-Meer
Katage 97
Katane 185
Kaunos 125
Kazbier-Meer 153 ▷ s. a. Kaspisches Meer
Kelainai 63
Kerman 94
Khaytabad-tepe 52

Kilikien 95, 212
Kiš 97
Kissia 47, 75, 77, 79, 80, 81, 87, 89, 91, 141, 175 ▷ s. a. Kissien
Kissien 172, 191, 223 ▷ s. a. Kissia
Klazomenai 79, 87
Kleinasien 9, 10, 25, 41, 54, 99, 115, 117, 118, 130, 133, 168, 175, 177, 180, 188, 196
Kokča 50
Kok-tepe 52
Kolossai 64
Komisene 156
Kopet-Dag-Gebirge 155
Korinth 86, 136
Ktesiphon 140, 141
Κύδραι 62
Κύδραρα 62
Kue 211
Kuh-i Rahmat 118, 182
Kunaxa 40, 41, 103
Kurdistan 12
Kurušata 49, 52
Kuš 48
Kuwait 89
Kyme 108, 111
Kyrenaika 46
Kyrene 5, 33, 46, 60
Lagaš 84
Lahiru 37, 179
Laodikeia 64
Lemnos 82
Lesbos 59, 68
Levante 148
Libanon 34
Libyen 7, 46
Limne Kerkines 61
Luristan 191
Luxor 24
Lydien 7, 62, 79, 81
Magan 94 ▷ s. a. Oman
Maka 7, 94, 95
Makran 94
Mallos 83
Manawir 177
Marakanda 50, 51, 52, 129, 130

Marathon 8, 82, 91
Margastana 97
Margiane 50, 155
Matannan 37, 179 ▷ s. a. Matnānu
Matezziš 114, 187
Matnānu 179 ▷ s. a. Matannan
Medien 7, 18, 31, 79, 81, 87, 88, 90, 91, 94, 104, 139, 140, 141, 169, 171, 209
Megara 5, 48
Memphis 22, 133, 194
Mesopotamien 12, 19, 21, 22, 23, 25, 37, 52, 89, 120, 140, 177, 182, 201, 203, 210, 213, 228
Metulum 172
Milet 5, 59, 60, 65, 66, 67, 68, 70, 84, 127, 128, 129, 130, 132, 134, 135, 148, 168, 171
Moldawien 4
Mykale 67, 93, 130
Myrkinos 61
Mysien 67, 118, 193
Naher Osten 2, 3, 6, 18, 114, 177, 195, 201, 206, 209, 228
Naukratis 130
Naxos 185
Necho-Kanal 71, 72, 177
Nil 156, 160, 177 ▷ s. a. Nile
Nile 71 ▷ s. a. Nil
Nimrud 209, 210, 211 ▷ s. a. Kalchu
Ninğirsu 84
Niphates 140
Niriz 181
Nordwestitalien 4
Nosala 97
Nubien 33, 34, 36, 41, 150
Oarakta 96, 97, 98, 100, 101, 102
Oase al-Chargah 33, 177
Oase Siwa 33
Oman 94, 95, 101 ▷ s. a. Magan
Opis 72, 140, 210
Orchomenos 142
Organa 96, 97, 101
Pačmak-tepe 52
Palästina 104, 161
Pangaiosgebirge 58
Panjāb 71
Paphlagonien 101

Paraitakene 141
Parsa 36, 54, 85 ▷ s. a. Persis
Parthien 7, 49, 155
Pasargadai 9, 50, 95, 98, 119, 156, 177
Pedasos 65, 67, 134, 168
Peqahs 208
Persepolis 17, 20, 21, 31, 34, 35, 36, 37, 38, 42, 43, 44, 50, 54, 62, 63, 72, 94, 95, 109, 111, 112, 113, 114, 115, 116, 117, 118, 119, 120, 121, 122, 123, 124, 125, 131, 135, 141, 142, 143, 156, 168, 169, 171, 175, 177, 178, 179, 180, 181, 182, 187, 188, 189, 191, 192, 195, 203, 205, 227, 228
Perserreich 6, 7, 8, 10, 13, 16, 20, 21, 22, 29, 37, 44, 49, 50, 60, 82, 85, 91, 94, 95, 96, 100, 111, 112, 116, 123, 125, 141, 156, 165, 168, 169, 175, 177, 179, 183, 189, 190, 192, 212, 215, 216, 224, 226, 227, 228
Persien 7, 10, 11, 12, 14, 16, 17, 34, 35, 47, 71, 75, 82, 88, 116, 130, 136, 140, 142, 159, 169, 174, 183, 204, 221, 222
Persis 88, 95, 96, 141, 227 ▷ s. a. Parsa
Persischer Golf 35, 43, 44, 70, 72, 93, 95, 96, 98, 101, 103, 105, 172, 175, 178, 204, 223
Philippopolis 185 ▷ s. a. Theben (Thessalien)
Phokaia 68
Phokis 183
Phrygien 223, 224
Plataiai 85, 133, 142
Prasiassee 58 ▷ s. a. Prasias-See
Prasias-See 61, 170 ▷ s. a. Prasiassee
Pshak-tepe 52
Pydna 4
Pylora 97
Qadê 94
Qandahar 21
Ramat Rahel 158, 159, 161
Red Sea 71 ▷ s. a. Rotes Meer
Rhegion 185
Rhodos 86
Rom 4, 14, 24, 33, 82, 154
Rotes Meer 93, 96, 98, 174 ▷ s. a. Red Sea
Sabiyah 89
Sagartien 7
Saimarreh-Region 191
Sakien 7

Salamis 66, 76, 85, 146
Sambana 139, 191
Samos 5, 68, 70, 84, 226
Sangyr-tepe 52
Saqqara 9, 194
Sardeis 13, 59, 60, 61, 62, 82, 83, 167, 170, 181 ▷ s. a. Sfarda
Sarmatia 52
Sattagydien 7
Schiraz 181
Seres 61
Sfarda 167 ▷ s. a. Sardeis
Shahrisabz 52
Shortughai 53
Sikyon 86
Simanun 201
Sidon 23, 67, 145, 146, 147, 148, 149, 150, 155, 168
Sippar 87, 180, 219
Sistan 94 ▷ s. a. Drangiana
Sittakene 139
Σκύδρα 62
Sogdien 7, 50, 51, 52, 55, 131, 132, 176
Spasinou Charax (Alexandreia) 43
St. Helena 105
Styra 80
Strymon 58, 59, 60, 61
Südamerika 105
Suez 18, 71
Susa 9, 13, 17, 20, 21, 24, 31, 34, 35, 37, 38, 47, 60, 61, 65, 66, 69, 70, 71, 75, 76, 80, 82, 85, 86, 89, 95, 96, 97, 98, 113, 116, 119, 122, 133, 145, 146, 157, 171, 173, 174, 177, 181, 182, 203, 205
Susiana 9, 85, 139, 141 ▷ s. a. Susiane
Susiane 140, 191 ▷ s. a. Susiana
Syene 24, 25

Syrien 95, 104, 117, 141, 161, 192
Tamukkan 35, 44
Taschkent 52
Tell el-Mašuta 18, 67, 71
Tenedos 68
Terqa 87
Thapsos 48
Theben (Böotien) 121
Theben (Thessalien) 185 ▷ s. a. Philippopolis
Thermopylen 115, 125, 142
Thespiai 142
Thessalien 86
Thrakien 171, 173, 174, 182, 224
Tigris 65, 69, 72, 82, 86, 139, 140, 174, 179, 210
Transeuphratene 177, 196, 197
Transtigris 179
Tušpa 103
Tyana 82
Tyros 148
UdSSR 4
Ukraine 4, 225
Umma 84
Urartu 103, 209
Urdalika 85, 178
Urmia-See 52
Uruk 120, 179
Urumu 204
Usbekistan 223
Van-See 18
Weißrussland 4
Xanthos 9, 25, 124
Yehud 38, 158
Zagros 10, 19, 40, 87, 88, 91, 140, 141
Zentralasien 6, 50, 157, 177,
Zypern 155

Liste der zitierten Quellen

A 29797 ▷ 63
A2Pa ▷ 95
A6.3 = Driver 3 = Grelot 64 = Lindenberger 39 ▷ 99
ABC 3 ▷ 205

ABC 6 ▷ 205
ABC 20 ▷ 94
ABL 58 = LAS 1, 158 Text 213 = SAA 10, 284 ▷ 260
ABL 512 ▷ 37

ABL 537 ▷ 214
ABL 878 ▷ 213
ABL 1065 ▷ 211
ADAB, A1–10 ▷ 54
ADAB, C1 ▷ 53
ADAB, C2 ▷ 53
ADD 324 ▷ 37
ADD 851 ▷ 210
Ael. Nat. An. XI 12 ▷ 68, 84
Ael. Poik. I 21.22.32.34 ▷ 17
Ael. Poik. II 14 ▷ 17
Ael. Poik. IV 55 ▷ 131
Ael. Poik. VI 14 ▷ 103
Ael. Poik. XII 1 ▷ 17
Ael. Poik. XII 40 ▷ 17
Ael. Poik. XIII 4 ▷ 17
Aesch. Pers. 119 ▷ 85
Aesch. Pers. 993 ▷ 40
Aischin. Tim. 97 ▷ 115, 186
Amm. Marc. XXIII 6, 23 ▷ 89
ANET 283 ▷ 215
ANET 284 ▷ 220
ANET 285 ▷ 210, 212
ANET 314–6 ▷ 157
Annales assyriennes V 51 ▷ 85
Anth. Plan. VII 256 ▷ 76
AP 7 = TADAE II B7.2 ▷ 8, 32
AP 17.21 ▷ 22
AP 27 ▷ 24
AP 30 ▷ 24, 33
AP 35 = TADAE II B4.6 ▷ 8, 32
App. civ. III 21 ▷ 172
App. Mithr. 105 ▷ 86
App. Syr. 52 ▷ 161
ARAB I, 281 ▷ 213
ARAB I, 617 = RIMA 3, 102 ▷ 215
ARAB I, 277.318.487.508.516.621 ▷ 215
Arist. 8 ▷ 159
Arist. 35 ▷ 159
Arist. 36 ▷ 160
Arist. 9.10.29.38 ▷ 159
Aristoph. Av. 493 ▷ 64
Aristoph. Equ. 855 ▷ 5
Aristot. Meteor. I 13 350a ▷ 131
Aristot. Pol. VI 1319b 11–23 ▷ 5

Arr. exped. Alex. I 9, 6–9 ▷ 121
Arr. exped. Alex. I 11, 7 ▷ 131
Arr. exped. Alex. I 12, 8–10 ▷ 101
Arr. exped. Alex. I 16, 3.34 ▷ 101
Arr. exped. Alex. II 14, 4 ▷ 15, 121
Arr. exped. Alex. II 15, 6 ▷ 150
Arr. exped. Alex. III 5, 17 ▷ 103
Arr. exped. Alex. III 8, 5 ▷ 39, 51, 95, 99, 104
Arr. exped. Alex. III 8, 6–7 ▷ 39
Arr. exped. Alex. III 11 ▷ 175
Arr. exped. Alex. III 11, 5 ▷ 39, 99
Arr. exped. Alex. III 11.13 ▷ 49
Arr. exped. Alex. III 16, 3 ▷ 197
Arr. exped. Alex. III 16, 4 ▷ 122, 134
Arr. exped. Alex. III 16, 10 ▷ 141
Arr. exped. Alex. III 18, 12 ▷ 122
Arr. exped. Alex. III 19, 5–6 ▷ 136
Arr. exped. Alex. III 21, 5 ▷ 7
Arr. exped. Alex. III 22, 1 ▷ 155
Arr. exped. Alex. III 23 ▷ 155
Arr. exped. Alex. III 24 ▷ 40
Arr. exped. Alex. III 24, 4 ▷ 122
Arr. exped. Alex. III 25, 1 ▷ 155
Arr. Exped. Alex. III 27, 4 ▷ 115
Arr. exped. Alex. III 28, 2 ▷ 155
Arr. exped. Alex. III 28, 9 ▷ 51
Arr. exped. Alex. III 29, 4 ▷ 137
Arr. exped. Alex. III 30, 6 ▷ 51
Arr. exped. Alex. IV 1–3 ▷ 49
Arr. exped. Alex. IV 1, 6 ▷ 150
Arr. exped. Alex. IV 3, 6 ▷ 51
Arr. exped. Alex. IV 5, 34 ▷ 104
Arr. exped. Alex. IV 14, 3 ▷ 13
Arr. exped. Alex. IV 15, 7 ▷ 51
Arr. exped. Alex. IV 16, 1 ▷ 51
Arr. exped. Alex. IV 17, 3 ▷ 13
Arr. exped. Alex. IV 17, 4–7 ▷ 49
Arr. exped. Alex. IV 23, 1 ▷ 88
Arr. exped. Alex. VI 29, 1 ▷ 95
Arr. exped. Alex. VII 17, 1–3 ▷ 197
Arr. exped. Alex. VII 11, 1 ▷ 39
Arr. exped. Alex. VII 15, 1 ▷ 86, 88
Arr. exped. Alex. VII 23, 1 ▷ 88
Arr. Ind. 17 ▷ 96
Arr. Ind. 22, 3 ▷ 94

Arr. Ind. 26, 7 ▷ 97
Arr. Ind. 31, 1 ▷ 97
Arr. Ind. 34, 1 ▷ 96
Arr. Ind. 36, 1 ▷ 96
Arr. Ind. 37 ▷ 100
Arr. Ind. 37, 2 ▷ 97, 100, 101,
Arr. Ind. 37, 2–3 ▷ 96
Arr. Ind. 37, 4 ▷ 97
Arr. Ind. 37, 7–8 ▷ 97
Arr. Ind. 37, 10 ▷ 97
Arr. Ind. 38, 2–4 ▷ 97
Arr. Ind. 40, 6 ▷ 86, 87
Arr. Ind. 41, 2 ▷ 97
Arr. Ind. 41, 4 ▷ 69
Arr. Ind. 42, 4 ▷ 139
Athen. I 54, 30 = FGrHist 476 F6 ▷ 118
Athen. IV 145 c ▷ 150
Athen. XII 514a–b = Müller II, 92 ▷ 17
Athen. XII 514 b = FGrHist II B, 658 ▷ 16, 150
Athen. XII 514 d = Müller II, 304 ▷ 16
Athen. XII 537 e = FGrHist 126 F 5 ▷ 131
Athen. XIII 10, 560 d-e ▷ 32
Bab. 41446 ▷ 19
BE X 67 ▷ 120
BE X 90 ▷ 183
BE 3627 ▷ 19
BM 27789 ▷ 42
BM 32891 ▷ 120
BM 45035 ▷ 25
BM 74554 ▷ 197
BRM I 7 ▷ 41
Chron I 1, 6 ▷ 52
Cic. ad div. 11, 16 ▷ 5
Cic. ad div. 12, 29 ▷ 5
Cic. Cat. 13 ▷ 5
Cic. de orat. I 177 ▷ 5
Cic. de domo 78 ▷ 5
Cic. in Pis. 10, 27 ▷ 5
Cic. p. Caec. 10 ▷ 5
Cic. p. Caec. 100 ▷ 5
Cic. p. Mur. 89 ▷ 5
Cic. p. Sest. 12, 29 ▷ 5
Cic. p. Rab. 5, 15 ▷ 5
CIG I, 87 = TOD 2, 139 ▷ 149
CM 2004, 28 = ABC 9 ▷ 226

Cod. Theod. VII 18 ▷ 5
Curt. III 3, 5–11 ▷ 14
Curt. III 3, 22–5 ▷ 17
Curt. III 8, 12 ▷ 14
Curt. III 11, 23 ▷ 17
Curt. III 12, 18 ▷ 132
Curt. III 12, 27 ▷ 14
Curt. IV 1, 16 ▷ 149
Curt. IV 6, 1 ▷ 132
Curt. IV 6, 8.15 ▷ 49
Curt. IV 12, 11 ▷ 14
Curt. IV 14, 26 ▷ 14
Curt. IV 10, 23 ▷ 14
Curt. IV 12, 10–1 ▷ 77
Curt. IV 12, 11 ▷ 82, 87
Curt. V 1, 2 ▷ 175
Curt. V 1, 16 ▷ 89
Curt. V 1, 22 ▷ 197
Curt. V 1, 24–5 ▷ 89
Curt. V 1, 36–38 ▷ 14
Curt. V 1, 40–42 ▷ 141
Curt. V 4, 10–12 ▷ 123, 191
Curt. V 5, 5–6 ▷ 188
Curt. V 5, 5–24 ▷ 107–109
Curt. V 5, 7 ▷ 15, 121
Curt. V 5, 13 ▷ 187
Curt. V 6 ▷ 40
Curt. V 7, 2–7 ▷ 113
Curt. V 7, 3–7 ▷ 122
Curt. VI 2, 2 ▷ 14
Curt. VI 2, 17 ▷ 136
Curt. VI 5, 9 ▷ 122
Curt. VII 3, 5–11 ▷ 14
Curt. VII 4, 26–30 ▷ 53
Curt. VII 4, 30 ▷ 51
Curt. VII 5, 16–18 ▷ 137
Curt. VII 5, 28–35 ▷ 127–8
Curt. VII 8 ▷ 14
Curt. VIII 1, 14–6 ▷ 103
Curt. VIII 4, 23 ▷ 14
Curt. VIII 5, 3 ▷ 17
Curt. VIII 9, 20–37 ▷ 14
Curt. IX 10, 17 ▷ 155
Curt. X 1, 22–4 ▷ 95
Curt. X 5, 26 ▷ 132

DAE 22 ▷ 115, 187
DAE 41 [AP 28] ▷ 115
DAE 70 [AD 9] ▷ 115
Dar. 351 ▷ 167
DB §2 ▷ 7
DB §5 ▷ 195
DB §6 ▷ 7, 95
DB §9 B ▷ 195
DB §13 X-Y ▷ 195
DB §14 E-L ▷ 169, 223
DB §§16.18–20 ▷ 8, 193
DB §33 ▷ 94
DB §35 B ▷ 155
DB §35 A-H ▷ 156
DB §37 C ▷ 155
DB §§38–39 ▷ 49
DB §41 D ▷ 187
DB §45 ▷ 187
DB §49 D ▷ 103
DB §50 C ▷ 187
DB §62 D-F ▷ 195
DB §68 ▷ 102
DB §70 ▷ 19
DB §71 J ▷ 187
DB §§ 72–6 ▷ 195
DEa §1 ▷ 195
Deinarch. I 14 ▷ 5
Deinarch. III 17 ▷ 5
Dem. or. XV 11–2 ▷ 147
Demosth. or. XVII 9 ▷ 115, 186
DHa §2 G ▷ 71
D²HA ▷ 6, 117, 194
Dig. XLVIII 19, 4 ▷ 5
Dig. XLVIII 28, 13 ▷ 5
Diod. I 28–9 ▷ 161
Diod. I 46, 4 ▷ 31, 33, 44, 171
Diod. I 49, 5 ▷ 33
Diod. I 68 ▷ 33
Diod. I 69, 1 ▷ 33
Diod. I 69, 7 = FGrHist 264 F 25 ▷ 33
Diod. I 84, 8 ▷ 33
Diod. II 4, 1–6 ▷ 49
Diod. II 32 ▷ 14
Diod. II 32, 4 ▷ 11, 183
Diod. XI 2, 3 ▷ 68

Diod. XI 3, 8 ▷ 68
Diod. XI 40 ▷ 186
Diod. XI 69 ▷ 49
Diod. XI 87, 1 ▷ 5
Diod. XII 44, 2 ▷ 5
Diod. XIII 6, 19 ▷ 15
Diod. XIII 104, 5 ▷ 14
Diod. XIV 14, 1–15, 3 ▷ 185
Diod. XIV 20, 5 ▷ 12, 192
Diod. XIV 34, 3–6 ▷ 5
Diod. XIV 35, 2 ▷ 14
Diod. XIV 35, 4 ▷ 32
Diod. XIV 46, 6 ▷ 11
Diod. XIV 87, 1 ▷ 185
Diod. XV 10, 3 ▷ 103
Diod. XVI 40, 3–5 ▷ 147
Diod. XVI 41–45, 6 ▷ 155
Diod. XVI 41, 1 ▷ 148
Diod. XVI 41, 3–5 ▷ 147
Diod. XVI 42, 2 ▷ 147
Diod. XVI 44, 6 ▷ 148
Diod. XVI 45, 1 ▷ 148
Diod. XVI 45, 4–6 ▷ 147
Diod. XVI 46, 4–51, 3 ▷ 8, 150
Diod. XVII, Arg. II, 20 ▷ 128
Diod. XVII 11, 4 ▷ 86
Diod. XVII 14 ▷ 121
Diod. XVII 17, 2 ▷ 67
Diod. XVII 19, 4 ▷ 101
Diod. XVII 38, 1 ▷ 150
Diod. XVII 47, 1 ▷ 149
Diod. XVII 59, 3 ▷ 86, 88
Diod. XVII 65 ▷ 141
Diod. XVII 68, 4–6 ▷ 123, 124, 191
Diod. XVII 69, 1–9 ▷ 109–10
Diod. XVII 72, 1–6 ▷ 113, 122
Diod. XVII 74, 3–4 ▷ 136
Diod. XVII 93, 4 ▷ 132
Diod. XVII 110, 3 ▷ 40
Diod. XVII 110, 4–5 ▷ 139, 191
Diod. XVII 111, 4 ▷ 88
Diod. XVII 112, 3 ▷ 197
Diod. XVIII 21, 9 ▷ 33
Diod. XVIII 43 ▷ 161
Diod. XIX 12, 1 ▷ 40

Diod. XIX 19, 2–3 ▷ 86
Diod. XIX 94, 2–7 ▷ 157
Diod. XIX 98 ▷ 162
Diod. XXIII 4, 15 ▷ 15
Diod. LIX 2 ▷ 39
Diog. Laert. III 33 = Anth. Pal. VII 259 = IEOG 177 ▷ 76
DNa §2 D ▷ 6
DNa § 3 L ▷ 85
DNa § 3 M ▷ 51
DNa § 3 S ▷ 103
DNa § 3 T ▷ 60
DNa § 3 U ▷ 60, 62
DNb §11 A ▷ 187
DNb § 12 A.F ▷ 187
DNe ▷ 62, 95
DNe §3 ▷ 85
DNe §20 ▷ 103
Donbaz/Stolper 1997, Nr. 32 ▷ 120
DPd § 1 ▷ 195
DPd §3 C.O.R ▷ 195
DPe § 2 ▷ 95
DPe § 2 H ▷ 85
DPe § 2 J ▷ 103
DPe § 2 O.P ▷ 51
DSaa ▷ 34, 71, 177
DSaa §4 ▷ 95
DSe §4 A ▷ 85
DSe §2 D ▷ 6, 117, 194
DSe §4 H ▷ 103
DSe §4 I ▷ 60, 72
DSe §4 J ▷ 60
DSe §4 K ▷ 60, 62
DSf ▷ 34, 71, 119, 177
DSf § 1 F ▷ 195
DSf § 5 C ▷ 195
DSf §9 A-B ▷ 34
DSf §11 A-B ▷ 182
DSf §13 F-G ▷ 34
DSf §§ 30–5 ▷ 177
DSm §2 ▷ 95
DSv §2 ▷ 95
DSz ▷ 34, 71, 177
DSz § 11 A-B ▷ 34
DSz § 13 D-L ▷ 34

DZc ▷ 71, 195
DZc §2 D ▷ 6, 117, 194
E 310.791 ▷ 195
Esr 1, 2–4 ▷ 157
Esr 1, 7–11 ▷ 157
Esr 2, 59 ▷ 214
Esr 5 ▷ 159
Esr 7, 26 ▷ 99
Eur. Hel. 276 ▷ 188
Eus. chron. II 105 ▷ 153
Eus. H. E. I 8, 5–8 ▷ 162
Eus. H. E. III 6, 1–38 ▷ 162
Ez 8, 1 ▷ 38, 158
Ez 14, 1 ▷ 38
Ez 20, 1 ▷ 38
Fest. 278 ▷ 5
FGrHist 3 F27 ▷ 62
FGrHist 46 F 66 ▷ 156
FGrHist 70 F 118 = Strab. geogr. VIII 5, 4 365 C ▷ 48
FGrHist 133 F 27 ▷ 100
FGrHist 133 F 28 ▷ 101
FGHist 417–18 F 8 ▷ 11
FGrHist 469–84, FF 15a.17–20.22–23.26.28–29.32 ▷ 11
FGrHist 609 F3 c. 1S ▷ 32
FGrHist 688 FF 14–15 ▷ 22
FGrHist 707, FF 1–7 ▷ 71
FGrHist 713 F 5 ▷ 100
FGrHist 774 F 14 ▷ 62
Frankfort XXXVII h.m.n ▷ 103
FLP 1574 ▷ 120
Fuchs 1994, 319 ▷ 72
Gadd 1954 ▷ 209, 217
Gen 10, 3 ▷ 52
Hagg 1, 1.12 ▷ 159
Hagg 2, 20–3 ▷ 159
Hier. chron. a. Abr Olymp. 105 ▷ 153
Hdt. I 46, 2 ▷ 130
Hdt. I 92, 2 ▷ 130
Hdt. I 95 ▷ 15
Hdt. I 105 ▷ 161
Hdt. I 123, 3–124 ▷ 22
Hdt. I 125 ▷ 94
Hdt. I 125, 4 ▷ 40

Hdt. I 141 ▷ 168
Hdt. I 146, 3 ▷ 185
Hdt. I 153 ▷ 49
Hdt. I 157, 3 ▷ 130
Hdt. I 160, 4 ▷ 67
Hdt. I 161 ▷ 167
Hdt. I 169 ▷ 168
Hdt. I 183 ▷ 197
Hdt. I 185 ▷ 85, 87
Hdt. II 3, 1 ▷ 33
Hdt. II 104 ▷ 161
Hdt. II 140, 2 ▷ 8, 32
Hdt. II 152, 4 ▷ 41
Hdt. II 154, 1 ▷ 41
Hdt. II 159, 3 ▷ 130
Hdt. III 1, 1 ▷ 32
Hdt. III 6–9 ▷ 157
Hdt. III 10, 2 ▷ 32
Hdt. III 13, 3–4 ▷ 46
Hdt. III 14, 1 ▷ 32
Hdt. III 15 ▷ 8
Hdt. III 15, 2 ▷ 32
Hdt. III 16, 5–6 ▷ 33
Hdt. III 19 ▷ 146
Hdt. III 30.33.38 ▷ 33
Hdt. III 61, 1 ▷ 33
Hdt. III 64, 6 ▷ 33
Hdt. III 61–79 ▷ 19
Hdt. III 70 ▷ 102
Hdt. III 77, 2 ▷ 103
Hdt. III 80–2 ▷ 17
Hdt. III 90, 2 ▷ 63
Hdt. III 92 ▷ 114, 150, 187
Hdt. III 92, 1 ▷ 103
Hdt. III 93, 1 ▷ 103
Hdt. III 93, 2 ▷ 93
Hdt. III 97 ▷ 114, 150, 187
Hdt. III 117, 6 ▷ 50
Hdt. III 128 ▷ 22
Hdt. III 131–2 ▷ 103
Hdt. III 138 ▷ 183
Hdt. III 160 ▷ 46
Hdt. IV 6.11–2 ▷ 51
Hdt. IV 37 ▷ 93, 95
Hdt. IV 39 ▷ 71

Hdt. IV 44 ▷ 71
Hdt. IV 162–5 ▷ 46
Hdt. IV 165, 3–4 ▷ 46
Hdt. IV 167 ▷ 46
Hdt. IV 201, 2 ▷ 170
Hdt. IV 202–4 ▷ 45
Hdt. IV 203, 1 ▷ 187, 226
Hdt. IV 204 ▷ 173, 187, 191, 210, 226
Hdt. V 2, 2 ▷ 61
Hdt. V 11 ▷ 61
Hdt. V 12–17, 1 ▷ 57–8
Hdt. V 12, 1 ▷ 99
Hdt. V 13 ▷ 171
Hdt. V 14 ▷ 171, 173
Hdt. V 23, 1 ▷ 58, 61, 173
Hdt. V 25, 1 ▷ 7
Hdt. V 32 ▷ 188
Hdt. V 36, 3 ▷ 130
Hdt. V 49, 6 ▷ 103
Hdt. V 52 ▷ 134
Hdt. V 52, 3 ▷ 85
Hdt. V 98 ▷ 59
Hdt. V 99 ▷ 83
Hdt. V 102 ▷ 134
Hdt. V 102, 1 ▷ 83
Hdt. V 106, 4 ▷ 99
Hdt. VI 3 ▷ 172, 206, 220
Hdt. VI 9 ▷ 82
Hdt. VI 9, 4 ▷ 172
Hdt. VI 17 ▷ 68
Hdt. VI 19, 2 ▷ 130, 132
Hdt. VI 19, 2–20 ▷ 65
Hdt. VI 19, 3 ▷ 68, 130, 132, 170, 187, 226
Hdt. VI 19, 20 ▷ 174
Hdt. VI 21, 2 ▷ 66
Hdt. VI 31, 1–2 ▷ 68, 84
Hdt. VI 32 ▷ 150
Hdt. VI 70, 2 ▷ 193
Hdt. VI 73 ▷ 103
Hdt. VI 100 ▷ 83
Hdt. VI 100, 2 ▷ 84
Hdt. VI 101 ▷ 82, 83, 85
Hdt. VI 107, 2 ▷ 80
Hdt. VI 109 ▷ 82
Hdt. VI 119 ▷ 75, 141, 167

Hdt. VI 119, 1 ▷ 47, 173, 174, 187
Hdt. VI 119, 2 ▷ 85, 174, 183
Hdt. VI 119, 3 ▷ 183
Hdt. VI 119, 4 ▷ 89, 191
Hdt. VI 129 ▷ 82
Hdt. VI 204, 1 ▷ 99
Hdt. VII 5, 7 ▷ 8, 197
Hdt. VII 23 ▷ 182
Hdt. VII 23, 3 ▷ 146
Hdt. VII 25, 34 ▷ 146
Hdt. VII 30 ▷ 62
Hdt. VII 63 ▷ 156
Hdt. VII 64 ▷ 49, 51
Hdt. VII 75 ▷ 62
Hdt. VII 75, 1–2 ▷ 63
Hdt. VII 80 ▷ 93
Hdt. VII 85 ▷ 94
Hdt. VII 89 ▷ 161
Hdt. VII 94 ▷ 68
Hdt. VII 105, 2 ▷ 103
Hdt. VII 113 ▷ 61
Hdt. VII 132 ▷ 142
Hdt. VII 213–5 ▷ 125
Hdt. VII 233, 2 ▷ 115
Hdt. VII 239 ▷ 18
Hdt. VIII 1, 2 ▷ 85
Hdt. VIII 34 ▷ 142
Hdt. VIII 46, 2 ▷ 85
Hdt. VIII 51–2 ▷ 33
Hdt. VIII 54 ▷ 196
Hdt. VIII 67 ▷ 146
Hdt. VIII 85, 3 ▷ 99
Hdt. VIII 144 ▷ 66
Hdt. IX 17, 1 ▷ 142
Hdt. IX 28, 5 ▷ 85
Hdt. IX 97 ▷ 67
Hdt. IX 113 ▷ 49
Hdt. IX 113, 2 ▷ 7
Hdt. IX 169 ▷ 188
1 Hen 88, 115–6 ▷ 155
Hippokr. aër. 23, 7 ▷ 188
Hist. Bull. 4 ▷ 72
[Hom.] Il. II 536 ▷ 83
[Hom.] Il. II 653.679 ▷ 86
[Hom.] Il. V 628 ▷ 86

[Hom.] Il. XXIII 83–8 ▷ 69
Hyg. Fab. CCXXIII 6 ▷ 89
Ios. AJ XVII 168–70 ▷ 162
Ios. BJ V 424–38.512–9 ▷ 162
Ios. BJ VI 193–213 ▷ 162
Ios. C. ap. I 183.186. 190. 204.205.213–214 ▷ 161
Ios. C. ap. II 43 ▷ 161
Isa 40–66 ▷ 157
Isokr. or. IV 150-2 ▷ 16
Isokr. or. V 101 ▷ 147
Isokr. or. IX 20 ▷ 188
Itin. Alex. 52.54 ▷ 155
Iust. I 2, 7 ▷ 89
Iust. I 9, 2 ▷ 33
Iust. II 13, 10 ▷ 15
Iust. XI 3, 6–9 ▷ 121
Iust. XI 14, 10–12 ▷ 111
Iust. XVII 2, 3 ▷ 15
Iust. XXIII 3, 12 ▷ 15
Iust. XLI 1, 8 ▷ 49
Iust. XLI 4, 5 ▷ 49
Jer 10, 1 ▷ 158
Jer 10, 4 ▷ 214
Jer 24, 14 ▷ 157
Jer 29, 5–7 ▷ 209
Jer 51, 27 ▷ 52
Jer 52, 28–30 ▷ 205
Jer 52, 30 ▷ 158
Jer 52, 28–32 ▷ 206, 207
Joseph. I 3, 6 ▷ 86
K 1634 ▷ 207
KAI 14 ▷ 67
KAI 26 A I ▷ 212
II Kn 14, 8–17 ▷ 219
II Kn 16, 18 ▷ 215
II Kn. 17, 1–6 ▷ 209
II Kn 18, 9–12 ▷ 209
II Kn 22–3 ▷ 216
II Kn 24, 8–17 ▷ 205
II Kn 24, 20 ▷ 207
II Kn 25, 8–10 ▷ 207
Ktes. 109 Lenfant = F 13 Photios (§§ 11–3) ▷ 49
Ktes. 112–3 Lenfant = F 9 Photios (§8) ▷ 49, 156
Ktes. 117 Lenfant = F 13 Photios (§10) ▷ 31, 170
Ktes. 126 Lenfant = F 13 Photios (§31) ▷ 132

Ktes. 131–2 Lenfant = F14b* Photios (§§40–1) ▷ 102, 104
Ktes. 136 Lenfant = F 15 Photios (§47) ▷ 156
Ktes. 133 Lenfant, F 14a Photios (§43) ▷ 102
Lie 1929, 5 ▷ 213
Liv. II 2 ▷ 5
Liv. III 29 ▷ 5
Liv. III 58 ▷ 5
Liv. V 43, 2 ▷ 5
Liv. XL 41, 3–5 ▷ 4
Luc. Tim. 22 ▷ 68, 84
Lys. or. V 5 ▷ 115, 186
Martin 1996, C1–4 ▷ 23
ML 12 ▷ 25, 177, 196
1 Mos 10, 15 ▷ 146
ND 2737 ▷ 73
Neh 7, 61 ▷ 214
Nep. Them. 6 ▷ 186
NN 0260 ▷ 37
NN 0279 ▷ 37
NN 0448 ▷ 36
NN 0480 ▷ 35, 44
NN 0745 ▷ 35
NN 0761.0958 ▷ 37
NN 1057 ▷ 35
NN 1177 ▷ 35, 44
NN 1190 ▷ 35
NN 1238.1550 ▷ 37
NN 1669.1685.1734 ▷ 37
NN 1747 ▷ 17
NN 1876 ▷ 37
NN 1922.1924 ▷ 35
NN 2081 ▷ 37
NN 2108 ▷ 181
NN 2196 ▷ 62
NN 2261 ▷ 181
NN 2368 ▷ 37
NN 2450.2485 ▷ 37
NN 2493 ▷ 35
NN 2497 ▷ 37
NN 2516 ▷ 35
NWL ▷ 211
OIP 2, 73 ▷ 72
OIP 2, 78–85 §§43–48 ▷ 207
OIP 2, 96 ▷ 211

Oros. hist. III 7, 6–7 ▷ 153
Paull. rec. sent. V 17, 3 ▷ 5
Paus. I 16, 3 ▷ 133
Paus. I 23, 7 ▷ 133
Paus. I 33, 1 ▷ 133
Paus. II 10, 5 ▷ 133
Paus. III 16, 7–8 ▷ 133
Paus. VII 2, 6 ▷ 130
Paus. VII 10, 2 ▷ 77, 82, 83
Paus. VIII 46 ▷ 133
Paus. IX 10, 2 ▷ 133
PBS II/1 144, 31 ▷ 183
PBS II/1 197, 4 ▷ 120
PFS 0041 ▷ 116
PFS 57459 ▷ 118
PFT 144, 23 ▷ 37
PFT 166.167.168 ▷ 37
PFT 303 ▷ 195
PFT 306 ▷ 35
PFT 679.680 ▷ 94
PFT 773 ▷ 195
PFT 798 ▷ 118
PFT 878 ▷ 64
PFT 1090.1108 ▷ 64
PFT 1224, 13–6 ▷ 180
PFT 1234 ▷ 189
PFT 1236 ▷ 37
PFT 1287 ▷ 49
PFT 1454 ▷ 189
PFT 1507 ▷ 95
PFT 1534 ▷ 95
PFT 1544.1547 ▷ 35
PFT 1555 ▷ 49
PFT 1557 ▷ 35, 181
PFT 1580–4 ▷ 180
PFT 1587.1594.1614 ▷ 180
PFT 1771 = SEG 29 = IEOG 230 ▷ 116–7
PFT 1786 ▷ 187
PFT 1790 ▷ 64
PFT 1794 ▷ 64
PFT 1798 ▷ 118, 180
PFT 1806 ▷ 35
PFT 1811 ▷ 181
PFT 1814 ▷ 35
PFT 1821.1822 ▷ 181

PFT 1852.1856 ▷ 181
PFT 1857, 17–20 ▷ 37
PFT 1942 ▷ 118, 180
PFT 1945 ▷ 37
PFT 1947 ▷ 37
PFT 1956 ▷ 195
PFT 1957 ▷ 35, 195
PFT 1960 ▷ 195
PFT 1965 ▷ 118, 180
Philostr. Apoll. I 23 ▷ 77
Philostr. Apoll. I 24 ▷ 77, 89, 170, 173, 183, 188, 191
Phot. bibl. 72, 35b.35ff ▷ 11
Pind. Olymp. 7, 30 ▷ 48
Pind. Pyth. 1, 31 ▷ 48
Plat. Crat. 430c ▷ 189
Plat. leg. III 693c–698a ▷ 16
Plat. leg. III 698c ▷ 187
Plat. Menex. 239d ▷ 188
Plat. Menex. 240a ▷ 172
Plat. Menex. 240a-c ▷ 75–6
Plin. exerc. 1180 B ▷ 101
Plin. nat. Hist. III 105 ▷ 4
Plin. nat. Hist. IV 10.34 ▷ 62
Pin. nat. Hist. VI 44 ▷ 86
Plin. nat. Hist. VI 98 ▷ 101
Plin. nat. Hist. VI 134 ▷ 69
Plin. nat. Hist. VI 153 ▷ 101
Plin. nat. Hist. VIII 190 ▷ 64
Plin. nat. Hist. XXXIV 19, 68 ▷ 183
Plut. Ages. 7, 6 ▷ 186
Plut. Alex. 8, 3 ▷ 132
Plut. Alex. 14, 4 ▷ 132
Plut. Alex. 36, 4 ▷ 60, 177
Plut. Alex. 37, 1 ▷ 123, 191
Plut. Alex. 38 ▷ 122
Plut. Alex. 55, 4 ▷ 132
Plut. Alex. 55, 9 ▷ 13
Plut. Art. 10, 3 ▷ 40
Plut. Art. 25 ▷ 85
Plut. de Hdt. malign. 24 ▷ 83
Plut. de sera 557B ▷ 128
Plut. Is. 355 c-d ▷ 16
Plut. Is. 363 c-d ▷ 16
Plut. Lucull. 21.26.29 ▷ 86
Plut. Lyk. 27 ▷ 5

Plut. mor. 173 B/C ▷ 49
Plut. mor. 488 D/F ▷ 49
Plut. Pomp. 36 ▷ 86
Plut. Them 11, 4 ▷ 67
Plut. qu. Gr. 293b ▷ 83
Pol. III 6, 13 ▷ 121
Pol. V 44, 7 ▷ 87
Pol. V 54, 6–7 ▷ 140
Pol. V 77–8 ▷ 48
Pol. V 100, 8 ▷ 185
Pol. X 28, 1–5 ▷ 156–7
Polyain. VII 28, 1 ▷ 22
Posener 1936, 1–26 ▷ 24, 33
Ptol. Geogr. III 12, 36 ▷ 62
Ptol. Geogr. IV 12, 9 ▷ 86
Ptol. Geogr. VI 3, 3 ▷ 88
Ptol. Geogr. VI 4, 2–3 ▷ 35, 95
Ptol. Geogr. VI 7, 46 ▷ 101
Ptol. Geogr. VI 8, 15 ▷ 101
Ptol. Geogr. VI 9, 1 ▷ 155
Ptol. Geogr. VI 21, 6 ▷ 95
Ptol. Geogr. VIII 21, 15 ▷ 35, 95
PTS 2573= Kessler 2006, 489a ▷ 41
PTT 1 ▷ 35, 36, 181
PTT 2 ▷ 35
PTT 9 ▷ 35, 36, 37
PPT 15 ▷ 35, 181
PTT 16 ▷ 35
PTT 27–33 ▷ 181
PTT 34.35 ▷ 180
PTT 37–40 ▷ 180
PTT 42 ▷ 180, 181
PTT 42a ▷ 181
PTT 43–7 ▷ 180
PTT 60 ▷ 181
PTT 52.53 ▷ 181
PTT 67.68 ▷ 181
PTT 52.53 ▷ 181
PTT 79.78 ▷ 181
PTT 138–143 ▷ 181
PY Ae 303 ▷ 185
PY Eo 269 ▷ 185
RCAE III 241 ▷ 211
Rehm 1958, 7 ▷ 70
RIMA 2, 13–14.59–60 ▷ 204

RIMA 2, 17, III 2–6 ▷ 204
RIMA 3, A.o.102.6 ▷ 72
RIMA 3, A.o.102.8 ▷ 72
RINAP 1, Nr. 27 ▷ 209
RlA III, 194 ▷ 84
ROMCT 2, 27= Kamb. 6 ▷ 41
Rost 1893, 149 ▷ 213
Sach. 6, 9–14 ▷ 159
Sargon II, Nr. 430 ▷ 69
Sda ▷ 103
SEG 19, 867 ▷ 48
SF 1399 ▷ 21
SF 1400 ▷ 21
Solin. 35, 4 ▷ 155
Soph. Ai. 1226 ▷ 188
Steph. Byz. s. v. πρὸς τῇ Ἐρυθρῇ θαλάσσῃ ▷ 69
Steph. Byz. s. v. Σκύδρα = FGrHist 774 F 14 ▷ 62
Stolper 1985, Nr. 5 ▷ 41
Stolper 1985, Nr. 34.40.44.90.94 ▷ 120
Strab. geogr. II 1, 31 84 C ▷ 51
Strab. geogr. VII 3, 296 C ▷ 63
Strab. geogr. VII 7, 9 327 C ▷ 62
Strab. geogr. X 1, 10 448 C ▷ 90, 170
Strab. geogr. XI 9, 1 514 C ▷ 156
Strab. geogr. XI 10, 1 515 C ▷ 51
Strab. geogr. XI 11, 4 517–8 C ▷ 49, 52, 128, 134
Strab. geogr. XI 13, 6 524 C ▷ 40, 86, 87
Strab. geogr. XI 13, 6–8 524 C ▷ 40
Strab. geogr. XI 13, 8 524 C ▷ 40, 104
Strab. geogr. XI 14, 2 527 C ▷ 86
Strab. geogr. XI 14, 8 529 C ▷ 140
Strab. geogr. XI 14, 9–10 529–30 C ▷ 103–4
Strab. geogr. XI 14, 15 532 C ▷ 86
Strab. geogr. XII 8, 16 578 C ▷ 64
Strab. geogr. XIII 4, 14 630 C ▷ 64
Strab. geogr. XIV 1, 5 634 C ▷ 133, 134, 135
Strab. geogr. XV 1, 3 686 C ▷ 49
Strab. geogr. XV 2, 8 723 C ▷ 51
Strab. geogr. XV 3, 3 729 C ▷ 35, 44, 69, 90, 95
Strab. geogr. XV 3, 3–4 729 C ▷ 35
Strabo geogr. XV 3, 4 729 C ▷ 35, 86, 95
Strab. geogr. XV 3, 6 730 C ▷ 95, 122
Strab. geogr. XV 3, 6–7 730 C ▷ 95
Strab. geogr. XVI 1, 1 736 C ▷ 140
Strab. geogr. XVI 1, 5 739 C ▷ 139, 197
Strab. geogr. XVI 1, 12 741 C ▷ 156
Strab. geogr. XVI 1, 17 744 C ▷ 139
Strab. geogr. XVI 1, 18 744 C ▷ 88
Strab. geogr. XVI 1, 25 747 C ▷ 77, 86
Strab. geogr. XVI 3, 5–7 766–7 C ▷ 100–1
Strab. geogr. XVI 3, 7 767 C ▷ 100–1, 105
Strab. geogr. XVII 1, 43 814 C = FGrHist 124 F 14
　▷ 131, 133, 134, 135
Strab. geogr. XVII 15 800 C ▷ 33
Suda E 514= Ael. frg. 57 Domingo-Forasté ▷ 128
Suet. Cal. 25, 28 ▷ 5
Suet. Claud. 23 ▷ 5
Suet. Dom. 8 ▷ 5
Suet. Tib. 50 ▷ 5
Suet. Vesp. 15 ▷ 5
Syll³ 57 ▷ 135
Synk. I 307, 12 ▷ 153
Tac. ann. XV 71 ▷ 5
TADAE A2.1–4 ▷ 24
TADAE A2.5 ▷ 24
TADAE A2.7 ▷ 24
TADAE A6.1 ▷ 22
TADAE A6.2 ▷ 22
TADAE A6.3–16 ▷ 23
TADAE D1.1 ▷ 24
Tadmor² 2008, 44–5 ▷ 219
Tadmor/Yamada 2011, Nr. 42 ▷ 208
Theogn. 535 ▷ 186
Thuk. I 128, 7 ▷ 188
Thuk. I 137 ▷ 14
Thuk. I 144, 2 ▷ 5
Thuk. II 27, 1 ▷ 5
Thuk. II 77.83 ▷ 67
Thuk. IV 123, 1 ▷ 83
Thuk. VI 4 ▷ 48
Thuk. VII 27, 5 ▷ 115, 186
Thuk. VIII 40, 2 ▷ 185
TOD 10.12 ▷ 135
TUAT 1, 389 ▷ 47
TUAT 1, 397 ▷ 48
Tzetz. chil. VII 992 ▷ 69
Tzet. chil. VII 993 ▷ 65
UM 53.144 ▷ 167
V (= KI) 2268 ▷ 195
Vitr. de Arch. VIII 3, 8 ▷ 89

VS 6 123 ▷ 42
Waerzeggers 2006, Nr. 3 ▷ 42
Waerzeggers 2006, Nr. 4 ▷ 43
Waerzeggers 2006, Nr. 5 ▷ 43
Waerzeggers 2006, Nr. 6 ▷ 42, 43
Waerzeggers 2006, Nr. 7 ▷ 42
Waerzeggers 2006, Nr. 8 ▷ 42
Waerzeggers 2006, Nr. 9 ▷ 42
Waerzeggers 2006, Nr. 10 ▷ 42, 43
Waerzeggers 2006, Nr. 11 ▷ 43
Waerzeggers 2006, Nr. 12 ▷ 42
Waerzeggers 2006, Nr. 14 ▷ 42
Weidner 1926, 156 ▷ 215
Weidner 1932/3 ▷ 206
XEa § 1 ▷ 195
Xen. Ag. I 8 ▷ 121
Xen. an. I 2, 7 ▷ 63
Xen. an. I 4, 10 ▷ 192
Xen. an. I 8, 25 ▷ 103
Xen. an. IV 4, 4 ▷ 12
Xen. an. IV 18 ▷ 86
Xen. Hell. I 6, 14 ▷ 186
Xen. Hell. II 1, 9 ▷ 91
Xen. Hell. III 1, 6 ▷ 193

Xen. Kyr. I 1, 1–2 ▷ 12
Xen. Kyr. V 1, 2 ▷ 49
Xen. Kyr. VII 5, 73 ▷ 167
Xen. Kyr. VIII 3, 1–19 ▷ 12
Xen. Kyr. VIII 6, 22 ▷ 17
Xen. Kyr. VIII 8 ▷ 16, 33
Xen. Oec. IV 8 ▷ 176
XPa § 1 ▷ 195
XPa § 2 D ▷ 117, 194
XPb § 2 D ▷ 117, 194
XPd § 1 ▷ 195
XPd § 2 D ▷ 6, 117, 194
XPf § 2 D ▷ 6, 117, 194
XPh § 3 ▷ 94, 95
XPh § 3 L ▷ 85, 103
XPh § 3 N ▷ 51
XPh § 3 Q ▷ 72
XPh § 3 R ▷ 60
XPh § 3 U ▷ 60, 62
XPh § 3 V ▷ 42
XPh § 4 F- § 5 H ▷ 195
XPh § 5 A-G ▷ 196
XV ▷ 18
YOS 7, 187 ▷ 37, 179, 190

Classica et Orientalia

Herausgegeben von Ann C. Gunter, Wouter F.M. Henkelman, Bruno Jacobs, Robert Rollinger, Kai Ruffing und Josef Wiesehöfer

---

23: Robert Rollinger, Kai Ruffing, Louisa Désirée Thomas (Hg.)

Das Weltreich der Perser

Rezeption – Aneignung – Verargumentierung

*2019. VI, 450 Seiten,
131 Abb., 10 Tabellen, gb
170x240 mm
ISBN 978-3-447-11296-3
⊙ E-Book: ISBN 978-3-447-19918-6*   je € 98,– (D)

24: Richard E. Payne, Rhyne King (Eds.)

The Limits of Empire in Ancient Afghanistan

Rule and Resistance in the Hindu Kush, circa 600 BCE–600 CE

*2020. XXII, 272 pages,
40 ill., 3 maps, 6 tables, hc
170x240 mm
ISBN 978-3-447-11453-0
⊙ E-Book: ISBN 978-3-447-39027-9*   each € 68,– (D)

Die Rezeptionsgeschichte der antiken Welt ist ein selbstverständlicher Bestandteil altertumswissenschaftlicher und historischer Forschung geworden. Der Schwerpunkt liegt dabei allerdings auf der klassischen Antike in Gestalt der griechischen und der römischen Welt; demgegenüber spielt die Rezeptionsgeschichte des Achaimeniden-Reichs bislang eine eher untergeordnete Rolle.

Das Weltreich der Perser nun stellt die Rezeption des Achaimeniden-Reichs in den Mittelpunkt der Aufmerksamkeit. Das chronologische Spektrum der einzelnen Artikel reicht von der Antike bis in die Neuzeit. Europäische und nordamerikanische Vorstellungen finden ebenso Berücksichtigung wie die Konstruktion der achaimenidischen Geschichte im Iran des 20. Jahrhunderts. Von den Beiträgerinnen und Beiträgern wurde ein breites Spektrum verschiedener Quellen für die Analyse der jeweiligen Rezeption zugrundegelegt, das von der klassischen Literatur und der Bibel über Oper und Malerei bis hin zur Darstellung der Perser im Film und der Präsentation persischer Kunst in Nordamerika reicht. Ebenso finden Vorstellungen vom Perserreich in der Kultur- und Geistesgeschichte breite Berücksichtigung.

The territory of modern Afghanistan provided a center for a succession of empires, from the Achaemenid Persians in the 6th century BCE until the Sasanian Iranians in the 7th century CE. And yet these regions most frequently appear as comprising a "crossroads" in accounts of their premodern history.

This volume explores how successive imperial regimes established enduring forms of domination spanning the highlands of the Hindu Kush, essentially ungovernable territories in the absence of the technologies of the modern state. The modern term "Afghanistan" likely has its origins in an ancient word for highland regions and peoples resistant to outside rule. The volume's contributors approach the challenge of explaining the success of imperial projects within a highland political ecology from a variety of disciplinary perspectives with their respective evidentiary corpora, notably history, anthropology, archaeology, numismatics, and philology. *The Limits of Empire* models the kind of interdisciplinary collaboration necessary to produce persuasive accounts of an ancient Afghanistan whose surviving material and literary evidence remains comparatively limited. It shows how Afghan-centered imperial projects co-opted local elites, communicated in the idioms of local cultures, and created administrative archipelagoes rather than continuous territories. Above all, the volume makes plain the interest and utility in placing Afghanistan at the center, rather than the periphery, of the history of ancient empires in West Asia.

Classica et Orientalia

Herausgegeben von Ann C. Gunter, Wouter F.M. Henkelman, Bruno Jacobs, Robert Rollinger, Kai Ruffing und Josef Wiesehöfer

---

25: Kerstin Droß-Krüpe

Semiramis, de qua innumerabilia narrantur

Rezeption und Verargumentierung der Königin von Babylon von der Antike bis in die *opera seria* des Barock

2021. XIV, 616 Seiten, 61 Abb., 20 Karten, 18 Tabellen, gb
170x240 mm
ISBN 978-3-447-11555-1
⊙ E-Book: ISBN 978-3-447-39117-7   *je € 118,– (D)*

Semiramis, die legendäre Königin von Babylon, gehörte bis in das 20. Jahrhundert hinein zu den bekanntesten und am stärksten rezipierten Gestalten der antiken Welt. Als Frau, die von Babylon aus das Großreich der Assyrer regierte und erfolgreiche Eroberungskriege führte, wurde sie in einer Vielzahl antiker Quellentexte teils mit Bewunderung, teils mit tiefer Abscheu beschrieben. Schnell avancierte sie so zum Paradigma – einerseits für das weibliche Geschlecht, andererseits für die Ausübung von Macht, aber auch für den antiken ‚Orient' im Allgemeinen. Semiramis findet sich in der Folge in nahezu allen Literatur- und Kunstgattungen der Spätantike, des Mittelalters, der Renaissance und der Frühen Neuzeit und erhielt so einen festen Platz im kulturellen Gedächtnis der westlichen Welt. An ihr wurden über die Epochen hinweg Weiblichkeit und Herrschaft miteinander verknüpft, Transgressionen von weiblichen Handlungsräumen thematisiert, Geschlechterordnungen und Geschlechternormen verhandelt und Handlungsspielräume für das weibliche Geschlecht reflektiert.

Kerstin Droß-Krüpe folgt den Spuren der Semiramis durch die Jahrhunderte – von der griechischen Historiographie des 5. Jahrhunderts v.Chr. bis auf die Opernbühnen des Barock. Sie kombiniert so eine historisch-kritische Aufarbeitung des in den antiken Quellentexten präsentierten Semiramisbildes mit der späteren Wahrnehmung, Aneignung und Verargumentierung der Semiramis als Figur der Erinnerung.

26: Kristin Kleber (Ed.)

Taxation in the Achaemenid Empire

Amsterdamer Kolloquium

2021. Ca. 430 pages, hc
170x240 mm
ISBN 978-3-447-11597-1
⊙ E-Book: ISBN 978-3-447-39127-6
each ca. € 98,– (D)   *In Preparation*

Achaemenid Studies fall between the academic divisions of Ancient Near Eastern Studies and Archeology, Ancient History, Classical Philology, Egyptology and Semitic Languages. No single scholar can cover the many cultures that were united under the umbrella of this huge empire alone and in-depth. Interdisciplinary approaches are a necessity in order to tackle the challenges that the diverse textual records in Akkadian, Demotic Egyptian, Elamite, Aramaic and Greek present us with.

This volume, the proceedings of a conference on taxation and fiscal administration in the Achaemenid Empire held in Amsterdam in 2018, contains contributions on Babylonia, Egypt, the Levant, Asia Minor and Arachosia, written by specialists in the respective languages and cultures. The question that lies at the basis of this volume is how the empire collected revenue from the satrapies, whether and how local institutions were harnessed to make imperial rule successful. The contributions investigate what kind of taxes were imposed in what area and how tax collection was organized and administered. As we lack imperial state archives, local records are the more important, as they are our only reliable source that allows us to move beyond the famous but unverifiable statement on Achaemenid state finances in Herodotus, *Histories* 3, 89-97.